Rücktritt wegen Schlechtleistung
beim Unternehmenskauf

Europäische Hochschulschriften

European University Studies
Publications Universitaires Européennes

Reihe II **Rechtswissenschaft**

Series II Law

Série II Droit

Band/Volume **5595**

Eva Christina Pfeifer

Rücktritt wegen Schlechtleistung beim Unternehmenskauf

PL ACADEMIC RESEARCH

Bibliografische Information der Deutschen Nationalbibliothek
Die Deutsche Nationalbibliothek verzeichnet diese Publikation in der Deutschen Nationalbibliografie; detaillierte bibliografische Daten sind im Internet über http://dnb.d-nb.de abrufbar.

Zugl.: Freiburg (Breisgau), Univ., Diss., 2013

Gedruckt auf alterungsbeständigem,
säurefreiem Papier.

D 25
ISSN 0531-7312
ISBN 978-3-631-65262-6 (Print)
E-ISBN 978-3-653-04456-0 (E-Book)
DOI 10.3726/978-3-653-04456-0

PL Academic Research ist ein Imprint der Peter Lang GmbH.
Peter Lang – Frankfurt am Main · Bern · Bruxelles · New York · Oxford · Warszawa · Wien

Dieses Buch wurde vor Erscheinen peer reviewed.

www.peterlang.com

In Liebe und Dankbarkeit
für meine Familie,
besonders meinen Verlobten

Vorwort

Die Arbeit wurde von der Rechtswissenschaftlichen Fakultät der Albert-Ludwigs-Universität Freiburg als Dissertation angenommen. Die mündliche Prüfung fand am 13. November 2013 statt. Das Manuskript wurde im Sommer 2013 abgeschlossen.

Betreut wurde die Arbeit von Herrn Prof. Dr. Hanno Merkt, LL.M., dem ich für seine Unterstützung und wertvollen Anregungen recht herzlich danke.

Mein Dank gilt daneben auch Herrn Prof. Dr. Marc-Philippe Weller für die überaus zügige Erstellung des Zweitgutachtens.

München, im Januar 2014 Dr. Eva Christina Pfeifer

Inhaltsverzeichnis

Abkürzungsverzeichnis

a. A.	andere Ansicht
Abs.	Absatz
AcP	Archiv für civilistische Praxis
a. F.	alte Fassung
AG	Die Aktiengesellschaft
AktG	Aktiengesetz
Anm.	Anmerkung
Az.	Aktenzeichen
BeckOK BGB	Beck'scher Online-Kommentar zum BGB
BeckOK HGB	Beck'scher Online-Kommentar zum HGB
BB	Der Betriebs-Berater
Bd.	Band
BGB	Bürgerliches Gesetzbuch
BGBl.	Bundesgesetzblatt
BGH	Bundesgerichtshof
BGHZ	Entscheidungen des Bundesgerichtshofs in Zivilsachen
BT-Drucks.	Verhandlungen des Deutschen Bundestages, Drucksachen
c. i. c.	culpa in contrahendo
DAR	Deutsches Autorecht
DB	Der Betrieb
DNotZ	Deutsche Notarzeitschrift
DS	Der Sachverständige
DStR	Deutsches Steuerrecht
Einl.	Einleitung
EuGH	Europäischer Gerichtshof
EWiR	Entscheidungen zum Wirtschaftsrecht
EuZW	Europäische Zeitschrift für Wirtschaftsrecht
Fn.	Fußnote
FPR	Familie, Partnerschaft, Recht
GmbH	Gesellschaft mit beschränkter Haftung

GmbHG	Gesetz betreffend die Gesellschaften mit beschränkter Haftung
GmbHR	GmbH-Rundschau
GRUR	Gewerblicher Rechtsschutz und Urheberrecht
Halbs.	Halbsatz
HGB	Handelsgesetzbuch
h. M.	herrschende Meinung
Hrsg.	Herausgeber
JA	Juristische Arbeitsblätter
JR	Juristische Rundschau
Jura	Juristische Ausbildung
JuS	Juristische Schulung
JZ	Juristenzeitung
jurisPK-BGB	Juris Praxiskommentar BGB
jurisPR-HaGesR	Juris PraxisReport Handels- und Gesellschaftsrecht
Kap.	Kapitel
KG	Kommanditgesellschaft
LG	Landgericht
LMK	Lindenmaier/Möhring Kommentierung
MAC	Material Adverse Change
M&A	Mergers & Acquisitions
MDR	Monatsschrift für Deutsches Recht
MittBayNot	Mitteilungen des Bayerischen Notarvereins, der Notarkasse und der Landesnotarkammer Bayern
MüKo BGB	Münchener Kommentar zum BGB
MüKo HGB	Münchener Kommentar zum HGB
MüKo AktG	Münchener Kommentar zum AktG
NJW	Neue Juristische Wochenschrift
NJW-RR	Neue Juristische Wochenschrift – Rechtsprechungsreport Zivil recht
NK-BGB	Nomos Kommentar BGB
NZG	Neue Zeitschrift für Gesellschaftsrecht
NZI	Neue Zeitschrift für das Recht der Insolvenz und Sanierung
OLG	Oberlandesgericht
OLG-NL	OLG-Rechtsprechung Neue Länder

RGZ	Entscheidungssammlung des Reichsgerichts in Zivilsachen
RL	Richtlinie
Rdn.	Randnummer
s.	siehe
S.	Satz, Seite
sog.	sogenannte
str.	strittig
SVR	Straßenverkehrsrecht
vgl.	vergleiche
WiB	Wirtschaftsrechtliche Beratung
WM	Wertpapier-Mitteilungen
ZGR	Zeitschrift für Unternehmens- und Gesellschaftsrecht
ZGS	Zeitschrift für das gesamte Schuldrecht
ZHR	Zeitschrift für das gesamte Handelsrecht (und Wirtschaftsrecht)
ZIP	Zeitschrift für Wirtschaftsrecht (und Insolvenzpraxis)
ZRP	Zeitschrift für Rechtspolitik

I. Einführung

Die vorliegende Arbeit beschäftigt sich mit der Frage, unter welchen Voraussetzungen und mit welchen Rechtsfolgen bei einem Unternehmenskauf ein Rücktritt aufgrund einer Schlechtleistung möglich ist. Sie soll damit einerseits klären, inwieweit und in welcher Art und Weise die seit der Schuldrechtsreform von 2002[1] geltenden kaufrechtlichen Gewährleistungsregelungen zum Rücktritt auf den Unternehmenskauf anwendbar sind. Daneben soll sie aber auch Bezug zur Praxis nehmen und darstellen, welche Auswirkungen der rechtliche Befund in praktischer Hinsicht hat, und ob sich damit in der Praxis sachgerechte Lösungen für den Unternehmenskauf finden lassen.

Unternehmenskäufe haben in der Wirtschaft eine wachsende Bedeutung. Zu Zeiten eines vermeintlichen Aufschwungs werden sie eher im Zusammenhang mit Expansionsgedanken getätigt. Aktuell, während die Wirtschaftskrise noch sehr präsent ist, dienen Unternehmenskäufe und insbesondere -verkäufe oft Umstrukturierungsplänen sowie der finanziellen Sicherung des Eigentümers. In Krisenzeiten werden die Unternehmen von ihren Eigentümern auf ihren wirtschaftlichen Nutzen hin genau überprüft. Finanziell den Eigentümer belastende Unternehmen und auch solche, die die vom Eigentümer als erforderlich eingestufte Gewinnmarge nicht erwirtschaften, versucht man durch Verkäufe zumindest in Cash zu verwandeln. Daneben vergewissern sich die Eigentümer in solchen Situationen häufig auch noch hinsichtlich weiterer Aspekte, ob und inwieweit das Unternehmen ihren jeweils aktuellen Zielen entspricht. Dabei kann es beispielsweise um strukturelle Vorstellungen, um Forschung und Entwicklung, aber auch um den Auftritt am Markt gehen. Sämtliche Bereiche des Unternehmens können einer Prüfung und Bewertung unterzogen werden, z. B. der Aufbau, der Betrieb und die Tätigkeit des Unternehmens. Selbst wenn ein Unternehmen alle von dem Eigentümer gestellten Anforderungen erfüllt, können Abwägungen mit Faktoren, die außerhalb des Unternehmens liegen, zum Unternehmensverkauf führen, z. B. um bei Bedarf die Liquidität des Verkäufers zu erhöhen.

---

1 Das Gesetz zur Modernisierung des Schuldrechts vom 26. November 2001 (BGBl. I 2001, S. 3138) trat mit Wirkung zum 01.01.2002 in Kraft (BGBl. I S. 3138 ff.).

Im Nachgang zu einem Unternehmenskauf, insbesondere nach der Übertragung des Unternehmens auf den Käufer, kann es geschehen, dass der Käufer mit dem getätigten Rechtsgeschäft unzufrieden ist. Dies ist an sich kein Alleinstellungsmerkmal des Unternehmenskaufs. Auch der Käufer einer Sache kann an seiner früheren Kaufentscheidung zweifeln, besonders wenn er den Kaufgegenstand nach der Abwicklung des Kaufvertrages in den Händen hält. Die Gründe können beim Kauf eines Unternehmens ebenso vielfältig sein wie bei jedem anderen, z. B. dem Sachkauf. Unter anderem kann sich der Hintergrund, vor dem die Kaufentscheidung getroffen wurde, verändert haben. Verschlechtert sich der Markt eines Produktes, kann sich das Interesse des Käufers verringern, ein Unternehmen sein Eigen zu nennen, das eben dieses Produkt herstellt. Daneben gibt es aber auch den in der Praxis bei jeglichen Käufen häufigen Fall, dass der Kaufgegenstand letztlich nicht den Vorstellungen des Käufers entspricht und er dies nach Abwicklung des Vertrages feststellt. Ist der Käufer mit dem Kaufvertrag unzufrieden, entwickelt er – oft unabhängig vom Grund der Unzufriedenheit – den Wunsch, den Kaufgegenstand, also hier das Unternehmen, gegen Rückübereignung des Kaufpreises zurückzuübertragen.

Das Gewährleistungsrecht bietet dem Sachkäufer unter gewissen Voraussetzungen die Möglichkeit des Rücktritts wegen Schlechtleistung, der grundsätzlich die Rückabwicklung des Vertrages als Rechtsfolge vorsieht, vgl. §§ 346 Abs. 1, 323, 437 Nr. 2, 434 BGB. Demnach ist es für einen in seinen Erwartungen enttäuschten Käufer einer Sache eine interessante Überlegung, ob er sich auf dieses gewährleistungsrechtliche Rücktrittsrecht berufen und so die Rückabwicklung erzwingen kann. Für einen enttäuschten Autokäufer stellt sich danach in der Regel verkürzt gesagt die Frage, ob schon bei Gefahrübergang ein Mangel vorlag, der trotz entsprechender Aufforderung vom Verkäufer nicht in angemessener Zeit beseitigt wurde.

Für den Unternehmenskauf fehlt eine spezialgesetzliche Regelung zur Gewährleistungshaftung und gerade auch zu einem Rücktritt wegen Schlechtleistung. Der frühere Ansatz der Rechtsprechung zur Gewährleistungshaftung beim Unternehmenskauf wurde mittlerweile kodifiziert[2]. Danach sind die Regelungen des Sachkaufs entsprechend anzuwenden, § 453 Abs. 1 BGB. Allerdings umging es die frühere Rechtsprechung trotz dieses schon damals geltenden Grundsatzes häufig, die Gewährleistungsregelungen des Sachkaufs bei einem Unternehmenskauf anzuwenden. Hintergrund war unter anderem, dass die Rückabwicklung (damals noch als Rechtsfolge der Wandlung) bei einem Unternehmenskauf als unpassend empfunden wurde[3].

2 Siehe BT-Drucks. 14/6040, S. 242.

3 Vgl. dazu nur *Grunewald*, ZGR 1982, 452.

Soll nun nach der erwähnten Kodifizierung bei einem Unternehmenskauf die Rückabwicklung ebenso wie bei einem Sachkauf durchgeführt werden? Die Gründe, die zu der Beurteilung der Rückabwicklung als unangemessene Rechtsfolge bei einem Unternehmenskauf führten, liegen weiterhin vor. Sie basieren auf den Besonderheiten des Unternehmens gegenüber Sachen. Daneben gibt es Unterschiede zwischen den Abläufen bei einem Unternehmens- und einem Sachkauf, die durch diese Besonderheiten bedingt werden. Sollen diese Eigenarten des Unternehmens und seines Kaufes nach dem derzeitigen Recht unberücksichtigt bleiben, oder gibt es Möglichkeiten, und wenn ja, welche, diese im Rahmen eines Rücktritts wegen Schlechtleistung zu beachten?

Die Problematik eines Rücktritts wegen Schlechtleistung ist in der Praxis von hoher Relevanz. Da der Unternehmenskauf als Chancen- und Risikengeschäft bezeichnet werden kann[4], kommt es verhältnismäßig häufig vor, dass Käufer den Kauf aus irgendeinem Grund später rückabwickeln möchten[5]. Neben denen, die sich tatsächlich an dem als Mangel gerügten Umstand stören, ist es auch für andere verlockend, sich auf eine Schlechtleistung und ein diesbezügliches Rücktrittsrecht zu berufen, wenn sich die Risiken statt der Chancen verwirklichen[6]. Für den Käufer lohnt sich dieses Vorgehen nicht immer nur in der Hoffnung, tatsächlich einen Mangel finden und diesen beweisen zu können, sodass er einen etwaigen (Schieds-)Prozess gewinnt.

Ein Verfahren über einen Rücktritt wegen Schlechtleistung beim Unternehmenskauf ist aufwendig und kann sich über einen langen Zeitraum hinziehen. Insbesondere die Beweislage ist in der Regel aufgrund der Komplexität des Unternehmens schwierig. Der Aspekt, dass ein solches Verfahren die Parteien neben der Unsicherheit über die künftige Unternehmenszuordnung auch erheblich viel Zeit und Geld kostet, ist geeignet, einen gewissen Druck auf den Verkäufer auszuüben. Grundsätzlich hat dieser ein Interesse daran, den Unternehmensverkauf als abgeschlossen zu betrachten und sich neuen Themen zuwenden zu können. Eine drohende Rückabwicklung des Kaufvertrages belastet ihn daher meist spürbar, selbst wenn die prognostizierbaren Chancen auf ein Obsiegen des Käufers gering erscheinen. Hinzu kommt, dass der Verkäufer häufig um seinen Ruf fürchten muss, sollte das Verfahren oder der Vorwurf der Schlechtleistung in der

4 So schon *Canaris*, ZGR 1982, 395, 398, ähnlich *Hommelhoff*, ZHR 140 (1976), 271, 276.

5 *Huber* berichtet, dass Praktiker sogar regelmäßig davon ausgehen, dass bei der Hälfte der Unternehmenskäufe die mit dem Kauf verknüpften Erwartungen enttäuscht werden, vgl. *Huber*, AcP 202 (2002), 179, 203.

6 *Grunewald*, in: Erman, § 437 Rdn. 7.

Branche bekannt werden. Dieser Druck auf den Verkäufer kann ihn deshalb dazu veranlassen, einem Vergleich zuzustimmen. Ein solcher Vergleich, der regelmäßig in der Zahlung eines gewissen Geldbetrages durch den Verkäufer an den Käufer besteht, kommt letztlich einer nachträglichen Herabsetzung des Kaufpreises gleich. Bereits die Aussicht auf dieses Ergebnis kann den Käufer dazu veranlassen, dass er ein Verfahren zu einem Rücktritt wegen Schlechtleistung anstrengt, auch wenn er weiß, dass er einen Mangel wohl nicht nachweisen und das Verfahren daher nicht gewinnen kann.

Trotz der hohen Praxisrelevanz gibt es kaum öffentlich zugängliche Rechtsprechung zu dieser Problematik. Die meisten Unternehmenskaufverträge enthalten nämlich eine Schiedsklausel, die ein öffentliches Verfahren verhindert[7]. Daran haben beide Parteien ein Interesse, da im Rahmen eines öffentlichen Verfahrens die Gefahr bestehen würde, dass Unternehmensinterna oder andere vertrauliche Informationen der Parteien Dritten bekannt werden[8]. Die wenige Rechtsprechung, die es zu dem Thema gibt, behandelt eher untypische Fälle und kaum komplexe Unternehmenskäufe mit großem Volumen. Die entsprechenden Urteile sind daher oft Einzelfallentscheidungen und wenig aussagekräftig.

Aber auch in der Literatur ist der Rücktritt wegen Schlechtleistung beim Unternehmenskauf nur selten Gegenstand vertiefter Analyse. Oft wird schlicht darauf verwiesen, dass der Rücktritt in Unternehmenskaufverträgen auszuschließen sei. Das erweckt den Eindruck, als seien Streitigkeiten zum Rücktritt auf diese Art und Weise ohne Weiteres zu vermeiden und kämen in der Praxis des Unternehmenskaufs kaum vor. Allerdings ist das in der scheinbaren Absolutheit nicht zutreffend. Viele Parteien meinen einen Ausschluss des Rücktritts zu vereinbaren, widmen dieser Klausel aber nur wenig Aufmerksamkeit. Unwirksame oder undeutliche Vereinbarungen können dazu führen, dass die Problematik des Rücktritts überraschend auflebt, wenn eine der Parteien den Rücktritt wünscht und einen gemeinsamen Willen bezüglich des Ausschlusses abstreitet.

Außerdem kann sich der Verkäufer bei Arglist nicht auf den Ausschluss berufen, selbst wenn er wirksam vereinbart wurde[9]. Durch den Vorwurf von Arglist kann der Käufer somit in einem Verfahren den Rücktritt doch „wieder ins Spiel

7 Vgl. *Hasselbach, Ebbinghaus*, DB 2012, 216, 218.

8 *Thiessen* vermutet, dass die Parteien zudem fürchten, dass sie nach einem durch den hohen Streitwert sehr teuren staatlichen Gerichtsverfahren ein abschließendes Ergebnis zu ihrem Streit hätten, das aber unvorhersehbar sei, vgl. *Thiessen*, Unternehmenskauf und Bürgerliches Gesetzbuch, Einleitung, S. 37.

9 Siehe § 444 BGB und dazu VII., S. 133 ff.

bringen“. Hat der Verkäufer die Anforderungen an arglistiges Verhalten fehlerhaft zu hoch eingeschätzt und ist ohne böse Absicht beispielsweise seinen Aufklärungspflichten nicht vollständig nachgekommen, setzt er sich der Gefahr aus, dass ihm arglistiges Verhalten nachgewiesen wird. Zudem kann sich für den Verkäufer überraschend herausstellen, dass einer seiner Mitarbeiter Kenntnis vom Mangel hatte und eine Arglist über die Grundsätze der Wissenszurechnung begründet werden kann. Selbst wenn der Verkäufer sich aber sicher ist, dass er den Vorwurf der Arglist nicht zu fürchten braucht, wird allein eine solche Behauptung des Verkäufers, den Druck auf ihn erhöhen. Das ohnehin schon aufwendige Verfahren kann sich durch langwierige Beweisaufnahmen zur Frage der Arglist nochmals verlängern und schon der bloße Vorwurf der Arglist ist geeignet, den Ruf des Verkäufers besonders zu schädigen.

Für den Verkäufer ist es daher in der Praxis durchaus eine naheliegende Überlegung, einem Vergleich zuzustimmen, auch wenn er weder einen Mangel noch arglistiges Verhalten als wahrscheinlich bewertet. In Kenntnis dieser Lage des Verkäufers lässt sich so mancher Käufer dazu bewegen, den Rücktritt wegen Schlechtleistung zu erklären und teilweise auch zusätzlich auf eine angebliche Arglist des Verkäufers zu verweisen, auch wenn er aus anderen Gründen als dem gerügten Mangel den Vertrag rückgängig machen möchte. Es finden sich also durchaus Fälle in der Praxis, die den Rücktritt wegen Schlechtleistung bei einem Unternehmenskauf zum Gegenstand haben. Neben den Versuchen von Käufern, nachträglich eine neue Verhandlungsbasis zu schaffen, kommen die Situationen hinzu, in denen der Käufer tatsächlich einen Mangel des Unternehmens als so störend empfindet, dass er die Rückabwicklung wünscht.

Wegen der wenigen oder meist knappen Ausführungen in Rechtsprechung und Literatur zu diesem Thema ist die Praxis gezwungen, auf vereinzelte Vorschläge in der Literatur zurückzugreifen. Sie muss zudem auf einen erfahrenen Schiedsrichter hoffen, wenn sich im Anschluss an einen Unternehmenskauf die Frage des Rücktritts wegen Schlechtleistung stellt. Diese Arbeit will versuchen, etwas Abhilfe zu schaffen. Sie stellt die aktuellen Ansatzpunkte in der Literatur zusammen, diskutiert und bewertet sie. Daneben wird die vereinzelte Rechtsprechung zum Unternehmenskauf bzw. die Übertragbarkeit von allgemeiner Rechtsprechung zum Thema Rücktritt auf den Fall des Unternehmenskaufs geprüft. Auf diesem Wege sollen ein rechtlicher Befund gefunden sowie eine Hilfe für die Praxis dafür entwickelt werden, wie ein etwaiges Rücktrittsrecht wegen Schlechtleistung bei einem Unternehmenskauf im Einzelfall zu bewerten ist.

Zuerst ist der Rahmen dieser Arbeit zu bestimmen, d. h. zu erläutern, was unter einem Unternehmenskauf zu verstehen ist. Den Besonderheiten eines Unternehmens und seines Kaufes gebührt in den folgenden Ausführungen immer wieder Beachtung. Daher werden sie vorab vorgestellt, um später an geeigneter Stelle der Rücktrittsprüfung auf sie einzugehen. Bevor sich die Arbeit dann der eigentlichen Prüfung des Rücktritts wegen Schlechtleistung beim Unternehmenskauf widmet, wird noch kurz ein Überblick über den Diskussionsstand zu diesem Thema gegeben.

Im Anschluss werden die einzelnen Regelungen, die für das Vorliegen eines Rücktrittsrechts wegen Schlechtleistung bei einem Unternehmenskauf und die Rechtsfolgen seiner Ausübung relevant sind, auf ihre Anwendbarkeit auf und Eignung für den Unternehmenskauf geprüft. Die Arbeit enthält keine Ausführungen zur Einrede der Unwirksamkeit des Rücktritts wegen Zeitablaufs[10]. Bei der Prüfung werden die Besonderheiten des Unternehmens berücksichtigt und die Bedeutung des jeweiligen Befundes für die Praxis des Unternehmenskaufs aufgezeigt.

Grundsätzlich folgt die Arbeit dem allgemeinen Prüfungsaufbau des Rücktritts wegen Schlechtleistung. Nach der Darstellung der Voraussetzung der Mangelhaftigkeit, die das Gewährleistungsrecht überhaupt erst eröffnet, wird allerdings das Thema des Haftungsausschlusses vorgezogen, bevor die allgemeine Prüfungsstruktur weiterverfolgt wird. Dies erfolgt vor dem Hintergrund, dass ein Ausschluss des Rücktrittrechts der Ausübung eines solchen entgegenstehen kann und bei einer eindeutigen Formulierung kaum Raum für Streitigkeiten zur rechtlichen Wertung lässt. Für die Praxis hat dies zur Folge, dass eine Prüfung der Rücktrittsvoraussetzungen dahinstehen kann, wenn der Rücktritt nach einer vertraglichen Regelung bereits zweifellos ausgeschlossen ist. Daher wird in der Praxis nach der Feststellung, ob ein Mangel vorliegt, grundsätzlich zuerst das Augenmerk auf einen etwaigen Ausschluss gerichtet. Dem folgt die Arbeit aufgrund ihres praktischen Bezuges.

---

10 Vgl. dazu für den Rücktritt wegen Schlechtleistung beim Unternehmenskauf § 218 Abs. 1 S. 1, 2 BGB i. V. m. §§ 438, 453 Abs. 1 Alt. 1 (Share Deal) oder 2 (Asset Deal) BGB. Nach § 438 Abs. 1 Nr. 3 BGB beträgt die Mindestverjährung des in § 218 Abs. 1 S. 1, 2 BGB in Bezug genommenen (hypothetischen) Nacherfüllungsanspruchs zwei Jahre. Dies führt im Vergleich mit der Verjährung nach früherem Recht, die grundsätzlich nur sechs Monate betrug (§ 477 Abs. 1 BGB a. F.), zu sachgerechteren Ergebnissen – gerade auch bei einem Unternehmenskauf. Vgl. dazu *Thiessen*, Unternehmenskauf und Bürgerliches Gesetzbuch, C. VIII. 5., S. 272 ff.

II. Der Unternehmenskauf

Hintergrund und Rahmen der vorliegenden Fragestellung ist der Unternehmenskauf. Sowohl der erste Bestandteil dieses Begriffs als auch der Vorgang, den der Begriff insgesamt bezeichnet, bedürfen einer näheren Betrachtung.

1. Kaufgegenstand: Unternehmen

Der Kaufgegenstand eines Unternehmenskaufs scheint sich mühelos aus der genannten Bezeichnung selbst ableiten zu lassen: ein Unternehmen. Bisher hat sich allerdings keine juristisch allgemeingültige Definition des „Unternehmens" herausgebildet[11]. Mangels Legaldefinition befasste sich der BGH mit diesem Begriff. Insbesondere das UWG[12] und die Konzernhaftung boten Anlass dazu[13]. In Hinblick auf diese und weitere spezielle Themen[14] entwickelte sich daher ein gewisses Verständnis für die Bezeichnung „Unternehmen". So kann man heute durchaus in einzelnen Bereichen auf anerkannte Definitionen des Unternehmensbegriffs zurückgreifen. Sie unterscheiden sich allerdings. Bei der Frage, was unter einem Unternehmen im konkreten Fall zu verstehen ist, berücksichtigt die

---

11 BGHZ 31, 105, 109; BGHZ 69, 334, 336; BGH NJW 1979, 2401, 2401; BGH NJW 1988, 1668, 1669; *Quack*, ZGR 1982, 350, 351; *Lange*, ZGS 2003, 300; *Schmidt*, Handelsrecht, § 4 I. 1. a.; *Beisel*, in: Der Unternehmenskauf, Kap. 1 Rdn. 12; grundlegend: *Hommelhoff*, Die Sachmängelhaftung beim Unternehmenskauf, S. 6 ff. Für eine umfassende Aufarbeitung von der Unternehmenslehre seit der Jahrhundertwende bis 1969 vgl. *Raiser*, Das Unternehmen als Organisation.

12 Gesetz gegen den unlauteren Wettbewerb, zuletzt durch das 1. Gesetz zur Änderung des Gesetzes gegen unlauteren Wettbewerb (1. UWGÄndG) vom 22. Dezember 2008 modifiziert, um europarechtliche Vorgaben umzusetzen.

13 Vgl. z. B. zum UWG: BAG GRUR 2006, 244, 245 („auf eine gewisse Dauer angelegte, selbstständige wirtschaftliche Betätigung, die darauf gerichtet ist, Waren oder Dienstleistungen gegen Entgelt zu vertreiben"); zur Konzernhaftung: BGH NJW 1986, 188; NJW 1989, 1800; NJW 1991, 3142; NJW 1993, 1200; NJW 1994, 446; *Schmidt*, AG 1994, 189, 191 ff.

14 Beispielsweise das Kartellrecht (§§ 19 ff.; 35 ff. GWB).

Rechtsprechung nämlich insbesondere den Zweck, der mit dem jeweiligen Gesetz verfolgt wird[15]. Einen einheitlich für das gesamte Zivilrecht gültigen Unternehmensbegriff haben die Gerichte bisher nicht begründet[16].

Seit der Einführung des § 14 Abs. 1 BGB[17] durch Gesetz vom 27. Juni 2000 liegt mittlerweile eine gesetzliche Definition des „Unternehmers" für das Verbraucherschutzrecht vor. Danach ist ein Unternehmer eine natürliche oder juristische Person oder eine rechtsfähige Personengesellschaft, die bei Abschluss eines Rechtsgeschäfts in Ausübung ihrer gewerblichen oder selbständigen beruflichen Tätigkeit handelt, vgl. § 14 Abs. 1 BGB. Aber auch diese Definition erfolgte vor einem speziellen Hintergrund, nämlich den Unternehmer gegenüber dem Verbraucher abzugrenzen. Auf andere Situationen kann die Bedeutung der Regelung daher nicht ausgeweitet werden[18], so auch nicht auf den Unternehmenskauf. Zudem wäre zweifelhaft, von einer Beschreibung eines Unternehmers auf eine Definition des Unternehmens selbst zu schließen.

Es gibt verschiedene Versuche, eine allgemeingültige Definition zu formulieren[19]. In früheren Diskussionen wurden die Gewinnerzielungsabsicht und die Existenz von gewissen, nicht zwingend am Gewinn orientierten Unternehmenszielen vorgeschlagen. Hintergrund für Letzteres war, dass Gesellschaften mit kulturellen, gemeinnützigen oder wissenschaftlichen Aufgaben nicht vom Unternehmensbegriff ausgeschlossen sein sollten[20]. Mittlerweile wird ungeachtet von

---

15 Vgl. BGH NJW 1979, 2401, 2401; *Schmidt*, Handelsrecht, § 4 I. 2.

16 BGH NJW 1979, 2401, 2401; BGH NJW 1988, 1668, 1669; *Beisel*, in: Der Unternehmenskauf, Kap. 1 Rdn. 12; *Rotthege*, in: Unternehmenskauf bei der GmbH, 1. Kap. Rdn. 10; *Hölters*, in: Handbuch Unternehmenskauf, Teil I, Rdn. 2; grundlegend *von Gierke*, ZHR 111 (1946), 1.

17 Ausgehend von den europäischen Verbraucherschutzregelungen durch Gesetz vom 27. Juni 2000 mit Wirkung vom 30. Juni 2000 eingeführt; neugefasst mit Bekanntgabe vom 02. Januar 2002 mit Wirkung vom 01. Januar 2002.

18 *Schmidt-Räntsch*, in: BeckOK BGB, § 14, Rdn. 1; *Micklitz*, in: MüKo BGB, § 14 Rdn. 1.

19 Insbesondere *Schmidt* regte die diesbezügliche Diskussion zuletzt an, als er anlässlich Reformüberlegungen einer Bund-Länder-Arbeitsgruppe zum Handelsrecht für die Neuorientierung des HGB hin zu einem Unternehmensgesetzbuch warb, vgl. *Schmidt*, DB 1994, 515 ff.

20 So *Raiser*, der das Unternehmen wie folgt definiert: „… eine auf der organisatorischen Verbindung von personellen und sachlichen Mitteln beruhende autonome rechtliche Einheit, die nach ökonomischen Methoden arbeitet und wirtschaftliche Werte hervorbringt, um über den Markt das Interesse der Allgemeinheit an seinen Erzeugnissen und mit dem Erlös die Einkommenswünsche und sonstigen Bedürfnisse der an ihm beteiligten Anteilseigner, Arbeitnehmer und Unternehmensleiter zu befriedigen.",

Unternehmenszielen insbesondere das Auftreten am Markt als entscheidendes Kriterium der Unternehmenseigenschaft angesehen. Erst dieses Merkmal mache aus der wirtschaftlichen Einheit einen gemeinsamen rechtlichen Anknüpfungspunkt für Rechtsverhältnisse, der das Unternehmen im Privatrechtsverkehr kennzeichne[21]. Neben der Einbindung in den Markt werden zusätzlich Innenbeziehungen des Unternehmens (der sogenannte „Betrieb“) verlangt[22].

Ein Unternehmen beinhaltet neben Sachsubstanz und Rechten auch Immaterialgüter wie beispielsweise kaufmännische und betriebstechnische Fertigkeiten (z. B. Betriebsgeheimnisse), die als Goodwill bezeichnet werden können[23]. Die Unternehmensorganisation verbindet die verschiedenen Elemente und gewährt so Funktionalität. Dadurch kann das Unternehmen am Markt agieren und knüpft Beziehungen nach außen, insbesondere zu Kunden und Lieferanten[24]. Um diese Funktionsweise und die Eigenart eines Unternehmens angemessen widerzuspiegeln, ist es zutreffend, den Begriff des Unternehmens nur bei solchen Gebilden zu verwenden, die Innenbeziehungen aufweisen, d. h., einen Betrieb besitzen, und zugleich durch Außenbeziehungen in den Markt eingebunden sind. Die Bezeichnung „Unternehmen“ umfasst so neben verschiedenen Vermögenswerten auch Funktionszusammenhänge, die im Rahmen der Unternehmertätigkeit bestehen[25]. Ein Unternehmen ist demnach eine Gesamtheit sowohl von Sachen und Rechten als auch von unternehmerischen Handlungen und tatsächlichen Beziehungen sowie Erfahrungen[26].

Weitere Umstände sollten nicht Voraussetzung für die Begriffsverwendung sein, auch wenn sie in der Regel unproblematisch bei einem Unternehmen vorliegen wie beispielsweise Unternehmensziele. Um überhaupt eine eigenständige Bedeutung zu erlangen, wären sie noch näher zu definieren. Durch eine Konkretisierung läuft man aber Gefahr, dass Gebilde vom Unternehmensbegriff ausgegrenzt werden, weil ihre Eigenschaften von den genau gefassten, weiteren

---

Raiser, ZHR 144 (1980), 206, 229. Die Gewinnerzielungsabsicht als Merkmal ablehnend schon *von Gierke*, ZHR 111 (1946), 1, 6.

21 *Schmidt*, Handelsrecht, § 4 I. 2.

22 *Beisel*, in: Der Unternehmenskauf, Kap. 1 Rdn. 16; *Schmidt*, Handelsrecht, § 4 I. 2.: „ein Mindestmaß an organisierter Einheit“.

23 Vgl. BGH NJW 1999, 784, 785 f.; zum sog. inneren Wert eines Unternehmens in der deutschen Konsolidierungspraxis: *Küting*, DStR 2011, 1676.

24 *Keil*, Fehlerhafte Unternehmenskäufe, S. 101.

25 Für dieses Verständnis auch *Beisel*, in: Der Unternehmenskauf, Kap. 1 Rdn. 14, ähnlich *Rotthege*, in: Unternehmenskauf bei der GmbH, 1. Kap. Rdn. 10.

26 Vgl. *Ballerstedt*, ZHR 134 (1970), 251, 260; *Picot*, in: Unternehmenskauf und Restrukturierung, Teil I. Rdn. 6.

Anforderungen im Detail abweichen, ohne dass dies auf das Gesamtgefüge Auswirkungen hat. Dies wäre nicht sachgerecht, da mangels sachdienlicher Differenz keine andere Behandlung des infrage stehenden Gebildes gerechtfertigt ist. Ohne Konkretisierung wäre eine sehr offen gehaltene weitere Voraussetzung, wie z. B. irgendwelche Unternehmensziele, dagegen unschädlich, aber zugleich überflüssig. Die Definition sollte damit nicht belastet werden. Ebenso wie die Existenz von irgendwelchen oder sogar bestimmten Unternehmenszielen ist auch die Einordnung als Handelsgewerbe[27] unerheblich für die Frage, ob ein Unternehmen vorliegt. Der Unternehmensbegriff beinhaltet somit nicht nur Tätigkeiten, die unter den Gewerbebegriff fallen, sondern ebenso solche von Freiberuflern[28].

Auch wenn sich bisher keine allgemeingültige Definition des „Unternehmens" herausgebildet hat, besteht Einigkeit darüber, dass es Gegenstand des Rechtsverkehrs sein kann. Bis es erlischt, kann ein Unternehmen demnach gekauft und verkauft werden[29]. Allerdings kann es nur durch seinen Unternehmensträger zum Kaufgegenstand gemacht werden. Das Unternehmen selbst ist nicht rechtsfähig. Sowohl eine natürliche oder juristische Person[30] als auch eine Personen- oder Handelsgesellschaft können für das Unternehmen im Rechtsverkchr auftreten[31].

2. Arten des Kaufs

Der Kauf eines Unternehmens kann auf verschiedene Arten erfolgen. Hintergrund ist, dass ein Unternehmen nicht als einheitliches Verfügungsobjekt anzusehen ist. Auch wenn es als Einheit Gegenstand eines schuldrechtlichen Rechtsgeschäfts sein kann[32], kann es dagegen im Rahmen der Erfüllung eines solchen Kaufvertrages nicht

27 Vgl. §§ 1 Abs. 2, 2, 3 Abs. 2 HGB.

28 Vgl. dazu BGH NJW 1989, 763 (Verkauf einer Arztpraxis); *Schmidt*, Handelsrecht, § 4 I. 3.; *Rotthege*, in: Unternehmenskauf bei der GmbH, 1. Kap. Rdn. 10. Zur kartellrechtlichen Unternehmenseigenschaft: BGHZ 67, 81, 84.

29 RGZ 63, 57; RGZ 102, 127; RGZ 138, 354; BGH NJW 1970, 556; BGH, BB 2002, 903; von *Gierke*, ZHR 111 (1946), 1, 14; *Hommelhoff*, Die Sachmängelhaftung beim Unternehmenskauf, S. 13.

30 So kann beispielsweise eine GmbH, die nach § 13 GmbHG eine rechtsfähige juristische Person ist, Unternehmensträgerin sein. Ausführlich zum Unternehmenskauf in diesem Fall s. *Rotthege*, in: Unternehmenskauf bei der GmbH, 1. Kap. ff.

31 *Picot*, in: Unternehmenskauf und Restrukturierung, Teil I. Rdn. 6; *Semler*, in: Handbuch Unternehmenskauf, Teil VII Rdn. 3; *Beisel*, in: Der Unternehmenskauf, Kap. 1 Rdn. 22; ausführlich schon *Schmidt*, Handelsrecht, § 4 IV. 1., 2.

32 Vgl. II. 1., S. 7 ff.

als Ganzes auf den Käufer übertragen werden. Auf der Ebene des dinglichen Vollzuges ist schließlich der sachenrechtliche Spezialitätsgrundsatz zu beachten[33]. An dieser Beurteilung hat auch die Einführung des § 453 Abs. 1 Alt. 2 BGB nichts geändert. Diese Regelung soll zwar gerade auch für den Kaufgegenstand „Unternehmen" gelten[34]. Sie betrifft nach ihrer systematischen Stellung im Besonderen Schuldrecht aber lediglich das kaufrechtliche Verpflichtungsgeschäft und erlaubt daher nur diesbezüglich eine Betrachtung des Unternehmens als Einheit[35]. Der dingliche Vollzug bleibt von der Vorschrift unberührt, sodass er bei einem Unternehmenskaufvertrag nicht im Wege der Übertragung einer funktionalen Einheit „Unternehmen" erfolgen kann.

Stattdessen ist das Unternehmen auf dieser Ebene bzw. sachenrechtlich als Vielheit zu behandeln[36]. Für den dinglichen Vollzug ist also ein Weg zu suchen, der im Ergebnis die Übertragung des schuldrechtlich verkauften Unternehmens darstellen muss. Dazu gibt es verschiedene Möglichkeiten[37]. Neben der Verschmelzung nach dem Umwandlungsgesetz wählt die Praxis insbesondere den sog. Asset Deal und den sog. Share Deal. In der vorliegenden Arbeit sollen Asset und Share Deal als die Grundtypen der Unternehmensübertragung und klassische Arten des Unternehmenskaufs betrachtet werden. Die Art, wie der Kaufvertrag dinglich vollzogen wird, wird dabei schon im Rahmen des Verpflichtungsgeschäfts bestimmt. Sie wirkt sich nämlich bereits auf die Gestaltung des Kaufvertrages aus.

a. Asset Deal

Als Asset Deal wird die Art des Unternehmenskaufs bezeichnet, bei der der Käufer das Unternehmen mittels der Übertragung der einzelnen, zum Unternehmen gehörenden Sachen, Rechte und sonstigen Vermögenswerte (der einzelnen Positionen des Unternehmensvermögens) erwirbt[38]. Um zu gewähren, dass sämtliche mit dem Unternehmen verbundenen Vermögensgegenstände Inhalt des Kaufvertrages

---

33 *Schmidt*, Handelsrecht, § 6 I.

34 So die Gesetzesbegründung; vgl. BT-Drucks. 14/6040, S. 202, 242. Ausführlich dazu unter V. 1., S. 40 ff.

35 *Wolf, Kaiser*, DB 2002, 411, 411.

36 Mit dieser Begrifflichkeit *Schöne*, ZGR 2000, 86, 92.

37 Zur Auflistung verschiedener Arten und Kategorien eines Unternehmenskaufs, s. *Weber-Rey*, in: Arbeitshandbuch Unternehmensübernahmen, Bd. 1, § 11 Rdn. 1 ff.

38 Vgl. *Beckmann*, in: Staudinger, § 453 Rdn. 26; *Picot*, in: Unternehmenskauf und Restrukturierung, Teil I. Rdn. 27; *Rotthege*, in: Unternehmenskauf bei der GmbH, 1. Kap. Rdn. 39.

werden, müssen sie im Kaufvertrag erfasst und aufgelistet sein[39]. Im Rahmen der Abwicklung werden sie dann von ihrem bisherigen Rechtsträger abgetrennt und auf den Käufer übertragen. Auch wenn es dadurch im Ergebnis zur Übertragung der gesamten Aktiva und Passiva des Unternehmens kommt, bleibt der Asset Deal in rechtlicher Hinsicht ein Kauf durch Einzelübertragung. Dementsprechend richtet sich die Übertragung nach den jeweils für die Einzelteile des Unternehmens geltenden Vorschriften (§§ 873, 925 BGB für Grundstücke; §§ 929 ff. BGB für bewegliche Sachen; §§ 398 ff., 413 BGB für Forderungen und Rechte usw.)[40].

Um trotz der Singularsukzessionen einen Kauf mit dem Gegenstand „Unternehmen" annehmen zu können, muss das Unternehmen als Ganzes verkauft werden, wobei eine wirtschaftliche Gesamtbetrachtung vorzunehmen ist. Danach müssen zumindest die wesentlichen Bestandteile des Unternehmens verkauft werden, die das Unternehmen charakteristisch prägen und nötig sind, um das Unternehmen als solches weiterzuführen[41]. Dementsprechend setzt die Lieferung eines Unternehmens auch voraus, dass der Verkäufer den gesamten Organismus, der das Unternehmen ausmacht, an den Käufer überleitet[42].

b. Share Deal

Der Share Deal bezeichnet einen Unternehmenskauf im Wege des Beteiligungserwerbs[43]. Der unmittelbare rechtliche Kaufgegenstand ist dabei die Gesellschafterbeteiligung des Verkäufers an dem Rechtsträger des Unternehmens[44]. Somit handelt es sich um einen Rechtskauf, der durch die Abtretung der Gesellschaftsrechte dinglich vollzogen wird[45]. Durch die damit einhergehende Übertragung des Rechtsträgers auf den

---

39 *Lieb*, in: MüKo HGB, § 25 Anh. 3 ff.; *Rotthege*, in: Unternehmenskauf bei der GmbH, 1. Kap. Rdn. 40; *Klein-Blenkers*, NZG 1999, 185, 186.

40 *Niewiarra*, Unternehmenskauf, S. 61; *Holzapfel, Pöllath*, Unternehmenskauf, Rdn. 231.

41 Vgl. BGH WM 2002, 446, 448; *Hölters*, in: Handbuch Unternehmenskauf, Teil I Rdn. 4; *Picot*, in: Unternehmenskauf und Restrukturierung, Teil I. Rdn. 27.

42 BGH NJW 1968, 392, 393; *Schmidt*, Handelsrecht, § 6 I. 2.; *Picot*, in: Unternehmenskauf und Restrukturierung, Teil I. Rdn. 47; *Picot*, in: Handbuch Mergers & Acquisitions, VI. 1. c) aa).

43 Vgl dazu schon BGH NJW 1976, 236.

44 *Picot*, in: Unternehmenskauf und Restrukturierung, Teil I. Rdn. 28; *Niewiarra*, Unternehmenskauf, III. 1. b); *Beisel*, in: Der Unternehmenskauf, Kap. 1 Rdn. 28.

45 Vgl. RGZ 86, 146, 149; *Hiddemann*, ZGR 1982, 435, 438; *Westermann*, in: MüKo BGB, § 433 Rdn. 14; *Büdenbender*, in: NK-BGB, § 453 Rdn. 18; *Semler*, in: Handbuch Unternehmenskauf, Teil VII Rdn. 8; *Klumpp*, in: Der Unternehmenskauf,

Käufer erhält dieser Einfluss auf das Unternehmen, das der Rechtsträger betreibt.[46]. Das Unternehmen selbst bzw. seine aktiven und passiven Vermögenswerte bleiben bei diesem Vorgang unberührt. Sie sind auch weiterhin dem bisherigen Rechtsträger zugeordnet. Allein die Inhaberschaft an dessen Gesellschafterrechten wechselt[47].

Um einem Unternehmenskauf gleichgestellt zu werden, muss der Beteiligungserwerb wesentliche Charakteristika eines solchen aufweisen. Nach der Auffassung des BGH ist die unternehmerische Leitungsmacht des Käufers maßgeblich. Ein Unternehmenskauf liege vor, wenn der Käufer eine beherrschende Stellung erwerbe, bei der seine Leitungsmacht nicht entscheidend beeinträchtigt werden könne durch Beteiligungen, die bei dem Verkäufer oder einem Dritten verbleiben[48]. Zudem müsse der Wille der Parteien auf einen Unternehmenskauf gerichtet sein[49]. Eine genaue, allgemein geltende Grenze ergibt sich aus dieser wirtschaftlichen Betrachtungsweise nicht. Für die Frage, ob der Käufer eine beherrschende Stellung erwirbt, kann die zu erwerbende Beteiligungsquote ein Hinweis sein. Die bisher im Einzelfall gerichtlich festgelegten Werte, bei denen ein Unternehmenskauf angenommen wurde, schwanken aber von 50 % bis 95 % Beteiligung an dem Rechtsträger[50].

Die Gleichstellung eines Beteiligungserwerbs mit einem Unternehmenskauf hat hinsichtlich der Mängelhaftung weitreichende Bedeutung. So ist ein Unternehmensmangel nicht zwingend zugleich ein Mangel des verkauften Gesellschaftsanteils. Der Verkäufer haftet nur dann ohne gesonderte Vereinbarung[51] für

---

Kap. 16 Rdn. 15; *Picot*, in: Unternehmenskauf und Restrukturierung, Teil I. Rdn. 28; *Rotthege*, in: Unternehmenskauf bei der GmbH, 1. Kap. Rdn. 42; *Berger*, in: Jauernig, § 453 Rdn. 16; *Thiessen*, in: MüKo HGB, Anhang zu § 25 Rdn. 112.

46 *Picot*, in: Unternehmenskauf und Restrukturierung, Teil I. Rdn. 30; *Holzapfel, Pöllath*, Unternehmenskauf, Rdn. 231; *Stiller*, BB 2002, 2619.

47 *Semler*, in: Handbuch Unternehmenskauf, Teil VII Rdn. 6; *Rotthege*, in: Unternehmenskauf bei der GmbH, 1. Kap. Rdn. 41; *Picot*, in: Handbuch Mergers & Acquisitions, VI. 1. c) bb).

48 BGH NJW 1969, 148; BGH WM 1975, 230; OLG Hamburg WM 1994, 1378. BGH NJW 2002, 1042, 1043. Zur Abgrenzung von reinem Beteiligungserwerb und Unternehmenskauf siehe auch schon grundlegend *Hommelhoff*, ZGR 1982, 366 sowie *Grunewald*, ZGR 1981, 622, 639 ff.; *Westermann*, ZGR 1982, 45.

49 BGH NJW 1980, 2408, 2409; *Lange*, ZGS 2003, 300, 304; *Berger*, in: Jauernig, § 453 Rdn. 16; BGH WM 1980, 1006 (i. Erg. verneinend).

50 Aufstockung um weitere 50 %: BGH WM 1980, 284, 287; 75 %: BGH NJW 1980, 2408; 90 % und mehr: BGH NJW 1976, 236, 237; BGH NJW 1977, 1536; schon grundlegend zu dieser Thematik: *Hommelhoff*, ZGR 1982, 366.

51 Auch bei einem reinen Anteilskauf können die Parteien eine Haftung für die Unternehmensbeschaffenheit vereinbaren, indem sie sich auf eine entsprechende Garantie

die Beschaffenheit des Unternehmens, wenn er auch ein Unternehmen und nicht nur einen Gesellschaftsanteil (Rechte) verkauft hat[52]. Daher ist der Ansicht des BGH zuzustimmen, d. h., nicht nur der Kauf sämtlicher Anteile einem Unternehmenskauf gleichzustellen, sondern die Beherrschungsmöglichkeit des Käufers nach Vertragsdurchführung maßgeblich. Wenn sie vorliegt, stellt sich der Beteiligungserwerb objektiv nach der Verkehrsauffassung als Unternehmenskauf dar. Wenn der Käufer die Satzung und somit vor allem den Unternehmensgegenstand modifizieren kann, hat er das Unternehmen erworben[53]. Auch in subjektiver Hinsicht ist in diesem Fall mangels anderer Anhaltspunkte davon auszugehen, dass nach dem Willen der Parteien das Unternehmen verkauft werden soll, das von dem Rechtsträger betrieben wird, dessen Gesellschaftsrechte unmittelbarer Kaufgegenstand sind. Ein weiteres Indiz für diesen Parteiwillen ist, wenn sich der Kaufpreis nicht an den Anteilen, sondern am gesamten Unternehmen orientiert[54]. Bei der Beurteilung, ob der Käufer eine beherrschende Stellung erwirbt, muss im Einzelfall auf spezielle Einflussmöglichkeiten des Verkäufers oder von Dritten geachtet werden. Solche können sich beispielsweise durch die Gestaltung des Gesellschaftsvertrages ergeben[55]. Liegen keine Besonderheiten vor, die die Leitungsmacht des Käufers beeinträchtigen könnten, kann als Richtwert bei einer Beteiligung von 75,1 % ein Unternehmenskauf angenommen werden[56].

Kommt man nach der wirtschaftlichen Betrachtungsweise zur Annahme eines Unternehmenskaufs, so ist der Kaufvertrag erst mit der Lieferung des Unternehmens erfüllt. Diese umfasst ebenso wie beim Asset Deal die Einführung in die Gegebenheiten des Unternehmens in der Weise, dass man es als solches fortführen kann[57]. Die Verpflichtungen des Verkäufers gehen damit weiter als im Rahmen eines bloßen Beteiligungserwerbs.

---

einigen oder nach teilweise vertretender Ansicht auf eine Beschaffenheitsvereinbarung. Vgl. dazu VI. 3., S. 123 ff.

52 *Klumpp*, in: Der Unternehmenskauf, Kap. 16 Rdn. 16; *Tietmeyer*, in: Unternehmenskauf bei der GmbH, 9. Kap. Rdn. 56.

53 Vgl. *Aderhold*, DStR 1991, 844, 845.

54 In diese Richtung auch BGH NJW 1980, 2408, 2409.

55 BGH WM 1980, 1006.

56 Ebenso *Picot*, in: Handbuch Mergers & Acquisitions, VI. 1. f) aa) (2).

57 Vgl. BGHZ 138, 195, 205 Danach sind dem Erwerber die vorhandenen Sachmittel zu übertragen, der Veräußerer muss sich zurückziehen und er muss dem Erwerber die tatsächliche und rechtliche Möglichkeit einräumen, sich über sämtliche Geschäftsvorgänge zu unterrichten und die Geschicke des Unternehmens in die Hand zu nehmen.

III. Das Unternehmen als besonderer Kaufgegenstand

Was unter einem Unternehmen zu verstehen ist, bleibt schwer zu definieren[58]. Dies zeigt bereits, wie facettenreich der Kaufgegenstand Unternehmen ist. Die verschiedenen Aspekte, die ein Unternehmen bietet, und deren Ausgestaltung führen auch dazu, dass die Bewertung eines Unternehmens Schwierigkeiten bereitet und sein Kauf neben Chancen immer auch Risiken birgt. Dies ist aber nur eine der Besonderheiten des Unternehmens, die hier aufgezeigt werden sollen. Sie unterscheiden das Unternehmen – mal weniger, mal mehr – von einer Sache im strengen sachenrechtlichen Sinn. In der Summe lassen sie den Schluss zu, dass ein Unternehmen mit einer Sache nicht ohne Weiteres vergleichbar ist. Im früheren Recht wurde wegen dieser Differenzen von einigen Literaturstimmen eine analoge Anwendung der Gewährleistungsregelungen des Sachkaufs auf den Unternehmenskauf abgelehnt[59], auch wenn die Rechtsprechung diese analoge Anwendung grundsätzlich praktizierte[60].

Mittlerweile hat der Gesetzgeber die entsprechende Anwendung gesetzlich bestimmt (vgl. § 453 Abs. 1 Alt. 2 BGB)[61]. Insbesondere, wenn man die im Folgenden dargestellten Besonderheiten betrachtet, bleibt unabhängig davon die Feststellung zutreffend, dass sich Unternehmen von Sachen unterscheiden. Die einzelnen Aspekte, die typisch für ein Unternehmen sind und den Unternehmenskauf prägen, sind deshalb im Rahmen der nach dem Gesetz analog anzuwendenden Regelungen zu berücksichtigen, sofern und soweit erforderlich und möglich[62]. Im weiteren Fortgang wird diese Arbeit die Besonderheiten des Unternehmens

---

58 Vgl. dazu bzw. zur Definition eines Unternehmens schon II. 1., S. 7 ff.

59 Ausführlich *Canaris*, ZGR 1982, 395, 398; vgl. auch *Zimmer*, NJW 1997, 2346, 2349; zum damaligen Diskussionsstand s. *Grunewald*, ZGR 1982, 452; für eine modifizierte Anwendung beim Unternehmenskauf wegen der Unterschiede: *Hommelhoff*, ZHR 140 (1976), 271, 276.

60 Grundlegend RGZ 63, 57; RGZ 67, 86; RGZ 98, 289, 292; anschließend BGH NJW 1959, 1584, 1585; BGH NJW 1977, 1538; zustimmend: *Prölss*, ZIP 1981, 337; *Honsell*, in: Staudinger, 12. Auflage (1978), § 433 Rdn. 21, § 459 Rdn. 4.

61 Siehe dazu V., S. 39 ff.

62 Zum Umfang der Berücksichtigung vgl. ausführlich V., S. 39 ff.

bzw. des Unternehmenskaufs bei den jeweiligen Regelungen zum Rücktritt aufgreifen, sofern sie von diesen berührt werden oder eine Relevanz für sie haben. Ob sich daraus eine besondere Handhabe der Regelungen für den Unternehmenskauf ergibt und gegebenenfalls welche sowie die Bedeutung des Befundes für die Praxis, wird an entsprechender Stelle erläutert. Vorab sollen die für den Rücktritt relevantesten Besonderheiten hier allerdings im Überblick vorgestellt werden.

1. Bewertung und Beurteilung des Unternehmens

Der Kaufgegenstand Unternehmen beinhaltet Sachen und Rechte, die einzeln selbst Gegenstand des Rechtsverkehrs sein können und wertbildende Faktoren des Unternehmens darstellen. Daneben gehört zum Kaufgegenstand Unternehmen aber ebenso der immaterielle Wert des Unternehmens (sogenannter Goodwill), dessen Inhalt im Vergleich zu den beiden Kategorien Sachen und Rechte schwerer erfassbar ist und insbesondere Aspekte wie den Ruf des Unternehmens und Fachkenntnisse von Mitarbeitern enthält[63]. Auch wenn für die Unternehmensbewertung verschiedene Methoden entwickelt wurden[64], entzieht sich das Unternehmen doch einer genauen, verlässlichen Beurteilung. Die Methoden basieren grundsätzlich auf der Analyse des Istzustandes des Unternehmens und Prognosen der künftig erwarteten Überschüsse[65]. Die Prognosen bauen auf vergangenheitsbezogenen Werten und/oder Annahmen gewisser Umstände in der Zukunft auf. Das Risiko, dass sich diese Umstände anders entwickeln als bisher oder erwartet sowie der Einfluss unberücksichtigter Faktoren, ist den Methoden somit immanent[66].

---

63 Zum Inhalt und zur Bedeutung des Goodwill, s. BGH NJW 1999, 784, 785 f.; *Küting*, DStR 2011, 1676.

64 Vgl. BGH NJW 1991, 1547, 1548; *Barthel*, DB 1996, 149; *Born*, DB 1996, 1885; *Küntzel*, DStR 2000, 1103; *Kuckenburg*, FPR 2009, 290 (Unternehmensbewertung im Zugewinnausgleichsverfahren). Wegen ihrer Relevanz besonders hervorzuheben sind die modifizierte Ertragswertmethode (von der Rechtsprechung vornehmlich angewandt, z. B. BGH NJW 2011, 999), die Discounted-Cashflow-Methode und das marktwertorientierte bzw. sog. Multiplikatorverfahren, vgl. dazu jeweils *Widmann*, in: Handbuch Unternehmenskauf, Teil II Rdn. 45 ff., 70 ff., 119 ff.; *Kohl*, in: Beck'sches Handbuch zur AG, § 24 Rdn. 16 ff., 19 ff., 22 ff.

65 *Widmann*, in: Handbuch Unternehmenskauf, Teil II Rdn. 35; *Wassermann*, in: Unternehmenskauf bei der GmbH, 4. Kap. Rdn. 52 ff.

66 Vgl. *Volk*, DStR 2005, 752; *Picot*, in: Unternehmenskauf und Restrukturierung, Teil V. Rdn. 63; *Wassermann*, in: Unternehmenskauf bei der GmbH, 4. Kap. Rdn. 52.

Der Kaufinteressent bewertet ein Unternehmen allerdings nicht nur mit Blick auf seinen Gesamtwert, um eine Basis für den von ihm zu bietenden Kaufpreis zu ermitteln. Er benötigt eine Grundlage, auf der er entscheiden kann, ob und wie sehr das Unternehmen für seine Zwecke infrage kommt. Hierzu versucht er einzelne spezifische Aspekte des Unternehmens zu beurteilen, die für ihn besonders wichtig sind. In der Regel werden dies unter anderem Funktionszusammenhänge des Unternehmens sein. Gerade diese sind schwer zu beurteilen. Während der Interessent aus seinem Blickwinkel zumindest noch in den Grundzügen die Positionierung des Unternehmens auf dem Markt nachvollziehen kann, kann er die Verhältnisse des Unternehmens beispielsweise zu seinen Lieferanten schon nur erahnen oder sich auf in der Regel unbestätigte Informationen aus der Branche verlassen.

Für die Kaufentscheidung des Interessenten sowie den Wert eines Unternehmens ist es aber von maßgeblicher Bedeutung, ob die Beziehungen des Unternehmens zu seinem Umfeld ebenso wie die internen Verhältnisse (der Betrieb) stabil sind. Liegen hier Störungen vor, wirkt sich dies grundsätzlich unmittelbar oder zumindest mittelbar auf die wirtschaftliche Stärke des Unternehmens aus. Belastete Geschäftsbeziehungen können bei Ablauf eines langfristigen Vertrages zutage treten, wenn der bisherige Geschäftspartner aus Unzufriedenheit über das Geschäftsgebaren des Unternehmens einem Anschlussvertrag nur zu für ihn im Vergleich zum früheren Vertrag viel günstigeren Konditionen zustimmt. Schlechte interne Abläufe eines Unternehmens können die Tätigkeit des Unternehmens behindern, indem sie beispielsweise zu Zeitverzögerungen und Missverständnissen führen. Behebt der Käufer solche Beeinträchtigungen nicht, kann er im schlimmsten Fall die von ihm erwarteten, wirtschaftlichen Ziele nicht erreichen[67]. Entscheidet sich der Käufer für eine Beseitigung, kostet ihn grundsätzlich auch diese Zeit und Aufwand, die er selten einkalkuliert hat bzw. mangels vorheriger Kenntnis kaum im richtigen Maße einpreisen konnte[68].

In der Praxis kann der Interessent versuchen, aus den ihm zugänglich gemachten Unterlagen Rückschlüsse auf Umstände des Unternehmens wie z. B. das

67 Solange es sich nur um einzelne Schwierigkeiten handelt, über die keine gesonderte Vereinbarung geschlossen wurde, und die Fortführung des Unternehmens trotzdem weiterhin möglich ist, liegt regelmäßig noch kein Mangel vor, sodass der Käufer den Verkäufer hier nicht in Anspruch nehmen kann. Vgl. dazu VI. 2. a. 2) a), S. 95 ff.

68 Der Käufer wird berechnen, ob es für ihn wirtschaftlich günstiger ist, die Folgen der Beeinträchtigung hinzunehmen oder den Aufwand ihrer Beseitigung zu tragen. Nicht einkalkulierte Belastungen entstehen ihm aber in jedem Fall, unabhängig von seiner Entscheidung.

Verhältnis zu Lieferanten zu ziehen. In welchem Zustand die Innen- und Außenbeziehungen des Unternehmens aber im Detail sind, insbesondere in welcher Art und Weise sie zum Unternehmenswert beitragen und für seine hinter dem Kaufinteresse stehenden Absichten geeignet sind, kann er jedoch regelmäßig erst dann verlässlich beurteilen, wenn er das Unternehmen gekauft und die Leitungsmacht übernommen hat.

Neben der gründlichen Auswertung und Analyse von Informationen, die der Verkäufer zur Verfügung stellt[69], kann der Käufer sich dafür einsetzen, dass die fraglichen Aspekte in der Vertragsgestaltung berücksichtigt werden. So kann sich der Käufer beispielsweise gegen das Nichtvorliegen gewisser Umstände absichern, indem der Verkäufer sich zur Offenlegung verpflichtet oder die Umstände garantiert[70]. Der Käufer kann offengelegte Informationen im Kaufpreis berücksichtigen. Ein sich aus einer bei Vertragsschluss bestehenden Rechtsstreitigkeit ergebendes Risiko kann er z. B. einpreisen oder eine Freistellung bei gerichtlicher Bestätigung einer Zahlungspflicht des Unternehmensträgers verlangen.

Allerdings ist zu berücksichtigen, dass ein Vertrag es nicht leisten kann, den Zustand eines Unternehmens in jedem Detail und mit Blick auf sämtliche verschiedene Funktionszusammenhänge vollständig abzubilden. Dazu ist der Kaufgegenstand Unternehmen zu komplex und vielschichtig. Eine möglichst genaue Beschreibung zu erreichen, ist zudem meist auch nicht im Interesse des Verkäufers, der dann jede Schwachstelle des Unternehmens aufzeigen müsste, auch wenn es sich nur um kleine Schwierigkeiten handelt[71]. Außerdem wird der Verkäufer versuchen zu vermeiden, für einen Umstand eine Garantie zu geben, den er selbst nicht zuverlässig beurteilen kann. Erhofft sich der Käufer beispielsweise bestimmte Synergieeffekte durch den Kauf des Unternehmens und dessen Zusammenführung mit einem anderen, eigenen Unternehmen, basieren diese Erwartungen grundsätzlich auf der Annahme gewisser Abläufe und deren Gestaltung bzw. Gestaltungsfähigkeit. Der Verkäufer wird sich kaum darauf einlassen, die Funktionsfähigkeit solcher Vorgänge oder mit ihnen erzielbare Synergien zu garantieren. In der Praxis ist er grundsätzlich nicht bereit, das Risiko ungewisser Umstände zu tragen, und stimmt keiner entsprechenden vertraglichen Vereinbarung zu.

---

69 Zumeist im Rahmen einer Due Diligence, vgl. dazu X. 3., S. 224 ff.

70 Zu Garantievereinbarungen vgl. XII. 1., S. 297 ff.

71 Zu der Frage, wann sich allerdings unabhängig von einer vertraglichen Vereinbarung aus Treu und Glauben eine Aufklärungspflicht des Unternehmensverkäufers ergibt vgl. VII. 3. a. 1) und 2), S. 143 ff. und 146 ff.

So beschränken sich die Parteien in der Regel darauf, die Aspekte des Unternehmens im Vertrag ausdrücklich zu regeln, die ihnen besonders wichtig sind und bezüglich derer sie sich auf eine Risikoverteilung einigen können[72]. Ob und welche bzw. in welchem Ausmaß ein Unternehmen Schwierigkeiten aufweist, bleibt in vielen Fällen in der Praxis für den Käufer unklar, bis er die Leitungsmacht übernimmt. Oft kommt es daher nach einem Unternehmenskauf zu Streit zwischen den Parteien, wobei es in der Regel um enttäuschte Erwartungen des Käufers geht. Eine grundlegende Frage ist dabei regelmäßig, ob das Unternehmen wegen der vom Käufer gerügten Umstände mangelhaft ist. Nur in diesem Fall kann sich der Käufer auf den Rücktritt wegen Schlechtleistung nach §§ 346 Abs. 1, 323 Abs. 1 S. 1, 437 Nr. 2, 1. Var., 434 BGB berufen.

Letztlich birgt also jeder Unternehmenskauf ein gewisses Risiko in sich, ob die Käufererwartungen erfüllt werden. Die Parteien können aber eben dieses dem Unternehmenskauf grundsätzlich innewohnende Risiko wiederum bei der Kaufpreisfindung berücksichtigen. Zudem stehen den Risiken des Unternehmenskaufs ebenso Chancen gegenüber. Aufgrund der schwierigen Bewertung und Beurteilung kann sich auch eine Abweichung der Erwartungen zugunsten des Käufers ergeben, beispielsweise weil sich eingepreiste Risiken nach dem Kauf nicht verwirklichen. Ein Unternehmen kann sich ebenso wie in einem schlechteren, auch in einem besseren als vermuteten und dem Kaufpreis zugrunde gelegten Zustand befinden. Zu Recht kann man den Unternehmenskauf daher als Chancen- und Risikogeschäft bezeichnen[73]. Eine Sache ist dagegen in der überwiegenden Anzahl der Käufe in der Praxis nachvollziehbar zu bewerten (unter Berücksichtigung von Faktoren wie beispielsweise Herstellungskosten, Transportkosten, Angebot und Nachfrage). Der Kauf von z. B. Kunstgegenständen, deren künftige Wertentwicklung ungewiss ist, ist dagegen nur eine Ausnahme, sodass der Sachkauf nicht verallgemeinernd als Chancen- und Risikogeschäft einzuordnen ist. Ob und wie der Kaufgegenstand einer Beurteilung zugänglich ist, prägt aber grundlegend das Rechtsgeschäft. Beim Unternehmenskauf wirkt sich das Wissen der Parteien um die Problematik der Bewertung sowie der Chancen, aber auch Risiken im Rahmen des Rechtsgeschäfts insbesondere auf den Ablauf des Unternehmenskaufs aus sowie auf die Vertragsgestaltung, z. B. dass der Zuordnung von Risiken an die eine oder andere Partei eine große Bedeutung zukommt, aus.

72 Ausführlich zu vertraglichen Vereinbarungen XII., S. 297 ff.

73 So schon *Canaris*, ZGR 1982, 395, 398, ähnlich *Hommelhoff*, ZHR 140 (1976), 271, 276.

2. Das Verfahren beim Unternehmenskauf

Unternehmenskäufe stellen für die Parteien zumeist ein Geschäft von erheblicher Relevanz dar. Der Kaufpreis eines Unternehmens ist in der Regel eine hohe Summe. Schon unter finanziellen Aspekten ist ein Unternehmenskauf somit eine Entscheidung, die von beiden Seiten wohlüberlegt sein will. Zudem hat ein Unternehmenskauf grundsätzlich eine strategische Bedeutung. Beispielsweise möchte sich der Verkäufer von dem Unternehmen trennen, um sich auf sein Kerngeschäft zu konzentrieren. Andererseits möchte der Käufer z. B. Wachstum durch Zukäufe anderer Unternehmen betreiben und neue Märkte erschließen oder auch den Kundenstamm des Unternehmens übernehmen[74]. Beide Parteien haben also wegen der Bedeutung des Kaufs ein großes Bedürfnis, eine gute Entscheidungsbasis herzustellen.

Für den Käufer bedeutet dies insbesondere, den Zustand des Unternehmens möglichst gut kennenzulernen, um es mit Blick auf alle für ihn relevanten Aspekte beurteilen zu können. Diesem Bedürfnis steht allerdings gegenüber, dass die Bewertung eines Unternehmens mit Blick auf seinen Wert und hinsichtlich einzelner Funktionszusammenhänge grundsätzlich problematisch ist[75]. Vor diesem Hintergrund hat sich ein aufwendiges Verfahren zur Vorbereitung und Durchführung eines Unternehmenskaufs entwickelt, durch das die Parteien versuchen, das Informationsgefälle zwischen Verkäufer und Interessent auszugleichen.

Der Verkäufer ist dabei in der Praxis bemüht, nicht zu viel zu früh über sein Unternehmen zu offenbaren, falls der Interessent doch nicht kauft[76]. Der Schutz sensibler Daten ist sowohl im Ablauf des Unternehmenskaufs als auch im Kaufvertrag selbst ein wichtiger Aspekt. Sensible Daten können dabei verschiedene Bereiche betreffen. So können sie sich beispielsweise auf interne Unternehmensabläufe beziehen, auf vertragliche Konditionen zwischen dem Unternehmen und Dritten oder auf Wissen mit Blick auf die konkrete Tätigkeit des Unternehmens wie technisches Know-how zur Produktion. Erhalten Dritte wie beispielsweise Interessenten Kenntnis solcher Daten, können sie durch die Verwertung der Daten Vorteile erlangen, die sich zulasten des Unternehmens auswirken. Ein vorsichtiger

---

74 Vgl. mit weiteren Gründen *Rotthege*, in: Unternehmenskauf bei der GmbH, 1. Kap. Rdn. 14; s. auch *Hölters*, in: Handbuch Unternehmenskauf, Teil I Rdn. 57 ff.; *Lucks*, in: Handbuch Unternehmenskauf, Teil IX Rdn. 1.

75 Vgl. dazu bereits soeben unter III. 1., S. 16.

76 Siehe ausführlich zu dieser Problematik und etwaigen Lösungsansätzen für den Verkäufer unter X. 3. b., S. 228 ff.

Umgang mit Daten prägt daher ab dem ersten Kontakt mit Interessenten bis zur Vertragsunterzeichnung den gesamten Verkaufsprozess.

Zudem ist eine „schonungslose“ Offenlegung jeder kleinen Schwierigkeit des Unternehmens nicht im Verkäuferinteresse, da dieser schließlich die Einpreisung solcher negativen Aspekte des Unternehmens vermeiden möchte. Daraus ergibt sich, dass der Verkäufer an der Informationsbereitstellung grundsätzlich zum eigenen Schutz bzw. Interesse nur mit „begrenzter Begeisterung“ mitwirkt. Trotzdem – wohl auch wegen des starken Käuferverlangens diesbezüglich – erklären sich mittlerweile viele Verkäufer bereit, eine Analyse des Unternehmens durch den Käufer mittels einer Due Diligence zuzulassen[77]. Dabei ist aber zu berücksichtigen, dass auch bei der Durchführung einer Due Diligence der Käufer wesentlich von der Unterstützung des Verkäufers abhängig ist[78].

Prägend für das Verfahren des Unternehmenskaufs ist zudem, dass der Käufer grundsätzlich externe Berater engagiert, die ihn mit Fachwissen unterstützen. Bei einem Sachkauf ist dies kaum üblich. Hintergrund ist wiederum die Komplexität von Verfahren und Kaufgegenstand beim Unternehmenskauf bzw. die schwierige Bewertung desselben. Dazu werden Investmentbanker, Wirtschaftsprüfer und Kaufleute benötigt, aber auch Techniker sowie Juristen[79]. Letztere müssen dabei ein fach- und branchenübergreifendes Verständnis aufweisen, um bei der Vertragsgestaltung betriebswirtschaftliche, soziale und technische Faktoren angemessen berücksichtigen zu können[80].

Letztlich spiegelt sich in dem Verfahren des Unternehmenskaufs auf der einen Seite der Versuch des Käufers wider, den Kaufgegenstand einschätzen und bewerten zu können. Auf der anderen Seite versucht der Verkäufer seinem Interesse

77 Zur Due Diligence siehe X. 3., S. 224 ff.

78 So kann der Verkäufer dem Käufer die Wahrnehmung von wichtigen Informationen beispielsweise durch eine späte Übergabe wichtiger Unterlagen im Rahmen der Due Diligence erschweren, vgl. *Roschmann*, ZIP 1998, 1941, 1947. Zu solchen Vorgehensweisen der Verkäufer zu Recht kritisch *Hübner*, BB 2010, 1483, 1486 f.

79 Vgl. *Körber*, NZG 2002, 263; *Spill*, DStR 1999, 1786, 1788; *Rödder, Hötzel, Mueller-Thuns*, Unternehmenskauf – Unternehmensverkauf, § 3 Rdn. 39. Ausführlich zur Zusammensetzung eines Due-Diligence-Teams vgl. *Dietzel*, in: Arbeitshandbuch Unternehmensübernahmen, Bd. 1, § 9 Rdn. 128 ff.

80 Wegen der besonderen Anforderungen wie interdisziplinäres Arbeiten und wirtschaftlich sowie strategisches Denken ist der Bereich Mergers & Acquisitions mittlerweile ein eigenständiges Fachgebiet, vgl. dazu *Picot*, in: Handbuch Mergers & Acquisitions, I. 3. Zur Rolle der Juristen vgl. *Hölters*, in: Handbuch Unternehmenskauf, Teil I Rdn. 116 ff.

nachzukommen, seine Unternehmensgeheimnisse nicht vor Abschluss des Kaufvertrages preiszugeben und seine Position als Verkäufer nicht grundlos zu verschlechtern[81]. Dieses Spannungsverhältnis prägt beim Unternehmenskauf nicht nur das Verfahren, sondern grundsätzlich den Umgang der beiden Parteien miteinander.

3. Die stetige Entwicklung des Unternehmens

Dem Kaufgegenstand Unternehmen ist es eigen, sich fortlaufend zu verändern. Insbesondere die sich stetig weiterentwickelnden Beziehungen des Unternehmens bedingen diesen Umstand. Ein Unternehmen wird daher auch als „lebendig" bezeichnet[82]. Im Rahmen des normalen Geschäftsgangs verändern sich beispielsweise Verträge mit Dritten wie Lieferanten, weil die Laufzeit endet und gegebenenfalls neue Verträge ausgehandelt werden, die unter anderem die jeweilige Marktsituation berücksichtigen. Auch der Markt entwickelt sich zudem weiter. Das Unternehmen kann seine Position darin behaupten, verbessern oder eben auch verlieren, wenn z. B. Wettbewerber durch neue Entwicklungen mit innovativen Produkten an denen des Unternehmens vorbeiziehen. Ein weiterer Aspekt der fortlaufenden Entwicklung des Unternehmens ist der Umstand, dass es geprägt ist von dem Wissen, das es bündelt und das grundsätzlich an seine Mitarbeiter anknüpft. Das Know-how wandelt sich stetig. Daneben können sich einschneidende Situationen diesbezüglich ergeben, beispielsweise wenn ein Mitarbeiter das Unternehmen verlässt, der besonderer Wissensträger ist[83]. Dabei ist eine erhöhte Tendenz zu beobachten, den Job zu verlassen, bei einem anstehenden oder im Anschluss an einen Unternehmenskauf[84].

---

81 Dagegen besteht ein Anlass, wenn der Verkäufer zur Aufklärung verpflichtet ist. Oft entsteht im Nachgang zu einem Unternehmenskauf Streit darüber, ob eine Aufklärungspflicht bestand. Der Verkäufer ist grundsätzlich dazu geneigt, dies zu verneinen. Dadurch riskiert er aber bei einer späteren Bejahung den Vorwurf der Arglist. Eine Offenlegung vor Vertragsschluss schmälert zwar seine Verhandlungsposition, schützt ihn aber vor diesem Risiko und verwehrt dem Käufer zugleich, sich auf Gewährleistungsrechte hinsichtlich des Mangels zu berufen (§ 442 Abs. 1 S. 1 BGB). Vgl. zur Aufklärungspflicht VII. 3. a. 1), S. 143 ff. und zum Verlust der Käuferrechte bei Kenntnis X., S. 217 ff.

82 So *Haas*, in: Das neue Schuldrecht, § 5 Rdn. 533, 552; *Keil*, Fehlerhafte Unternehmenskäufe, S. 36; *Niewiarra*, Unternehmenskauf, S. 15.

83 Vgl. *Hilgard*, BB 2004, 1233; *Müller*, ZHR 147 (1983), 501, 527 f.

84 *Haas*, in: Das neue Schuldrecht, § 5 Rdn. 533, 552; *Hölters*, in: Handbuch Unternehmenskauf, Teil I Rdn. 70, 74 ff.

Unternehmen verändern sich aber nicht nur generell fortlaufend, sondern verstärkend tritt in vielen Fällen hinzu, dass der Käufer eigene Pläne mit dem Unternehmen hat und es dementsprechend umgestaltet[85]. Schon die Umstellung der Unternehmenskultur kann dazu führen, dass die Mitarbeiter motivierter und effektiver arbeiten. Genauso kann aber auch die gegenteilige Entwicklung eintreten, insbesondere dann, wenn die Übertragung des Unternehmens auf den Käufer oder sogar eine daran anknüpfende Eingliederung des Unternehmens in einen Unternehmensverbund gegenüber den Mitarbeitern nicht in einer geeigneten Form kommuniziert wird[86]. Ebenso kann der Umgang mit Dritten oder im Markt durch eine veränderte Unternehmenskultur so beeinflusst werden, dass es in die eine oder andere Richtung wirtschaftlich spürbar ist[87].

Starke Veränderungen ergeben sich regelmäßig, wenn der Käufer Investitionen mit Blick auf das Unternehmen tätigt[88]. Diese können sehr verschieden sein, beispielsweise kann der Käufer bei einem produzierenden Betrieb Geld für neue Techniken aufwenden, um die Positionierung des Unternehmens auf dem Markt zu verbessern. Häufig setzt der Käufer durch seine Investitionen auch andere Unternehmens-Schwerpunkte, als der Verkäufer es tat. Sie sind zumeist auf seine bisherige Geschäftserfahrung und die von ihm mit dem Unternehmenskauf verfolgte Strategie abgestimmt. Dabei können verschiedene Bereiche des Unternehmens betroffen sein, beispielsweise kann der Käufer eine neue Ausrichtung des Marketings vornehmen oder die bisherige Produktpalette des Unternehmens verändern[89].

Das Unternehmen wird besonders stark verändert, wenn der Käufer es in einen Unternehmensverbund eingliedert. Hierbei legt er grundsätzlich gewisse Funktionen zusammen, die folglich bei dem gekauften Unternehmen nicht länger separat bestehen[90]. In manchen Fällen geht die Eingliederung so weit, dass das Unternehmen gar nicht mehr selbstständig funktionsfähig wäre. Zudem ist die

---

85 *Thiessen*, Unternehmenskauf und Bürgerliches Gesetzbuch, C. VIII. 2. a), S. 231.

86 Mit Blick auf die Führungskräfte des Unternehmens und einem etwaigen Widerstandswillen gegenüber Abweichungen bisheriger Methoden sowie mit dem berechtigten Hinweis auf das Entstehen eines Rivalitätsverhältnisses zwischen Mitarbeitern des gekauften und denen eines früheren Unternehmens des Käufers: *Hölters*, in: Handbuch Unternehmenskauf, Teil I Rdn. 70, 74 ff.

87 Zur Unternehmenskultur als wesentlichem Erfolgsfaktor des Unternehmens vgl. auch *Niewiarra*, Unternehmenskauf, S. 16.

88 Vgl. *Hilgard*, BB 2004, 1233.

89 *Müller*, ZHR 147 (1983), 501, 527 f.

90 *Keil*, Fehlerhafte Unternehmenskäufe, S. 37; *Haas*, in: Das neue Schuldrecht, § 5 Rdn. 533, 552.

Eingliederung regelmäßig mit einer Vereinheitlichung verbunden, die wiederum viele Aspekte betreffen kann wie z. B. einzelne Abläufe oder auch die Unternehmenskultur. Durch die Integration kann sich außerdem ein großer Wissenssprung des gekauften oder des schon früher dem Käufer gehörenden Unternehmens ergeben, wenn eins der Unternehmen beispielsweise in einer technischen Entwicklung weiter ist als das andere.

Die allgemeine stetige Entwicklung des Unternehmens sowie die häufig mit dem Kauf einhergehenden Veränderungen auf Veranlassung des Käufers führen dazu, dass das Unternehmen nach kurzer Zeit kaum noch in demselben Zustand wie beim Kauf ist. Damit ändert sich auch der Wert, der wiederum schwer zu bestimmen ist[91]. Da im Rahmen der Rückabwicklung als Folge eines wirksamen Rücktritts grundsätzlich die erhaltene Leistung und damit der Kaufgegenstand im Zustand zum Zeitpunkt der Übergabe zurückzugeben ist, ist die Weiterentwicklung des Unternehmens beim Rücktritt vom Unternehmenskauf von großer Relevanz[92].

4. Die Einzigartigkeit des Unternehmens

Das Besondere an einem Unternehmen ist zudem seine Einzigartigkeit. Ein Unternehmen, das bereits eine Tätigkeit betreibt, kann als „gebraucht“ bezeichnet werden[93]. Insbesondere die Sachen, die es umfasst, sind gebraucht. Ebenso haben sich gewisse Umstände entwickelt – gerade mit Blick auf die Beziehungen –, sodass es sich nicht mehr in einem ursprünglichen Zustand wie bei Aufnahme seiner Tätigkeit befindet. Es ist von seiner bisherigen Tätigkeit stattdessen bereits geprägt. Anders als bei Sachen beruht die Einzigartigkeit eines Unternehmens allerdings nicht allein auf einer individuellen Entwicklung oder Abnutzung.

Die Einzigartigkeit ist dem Unternehmen unabhängig von dem Aspekt der bereits erfolgten Verwendung schon von Beginn an wegen seiner individuellen Zusammensetzung immanent. Aufgrund der vielfachen Verflechtungen mit seiner Umwelt, seinen internen Beziehungen und Abläufen sowie der großen Bandbreite an materiellen Vermögenswerten entspricht schon bei Aufnahme seiner Tätigkeit kein Unternehmen dem anderen im Detail. Mit jedem Tag, den das Unternehmen

91 Vgl. zu der Wertbedeutung solcher „qualitativer Aspekte“: *Volk*, DStR 2005, 752. Zu der Problematik der Unternehmensbewertung schon oben unter III. 1., S. 16 ff.

92 Diese Thematik wird unter III. 5., S. 25 ff. angerissen und ausführlich behandelt in XI., S. 261 ff.

93 Vgl. *Picot*, in: Unternehmenskauf und Restrukturierung, Teil I. Rdn. 85.

tätig ist, verstärken sich die Unterschiede, da sich insbesondere seine Beziehungen individuell entwickeln. Selbst Unternehmen, die das gleiche Tätigkeitsfeld haben, weisen daher Unterschiede auf, z. B. im Bestand von produzierenden Maschinen oder Forderungen, aber erst recht mit Blick auf ihre Beziehungen intern und zur Umwelt wie beispielsweise zu Lieferanten.

Mit Blick auf die Tatsache, dass es häufig mehr als eine Sache gleicher Art gibt und diese Sachen einen gleichen Ausgangszustand aufweisen, lassen sich beim Kauf gebrauchter Sachen häufig gewisse verallgemeinernde Schlussfolgerungen zur Abnutzung der Sache ziehen. So kann bei einem Gebrauchtwagen durchaus eine übliche oder zu erwartende Beschaffenheit festgestellt werden. Ein Verständnis dieser Umstände dient zur Bestimmung, ob ein Mangel vorliegt[94]. Bei einem Unternehmenskauf gestaltet sich dies mangels vergleichbarer Unternehmen von Beginn an schwieriger, wobei zu untersuchen ist, inwieweit es trotzdem versucht werden sollte[95]. Daneben wirkt sich die Einzigartigkeit auf die Nacherfüllung aus[96]. Da ein Unternehmen regelmäßig als unersetzbar zu beurteilen ist, insbesondere mit Blick auf den Goodwill, scheidet die Nachlieferung als Form der Nacherfüllung aus[97].

5. Folgen und Bedeutung eines Eigentümerwechsels

Der Zustand eines Unternehmens beim Eigentümerwechsel[98] ist nur eine Momentaufnahme. Schon kurze Zeit später hat sich das Unternehmen weiterentwickelt oder wurde sogar zusätzlich auf Veranlassung des Käufers nach seinen Vorstellungen

94 Vgl. § 434 S. 2 Nr. 1 und 2 BGB.

95 Siehe dazu VI. 2. a. 2. f) und g), S. 112 ff. und 116 ff.

96 Es handelt sich dabei um das Thema der Nacherfüllung beim Stückkauf. Für den Sachkauf wird dabei meistens der Gebrauchtwagenkauf als Beispiel angeführt. Der BGH stellte in einem diesbezüglichen Fall klar, dass auch bei einer Stückschuld zu prüfen bleibt, ob sich aus dem Parteiwillen ergibt, dass die Kaufsache im Falle ihrer Mangelhaftigkeit durch eine gleichartige und gleichwertige ersetzt werden könne, vgl. BGH NJW 2006, 2839, 2840 f.; BGH, Beschluss v. 24.11.2009 – VIII ZR 124/09. Dass dies bejaht werden kann, ist beim Unternehmenskauf noch unwahrscheinlicher als beim Gebrauchtwagenkauf, bei dem eine Ersatzmöglichkeit schon zumeist verneint wird, vgl. BGH NJW 2006, 2839, 2840 f., ähnlich allgemein zum Kauf einer gebrauchten, bestimmten Sache auch schon BT-Drucks. 14/6040, S. 232.

97 Siehe VIII. 2. c., S. 172 ff.

98 Es wird mit Blick auf ein Unternehmen sowohl der Begriff des Eigentümers als auch des Inhabers verwendet. Beim Unternehmenskauf kann die Art des Kaufs dafür maßgeblich sein in dem Sinne, dass es sich beim Asset Deal um einen Eigentümer-, beim

umgestaltet[99]. Bei einem späteren Eigentümerwechsel im Rahmen einer Rückabwicklung kann daher meist nur ein Unternehmen übertragen werden, das man als anderes, dem Verkäufer fremdes Unternehmen bezeichnen kann[100]. Im Rahmen einer Rückabwicklung ist daher beim Unternehmenskauf genau zu überprüfen, ob der Verkäufer mit dem derzeitigen Unternehmen die Leistung bekommt, die der Käufer zuvor von ihm erhalten hat[101]. Würde man dem Verkäufer ohne diese Differenzierung das Unternehmen im aktuellen Zustand übertragen, hat er womöglich nicht nur keine Verwendung für das Unternehmen, weil er sich auf den Verkauf verlassen und bereits ohne es geplant und entsprechend anders disponiert hat[102], sondern weil er für das Unternehmen im aktuellen Zustand noch nie Verwendung hatte.

Hat der Käufer beispielsweise neue Produkte eingeführt, in denen er selbst Erfahrung aufweist, kann der Verkäufer mit dieser Weiterentwicklung womöglich nicht viel anfangen. So kann das Produkt mit Blick auf sein sonstiges Sortiment ohne weitere Produkte, die der Käufer in anderen Unternehmen herstellte und verkaufte, unpassend sein. Ebenso können dem Verkäufer spezielle Kenntnisse zu dem Produkt fehlen (z. B. zu Herstellung, Entwicklung, Vertrieb), die für eine ökonomisch sinnvolle Produktion erforderlich sind. Hier würde eine Übertragung des Unternehmens ohne Berücksichtigung seiner Veränderungen für den Verkäufer eine Schwierigkeit darstellen, die ihn im Extremfall sogar ruinieren könnte. Die Situation kann zudem für den Verkäufer noch dadurch verschärft werden, dass der Käufer für bereits auf das Unternehmen getätigte Investitionen Ersatz verlangt[103]. Der Verkäufer selbst hätte diese Maßnahmen von sich aus eventuell nie getätigt, z. B. die für den Verkäufer problematische Produkterweiterung. Hier kann sich ein langwieriger Streit darüber ergeben, ob der Käufer Ersatz verlangen kann oder nicht. Dabei ist maßgeblich, ob der Verkäufer durch die Aufwendungen des Käufers auf das Unternehmen bei dessen Rückübertragung bereichert ist

---

Share Deal um einen Inhaberwechsel handelt. Im Folgenden wird aus Gründen der Einfachheit vom Eigentümerwechsel gesprochen, wenn beide Kaufarten gemeint sind.

99 Vgl. dazu bereits soeben unter III. 3., S. 22 ff.

100 Ähnlich *Grunewald*, ZGR 1982, 452; *Müller*, ZHR 147 (1983), 501, 527 f.; *Keil*, Fehlerhafte Unternehmenskäufe, S. 36 f.; *Thiessen*, Unternehmenskauf und Bürgerliches Gesetzbuch, C. VIII. 2. a), S. 231.

101 Ausführlich dazu unter XI. 3. c. 2), S. 283 ff.

102 Diese Gefahr besteht ebenso bei einem Sachkauf und wird vom Gesetzgeber hingenommen, weil der Schuldner mit der Schlechtleistung den Grund für den Rücktritt gesetzt und ihn zudem nicht durch fristgerechte Nacherfüllung abgewendet hat, vgl. BT- Drucks. 14/6040 S. 221.

103 Vgl. § 347 Abs. 2 zum Aufwendungsersatz.

(vgl. § 347 Abs. 2 S. 2 BGB), worüber sich im Einzelfall ausgiebig streiten lässt, insbesondere bezüglich des Umfangs der etwaigen Bereicherung[104].

Besonders deutlich wird die Thematik der Rückabwicklung, wenn der Käufer das Unternehmen in seinen Unternehmensverbund eingegliedert hat und Abläufe zusammengelegt und vereinheitlicht wurden. Hier stellt sich neben der Frage, ob der Verkäufer noch das geleistete Unternehmen zurückbekäme, auch die, ob die Eingliederung praktisch überhaupt wieder aufgelöst werden kann.

Bei einem Eigentümerwechsel ist mit Blick auf das Unternehmen zudem zu bedenken, dass er grundsätzlich auch eine Belastung für das Unternehmen selbst bedeutet[105]. Das Unternehmen ist geprägt von vertraglichen Bindungen, beispielsweise zu seinen Arbeitnehmern, aber auch zu Dritten wie Lieferanten oder Kunden. Bei einem Asset Deal wechselt der Rechtsträger des Unternehmens, sodass die Aufrechterhaltung der Verträge mit dem bisherigen Rechtsträger für die Fortführung des Unternehmens nicht ausreicht. Sie müssen übertragen oder neu abgeschlossen werden. Für eine Übertragung bedarf es regelmäßig der Mitwirkung des Dritten in Form seiner Zustimmung (vgl. 415 BGB) oder eines sog. dreiseitigen Rechtsgeschäfts. Verweigert der Dritte die Mitwirkung, sind die Parteien gezwungen im Innenverhältnis Regelungen zu finden, die die weitere Bindung des Verkäufers nach außen ausgleicht[106]. Lediglich die Arbeitsverhältnisse gehen grundsätzlich mit der Übertragung des Unternehmens nach § 613a BGB auf den Käufer über. Allerdings besteht hier das Risiko des Widerspruchs von Mitarbeitern gegen den Übergang ihrer Arbeitsverhältnisse[107].

Beim Share Deal bleiben sämtliche Verträge mit Dritten bzw. Mitarbeitern dagegen unverändert mit der Gesellschaft bestehen, die das Unternehmen betreibt, und nur der Inhaber dieser Gesellschaft wechselt[108]. Die Gefahr eines Widerspruchs

---

104 Mit dem Hinweis, dass das Abgrenzen von persönlichen Leistungen des Käufers von Leistungen des Unternehmens selbst auch kaum möglich ist, siehe *Müller*, ZHR 147 (1983), 501, 527 f.

105 Hommelhoff spricht bei einer Übertragung eines Unternehmens von einem „Zustand hoher Labilität“ und der Gefahr seiner Schwächung, s. *Hommelhoff*, ZHR 140 (1976), 271, 299.

106 Vgl. dazu *Picot*, in: Handbuch Mergers & Acquisitions, VI. 1. c) aa).

107 Vgl. *Bauer, von Steinau-Steinrück, Thees*, in: Handbuch Unternehmenskauf, Teil V Rdn. 27 ff. (Voraussetzungen des Übergangs, § 613a BGB) und 128 ff. (Widerspruchsrecht); *Picot, Schnitker*, in: Unternehmenskauf und Restrukturierung, Teil III. Rdn. 10 ff.

108 *Semler*, in: Handbuch Unternehmenskauf, Teil VII Rdn. 6; *Rotthege*, in: Unternehmenskauf bei der GmbH, 1. Kap. Rdn. 41; *Picot*, in: Handbuch Mergers & Acquisitions, VI. 1. c) bb).

gegen einen Übergang der Arbeitsverhältnisse gibt es mangels Anwendung des § 613a BGB nicht[109]. Aber auch hier können Inhaberwechsel belastend sein, weil sie Umstellungen mit sich bringen. Verträge mit Dritten können sogenannte „Change-of-Control-Klauseln" enthalten. Solche geben dem Dritten ein Anpassungsrecht, wenn der Inhaber des Unternehmens wechselt, da der Dritte den Vertragsinhalt bei Vertragsschluss an dem damaligen Eigentümer ausgerichtet hat. Es kann sogar ein Kündigungsrecht enthalten sein. Liegen entsprechende Klauseln vor, ist sowohl beim Asset als auch beim Share Deal der Dritte in einen Eigentümer-/Inhaberwechsel einzubeziehen[110]. Je nach konkreter Ausgestaltung der Klausel und dem Verhalten des Dritten kann es zu Unruhe und Änderungen für das Unternehmen kommen.

Ebenso können sich bei beiden Arten des Unternehmenskaufs Verträge des Unternehmens mit demselben Konzern angehörenden Unternehmen zu Verträgen mit fremden Unternehmen wandeln. Der Umgang mit einem fremden, womöglich sogar zu dem eigenen Unternehmen in Wettbewerb stehenden Unternehmen unterscheidet sich aber stark von dem mit einem Konzernunternehmen. Hier muss sich das Unternehmen auf die neue Situation einstellen und jede Umstellung kann eine Belastung bedeuten.

Eine weitere Besonderheit ist darin begründet, dass Unternehmen immer auch Wissensträger darstellen. Das im Unternehmen vorhandene Wissen erlangt der Käufer mit dem Kauf des Unternehmens. Ein erneuter Eigentümerwechsel im Rahmen einer Rückabwicklung kann das mittlerweile beim Käufer bestehende Wissen allerdings kaum nachträglich beim Käufer wieder verschwinden lassen[111]. Das einmal erlangte Wissen verbleibt vielmehr aufgrund seiner Eigenart bei dem Käufer. Dass es sich dabei regelmäßig auch um besonders sensible Daten handelt wie z. B. über Produktinnovationen oder Geschäftsbeziehungen mit Dritten, wurde bereits zuvor erwähnt[112]. Auch wenn der Käufer in rechtlicher Hinsicht keine Schutzrechte behält, kann ihn das Wissen über solche oder auch rechtlich nicht zu schützendes Know-how begünstigen. Umgekehrt stellt dies für den Verkäufer bzw. das Unternehmen eine Gefahr dar, durch das alleinige Wissen einen etwaigen damit einhergehenden Vorsprung zu verlieren.

---

109 Vgl. BAG NJW 1991, 247, 248; *Picot, Schnitker*, in: Unternehmenskauf und Restrukturierung, Teil III. Rdn. 6; *Matthey*, in: Unternehmenskauf bei der GmbH, 10. Kap. Rdn. 2.

110 Für den Fall des Unternehmenskaufs s. dazu *Picot*, in: Handbuch Mergers & Acquisitions, VI. 1. c) bb).

111 Vgl. *Grunewald*, ZGR 1982, 452; *Thiessen*, Unternehmenskauf und Bürgerliches Gesetzbuch, C. VIII. 2. a), S. 231.

112 Siehe unter III. 2., S. 20 ff.

Erlangt das Unternehmen in der Zeit zwischen der Übernahme durch den Käufer und der Rückübertragung an den Verkäufer neues, beiden Parteien bisher unbekanntes Wissen, so erlangt der Verkäufer mit der Rückübertragung des Unternehmens davon Kenntnis. Hier verliert also der Käufer einen etwaigen Wissensvorsprung. Ebenso kann der Verkäufer bei einer Rückübertragung Informationen erfahren, die der Käufer in der Phase seiner Leitungsmacht an das Unternehmen gegeben hat. In den meisten Fällen wird eine Rückübertragung für den Verkäufer mit Blick auf das Wissen aber nachteilig sein, da es der Käufer selbst in der Hand hat, wie viel Wissen er aus dem Unternehmen „saugt" und andersherum mit ihm teilt. Bei Unsicherheiten über einen Rücktritt wird der Käufer bezüglich Letzterem zurückhaltend sein. Außerdem ist die Zeitspanne, in der Wissen vom Käufer an das Unternehmen fließen kann, grundsätzlich viel kürzer als die, in der das Unternehmen Wissen unter dem Verkäufer ansammelte. Da die Rückabwicklung aber nicht in der Hand des Verkäufers liegt, kann er einen etwaigen Wissensverlust nicht verhindern[113]. Der Käufer kann dagegen sämtliche Aspekte der Wissensproblematik berücksichtigen und genau abwägen bei seiner Entscheidung, ob er die Geltendmachung des Rücktrittsrechts wählt.

Auch der Ruf des Unternehmens kann durch einen Eigentümerwechsel beeinflusst werden. Während ein Unternehmenskauf sowohl positiv als auch negativ von der Umwelt, insbesondere von dem für das Unternehmen relevanten Markt aufgenommen werden kann[114], bringt eine Übertragung im Rahmen einer Rückabwicklung regelmäßig eine Verschlechterung mit sich[115]. Nur zu leicht entsteht der Eindruck, mit dem Unternehmen „stimme etwas nicht". Daraus kann sich ergeben, dass Dritte bei der Verhandlung von Folgeverträgen aus reiner Vorsorge höhere Absicherungen verlangen bis hin zu der Situation, dass das Unternehmen sich seine frühere, unter dem Verkäufer bestehende Marktpositionierung erneut erkämpfen muss.

Auch die Herausforderung, neue Kaufinteressenten für das Unternehmen zu finden, ist unter diesem Aspekt erschwert, was den Preis drückt[116]. In der Praxis werden sich Interessenten mit der Frage auseinandersetzen, aus welchen Gründen

---

113 Vorausgesetzt es liegen alle Voraussetzungen des Rücktritts vor und der Käufer übt ihn aus.

114 Hier kommt es auf die genauen Umstände des Kaufs an, insbesondere auf die Positionierung des Käufers und Verkäufers im Markt. Wird ein Unternehmen von einem zu einem Konzern zugehörigen Käufer gekauft, der selber im Markt einen guten Ruf genießt, kann sich der Ruf eines Unternehmens in finanzieller Not positiv entwickeln.

115 *Thiessen*, Unternehmenskauf und Bürgerliches Gesetzbuch, C. VIII. 2. a), S. 231.

116 Vgl. *Thiessen*, Unternehmenskauf und Bürgerliches Gesetzbuch, C. VIII. 2. a), S. 231.

der Käufer das Unternehmen nicht behalten wollte, und Schwachstellen desselben vermuten. Daneben kann Misstrauen gegenüber dem Verkäufer entstehen, ob dieser den Zustand des Unternehmens im Verfahren des Unternehmenskaufs in angemessener Weise offenlegt, wenn er schon einmal einen zugesagten Umstand nicht leisten konnte. Hinzu kommt auch bei den Interessenten der Gedanke, dass ein Unternehmen durch jeden Eigentümerwechsel belastet wurde, sodass das Hin und Her des Unternehmens an sich bereits als negativ bewertet wird. Die Einschätzung des Unternehmens durch andere Teilnehmer desselben Marktes spiegelt die Positionierung wider und wirkt sich auf den Markt aus. Aus den verschiedenen Wechselbeziehungen kann sich folglich eine Verschlechterung der Beziehungen des Unternehmens zu Dritten am Markt ergeben, die letztlich zu einer objektiven Entwertung desselben führen können.

Eine Rückübertragung kann das Unternehmen somit für den Verkäufer zu einer Belastung machen und daneben den Kaufgegenstand an sich entwerten. Diese Beobachtung ist nicht zu unterschätzen. Sie kann weitreichende Folgen haben für Dritte, die außerhalb der Vertragsbeziehung zwischen Verkäufer und Käufer stehen. Wenn das Unternehmen nach einer Rückübertragung entwertet ist bzw. von dem Verkäufer nicht mehr ökonomisch geführt werden kann, können insbesondere Arbeitsplätze gefährdet sein[117]. Von dem Verbleib einer Sache sind Dritte dagegen grundsätzlich weit weniger betroffen. Auch wenn wohl kaum allein zum Schutze Dritter die Rückabwicklung zulasten des Käufers beim Unternehmenskauf abgelehnt werden kann[118], soll dieser Aspekt nicht unerwähnt bleiben.

117 *Grunewald*, ZGR 1982, 452.

118 In diese Richtung aber *Hommelhoff*, ZHR 140 (1976), 271, 299 f.

IV. Diskussionsstand zum Rücktritt beim Unternehmenskauf

Die (Gewährleistungs-)Haftung beim Unternehmenskauf wird seit jeher diskutiert. Während sich die Fragestellungen im Verlauf der Jahre aufgrund des Kontextes bzw. des jeweils geltenden Rechtes unterscheiden, geht es inhaltlich grundsätzlich um die angemessene Berücksichtigung der Besonderheiten des Unternehmenskaufs. Gesetzesänderungen beeinflussen jeweils die Diskussion. Sie geben zu einzelnen Ansatzpunkten beim Unternehmenskauf Richtungen vor, entscheiden bisher strittige sogar oder regen allgemein zu Erörterungen gewisser Themen an, die dann oftmals auch zu einer entsprechenden Schwerpunktsetzung bei der Diskussion um den Unternehmenskauf führen. Mit Blick auf Gesetzesänderungen ist insbesondere das Gesetz zur Modernisierung des Schuldrechts hervorzuheben[119]. Die Schuldrechtsreform brachte allgemein für die Gewährleistungshaftung einschneidende Änderungen[120], die sich unter anderem beim Unternehmenskauf auswirken. Daneben gab sie aber auch gerade für die Diskussion zum Unternehmenskauf neue Impulse. Versucht man einen Überblick über die Diskussion zum Unternehmenskauf bzw. über die hier behandelten, für den Rücktritt beim Unternehmenskauf relevanten Fragen zu geben, bietet es sich daher an, im Folgenden eine Unterteilung vorzunehmen in die Zeit vor und seit der Schuldrechtsreform.

---

119 Das Gesetz zur Modernisierung des Schuldrechts vom 26. November 2001 (BGBl. I 2001, S. 3138) trat mit Wirkung zum 01.01.2002 in Kraft (BGBl. I S. 3138 ff.). Diese Gesetzesänderung wird im Folgenden als „Schuldrechtsreform“ oder „Schuldrechtsmodernisierung“ bezeichnet. Vgl. für eine Materialsammlung zur Schuldrechtsreform mit Einführung: *Canaris*, Schuldrechtsmodernisierung 2002, 1 ff.

120 Dementsprechend findet sich zur Schuldrechtsreform selbst eine Vielzahl an Literatur. Vgl. beispielsweise *Lorenz*, NJW 2005, 1889; *Haas, Medicus, Rolland*, Das neue Schuldrecht, S. 1 ff.; *Lorenz, Riehm*, Lehrbuch zum neuen Schuldrecht, S. 1 ff. Für einen Überblick ausgewählter Literatur vgl. die Nachweise bei *Olzen*, in: Staudinger, Einl zum SchuldR Rdn. 184.

1. Vor der Schuldrechtsreform

Der Unternehmenskauf war schon vor der Schuldrechtsreform als Asset oder Share Deal möglich[121]. Umstritten war dabei von Beginn an, unter welchen Voraussetzungen ein Beteiligungskauf einen Share Deal darstellt, d. h., einem Unternehmenskauf im Wege des Asset Deal gleichzustellen ist. Die Rechtsprechung entschied darüber nicht mittels Festlegung einer gewissen Beteiligungsquote, die zu überschreiten sei. Stattdessen führte sie die Anforderung ein, dass durch den Anteilserwerb eine sogenannte beherrschende Stellung erlangt werden müsse. Die erlangte Verfügungsbefugnis über das Unternehmen dürfe durch die bei Dritten verbleibenden Beteiligungen nicht maßgeblich beeinträchtigt werden, d. h., Letztere müssten entsprechend gering sein[122]. In der Literatur wurde dieser Ansatz stark diskutiert[123]. Die Auswirkungen der Grenzziehung sind nicht zu unterschätzen. Liegt ein Share Deal vor, ist er bezüglich der Haftung nach heutiger und schon damaliger allgemeiner Ansicht wie ein Asset Deal zu behandeln. Der Zustand des Unternehmens ist beim Share Deal folglich von der Haftung erfasst[124]. Bei einem reinen Beteiligungskauf, der nicht als Unternehmenskauf zu werten und damit ein „klassischer“ Rechtskauf ist, bezieht sich die Haftung dagegen ohne weitergehende Vereinbarungen[125] nur auf das verkaufte Recht[126]. Die Frage der Abgrenzung dauert bis heute an[127].

Bis zur Schuldrechtsreform wurde zudem besonders intensiv um die Frage gerungen, auf welche Regelungen für die Gewährleistungshaftung beim Unternehmenskauf

---

121 Zu der Unterscheidung von Share Deal und Asset Deal siehe bereits II. 2., S. 10 ff.

122 Vgl. BGH WM 1970, 819; BGH WM 1980, 284; BGH NJW 1980, 2408, 2409 und s. dazu II. 2. b., S. 12 ff.

123 Ausführliche Nachweise zur damaligen Diskussion bei *Holzapfel, Pöllath*, Unternehmenskauf, 7. Aufl. (1994), Rdn. 301; vgl. z. B. *Grunewald*, ZGR 1981, 622, 639 ff.; *Hommelhoff*, ZGR 1982, 366.

124 Vgl. RGZ 98, 289, 291; RGZ 100, 200, 203; RGZ 120, 283, 286 ff.; BGHZ 65, 246, 251; BGHZ 85, 367; BGH NJW 69, 184.

125 Auch bei einem reinen Anteilskauf können die Parteien eine Haftung für die Unternehmensbeschaffenheit vereinbaren, indem sie sich auf eine entsprechende Garantie einigen oder nach teilweise seit der Schuldrechtsreform vertretender Ansicht auf eine Beschaffenheitsvereinbarung. Vgl. dazu VI. 3., S. 123 ff.

126 Vor der Schuldrechtsreform ergab sich dies aus § 437 BGB a. F. Seit der Schuldrechtsreform ist zu differenzieren: § 453 Abs. 1 Alt. 1 i. V. m. §§ 434 ff. BGB (bei einem Mangel des Rechtes) oder § 280 Abs. 3 i. V. m. § 283 BGB (wenn das Recht nicht existiert, einem Dritten zusteht oder nicht übertragbar ist).

127 Vgl. dazu bereits II. 2. b., S. 12 ff.

zurückzugreifen sei. Das Gesetz enthielt vor der Schuldrechtsreform diesbezüglich für den Unternehmenskauf keine eigenen Regelungen, wohl aber für den Kauf von Sachen sowie von Rechten. Den beiden zuletzt genannten Kategorien kann der Kaufgegenstand Unternehmen allerdings nicht zugeordnet werden. Die Rechtsprechung entschied sich trotzdem für die analoge Anwendung der Gewährleistungsvorschriften des Sachkaufs[128]. Zugleich wendete sie die Begrifflichkeiten zur Mangelhaftigkeit allerdings so restriktiv an, dass in vielen Fällen wegen Fehlens dieser Voraussetzungen das Gewährleistungsrecht nicht anwendbar war. Dann konnte und wurde auf die Haftung nach den Grundsätzen der culpa in contrahendo[129] zurückgegriffen[130].

In der Literatur wurde der Kaufgegenstand „Unternehmen" dem Kaufgegenstand „Sache" vielfach kritisch gegenübergestellt, um die von der Rechtsprechung angewendete Analogie zu überprüfen[131]. Zudem wurde nach anderen Lösungsansätzen gesucht. So wurde beispielsweise eine Haftung nur nach c. i. c.[132] und die Heranziehung der Grundsätze über die Störung der Geschäftsgrundlage diskutiert[133]. Hintergrund sowohl des Vorgehens der Rechtsprechung als auch der Literatur war das allgemeine Empfinden, dass die für den Sachkauf vorgesehenen Regelungen zur Gewährleistungshaftung, insbesondere die der Wandlung

128 RGZ 63, 57; 67, 86; BGH NJW 1959, 1584, 1585; BGH WM 1970, 819, 820; BGH NJW 1977, 1538; BGH WM 1988, 1700; BGH NJW 1979, 33; BGH DStR 1995, 945. Zu der Entwicklung der Rechtsprechung von 1900 bis zur Schuldrechtsreform vgl. ausführlich *Thiessen*, Unternehmenskauf und Bürgerliches Gesetzbuch, A. II., S. 51 f., und B., S. 57 ff.

129 Das Rechtsinstitut der culpa in contrahendo wird im Folgenden als „c. i. c." bezeichnet. Im Rahmen der Schuldrechtsreform wurde mit der Regelung des § 311 Abs. 2 und 3 BGB eine normative Grundlage für die Haftung für Verschulden bei Vertragsverhandlungen geschaffen. Die Kodifizierung des bis dahin ungeschriebenen, aber gewohnheitsrechtlich anerkannten Rechtsinstituts soll die bisherige Rechtslage grundsätzlich nicht ändern. Die Haftung ergibt sich nun aus § 280 Abs. 1 i. V. m. §§ 311 Abs. 2 (oder 3), 241 Abs. 2 BGB). Ausführlich zur c. i. c. vor und nach der Schuldrechtsreform, vgl. *Theisen*, NJW 2006, 3102.

130 *Hiddemann*, ZGR 1982, 435, 447 ff. Ausführlich zu diesem Thema vgl. VI. 1. a. 1) b) (1), S. 57 ff.

131 Grundlegend *Hommelhoff*, ZHR 140 (1976), 271; *Hommelhoff*, ZGR 1982, 366; siehe auch *Zimmer*, NJW 1997, 2346, 2348 ff.

132 Siehe *Baur*, BB 1979, 381, 384 ff.; *Hiddemann*, ZGR 1982, 435, 437; *Honsell*, in: Staudinger, 13. Auflage (1995), § 459 BGB Rdn. 8.

133 Vgl. *Canaris*, ZGR 1982, 395; *Müller*, ZHR 147 (1983), 501, 537 ff.; s. auch *Grunewald*, ZGR 1981, 622, 629 ff.; Grunewald, ZGR 1982, 452.

(§ 462 BGB a. F.: Rückgängigmachung des Kaufes)[134], beim Unternehmenskauf nicht passend seien[135]. Als grundlegende Arbeit für die damaligen Diskussionen ist die Promotion von Peter Hommelhoff[136] zu nennen.

In den 90er-Jahren nahmen internationale Unternehmenstransaktionen zu und damit in Deutschland der Bedarf und die Praxis, eine Due Diligence durchzuführen. Dementsprechend bildeten Fragen rund um die Due Diligence einen Schwerpunkt der Diskussionen zum Unternehmenskauf. Für den hier behandelten Rücktritt ist dabei insbesondere von Interesse, ob die Due Diligence bereits als Verkehrssitte einzustufen ist. In diesem Fall wäre ihr Unterlassen grob fahrlässig und dem Käufer ein Berufen auf Gewährleistungsrechte wie den Rücktritt versagt, vgl. § 442 Abs. 2 S. 1 BGB. Die Diskussion zieht sich bis heute hin und wird an entsprechender Stelle verbunden mit einer Stellungnahme dargestellt[137]. Hervorzuheben ist zu diesem Thema die Promotion von Fatemi, die durch eine Untersuchung zur Verbreitung der Due Diligence bei deutschen Unternehmen zugleich in tatsächlicher Hinsicht relativ neue Grundlagen für eine Beurteilung bietet[138].

2. Seit der Schuldrechtsreform

Die Schuldrechtsreform berücksichtigte im Rahmen der Gewährleistungshaftung erstmals den Unternehmenskauf als Kauf eines Gegenstandes, der weder Sache noch Recht ist. Nach der Regierungsbegründung soll unter anderem gerade der Unternehmenskauf mit der Bezeichnung des Kaufes von „sonstigen Gegenständen“ gemeint sein[139]. Mit der Regelung, dass die Vorschriften für den Kauf von Sachen auf den Kauf von sonstigen Gegenständen entsprechend Anwendung

134 Für die Durchführung der Wandelung verwies § 467 S. 1 HS. 1 BGB a. F. auf Regelungen des Rücktritts, nämlich §§ 346 bis 348, 350 bis 354, 356 BGB a. F. Durch die Schuldrechtsreform ist die Wandlung abgeschafft und vom Rücktrittsrecht ersetzt worden.

135 Dazu statt vieler *Grunewald*, ZGR 1982, 452.

136 *Hommelhoff*, Die Sachmängelhaftung beim Unternehmenskauf.

137 Zur ausführlichen Diskussion, auch bezüglich der weiteren für den Rücktritt relevanten Aspekte der Due Diligence wie z. B. eine etwaige Beeinflussung von Aufklärungspflichten, s. X. 3. d., S. 233 ff.

138 *Fatemi*, Die Obliegenheit zur Due Diligence beim Unternehmenskauf. *Fatemi* befürwortet im Ergebnis abgestuftes Obliegenheitssystem, vgl. *Fatemi*, Die Obliegenheit zur Due Diligence beim Unternehmenskauf, C. II. 2., S. 146 ff.

139 Siehe BT-Drucks. 14/6040, S. 242.

finden (§ 453 Abs. 1 Alt. 2 BGB), entschied sich der Gesetzgeber, die bisherige Rechtsprechung trotz Kritik aus dem Schrifttum zu kodifizieren. Angesichts der klaren Positionierung des Gesetzgebers erstarb der Streit in der Literatur über die Heranziehung anderer Rechtsgrundlagen für die Gewährleistungshaftung beim Unternehmenskauf weitestgehend[140].

Die Reform erneuerte daneben allgemein das System der Gewährleistungshaftung. Die Änderungen hinsichtlich des Sachkaufs wirken sich aufgrund der analogen Anwendung grundsätzlich[141] ebenso wie auf den Sachkauf auf den Unternehmenskauf aus und prägen die Diskussion zum Unternehmenskauf. Vor der Schuldrechtsreform wurde bereits kritisiert, dass Unternehmenskennzahlen nach der Rechtsprechung in der Regel unter keine der beiden Mangelkategorien des früheren Rechts fielen (weder Fehler gemäß § 459 Abs. 1 BGB a. F. noch zusicherungsfähige Eigenschaft gemäß § 459 Abs. 2 BGB a. F.)[142]. Seit der Schuldrechtsreform wird diese Thematik in die allgemeine Diskussion zur Reichweite des neuen Beschaffenheitsbegriffes eingebettet. Dieser gibt den Rahmen für die Bestimmung der Mangelhaftigkeit gemäß § 434 BGB vor. Die mittlerweile herrschende Meinung befürwortet den weiten Beschaffenheitsbegriff, nach dem die Parteien frei sind in der Bestimmung von Beschaffenheitsvereinbarungen (§ 434 Abs. 1 S. 1 BGB). Dabei bezieht sie sich als Beispiel in vielen Fällen auf Unternehmenskennzahlen, die danach Beschaffenheitsvereinbarungen zugänglich sind und bei Nichtvorliegen die Mangelhaftigkeit des Unternehmens begründen[143].

Die im Rahmen der Schuldrechtsreform neu eingeführte Regelung des § 444 BGB, nach der das Berufen auf einen Haftungsausschluss untersagt ist, wenn der Verkäufer den Mangel arglistig verschwiegen oder eine Garantie für die Beschaffenheit gegeben hat, führte zu vielen Beiträgen mit Blick auf das Ausmaß ihrer Bedeutung. Es wurde befürchtet, dass sie der Begrenzung von Rechtsfolgen bei selbstständigen Garantieversprechen entgegenstehe. Da selbstständige Garantieversprechen gerade beim Unternehmenskauf in der Praxis besonders üblich sind, wurde die Diskussion meistens am Beispiel des Unternehmenskaufs geführt. Die Frage sorgte für erhebliche Verunsicherung in der Praxis und im Schrifttum[144].

---

140 Für eine Haftung allein nach c. i. c. aber weiterhin *Huber*, AcP 202 (2002), 179, 210 ff., 226; *Kindl*, WM 2003, 409, 415.

141 Zur analogen Anwendung und ihrer Bedeutung vgl. V. 2., S. 44 ff.

142 *Hommelhoff*, ZHR 140 (1976), 271, 298; *Müller*, ZHR 147 (1983), 501; *Putzo*, NJW 1970, 656.

143 Ausführlich zu diesem Thema unter VI. 2. a. 1) b), S. 85 ff.

144 Vgl. insbesondere *von Westfalen*, ZIP 2002, 545, 546; *von Westfalen*, BB 2002, 209 (als Auslöser der Diskussion) sowie mit der Gegenansicht *Gronstedt, Jörgens*, ZIP

Aufgrund ihrer großen praktischen Relevanz bildete sie einen Schwerpunkt im Rahmen der Diskussion zum Unternehmenskauf, bis der Wortlaut des § 444 BGB modifiziert wurde[145]. Die Gesetzesänderung erfolgte zur Klarstellung, dass die bisherige Praxis selbstständiger Garantieversprechen von dem Inhalt des § 444 BGB unberührt bleiben solle[146].

Da dem Verkäufer in der Praxis des Unternehmenskaufs häufig vorgeworfen wird, einen Mangel arglistig verschwiegen zu haben, wird dieses Thema des Unternehmenskaufs immer wieder und auch gerade mit Blick auf die Regelungen seit der Schuldrechtsreform vom Schrifttum aufgegriffen. Dabei ist zu unterscheiden zwischen Normen, die ausdrücklich arglistiges Handeln regeln[147], und solchen, bei deren Anwendung der BGH Arglist ohne ausdrückliche gesetzliche Nennung berücksichtigt[148]. Gerade diese vom BGH praktizierte Einbeziehung der Arglist ohne gesetzliche Erwähnung wird vielfach kritisiert und ist zu untersuchen. Außerdem wird im Schrifttum regelmäßig thematisiert, wann bei einem Unternehmenskauf arglistiges Handeln des Verkäufers vorliegt und inwieweit sich aus der Art des Rechtsgeschäfts und seinem Ablauf diesbezüglich Besonderheiten ergeben[149].

Insgesamt wurde die Schuldrechtsreform mit Blick auf den Unternehmenskauf positiv aufgenommen. An verschiedenen Stellen des Gesetzes versucht das Schrifttum, anhand der neuen Regelungen die Besonderheiten des Unternehmenskaufs zu berücksichtigen. Dabei sind die verschiedenen Ansätze zahlreich. Es findet sich der Vorschlag, den Rücktritt allgemein beim Unternehmenskauf auszuschließen mittels der lediglich entsprechenden Anwendung der Regelungen zur Gewährleistungshaftung beim Sachkauf (§ 453 Abs. 1 Alt. 1 oder 2 BGB)[150]. Daneben wird vielfach eine auf den Unternehmenskauf in verschiedener Art und

---

2002, 52, 58; *Faust*, ZGS 2002, 271, 273 f. Ausführlich zu dem Thema und für weitere Literaturnachweise siehe XII. 1. c. 2), S. 303 ff.

145 Die Änderung wurde durch das Gesetz vom 02.12.2004 (BGBl. I S. 3102) mit Wirkung vom 08.12.2004 vorgenommen.

146 Daher richtig mit seiner Bezeichnung als „Sturm im Wasserglas“: *Müller*, NJW 2002, 1026.

147 In §§ 442, 444 BGB ist das arglistige Verschweigen ausdrücklich genannt, vgl. dazu VII. 3., S. 142 ff. sowie X. 1. b., S. 220 ff.

148 So im Rahmen von § 323 Abs. 5 S. 2 und § 323 Abs. 2 Nr. 3 BGB, vgl. dazu ausführlich IX. 4., S. 204 ff. sowie VIII. 4. b. 4), S. 182 ff.

149 Hier sind beispielsweise die Diskussionen über Aufklärungspflichten des Verkäufers und die Wissenszurechnung beim Unternehmenskauf zu nennen, vgl. hierzu VII.3., S. 142 ff.

150 So *Haas*, in: Das neue Schuldrecht, § 5 Rdn. 552.

Weise angepasste Anwendung der Regelungen vertreten. Insbesondere wird als Korrektiv beim Unternehmenskauf die Regelung des § 323 Abs. 5 S. 2 BGB angeführt, nach der der Rücktritt bei einer nur unerheblichen Pflichtverletzung ausgeschlossen ist[151]. Daneben wird die Berücksichtigung der praktischen Probleme der Rückabwicklung beim Unternehmenskauf im Rahmen der Regelung zu den Rücktrittsfolgen (§ 346 BGB) diskutiert[152].

In Folge der Schuldrechtsreform gab es neben einer Vielzahl von Aufsätzen zu einzelnen Aspekten des Unternehmenskaufs einige Dissertationen mit dem Thema des Unternehmenskaufs, vereinzelt auch zur (Gewährleistungs-)Haftung des Unternehmensverkäufers[153]. Der Rücktritt wird darin aber regelmäßig nur als eines der Gewährleistungsrechte des Käufers behandelt. Mit dem Verweis, dass er ausgeschlossen werden soll bzw. in den meisten Unternehmenskaufverträgen ausgeschlossen ist, wird grundsätzlich auf eine vertiefende Erläuterung verzichtet. Dabei bleibt unbeachtet, dass in der Praxis immer wieder Fälle vorkommen, bei denen der Ausschluss des Rücktritts nicht wirksam vereinbart wurde, beispielsweise wegen missverständlicher Formulierung oder weil sich der Verkäufer aufgrund arglistigen Handelns nicht auf ihn berufen kann.

---

151 Vgl. Kapitel IX., S. 191 ff.

152 Insbesondere bei § 346 Abs. 2 Nr. 2 Alt. 5 BGB (Umgestaltung im Sinne von Identitätsverlust), vgl. nur *Kleinhenz*, JuS 2009, 787; *Büdenbender*, in: NK-BGB, Anhang II zu §§ 433–480: Unternehmenskauf-BGB Rdn. 94 ff.; *Lips*, in: Beck'sches Mandatshandbuch Unternehmenskauf, § 3 Rdn. 194 und siehe ausführlich XI. 3., S. 271 ff.

153 Z. B. *Thiessen*, Unternehmenskauf und Bürgerliches Gesetzbuch; *Jagersberger*, Die Haftung des Verkäufers beim Unternehmens- und Anteilskauf und *Glagowski*, Die Mängelgewährleistung beim Unternehmenskauf im Wege des asset deal nach der Schuldrechtsreform.

V. Anwendbarkeit der gesetzlichen Gewährleistungsregeln des Kaufrechts

Seit der Schuldrechtsmodernisierung regeln die §§ 434 ff. BGB die Gewährleistung im Rahmen des allgemeinen Kaufrechts. Dabei führt § 437 BGB alle Rechte des Käufers bei mangelhafter Leistung des Verkäufers auf. Durch Verweis auf weitere Regelungen bestimmt er unter anderem die Voraussetzungen, die neben einem Mangel für den in dieser Arbeit behandelten Rücktritt wegen Schlechtleistung vorliegen müssen, vgl. § 437 Nr. 2 BGB. Der Untertitel, der die §§ 434 ff. BGB umfasst[154], orientiert sich primär an dem Kauf von Sachen[155]. Seine Regelungen sind aber aufgrund eines Verweises in § 453 Abs. 1 Alt. 1 und Alt. 2 BGB auf den Kauf von *Rechten* und *sonstigen Gegenständen* entsprechend anzuwenden. Damit die kaufrechtlichen Gewährleistungsregeln direkt oder entsprechend auf den Unternehmenskauf anzuwenden sind, muss dieser also unter eine der genannten Kategorien des § 453 Abs. 1 BGB fallen. Ist er einer dieser Kategorien zuzuordnen, bleibt zu untersuchen, was die Anordnung der lediglich entsprechenden Anwendung gegenüber einer direkten Anwendung der Regelungen bedeutet.

1. Einordnung des Unternehmenskaufs im Rahmen des § 453 BGB

Während die § 433 ff. BGB ihrem Wortlaut nach den Sachkauf regeln, führt das Gesetz in § 453 BGB die weiteren Kategorien auf: Kauf von Rechten (allgemein von Rechten, § 453 Abs. 1 Alt. 1 BGB, und von solchen, die zum Besitz einer Sache berechtigen, § 453 Abs. 3 BGB) und Kauf von sonstigen Gegenständen (§ 453 Abs. 1 Alt. 2 BGB). Der Unternehmenskauf kann keiner der vom Gesetz in dem Untertitel genannten Kategorien pauschal zugeordnet werden. Vielmehr ist nach der Art zu differenzieren, nach der der Unternehmenskauf im jeweils konkreten Fall durchgeführt wird. Denn obwohl sowohl der Asset Deal als auch der Share

---

154 Hierbei handelt es sich um Buch 2 (Recht der Schuldverhältnisse) Abschnitt 8 (Einzelne Schuldverhältnisse) Titel 1 (Kauf, Tausch), Untertitel 1 (Allgemeine Vorschriften).

155 Vgl. BT-Drucks. 14/6040, S. 202, 242.

Deal letztlich[156] den Kauf eines Unternehmens darstellen, bestimmt die jeweils gewählte Art der Durchführung die direkten Erwerbsobjekte. Diese sind für die rechtstechnische Einordnung im Rahmen des § 453 BGB primär[157] maßgeblich[158].

a. Asset Deal

Beim Asset Deal wird das Unternehmen selbst samt seinen Wirtschaftsgütern erworben und wechselt den Rechtsträger[159]. Ein Unternehmen kann nach seiner Beschaffenheit und seiner Eigenart als Gesamtheit verschiedener Vermögenswerte[160] weder als Sache noch als Recht eingeordnet werden[161]. Trotzdem wendete die Rechtsprechung vor der Schuldrechtsmodernisierung auf den Asset Deal grundsätzlich die Gewährleistungsregelungen des Sachkaufs (§§ 459 ff. BGB a. F.) entsprechend an[162]. Zugleich engte sie allerdings den Fehler- und Eigenschaftsbegriff im Rahmen des Gewährleistungsrechts ein[163]. Da das Vorliegen eines Fehlers oder das Fehlen einer zugesicherten Eigenschaft vor der Schuldrechtsmodernisierung Voraussetzung für das Eintreten der Rechtsfolgen nach dem Gewährleistungsrecht war[164], kam das Rechtsfolgensystem des Gewährleistungsrechts in vielen Fällen des

---

156 Der Share Deal nur mittelbar, vgl. II. 2. b., S. 12 ff.

157 Der mit dem Rechtsgeschäft bezweckte Unternehmenskauf prägt die Einordnung nicht, bleibt aber auch nicht vollständig unberücksichtigt, vgl. dazu V. 1. b., S. 43 ff.

158 Dies betonend *Jagersberger*, Die Haftung des Verkäufers beim Unternehmens- und Anteilskauf, Kapitel 3 B. I. 2.3 a) (S. 109); im Ergebnis ebenso schon RGZ 86, 146, 149; vgl. auch *Thiessen*, in: MüKo HGB, Anhang zu § 25 Rdn. 112; *Berger*, in: Jauernig, § 453 Rdn. 16; *Picot*, in: Unternehmenskauf und Restrukturierung, Teil I. Rdn. 28; *Rotthege*, in: Unternehmenskauf bei der GmbH, 1. Kap. Rdn. 42.

159 Vgl. II. 2. a., S. 11.

160 Zur Definition eines Unternehmens und für seine Bestandteile siehe II. 1., S. 7 ff.

161 Vgl. bereits RGZ 63, 57, 58; ausführlich dazu auch schon *Pisko* im Jahr 1907, der daneben auch die Unmöglichkeit der Einordnung des Unternehmens als *beweglich* oder *unbeweglich* ausführt, vgl. *Pisko*, Das Unternehmen als Gegenstand des Rechtsverkehrs, III. § 5 1.

162 Grundlegend RGZ 63, 57; 67, 86; BGH NJW 1977, 1538; BGH NJW 1979, 33; BGH DStR 1995, 945; diese Ansicht war in der Literatur umstritten; zustimmend: *Prölss*, ZIP 1981, 337; ablehnend mit Verweis auf die mangelnde Ähnlichkeit von Sachen und Unternehmen dagegen: *Canaris*, ZGR 1982, 395, 398; *Zimmer*, NJW 1997, 2346, 2349; kritisch *Grunewald*, ZGR 1981, 622, 629 ff.; *Huber*, AcP 202 (2002), 179, 184 ff.; *Honsell*, in: Staudinger, 13. Auflage (1995), § 459 BGB Rdn. 8 m. w. N.

163 Vgl. RGZ 67, 86; RGZ 146, 120, 123; BGH NJW 1970, 653; BGH WM 1988, 1700, 1702.

164 Vgl. § 459 Abs. 1 BGB a. F. (Vorliegen eines Fehlers) und § 459 Abs. 2 BGB a. F. (Fehlen einer zugesicherten Eigenschaft).

Unternehmenskaufs aufgrund der restriktiven Handhabung des Tatbestandes nicht zur Anwendung. Dies ermöglichte den Rückgriff auf das Rechtsinstitut der c. i. c.[165].

Das Vorgehen der Rechtsprechung ist vor dem Hintergrund zu sehen, dass das damalige Gewährleistungsrecht weitreichende Rechtsfolgen wie insbesondere die Wandlung[166] vorsah, während die Grundsätze der c. i. c. flexible Lösungsmöglichkeiten boten[167]. Auf der Grundlage der Haftung nach c. i. c. kann der Käufer nur dann die Befreiung vom Kaufvertrag verlangen, wenn er nachweist, dass er den Kaufvertrag nicht abgeschlossen hätte bei Kenntnis der wahren Sachlage, d. h. ohne die das Verschulden bei Vertragsschluss begründende Handlung des Verkäufers. Will der Käufer keine Befreiung vom Kaufvertrag oder kann er den dazu erforderlichen Nachweis nicht erbringen, ist der Käufer nach c. i. c. regelmäßig so zu stellen, als habe er aufgrund seiner Kenntnis einen günstigeren Kaufpreis aushandeln können. Die Haftung nach c. i. c. erlaubte somit im Vergleich zu den damaligen gesetzlichen Gewährleistungsregelungen flexiblere und der Sachlage in der Praxis meist angemessenere Ergebnisse[168].

Die Wandlung sah dagegen durch den Verweis auf die Rücktrittsfolgen die Rückgewähr der Leistungen vor[169]. Auch das Schrifttum sah darin eine Rechtsfolge, die die Besonderheiten des Unternehmenskaufs nur unzureichend berücksichtigte[170]. Daher wurde selbst von den Befürwortern der Sachmängelvorschriften

---

165 Vgl. BGH WM 1970, 132, 133; BGH WM 1974, 51; BGH NJW 1977, 1538, 1539. *Baur* hielt dieses von der Rechtsprechung praktizierte, zweistufige Lösungssystem für in sich widersprüchlich und befürwortete die alleinige Haftung nach den Grundsätzen der culpa in contrahendo, vgl. *Baur*, BB 1979, 381, 384 ff.

166 Gemäß § 462 BGB a. F.

167 Vgl. *Baur*, BB 1979, 381, 384 ff.; *Westermann*, ZGR 1982, 45, 57; *Hiddemann*, ZGR 1982, 435, 437, 442; ähnlich *Grunewald*, ZGR 1981, 622, 629, *Honsell*, in: Staudinger, 13. Auflage (1995), § 459 BGB Rdn. 8; *Haas*, in: Das neue Schuldrecht, § 5 Rdn. 533, 539.

168 Ausführlich zur Anwendung der c. i. c. beim Unternehmenskauf vor der Schuldrechtsmodernisierung *Aderhold*, DStR 1991, 844, 846 f.

169 Für die Durchführung der Wandelung verwies § 467 S. 1 HS. 1 BGB a. F. auf Regelungen des Rücktritts, nämlich §§ 346 bis 348, 350 bis 354, 356 BGB a. F. Durch die Schuldrechtsreform ist die Wandlung abgeschafft und vom Rücktrittsrecht ersetzt worden.

170 Als weiteres zentrales Problem der Gewährleistungsregeln wurde die im Vergleich zur c. i. c. kurze, nämlich sechsmonatige Verjährung (§ 477 BGB a. F.) angesehen. Die Ansprüche aus c. i. c. verjährten dagegen erst nach 30 Jahren (§ 195 BGB a. F.); vgl. *Prölss*, ZIP 1981, 337, 345; *Mössle*, BB 1983, 2146, 2152 f.; mit dem Versuch einer Rechtfertigung: *Aderhold*, DStR 1991, 844, 846.

beim Unternehmenslauf oft eine nur modifizierte Anwendung gefordert, die gewährleisten sollte, dass es nur in den seltensten Fällen zu einer Wandlung und Rückübertragung des Unternehmens kommt[171].

Seit der Einführung des § 453 BGB im Rahmen der Schuldrechtsmodernisierung gibt es neben Sach- und Rechtskauf den Kauf sonstiger Gegenstände als dritte, gesetzlich geregelte Kategorie, bei der – jedenfalls entsprechend[172] – die Gewährleistungsregeln zum Sachkauf anzuwenden sind. Der gesetzlich nicht definierte Begriff des Gegenstandes ist Oberbegriff zum Sachbegriff in § 90 BGB. Im Gegensatz zum Sachbegriff verzichtet er auf die Voraussetzung der Körperlichkeit. Er umfasst daher alles, woran ein Recht bestehen kann (Rechtsobjekte) sowie die Rechte an den Rechtsobjekten (Verfügungsobjekte)[173]. In Unternehmenskaufverträgen gleich welcher Art sind Unternehmen in ihrer Gesamtheit taugliche Objekte schuldrechtlicher Verpflichtungen. Ein einheitliches Verpflichtungsgeschäft begründet demnach Rechte an der Funktionseinheit „Unternehmen“[174]. Ein Unternehmen ist daher Rechtsobjekt und als sonstiger Gegenstand zu klassifizieren[175].

Zudem handelt es sich bei einem Asset Deal wie im Rahmen des § 453 Abs. 1 Alt. 2 BGB erforderlich um einen Kauf[176]. Bei einem Kauf werden ein Gegenstand und Geld ausgetauscht[177]. Der Asset Deal ist demnach von der Verweisung des § 453 Abs. 1 Alt. 2 BGB erfasst mit der Folge, dass die §§ 433 ff. BGB auf ihn entsprechend anzuwenden sind[178]. Der frühere Lösungsansatz der Rechtsprechung,

---

171 Vgl. *Hüffer*, in: Staub HGB, 4. Aufl. (1983), Vor § 22 Rdn. 42 f., 50; *Mössle*, BB 1983, 2146, 2151; *Müller*, ZHR 147 (1983), 501, 527 f.; *Zimmer*, NJW 1997, 2346, 2348 ff.; *Schmidt*, Handelsrecht, § 6 II 3b aa, S. 153 f.

172 Dazu siehe im Einzelnen unten V. 2., S. 44 ff.

173 *Michalski*, in: Erman, Vor § 90 Rdn. 2; *Fritzsche*, in: BeckOK BGB, § 90 Rdn. 4; *Wolf*, in: Lehrbuch des Schuldrechts, Bd. 1, § 20 Rdn. 1; eingehend zum Gegenstandsbegriff *Jickeli; Stieper*, in: Staudinger, Vorbem. zu §§ 90–103 Rdn. 3 ff.

174 Vgl. zum Unternehmen als Gegenstand von Kaufverträgen II. 1., S. 7 ff.

175 Vgl. *Lange*, ZGS 2003, 300; *Weidenkaff*, in: Palandt, § 453 Rdn. 7; *Büdenbender*, in: NK-BGB, § 453 Rdn. 17 f.; *Glagowski*, Die Mängelgewährleistung beim Unternehmenskauf im Wege des asset deal nach der Schuldrechtsreform, S. 77.

176 Zur Qualifizierung des Unternehmenskaufs als reinen Kaufvertrag siehe schon *Hommelhoff*, Die Sachmängelhaftung beim Unternehmenskauf, S. 15, 18.

177 *Faust*, in: BeckOK BGB, § 433 Rdn. 12; *Weidenkaff*, in: Palandt: Einf v § 433 Rdn. 1.

178 Vgl. nur *Weidenkaff*, in: Palandt, § 453 Rdn. 7; *Oltmanns*, in: NK-BGB, Anhang III zu § 433–480: Unternehmenskauf Rdn. 86; *Büdenbender*, in: NK-BGB, § 453 Rdn. 17 f.; *Thiessen*, in: MüKO HGB, § 25 Anh. Rdn. 60; *Holzapfel, Pöllath*, Unternehmenskauf, Rdn. 609 ff. m. w. N.; *van Kann*, Praxishandbuch Unternehmenskauf, S. 85. So auch der Wille des Gesetzgebers, der daher bei Gewährleistungsfällen beim

die Gewährleistungsregelungen des Sachkaufs entsprechend anzuwenden, wurde somit im Rahmen der Schuldrechtsmodernisierung kodifiziert[179].

b. Share Deal

Da bei einem Share Deal das Unternehmen nur mittelbar erworben wird, ist bei dieser Art des Unternehmenskaufs die soeben getroffene Einordnung des Unternehmens als Gegenstand unerheblich. Maßgeblich für die Klassifizierung des Kaufes ist vielmehr das direkte Erwerbsobjekt[180]. Dies sind bei einem Share Deal die zu erwerbenden Gesellschaftsrechte als Beteiligung am Rechtsträger des Unternehmens. Bei einem Share Deal handelt es sich folglich in rechtstechnischer Hinsicht um einen Rechtskauf[181]. Für diese Qualifizierung spricht zudem, dass die Gesetzesbegründung den Begriff „Kauf sonstiger Gegenstände" nur auf den Kauf von „Unternehmen oder Unternehmensteilen" bezieht, gerade nicht auf Unternehmens*beteiligungen*[182].

Diese Qualifizierung war schon vor der Schuldrechtsmodernisierung anerkannt. Anders als nach heutigem Recht[183] führte die Einordnung als Rechtskauf damals

---

Unternehmenskauf keinen Raum mehr sieht für eine Anwendung der Grundsätze der c. i. c., vgl. BT-Drucks. 14/6040, S. 242.

179 Vgl. *Rotthege*, in: Mandatspraxis Unternehmenskauf, 7. Teil, B. I.

180 Vgl. *Jagersberger*, Die Haftung des Verkäufers beim Unternehmens- und Anteilskauf, Kapitel 3 B. I. 2.3 a) (S. 109); a. A. *Lange*, der die Beteiligungen nur als rechtliches Mittel für die bezweckte Unternehmensübertragung ansieht, daher allein das Unternehmen als maßgeblich für die Zuordnung im Rahmen des § 453 BGB wertet und so auch den Share Deal als Kauf eines *sonstigen Gegenstandes* einordnet. Wenn die Parteien anwaltlich beraten wurden und in dem Vertrag ausdrücklich „die Anteile" statt „das Unternehmen" verkauft werden, sieht aber auch *Lange* die Grenze der Auslegung erreicht und spricht von einem *Rechtskauf*; vgl. dazu *Lange*, ZGS 2003, 300, 301 f. Ohne Differenzierung: *Weidenkaff*, in: Palandt, § 453 Rdn. 7; *Oltmanns*, in: NK-BGB, Anhang III zu § 433–480: Unternehmenskauf Rdn. 86.

181 RGZ 86, 146, 149; *Hiddemann*, ZGR 1982, 435, 438; *Westermann*, in: MüKo BGB, § 433 Rdn. 14; *Büdenbender*, in: NK-BGB, § 453 Rdn. 18; *Semler*, in: Handbuch Unternehmenskauf, Teil VII Rdn. 8; *Klumpp*, in: Der Unternehmenskauf, Kap. 16 Rdn. 15; *Picot*, in: Unternehmenskauf und Restrukturierung, Teil I. Rdn. 28; *Rotthege*, in: Unternehmenskauf bei der GmbH, 1. Kap. Rdn. 42; *Berger*, in: Jauernig, § 453 Rdn. 16; *Thiessen*, in: MüKo HGB, Anhang zu § 25 Rdn. 112; a. A. *Canaris*, HGB, § 8 Rdn. 47 (Kauf eines sonstigen Gegenstandes).

182 Vgl. BT-Drucks. 14/6040, S. 242.

183 Für die entsprechende Anwendung beim Rechtskauf nach heutigem Recht, siehe § 453 Abs. 1 Alt. 1 BGB.

allerdings nicht zu einer entsprechenden Anwendung der Regelungen des Sachkaufs. Die Rechtsmängelhaftung war separat von der Sachmängelhaftung in § 434 BGB a. F. geregelt, sodass Sach- und Rechtskauf verschiedenen Bestimmungen zur Gewährleistung unterlagen. Die Rechtsprechung wollte eine unterschiedliche Behandlung von Share Deal und Asset Deal aber vermeiden, da beide am Ende bei wirtschaftlicher Betrachtungsweise den gleichen Zweck betrafen, nämlich den Erwerb eines Unternehmens. Daher wendete sie auf einen Share Deal, also einen Rechtskauf, den sie zugleich als Unternehmenskauf wertete, zusätzlich zur Rechtsmängelhaftung dieselben Regelungen an wie beim Asset Deal, d. h. diejenigen des Sachkaufs[184].

Seit der Schuldrechtsmodernisierung ordnet § 453 Abs. 1 Alt. 1 BGB für den Rechtskauf die entsprechende Anwendung der §§ 433 ff. BGB an[185]. Damit kommt es schon durch die Einordnung des Share Deal als Rechtskauf zur entsprechenden Anwendung der Regelungen des Sachkaufs wie es die frühere Rechtsprechung praktizierte. Zugleich entsteht ebenfalls wie nach der früheren Rechtsprechung ein gewisser Gleichlauf zwischen Share Deal und Asset Deal, da für beide die entsprechende Anwendung gilt[186].

2. Die Bedeutung der „entsprechenden" Anwendung der §§ 434 ff. BGB

Durch die Einordnung als Kauf eines sonstigen Gegenstandes bzw. als Rechtskauf finden sowohl bei der Gestaltung eines Unternehmenskaufs in Form des Asset Deal als auch in Form des Share Deal die Regelungen der §§ 433 ff. BGB entsprechend Anwendung, vgl. § 453 Abs. 1 Alt. 1 und 2 BGB. Wird die entsprechende Anwendung von Normen bestimmt, so bedeutet dies grundsätzlich die sinngemäße Anwendung eines einzelnen Rechtssatzes auf einen im Gesetz nicht genannten Tatbestand[187]. § 453 BGB kann danach so verstanden werden, dass die auf den Sachkauf zugeschnittenen Regeln auch auf andere Käufe anzuwenden sind trotz vom Sachkauf abweichender objektiver Umstände.

---

184 RGZ 98, 289, 291; RGZ 100, 200, 203; RGZ 120, 283, 286 ff.; BGHZ 65, 246, 251; BGHZ 85, 367; BGH NJW 69, 184; vgl. dazu *Hommelhoff*, ZGR 1982, 366; *Grunewald*, ZGR 1981, 622, 639 ff.; *Westermann*, ZGR 1982, 45.

185 *Weidenkaff*, in: Palandt, § 453 Rdn. 7; *Oltmanns*, in: NK-BGB, Anhang III zu § 433–480: Unternehmenskauf Rdn. 86.

186 Für den Asset Deal nach heutigem Recht siehe V. 1. a., S. 40 ff.

187 Vgl. *Larenz*, Methodenlehre der Rechtswissenschaft, S. 381.

a. Weiter Ansatz

Dieses Verständnis von dem Aussagegehalt der „entsprechenden Anwendung" wird vereinzelt als zu eng abgelehnt. Stattdessen habe der Begriff „entsprechend" im Rahmen des § 453 Abs. 1 BGB eine weiterreichende inhaltliche Bedeutung. Der Gesetzgeber habe durch die Verwendung dieses Begriffes eine gewisse Freiheit bei der Anwendung der in Bezug genommenen Regelungen ermöglichen wollen[188]. So könne man aufgrund der Anordnung der lediglich entsprechenden Anwendung nach den Umständen des Kaufs ungebunden über die Anwendung der Regelungen entscheiden. Vertreter dieses Verständnisses sehen gerade den Unternehmenskauf wegen seiner Besonderheiten als eine Fallgruppe, bei der der vom Gesetzgeber so eingeräumte Bewertungsspielraum genutzt werden müsse. Da der Rücktritt mit der Rechtsfolge der Rückabwicklung für den Unternehmenskauf grundsätzlich einen ungeeigneten Rechtsbehelf darstelle, sei sich des Wortlauts des § 453 Abs. 1 BGB in der Weise zu bedienen, dass der Rücktritt beim Unternehmenskauf generell außer Acht zu lassen sei[189].

b. Gegenansicht

Gegen das weite Verständnis und damit gegen den generellen Ausschluss der Rücktrittsmöglichkeit beim Unternehmenskauf wird eingewandt, dass die Rechtsprechung auch vor Einführung des § 453 BGB die Gewährleistungsregeln des Sachkaufs auf den Unternehmenskauf analog angewandt habe, was der entsprechenden Anwendung gleichzustellen sei. Im Rahmen ihrer analogen Anwendung habe die Rechtsprechung damals aber keinen Anlass gesehen, die gesetzlichen Rechtsfolgen zu verändern oder ihre Anwendung gar zu unterlassen[190]. Wenn die jeweiligen Voraussetzungen vorlagen, wandte die Rechtsprechung die Rechtsfolgensystematik der Gewährleistung des Sachkaufs vielmehr im gleichen Umfang auf Unternehmenskäufe an wie auf Sachkäufe.

Des Weiteren könne über die Rechtsmethode der Analogie lediglich die gesetzliche Rechtsfolge eines Tatbestandes zur Anwendung kommen, obwohl ihr gesetzlicher Tatbestand nicht im Detail vorliege, sondern nur ein diesem ähnlicher. Die Anwendung der gesetzlichen Rechtsfolge werde somit durch die

188 Vgl. *Haas*, in: Das neue Schuldrecht, § 5 Rdn. 541, 544.
189 *Haas*, in: Das neue Schuldrecht, § 5 Rdn. 541, 552.
190 *Reiner*, in: Arbeitshandbuch Unternehmensübernahmen, Bd. 2, § 56 Rdn. 15.

Analogie auf einen weiteren, vergleichbaren Sachverhalt ausgeweitet. Sie bleibe dabei inhaltlich jedoch unverändert bestehen und in ihrer Bedeutung unangetastet. Unter Berufung auf eine Analogie könne daher eine gesetzliche Rechtsfolge nicht deformiert werden[191].

c. Stellungnahme

In dieser Diskussion ist die grundsätzliche Frage, ob der Rücktritt für den Unternehmenskauf ein angemessener Rechtsbehelf sein kann, von der Frage nach der Eignung des § 453 BGB als konkreter Ansatzpunkt für eine Lösung dieses Problems zu trennen. In vielen Fällen wird der Rücktritt im Rahmen eines Unternehmenskaufs ungeeignet sein, weil ein Unternehmen gerade keine Sache ist und einer solchen in vielen für den Rücktritt relevanten Ansatzpunkten auch nicht ähnelt[192]. Ungeachtet dieser Feststellung ist der Schwerpunkt hier auf die zweite Frage zu legen, da allein von dem Bedarf einer Ausschlussmöglichkeit des Rücktritts nicht auf die diesbezügliche Eignung des § 453 BGB geschlossen werden darf.

1) Allgemein zur entsprechenden Anwendung

Der Wortlaut des § 453 BGB greift mit dem Begriff der „entsprechenden Anwendung“ eine Formulierung auf, die in Rechtsprechung und Literatur eine gefestigte Bedeutung hat. Über diese sollte aus Gründen der Rechtssicherheit nicht hinausgegangen werden. Nach dem allgemeinen Verständnis ist eine Analogie die Übertragung einer für einen Tatbestand im Gesetz vorgesehenen Rechtsfolge auf einen anderen Tatbestand, der dem zur Rechtsfolge gehörenden nicht gleich, aber rechtsähnlich ist. Mittels einer Analogie wird der Wirkungskreis einer Rechtsfolge also vergrößert. Voraussetzung ist, dass der ähnliche Tatbestand mit dem geregelten in den für die rechtliche Bewertung maßgeblichen Faktoren übereinstimmt[193].

Im Rahmen einer etwaigen analogen Anwendung im Wege der Rechtsfortbildung werden daher das Vorliegen einer planwidrigen Regelungslücke und die rechtliche Vergleichbarkeit der Situationen geprüft bzw. inwieweit die gesetzgeberische Wertung auf den ungeregelten Tatbestand übertragbar ist[194]. Eine analoge

---

191 Vgl. *Reiner*, in: Arbeitshandbuch Unternehmensübernahmen, Bd. 2, § 56 Rdn. 15.

192 Zu den Besonderheiten eines Unternehmenskaufs s. III., S. 15 ff.

193 Vgl. *Larenz*, Methodenlehre der Rechtswissenschaft, S. 381.

194 Zur Prüfung, ob eine Analogie im Wege der Rechtsfortbildung beim Unternehmenskauf gegenüber dem Sachkauf zu begründen ist, weil die Analogie zu diesem

Anwendung kann aber nicht nur im Wege der Rechtsfortbildung vorzunehmen sein, sondern auch – wie im Rahmen des § 453 BGB – bei ihrer gesetzlichen Anordnung. Ist die analoge Anwendung gewisser Regelungen gesetzlich angeordnet, erübrigt sich eine Überprüfung durch den jeweiligen Rechtsanwender, ob die ungeregelte Situation mit dem gesetzlich geregelten Tatbestand in den maßgeblichen Hinsichten grundsätzlich vergleichbar ist. Der Gesetzgeber selbst hat dann bereits eine generelle Wertung über den Bedarf sowie die Zulässigkeit einer Analogie getroffen und sie bejaht[195].

Dieser Ansatz entspricht dem Verständnis von Regelungen nach früherem Recht, die wie § 453 Abs. 1 BGB eine entsprechende Anwendung gewisser Normen auf einen ungeregelten Tatbestand anordneten. § 493 BGB a. F. bestimmte beispielsweise, dass die Vorschriften über die Verpflichtung des Verkäufers zur Gewährleistung wegen Mängeln der Sache auf kaufähnliche Verträge entsprechende Anwendung finden. Dies wurde so verstanden, dass § 493 BGB a. F. die Anforderungen (Veräußerung oder Belastung einer Sache gegen Entgelt) vorgab, unter denen eine Vergleichbarkeit zu den Tatbeständen der in ihm genannten Regelungen gegeben war[196]. Die Frage, ob eine gesetzgeberische Wertung grundsätzlich auf einen ungeregelten Tatbestand zu übertragen ist, stellt sich demnach bereits auf der Ebene, auf der über die Anwendung des Instituts der Analogie entschieden wird. Hier befindet sich die entscheidende Hürde. Ist diese Vorstufe durch Bejahung der Voraussetzungen einer Analogie durch den Rechtsanwender oder aber wegen einer gesetzgeberischen Anordnung der Analogie überwunden und eine Analogie danach vorzunehmen, verbleibt nur noch ihre Ausführung.

Bei der Ausführung wird die Geltung der analog anzuwendenden Regelungen nicht erneut in das Belieben des Rechtsanwenders gestellt. Das bedeutet, dass die Rechtsfolge selbst weder in ihrer Verbindlichkeit infrage gestellt, noch inhaltlich ohne Weiteres grundlegend verändert werden darf. Lediglich dann, wenn sich bei der Ausführung der Analogie, d. h. der Anwendung der Regelung, die Erforderlichkeit von Anpassungen zeigt, sind entsprechende Modifikationen zulässig. Denn auch wenn mit der Entscheidung über die analoge Anwendung grundsätzlich die ausreichende Vergleichbarkeit der Tatbestände mit Blick auf die gesetzgeberische

---

Zeitpunkt noch nicht gesetzlich vorgeschrieben war, vgl. z. B. RGZ 63, 57, 60; RGZ 67, 86, 88 (im Ergebnis bejahend); *Zimmer*, NJW 1997, 2346, 2348 ff.

195 Ähnlich mit dem Hinweis, der Richter müsse die Bewertung des fraglichen Tatbestandes als ungeregelt, obwohl regelungsbedürftig nicht mehr vornehmen, *Thiessen*, Unternehmenskauf und Bürgerliches Gesetzbuch, C. IV., S. 178.

196 *Grunewald*, in: Erman, 9. Aufl. (1993), § 493 Rdn. 1.

Wertung festgestellt wurde, können Merkmale vorliegen, in denen der ungeregelte Tatbestand vom geregelten abweicht. Die Anordnung der analogen Anwendung stellt keine bloße Rechtsfolgenverweisung dar, die den Tatbestand unbeachtet lässt. Im Rahmen ihrer Ausführung sind daher in einem solchen Fall die Regelungen nur so modifiziert und so weit heranzuziehen, wie sie unter Berücksichtigung der Besonderheiten passen[197].

Dies kann sogar dazu führen, dass eine Regelung trotz angeordneter entsprechender Anwendung für den ungeregelten Tatbestand nicht gelten kann. Beispielsweise ist § 447 BGB (Versendungskauf) bei einem Rechtskauf nicht anwendbar, da es in der Natur des Rechtskaufs liegt, dass eine Versendung des Rechts nicht möglich ist[198]. Eine solche Nichtgeltung oder eine Abänderung entsprechend anzuwendender Regelungen ist allerdings nur dann zulässig, wenn die Unterschiede des ungeregelten zum geregelten Tatbestand bezüglich der rechtlichen Konstruktion gar keine oder keine Übertragung ohne Modifikationen zulassen. Eine eigene Bewertung des Rechtsanwenders, ob die Regelung oder ihre Rechtsfolge an sich für den ungeregelten Tatbestand angemessen ist, erfüllt diese Anforderung nicht ohne Weiteres. Solange sie sich nicht zugleich darauf stützen kann, dass die Unterschiede eine unmodifizierte Übertragung verhindern, kann sie daher mit Verweis auf die bloß entsprechende Anwendung keine Nichtanwendung einer Regelung begründen.

2) Entsprechende Anwendung nach § 453 Abs. 1 BGB

Der Wortlaut des § 453 Abs. 1 BGB zeigt, dass der Kauf eines Rechts und eines sonstigen Gegenstandes hinsichtlich der für die Gewährleistungshaftung maßgeblichen Umstände als dem Sachkauf ausreichend ähnlich anzusehen ist, um die Gewährleistungsregelungen des Sachkaufs generell auf diese Kategorien auszuweiten. Aufgrund der gesetzlichen Normierung ist eine analoge Anwendung sowohl beim Asset Deal als auch beim Share Deal vorzunehmen[199]. Die in § 453 Abs. 1 BGB begründete grundsätzliche Wertentscheidung des Gesetzgebers darf nicht bei jeder Anwendung der Gewährleistungsregeln des Sachkaufs über

197 *Beckmann*, in: Staudinger, § 453 Rdn. 21; *Thiessen*, Unternehmenskauf und Bürgerliches Gesetzbuch, C. IV., S. 178.

198 Die Anwendbarkeit des § 447 BGB ist bei einem Rechtskauf daher nur zu bejahen, wenn die Erfüllung die Übergabe einer Sache erfordert, vgl. *Westermann*, in: MüKo BGB, § 447 Rdn. 3.

199 *Lieb*, in: MüKo HGB, Anh. zu § 25 Rdn. 61.

§ 453 Abs. 1 BGB erneut hinterfragt werden. Besonderheiten des Unternehmens (-Kaufes) können nur nach Maßgabe des zuvor Gesagten bei der Ausführung der analogen Anwendung beachtet werden[200].

Demnach ist es nicht zulässig, eine vom Gesetzgeber im Wege der Anordnung der entsprechenden Anwendung als grundsätzlich passend erachtete Regelung wie das Rücktrittsrecht auszuschließen mit der Begründung, dass die Regelung durch den Rechtsanwender als ungeeignet beurteilt wird und daher eine entsprechende Anwendung abzulehnen sei[201]. Dies widerspräche der gesetzlich vorgeschriebenen Bewertung, dass die Gewährleistungsregelungen auf den Unternehmenskauf zu übertragen sind, soweit die Besonderheiten es erlauben. Der Vorbehalt, der jeder Ausführung einer analogen Anwendung innewohnt, ist dabei so zu verstehen, dass nur solche Änderungen gestattet sind, die wegen Besonderheiten des ungeregelten Tatbestandes nicht zu umgehen sind, d. h. solche, die das dem Tatbestand zugrunde liegende rechtliche Konstrukt betreffen. Ob und inwieweit solche Besonderheiten vorliegen, ist die einzig noch verbleibende Entscheidung. Vertritt man die Notwendigkeit von Modifikationen oder einer Nichtanwendung, ist dies besonders zu begründen[202]. Eine eigene pauschale Bewertung einer Regelung als unpassend ohne die Darlegung konkreter Hinderungsgründe im Hinblick auf die Anwendung darf die gesetzgeberische Wertentscheidung dagegen nicht ersetzen. Es liefe dem allgemeinen Verständnis des Wortlauts der „entsprechenden Anwendung“ zuwider, wenn man sich für den Ausschluss des Rücktritts in dieser Art und Weise auf ihn stützte. Die Folge wären Unsicherheiten hinsichtlich der Bedeutung einer Analogie, die zu vermeiden sind. Auch zum Schutz der Rechtssicherheit ist daher ein weitergehendes Verständnis abzulehnen.

Dabei ist anzumerken, dass durchaus als fraglich bezeichnet werden kann, ob die in Gesetzesform gegossene Regelung dem Willen des Gesetzgebers entspricht oder er sich ihrer Reichweite und Bedeutung eventuell gar nicht bewusst war. Fest steht, dass der Gesetzgeber die bisherige Rechtsprechung kodifizieren wollte[203].

---

200 Vgl. ohne deutliche Unterscheidung in ein „ob“ und „wie“ der Anwendung: *Beckmann*, in: Staudinger, § 453 Rdn. 6. Zu Recht kritisiert wird der von den meisten praktizierte, undifferenzierte Umgang mit der entsprechenden Anwendung von *Glagowski*, vgl. *Glagowski*, Die Mängelgewährleistung beim Unternehmenskauf im Wege des asset deal nach der Schuldrechtsreform, S. 81 ff.

201 Wobei mangels einer genauen Darstellung offen ist, ob die Vertreter des weiten Verständnisses zum Ausschluss des Rücktritts auf der Ebene des “ob“ oder des „wie“ der analogen Anwendung kommen. Ohne Differenzierung nach Ebenen: *Haas*, in: Das neue Schuldrecht, § 5 Rdn. 541, 552.

202 Vgl. *Larisch*, Gewährleistungshaftung beim Unternehmens- und Beteiligungskauf, S. 19.

203 BT-Drucks. 14/6040, S. 242 ff.

Diese verlangte zwar die analoge Anwendung, wie der Gesetzgeber es dann auch in § 453 Abs. 1 BGB aufnahm. Allerdings führte die restriktive Handhabung des Fehler- und Eigenschaftsbegriffs (§ 459 BGB a. F.) zugleich wiederum zu einer Einengung der analogen Anwendung. Die Rechtsprechung hatte damit die Entscheidung über die analoge Anwendung in den Tatbestand des § 459 BGB a. F. verschoben. Diesen Aspekt hat der Gesetzgeber im Rahmen der Einführung des § 453 Abs. 1 BGB nicht weiter thematisiert. Auch von der Literatur wurde das Vorgehen der Rechtsprechung kaum als Verlagerung der Entscheidung in den Tatbestand des § 459 BGB a. F. benannt[204], sodass fraglich ist, ob dieser Umstand zumindest dem Gesetzgeber bewusst war.

Für seine Kenntnis der Thematik könnte sprechen, dass die Kommission zur Überarbeitung des Schuldrechts in ihrem Abschlussbericht zu dem § 453 BGB beinahe inhaltsgleichen § 454 BGB-KE von ihrer Überlegung berichtete, das Rücktrittsrecht des Unternehmenskäufers einzuschränken. Die Kommission verwarf diesen Gedanken mit dem Hinweis darauf, dass die Vertragsparteien die Problematik meist vertraglich regelten und die bloß entsprechende Anwendung der Rechtsprechung ausreichend Flexibilität für sachgerechte Lösungen eröffne[205]. Außerdem wird in der Regierungsbegründung darauf verwiesen, dass eine Haftung nach c. i. c. nach der Schuldrechtsmodernisierung nicht mehr erforderlich sei, sodass die neuen Gewährleistungsregeln des Kaufrechts durchaus vom Gesetzgeber als umfassend geeignet bewertet worden sein könnten. Andererseits bezieht sich der Hinweis, dass die Argumente für eine Haftung nach c. i. c. entfallen sind, regelmäßig auf die seit der Schuldrechtsmodernisierung kürzere Verjährung der Gewährleistungsregelungen[206]. Folglich kann der Gesetzgeber den Aspekt der Problematik des Rücktritts beim Unternehmenskauf auch außer Acht gelassen haben, insbesondere dann, wenn er sich auf die Beurteilung der Kommission verlassen hat. Ob die Kommission die Thematik der Anordnung der analogen Anwendung als vermeintliche Kodifizierung der früheren Rechtsprechung erkannt hat, lässt sich daher nicht mit Gewissheit sagen. Ihre Ausführungen sind vor dem Hintergrund beider Alternativen denkbar.

---

204 Nur wenige bildeten hier eine Ausnahme, so *Zimmer*, NJW 1997, 2346, 2348 ff.; *Hüffer*, in: Staub HGB, 4. Aufl. (1983), Vor § 22 Rdn. 42 f., 50.

205 Abschlussbericht der Kommission zur Überarbeitung des Schuldrechts, S. 240.

206 Die im Vergleich zur c. i. c. (gemäß § 195 BGB a. F.: 30 Jahre) kurze, nämlich sechsmonatige Verjährungsfrist von Gewährleistungsansprüchen (§ 477 BGB a. F.) wurde im Rahmen der Schuldrechtsmodernisierung durch die Regelung des § 438 BGB (regelmäßig mindestens 2 Jahre) abgelöst.

Unabhängig davon, ob er sich der Bedeutung bewusst war, schuf der Gesetzgeber durch die Kodifikation der nur ersten Stufe der früheren Rechtsprechung eine Regelung, die die analoge Anwendung anordnet, ohne sie zugleich auf einer zweiten Stufe rein nach Wertungsgesichtspunkten einzuschränken oder die Möglichkeit dazu zu geben[207]. Legt man das allgemeine Verständnis der Begrifflichkeit der analogen Anwendung zugrunde, ist der Gesetzgeber damit im Ergebnis weiter gegangen als die frühere Rechtsprechung[208]. Dabei lässt der Wortlaut des § 453 Abs. 1 BGB keinen Freiraum für andere Interpretationen, losgelöst davon, ob man die entsprechende Anwendung der Regelungen des Sachkaufs generell für geboten hält.

Geht man davon aus, dass der Gesetzgeber sich bei der Fassung des § 453 Abs. 1 BGB der Entscheidungsverlagerung der früheren Rechtsprechung bewusst war, steht dem weiten Verständnis der analogen Anwendung neben dem Wortlaut des § 453 Abs. 1 BGB auch der gesetzgeberische Wille entgegen. Hätte der Gesetzgeber die Regelungen über den Kauf von Sachen nur teilweise oder lediglich unter bestimmten Voraussetzungen analog auf den Rechtskauf und den Kauf sonstiger Gegenstände anwenden wollen, um letztlich ein Vorgehen wie das der früheren Rechtsprechung zu gewährleisten, hätte er dies nämlich im Rahmen des § 453 BGB zum Ausdruck bringen können. Er hätte die entsprechende Anwendung anordnen können mit einem Zusatz, der den Weg für eine Handhabe ähnlich der früheren Rechtsprechung geöffnet hätte. Auf diese Weise hätte der Gesetzgeber genau den Freiraum lassen können, den nun einige versuchen, in den Begriff der entsprechenden Anwendung hineinzulesen[209]. Damit hätte er sichergestellt, dass jeder die Möglichkeit erkennt, eine Rechtsfolge bei Belieben nicht anzuwenden und so von vornherein z. B. den Rücktritt beim Unternehmenskauf auszuschließen. Der Gesetzgeber hätte durch das Schaffen des Freiraums mittels Zusatz zugleich den Begriff der Analogie im Sinne des allgemeinen Verständnisses verwendet. Etwaige Unsicherheiten bezüglich der Bedeutung des Begriffs wären gar nicht erst entstanden.

Die Tatsache, dass der Gesetzgeber sich aber für den derzeitigen Wortlaut entschieden, d. h., die entsprechende Anwendung ohne Zusatz angeordnet hat, lässt – wenn es eine Entscheidung im Bewusstsein der Entscheidungsverlagerung der früheren Rechtsprechung war – auf den Willen schließen, dass er seinen Worten eben diejenige

---

207 Dagegen gegen eine Änderung durch die Schuldrechtsmodernisierung und für das Beibehalten der früheren Rechtsprechung: *Huber*, AcP 202 (2002), 179, 223 ff.

208 So auch *Glagowski*, Die Mängelgewährleistung beim Unternehmenskauf im Wege des asset deal nach der Schuldrechtsreform, S. 79.

209 So z. B. *Haas*, in: Das neue Schuldrecht, § 5 Rdn. 541, 552.

Bedeutung geben wollte, wie sie dem allgemeinen Verständnis entspricht. Er wählte dann keinen anderen Wortlaut, weil die umfassende Anordnung der analogen Anwendung seinen Willen korrekt widerspiegelt: Ein Ausweichen auf die Haftung nach c. i. c. aus Wertungsgesichtspunkten soll nicht mehr möglich sein. Stattdessen sollen die Regelungen des Sachkaufs entsprechend auf den Kauf von Rechten und sonstigen Gegenständen anzuwenden sein, d. h. maximal mit erforderlichen Modifikationen.

Geht man dagegen davon aus, dass sich der Gesetzgeber nicht bewusst für eine Abweichung von der früheren Rechtsprechung und hin zu einer umfassenden analogen Anwendung entschieden hat, muss der Wortlaut des § 453 Abs. 1 BGB trotzdem respektiert werden. Er legt die Grenze fest, sodass eine erneute Wertentscheidung über die generelle Vergleichbarkeit der rechtlichen Sachverhalte nicht möglich ist. Dieses Ergebnis mag zwar unbefriedigend sein, ist aber hinzunehmen[210]. Ein allgemeiner Ausschluss des Rücktritts beim Unternehmenskauf mit dem bloßen Verweis auf § 453 BGB ist somit abzulehnen. Stattdessen bleibt aufgrund der lediglich entsprechenden Anwendung bei den einzelnen Regelungen zum Rücktritt zu prüfen, inwieweit es der Modifikationen bedarf, um die Faktoren des geregelten und des ungeregelten Tatbestandes, die in ihrem jeweiligen Sinnzusammenhang als gleich zu bewerten sind, in rechtlicher Hinsicht auch gleich behandeln zu können. Zugleich ist die Grenze der Anwendung der Regelungen dort zu ziehen, wo die Unterschiede einer Gleichbehandlung entgegenstehen[211].

Gegen einen generellen Ausschluss des Rücktrittsrechts wegen Ungeeignetheit beim Unternehmenskauf spricht zudem, dass durchaus Einzelfälle denkbar sind, in denen ein Rücktritt als Rechtsbehelf für keine der Vertragsparteien eine besondere Härte darstellt. Hat der Verkäufer in der Zeit nach der Übertragung des Unternehmens festgestellt, dass sich beispielsweise die Marktsituation für ihn so verändert hat, dass er bei vorheriger Kenntnis der Entwicklung, das Unternehmen nicht verkauft hätte, können je nach den konkreten Umständen sogar die Belastungen durch die Eigentümerwechsel für ihn akzeptabel sein, wenn er nur den Kauf rückgängig machen kann. Wünscht in einem solchen Fall der Käufer eine Rückabwicklung durch Rücktritt, würde dies nicht nur keine Härte, sondern sogar im Interesse beider Parteien sein. Ein allgemeiner Ausschluss würde auf diese gar nicht so seltenen Fälle ohne Not keine Rücksicht nehmen.

---

210 Ebenso *Glagowski*, Die Mängelgewährleistung beim Unternehmenskauf im Wege des asset deal nach der Schuldrechtsreform, S. 79 ff.

211 Ähnlich *Thiessen*, Unternehmenskauf und Bürgerliches Gesetzbuch, C. IV., S. 178; *Larisch*, Gewährleistungshaftung beim Unternehmenskauf, S. 18.

VI. Ein Mangel des Unternehmens

§ 437 BGB bestimmt allgemein die Rechte des Käufers bei Mängeln. Die Regelung zeigt auf, dass das Vorliegen eines Mangels Voraussetzung für das Eintreten der Gewährleistungshaftung ist, so auch für den hier behandelten Rücktritt, vgl. § 437 Nr. 2 Alt. 1. Entdeckt der Käufer nach der Übergabe des Kaufgegenstandes einen Mangel, muss er beweisen, dass der Mangel zum maßgeblichen Zeitpunkt, nämlich bei Gefahrübergang[212], vorgelegen hat[213]. Dabei kann es schon in tatsächlicher Hinsicht problematisch sein, ob ein Mangel zur Zeit des Gefahrübergangs vorgelegen hat. Streiten die Parteien über den Sachverhalt, der der rechtlichen Beurteilung zugrunde zu legen ist, können gerade bei Beachtung technischer Umstände umfangreiche Beweisaufnahmen erforderlich sein, insbesondere Sachverständigengutachten, um die vorgetragenen Tatsachen zu belegen. Selbst wenn der Sachverhalt bewiesen ist, bleibt die rechtliche Bewertung der festgestellten Umstände als Mangel in vielen Fällen umstritten. Dieses Kapitel stellt die Grundzüge der Qualifizierung eines Mangels erst allgemein und dann für den Fall des Unternehmenskaufs dar. Weil die Art des Kaufgegenstandes Einfluss auf die Art der möglichen Mängel haben könnte, erfolgt die Betrachtung für den direkten Unternehmenskauf (Asset Deal) und den mittelbaren Unternehmenskauf (Share Deal) getrennt.

1. Allgemeiner Mangel-Begriff

Seit der Schuldrechtsmodernisierung finden sich die kaufrechtlichen Regelungen zu Mängeln in § 434 BGB (Sachmangel) und § 435 BGB (Rechtsmangel). Die Umsetzung der Richtlinie 1999/44EG, der sogenannten Verbrauchsgüterkaufrichtlinie[214], bot Anlass, das Schuldrecht und auch gerade das Gewährleistungsrecht zu

---

212 Zum maßgeblichen Zeitpunkt siehe unten VI. 4., S. 128 ff.

213 Vgl. § 363 BGB, wobei die Annahme des Kaufgegenstandes als Erfüllung regelmäßig bei der Übergabe stattfindet, BGH NJW 1985, 2328; *Schellhammer*, MDR 2002, 241, 243; *Nierwetberg*, NJW 1993, 1745.

214 Richtlinie 1999/44/EG des Europäischen Parlaments und des Rates vom 25. Mai 1999 zu bestimmten Aspekten des Verbrauchsgüterkaufs und der Garantien für

modernisieren. Der Gesetzgeber entschied sich dafür, auch solche Bereiche zu erneuern, die nicht unmittelbar von Umsetzungsmaßnahmen der Richtlinie betroffen waren[215]. So wurde der Sachmangelbegriff nicht nur wie von der Richtlinie gefordert für den Verbrauchsgüterkauf, sondern mit Verweis auf eine einheitliche Rechtsordnung allgemein für den Kauf neu gefasst[216].

a. Sachmangel

Bis zur Schuldrechtsmodernisierung unterschied das Gesetz innerhalb des Oberbegriffs „Sachmängel[217]" zwischen dem Vorliegen eines Fehlers (§ 459 Abs. 1 BGB a. F.) und dem Fehlen einer zugesicherten Eigenschaft (§ 459 Abs. 2 BGB a. F.). Diese Abgrenzung hatte insofern Bedeutung, als der Verkäufer bei Fehlen einer zugesicherten Eigenschaft verschuldensunabhängig haftete, und zwar neben Minderung und Wandlung[218] auch auf Schadensersatz, vgl. § 463 S. 1 i. V. m. § 459 Abs. 2 BGB a. F. Lag hingegen ein Fehler vor, musste der Verkäufer diesen zu vertreten haben, damit eine Haftung begründet wurde, die dann aber nur Wandelung und Minderung vorsah, vgl. § 462 i. V. m. § 459 Abs. 1 BGB a. F.

Heute knüpft das Gesetz verschiedene Haftungsvoraussetzungen wie beispielsweise das Vertretenmüssen gegenüber einer verschuldensunabhängigen Haftung nicht mehr an unterschiedliche Arten eines Sachmangels an. § 434 BGB beschreibt, welche Umstände vorliegen müssen, damit eine Sache frei von Sachmängeln ist. Im Umkehrschluss gibt er damit die Voraussetzungen für einen Sachmangel ohne weitere Differenzierung in Unterkategorien vor. Dabei erlangt insbesondere das in § 434 Abs. 1 S. 1 BGB verwendete Begriffspaar „vereinbarte Beschaffenheit" Bedeutung, mit dem das Gesetz den subjektiven Fehlerbegriff vertritt[219]. Danach ist primär die

---

Verbrauchsgüter (ABl. EG Nr. L 171 S. 12); sie wird im Folgenden als „Verbrauchsgüterkaufrichtlinie" bezeichnet.

215 BT-Drucks. 14/6040, S. 79 mit Verweis auf den Abschlussbericht der Kommission zur Überarbeitung des Schuldrechts als Grundlage für die Modernisierung.

216 Vgl. BT-Drucks. 14/6040, S. 211.

217 Ähnlich *Grigoleit, Herresthal*, JZ 2003, 118, 120. Die nichtamtliche Überschrift zu § 459 BGB a. F. lautete: „Haftung für Sachmängel".

218 Gemäß § 462 i. V. m. § 459 Abs. 2 BGB a. F.

219 Während das Reichsgericht teilweise noch von einem rein objektiven Fehlerbegriff ausgegangen war, vertraten der BGH und die herrschende Literatur schon vor der Schuldrechtsmodernisierung den subjektiven Fehlerbegriff, vgl. noch zum objektiven Fehlerbegriff: RGZ 69, 429, 431 f.; RGZ 115, 286, 287; vgl. später zum subjektiven Fehlerbegriff: BGHZ 16, 54, 55; BGH WM 1983, 934.

vertragliche Vereinbarung zwischen den Parteien maßgeblich für die Entscheidung, ob eine Sache mangelhaft ist. Objektive Kriterien, wie sie in § 434 Abs. 1 S. 2 Nr. 1 sowie Nr. 2 BGB und in § 434 Abs. 1 S. 3 BGB aufgeführt sind, entscheiden dagegen nur über die Mangelhaftigkeit, wenn es an einer vereinbarten Beschaffenheit im Sinne des § 434 S. 1 BGB fehlt[220]. Montagemängel sowie Qualitäts- und Quantitätsmängel sind in § 434 Abs. 2 und Abs. 3 BGB gesondert geregelt[221].

Bei der Bewertung, ob ein Sachmangel vorliegt, ist demnach insgesamt nach einem gestuften System vorzugehen. Wird danach ein Sachmangel festgestellt, nimmt das Gesetz heute mit Blick auf die Rechtsfolgen oder weitere Haftungsvoraussetzungen keine weitere Differenzierung vor nach der Art des Sachmangels bzw. danach, durch welche der abgestuften Regelungen er begründet wurde. Liegt ein Sachmangel vor, sind für alle Mängel vielmehr grundsätzlich die gleichen weiteren Voraussetzungen zu prüfen, die sich dann allerdings nach den Rechtsfolgen unterscheiden. Umstände, die nach früherem Recht zur Abgrenzung der beiden Arten des Sachmangels dienten, werden nun an anderer, in der Prüfung erst späterer Stelle relevant. Statt bei der Beurteilung der Mangeleigenschaft werden sie als einzelne Voraussetzungen gewisser Rechte geprüft.

Dementsprechend schweigt § 434 BGB zum Maßstab des Vertretenmüssens. Ob ein Vertretenmüssen vorliegt, ist daher heute nicht mehr im Rahmen der Qualifizierung eines Umstandes als Mangel zu berücksichtigen. Da das Rücktrittsrecht verschuldensunabhängig ausgestaltet ist, ergibt sich für einen Rücktritt wegen Schlechtleistung auch nicht aus den Regelungen des Gestaltungsrechts, dass ein Vertretenmüssen Voraussetzung ist. Eine Prüfung desselben erübrigt sich daher. Anders aber bei der Prüfung des § 280 Abs. 1 S. 2 BGB, der die verschuldensabhängige Haftung auf Schadensersatz bestimmt. Dort werden das Vertretenmüssen sowie von diesem Maßstab abweichende Vereinbarungen der Parteien relevant. Gestalten die Parteien die Haftung vertraglich entsprechend der früheren Zusicherung einer Eigenschaft verschuldensunabhängig aus, ist dieser Umstand also anders als früher nicht bei der Mangelqualifizierung zu thematisieren. Er erlangt erst Bedeutung bei der Frage des Vertretenmüssens als Voraussetzung eines Schadensersatzanspruches (§ 280 Abs. 1 S. 2 BGB) und ist letztlich bei der Prüfung der allgemeinen Vorschrift des § 276 Abs. 1 S. 1 BGB einzuordnen[222].

---

220 Ausführlich zur Stufensystematik *Grigoleit, Herresthal*, JZ 2003, 233, 234 f.

221 Die Regelungen des § 434 Abs. 2 und Abs. 3 BGB werden hier nicht näher dargestellt, da sie in der Praxis des Unternehmenskaufs grundsätzlich nicht relevant sind.

222 So auch BT-Drucks. 14/6040, S. 236; OLG Koblenz, NJW 2004, 1670, 1671; *Hampel*, JuS 2003, 465, 467; *Muthers, Ulbrich*, ZGS 2004, 289, 290 f.; *Unberath*, in: BeckOK BGB, § 276 Rdn. 40; *Grundmann*, in: MüKo BGB, § 276 Rdn. 175.

1) § 434 Abs. 1 S. 1 BGB

Eine Sache ist frei von Sachmängeln, wenn sie die vereinbarte Beschaffenheit aufweist, § 434 Abs. 1 S. 1 BGB. Für die Frage, ob eine Sache mangelhaft ist, muss demnach geprüft werden, ob sich die vereinbarte und die tatsächliche Beschaffenheit voneinander unterscheiden. Man spricht auch von einer Abweichung der Ist- von der Sollbeschaffenheit[223].

a) Vereinbarung

Als Grundlage ist damit eine Vereinbarung zwischen den Parteien nötig, die eine Sollbeschaffenheit definiert. Die Vereinbarung muss nicht ausdrücklich erfolgen. Die Parteien können sie auch stillschweigend oder konkludent treffen. Maßgeblich ist allein das Vorliegen von übereinstimmenden Willenserklärungen der Parteien. So ist es für eine Vereinbarung im Sinne des § 434 Abs. 1 S. 1 BGB ausreichend, wenn der Verkäufer bei Vertragsschluss die Eigenschaften der verkauften Sache in einer bestimmten Weise beschreibt und der Käufer vor diesem Hintergrund seine Kaufentscheidung trifft[224]. Eine einseitige Vorstellung des Käufers genügt dagegen selbst dann nicht, wenn sie dem Verkäufer bekannt ist, dieser aber in keiner Weise zustimmend reagiert[225]. Eine Beschaffenheitsvereinbarung wird Inhalt des Kaufvertrages. Falls der Kaufvertrag formbedürftig ist[226], muss daher auch die Beschaffenheitsvereinbarung der Form genügen, um wirksam zu sein[227]. Fehlt es dem ganzen Vertrag oder nur der Beschaffenheitsvereinbarung an der erforderlichen Form, so erstreckt sich eine spätere Heilung des Vertrages wiederum auch auf die Beschaffenheitsvereinbarung bzw. sie ist einer Heilung zugänglich[228].

---

223 Vgl. *Saenger*, in: Schulze u. a., § 434 Rdn. 8.

224 BT-Drucks. 14/6040, S. 212; *Westermann*, in: MüKo BGB, § 434 Rdn. 16; *Roth*, NJW 2004, 330.

225 BGH NJW 2009, 2807, 2808; BGH NJW 2010, 1133, 1134; *Weidenkaff*, in: Palandt, § 434 Rdn. 17; *Büdenbender*, in: NK-BGB, § 434 Rdn. 17; *Faust*, in: Bamberger/Roth, § 434 Rdn. 40.

226 Beispielsweise nach § 311 b Abs. 1 BGB beim Grundstückskauf oder gemäß § 15 Abs. 4 S. 1 GmbHG beim Kauf von Gesellschaftsanteilen.

227 *Grigoleit, Herresthal*, JZ 2003, 233, 239; *Schellhammer*, MDR 2002, 241, 243 f.; *Berger*, in: Jauernig, § 434 Rdn. 9; *Faust*, in: BeckOK BGB, § 434 Rdn. 40; *Weidenkaff*, in: Palandt, § 434 Rdn. 18; *Büdenbender*, in: NK-BGB, § 434 Rdn. 10, 19.

228 Dabei sind allerdings die weiteren Vereinbarungen im Kaufvertrag zu berücksichtigen. Der Heilung einer bloß mündlichen (Beschaffenheits-)Vereinbarung steht beispielsweise entgegen, wenn nach dem schriftlichen Vertrag mündlich getroffene

b) Beschaffenheit

Gegenstand der Vereinbarung muss eine Beschaffenheit der Sache sein. Da der Begriff der Beschaffenheit durch das Gesetz zur Schuldrechtsmodernisierung erstmals in den Gesetzestext eingeführt wurde, aber im Gesetz nicht definiert wird, ist seine inhaltliche Bedeutung näher zu betrachten.

(1) Früherer Beschaffenheitsbegriff

Bis zur Schuldrechtsmodernisierung war der Begriff der Beschaffenheit dem § 459 Abs. 1 BGB a. F. zuzuordnen. Die Beschaffenheit war nämlich Anknüpfungspunkt für das Vorliegen eines Fehlers, sodass der Begriff lediglich in Zusammenhang mit nur dieser der beiden damals möglichen Sachmangelarten verwendet wurde. Für die andere Art, die Zusicherung gemäß § 459 Abs. 2 BGB a. F., hatte der Beschaffenheitsbegriff dagegen keine Bedeutung. Unter Zusicherung war die Erklärung des Verkäufers zu verstehen, dass er für eine vertragsmäßige Eigenschaft auch ohne Verschulden – im Sinne einer Garantiehaftung – einstehen werde[229]. Bezugspunkt einer solchen Zusicherung musste folglich eine Eigenschaft sein statt eine Beschaffenheit.

Die Rechtsprechung konkretisierte die Begriffe der Beschaffenheit und Eigenschaft. Danach umfassten beide neben den körperlichen Eigenschaften der Sache auch solche tatsächlichen, wirtschaftlichen oder rechtlichen Beziehungen zur Umwelt, die nach der Verkehrsauffassung Wert und Brauchbarkeit der Kaufsache unmittelbar beeinflussten[230]. In zeitlicher Hinsicht waren die Umstände begrenzt auf gegenwärtige, die der Sache aber für eine gewisse Dauer anhaften mussten[231]. Trotz weitgehender Überschneidungen umfasste der Eigenschaftsbegriff mehr Umstände als der Beschaffenheitsbegriff. Für eine Eigenschaft genügte nämlich eine lockerere Verbindung zur Sache als für eine Beschaffenheit. Letztere umfasste nur Umweltbeziehungen, die sich aus dem Kaufgegenstand „als solchem“ ergaben[232]. Nach dem BGH stellte die engere Verbindung eine besondere

---

Nebenabreden unwirksam sein sollen. Hinsichtlich einer vertraglichen Zusicherung von Eigenschaften im Sinne des § 459 Abs. 2 BGB a. F.: BGH WM 1970, 819, 821.

229 BGH NJW 1981, 213; BGH NJW 1991, 912; OLG Hamm MDR 1999, 928. Zu dem Erfordernis des besonderen Einstandswillen des Verkäufers bei einer Zusicherung s. auch *Honsell*, in: Staudinger, 13. Auflage (1995), § 459 Rdn. 124, 134; *Schwarz*, MittBayNot 2000, 509, 510.

230 BGH NJW 1976, 1888; BGH MDR 1979, 1007, 1008.

231 Zu diesen Beschränkungen mit Beispielen s. *Faust*, in: BeckOK BGB, § 434 Rdn. 17, 18.

232 BGH NJW 1980, 1456, 1458.

Voraussetzung der Beschaffenheit dar mit dem Inhalt, dass die Beschaffenheit der Sache unmittelbar innewohnen und von ihr ausgehen muss[233].

Aber auch der demgegenüber weitere Eigenschaftsbegriff war begrenzt. Er sollte nicht für Umstände außerhalb des Kaufgegenstandes gelten, sodass auch für das Vorliegen einer Eigenschaft ein gewisser, von der Rechtsprechung[234] näher konkretisierter Zusammenhang mit dem Kaufgegenstand erforderlich war[235]. Insbesondere beim Unternehmenskauf war die Rechtsprechung bei der Annahme einer ausreichenden Verbindung zurückhaltend. In dem für die Praxis bedeutsamen Fall fehlerhafter Unternehmenskennzahlen verneinte sie regelmäßig, dass Unternehmensdaten zusicherungsfähige Eigenschaften seien, und wendete statt der Gewährleistungshaftung die Grundsätze der c. i. c. an[236].

(2) Neuer Beschaffenheitsbegriff

Fraglich ist, inwieweit diese Konkretisierungen zu den Begriffen zum früheren Recht auf den neuen Beschaffenheitsbegriff im Sinne des § 434 BGB zu übertragen sind. Die Gesetzesbegründung zu § 434 Abs. 1 BGB lässt ausdrücklich offen, ob der Begriff der Beschaffenheit zukünftig nur Eigenschaften umfassen soll, die der Sache unmittelbar physisch anhaften, oder ob auch Umstände heranzuziehen sind, die außerhalb der Sache selbst liegen[237]. Ein restriktives Verständnis des Begriffs führt zu einem stark eingeschränkten Anwendungsbereich der Gewährleistungshaftung. Statt der Rechtsfolgen der Gewährleistungshaftung bleibt dann nur die ansonsten der Gewährleistungshaftung gegenüber subsidiäre Haftung aus c. i. c. Diese unterscheidet sich auch nach der Schuldrechtsmodernisierung in wesentlichen Punkten von der gesetzlichen Gewährleistungshaftung. Insbesondere ist sie auf Ersatz des negativen Interesses gerichtet und ungeachtet

---

233 BGHZ 70, 47, 49; BGH NJW 1992, 2564, 2565.

234 So verlangte der BGH einen nachvollziehbaren, auf gewisse Dauer bestehenden Zusammenhang mit dem Kaufgegenstand, vgl. BGH NJW 1991, 1223, 1224 (Charakter eines wesentlichen Mitarbeiters ist keine Eigenschaft einer erworbenen Steuerberaterpraxis).

235 *Schmidt* kritisiert diese damalige Abgrenzung mittels einer Skalierung der Nähe bzw. des Zusammenhangs als mehr oder weniger willkürlich; s. *Schmidt*, BB 2005, 2763, 2765; ähnlich kritisch *Grigoleit, Herresthal*, JZ 2003, 118, 122.

236 BGH NJW 1970, 653, 655 (zu Umsatzzahlen); BGH WM 1974, 51 (zu Bilanzen); BGH NJW 1977, 1536, 1537; BGH NJW 1977, 1538, 1539; BGH NJW-RR 1989, 306, 307. Zur Beurteilung von fehlerhaften Unternehmenskennzahlen nach heutigem Recht siehe VI. 2. a. 1) c), S. 89 ff.

237 BT-Drucks. 14/6040, S. 213.

der Rechtsfolge verschuldensabhängig, auch wenn es um die Rückabwicklung des Vertrages im Rahmen des § 249 S. 1 BGB geht[238]. Dagegen ist der Schadensersatz statt der Leistung nach §§ 281, 280 Abs. 1, 3 i. V. m. §§ 437 Nr. 3 BGB auf positives Interesse gerichtet. Außerdem ist gerade der Rücktritt und damit die Rückabwicklung des Vertrages im Rahmen der gesetzlichen Gewährleistung verschuldensunabhängig (vgl. § 323 i. V. m. § 437 Nr. 2 BGB)[239].

(a) Enger Beschaffenheitsbegriff

Denkbar wäre es, den Beschaffenheitsbegriff des § 434 Abs. 1 BGB so zu verstehen wie den eng ausgelegten Begriff der Beschaffenheit des § 459 Abs. 1 BGB a. F.[240].

(b) Mittlerer Beschaffenheitsbegriff

Die überwiegende Ansicht in der Literatur hat im Anschluss an die Schuldrechtsmodernisierung dagegen befürwortet, dass die Beschränkungen des Beschaffenheitsbegriffs zu § 459 Abs. 1 BGB a. F. aufgegeben werden. Das Verständnis des früheren Beschaffenheitsbegriffes sei trotz des identischen Wortlautes nicht unverändert zu übernehmen. Stattdessen solle der Begriff auch die Umstände erfassen, die bisher lediglich unter den weiterreichenden Begriff der Eigenschaft nach § 459 Abs. 2 BGB a. F. fielen[241]. Die Rechtsprechung hat sich dieser Meinung angeschlossen. Sie verweist darauf, dass die Unterschiede zwischen Fehler (§ 459 Abs. 1 BGB a. F.) sowie zugesicherter Eigenschaft (§ 459 Abs. 2 BGB a. F.) durch die Neuregelung der Gewährleistungshaftung gerade beseitigt und die Möglichkeiten für eine privatautonome Vereinbarung hinsichtlich der geschuldeten Leistung erweitert werden sollten[242].

---

238 Das Verschuldenserfordernis ergibt sich aus § 280 Abs. 1 S. 2 BGB:

239 Vgl. zur Gegenüberstellung der Anspruchsvoraussetzungen und Rechtsfolgen von c. i. c. und Gewährleistungshaftung *Häublein*, NJW 2003, 388, 389; *Kindl*, WM 2003, 409, 412.

240 So OLG Hamm NJW-RR 2003, 1360; *Huber*, AcP 202, 179, 225 ff.

241 *Jaques*, BB 2002, 417, 418; *Kindl*, WM 2003, 409, 411; *Weitnauer*, NJW 2002, 2511, 2513 f.; *Häublein*, NJW 2003, 388, 389 f.; *Roth*, NJW 2004, 330, 331; *Wolf, Kaiser*, DB 2002, 411, 412; *Wunderlich*, WM 2002, 981, 983 f.; *Grigoleit, Herresthal*, JZ 2003, 118, 122 ff.; *Eidenmüller*, ZGS 2002, 290, 295; *Gruber*, MDR 2002, 433, 437; *Weidenkaff*, in: Palandt, § 434 Rdn. 11; *Matusche-Beckmann*, in: Staudinger, § 434 Rdn. 40; *Faust*, in: BeckOK BGB, § 434 Rdn. 21.

242 BGH NJW 2011, 1217, 1218.

(c) Weiter Beschaffenheitsbegriff

Der Beschaffenheitsbegriff könnte noch weiter und damit über das Verständnis beider früher Arten des Sachmangels hinaus zu verstehen sein. Umstände, die nach früherem Recht keinen Sachmangel begründen konnten, würden dann nach § 434 BGB einen solchen darstellen. Maßgeblich ist, ob die bisherigen Beschränkungen zu den Begriffen nach früherem Recht nun beim neuen Beschaffenheitsbegriff aufzugeben sind[243].

Nach § 434 Abs. 1 S. 1 BGB muss die Abweichung des Istzustandes vom Sollzustand bei Gefahrübergang[244] vorliegen, um einen Sachmangel zu begründen. Diese ausdrückliche, gesetzliche Regelung zeigt an, dass die frühere Voraussetzung erhalten bleiben soll, nach der es im Rahmen eines Sachmangels um einen bei Gefahrübergang vorliegenden, einen sog. gegenwärtigen Umstand gehen muss[245]. Eine Abkehr von dieser bisherigen Beschränkung wird daher auch zum neuen Recht in der Regel nicht diskutiert[246]. Die Diskussion, ob zukünftige Umstände und Entwicklungen als Beschaffenheit vereinbart werden können, betrifft die Voraussetzung der Gegenwärtigkeit nur scheinbar. Selbst nach den Befürwortern einer entsprechenden Vereinbarung wird lediglich das zum Zeitpunkt des Gefahrübergangs gegenwärtige Potenzial des Kaufgegenstandes vereinbart. Wird der zukünftige Umstand nicht erreicht, ist danach zu differenzieren, ob das im Hinblick auf den Umstand vereinbarte Potenzial bei Gefahrübergang nicht bestand oder ob sich ein mit jedem Potenzial einhergehendes Risiko zulasten des Käufers realisiert hat. Die Beschränkung der Gegenwärtigkeit wird somit auch im Rahmen dieser Streitfrage nach jeder Ansicht weiterhin aufrechtgehalten[247].

---

243 *Willemsen* forderte schon zum früheren Recht die Aufgabe aller Beschränkungen. Dementsprechend verstand er bereits vor der Schuldrechtsmodernisierung jede Anforderung an den Kaufgegenstand als Beschaffenheit, vgl. *Willemsen*, AcP 182 (1983), 515, 544 ff.

244 Ausführlich dazu unter VI. 4., S. 128 ff.

245 Der Gesetzgeber wollte sich nicht darauf verlassen, dass aus dem Umstand, dass die Mangelfreiheit nun Bestandteil der Leistungspflicht ist (vgl. § 433 S. 2 BGB), der maßgebliche Zeitpunkt der Mangelhaftigkeit gefolgert werden kann. Aus Klarstellungsgründen entschied er sich daher für die ausdrückliche Nennung des maßgeblichen Zeitpunkts bei Sachmängeln (§ 434 Abs. 1 S. 1 BGB), s. BT-Drucks. 14/6040, S. 213.

246 Für eine Ausnahme, nämlich mit einer Tendenz zum Verzicht auf das Merkmal der Gegenwärtigkeit, um den Anwendungsbereich der Garantie im Sinne des § 276 BGB zu vergrößern, siehe *Thiessen*, Unternehmenskauf und Bürgerliches Gesetzbuch, C. X. 4., S. 340.

247 Zu Vereinbarungen über zukünftigen Umstände und Entwicklungen mit Verweis auf die Beibehaltung der Gegenwärtigkeit und im Ergebnis für die Möglichkeit einer

Dass der Umstand der Sache auf gewisse Dauer anhaften muss, ist dem neuen Gesetzestext dagegen nicht zu entnehmen. Ein großer Teil der Literatur spricht sich mittlerweile dafür aus, diese Einschränkung aufzugeben[248]. Sie finde nicht nur keine Stütze im Gesetz, sondern widerspreche dem von der Reform verfolgten Gedanken, dass die Parteien nach dem neuen Recht freier darin sein sollen, die geschuldete Leistung zu bestimmen[249]. Die Motive für einen restriktiven Begriff wie insbesondere die Gefahr der kurzen Verjährung[250] seien außerdem entfallen[251]. Zu dieser Frage gibt es bisher keine höchstrichterliche Rechtsprechung. Ebenso musste die Rechtsprechung noch nicht entscheiden, ob die zu fordernde Verbindung des Umstandes zum Gegenstand weiter zu lockern ist. In der Literatur wird dies mit den entsprechenden Argumenten wie zur Abkehr der Dauerhaftigkeit

---

solchen Beschaffenheitsvereinbarung s. *Schmidt*, BB 2005, 2763, 2767; dagegen ablehnend: *Grunewald*, in: Erman, § 434 Rdn. 10.

248 *Berger*, in: Jauernig, § 434 Rdn. 7; *Eidenmüller*, ZGS 2002, 290, 295; *Gruber*, MDR 2002, 433, 437; *Jauernig*, JZ 2004, 276, 278 ff.; *Weiler*, ZGS 2002, 249, 255; *Dauner-Lieb; Thiessen*, ZIP 2002, 108, 110; *Krebs*, DB 2000 Beil. 14, 1, 16; *Knott*, NZG 2002, 249, 251; *Schmidt*, BB 2005, 2763, 2764 f.; *Triebel, Hölzle*, BB 2002, 521, 524 f.; *Wolf; Kaiser*, DB 2002, 411, 412; *Lorenz, Riehm*, Lehrbuch zum neuen Schuldrecht, Rdn. 578; *Haas*, in: Das neue Schuldrecht, Kap. 5 Rdn. 98; *Büdenbender*, in: NK-BGB, § 434 Rdn. 11; *Thiessen*, in: MüKo HGB, Anh. § 25 Rdn. 62 f.; a. A. und damit nur für den mittleren Beschaffenheitsbegriff: *Jaques*, BB 2002, 417, 418; *Grigoleit, Herresthal*, JZ 2002, 118, 122 ff.; ablehnend wohl auch *Weitnauer*, NJW 2002, 2511, 2514. Unentschieden, aber tendenziell mit Sympathie für eine Ausweitung *Weidenkaff*, in: Palandt, § 434 Rdn. 10–12.

249 *Gaul*, ZHR 166 (2002), 35, 51; *von Gierke, Paschen*, GmbHR 2002, 457, 462 f.; *Triebel, Hölzle*, BB 2002, 521, 524 f.; *Berger*, JZ 2004, 276.

250 Die Verjährung hinsichtlich der Gewährleistungshaftung betrug für Sachmängel sechs Monate (§ 477 BGB a. F.) gegenüber der dreißigjährigen Verjährung bei Ansprüchen nach c. i. c. (§ 195 BGB a. F). Mit der Schuldrechtsmodernisierung ist die Verjährung hinsichtlich der Gewährleistungshaftung auf zwei Jahre (vgl. § 438 Abs. 1 Nr. 3 BGB) erhöht worden und sie ist weiterhin Vereinbarungen zugänglich, § 203 BGB. Zu dem Motiv der früheren Rechtsprechung wegen der kurzen Verjährung die einen Sachmangel definierenden Begriffe eng auszulegen s. auch *Merkt*, BB 1995, 1041, 1045; *Loges*, DB 1997, 965; *Thiessen*, Unternehmenskauf und Bürgerliches Gesetzbuch, C. VI. 1., S. 184.

251 *Gronstedt, Jörgens*, ZIP 2002, 52, 54 f.; *Krebs*, DB 2000 Beil. 14, 1, 16; *Triebel, Hölzle*, BB 2002, 521, 525; *Lorenz, Riehm*, Lehrbuch zum neuen Schuldrecht, Rdn. 578; *Haas*, in: Das neue Schuldrecht, Kap. 5 Rdn. 98. Vgl. auch die Regierungsbegründung, nach deren Einschätzung die Gründe des BGH, beim Unternehmenskauf die Haftung nach c. i. c. der kaufrechtlichen Mangelhaftung vorzuziehen, „weithin entfallen" seien, BT-Drucks. 14/6040, S. 242.

vertreten[252]. Nach diesem weiten Verständnis sind neben physischen Merkmalen auch andere Umstände des Gegenstandes wie beispielsweise seine tatsächlichen, wirtschaftlichen oder rechtlichen Beziehungen zu seiner Umwelt in den Beschaffenheitsbegriff einzubeziehen, sofern sie die Wertschätzung des Verkehrs für den Gegenstand beeinflussen[253].

(3) Stellungnahme

Unstreitig fällt alles dasjenige unter den Begriff der Beschaffenheit im Sinne § 434 BGB, was schon nach früherem Recht als Beschaffenheit verstanden wurde. Der enge Beschaffenheitsbegriff, der auch im Rahmen des neuen Rechts an der restriktiven Auslegung zum § 459 Abs. 1 BGB a. F. festhält und keine weiteren Umstände erfasst, ist aber abzulehnen. Das, was nach früherem Recht Sachmangel war, soll auch heute Sachmangel sein, unabhängig davon, ob der Sachmangel dem früheren Recht nach als Fehler oder zugesicherte Eigenschaft einzuordnen war. Laut der Gesetzesbegründung bezeichnet die heutige Garantie einer Beschaffenheit (§§ 442 Abs. 1 S. 2, 444 BGB) die frühere Zusicherung einer Eigenschaft (§ 459 Abs. 2 BGB a. F.)[254]. Dann muss aber unter Beachtung des Wortlauts genau das, was nach altem Recht Eigenschaft war, heute Beschaffenheit im Sinne der §§ 442 Abs. 1 S. 2, 444 BGB sein[255]. Zugleich ist nicht davon auszugehen, dass der Beschaffenheitsbegriff in § 434 BGB eine andere Bedeutung haben soll als in §§ 442 Abs. 1 S. 2, 444 BGB[256]. Daraus folgt, dass auch im Rahmen des § 434 BGB der Beschaffenheitsbegriff die Umstände umfasst, die nach dem früheren Recht unter den Begriff der „Eigenschaft" fielen. Laut der Gesetzesbegründung sollte durch die Neufassung des § 434 BGB außerdem die bisherige Zweiteilung des Sachmangels beseitigt werden. Differenzen im Rahmen des Sachmangelbegriffs

---

252 Vgl. *Dauner-Lieb, Thiessen*, ZIP 2002, 108, 110; *Jauernig*, JZ 2004, 276, 278 ff.; *Krebs*, DB 2000 Beil. 14, 1, 16; *Knott*, NZG 2002, 249, 251; *Schmidt*, BB 2005, 2763, 2764 f.; *Triebel, Hölzle*, BB 2002, 521, 524 f.; *Wolf, Kaiser*, DB 2002, 411, 412; *Lorenz, Riehm*, Lehrbuch zum neuen Schuldrecht, Rdn. 578; *Haas*, in: Das neue Schuldrecht, Kap. 5 Rdn. 98; *Thiessen*, in: MüKo HGB, Anh. § 25 Rdn. 62 f.

253 Vgl. *Roth*, NJW 2004, 330, 331; *Wolf, Kaiser*, DB 2002, 411, 412; *Redeker*, NJW 2012, 2471, 2473; *Schröcker*, ZGR 2005, 63, 77.

254 BT-Drucks. 14/6040, S. 236.

255 Ausführlich zum Zustandekommen der §§ 424, 444 BGB mit Blick auf die Begrifflichkeiten des früheren und neuen Rechts und im Ergebnis wie hier, s. *Schmidt*, BB 2005, 2763, 2764.

256 Mit Verweis auf eine einheitliche kaufrechtliche Terminologie so auch *Pammler*, in: jurisPK-BGB, § 434 Rdn. 17.

sollte es gerade nicht mehr geben[257] und die Parteien sollten freier darin sein, privatautonome Vereinbarungen zu treffen[258] Die beiden zuletzt genannten Argumente benennt auch der BGH als Gründe, aus denen er das enge Verständnis des Beschaffenheitsbegriffs mit Urteil vom 05.11.2010 ablehnt[259].

Zu dem weiten Beschaffenheitsbegriff musste der BGH in diesem Urteil und auch sonst bisher keine Stellung nehmen[260]. Trotzdem lässt sich eine Tendenz erkennen dahin gehend, dass der BGH dem weiten Beschaffenheitsbegriff zumindest nicht ab-, wenn nicht sogar zugeneigt ist[261]. So führt er aus, dass aus den oben genannten Gründen „jedenfalls“ ein nach früherem Recht als Eigenschaft[262] bewerteter Umstand nun eine Beschaffenheit im Sinne des § 434 BGB sein kann. Zugleich betont er die Absicht des Gesetzgebers, die Möglichkeiten für eine privatautonome Vereinbarung über die nach §§ 433, 434 BGB geschuldete Leistung zu erweitern[263]. Durch die Wortwahl sowie den Hinweis auf die vom Gesetzgeber gewünschte Erweiterung gegenüber der Rechtslage zum früheren Recht bringt er zum Ausdruck, dass er eine Ausweitung des Beschaffenheitsbegriffs über den früheren Beschaffenheits- und Eigenschaftsbegriff hinaus zumindest in Betracht zieht. Außerdem benennt er Autoren, die das Aufrechterhalten des Merkmals der Dauerhaftigkeit vertreten[264], und lehnt – ohne auf Details einzugehen – ihr Verständnis allgemein ab im Rahmen der Verneinung des engen Beschaffenheitsbegriffs[265].

Der Ansicht der mittlerweile überwiegenden Literatur – sowohl zur Aufgabe des Umstandes von gewisser Dauer als auch zur Lockerung der Verbindung zum Gegenstand – ist zuzustimmen. Wenn der Vereinbarung zwischen den Parteien durch die Reform mehr Gewicht verliehen werden soll[266], dürfen die Parteien

---

257 BT-Drucks. 14/6040, S. 210 f.

258 BT-Drucks. 14/6040, S. 212 f.

259 BGH NJW 2011, 1217, 1218.

260 Auch in den anderen Instanzen hat sich bisher keine gefestigte Rechtsprechung entwickelt. Vgl. enger Beschaffenheitsbegriff: OLG Hamm, NJW-RR 2003, 1360; OLG Naumburg, ZGS 2006, 238; dagegen weiter Beschaffenheitsbegriff: OLG München, BeckRS 2006, 10640; LG Bonn, ZGS 2004, 199; LG Berlin, U. v 01.02.2005 – 5 O 176/04; LG Düsseldorf, DAR 2003, 420.

261 Ebenso *Redeker*, NJW 2012, 2471 zu BGH NJW 2011, 1217, 1218.

262 Gemäß § 459 Abs. 2 BGB a. F.

263 BGH NJW 2011, 1217, 1218.

264 Namentlich *Huber*, AcP 202 (2002), 179, 226; *Grigoleit, Herresthal*, JZ 2003, 118, 122, 124; *Grunewald*, in: Erman, § 434 Rdn. 3.

265 Vgl. BGH NJW 2011, 1217, 1218.

266 *Schmidt* bezeichnet die Einigung der Parteien zutreffend als „Maßstab des Mängelrechts“, vgl. *Schmidt*, BB 2005, 2763, 2765.

nicht zugleich in den Möglichkeiten beschränkt werden, was sie vertraglich vereinbaren können. Auch die Verbrauchsgüterkaufrichtlinie, die dem § 434 BGB zugrunde liegt, zeigt in diese Richtung. Sie bestimmt, dass alles ein Mangel sei, was vertragswidrig ist, vgl. Art. 2 Abs. 1 der Verbrauchsgüterkaufrichtlinie. Die so definierte Maßgeblichkeit allein des Vertrages steht jeglichen Beschränkungen entgegen[267]. Obwohl der Anwendungsbereich der Verbrauchsgüterkaufrichtlinie selbst nur der Verbrauchsgüterkauf ist, ist sie für den für alle Arten des Kaufs geltenden § 434 BGB von Bedeutung, d. h. auch für andere Arten des Kaufs.

Der § 434 BGB dient der Umsetzung der Verbrauchsgüterkaufrichtlinie. Der deutsche Gesetzgeber entschied sich, die Definition des Sachmangels, wie er von der Richtlinie speziell für den Verbrauchsgüterkauf gefordert wird, für alle Arten des Kaufs zu übernehmen hat (sogenannte „überschießende Umsetzung“). Der Anwendungsbereich des für den Verbrauchsgüterkauf entwickelten Begriffs wurde somit im deutschen Recht stark ausgeweitet. Die Auslegung der Verbrauchsgüterkaufrichtlinie obliegt als Rechtsakt der Europäischen Union dem Europäischen Gerichtshof (EuGH), vgl. Art. 19 Abs. 3 Ziffer b); Art. 267 Ziffer b) AEUV.

Nach Ansicht des EuGH entfaltet seine Rechtsprechung dabei nicht nur Wirkung hinsichtlich der Sachverhalte, die der europäische Rechtsakt selbst als Anwendungsbereich umfasst. Wenn der nationale Gesetzgeber bei der Umsetzung der Bestimmungen einer Richtlinie in nationales Recht beschlossen hat, rein innerstaatliche Sachverhalte ebenso zu behandeln wie solche, die unter die Richtlinie fallen, und er seine innerstaatlichen Rechtsvorschriften dementsprechend ausgestaltet hat, ist der EuGH gem. Art. 177 EGV nach eigener Ansicht ebenso für die Auslegung des Gemeinschaftsrechts zuständig[268]. Der BGH verlangt neben der überschießenden Umsetzung allerdings zusätzlich einen entsprechenden Willen des Gesetzgebers, d. h., dieser muss bei der Entscheidung zur überschießenden Umsetzung von dem gleichen Verständnis der Richtlinie ausgegangen sein wie der EuGH[269]. Danach wäre wiederum der offene Wille des Gesetzgebers maßgeblich.

---

267 *Dauner-Lieb, Thiessen*, ZIP 2002, 108, 110; *Roth*, NJW 2004, 330, 331; *Berger*, JZ 2004, 276, 279; *Büdenbender*, in: NK-BGB, § 434 Rdn. 11.

268 So der EuGH selbst, s. EUGH, DB 1997, 1851 („Leur-Bloem“); EuGH, U. v. 07.01.2003 mit Anmerkung *Weber-Grellet*, DStR 2003, 67; dazu auch *Grigoleit, Herresthal*, JZ 2003, 118, 119; *Büdenbender*, DStR 2002, 312, 314.

269 Siehe dazu BGH BB 2013, 78: wegen anderem Verständnis des deutschen Gesetzgebers keine richtlinienkonforme Auslegung des § 439 BGB nach dem Verständnis des EuGH bei anderen als Verbrauchsgüterkäufen.

Unabhängig von dem Streit um eine Pflicht zur richtlinienkonformen Auslegung bei überschießenden Umsetzungen würde eine vom Verständnis des EuGH abweichende Auslegung des Beschaffenheitsbegriffes bei rein innerstaatlichen Sachverhalten der Vereinheitlichung der Rechtsanwendung im europäischen Raum und damit dem Sinn der Richtlinie widersprechen[270]. Ebenso würde eine abweichende Auslegung dazu führen, den Begriff innerhalb derselben Regelung je nach Art des Kaufes unterschiedlich zu verstehen. Die Begründung zum Regierungsentwurf betont zum § 434 BGB, dass ein gespaltener Begriff des Sachmangels nicht gewünscht ist, beispielsweise nach Kaufarten differenzierend[271]. Bei einem Verbrauchsgüterkauf ist die Verbrauchsgüterkaufrichtlinie als europarechtliche Vorlage im Rahmen der Auslegung zwingend zu berücksichtigen[272]. Um eine ungewollte Spaltung des Beschaffenheitsbegriffs zu vermeiden, muss sie dann aber auch bei den übrigen Kaufarten, d. h. allgemein bei der Auslegung des § 434 BGB, berücksichtigt werden[273]. Auch aus Gründen der Rechtseinheit und -sicherheit ist von einem einheitlichen Verständnis auszugehen. Somit ist die Auslegung des Begriffes durch den EuGH maßgeblich – unabhängig vom konkreten Anwendungsfall[274].

Der EuGH musste zu dem Begriff des Sachmangels im Sinne der Verbrauchsgüterkaufrichtlinie bisher nicht Stellung nehmen. Wenn ihm der Begriff zur Auslegung vorgelegt wird, wird er ihn aber autonom bestimmen, sodass die bisherige deutsche Rechtsprechung kaum von großer Relevanz sein wird. Aufgrund des Wortlauts des Art. 2 Abs. 1 der Verbrauchsgüterkaufrichtlinie ist vielmehr anzunehmen, dass der EuGH den Gedanken der Privatautonomie in den Vordergrund stellt. Die Verbrauchsgüterkaufrichtlinie regelt nämlich, dass jede Abweichung vom vertraglich Vereinbarten ein Mangel ist[275]. Damit wird allein der Vertrag als Maßstab bestimmt, ohne zugleich die Umstände zu begrenzen. Im Ergebnis ist daher von einer weiten Auslegung des Begriffs auch durch den EuGH auszugehen[276]. Im deutschen Recht gilt diese weite Auslegung dann aus den genannten Gründen zur Reichweite der EuGH-Rechtsprechung allgemein für § 434 BGB.

---

270 So auch *Schmidt*, BB 2005, 2763, 2765; *Jauernig*, JZ 2004, 276, 278.

271 BT-Drucks. 14/6040, S. 210 f.

272 Vgl. EuGH NJW 1994, 2473. Für einen Überblick zur richtlinienkonformen Auslegung s. *Basedow*, in: MüKo BGB, Vorbemerkung Rdn. 27; vertiefend: *Brechmann*, Die richtlinienkonforme Auslegung, 1 ff.

273 *Thiessen*, Unternehmenskauf und Bürgerliches Gesetzbuch, C. VI. 2., S. 186 f.

274 Vgl. *Berger*, JZ 2004, 276, 278; ähnlich zur Nacherfüllung trotz Stückkauf: *Canaris*, JZ 2003, 831, 837.

275 Vgl. Art. 2 Abs. 1 der Verbrauchsgüterkaufrichtlinie.

276 Mit dieser Ansicht auch *Häublein*, NJW 2003, 388, 390 f.

Der weite Beschaffenheitsbegriff birgt seit der Schuldrechtsmodernisierung nicht mehr die Gefahr, dass er zu einer weiten Anwendung einer verhältnismäßig kurzen Verjährung führt[277]. Stattdessen bewahrt er den Rechtsanwender vor unklaren Abgrenzungen[278], die zudem auf Merkmalen basieren würden, die dem deutschen Gesetzestext nicht zu entnehmen sind[279]. Daher ist der weiten Auslegung des Beschaffenheitsbegriffs zu folgen. Danach erfasst die Beschaffenheit im Sinne des § 434 BGB alle Umstände, die in irgendeiner Weise mit dem Kaufgegenstand bei Gefahrübergang zusammenhängen und ihren Wert bestimmen, selbst wenn sie nur vorübergehender Natur sind. Keine Beschaffenheit sind dagegen Umstände, die ausschließlich außerhalb des Kaufgegenstandes liegen. Allgemeine wirtschaftliche Umstände oder auch das Risiko der Insolvenz der anderen Partei sind bei jedem Kauf denkbar. Ihnen fehlt jegliche Anknüpfung an den Kaufgegenstand, obwohl die Regelung des § 434 Abs. 1 S. 1 BGB eine solche erfordert, indem es um die Beschaffenheit *der Sache* geht[280]

2) § 434 Abs. 1 S. 2 Nr. 1 BGB

Liegt keine Beschaffenheitsvereinbarung vor, kommen nach der Stufensystematik des § 434 BGB die Regelungen in § 434 BGB S. 2 Nr. 1 und Nr. 2 BGB zur Anwendung. Nach § 434 BGB S. 2 Nr. 1 BGB ist die Sache mangelfrei, wenn sie sich für die nach dem Vertrag vorausgesetzte Verwendung eignet. Besteht hinsichtlich des Kaufvertrages ein Formzwang, ist relevant, wann eine Verwendung von den Parteien in diesem Sinne „vorausgesetzt" ist. Infrage kommt die Anforderung, dass die Verwendung Geschäftsgrundlage wurde, oder die höhere, dass hinsichtlich der Verwendung eine vertragliche Vereinbarung getroffen wurde[281]. Nur im letztgenannten Fall ist der Verwendungszweck vom Formzwang erfasst. Diese Frage war und ist bis heute umstritten[282].

---

277 S. dazu bereits Fn. 250.

278 Mit diesem Argument auch *Schmidt*, BB 2005, 2763, 2765.

279 Weder das Merkmal der Dauerhaftigkeit noch das der besonderen Verbindung zum Gegenstand finden eine Stütze im Gesetz.

280 Im Ergebnis ebenso *Schmidt*, BB 2005, 2763, 2765 f.; *Kleinhenz, Junk*, JUS 2009, 787, 788; *Canaris*, in: Karlsruher Forum 2002, S. 64; *Glagowski*, Die Mängelgewährleistung beim Unternehmenskauf im Wege des asset deal nach der Schuldrechtsreform, S. 108 ff.

281 Ausführlich zur Diskussion vgl. *Schinkels*, ZGS 2004, 226.

282 Von den Parteien unterstellt, aber gegen eine vertragliche Vereinbarung und damit gegen den Formzwang bezüglich des Verwendungszwecks: *Schinkels*, ZGS 2004, 226,

Die Gesetzesbegründung lässt die Frage offen und stellt nur fest, dass nach dem Wortlaut jedenfalls eine konkludente Übereinstimmung der Parteien über den Verwendungszweck ausreicht[283]. Eine ausdrückliche Vereinbarung ist demnach gemäß § 434 Abs. 1 S. 2 Nr. 1 BGB nicht nötig. Sie kann sich nur im Einzelfall aus dem Formzwang des Kaufvertrages aufgrund von Regelungen außerhalb des Gewährleistungsrechts[284] ergeben, wenn man der Auffassung der vertraglichen Vereinbarung folgt. Der Wortlaut des § 434 Abs. 1 S. 2 Nr. 1 BGB lässt durch die Verwendung des Begriffs „*nach dem Vertrag* vorausgesetzt" eine gewisse Tendenz zu einer vertraglichen Vereinbarung erkennen[285]. Für eine Vereinbarung spricht insbesondere auch, dass auch die Beschaffenheitsvereinbarung nach § 434 S. 1 BGB als Teil des Kaufvertrages vom Formzwang erfasst ist. Es ist nicht nachvollziehbar, warum hinsichtlich der Verwendung andere Anforderungen gelten sollen[286].

Liegt eine Vereinbarung über die Verwendung vor, ist zu untersuchen, ob sie eine Beschaffenheitsvereinbarung beinhaltet, die nach dem Stufensystem des § 434 BGB vorrangig anzuwenden ist. Eine Vereinbarung über die Verwendung kann nämlich schlüssig eine bestimmte Beschaffenheit zwischen den Parteien festlegen. Beide Arten der Vereinbarung gehen damit fließend ineinander über. Im Einzelfall ist durch Auslegung zu ermitteln, ob die Parteien mit dem Verwendungszweck zugleich eine Beschaffenheit vereinbarten. Ist eine Verwendung vereinbart, muss daraus eine Anforderung an die geschuldete Eignung abgeleitet werden. Dazu zieht man Vergleichsgegenstände heran, die auf die Art und Weise verwendet werden, wie es die Parteien für den Kaufgegenstand vertraglich vorausgesetzt haben. Der herangezogene Gegenstand selbst muss dem verkauften dabei vergleichbar sein, um relevante Beschaffenheiten aus seiner Verwendung ableiten zu können. Parallel

---

228; *Weidenkaff*, in: Palandt, § 434 Rdn. 21, 22; *Büdenbender*, in: NK-BGB, § 434 Rdn. 21. Dagegen für eine vertragliche Vereinbarung, die folglich vom Formzwang erfasst ist: *Grigoleit, Herresthal* JZ 2003, 233, 239; *Matusche-Beckmann*, in: Staudinger, § 434 Rdn. 61, 64. Für Formzwang, aber keine vertragliche Vereinbarung: *Canaris*, in: Karlsruher Forum 2002, S. 57 f.

283 Vgl. BT-Drucks. 14/6040, S. 213.

284 Z. B. § 311 b Abs. 1 BGB und § 15 Abs. 4 S. 1 GmbHG.

285 *Grigoleit, Herresthal*, JZ 2003, 233, 235.

286 So auch *Canaris*, in: Karlsruher Forum 2002, S. 58; *Jagersberger*, Die Haftung des Verkäufers beim Unternehmens- und Anteilskauf, Kapitel 3, B. II. 1.2 a) aa) (S. 168 f.); im Ergebnis ebenso (jeweils zudem mit Verweis auf den Wortlaut der zugrunde liegenden Regelung des Art. 2 Abs. 2 lit. b der Verbrauchsgüterkaufrichtlinie): *Haas*, in: Das neue Schuldrecht, Kap. 5 Rdn. 102; *Grigoleit, Herresthal*, JZ 2003, 233, 235; *Grigoleit, Herresthal*, JZ 2003, 118,120.

zu § 434 Abs. 1 S. 1 ist auch im Rahmen des § 434 Abs. 1 S. 2 Nr. 1 BGB ein weiter Ansatz des Beschaffenheitsbegriffs zu befürworten, um die Einheitlichkeit zu fördern und dem Parteiwillen möglichst umfassende Geltung zu verschaffen[287].

3) § 434 Abs. 1 S. 2 Nr. 2 BGB

Nach § 434 Abs. 1 S. 2 Nr. 2 BGB ist die Sache dann mangelfrei, wenn sie sich für die gewöhnliche Verwendung eignet sowie eine Beschaffenheit aufweist, die bei Sachen der gleichen Art üblich ist und die der Käufer nach der Art der Sache erwarten kann. Dabei bestimmt sich die gewöhnliche Verwendung danach, was nach der Verkehrsanschauung mit Rücksicht auf die örtliche und sonstige Lebensanschauung als gewöhnlicher Gebrauch anzusehen ist[288]. Die übliche Beschaffenheit wird durch die Gegenüberstellung von gleichartigen Sachen ermittelt[289]. Ob nach dem Empfängerhorizont eines Durchschnittskäufers nach Art des Gegenstandes bestimmte Erwartungen an dessen Beschaffenheit gestellt werden durften, berücksichtigt der Passus der vom Käufer zu erwartenden Beschaffenheit. Dabei orientiert sich die objektiv berechtigte Käufererwartung im Regelfall an der üblichen Beschaffenheit gleichartiger Sachen, wenn keine abweichenden Anhaltspunkte vorliegen[290].

Das Verhältnis der drei Merkmale zueinander ist umstritten. Der BGH geht davon aus, dass es für die Mangelhaftigkeit genügt, wenn entweder das Merkmal „gewöhnliche Verwendung" nicht erfüllt ist oder die im Relativsatz des § 434 Abs. 1 S. 2 Nr. 2 BGB näher beschriebene Beschaffenheit fehlt[291]. Dem ist aufgrund des Wortlauts des § 434 Abs. 1 S. 2 Nr. 2 BGB zuzustimmen. Mit Blick auf diesen Relativsatz besteht keine Einigkeit darüber, ob die Merkmale der üblichen und zu erwartenden Beschaffenheit zueinander in dem Sinne in einem Alternativitätsverhältnis stehen, dass schon das Vorliegen eines dieser Merkmale

---

287 Ebenso *Westermann*, in: MüKo BGB, § 434 Rdn. 18; *Wolf; Kaiser*, DB 2002, 411, 412; a. A. *Büdenbender*, in: NK-BGB, § 434 Rdn. 20; *Jagersberger*, Die Haftung des Verkäufers beim Unternehmens- und Anteilskauf, Kapitel 3, B. II. 1.2 a) bb) (S. 171 f.).

288 So schon RGZ 70, 82, 85 f. zum Begriff des gewöhnlichen Gebrauchs nach § 459 Abs. 1 S. 1 Alt. 1 BGB a. F.; zu § 434 Abs. 1 S. 2 Nr. 2 BGB: *Weidenkaff*, in: Palandt, § 434 Rdn. 27; *Haas*, in: Das neue Schuldrecht, Kap. 5 Rdn. 105.

289 *Grigoleit, Herresthal*, JZ 2003, 233, 235; *Haas*, in: Das neue Schuldrecht, Kap. 5 Rdn. 105.

290 Vgl. BGH 2007, 1351, 1353; BGH NJW 2009, 2807, 2808; BGH DS 2009, 272, 273; BGH NJW 2011, 2872; *Grigoleit, Herresthal* JZ 2003, 233, 235; *Weidenkaff*, in: Palandt, § 434 Rdn. 30.

291 Vgl. BGH DS 2009, 272, 273.

zur Mangelfreiheit genügt. Die Gegenansicht will sie kumulativ anwenden, sodass nur das Vorliegen beider Umstände zur Mangelfreiheit führt und damit das Fehlen nur eines Merkmals bereits einen Mangel begründet[292]. Der BGH musste dazu noch nicht Stellung nehmen. In der Praxis werden die verschiedenen Ansichten kaum zu unterschiedlichen Ergebnissen führen, da sich die Merkmale aneinander orientieren und daher regelmäßig zugleich vorliegen[293]. Unter Berücksichtigung des französischen Textes ist allerdings ebenfalls von einem Alternativitätsverhältnis im oben beschriebenen Sinne auszugehen. Nach dem französischen Wortlaut begrenzt die Käufererwartung den Zustand der üblichen Beschaffenheit (was nur relevant wird, wenn sie schlechter als diese ist)[294].

Mangels anderslautender Vereinbarungen im Sinne von § 434 Abs. 1 S. 1 und S. 2 Nr. 1 BGB ist im Rahmen der letzten Stufe also hilfsweise ein objektiver Maßstab heranzuziehen, der als Vergleichsmaßstab „Sachen gleicher Art"[295] voraussetzt. Wann Gegenstände so gleichartig sind, dass sie im Rahmen des § 434 Abs. 1 S. 2 BGB herangezogen werden können, bestimmt das Gesetz nicht näher. Auch die Regierungsbegründung stellt lediglich fest, dass neue und gebrauchte Gegenstände nicht als vergleichbar in diesem Sinne gelten[296]. So steht der „relevante Markt"[297], der als Vergleichsmaßstab herangezogen werden soll, zur Diskussion. Der BGH stellte bei der Frage nach der Mangelhaftigkeit eines Dieselfahrzeugs mit einem gelegentlich regenerierungsbedürftigen Partikelfilter auf die verwendete Technik ab, d. h. auf Dieselfahrzeuge nur mit solchem Partikelfilter[298]. Daneben können auch der Verwendungszweck und dieselbe Preisklasse als Maßstab herangezogen werden[299]. Auch zu dem Kaufgegenstand im Wettbewerb stehende Produkte können als Vergleich dienen[300].

---

292 *Westermann*, in: MüKo BGB, § 434 Rdn. 24; *Grunewald*, in: Erman, § 434 Rdn. 21; *Matusche-Beckmann*, in: Staudinger, § 434 Rdn. 66.

293 BGH 2007, 1351, 1353; BGH NJW 2009, 2807, 2808; BGH DS 2009, 272, 273.

294 Vgl. *Faust*, in: BeckOK BGB, § 434 Rdn. 54, 73; ähnlich *Höpfner*, NJW 2009, 2057.

295 Vgl. Wortlaut des § 434 Abs. 1 S. 2 Nr. 2 BGB; dazu auch BT-Drucks. 14/6040, S. 214.

296 BT-Drucks. 14/6040, S. 214.

297 Diese Bezeichnung verwendet *Westermann*, vgl. *Westermann*, in: MüKo BGB, § 434 Rdn. 25.

298 BGH NJW 2009, 2056, 2057; im Ergebnis zustimmend, aber mit Verweis auf die Bedeutung des Verwendungszwecks neben der verwendeten Technik, s. *Höpfner*, NJW 2009, 2057.

299 Vgl. *Haas*, in: Das neue Schuldrecht, Kap. 5 Rdn. 105; *Westermann*, in: MüKo BGB, § 434 Rdn. 25; *Faust*, in: BeckOK BGB, § 434 Rdn. 60; *Büdenbender*, in: NK-BGB, § 434 Rdn. 30.

300 *Faust*, in: BeckOK BGB, § 434 Rdn. 57 ff.

b. Rechtsmangel

Die Voraussetzungen eines Rechtsmangels sind separat vom Sachmangel in § 435 BGB geregelt. Ein Rechtsmangel liegt danach vor, wenn Rechte eines Dritten geeignet sind, den Käufer in der ungestörten Ausnutzung der ihm gebührenden Rechtsposition zu beeinträchtigen[301]. Ausschließlich tatsächlich bestehende Rechte können einen Rechtsmangel begründen[302]. Von Dritten lediglich beanspruchte Rechte haben dagegen keine Bedeutung[303]. Ebenso sind subjektive Vorstellungen der Parteien zur Zeit des Vertragsschlusses für die Bewertung als Rechtsmangel irrelevant, beispielsweise über den Verwendungszweck des Kaufgegenstandes und damit einhergehend über die Auswirkungen von Rechten eines Dritten bei dieser Verwendung[304]. Ungeachtet dessen können die Parteien vertraglich vereinbaren, dass der Käufer den Kaufgegenstand, mit Rechten Dritter belastet, erwirbt. Diese Rechte können dann keinen Rechtsmangel begründen, da der Käufer sie übernommen hat[305].

Die Abgrenzung zwischen Sach- und Rechtsmangel kann schwierig sein. Nach früherem Recht hatten Sach- (§ 459 Abs. 1 und 2 BGB a. F.) und Rechtsmängel (§ 434 BGB a. F.) unterschiedliche Folgen. Kam der Verkäufer seiner Pflicht nicht nach, dem Käufer den verkauften Gegenstand frei von Rechten Dritter zu verschaffen[306], konnte der Käufer Beseitigung des Mangels verlangen und die allgemeinen Ansprüche wegen Leistungsstörung geltend machen[307]. Bei einem Sachmangel richteten sich die Rechtsfolgen dagegen statt nach allgemeinem Leistungsrecht nach den speziellen § 459 ff. BGB, wobei hinsichtlich der Rechtsfolgen weiter zwischen Fehlern und dem Fehlen einer zugesicherten Eigenschaft

301 *Westermann*, in: MüKo BGB, § 435 Rdn. 4; *Weidenkaff*, in: Palandt, § 435 Rdn. 5; *Niemann, Reipen*, JuS 2003, 654; *Pahlow*, JuS 2006, 289.

302 Eine Ausnahme regelt aber § 435 S. 2 BGB. Danach erfolgt eine Gleichstellung mit einem Rechtsmangel für die Situation, dass ein Recht im Grundbuch eingetragen ist, aber nicht tatsächlich besteht, vgl. § 435 S. 2 BGB.

303 BT-Drucks. 14/6040, S. 217.

304 BT-Drucks. 14/6040, S. 217 f.; a. A. und damit für einen „subjektiven Rechtsmangelbegriff“: *Möller*, GRUR 2005, 468, 469.

305 S. Wortlaut des § 435 S. 1 BGB sowie den Hinweis, dass die Bezeichnung als „objektiver Rechtsmangelbegriff“ mit Blick auf die Möglichkeit der vertraglichen Übernahme von Belastungen irreführend sein kann, bei *Faust*, in: BeckOK BGB, § 435 Rdn. 7; vgl. auch *Haas*, in: Das neue Schuldrecht, Kap. 5 Rdn. 134.

306 Vgl. § 434 BGB a. F.

307 Gemäß §§ 440 Abs. 1, 320 ff. BGB a. F.; zu der damaligen Rechtslage s. auch BT-Drucks. 14/6040, S. 87.

differenziert wurde[308]. Um die für Rechtsmängel vorgesehenen, oft als passender empfundenen Rechtsfolgen anwenden zu können, tendierte die Rechtsprechung wiederholt dazu, in strittigen Fällen einen Rechts- statt Sachmangel anzunehmen, wobei eine Vorhersehbarkeit der Einordnung nicht möglich war[309].

Heute kommt sowohl bei einem Sach- als auch bei einem Rechtsmangel die Regelung des § 437 BGB zur Anwendung, die für beide Arten einheitliche Rechtsfolgen bzw. Gestaltungsmöglichkeiten für den Käufer vorsieht[310]. Hintergrund ist, dass heute nicht nur wie bereits nach früherem Recht die mangelhafte Leistung bei Rechtsmängeln als Nichterfüllung angesehen wird, sondern nun auch bei Sachmängeln[311]. Die Frage der Einordnung hat damit für die anzuwendenden Rechtsfolgen an Bedeutung verloren bzw. die Motivation ist entfallen, die Einordnung nichtvertragsgemäßer Zustände nach den unterschiedlichen Rechtsfolgen vorzunehmen[312]. Die Abgrenzung zwischen Sach- und Rechtsmangel bleibt aber beispielsweise für den Zeitpunkt relevant, zu dem die Voraussetzungen eines Rechts- oder Sachmangels vorliegen müssen. Während es für den Sachmangel auf den Zeitpunkt des Gefahrübergangs ankommt[313], ist für Rechtsmängel der Zeitpunkt des Eigentumsübergangs maßgeblich[314]. Mangels verschiedener Rechtsfolgen ist heute für die

---

308 Die Haftung bei einem Fehler war im Gegensatz zu der Haftung wegen Fehlens einer zugesicherten Eigenschaft insbesondere verschuldensabhängig und sah nur Wandelung und Minderung, keinen Schadensersatz vor. Siehe für Fehler § 462 i. V. m. § 459 Abs. 1 BGB a. F. bzw. für das Fehlen einer zugesicherten Eigenschaft § 463 S. 1 i. V. m. § 459 Abs. 2 BGB a. F. Zu den verschiedenen Rechtsfolgen bei den zwei Arten des Sachmangels nach früherem Recht s. schon VI. 1. a., S. 54 ff.

309 Z. B. BGH NJW 2000, 803; s. dazu auch *Jagersberger*, Die Haftung des Verkäufers beim Unternehmens- und Anteilskauf, Kapitel 3, B. II. 2.2 a) (S. 198); ähnlich BT-Drucks. 14/6040, S. 217.

310 S. die Überschrift und den Wortlaut des § 437 BGB, in denen ohne Differenzierung von „Mängeln" und der Sache als „mangelhaft" die Rede ist, s. Überschrift des § 437 BGB sowie § 437 HS 1 BGB.

311 Vgl. § 433 Abs. 1 S. 2 BGB, dazu auch BT-Drucks. 14/6040, S. 94; *Knott*, NZG 2002, 249, 250. Zur uneinheitlichen Terminologie im Gesetz bzw. der Verwendung der Begriffe „Nichterfüllung" und „Pflichtverletzung" s. *Medicus*, JuS 2003, 521, 527.

312 Vgl. *Faust*, in: BeckOK BGB, § 453 Rdn. 28; *Weidenkaff*, in: Palandt, § 434 Rdn. 95a. Ob die frühere Handhabung der Rechtsprechung, die Einordnung der Mängel mit Blick auf die Rechtsfolgen vorzunehmen, hinzunehmen oder abzulehnen war, kann daher offen bleiben.

313 Vgl. § 434 Abs. 1 S. 1 BGB und ausführlich dazu unter VI. 4., S. 128 ff.

314 RGZ 111, 86, 89; BGH NJW 1991, 915, 916; *Berger*, in: Jauernig, § 435 Rdn. 4; *Saenger*, in: Schulze u. a., § 453 Rdn. 2; *Faust*, in: BeckOK BGB, § 435 Rdn. 10.

Einordnung als Sach- oder Rechtsmangel allerdings allein danach zu differenzieren, ob die Ist- von der Sollbeschaffenheit abweicht (dann Sachmangel) oder die Rechte Dritter den Käufer in der Ausübung seiner durch den Kaufvertrag erlangten Rechtsposition behindern (dann Rechtsmangel)[315].

2. Mangel beim Asset Deal

Auf den ersten Blick ist das Unternehmen im Rahmen eines Asset Deal als Kaufgegenstand so beschaffen, dass es unterschiedliche Mängel aufweisen kann. Eine Abweichung von einer Beschaffenheitsvereinbarung ist denkbar[316], die einen gewissen geschuldeten Zustand des Unternehmens bei Gefahrübergang beschreibt, sowie tatsächliche oder rechtliche Umstände, die die Fortführung des Unternehmens und so seine Verwendung beeinträchtigen. Je nachdem, ob es sich bei den Umständen um tatsächliche oder rechtliche handelt und wie sich diese auswirken, kann eine weitere Einordnung vorgenommen werden, z. B. als Rechtsmangel bei Rechten Dritter hinsichtlich des Unternehmens.

Schon begrifflich ist bei der Zuordnung von Mängeln beim Unternehmenskauf aber Vorsicht geboten. Vielfach wird von „Sachmängeln des Unternehmens" gesprochen, wenn es darum geht, ob das verkaufte Unternehmens gemäß § 434 BGB mangelhaft ist[317]. Das Unternehmen ist der Sachkategorie jedoch nicht zuzuordnen[318]. Selbst wenn (was noch zu untersuchen bleibt) die Regelung des § 434 BGB mittels § 453 Abs. 1 Alt. 2 BGB inhaltlich unverändert auf den Asset Deal analog angewendet werden kann, muss mit Blick auf die Begrifflichkeiten eine Anpassung vorgenommen werden. Im Rahmen der analogen Anwendung ist der Regelungsinhalt der jeweiligen Norm zwar auf den nur ähnlichen Sachverhalt zu übertragen, jedoch nur so weit er passt[319]. In analoger Anwendung kann § 434 BGB beim Unternehmenskauf begrifflich allerdings lediglich

---

315 Ausführlich zur Abgrenzung auch *Pahlow*, JuS 2006, 289, 290; *Niemann, Reipen*, JuS 2003, 654.

316 Unabhängig davon, mit welcher Reichweite man eine solche erlaubt. Zur Reichweite einer Beschaffenheitsvereinbarung beim Unternehmenskauf s. VI. 2. a. 1) b), S. 85 ff.

317 S. beispielsweise *Weitnauer*, NJW2002, 2511, 2513; *Weigl*, DNotZ 2005, 246, 250; *Beisel*, in: Der Unternehmenskauf, 8. Kapitel Rdn. 9; *Faust*, in: BeckOK BGB, § 453 Rdn. 27; vgl. auch die Rechtsprechung: BGH NJW 1979, 33; BGH NJW-RR 1996, 429.

318 Zur Einordnung des Unternehmens in die Kategorie „sonstiger Gegenstand" (Asset Deal) und „Kauf von Rechten" (Share Deal), siehe V. 1., S. 39 ff.

319 *Beckmann*, in: Staudinger, § 453 Rdn. 6. Ausführlich siehe V. 2. c., S. 46 ff.

Mängel des sonstigen Gegenstandes „Unternehmen“ beschreiben. Eine Sache, an der Sachmängel bestehen können, ist dagegen nicht Kaufgegenstand[320]. Auf den Terminus Sachmangel ist daher zu verzichten, wenn es um einen Mangel des gesamten Unternehmens geht. Stattdessen sollte der Begriff „Unternehmensmangel“ verwendet werden oder allgemein und am Wortlaut des § 434 BGB orientiert der Begriff „Beschaffenheitsmangel“[321].

Die Regelungen der §§ 434, 435 BGB sind vor dem Hintergrund des Verbrauchsgüterkaufs entwickelt worden, auch wenn sie im Interesse einer einheitlichen Anwendung nun ebenso auf alle Käufe außerhalb des Verbrauchsgüterkaufs anzuwenden sind[322]. Ein Asset Deal unterscheidet sich aber wesentlich von einem Verbrauchsgüterkauf. Ein Verbrauchsgüterkauf liegt vor, wenn ein Verbraucher (§ 13 BGB) von einem Unternehmer (§ 14 BGB) eine bewegliche Sache kauft[323]. In vielen Fällen handelt es sich um ein Alltagsgeschäft. Aber auch bei sonstigen Verbrauchsgüterkäufen handelt der Verbraucher (Käufer), auch wenn er hinsichtlich eines solchen Geschäfts im Gegensatz zu dem Unternehmer (Verkäufer) unerfahren ist, regelmäßig ohne Beratung durch Dritte, beispielsweise Rechtsberatung. Die Verhandlungen zwischen den Parteien eines Verbrauchsgüterkaufes sind zudem grundsätzlich von begrenztem Ausmaß. Der Ablauf eines Verbrauchsgüterkaufs erschöpft sich meist in einer invitatio ad offerendum, einem Angebot sowie einer Annahme desselben und bleibt somit schlank und auf gewisse Art und Weise übersichtlich. Der Wert der zu verkaufenden Sache ist in den meisten Fällen problemlos zu bestimmen, sodass sich gewisse Schwankungen des Kaufpreises in der Regel hauptsächlich aus dem Stand von Angebot und Nachfrage ergeben.

Ein Asset Deal ist dagegen ein äußerst komplexer Vorgang, an dem grundsätzlich viele Personen beteiligt sind. Beide Parteien haben regelmäßig ein Team von Beratern, das sie in den verschiedenen Bereichen unterstützt, z. B. rechtlich oder auch bezüglich der Unternehmenstätigkeit (beispielsweise in wirtschaftlicher Hinsicht, aber auch beim operativen Geschäft selbst oder technisch hinsichtlich

---

320 Zu der rechtlichen Thematik, inwieweit einzelne Sachen des Unternehmens einen Sachmangel begründen können und inwieweit dies von Relevanz sein kann, siehe VI. 2. a., S. 95 ff.

321 So der Vorschlag von *Canaris*, vgl. *Canaris*, Handelsrecht, § 8 Rdn. 21. *Thiessen* dagegen behält den Begriff des Sachmangels bei, setzt ihn in Zusammenhang mit dem Unternehmenskauf allerdings in Anführungszeichen, um den Unternehmensmangel von einem echten Sachmangel abzugrenzen, vgl. *Thiessen*, MüKo HGB, Anhang zu § 25 Rdn. 52 ff.

322 BT-Drucks. 14/6040, S. 211.

323 Vgl. die Legaldefinition in § 474 BGB.

der Produktion)[324]. Die Beteiligung von Spezialisten sowohl auf Käufer- als auch auf Verkäuferseite sorgt für eine gewisse „Waffengleichheit" der Parteien. Aus dem Kaufgegenstand Unternehmen folgt zudem regelmäßig, dass beide Parteien Unternehmer sind. In der Praxis ist ein Unternehmenskauf als Verbrauchsgüterkauf nicht vorstellbar. Während der Verbrauchsgüterkauf von dem Gedanken geprägt ist, dass der geschäftlich unerfahrene Verbraucher Schutz gegenüber dem ihm diesbezüglich überlegenen Unternehmer bedarf, sind die Parteien eines Unternehmenskaufs also auf gleicher Ebene. Selbst wenn eine Partei wirtschaftlich eine wesentlich stärkere Position hat als die andere (z. B. ein den Markt mitbestimmender Konzern gegenüber einem Start-up-Unternehmen), so gehören sie als Unternehmer beide der gleichen gesetzlichen Kategorie an. Trotz der Unterschiede im Detail spricht dies für eine gewisse Vergleichbarkeit hinsichtlich ihrer Schutzbedürftigkeit bzw. gerade für das Nichtvorliegen einer solchen der einen Partei gegenüber der anderen. Die Berater tun in praktischer Hinsicht ein Übriges für ein ausgewogenes Kräfteverhältnis. Ein Asset Deal ist daher nicht mit einem Verbrauchsgüterkauf gleichzusetzen, sondern eher dessen Gegenstück.

Ein Asset Deal unterscheidet sich aber nicht nur vom Verbrauchsgüterkauf, sondern auch von den weiteren Käufen, auf die der Gesetzgeber die Umsetzung der Verbrauchsgüterrichtlinie in Form der §§ 434, 435 BGB erweitert hat. Der Grund ist die Eigenart des Kaufgegenstandes unabhängig davon, welche Beteiligten sich als Partei gegenüberstehen. Ein Unternehmen besitzt gegenüber Rechten und Sachen eine Eigenart, die wiederum dazu führt, dass auch der Kaufprozess anders, nämlich aufwendig ist. Es hat sich eine Praxis dazu entwickelt, die in keiner Weise mit dem Kaufvorgang einer beispielsweise beweglichen Sache zu vergleichen ist, selbst wenn sich dabei zwei Unternehmen als Parteien gegenüberstehen[325]. Der Asset Deal weicht somit von den Käufen ab, für die die Regelungen entworfen wurden (Verbrauchsgüterkaufverträgen), sowie auch von denen, auf die die Regelungen vom Gesetzgeber erstreckt wurden (insbesondere vom Sachkauf). Daher könnte man daran zweifeln, ob eine Anwendung der §§ 434, 435 BGB auf den Unternehmenskauf vorzunehmen ist.

Der Gesetzgeber bejahte allerdings generell die ausreichende rechtliche Vergleichbarkeit des Asset Deal mit dem Sachkauf durch die Anordnung der analogen Anwendung. Unter Beachtung des Wortlauts des § 453 Abs. 1 Alt. 2 BGB ist daher

---

324 Der Käufer hat insbesondere ein Team für die Durchführung der Due Diligence, vgl. *Körber*, NZG 2002, 263; *Spill*, DStR 1999, 1786, 1788; *Rödder, Hötzel, Mueller-Thuns*, Unternehmenskauf – Unternehmensverkauf, § 3 Rdn. 39.

325 Ausführlich zu den Besonderheiten des Unternehmens III., S. 15 ff.

grundsätzlich von der Anwendung der Regelungen zum Sach- und Rechtsmangel (§§ 434, 435 BGB) beim Unternehmenskauf auszugehen, d. h., das „ob" der Anwendung ist zu bejahen[326]. Im Folgenden werden die allgemeinen Regelungen zum Mangel (§§ 434, 435 BGB) daher nur noch dahin gehend überprüft, ob sie über den Verweis in § 453 Abs. 1 Alt. 2 BGB unverändert auf den Asset Deal zu übertragen sind oder seine Besonderheiten irgendwelche Anpassungen bis hin zur Nichtanwendung erfordern, d. h., es wird das „wie" betrachtet[327]. Unabhängig von etwaigen Modifikationen ist die konkrete Anwendung der §§ 434, 435 BGB auf beim Unternehmenskauf übliche Sachverhalte zudem schwierig. Daher wird im Rahmen der jeweiligen Regelung die Beurteilung solcher Umstände untersucht, bei deren Nichtvorliegen die Praxis bei einem Unternehmenskauf eine Einordnung als Mangel diskutiert.

a. Beschaffenheitsmangel, § 434 BGB

§ 434 BGB regelt über § 453 Abs. 1 Alt. 2 den Beschaffenheitsmangel beim Asset Deal. Auch wenn die gesetzliche Anordnung der entsprechenden Anwendung bereits die rechtliche Vergleichbarkeit der Sachverhalte verbindlich bestimmt hat, ist noch zu erörtern, ob Modifikationen erforderlich sind, um eine bei einem Sachkauf mit der Regelung bezweckte und herbeigeführte Situation auch bei einem Unternehmenskauf entsprechend herzustellen. Betrachtet man die einzelnen Stufen des § 434 BGB, erkennt man, dass der mit der Regelung verfolgte Zweck der Anwendung auf den Unternehmenskauf nicht entgegensteht. Er wird bei einem Unternehmenskauf erreicht und ist vielmehr gerade auch bei einem Unternehmenskauf gerechtfertigt. Die Regelung ist daher für den Unternehmenskauf ohne Modifikationen passend[328].

Nach § 434 Abs. 1 S. 1 und S. 2 Nr. 1 BGB soll die vertraglich geschuldete Leistung primär durch Parteivereinbarung bestimmt werden. Der somit manifestierte

---

326 Ähnlich *Thiessen*, Unternehmenskauf und Bürgerliches Gesetzbuch, C. VI. 3., S. 188. Siehe zur Bedeutung der Anordnung der analogen Anwendung und der Unterteilung in „ob" und „wie" bereits unter V. 2., S. 44 ff. *Canaris* kritisiert allgemein, dass die analoge Anwendung der §§ 434, 435 BGB regelmäßig nicht weiter thematisiert wird, vgl. *Canaris*, Handelsrecht, § 8 Rdn. 23. Gegen jegliche Art der Anwendung der §§ 434, 435 BGB beim Unternehmenskauf: *Huber*, AcP 202 (2002), 179, 223.

327 Siehe dazu bereits unter V. 2., S. 44 ff.

328 Z. B. *Canaris* unterzieht die Anwendung auf den Unternehmenskauf noch einer Überprüfung und erachtet sie im Ergebnis ebenso als sinnvoll, vgl. *Canaris*, Handelsrecht, § 8 Rdn. 23.

subjektive Fehlerbegriff soll die Vertragsautonomie der Parteien stärken[329]. Die Anwendung der § 434 Abs. 1 S. 1 und S. 2 Nr. 1 BGB gewährleistet die Erreichung dieses Normzwecks beim Unternehmenskauf genauso wie bei anderen Käufen. Es gibt zudem keinen Grund, warum er beim Unternehmenskauf nicht verfolgt werden sollte. Vor der Schuldrechtsmodernisierung war und heute ist es weiterhin üblich, dass in Kaufverträgen über Unternehmen eine Vielzahl von selbstständigen Garantien vereinbart ist[330]. Mithilfe selbstständiger Garantien können die Parteien Umstände sowie Bedingungen festlegen, für die und unter denen der Verkäufer haften soll. Sie bestimmen damit durch eine Parteivereinbarung die Voraussetzungen der Haftung und legen zugleich die Anforderungen an eine vertragsgemäße Leistung fest. Eine selbstständige Garantie hat demnach insofern Ähnlichkeit mit einer Beschaffenheitsvereinbarung bzw. einer Vereinbarung über die Verwendung eines Kaufgegenstandes, als dass die Parteien durch eine jede die vertragsgemäße Leistung definieren können[331].

Dass sich insbesondere Parteien von Unternehmenskaufverträgen der selbstständigen Garantien bedienen, weist darauf hin, dass Vereinbarungen über die vertragsgemäße Leistung bei Unternehmenskaufverträgen besonders geeignete Mittel sind, um Leistungspflichten und Haftung zu bestimmen. Die Parteien selbst versuchen weitgehend, die Vertragsinhalte nach ihren individuellen Prioritäten zu bestimmen. Der Gesetzgeber kommt der Praxis des Unternehmenskaufs somit entgegen, wenn er regelt, dass primär der Wille der Parteien den Umfang der vertragsgemäßen Leistung bestimmt. Der verfolgte Zweck ist in der Praxis beim Unternehmenskauf bereits erprobt. Erfahrungswerte, die einer weiteren Fortführung der Praxis entgegenstehen, gibt es bisher nicht, sodass der Normzweck gerade beim Unternehmenskauf interessengerecht ist.

Die Stärkung der Parteiverantwortung als Telos der Norm passt zudem auch besonders gut im Hinblick auf die Beteiligten eines Unternehmenskaufs. Zwar könnte man bei einem Unternehmenskauf anführen, dass die Parteien angesichts eines komplizierten Kaufgegenstandes durch objektive Beurteilungsmaßstäbe im Rahmen der Mangeleigenschaft geschützt werden müssten. Sie könnten sonst für sich nachteilige Vereinbarungen treffen, da sie den besonderen Kaufgegenstand nicht angemessen bewerten und dementsprechend die Bedeutung von Vereinbarungen

329 BT-Drucks. 14/6040, S. 212.

330 *Hübner*, BB 2010, 1483; *Meyer-Sparenberg*, NZG 2001, 753, 754; *Wagner*, DStR 2002, 1400; *Weigl*, DNotZ 2005, 246, 248; *Holzapfel, Pöllath*, Unternehmenskauf, Rdn. 676. Ausführlich zu selbstständigen Garantien s. XII. 1., S. 297 ff.

331 Zur Abgrenzung zwischen Garantie- und Beschaffenheitsvereinbarung: *Emmert*, NJW 2006, 1765; *Büdenbender*, in: NK-BGB, § 434 Rdn. 10 sowie XII. 1. a., S. 299 ff.

nicht einschätzen können. Allerdings hat sich der Ablauf des Unternehmenskaufs in der Praxis den Besonderheiten des Unternehmens angepasst und berücksichtigt den Aspekt der Komplexität. Auch die professionelle Unterstützung der Parteien zeigt, dass ein Bewusstsein für die Problematik existiert und ihr seitens der Parteien Rechnung getragen wird.

Nicht zuletzt spricht insbesondere auch die Unternehmereigenschaft der Parteien dafür, dass es angemessen ist, den Parteien eines Unternehmenskaufs die Verantwortung für die Bestimmung der vertragsgemäßen Leistung gerade bei diesem besonderen Kaufgegenstand zu überlassen. Schließlich geht es dort um zwei Parteien, die sich auf einer Ebene gegenüberstehen, nämlich beide als Unternehmer, und die damit in besonderer Weise als geschäftserfahren einzustufen und zu behandeln sind. Es besteht kein grundsätzliches Schutzbedürfnis einer Partei aufgrund einer schlechteren Positionierung, das der Vertragsfreiheit entgegenstehen kann[332]. Die stete Praxis der selbstständigen Garantien, in denen die Parteien gerade die Eigenverantwortung wählen, bestätigt diesen Ansatz. Insgesamt spricht das Telos der § 434 Abs. 1 S. 1 und S. 2 Nr. 1 BGB also nicht gegen, sondern gerade für eine Anwendung dieser Regelungen auf den Unternehmenskauf.

Liegen keine Vereinbarungen der Parteien hinsichtlich des Kaufgegenstandes oder seiner Verwendung vor, greift subsidiär der objektive Maßstab des § 434 Abs. 1 S. 2 Nr. 2 BGB (Eignung zur gewöhnlichen Verwendung) zur Bestimmung der vertragsgemäßen Leistung. Der Anwendbarkeit dieser Regelung auf den Unternehmenskauf steht nichts entgegen, zumal sie nur hilfsweise Geltung beansprucht. Gerade bei einem Unternehmenskauf ist es üblich, umfangreiche Verträge zu schließen, in denen die individuell ausgehandelte vertragsgemäße Leistung beschrieben wird. In der Praxis wird es daher selten mangels Vereinbarungen gemäß § 434 Abs. 1 S. 1 oder S. 2 Nr. 1 BGB zu einem Rückgriff auf § 434 Abs. 1 S. 2 Nr. 2 BGB kommen. Ist dies doch einmal der Fall, sind mit der Anwendung der Norm verbundene Probleme eher praktischer Natur, als dass sie ihrem Zweck entgegenstehen[333]. Selbst wenn man eine Anwendbarkeit des § 434 Abs. 1 S. 2 Nr. 2 BGB auf den Unternehmenskauf bezweifelt, ist der § 434 BGB außerdem als

---

332 Bei einem Verbrauchsgüterkauf ist dagegen in der Regel eine Partei geschäftserfahrener als die andere, weshalb die Stärkung der Parteiverantwortung für Letztere gefährlich sein könnte. Der Gesetzgeber hat dieser Gefahr aber entgegengewirkt, indem er die §§ 474 ff. BGB schuf. Danach kann von der gesetzlichen Gewährleistungshaftung im Rahmen eines Verbrauchsgüterkaufs nicht zulasten des Verbrauchers abgewichen werden, vgl. § 475 BGB.

333 Zu der Frage, inwieweit aus diesen praktischen Problemen Rückschlüsse zu ziehen sind, siehe unter VI. 2. a. 2) g), S. 116 ff.

eine Norm zu bewerten. Wenn aber mindestens der erste inhaltliche Teil der Norm auf den Unternehmenskauf anwendbar ist, kann ihre Anwendbarkeit nicht generell verneint werden[334]. Insgesamt ist der Anordnung der entsprechenden Anwendung des § 434 BGB beim Asset Deal demnach nicht nur aufgrund ihrer Verbindlichkeit zu folgen, sondern auch, weil sie sachgerecht ist. Inwieweit bei der Anwendung Besonderheiten des Unternehmenskaufs zu beachten sind, bleibt bei den einzelnen Regelungen des § 434 BGB anzusprechen.

1) § 434 Abs. 1 S. 1 BGB

a) Vereinbarung

Die Parteien können eine Beschaffenheitsvereinbarung bezüglich des Unternehmens treffen. Findet sich eine diesbezügliche Regelung im Kaufvertrag, ist die Tatsache des Vorliegens einer Vereinbarung grundsätzlich unproblematisch. Ein etwaiger Streit knüpft stattdessen an den Inhalt der Vereinbarung an bzw. an die Frage, welche Beschaffenheit der Vereinbarung durch Auslegung zu entnehmen ist. Fehlt dagegen eine ausdrückliche Vereinbarung im Kaufvertrag, ist zu prüfen und schon oft zwischen den Parteien strittig, ob eine Beschaffenheitsvereinbarung konkludent überhaupt zustande kam. Unterliegt der Kaufvertrag keinen Formerfordernissen, ist eine konkludente Vereinbarung möglich, beispielsweise wenn der Verkäufer bei Vertragsschluss die Eigenschaften der verkauften Sache in einer bestimmten Weise beschreibt und der Käufer vor diesem Hintergrund seine Kaufentscheidung trifft[335]. Bei der Frage nach dem Vorliegen einer konkludenten Beschaffenheitsvereinbarung sind insbesondere die zwei folgenden, bei Unternehmenskäufen üblichen Situationen zu bedenken, in denen sich die späteren Parteien über den Unternehmenszustand austauschen.

(1) Informationsmemorandum

Ein sogenanntes Informationsmemorandum könnte als Grundlage einer Beschaffenheitsvereinbarung infrage kommen. Ein Informationsmemorandum wird regelmäßig von einem M&A-Berater im Rahmen eines kontrollierten Bieterverfahrens[336] erstellt. In der Praxis beauftragt der Verkäufer dazu zumeist einen externen Berater, z. B.

---

334 Vgl. *Larisch*, Gewährleistungshaftung beim Unternehmens- und Beteiligungskauf, S. 19 f.

335 Allgemein zu den Anforderungen an eine Vereinbarung im Sinne des § 434 Abs. 1 S. 1 BGB, vgl. schon VI. 1. a. 1), S. 56 ff.

336 Ausführlich zum sogenannten „controlled auction“, s. *Hölters*, in: Handbuch Unternehmenskauf, Teil I Rdn. 149 ff.; *Picot*, Unternehmenskauf und Restrukturierung,

eine Investmentbank. Ein kontrolliertes Bieterverfahren bedeutet, dass der Verkäufer das Unternehmen zu Beginn einer Vielzahl potenzieller Interessenten zum Kauf anbietet. Diejenigen potenziellen Interessenten, die sich einen Erwerb des Unternehmens vorstellen könnten, geben ein vorläufiges Angebot ab, sodass sich ein gewisser Bieterkreis ergibt. Aus diesem trifft der Verkäufer eine Vorauswahl und verhandelt mit den danach verbleibenden Bietern weiter. Hat sich für ihn herauskristallisiert, welchen Bieter er insgesamt als Käufer bevorzugt, tritt er mit diesem in abschließende Vertragsverhandlungen ein[337].

Das Informationsmemorandum wird zu Beginn dieses Verkaufsprozesses erstellt und den potenziellen Interessenten übergeben, die der Verkäufer für die erste, noch große Runde ausgewählt hat[338]. Es enthält daher eher allgemein gehaltene Angaben bezüglich des Unternehmens. Die potenziellen Interessenten sollen aus ihm die Eckdaten des Unternehmens erfahren, z. B. seine Marktpositionierung, um entscheiden zu können, ob sie ihr Interesse durch ein erstes, vorläufiges Angebot bekunden und sich damit überhaupt für den Bieterkreis bewerben möchten[339]. Dem Verkäufer ist bewusst, dass eine Vielzahl von potenziellen Interessenten diese Daten sieht und davon nur einer der spätere Käufer seines Unternehmens sein wird. Dementsprechend hat der Verkäufer ein großes Interesse daran, nur grobe Angaben zu machen. Nur so offenbart er keine unnötigen Informationen über sein Unternehmen gegenüber den Interessenten, die das Unternehmen letztlich nicht kaufen werden, insbesondere denen mit dem einen Geschäftsmodell, das seinem ähnlich ist[340].

Es stellt sich die Frage, ob der Verkäufer durch die Bereitstellung der Daten im Informationsmemorandum eine Willenserklärung abgibt, nach der er die in den Daten beschriebenen Beschaffenheiten rechtlich verbindlich als vertraglich geschuldet festlegen will. Zwar erstellt nicht der Verkäufer selbst, sondern sein Berater das Informationsmemorandum. Das Verhalten des Beraters wird dem Verkäufer allerdings zugerechnet. Nach § 278 BGB haftet der Verkäufer wie für eigenes Verschulden auch für ein Verschulden seiner Berater, die er zur Erfüllung seiner vorvertraglichen sowie vertraglichen Pflichten gegenüber dem Bieter bzw.

Teil I Rdn. 9 ff.; *Holzapfel, Pöllath*, Unternehmenskauf, Rdn. 125 ff.; *Schwarz*, in: Unternehmenskauf bei der GmbH, 1. Kapitel Rdn. 83 ff.

337 *Picot*, Unternehmenskauf und Restrukturierung, Teil I Rdn. 28; *Schwarz*, in: Unternehmenskauf bei der GmbH, 1. Kapitel Rdn. 83 ff.

338 Vgl. zum Ablauf auch *Gran*, NJW 2008, 1409; *Holzapfel, Pöllath*, Unternehmenskauf, Rdn. 125 ff.

339 *Picot*, Unternehmenskauf und Restrukturierung, Teil I Rdn. 14.

340 Vgl. *Krüger, Kalbfleisch*, DStR 1999, 174, 176; *Holzapfel, Pöllath*, Unternehmenskauf, Rdn. 52.

späteren Käufer einschaltet[341]. Neben dem Verhalten kann dem Verkäufer das Wissen seiner Berater zugerechnet werden. Dabei ist insbesondere die Rechtsfigur des Wissensvertreters interessant. So kann das Wissen einer Person einer anderen dann nach § 166 BGB analog zugerechnet werden, wenn die betroffene Person dazu berufen ist, als Repräsentant dessen, dem das Wissen zugerechnet werden soll, im Rechtsverkehr bestimmte Aufgaben in eigener Verantwortung zu erledigen, die dabei angefallenen Informationen zur Kenntnis zu nehmen und sie gegebenenfalls weiterzuleiten[342]. Die Berater beim Unternehmenskauf sind danach in der Regel Wissensvertreter mit der Folge der Wissenszurechnung an den Verkäufer[343].

Aber auch wenn man dem Verkäufer das Verhalten und Wissen seiner Berater zurechnen kann, fehlt es bei der Übergabe eines Informationsmemorandums für eine Beschaffenheitsvereinbarung an der notwendigen entsprechenden Willenserklärung des Verkäufers. Für die Auslegung einer etwaigen konkludenten Willenserklärung ist der objektive Empfängerhorizont entscheidend (vgl. §§ 133, 157 BGB). Daraus folgt, dass nur dann von einer konkludenten Beschaffenheitsvereinbarung auszugehen ist, wenn der Käufer als Empfänger das Bereitstellen so verstehen darf, dass der Verkäufer die Daten als vertragsgemäß vereinbaren und somit die Gewähr für ihre Richtigkeit übernehmen will. Der Verkäufer aber übergibt die Daten lediglich als eine erste Information an die Interessenten. Dass sie recht allgemein gehalten sind, zeigt, dass sie keinen abschließenden Charakter haben und gerade auch nicht haben sollen. Ein Käufer kann dementsprechend nicht davon ausgehen, dass sich der Verkäufer hinsichtlich dieser Daten binden will[344].

Auch der große Kreis der potenziellen Interessenten spricht gegen eine rechtsverbindliche Äußerung des Verkäufers. Insgesamt lassen die Umstände zu diesem frühen Zeitpunkt des Veräußerungsverfahrens sowie der Inhalt des Informationsmemorandums selbst keinen anderen Schluss zu, als dass der Verkäufer mittels der Übergabe lediglich herauszufinden versucht, wer von denjenigen, die er sich grundsätzlich als Käufer vorstellen kann, Interesse an seinem Unternehmen

341 BGH NJW 1974, 692; *Holzapfel, Pöllath*, Unternehmenskauf, Rdn. 128.

342 Zur Wissenszurechnung nach § 166 BGB analog s. BGH NJW 1992, 1099, 1100; BGH NJW 1997, 1917; BGHZ 132, 30, 37; BGHZ 135, 202; BGH ZIP 2001, 26; BGH NJW 2001, 359, 360; *Waltermann*, NJW 1993, 889, 891 f.; *Schramm*, in: MüKo BGB, § 166 Rdn. 24 ff., 28 ff.; *Valenthin*, in: BeckOK BGB, § 166 Rdn. 17 ff.

343 *Klumpp*, in: Der Unternehmenskauf, Kap. 17 Rdn. 3; *Fleischer, Körber*, BB 2001, 841, 847; *Weitnauer*, NJW 2002, 2511, 2516;. Ausführlich zur Wissenszurechnung s. X. 5., S. 257 ff.

344 Ähnlich (zur Prospekthaftung) auch *Louven, Böckmann*, ZIP 2004, 445, 446; *Holzapfel, Pöllath*, Unternehmenskauf, Rdn. 128.

hat. Nach dem objektiven Empfängerhorizont darf der Käufer die Bereitstellung der Daten demnach nicht als konkludentes Angebot zu einer Beschaffenheitsvereinbarung verstehen. Eine solche kommt durch die Übergabe eines Informationsmemorandums nicht zustande.

An dieser Stelle sei schon vorweggenommen, dass die Angaben in einem Informationsmemorandum auch nicht unter Heranziehung des § 434 Abs. 1 S. 3 BGB als übliche und vom Käufer zu erwartende Beschaffenheit (§ 434 Abs. 1 S. 2 Nr. 2 BGB) zu werten sind. Dazu müssten die Aussagen öffentlich sein[345]. Auch wenn das Informationsmemorandum an eine Vielzahl von potenziellen Interessenten geht, wählt der Verkäufer diese gezielt aus. Der Allgemeinheit ist das Informationsmemorandum gerade nicht zugänglich. Die Regelung des § 434 Abs. 1 S. 3 BGB ist im Zusammenhang mit einem Informationsmemorandum daher nicht einschlägig[346]. Die Übergabe von Daten in Form eines Informationsmemorandums erlangt keine eigenständige Bedeutung bei der Bestimmung der vertragsgemäßen Beschaffenheit. Die Angaben in einem Informationsmemorandum können für die Bestimmung lediglich relevant sein, wenn sie – unabhängig von der Übergabe – auf sonstige Weise einer der Alternativen des § 434 BGB zuzuordnen sind[347]. Unabhängig von der Bestimmung der vertraglichen Beschaffenheit kann sich aus vorsätzlichen Falschangaben im Informationsmemorandum allerdings eine Haftung wegen vorvertraglicher Pflichtverletzung ergeben (c. i. c.)[348].

(2) Übergabe von Daten im Rahmen einer Due Diligence

Haben die Parteien – wie bei Unternehmenskäufen üblich – eine Due Diligence[349] durchgeführt, stellt sich – vergleichbar zum Informationsmemorandum – die

---

345 Vgl. den Wortlaut von § 434 Abs. 1 S. 3 BGB.

346 So auch *Jagersberger*, Die Haftung des Verkäufers beim Unternehmens- und Anteilskauf, Kapitel 3 B. II. 1.3 d) cc) (S. 186).

347 Dies ist insbesondere der Fall, wenn sie Beschaffenheiten beschreiben, die für die gewöhnliche Verwendung nötig und nach Art der Sache üblich und vom Käufer zu erwarten sind (§ 434 Abs. 1 S. 2 Nr. 2 BGB).

348 Vgl. dazu so wie zu den Möglichkeiten und Grenzen, diese Haftung vertraglich auszuschließen oder zu begrenzen *Louven, Böckmann*, ZIP 2004, 445, 446 ff.; *Gran*, NJW 2008, 1409, 1410; *Holzapfel, Pöllath*, Unternehmenskauf, Rdn. 128. Zur Sperrwirkung der Gewährleistungshaftung: BGH NJW 2012, 846; *Lorenz*, LMK 2012, 327759; *Grunewald*, NZG 2003, 372; *Gronstedt, Jörgens*, ZIP 2002, 52, 55; *Thiessen*, in: MüKo HGB, Anh. zu § 25 Rdn. 73 ff.; *Büdenbender*, in: NK-BGB, Anh. II zu §§ 433–480: Unternehmenskauf-BGB Rdn. 110.

349 Zum Ablauf einer Due Diligence s. X. 3. b., S. 228 ff.

Frage, ob sie die Inhalte der Dokumente, die im Rahmen der Due Diligence zur Verfügung standen und sich auf die Beschaffenheit des Unternehmens beziehen[350], als vertragsgemäße Beschaffenheit vereinbart haben. Davon kann man nicht pauschal ausgehen. Zwar erfolgt die Due Diligence zeitlich später als die Übergabe eines Informationsmemorandums, trotzdem ist es auch hier in Anbetracht des Stadiums des Veräußerungsprozesses noch zu früh, von einer konkludenten Willenserklärung des Verkäufers auszugehen. Der Verkäufer führt meist noch mit mehreren potenziellen Kaufinteressenten eine Due Diligence durch und stellt ihnen die Informationen in einem sogenannten Datenraum zur Verfügung.

Zu diesem Zeitpunkt werden noch keine konkreten Verhandlungen geführt. Der Verkäufer weiß daher grundsätzlich noch nicht, welche Beschaffenheiten dem späteren Käufer aus seinem persönlichen und wirtschaftlichen Interesse heraus in welchem Maße wichtig sind[351]. Dementsprechend wäre es voreilig, zu diesem Zeitpunkt schon eine Willenserklärung über die vertragsgemäße Beschaffenheit des Kaufgegenstandes abzugeben. Der Verkäufer liefe Gefahr, eine Beschaffenheit als vertragsgemäß zuzusagen, ohne dass dies für den Vertragsabschluss nötig wäre bzw. ohne abschätzen zu können, welches Entgegenkommen er dafür seinerseits seitens des Käufers erwarten könnte.

Der Umfang der Leistungspflicht des Verkäufers wird stattdessen erst im Rahmen der Vertragsverhandlungen vereinbart. Dann tauschen sich die Parteien darüber aus, welche Leistungen nur gewünscht und welche Voraussetzung für den Vertragsschluss sind. Erst wenn die Verhandlungspositionen bekannt sind und ein Ausgleich der Interessen stattfinden kann, geht der Verkäufer Beschaffenheitsvereinbarungen ein. Der Käufer kann demnach nicht erwarten, dass sich der Verkäufer zu Leistungen verpflichtet, ohne dass die Parteien in Verhandlungen eingestiegen sind.

Diese Ansicht wird dadurch bestätigt, dass in der Praxis meist umfangreiche Kataloge in Unternehmenskaufverträgen enthalten sind, die die vertragsgemäße Beschaffenheit des Unternehmens näher beschreiben. Von einer vorherigen rechtsverbindlichen Äußerung des Verkäufers gehen die Parteien somit nicht aus. Aber selbst wenn der Unternehmenskaufvertrag ausnahmsweise keine ausdrücklichen Beschaffenheitsvereinbarungen enthält, ist eine konkludente Einigung hinsichtlich der zur Verfügung gestellten Daten abzulehnen[352]. Auch in diesem Fall

350 Zur Eignung von Daten im Rahmen eines Unternehmenskaufs als Inhalt von Vereinbarungen gemäß § 434 Abs. 1 S. 1 BGB, s. VI. 2. a. 1) b), S. 85 ff.

351 Vgl. *Barnert*, WM 2003, 416, 423.

352 Eine Ausnahme ist denkbar, wenn es besondere Anhaltspunkte gibt, die auf eine konkludente Vereinbarung schließen lassen.

kann der Käufer aus den genannten Gründen nicht ohne Weiteres von einer entsprechenden Willenserklärung ausgehen. Wenn es im anschließenden Vertrag zu keiner Vereinbarung kommt, ist dies als eine bewusste Entscheidung der Parteien zu werten. So können sie sich beispielsweise darauf geeinigt haben, dass der Käufer das Risiko einer von den Daten abweichenden Beschaffenheit hinnimmt und dafür ein Abschlag im Rahmen der Kaufpreisbestimmung vorgenommen wird[353].

Stellt der Verkäufer dem Käufer im Rahmen einer Due Diligence Daten zur Verfügung, ergibt sich daraus also nicht automatisch eine Beschaffenheitsvereinbarung[354]. Es stellt sich die Frage, ob § 434 Abs. 1 S. 3 BGB die Regelung in § 434 Abs. 1 S. 1 BGB derart beeinflusst, dass dort bei der Übergabe von Daten auf das Merkmal der Vereinbarung zwischen den Parteien verzichtet werden kann. Nach § 434 Abs. 1 S. 3 BGB haftet der Verkäufer für Beschaffenheiten, die der Käufer aufgrund öffentlicher Äußerungen des Verkäufers, des Herstellers oder seines Gehilfen erwarten kann. Eine Beschaffenheitsvereinbarung verlangt die Regelung des § 434 Abs. 1 S. 3 BGB dagegen nicht. Sie kommt vielmehr nur zur Anwendung, wenn gerade keine solche vorliegt. Im Rahmen der Due Diligence erteilt sogar direkt der Verkäufer dem Käufer Informationen. Dieser Umstand könnte a maiore ad minus für eine Haftung aufgrund der bloßen Bereitstellung im Rahmen der Due Diligence angeführt werden[355].

Zweck des § 434 Abs. 1 S. 3 BGB ist die Ausweitung der Verantwortlichkeit des Verkäufers zum Schutze des Käufers in den Fällen, in denen keine Beschaffenheitsvereinbarung getroffen wurde. Nach § 434 Abs. 1 S. 3 BGB sind öffentliche Äußerungen und Werbeaussagen eines dort näher bestimmten Personenkreises heranzuziehen, wenn die vertragliche Beschaffenheit mangels Vereinbarungen

---

353 So auch *Jagersberger*, Die Haftung des Verkäufers beim Unternehmens- und Anteilskauf, Kapitel 3 B. II. 1.1 d) ee) (S. 163 ff.).

354 *Barnert*, WM 2003, 416, 423; *Wolf, Kaiser* gehen bei der Vornahme einer Due Diligence davon aus, dass die vorgelegten Angaben zur Bestimmung der Beschaffenheit heranzuziehen sind, falls die Due Diligence zur beiderseits akzeptierten Verhandlungsgrundlage gemacht wurde. Wann dies der Fall ist, führen sie nicht weiter aus. Sie stellen aber an anderer Stelle fest, dass eine Beschaffenheitsvereinbarung umso deutlicher zu treffen ist, je ungewöhnlicher sie ist, bzw. dass zu beachten ist, inwieweit eine verbindliche Beschaffenheitsangabe vom Verkäufer zu erwarten ist. Damit gehen auch sie vom Grundprinzip des objektiven Empfängerhorizonts aus; vgl. *Wolf, Kaiser*, DB 2002, 411, 417 f.

355 Mit diesem Hinweis *Jagersberger*, die eine Beschaffenheitsvereinbarung auf Grundlage des bloßen Bereitstellens der Daten im Rahmen einer Due Diligence im Ergebnis dennoch ablehnt, vgl. *Jagersberger*, Die Haftung des Verkäufers beim Unternehmens- und Anteilskauf, Kapitel 3 B. II. 1.1 d) ee) (S. 163).

(§ 434 Abs. 1 S. 1 und S. 2 Nr. 1 BGB) nach objektiven Maßstäben zu bestimmen ist. Im Verhältnis zwischen Verkäufer und Käufer sind demnach zur Konkretisierung der gewöhnlichen Verwendung des Kaufgegenstandes sowie seiner üblichen Beschaffenheit, die der Käufer nach der Art der Sache erwarten kann (§ 434 Abs. 1 S. 2 Nr. 2 BGB), auch solche Angaben zu beachten, die gar nicht vom Verkäufer selbst stammen. Durch die weite Verkäuferhaftung wird der Käufer in seinen Erwartungen geschützt, die ihn zum Kauf veranlasst haben, ohne dass sich der Verkäufer auf die Position zurückziehen kann, er selbst habe diese Erwartungen nicht hervorgerufen. Indem die Regelung des § 434 Abs. 1 S. 3 BGB also ergänzt, welche Beschaffenheiten der Käufer auch ohne Vereinbarung nach § 434 Abs. 1 S. 2 Nr. 2 BGB erwarten kann, steht sie der hilfsweise objektiven Regelung des § 434 Abs. 1 S. 2 Nr. 2 BGB nahe[356].

§ 434 Abs. 1 S. 1 BGB setzt dagegen nach seinem Wortlaut eine zumindest konkludente Beschaffenheitsvereinbarung und damit eine beiderseitige Willensübereinstimmung voraus[357]. Dieses Tatbestandsmerkmal muss berücksichtigt werden. Ein Vergleich mit einer Regelung wie § 434 Abs. 1 S. 3 BGB, die statt dieses Merkmals andere Voraussetzungen beinhaltet[358], kann nicht zum Entfallen des Merkmals in § 434 Abs. 1 S. 1 BGB führen. Das Zusammenspiel der Voraussetzungen in den jeweiligen Regelungen wird sonst missachtet ebenso wie der Hintergrund, dass sie genau unterschiedliche Sachverhalte (zum einen das Vorliegen einer Beschaffenheitsvereinbarung, zum andern das Fehlen einer solchen) regeln sollen. Unter systematischen Gesichtspunkten ist von dem Tatbestand einer hilfsweisen Regelung nicht auf die Voraussetzungen der vorrangigen Regelung zu schließen.

Damit ist im Rahmen des § 434 Abs. 1 S. 1 BGB unabhängig von der Regelung des § 434 Abs. 1 S. 3 BGB maßgeblich, ob der Verkäufer eine Willenserklärung abgegeben hat, nach der er die in den Daten dargelegten Beschaffenheiten rechtlich verbindlich als vertragsgemäß festlegen wollte. Dies ist wie bereits dargestellt in der Regel zu verneinen. Davon unberührt bleibt die Haftung nach c. i. c.,

---

356 Vgl. dazu *Westermann*, NJW 2002, 241, 245; *Saenger*, in: Schulze u. a., § 434 Rdn. 14; *Westermann*, in: MüKo BGB, § 434 Rdn. 27.

357 *Weitnauer*, NJW 2002, 2511, 2514.

358 So setzt § 434 Abs. 1 S. 3 BGB insbesondere voraus, dass es sich um öffentliche Äußerungen des Verkäufers, Herstellers oder seines Gehilfen handelt. Die Öffentlichkeit einer Äußerung ist bei der Bekanntgabe von Daten im Rahmen einer Due Diligence aber zu verneinen. Der Kreis der Bieter, die die Daten einsehen können, ist hier noch enger als bei dem Fall eines Informationsmemorandums, zu Letzterem s. bereits VI. 2. a. 1) a) (1), S. 78 ff.

insbesondere wenn der Verkäufer arglistig inhaltlich fehlerhafte Informationen zur Verfügung stellt oder eine Auskunft unterlässt, obwohl er gegenüber dem Käufer zur Aufklärung verpflichtet ist[359].

b) Mögliche Reichweite einer Beschaffenheitsvereinbarung beim Unternehmenskauf

Vor der Schuldrechtsmodernisierung waren durch die restriktive Handhabung des Fehler- und Eigenschaftsbegriffs der damaligen Rechtsprechung viele der Umstände, die den Parteien eines Unternehmenskaufvertrages in der Praxis wichtig waren und auch heute noch sind, nicht vom gesetzlichen Gewährleistungsrecht erfasst[360]. Beispielsweise Unternehmenskennzahlen[361] konnten nach der damaligen Rechtsprechung grundsätzlich keinen Mangel begründen, da sie dem Unternehmen nicht für eine gewisse Dauer anhaften. Die Parteien legten die Umstände daraufhin in selbstständigen Garantieversprechen fest, um ihr Vorliegen abzusichern[362]. Unternehmenskaufverträge weisen daher noch heute oft lange Garantie-Kataloge auf[363]. Die gesetzliche Einführung der Beschaffenheitsvereinbarung im Sinne des § 434 Abs. 1 S. 1 BGB durch die Schuldrechtsmodernisierung könnte diese Praxis aber beeinflussen. Ob dies der Fall ist, hängt von der möglichen Reichweite einer Beschaffenheitsvereinbarung ab.

Je mehr Umstände unter den Beschaffenheitsbegriff fallen können, desto größer wird die praktische Bedeutung der Beschaffenheitsvereinbarung. Wenn die Haftung von den gesetzlichen Regelungen nach dem Willen der Parteien nicht abweichen soll, können sich die Parteien der Beschaffenheitsvereinbarung bedienen, statt selbstständige Garantieversprechen zu vereinbaren. Die Relevanz der

---

359 Vgl. *Barnert*, WM 2003, 416, 423; *Louven, Böckmann*, ZIP 2004, 445, 446 ff. Zur Konkurrenz der Gewährleistungshaftung und der Haftung aus c. i. c. s. BGH NJW 2009, 2120; BGH NJW 2010, 858, 859 sowie die Nachweise in Fn. 348.

360 Die Haftung aus c. i. c., die die Rechtsprechung statt der gesetzlichen Gewährleistungsregelungen anwandte, bot zwar flexiblere Rechtsfolgen, war aber hinsichtlich der Rechtsfolge des Schadensersatzes nur auf das negative Interesse gerichtet. Die Parteien wünschten dagegen meist, im Fall der Abweichung von den vertraglich vereinbarten Umständen so gestellt zu werden, wie sie gestanden hätten, wenn kein Mangel vorgelegen hätte (positives Interesse). Vgl. zu dieser Differenz auch *Thiessen*, Unternehmenskauf und Bürgerliches Gesetzbuch, A. II., S. 52.

361 Zu Unternehmenskennzahlen als Beschaffenheit ausführlich unter VI. 2. a. 1) c), S. 89 ff.

362 Ausführlich zu Garantien siehe XII. 1., S. 297 ff.

363 Der BGH selbst riet schon früh dazu, selbstständige Garantien zu vereinbaren, vgl. BGHZ 65, 246, 252.

selbstständigen Garantieversprechen könnte sich dementsprechend insoweit verlagern, als dass durch sie zukünftig weniger Umstände einer Haftung überhaupt erst zugeführt werden, sondern in den meisten Fällen die gesetzliche Haftung nur noch modifiziert wird, beispielsweise der Verschuldensmaßstab oder die Rechtsfolge.

Die mögliche Reichweite einer Beschaffenheitsvereinbarung beim Unternehmenskauf wird wie bei anderen Käufen durch das Verständnis des Beschaffenheitsbegriffs bestimmt. Die Überlegung, im Rahmen des Unternehmenskaufs unter Rückgriff auf die bloß analoge Anwendung der Regelung des § 434 BGB eine vom allgemeinen Verständnis[364] abweichende Definition des Beschaffenheitsbegriffs vorzunehmen[365], ist abzulehnen. Die Anordnung der entsprechenden Anwendung ist verbindlich. Eine Modifizierung wäre somit nur möglich, wenn sie bei der Ausführung der entsprechenden Anwendung erforderlich wäre. Gerade mit Blick auf den hier vertretenen weiten Beschaffenheitsbegriff ist eine Erforderlichkeit abzulehnen. Unter Verwendung von diesem kann ein Unternehmen in ähnlicher Weise beschrieben werden wie eine Sache. Insbesondere mit Blick auf die Tatsache, dass das Unternehmen aus Beziehungen und verschiedenen Komponenten besteht, die wiederum unterschiedlichen Kategorien (Sachen, Rechte etc.) zuzuordnen sind, ist der weite Beschaffenheitsbegriff zur Beschreibung in rechtstechnischer Hinsicht geeignet.

Da hier zudem bereits allgemein das weiteste diskutierte Verständnis vertreten wird, ist eine erneute Ausweitung desselben beim Unternehmenskauf zudem nicht mehr denkbar, ohne über die bisher vorgeschlagenen Ansichten hinauszugehen. Würde ein noch weiteres Verständnis als im Rahmen des weiten Beschaffenheitsbegriffs diskutiert, bedeutete dies allerdings, die dort verbliebenen Voraussetzungen der Gegenwärtigkeit oder des irgendwie gearteten (wenn auch nicht dauerhaft oder besonders engen) Zusammenhangs aufzugeben. Dies würde den Inhalt der Regelung verzerren und würde ihr in dem Maße eine eigene Bedeutung zukommen lassen, dass der Rahmen der analogen Anwendung im Sinne einer Übertragung der in § 434 BGB getroffenen Wertung verlassen würde.

---

364 Ausführlich zum Begriff der Beschaffenheit nach der Schuldrechtsmodernisierung s. unter VI. 1. a. 1) b), S. 57 ff.

365 Z. B. *Jagersberger* prüft, ob das allgemeine Verständnis des Beschaffenheitsbegriffs im Rahmen des Unternehmenskaufs zu modifizieren ist. Sie vertritt aber – anders als hier der Fall – grundsätzlich den mittleren Beschaffenheitsbegriff und diskutiert demnach, den Besonderheiten des Unternehmenskaufs durch ein engeres oder weiteres Verständnis Rechnung zu tragen. Im Ergebnis befürwortet sie auch beim Unternehmenskauf die Anwendung des mittleren Beschaffenheitsbegriffes, vgl. *Jagersberger*, Die Haftung des Verkäufers beim Unternehmens- und Anteilskauf, Kapitel 3 B. II. 1.1 d) (S. 139 ff.).

Auch zweckdienliche Erwägungen ergeben keine andere Beurteilung. Der Begriff soll nach der Regierungsbegründung für jeden Kauf bzw. unabhängig vom Kaufgegenstand gelten[366]. Damit äußert der Gesetzgeber zu Recht einen Gedanken, der für die unveränderte Anwendung spricht, nämlich den der Rechtseinheit und -sicherheit. Den Begriff beim Unternehmenskauf enger zu verstehen, würde die Möglichkeiten einer Beschaffenheitsvereinbarung in diesem Bereich begrenzen. Eine solche Beschränkung würde den gesetzgeberischen Gedanken grundlos verkürzen und wäre nicht sachgerecht. Gerade der Unternehmenskauf ist hinsichtlich seiner Konstellation sowie nach Erfahrungen in der Praxis für Beschaffenheitsvereinbarungen geeignet[367]. Die gesetzliche Anordnung der entsprechenden Anwendung ist daher zu begrüßen und mangels erforderlicher Modifikationen bei ihrer Ausführung das allgemeine Verständnis des Beschaffenheitsbegriffs anzuwenden.

Nach der hier vertretenen Auffassung[368] kann eine Beschaffenheitsvereinbarung alle Umstände erfassen, die in irgendeiner Weise mit der Sache bei Gefahrübergang zusammenhängen, selbst wenn sie nur vorübergehender Natur sind. Wendet man dieses Verständnis beim Unternehmenskauf an, sind nun viele der Umstände einer Beschaffenheitsvereinbarung zugänglich, die den Parteien eines Unternehmenskaufs in der Praxis wichtig sind. Es können Umstände vereinbart werden, die bei Gefahrübergang mit dem Unternehmen zusammenhängen, indem sie es in seiner Gesamtheit beeinflussen. Wird beispielsweise ein Biomassekraftwerk verkauft, kann das Vorliegen einer Betriebsgenehmigung Inhalt einer Beschaffenheitsvereinbarung sein[369].

Daneben können auch Anforderungen an Einzelteile des Unternehmens als Beschaffenheit vereinbart werden, unabhängig von ihrer Wirkung auf das Unternehmen. Das Erfordernis des Zusammenhanges mit dem Unternehmenszustand beinhaltet keine Schwelle, nach der der Umstand objektiv eine gewisse Relevanz für das Unternehmen als Ganzes haben muss. Schließlich ist jedes Einzelteil des Unternehmens unabhängig von seiner Bedeutung für das Unternehmen eine Komponente desselben und hängt somit mit dessen Zustand zusammen. Eine Beschaffenheitsvereinbarung kann somit einen Zustand eines einzelnen Gegenstandes

---

366 BT-Drucks. 14/6040, S. 210 f.

367 Dazu, dass der Zweck, den der Gesetzgeber mit § 434 Abs. 1 S. 1 BGB bzw. der Verwendung von Beschaffenheitsvereinbarungen verfolgt, gerade auch beim Unternehmenskauf erreicht werden kann und angemessen ist, s. schon VI. 2. a., S. 75 ff.

368 Vgl. zur Stellungnahme VI. 1. a. 1) b) (3), S. 62 ff.

369 So das LG Berlin, das dem hier vertretenen, weiten Beschaffenheitsbegriff folgt, vgl. LG Berlin, U. v. 01.02.2005 – 5 O 176/04.

des Unternehmens als vertraglich vereinbart festlegen mit der Rechtsfolge, dass dessen Nichtvorliegen unabhängig von seinen Auswirkungen einen Mangel des Unternehmens darstellt[370].

Dagegen fehlt es solchen Umständen an dem erforderlichen Bezug zum Unternehmen, die den Markt und die allgemeinen Voraussetzungen betreffen, auf bzw. unter denen das verkaufte und die mit ihm konkurrierenden Unternehmen tätig werden. Diese Umstände sind vom Unternehmen unabhängig und fallen daher nicht mehr unter den Beschaffenheitsbegriff[371]. Ein gewisser Holzpreis zu einem Stichtag kann somit nicht als Beschaffenheit vereinbart werden. Er unterliegt dem allgemeinen Risiko der Marktentwicklung. Dass er gewisse Auswirkungen auf das Unternehmen haben kann, insbesondere mit Blick auf dessen Rentabilität, ändert nichts an dem Umstand, dass er nicht an dem Unternehmen anknüpft. Im Rahmen einer Beschaffenheitsvereinbarung kann aber nur die vertragsgemäße Leistung näher bestimmt werden, also der Umfang des zu leistenden Unternehmens. Die Übernahme von allgemeinen Risiken kann nicht Inhalt einer Beschaffenheitsvereinbarung sein. Wollen die Parteien solche Umstände einer Haftung zuführen, müssen sie dementsprechend weiterhin entsprechende selbstständige Garantieversprechen vereinbaren.

Da insgesamt trotzdem mehr Umstände als nach früherem Recht einer Vereinbarung zugänglich sind, deren Nichteinhaltung einen Mangel gemäß § 434 Abs. 1 S. 1 BGB und damit die gesetzliche Gewährleistungshaftung begründet, können selbstständige Garantieversprechen zukünftig selbst beim sie so typischerweise nutzenden Unternehmenskauf an Bedeutung verlieren. Solange die Parteien die gesetzliche Gewährleistungshaftung nicht modifizieren möchten, sind bezüglich der unter den weiten Beschaffenheitsbegriff fallenden Umstände keine selbstständigen Garantieversprechen mehr erforderlich. Die Umstände können in diesem Fall vielmehr durch eine Beschaffenheitsvereinbarung nach § 434 Abs. 1 S. 1 BGB der gesetzlichen Gewährleistungshaftung unterstellt werden[372].

---

370 Anders verhält es sich, wenn mangels Beschaffenheitsvereinbarung die vorausgesetzte Verwendung (§ 434 Abs. 1 S. 2 Nr. 1 BGB) bzw. übliche Beschaffenheit (§ 434 Abs. 1 S. 2 Nr. 2 BGB) maßgeblich sind. In diesen Fällen ist für die Berücksichtigung von Einzelteilen des Unternehmens als Sachmangel ein sogenanntes „Durchschlagen" erforderlich, vgl. VI. 2. a. 2), S. 94 ff.

371 So *Westermann*, in: MüKo, BGB, § 453 Rdnr. 33; *Tiemeyer*, in: Unternehmenskauf bei der GmbH, 9. Kapitel Rdn. 65; *Kleinhenz, Junk*, JUS 2009, 787, 788; *Thiessen*, Unternehmenskauf und Bürgerliches Gesetzbuch, C. VI. 3. a., S. 192; *Büdenbender*, in: Unternehmenskauf und Schuldrechtsmodernisierung, S. 5, 32.

372 Ähnlich *Wolf, Kaiser*, DB 2002, 411, 420.

Die Haftung nach c. i. c. wird durch die Ausweitung der möglichen Beschaffenheitsvereinbarungen ebenso in ihrer Anwendung beim Unternehmenskauf zurückgedrängt[373]. Sie bleibt aber auch beim Unternehmenskauf beispielsweise noch für die Fälle von arglistiger vorvertraglicher Aufklärungspflichtverletzung bestehen[374].

c) Einzelfälle des § 434 Abs. 1 S. 1 BGB

Die Haftung für fehlerhafte Unternehmensangaben kann als einer der wichtigsten Praxisfälle beim Unternehmenskauf bezeichnet werden[375]. Für die Parteien eines Unternehmenskaufs ist es von besonderem Interesse, ob Umsatz- und Ertragsangaben sowie Abschlussangaben (Bilanz, Status) einer Beschaffenheitsvereinbarung zugänglich sind.

(1) Vor der Schuldrechtsmodernisierung

Nach früherem Recht waren einzelne Unternehmenskennzahlen weder als Beschaffenheit im Sinne des § 459 Abs. 1 BGB a. F.[376] noch als Eigenschaft im Sinne des § 459 Abs. 2 BGB a. F. eines Unternehmens einzuordnen[377]. Die Rechtsprechung

---

373 *Canaris* bezeichnet diese Konzentration der Lösung auf das Gewährleistungsrecht als „durchaus wünschenswert" vor dem Hintergrund, dass es doch um eine Äquivalenzstörung gehe statt eines bloßen Informationsproblems. Die c. i. c. sei insbesondere bei unerkennbaren Mängeln wegen der Verschuldensabhängigkeit unangemessen, während das Gewährleistungsrecht hier sachgerechte Lösungen böte (Nacherfüllung, Rücktritt und Minderung), s. *Canaris*, HGB, § 8 Rdn. 31.

374 Vgl. *Barnert*, WM 2003, 416, 423; *Louven, Böckmann*, ZIP 2004, 445, 446 ff. sowie die Nachweise in Fn. 481.

375 Vgl. *Schröcker*, ZGR 2005, 63, 76; schon zum früheren Recht: *Hommelhoff*, ZHR 140 (1976), 271, 276; *Müller*, ZHR 147 (1983), 501.

376 Vgl. die grundlegende Entscheidung RGZ 67, 86, 87 (übereinstimmend vorausgesetzte, nicht vertraglich zugesicherte Ertragshöhe kein Fehler im Sinne des § 459 Abs. 1 BGB a. F.) sowie BGH NJW 1970, 653, 655; BGH NJW 1979, 33; BGH WM 1988, 1700; BGH NJW-RR 1989, 306, 307; BGH NJW-RR 1996, 429; zustimmend: *Hommelhoff*, ZHR 140 (1976), 271, 298; *Hommelhoff*, Die Sachmängelhaftung beim Unternehmenskauf, S. 69 ff., 82.

377 BGH NJW 1970, 653, 655 (zu Umsatzzahlen); BGH WM 1974, 51 (zu Bilanzen); BGH NJW 1977, 1536, 1537; BGH NJW 1977, 1538, 1539; BGH WM 1988, 1700; BGH NJW-RR 1989, 306, 307; BGH DB 1990, 1911; a. A. *Hommelhoff*, ZHR 140 (1976), 271, 298; *Müller*, ZHR 147 (1983), 501; *Putzo*, NJW 1970, 656; *Hommelhoff*, Die Sachmängelhaftung beim Unternehmenskauf, S. 83 ff., 95.

betonte in diesem Zusammenhang, dass der Erfolg eines Unternehmens in der Praxis oft maßgeblich von Umständen abhinge, die weniger das veräußerte Geschäft als solches beträfen und ihm damit unmittelbar innewohnten, sondern vielmehr Faktoren wie die Person des Inhabers und die in den betreffenden Jahren bestehende konjunkturelle Lage[378].

Im Gegensatz zu einzelnen Unternehmenskennzahlen stellte die Rechtsprechung allerdings die sogenannte „Ertragsfähigkeit" eines Unternehmens einer im Sinne des § 459 Abs. 2 BGB a. F. erheblichen Eigenschaft rechtlich gleich[379]. Sicherte der Verkäufer eine bestimmte Ertragsfähigkeit zu, begründete das Fehlen dieser demnach einen Sachmangel. Die Ertragsfähigkeit war nach Ansicht der Rechtsprechung jedoch nur dann Gegenstand einer Zusicherung, wenn Unternehmensangaben vereinbart wurden, die sich über einen längeren, mehrjährigen Zeitraum erstreckten[380]. Durch diese Anforderung sollten kurzfristig schwankende Entwicklungen (z. B. solche bezüglich der konjunkturellen Lage) ausgeschlossen werden, die in Zufälligkeiten ihren Grund haben und daher nach Ansicht der Rechtsprechung einem Rückschluss auf die gegenwärtige Ertragsfähigkeit entgegenstehen könnten[381]. Kam die Rechtsprechung zu dem Ergebnis, dass die Angaben von Unternehmenskennzahlen keine Bewertung der Ertragsfähigkeit und damit auch keine Zusicherung derselben darstellten, sah sie in den Angaben keinen verlässlichen Anhalt für eine Beurteilung des Unternehmenswertes und verneinte dementsprechend die Gleichstellung mit einer Eigenschaft im Sinne des § 459 Abs. 2 BGB a. F.[382]. In diesen Fällen lag bei fehlerhaften oder unvollständigen Angaben kein Mangel vor. Der Verkäufer haftete stattdessen nach den Regeln der c. i. c.[383].

---

378 BGH NJW 1970, 653, 655; BGH DB 1974, 231; BGH NJW 1979, 33; *Buchwaldt*, NJW 1994, 153, 156.

379 Schon in diese Richtung RGZ 63, 57, 60 ff.; grundlegend RGZ 67, 86, 87; BGH NJW 1977, 1538, 1539; BGH MittBayNot 1995, 197, 198; diese Ausweitung ablehnend: *Müller*, ZIP 2000, 817, 823 f.

380 Ein Beurteilungszeitraum von sechs Monaten genügte nicht, vgl. BGH NJW 1977, 1536, 1537; OLG Düsseldorf NJW-RR 1993, 377, 378.

381 BGHZ 69, 53; BGH WM 1977, 712.

382 BGH NJW 1970, 653, 655; BGH NJW 1977, 1536, 1537; BGH NJW-RR 1989, 306, 307.

383 BGH NJW 1977, 1536, 1537; BGH NJW 1990, 1658, 1659; *Binz, Freudenberg* sprachen sich dagegen dafür aus, die Anforderungen für die Annahme eines selbstständigen Garantieversprechens zu senken, sodass dem Parteiwillen entsprochen werde und eine vertragliche Haftung zur Anwendung käme, vgl. *Binz, Freudenberg*, DStR 1991, 1629, 1630.

(2) Seit der Schuldrechtsmodernisierung: enger und mittlerer Beschaffenheitsbegriff

Seit der Einführung des neuen Mangel- und damit auch Beschaffenheitsbegriffes (§ 434 BGB) musste die Rechtsprechung noch keine Stellung dazu nehmen, ob und unter welchen Umständen fehlerhafte oder unvollständige Unternehmenskennzahlen einen Sachmangel nach neuem Recht begründen. In der Literatur ist die Frage umstritten. Die Vertreter des engen Beschaffenheitsbegriffes lehnen die Einordnung von Unternehmenskennzahlen als Beschaffenheit ab, weil sie sich ihrem Verständnis entsprechend an der Rechtsprechung zum früheren Fehlerbegriff (§ 459 Abs. 1 BGB a. F.) orientieren[384].

Die Befürworter des mittleren Beschaffenheitsbegriffs wollen die Praxis der Rechtsprechung zum früheren Recht insoweit fortführen, als dass die Ertragsfähigkeit, die der Eigenschaft gemäß § 459 Abs. 2 BGB a. F. gleichgestellt wurde[385], nach neuem Recht als Beschaffenheit im Sinne des § 434 Abs. 1 S. 1 BGB einzuordnen ist. Die Ertragsfähigkeit ist nach dieser Ansicht somit weiterhin ein Umstand, der einen Mangel begründen kann[386]. Eine Zusicherung wie nach früherem Recht in dem Sinne, dass der Verkäufer für die vertragsmäßige Beschaffenheit auch ohne Verschulden einstehen werde[387], ist dafür allerdings nach heutigem Recht nicht mehr erforderlich[388]. Stattdessen genügt es für die Begründung eines Sachmangels bei Nichtvorliegen, wenn die Parteien die Ertragsfähigkeit lediglich vereinbaren[389]. Einzelne Unternehmenskennzahlen fallen im Gegensatz zu der Ertragsfähigkeit bei der Anwendung des mittleren Beschaffenheitsbegriffs nicht unter § 434 Abs. 1 S. 1 BGB. Ebenso wenig wie sie nach dem früheren Recht Fehler oder Eigenschaft sein konnten, sollen sie danach nach heutigem Recht eine Beschaffenheit sein. Heute wie damals scheitere die jeweilige Einordnung daran,

---

384 RGZ 67, 86, 87.

385 RGZ 67, 86, 87; BGH NJW 1977, 1538, 1539; BGH MittBayNot 1995, 197, 198.

386 Vgl. *Jaques*, BB 2002, 417, 418; *Kindl*, WM 2003, 409, 411; *Weitnauer*, NJW 2002, 2511, 2514.

387 Zur Zusicherung (§ 459 Abs. 2 BGB a. F.) s. BGH NJW 1981, 213; BGH NJW 1991, 912; OLG Hamm MDR 1999, 928.

388 Der Verschuldensmaßstab hat für die Einordnung als Sachmangel keine Relevanz mehr, kann aber im Rahmen des § 276 BGB von den Parteien bestimmt werden, vgl. BT-Drucks. 14/6040, S. 236; OLG Koblenz, NJW 2004, 1670, 1671; *Hampel*, JuS 2003, 465, 467; *Muthers, Ulbrich*, ZGS 2004, 289, 290 f.; *Unberath*, in: BeckOK BGB, § 276 Rdn. 40; *Grundmann*, in: MüKo BGB, § 276 Rdn. 175.

389 S. § 434 Abs. 1 S. 1 BGB. Ausführlich zu den Anforderungen an eine Vereinbarung s. VI. 1. a. 1) a), S. 56 ff. bzw. für die Anwendung beim Unternehmenskauf VI. 2. a. 1) a), S. 78 ff.

dass nur einzelne Unternehmenskennzahlen dem Kaufgegenstand nicht unmittelbar innewohnen bzw. nicht dauerhaft anhaften[390].

(3) Seit der Schuldrechtsmodernisierung: hier vertretener weiter Beschaffenheitsbegriff und zugleich Stellungnahme

Im Rahmen des weiten Beschaffenheitsbegriffs wird hinsichtlich der Vereinbarung von Unternehmenskennzahlen insbesondere das Merkmal der Gegenwärtigkeit diskutiert. Einzelne Unternehmenskennzahlen, über die sich die Vertragsparteien austauschen und die sie gegebenenfalls vertraglich festlegen wollen, sind in der Praxis meistens Werte aus der Vergangenheit. Mit Blick auf diese Tatsache könnte man dazu neigen, die Unternehmenskennzahlen nicht als Beschaffenheit zu verstehen, weil sie keinen Umstand darstellen, der gegenwärtig ist bzw. bei Gefahrübergang vorliegt[391]. Allerdings ist eine Vereinbarung über einzelne Unternehmenskennzahlen hinsichtlich ihrer Funktion und Bedeutung für die Parteien genauer zu betrachten:

Für den Tag des Gefahrübergangs selbst können kaum je Unternehmenskennzahlen angegeben werden. Um die Beschaffenheit des Unternehmens bei Gefahrübergang vorab im Vertrag mithilfe von Unternehmenskennzahlen zu konkretisieren, können die Parteien daher nur vereinbaren, dass das Unternehmen gewisse Unternehmenskennzahlen in der Vergangenheit aufwies. Den Parteien ist dabei bewusst, dass sich der vergangene Zustand, den die Unternehmenskennzahlen beschreiben, bis zum Gefahrübergang bereits verändert haben kann[392]. Sie haben durch die Zahlenwerte aber immerhin eine Basis, um eine Prognose über die Chancen des Unternehmens bei Gefahrübergang herausfinden zu können. In der Vereinbarung geht es somit inhaltlich weniger um die vergangenen Umstände an sich, sondern vielmehr um das aus ihnen zu ermittelnde Potenzial des Unternehmens bei Gefahrübergang. Der erforderliche Bezug des vereinbarten Umstandes zur Gegenwart ergibt sich somit daraus, dass die Unternehmenskennzahlen einen gewissen Rückschluss auf die Unternehmensbeschaffenheit bei Gefahrübergang zulassen[393].

---

390 *Jaques*, BB 2002, 417, 418; *Kindl*, WM 2003, 409, 411; *Weitnauer*, NJW 2002, 2511, 2514; *Grigoleit, Herresthal*, JZ 2003, 118, 125.

391 So *Faust*, der mangels des Merkmals der Gegenwärtigkeit bei einzelnen Unternehmenskennzahlen aus einer vergangenen Periode weiterhin eine Haftung nach c. i. c. befürwortet, vgl. *Faust*, in: BeckOK BGB, § 453 Rdn. 30.

392 Vgl. *Schmidt*, BB 2005, 2763, 2767.

393 Zur Aussagekraft vergangener Unternehmenskennzahlen für den Käufer in Hinsicht des gegenwärtigen Unternehmenszustandes (Stichwort Bilanzkontinuität) s. *Westermann*, in: MüKo BGB, § 453 Rdn. 31; *Larisch*, Gewährleistungshaftung

Das Vorliegen spezieller Faktoren (z. B. besondere Fähigkeiten des Inhabers) und kurzfristige Entwicklungen (beispielsweise Konjunkturschwankungen), die die Rechtsprechung zum früheren Recht durch ihre Anforderungen an eine Zusicherung der Ertragsfähigkeit ausschließen wollte, nehmen die Parteien bewusst in Kauf. Die Unsicherheit, wie zuverlässig das Potenzial trotz solcher Zufälligkeiten ermittelt werden kann, verhindert nicht, dass die Kennzahlen das gegenwärtige Unternehmen beschreiben und seinen Wert beeinflussen[394]. Dies zeigt sich gerade darin, dass Unternehmenskennzahlen nach allen Standards der Unternehmensbewertung das maßgebliche Kriterium für die Bestimmung des Unternehmenswertes darstellen[395]. Zwar legen die Zahlen den Zustand des Unternehmens bei Gefahrübergang nicht im Detail fest. Sie bestimmen aber einen Rahmen mehr oder weniger wahrscheinlicher Zustände, der bei einer entsprechenden Vereinbarung bei Gefahrübergang als Beschaffenheit vorliegen muss. So sprechen sie z. B. dafür, dass sich unter den Umständen, wie sie in dem fraglichen Zeitraum herrschten, Unternehmenskennzahlen in der angegebenen Höhe erzielen lassen[396]. Das Merkmal der Gegenwärtigkeit ist daher auch bei Unternehmenskennzahlen vergangener Perioden als erfüllt anzusehen.

Ein weiterer Grund für die Differenzierung der früheren Rechtsprechung zwischen Ertragsfähigkeit und einzelnen Unternehmenskennzahlen war außerdem die Anwendung der Merkmale der Dauerhaftigkeit und der Unmittelbarkeit, die sie bei bloßen Kennzahlen verneinte[397]. Der weite Beschaffenheitsbegriff verzichtet aber auf diese Anforderungen. Auch dieser Ansatz für die damalige Differenzierung

---

beim Unternehmens- und Beteiligungskauf, S. 57; zu ihrer Bedeutung für den Käufer auch *Thiessen*, Unternehmenskauf und Bürgerliches Gesetzbuch, C. VI. 3. a., S. 190 f.

394 Vgl. *Zimmer*, NJW 1997, 2345, 2348; *Haas*, in: Das neue Schuldrecht, § 5 Rdn. 541, 549.

395 Vgl. *Triebel, Hölzle*, BB 2002, 521, 525; *Büdenbender*, in: NK-BGB, Anhang II zu §§ 433–480: Unternehmenskauf Rdn. 83 ff. Zur Bedeutung der Unternehmenskennzahlen für die Parteien eines Unternehmenskaufs siehe grundlegend *Hommelhoff*, Die Sachmängelhaftung beim Unternehmenskauf, S. 79 ff.

396 Mit dieser Argumentation schon *Prölss*, der Angaben über bisherige Erträge oder Umsätze schon zum früheren Recht als Fehler im Sinne des § 459 Abs. 1 BGB a. F. wertete, vgl. *Prölss*, ZIP 1981, 337, 343 f.; zum heutigen Recht *Canaris*, HGB, § 8 Rdn. 31.

397 Dass die Rechtsprechung diese Merkmale forderte, ist wiederum auf das allgemein vorgenommene Zurückdrängen des Gewährleistungsrechts zugunsten der c. i. c. und dessen damaliger längerer Verjährung zurückzuführen, vgl. *Gruber*, MDR 2002, 433, 437; *Hiddemann*, ZGR 1982, 435, 437; *Zimmer*, NJW 1997, 2345, 2346 f.

ist somit überholt[398]. Da einzelne Unternehmenskennzahlen unter den weiten Beschaffenheitsbegriff fallen, die Gründe für die früher vorgenommene Differenzierung nicht überzeugen bzw. entfallen sind und die Unterscheidung zudem auch noch unpraktikabel war[399], gibt es keinen Grund, die Vereinbarung von einzelnen Unternehmenskennzahlen weiterhin von der Gewährleistungshaftung auszuschließen. Einzelne Unternehmenskennzahlen sind daher als Beschaffenheit zu verstehen und können als solche vereinbart werden.

Sind vereinbarte Unternehmenskennzahlen unzutreffend und hat dies eine Auswirkung auf das Unternehmen bei Gefahrübergang[400], fehlt es dem Unternehmen bei Gefahrübergang an der vereinbarten Beschaffenheit, sodass ein Beschaffenheitsmangel vorliegt[401]. Waren die Zahlen dagegen korrekt, weist das Unternehmen die vereinbarte Beschaffenheit bei Gefahrübergang unabhängig davon auf, ob zukünftig genau die angegebenen Zahlen der vergangenen Periode erzielt werden oder die darauf fußenden Prognosen eingetreten sind. Denn welche Werte zukünftig erzielt werden, hängt von der weiteren Entwicklung des Unternehmensumfeldes und des Unternehmens selbst ab. Welche der Risiken, die jedem und daher auch dem geschuldeten Potenzial innewohnen, sich verwirklichen, ist aber gerade nicht möglicher Inhalt der Beschaffenheitsvereinbarung und Gegenstand der Gewährleistung. Ein diesbezüglicher Beschaffenheitsmangel ist zu verneinen.

2) § 434 Abs. 1 S. 2 Nr. 1 und 2 BGB

Die subsidiären Regelungen in § 434 Abs. 1 S. 2 Nr. 1 und 2 BGB kommen in der Praxis des Unternehmenskaufs nur selten zur Anwendung. Die Parteien erschaffen

---

398 *Kleinhenz, Junk*, JUS 2009, 787, 788.

399 So auch *Gruber*, MDR 2002, 433, 437.

400 In der Regel geht mit anderen Unternehmenskennzahlen ein anderes Potenzial bzw. meist eine Risikoerhöhung für den Käufer einher, sodass ein anderer Zustand vorliegt. So auch *Schmidt*, BB 2005, 2763, 2767. Der Käufer trägt die Argumentations- und Beweislast für das Überschreiten der durch die Zahlen vereinbarten Spielräume, vgl. *Canaris*, HGB, § 8 Rdn. 31

401 Ebenso in Anwendung des weiten Beschaffenheitsbegriffs *Berger*, JZ 2004, 276, 282; *Häublein*, NJW 2003, 388, 389 f.; *Wolf, Kaiser*, DB 2002, 411, 414; *Schmidt*, BB 2005, 2763, 2767; *Schröcker*, ZGR 2005, 63, 76; *Triebel, Hölzle*, BB 2002, 521, 525; *von Gierke, Paschen*, GmbHR 2002, 457, 462; *Canaris*, HGB, § 8 Rdn. 31; *Gruber*, MDR 2002, 433, 437; *Haas*, in: Das neue Schuldrecht, § 5 Rdn. 541, 549; *Westermann*, in: Müko BGB, § 453 Rdn. 31 ff.

regelmäßig ein umfassendes Vertragswerk, das den Käufer durch selbstständige Garantieversprechen und Beschaffenheitsvereinbarungen schützt sowie den Verkäufer durch den Ausschluss darüber hinausgehender gesetzlicher Gewährleistungsansprüche[402]. Nur in den wenigen Fällen, in denen kein solcher Haftungsausschluss vorliegt und die Parteien bezüglich eines infrage stehenden Umstandes keine vertragliche Abrede getroffen haben, ist auf die nach dem Vertrag vorausgesetzte Verwendung (§ 434 Abs. 1 S. 2 Nr. 1 BGB) bzw. die gewöhnliche Verwendung sowie übliche Beschaffenheit (§ 434 Abs. 1 S. 2 Nr. 2 BGB) zur Bestimmung der Mangelhaftigkeit zurückzugreifen. Dabei ergeben sich aus der Eigenart eines Unternehmens Fragen bezüglich der konkreten Anwendung.

a) Bezugspunkt der Mangelhaftigkeit

Das Unternehmen besteht als Funktionseinheit unter anderem aus verschiedenen Einzelgegenständen. Diese Einzelgegenstände können bei Gefahrübergang mangelhaft sein, beispielsweise kann eine Maschine des produzierenden Unternehmens nicht funktionieren. Haben die Parteien hinsichtlich des betroffenen Einzelgegenstandes eine Beschaffenheitsvereinbarung getroffen, liegt ohne Weiteres ein Mangel im Sinne des § 434 Abs. 1 S. 1 BGB vor. Die Parteien haben durch die Vereinbarung bestätigt, dass sie den vereinbarten Zustand dieses Einzelgegenstandes als besonders relevant für die Beschreibung des Unternehmens bzw. seine Wertschätzung betrachten. Nach Vorstellung der Parteien soll er wesentliche Auswirkungen auf das Unternehmen haben und stellt daher bei Nichtvorliegen einen Unternehmensmangel dar[403]. Fehlt eine solche Bestimmung durch die Parteien, ist fraglich, ob die Gewährleistung hinsichtlich des einzelnen, mangelhaften Gegenstandes gesondert oder nur hinsichtlich des Unternehmens als Ganzes geltend gemacht werden kann. Zudem ist zu klären, wann bei Mangelhaftigkeit des einzelnen Gegenstandes überhaupt auch das Unternehmen insgesamt als mangelhaft anzusehen ist.

---

402 Zu den Möglichkeiten vertraglicher Vereinbarungen siehe XII., S. 297 ff.

403 Aus dem Urteil des OLG Köln vom 29.01.2009 geht nicht hervor, ob es eine Beschaffenheitsvereinbarung hinsichtlich des Einzelgegenstandes deshalb nicht anspricht, weil es sie entgegen der hier vertretenen Ansicht für bedeutungslos hält (kein Unternehmensmangel aufgrund einer Beschaffenheitsvereinbarung hinsichtlich des Einzelgegenstandes) oder weil eindeutig keine solche vorlag. S. dazu *Picot*, der die Prüfung einer Beschaffenheitsvereinbarung im Urteil des OLG Köln vermisst, vgl. *Picot*, DB 2009, 2587, 2590 ff.; wie hier auch *Thiessen*, in: MüKo HGB, Anhang zu § 25 Rdn. 80, 82; *Triebel, Hölzle*, BB 2002, 521, 525; *Jagersberger*, Die Haftung des Verkäufers beim Unternehmens- und Anteilskauf, Kapitel 3, B. II. 1.1 d) aa) (S. 141 f.).

(1) Rechtsprechung zum Recht vor der Schuldrechtsmodernisierung

Die Rechtsprechung zum früheren Recht stellte fest, dass auch bei einem mangelhaften Einzelgegenstand nur das Gesamtunternehmen als Vergleichsgegenstand für die Beurteilung infrage käme, ob ein Mangel im Sinne der § 459 a. F. vorliegt.[404]. Ein dementsprechend erforderlicher *Unternehmens*mangel liege nur vor, wenn der Mangel des Einzelgegenstandes auf den Wert oder die Funktionstauglichkeit des Unternehmens im Ganzen durchschlage. Gesonderte Gewährleistungsansprüche aufgrund des mangelhaften Einzelgegenstandes, d. h. unabhängig von der Mangelhaftigkeit des Unternehmens, wurden nicht anerkannt[405].

(2) Meinungsstand zum aktuellen Recht

Nach der Schuldrechtsmodernisierung ist eingewandt worden, dass dieser Ansatz der Rechtsprechung von dem Gedanken motiviert gewesen sei, die damalige Rechtsfolge der praktisch kaum durchführbaren Wandlung zu verhindern. Nun sei aber vorrangig Nacherfüllung zu verlangen, die in der Praxis meist problemlos bei einem einzelnen, mangelhaften Gegenstand vorzunehmen sei[406]. Der bisherige Grund für die Zurückhaltung bei der Annahme eines Unternehmensmangels sei daher entfallen[407]. Der Gesetzgeber habe des Weiteren im Rahmen des § 434 BGB darauf verzichtet, wie noch zum früheren Recht eine gewisse Erheblichkeit für die Begründung eines Sachmangels zu verlangen[408]. Aus dieser Entscheidung folge, dass auch im Rahmen des Unternehmenskaufs die Relevanz des einzelnen, mangelhaften Gegenstandes für das Unternehmen nicht maßgeblich sein könne. Ein mangelhafter Einzelgegenstand begründe daher separate Gewährleistungsansprüche,

---

404 BGH NJW 1969, 184; BGH NJW 1979, 33.

405 Sog. Gesamterheblichkeitstheorie, vgl. dazu BGH WM 1970, 819, 821; BGH WM 1978, 326; BGH NJW 1979, 33; BGH NJW 1995, 1547, 1549.

406 Zur Nacherfüllung vgl. § 437 Nr. 1 i. V. m. § 439. Der Vorrang der Nacherfüllung ergibt sich aus dem prinzipiellen Erfordernis der Fristsetzung und des Fristablaufs vor Geltendmachung der Sekundärrechte, vgl. § 281 Abs. 1 BGB (Schadensersatz) bzw. § 323 Abs. 1 BGB (Rücktritt) ggf. i. V. m. § 441 Abs. 1 S. 1 (Minderung) bzw. § 284 (Aufwendungsersatz).

407 *Matusche-Beckmann*, in: Staudinger, § 434 Rdn. 145; a. A. OLG Köln, nach dem die mittlerweile leichtere praktische Umsetzung der Gewährleistung bei mangelhaften Einzelgegenständen allein kein ausreichender Grund sei, die Gewährleistung auch auf sie anzuwenden, vgl. OLG Köln DB 2009, 2259, 2260.

408 Zur sog. Erheblichkeitsschwelle oder auch Bagatellklausel nach früherem Recht s. § 459 Abs. 1 S. 2 BGB a. F.

auch wenn das Unternehmen als Ganzes der Kaufgegenstand gewesen und keine Auswirkung von gewissem Umfang auf diesen spürbar sei[409].

Die herrschende Meinung[410] ist dagegen weiterhin der Ansicht, dass ein mangelhafter Einzelgegenstand nur dann eine Gewährleistungshaftung begründen kann, wenn das Unternehmen als Ganzes durch ihn mangelhaft ist. Eine solche Gesamterheblichkeit sei wiederum nur der Fall, wenn der Mangel des Einzelgegenstandes auf das Unternehmen „durchschlage". Ein sogenanntes Durchschlagen sei in Fortentwicklung der früheren Rechtsprechung[411] dann anzunehmen, wenn der Mangel die wirtschaftliche Grundlage des Unternehmens erschüttere, seine Marktstellung gefährde oder sonst seine Tauglichkeit als Unternehmen beeinträchtige[412]. Der Verzicht auf die Erheblichkeitsschwelle (Bagatellklausel) im Rahmen der Definition eines Sachmangels[413] stehe dem nicht entgegen. Vielmehr führe er dazu, dass das Erfordernis des Durchschlagens umso mehr Geltung beanspruche[414]. Schließlich würde bei Verzicht sowohl auf die frühere Erheblichkeitsschwelle als auch auf das Erfordernis des Durchschlagens jeder mangelhafte Einzelgegenstand in einem Unternehmen einen Beschaffenheitsmangel begründen, egal wie unbedeutend er für das Unternehmen wäre. Der Käufer könnte dann hinsichtlich eines mangelhaften Einzelgegenstandes, der für das Unternehmen von völlig untergeordneter Bedeutung wäre, Sekundärrechte geltend machen[415].

---

409 *Grunewald*, in: Erman, § 434 Rdn. 43 f.; *Matusche-Beckmann*, in: Staudinger, § 434 Rdn. 145; *Wolf; Kaiser*, DB 2002, 411, 414 f.

410 S. beispielsweise *Thiessen*, in: MüKo HGB, Anhang zu § 25 Rdn. 79 ff.; *Faust*, in: BeckOK BGB, § 453 Rdn. 27; *Alpmann-Pieper*, in: jurisPK-BGB, § 453 Rdn. 39; wohl auch *Weidenkaff* in: Palandt, § 434 Rdn. 95 a; *Canaris*, HGB, § 8 Rdn. 22, 35 ff.; *Gronstedt, Jörgens*, ZIP 2002, 52; *Picot*, DB 2009, 2587, 2590 ff.; *Schröcker*, ZGR 2005, 63, 79; *Triebel, Hölzle*, BB 2002, 521, 525; *Weitnauer*, NJW 2002, 2511, 2515; *Weller*, EWiR 2010, 15 f.

411 Vgl. BGH WM 1970, 819, 821; BGH NJW 1995, 1547, 1549.

412 *Faust*, in: BeckOK BGB, § 453 Rdn. 27; *Tiemeyer*, in: Unternehmenskauf bei der GmbH, 9. Kapitel Rdn. 62, 71; *Picot*, in: Unternehmenskauf und Restrukturierung, Teil I Rdn. 85; zum früheren Recht bereits *Canaris*, ZGR 1982, 395, 431.

413 Der Gesetzgeber hat auf die Erheblichkeitsschwelle verzichtet bei der Frage, ob ein Sachmangel vorliegt (dagegen früher: § 459 Abs. 1 S. 2 BGB a. F.). Allerdings ist eine gewisse Erheblichkeit nun als Voraussetzung relevant für den Schadensersatz statt der ganzen Leistung wegen Schlechtleistung und für den Rücktritt wegen Schlechtleistung, vgl. § 281 Abs. 1 S. 3 BGB bzw. § 323 Abs. 5 S. 2 BGB. Zu Letzterem ausführlich unter IX., S. 191 ff.

414 *Faust*, in: BeckOK BGB, § 453 Rdn. 27.

415 Namentlich kommen Nacherfüllung bzw. (prinzipiell nach erfolglosem Fristablauf) der sog. kleine Schadensersatz oder Minderung infrage. Für den sog. großen Schadensersatz

Dies sei nicht praktikabel. Ein Unternehmen sei schließlich aufgrund seiner Komplexität kaum jemals völlig makellos zu übertragen[416].

Außerdem widerspreche es dem Wesen des Unternehmenskaufs, seine einzelnen Bestandteile separat zu betrachten. Der Unternehmenskauf sei der Kauf einer funktionierenden Wirtschaftseinheit, die Sachen und Rechte umfasse, aber nicht bloß deren Summe sei. Dieser Tatsache müsse auch bei der Bestimmung der Mangelhaftigkeit Rechnung getragen werden[417]. Während eine Entscheidung des BGH seit der Einführung des § 434 BGB noch aussteht, hat sich das OLG Köln der in der Literatur vorherrschenden Meinung angeschlossen[418].

(3) Stellungnahme

Der herrschenden Meinung ist zuzustimmen. Schon der Wortlaut des § 434 Abs. 1 S. 2 BGB zeigt, dass ein Kaufgegenstand ohne Beschaffenheitsvereinbarung nur mangelhaft ist, wenn ihm selbst die dort genannten Eigenschaften[419] fehlen. Wenn die Parteien das Unternehmen als Kaufgegenstand bestimmt haben, würde es beim Abstellen auf Einzelgegenstände des Unternehmens an der den §§ 433 ff. BGB zugrunde liegenden Anknüpfung der Gewährleistung an den Kaufgegenstand fehlen[420]. Zwar sind die einzelnen Gegenstände Teil des Unternehmens, sodass sie zum Inhalt einer Beschaffenheitsvereinbarung gemacht werden können. Dafür genügt aber schon der bloße Zusammenhang mit dem Unternehmen. An dieser Stelle geht es dagegen darum, dass die als gesetzlich vereinbart geltende Beschaffenheit den Kaufgegenstand näher definieren muss und der wegen einer Abweichung davon begründete Mangel dementsprechend ebenso an den Kaufgegenstand anknüpfen muss. Die einzelnen Gegenstände sind aber gerade nicht

statt der Leistung und Rücktritt wäre auch nach neuem Recht die Erheblichkeitsschwelle zu beachten, vgl. Fn. 413.

416 Ähnlich *Canaris*, Handelsrecht, § 8 Rdn. 35, *Büdenbender*, in: Unternehmenskauf und Schuldrechtsmodernisierung, S. 5, 25 und bereits *Hommelhoff*, Die Sachmängelhaftung beim Unternehmenskauf, S. 40. Mit dem Hinweis, dass mangelhafte Einzelgegenstände daher zur üblichen Beschaffenheit eines Unternehmens gehören, *Thiessen*, Unternehmenskauf und Bürgerliches Gesetzbuch, C. VI. 3. c) (1) (b), S. 204.

417 *Triebel, Hölzle*, BB 2002, 521, 525 *Weller*, EWiR 2010, 15 f.

418 OLG Köln, ZIP 2009, 2063; s. ebenso die Anmerkung dazu *Brauer, Schröer*, jurisPR-HaGesR 3/2010 Anm. 3.

419 Die Eignung zu der nach dem Vertrag vorausgesetzten Verwendung (§ 434 Abs. 1 S. 2 Nr. 1 BGB), zur gewöhnlichen Verwendung oder das Aufweisen der üblichen und zu erwartenden Beschaffenheit (§ 434 Abs. 1 S. 2 Nr. 2 BGB).

420 Mit diesem Argument auch OLG Köln, ZIP 2009, 2063.

Objekt des Kaufvertrages[421]. Daher sind sie auch nicht so wie solche zu behandeln, d. h., eine separate Betrachtung ist zu unterlassen. Allein das Unternehmen ist zu beurteilen, auf das sie gegebenenfalls wirken können.

Die Parteien, insbesondere der Käufer, werden durch die Befolgung des Wortlauts § 434 Abs. 1 S. 2 BGB auch nicht benachteiligt. Allein das Unternehmen als Maßstab für die Bestimmung der Gewährleistung heranzuziehen, entspricht der vertraglichen Vereinbarung der Parteien und damit ihrem zum Ausdruck gebrachten Willen. Sie einigen sich beim Unternehmenskauf bewusst auf das Unternehmen als Kaufgegenstand, weil die Funktionseinheit als Ganzes und eben nicht nur hier und da einzelne Gegenstände oder einzelne Rechte gemäß einer Vielzahl von Einzelverträgen übertragen werden sollen. Folglich schuldet der Verkäufer dem Käufer das Unternehmen – aber eben auch nur dieses – in mangelfreiem Zustand[422]. Dazu gehört es zwar auch, die einzelnen Gegenstände zu übertragen, aber nur in dem Maße, in dem sie zum Unternehmen gehören und dieses zu übertragen ist. Einen eigenständigen, vom Unternehmen unabhängigen Erfüllungsanspruch hinsichtlich der einzelnen Gegenstände hat der Käufer dagegen nicht[423]. Im Gleichlauf dazu kann ein Einzelgegenstand auch keine Gewährleistungshaftung begründen, wenn er nicht zugleich einen Unternehmensmangel darstellt. Der Verkäufer würde sonst nach Gewährleistungsrecht für mehr haften, als er nach dem Unternehmenskaufvertrag verpflichtet ist, überhaupt (mangelfrei) zu leisten. Auch im Rahmen der Gewährleistung ist daher allein das Unternehmen bzw. seine Mangelhaftigkeit maßgeblich. Wirkt sich ein fehlerhafter Einzelgegenstand nicht so auf das Unternehmen aus, dass der Verkäufer damit seiner Erfüllungspflicht bezüglich des Unternehmens nicht nachgekommen ist, kann der Käufer demnach keine Sekundärrechte geltend machen. Durch die Ablehnung der Haftung für Einzelgegenstände wird der Käufer nicht schlechter gestellt, da ihm schließlich die Gewährleistungsrechte hinsichtlich des Unternehmens zustehen. Er hat mit Abschluss des Unternehmenskaufvertrages die Haftung bezüglich des Unternehmens statt der Haftung für jeden Einzelgegenstand gewählt. Eine Haftung ohne Weiteres für das Unternehmen sowie die Einzelgegenstände ist zur Vermeidung einer Schlechterstellung des Käufers nicht erforderlich. Vielmehr wäre der Käufer bei einer dementsprechend weiten Haftung doppelt geschützt und es käme zu einer Besserstellung des Käufers zulasten des Verkäufers[424]. Dafür gibt es keinen rechtfertigenden Grund.

---

421 *Canaris*, Handelsrecht, § 8 Rdn. 22.

422 Vgl. § 433 Abs. 1 S. 2 BGB.

423 Ebenso schon zum früheren Recht *Canaris*, ZGR 1982, 395, 431 f.; zum neuen Recht *Canaris*, Handelsrecht, § 8 Rdn. 22.

424 Ähnlich *Canaris*, Handelsrecht, § 8 Rdn. 22.

Das bedeutet nicht, dass es den Parteien nach der hier vertretenen Ansicht verwehrt ist, die gesetzlich vorgesehene Anknüpfung an den Kaufgegenstand bewusst zu verlassen und damit die Käuferposition zu verbessern. Sie sind durch den Entschluss, ein Unternehmen als Ganzes zu kaufen, nicht gebunden, allein das Unternehmen als Vergleichsmaßstab beizubehalten. Soll der Verkäufer die Gewährleistung für Einzelgegenstände unabhängig von etwaigen Auswirkungen auf das Unternehmen übernehmen, können die Parteien über die einzelnen Komponenten des Unternehmens Beschaffenheitsvereinbarungen schließen[425]. Insbesondere nach dem weiten Beschaffenheitsbegriff, der hier vertreten wird, fällt der Zustand eines Einzelgegenstandes unproblematisch unter den Beschaffenheitsbegriff und ist einer Vereinbarung im Sinne des § 434 Abs. 1 S. 1 BGB zugänglich[426].

Die Parteien bestimmen durch die Vereinbarung über den Zustand des Einzelgegenstandes als Beschaffenheit des Unternehmens, dass er aus ihrer Sicht für das Unternehmen als Ganzes von Bedeutung ist, sodass eine objektive Beurteilung (eine Prüfung des „Durchschlagens“) nicht mehr zu erfolgen hat. Ein Einzelgegenstand, für den eine Beschaffenheitsvereinbarung getroffen wurde, begründet daher ohne Weiteres einen Unternehmensmangel, wenn er von der vereinbarten Beschaffenheit abweicht[427]. Mit Zustimmung des Verkäufers kann dem Käufer somit eine günstigere Position, nämlich die zusätzliche Verkäuferhaftung für Einzelgegenstände, eingeräumt werden. Allerdings gewährleistet das Erfordernis der beidseitigen Willenserklärung[428], dass die Besserstellung des Käufers nicht ohne Weiteres eintritt, wie es aber Folge der Gegenansicht ist. Vielmehr liegt eine entsprechende Vereinbarung in der Hand der Parteien, gerade auch in der des Verkäufers. Die Parteien vereinbaren die erweiterte Verkäuferhaftung im Rahmen ihrer Privatautonomie, die § 434 Abs. 1 S. 1 BGB gesetzlich vorsieht und stärkt. Diese

---

425 Vgl. *Jagersberger*, Die Haftung des Verkäufers beim Unternehmens- und Anteilskauf, Kapitel 3 C. II. 2.2 b)aa) (2) (a) (S. 282).

426 *Picot* empfiehlt ebenso mit Verweis auf den nun weiten Beschaffenheitsbegriff, Vereinbarungen im Sinne des § 434 Abs. 1 S. 1 BGB zu ermöglichen, nach denen die Beschaffenheit auch einzelner Gegenstände des Unternehmens unabhängig von einem Durchschlagen auf das Unternehmen geschuldet ist, vgl. *Picot*, DB 2009, 2587, 2591 f. Mit einem Hinweis auf diese Frage und der Feststellung, dass sie ebenso wie die damit zusammenhängende Reichweite des neuen Beschaffenheitsbegriffs vom BGH bisher ungeklärt ist, s. auch *Brauer, Schröer*, jurisPR-HaGesR 3/2010 Anm. 3.

427 S. beispielsweise *Jagersberger*, Die Haftung des Verkäufers beim Unternehmens- und Anteilskauf, Kapitel 3 C. II. 2.2 b) aa) (2) (a) (S. 282) sowie bereits VI. 2. a. 1) b), S. 85 ff.

428 Zu den Anforderungen an eine Vereinbarung im Sinne des § 434 Abs. 1 S. 1 BGB vgl. allgemein VI. 1. a. 1) a), S. 56 ff. bzw. für den Unternehmenskauf VI. 2. a. 1) a), S. 78 ff.

Möglichkeit der freien Selbstbestimmung über die eigenen Rechtsbeziehungen zu privaten Dritten bedarf als Ausdruck der Willensfreiheit beider Parteien keiner Rechtfertigung. In der Praxis wird der Verkäufer eine entsprechende Vereinbarung nur eingehen als Ergebnis von Verhandlungen, in denen ihm als Ausgleich ein adäquater Vorteil (z. B. ein höherer Kaufpreis) eingeräumt wird.

Schließlich ist dem Argument zuzustimmen, dass das Wesen des Unternehmens nur dann ausreichend beachtet wird, wenn man allein auf das Unternehmen abstellt[429]. Ein Unternehmen ist eine Funktionseinheit und eben nicht die bloße Summe aller Sachen und Rechte, die sie beinhaltet. Dieser Umstand spiegelt sich insbesondere darin wider, dass sich der Kaufpreis für das Unternehmen nicht aus der Summe der Preise aller einzelnen Sachen und Rechte zusammensetzt, sondern auf dem Umsatz oder Ertrag des Unternehmens basiert[430]. Ein „Zerpflücken" in Einzelteile steht dem Charakter des Unternehmens entgegen, da insbesondere alle Verknüpfungen und Interdependenzen außer Acht blieben, die das Unternehmen prägen[431]. Das Abstellen auf Einzelgegenstände ist somit abzulehnen. Aus der Gesamtbetrachtung folgt zudem, dass das Fehlen eines Einzelgegenstandes nur dann einen Unternehmensmangel begründet, wenn der Verkäufer mit der Unternehmensübergabe (ohne den Einzelgegenstand) seine Leistungspflicht vollständig erfüllen will und das Fehlen des Gegenstands auf das Unternehmen als Ganzes durchschlägt[432].

b) Praktische Konsequenzen des Bezugspunktes

Dieses Ergebnis ist auch in praktischer Hinsicht sachgerecht. Die Gegenansicht würde unangenehme Folgen für die Praxis mit sich bringen. Bei dem Verkauf eines Kraftwerks z. B. müsste der Verkäufer für jede Schraube nach Gewährleistungsrecht einstehen[433]. Auch wenn dem Käufer großer Schadensersatz und Rücktritt verwehrt blieben, weil eine mangelhafte Schraube regelmäßig eine nur unerhebliche Pflichtverletzung darstellen würde[434], wäre schon die Verpflichtung

429 So beispielsweise *Triebel, Hölzle*, BB 2002, 521, 525 *Weller*, EWiR 2010, 15 f.; *Büdenbender*, in: Unternehmenskauf und Schuldrechtsmodernisierung, S. 5, 26.

430 Vgl. *Merkt*, BB 1995, 1041, 1045. Zur Ertragswertmethode s. beispielsweise BGH NJW 2011, 999; *Widmann*, in: Handbuch Unternehmenskauf, Teil II Rdn. 45 ff.; *Kohl*, in: Beck'sches Handbuch zur AG, § 24 Rdn. 16 ff.

431 Dazu ausführlich III., S. 15 ff.

432 Vgl. *Westermann*, in: MüKo BGB, § 453 Rdn. 27; *Westermann*, in: MüKo BGB, § 434 Rdn. 48 (verdeckte Manko-Lieferung).

433 Ähnlich *Hopt*: für jeden mangelhaften Bürostuhl in einem Großunternehmen, vgl. *Hopt*, in: Baumbach HGB, Einl. Vor § 1 Rdn. 46 ff.

434 Vgl. § 281 Abs. 1 S. 3 BGB bzw. § 323 Abs. 5 S. 2 BGB sowie IX., S. 191 ff.

zur Nacherfüllung (oder ggfs. nach erfolglosem Fristablauf die Minderung) eine beachtliche Mehr-Belastung für den Verkäufer gegenüber der Situation, in der er nur für Unternehmensmängel haften muss. Da sich viele kleine Schwierigkeiten gerade erst im Laufe der Zeit zeigen, würde die Mangelhaftigkeit von Einzelgegenständen den Verkäufer bis zum Eintritt der Verjährung immer wieder beschäftigen. Diese wiederholte Thematik brächte neben den Kosten der Nacherfüllung an sich jedes Mal einen gewissen Aufwand für den Verkäufer mit sich. So muss er die gerügte Mangelhaftigkeit prüfen und bewerten, ob er ihr zustimmt und nacherfüllt.

Es wäre zu klären, ob der Einzelgegenstand die nach § 434 Abs. 1 S. 2 Nr. 1 oder 2 BGB erforderlichen Beschaffenheiten aufweist. Dazu müsste vorrangig bestimmt werden, welcher Zustand nach diesen Merkmalen konkret bei dem betroffenen Einzelgegenstand geschuldet ist. Wann aber ist eine Schraube im Rahmen gerade eines solchen Kraftwerks für die vereinbarte oder gewöhnliche Verwendung geeignet bzw. was ist die übliche und zu erwartende Beschaffenheit einer Schraube in einem entsprechenden Kraftwerk? Die in § 434 Abs. 1 S. 2 Nr. 1 und 2 BGB genannten Merkmale auf konkrete Gegenstände anzuwenden, ist schon an sich nicht immer leicht[435]. Alle Merkmale basieren darauf, dass gleichartige Gegenstände herangezogen werden, um ihren Inhalt im Einzelfall zu bestimmen. Gerade bei gebrauchten Gegenständen kann es schwierig sein, Vergleichswerte zu finden. Ein vergleichbarer Gegenstand muss dem gebrauchten nicht nur in dessen neuwertigem Zustand entsprechen, sondern auch ähnlich sein mit Blick auf seine bisherige Nutzung. Dafür ist in der Regel das Alter des Gegenstandes maßgeblich, wobei im Einzelfall aber auch eine etwaige über- oder unterdurchschnittliche bzw. besondere Art der Nutzung zu berücksichtigen sein kann[436].

Betrachtet man verschiedene Kaufgegenstände, stellt man fest, dass sich je nach Gegenstand unterschiedlich gut Vergleichswerte finden lassen. Maßgeblich ist dabei die Verbreitung (Produktion und Verkauf) des jeweiligen Gegenstandes, da sie das Vorliegen von Vergleichswerten gewährleistet. Das Auto gehört beispielsweise zu den Kaufgegenständen, für die sich relativ gut gleichartige Gegenstände finden lassen. Hintergrund ist, dass fast jeder Typ eines Autos in einer

---

435 Zu Recht bezeichnen *Gronstedt* und *Jörgens* allgemein die Bestimmung der vertraglich geschuldeten Beschaffenheit eines Unternehmens auch nach der Schuldrechtsmodernisierung als „das zentrale Wertungsproblem der Gewährleistung im Unternehmenskauf", vgl. *Gronstedt, Jörgens*, ZIP 2002, 52, 54.

436 Vgl. zum Autokauf z. B die atypische Vorbenutzung als Mietwagen: § 434 Abs. 1 S. 2 Nr. 2 ablehnend: LG Kaiserslautern, NJW-RR 2010, 634; dagegen bejahend: LG Mannheim, DAR 2012, 150 (zu einem Wohnmobil); LG Stuttgart, NJW-RR 2009, 551.

großen Anzahl produziert wird. Die bauart- und typgleichen Autos liefern in der Regel die nötigen Vergleichswerte[437]. Für Autos als Massenprodukt sind sogar in der Regel für gebrauchte Autos genügend vergleichbare Autos hinsichtlich Bauart, Typ, Alter und Laufleistung (zur Bestimmung eines gleichartigen Nutzungsgrades) vorhanden[438]. Unter Beachtung dieser Faktoren kann bei einem gebrauchten Auto die nach § 434 Abs. 1 S. 2 Nr. 1 oder 2 BGB als vereinbart geltende Beschaffenheit festgestellt werden.

Für die einzelnen Teile in einem Unternehmen lassen sich hingegen kaum Vergleichswerte finden. In der Praxis wird grundsätzlich ein Unternehmen verkauft, das in Betrieb ist. Auch der Einzelgegenstand des Unternehmens ist daher bei Verkauf des Unternehmens schon ein gebrauchter. Dabei ist die Besonderheit, dass es nicht nur um einen einzelnen Gegenstand geht, der separat genutzt wurde, sondern um den Gegenstand gerade als Komponente des jeweiligen Unternehmens. Seine Abnutzung und damit sein Zustand hängen wesentlich von dem konkreten Unternehmen ab. Insbesondere das Alter und die Betriebsweise des Unternehmens sowie der konkrete Einsatz des Gegenstandes im Unternehmen sind für den Zustand des Einzelgegenstandes relevant, da sie seine Verschleiß- und Abnutzungserscheinungen prägen. Handelt es sich beispielsweise bei dem Kaufgegenstand um ein seit zwei Jahren betriebenes Kraftwerk, das nur selten angefahren wird, ist der Zustand einer Schraube anders, als wenn sie in einem seit fünf Jahren betriebenen Kraftwerk verwendet wird oder in einem zwei Jahre alten, das aber fast durchgehend Leistung erzeugt.

Um einen Vergleichswert für den Einzelgegenstand zu ermitteln, muss also zunächst als Vorstufe ein gleichartiges Unternehmen gefunden werden. Nur ein solches kann Rückschlüsse auf den Zustand des Einzelgegenstandes bieten. Welche Anforderungen an die Gleichartigkeit[439] gestellt werden müssen, richtet sich nach

437 Eine Ausnahme gilt bei Serienfehlern. Dort ist nicht auf Autos der gleichen Marke und des gleichen Typs abzustellen, sondern sowohl bei Neu- als auch bei Gebrauchtfahrzeugen ein herstellerübergreifender Vergleich vorzunehmen. Das faktische Niveau, das vergleichbare Waren anderer Hersteller erreicht haben und das die Markterwartung prägt, ist schließlich auch Maßstab der Üblichkeit, vgl. OLG Stuttgart, NJW-RR 2006, 1720; OLG Düsseldorf, NJW 2006, 2858, 2860; *Haas*, in: Das neue Schuldrecht, Kap. 5 Rdn. 105; *Westermann*, in: MüKo BGB, § 434 Rdn. 25; *Faust*, in: BeckOK BGB, § 434 Rdn. 60; *Büdenbender*, in: NK-BGB, § 434 Rdn. 30.

438 Zu diesen Merkmalen als Basis einer Vergleichbarkeit für Autos s. *Putzo*, in: Palandt, BGB, § 434 Rdn. 29; BT-Drucks. 14/6040, S. 214.

439 Allgemein zu den Faktoren, nach denen ein vergleichbarer Gegenstand ermittelt werden kann, s. VI. 1. a. 3), S. 68 ff.

dem betrachteten Gegenstand bzw. seinem fraglichen Umstand. So kann bei einer besonders deutlichen Abweichung schon der Vergleich mit einem ähnlichen Gegenstand erkennen lassen, dass ein Mangel vorliegt[440], während in anderen Fällen ein bis ins Detail vergleichbarer Gegenstand vorliegen muss, um über das Vorliegen eines Mangels nach den Regelungen des § 434 Abs. 1 S. 2 Nr. 1 oder 2 BGB zu entscheiden[441].

Ob und inwieweit Unternehmen gefunden werden können, die als Vergleichswert für ein verkauftes Unternehmen dienen können, ist umstritten[442]. Unabhängig von dieser Frage ist es jedoch kaum möglich, Gegenstände zu ermitteln, die als Maßstab für Einzelgegenstände eines Unternehmens genutzt werden können. Zieht man nämlich bloß im Wesentlichen bzw. grob mit dem verkauften Unternehmen vergleichbare (im Folgenden „ähnliche“) Unternehmen heran, z. B. aus der gleichen Branche, erlangt man schon mit Blick auf das Unternehmen nur sehr ungefähre Werte. Sie sind oft nicht einmal geeignet, Angaben zu den als vereinbart geltenden Beschaffenheiten des Unternehmens zu liefern. Diese Ungenauigkeit vergrößert sich dann nochmals, wenn es nicht um den Zustand des Unternehmens, sondern den eines Einzelgegenstandes als Unternehmenskomponente geht. Die Abweichungen zwischen den gegenübergestellten Unternehmen wirken sich also umso stärker aus bei Detailfragen, wie dem Abnutzungsgrad einer Schraube. Die Betrachtung eines Einzelgegenstandes ist aber eine Detailfrage.

Betrachtet man beispielsweise Biomassekraftwerke, weil ein Unternehmen verkauft wurde, das ein solches betreibt: Biomassekraftwerke gibt es einige, aber in der Regel unterscheiden sie sich voneinander. Wählt man ein Biomassekraftwerk zu Vergleichszwecken aus, findet man meistens nur ein ähnliches Unternehmen, da das Kraftwerk z. B. auf einer anderen Technik basiert, und das Unternehmen daher nur mit Blick auf die Branche ein mit dem verkauften grob vergleichbares

---

440 Beispielsweise wenn es um ein Unternehmen geht, das ein Hotel betreibt, kann jegliches Unternehmen derselben Branche als Vergleich schon genügen, um den Ruf als Stundenhotel als Mangel festzustellen. Zu diesem Beispiel BGH NJW 1992, 2564 („Stundenhotel“) und VI. 2. a. 2) f), S. 112 ff.

441 Auch der BGH tendiert zu einer objektbezogenen, am Störfaktor ausgerichteten Festlegung des Vergleichsmaßstabs. So genügt für die Frage, ob ein Kraftfahrzeug mit Dieselpartikelfilter, der von Zeit zu Zeit der Regenerierung bedarf, mangelhaft ist, kein Vergleich mit einem beliebigen Kraftfahrzeug. Selbst andere Dieselkraftfahrzeuge reichen nicht aus, sondern es sind Dieselkraftfahrzeuge mit Partikelfilter heranzuziehen. Zu diesem Beispiel siehe BGH NJW 2009, 2056 sowie die Anmerkungen dazu: *Höpfner*, NJW 2009, 2057; *Eggert*, DS 2009, 247.

442 Ausführlich zu dieser Frage s. VI. 2. a. 2) f), S. 112 ff.

Unternehmen ist. Der betroffene Einzelgegenstand ist bei dem nur ähnlichen Kraftwerk eventuell gar nicht Bestandteil desselben. So kann das hinzugezogene Biomassekraftwerk z. B. eine andere Konstruktion für den Altholztransport zum Kessel haben als das verkaufte. Ist der betroffene Einzelgegenstand Teil der Technik, die das Altholz transportiert, kommt er in dem vergleichsweise hinzugezogenen Kraftwerk gar nicht vor. Ein nur ähnliches Unternehmen erlaubt gerade noch mehr oder weniger akzeptable Vergleichswerte für das Unternehmen selbst[443]. Ein Vergleich der Einzelgegenstände, die grundsätzlich einer Übereinstimmung der Unternehmen bis hin zu einem höheren Detaillierungsgrad bedürfen, ist dann regelmäßig nicht mehr von Nutzen.

Je mehr Übereinstimmungen andere Unternehmen mit dem verkauften aufweisen, desto eher sind sie geeignet, Vergleichswerte mit Blick auf das Unternehmen zu liefern. Stimmen andere Unternehmen daher mit dem verkauften in vielen Punkten überein, beispielsweise neben der Branche auch mit Blick auf Bauart, Alter und Betriebsweise, so kann man sie als „vergleichbar" bezeichnen und im Rahmen des § 434 Abs. 1 S. 2 BGB für den Vergleich mit dem verkauften Unternehmen heranziehen. Solche gleichartigen Unternehmen sind nur selten zu finden[444]. Aber selbst wenn ein solches Unternehmen vorliegt, bleibt die Bestimmung des Zustandes eines Einzelgegenstandes im Gegensatz zu dem des Unternehmens weiterhin problematisch. Das Vergleichsunternehmen kann für die Bestimmung des Zustandes des konkreten Einzelteils immer noch schlicht unpassend sein.

Dies ist beispielsweise auch der Fall, wenn ein Unternehmen dem verkauften neben der Branche auch in Bauweise und verwendeter Technik grundsätzlich gleicht, aber der betroffene Einzelgegenstand in dem Bauabschnitt liegt, in dem im Verhältnis zum ganzen Unternehmen nur geringe, aber für den Einzelgegenstand doch wesentliche Abweichungen vorliegen. Beispielsweise bedienen sich beide Biomassekraftwerke einer gleichartigen Konstruktion für den Altholztransport, so können sie grundsätzlich als vergleichbare Unternehmen angesehen werden (gerade auch mit Blick auf Fragen des Holztransports). Besitzt jedoch eins der Kraftwerke eine neuere Version dieser Konstruktion, die genau in dem Bereich von dem Vorgängermodell abweicht, in dem der Einzelgegenstand liegt, nutzt die Vergleichbarkeit bloß der Unternehmen nichts für die Bestimmung der Beschaffenheit des Einzelgegenstandes. Auch wenn der Einzelgegenstand in einem Bereich liegt, der bei beiden Unternehmen identisch ist, dürfen andere Komponenten

443 Zu dieser Diskussion s. VI. 2. a. 2) f), S. 112 ff.

444 Zu den Faktoren, die in der Regel für ein vergleichbares Unternehmen zu beachten sind, und ob es solche überhaupt gibt, s. VI. 2. a. 2) f), S. 112 ff.

des Vergleichsunternehmens, bei denen Abweichungen zum verkauften Unternehmen bestehen, keine Auswirkungen auf den Einzelgegenstand haben. Auch dies würde bereits den Vergleich mit Blick auf den Einzelgegenstand stören.

Insgesamt gewährleistet also selbst die Einordnung als vergleichbares Unternehmen noch nicht, dass gerade die maßgeblichen Details, die den Einzelgegenstand beeinflussen ebenso vergleichbar sind. Dabei ist zu berücksichtigen, dass es im Gegensatz zu einem Auto geradezu untypisch ist, dass sich Unternehmen bis ins Detail entsprechen. Die Bauweise von Kraftwerken unterscheiden sich z. B. in der Regel stark, da zu jeder Zeit versucht wird, technische Neuerungen einzubeziehen. Zudem ergeben sich aus örtlichen Gegebenheiten Besonderheiten (Platzmangel führt z. B. zu einem anderen Bau als bei einem Kraftwerk, das auf einem großen Grundstück steht. Der Boden eines Grundstücks kann die Bauweise beeinflussen und nicht zuletzt umliegende Grundstücke, die bei dem Bau wegen etwaiger Emissionen zu beachten sind.). Die Betriebe und damit auch die Unternehmen werden also verschiedenen Faktoren angepasst, um so eine möglichst große Ausnutzung aller Reserven und damit möglichst hohen Gewinn zu erwirtschaften. Es ist gerade die Einzigartigkeit, die das Unternehmen von den meisten anderen Gegenständen unterscheidet[445]. Selbst wenn es sich nicht um Massenprodukte wie Autos handelt, lassen sich bei den meisten anderen Gegenständen zumindest einige Gegenstände gleicher Art finden, da sie nicht so speziell auf gewisse Gegebenheiten zugeschnitten sind. Außerdem vervielfachen sich die Ungenauigkeiten regelmäßig nicht, wenn es lediglich um einen Bestandteil des Gegenstandes geht. Denn grundsätzlich ist zumindest der Hauptgegenstand mehrfach gleichartig produziert und unterscheidet sich nur im Detail. Bei den Komponenten des Unternehmens ist dagegen schon das Unternehmen an sich meist nur ähnlich und die Abweichungen im Detail kommen noch zusätzlich dazu.

Demnach ist es sogar in den seltenen Fällen, in denen ein vergleichbares Unternehmen vorliegt, höchst unwahrscheinlich, verlässliche Daten zum Vergleich zu gewinnen. Aber nur wenn solche vorliegen, können die Merkmale des § 434 Abs. 1 S. 2 Nr. 1 bzw. 2 BGB vorhersehbar bestimmt werden. Fehlt es an ihnen, bleibt es letztlich einem (Schieds-)Richter überlassen über die Anforderungen an die Mangelfreiheit zu entscheiden. In der Praxis bedeutet dies in der Regel eine Einschätzung auf der Basis unterschiedlichster Gutachten. Dabei ist

---

445 Noch einmaliger sind aber beispielsweise Kunstwerke. Bei diesen wird betont, dass Beschaffenheitsvereinbarungen besonders wichtig sind, da sich nach § 434 Abs. 1 S. 2 als vereinbart geltende Beschaffenheiten wegen dieser Einzigartigkeit kaum ausmachen lassen, vgl. dazu *Westermann*, in: MüKo BGB, § 434 Rdn. 72.

es kaum möglich vorherzusagen, wann ein vergleichbares Unternehmen bzw. ein gleichartiger Einzelgegenstand (in diesem vergleichbaren Unternehmen) von dem (Schieds-)Richter angenommen wird oder wann er sich mangels Vergleichswerten für eine Bestimmung der Merkmale durch reine Annäherungswerte aus Gutachten/Schätzungen entscheidet. Im Ergebnis hätten daher beide Parteien eine unbefriedigend ungewisse Position in einem (schieds-)gerichtlichen Verfahren.

Daneben ergäbe sich die gerade bei unauffälligen Einzelgegenständen schwierige Frage, ob die geltend gemachte Abweichung von der geschuldeten Beschaffenheit schon bei Gefahrübergang vorlag oder erst später eingetreten ist[446]. Die Parteien werden den Zustand von Einzelgegenständen bei Gefahrübergang kaum dokumentieren, insbesondere wenn sich ihr Zustand nicht auf das Unternehmen auswirkt[447]. Außerdem entwickeln sich Abnutzungs- und Verschleißerscheinungen jeden Tag (weiter) und sind in ihrer Entwicklung wiederum abhängig von dem konkreten Unternehmen und seinem Betrieb. Ihre zeitliche Entwicklung bzw. ihr erstes Auftreten ist im Nachhinein (erst recht ohne vergleichbares Unternehmen) schwer zu bestimmen. Auch die Antwort auf diese Frage wäre daher für die Parteien in der Regel unvorhersehbar.

Zwar hätte der Käufer die abweichende Beschaffenheit sowie das Vorliegen bei Gefahrübergang zu beweisen[448], allerdings würde schon die Geltendmachung eines Mangels an einem Einzelgegenstand einen gewissen Druck bei dem Verkäufer aufbauen, gegebenenfalls einen Vergleich zu schließen. Der Druck wäre größer als bei der Geltendmachung eines Unternehmensmangels, da der Verkäufer bei diesen im Gegensatz zu Einzelmängeln wenigstens einigermaßen gut absehen kann, ob er sich erfolgreich gegen sie wehren kann. Selbst wenn sich der Verkäufer nämlich so sicher wäre, wie man es bei einem Unternehmen nur sein kann, dass er das Unternehmen nicht nur ohne Unternehmens-, sondern auch ohne Einzelmängel übergeben hat, so bliebe immer eine gewisse Rest-Ungewissheit über das Vorliegen von mangelhaften Einzelgegenständen[449]. Bei einem entsprechenden Willen lassen sich schließlich in jedem Unternehmen kleinere Störungen und damit

---

446 Für Umstände, die erst nach dem Gefahrübergang entstehen, haftet der Verkäufer nicht mehr, vgl. § 434 Abs. 1 S. 1 BGB.

447 Bei Einzelgegenständen, über die die Parteien eine Beschaffenheitsvereinbarung getroffen haben, kann es eher vorkommen, dass die Parteien im Bewusstsein über die Bedeutung des Zustandes des Einzelgegenstandes dessen Zustand bei Übergabe des Unternehmens in einem Protokoll festhalten.

448 Vgl. BGH NJW 2006, 434; BGH NJW 2009, 1341.

449 Ein in allen Details rundum perfektes Unternehmen ist kaum zu übertragen (was nach der hier vertretenen Ansicht auch gar nicht geschuldet ist), sodass der

Ansatzpunkte für mangelhafte Einzelgegenstände finden[450]. Unternehmensmängel sind dagegen besser vermeidbar sowie aufgrund ihrer Auswirkungen in der Regel schneller erkennbar und ihr Vorliegen bei Gefahrübergang daher eindeutiger festzustellen oder zumindest einzuschätzen.

Aufgrund der Unsicherheiten würde der Verkäufer grundsätzlich daran zweifeln müssen, ob er sich gegen die vom Käufer geltend gemachten Einzelmängel erfolgreich wehren kann. Dass der Verkäufer geltend gemachte Einzelmängel bei einem Unternehmen nur mit großem Aufwand und selbst dann nicht mit Gewissheit widerlegen könnte, könnten sich Käufer zunutze machen, indem sie eine große Anzahl angeblicher Mängel an Einzelgegenständen geltend machen, obwohl diese das Unternehmen nicht negativ beeinflussen, nicht sicher oder sogar gar nicht bestehen bzw. nicht bei Gefahrübergang vorgelegen haben. Zwar hätte auch der Käufer das Risiko, einen etwaigen Prozess zu verlieren und dessen Kosten tragen zu müssen, allerdings hätte er zugleich gute Chancen auf den Abschluss eines Vergleichs. Aus Sicht des Verkäufers stünde einem wahrscheinlich langwierigen und kostspieligen Gerichts- oder Schiedsverfahren[451] mit ungewissem Ausgang nämlich die Zahlung einer Summe im Rahmen eines Vergleichs gegenüber. In vielen Fällen würde sich der Verkäufer auf einen Vergleich einlassen, auch wenn er nicht von mangelhaften Einzelgegenständen bei Gefahrübergang ausginge. Letztlich wäre die leichtfertige oder sogar unberechtigte Geltendmachung von Einzelmängeln daher ein Einfallstor für den Käufer, um den Kaufpreis des Unternehmens im Nachhinein zu reduzieren. Dass das Abstellen auf Einzelgegenstände beim Unternehmenskauf abzulehnen ist, ist daher auch unter praktischen Gesichtspunkten zu begrüßen.

c) Erfordernis des „Durchschlagens“

Liegen mangelhafte Einzelgegenstände beim Unternehmenskauf und keine diesbezügliche Beschaffenheitsvereinbarung vor, ist die Bedeutung der Mängel für das Unternehmen zu prüfen. Die Rechtsprechung zum früheren Recht ist insoweit fortzuführen, als dass die mangelhaften Einzelgegenstände auf das Unternehmen als Ganzes durchschlagen müssen. Bei der Frage, wann genau dies der Fall ist, ist zu berücksichtigen, dass die Rechtsprechung zum früheren Recht noch den

---

Unternehmenskauf ein Chancen- und Risikokauf ist, so auch schon zum früheren Recht *Quack*, ZGR 1982, 350, 353; *Mössle*, BB 1983, 2146, 2151.

450 Auch das OLG Köln geht davon aus, dass kleinere Störungen bei einem Unternehmen niemals ganz ausgeschlossen werden können, s. OLG Köln, ZIP 2009, 2063.

451 In der Regel werden umfangreiche Gutachten erforderlich sein, um die Merkmale des § 434 Abs. 1 S. 2 Nr. 1 bzw. 2 BGB zu bestimmen. Diese kosten Zeit und Geld.

Fehler und die zugesicherte Eigenschaft als Voraussetzung für einen Sachmangel prüfte[452]. Das Durchschlagen wiederum sollte gewährleisten, dass das Unternehmen selbst mangelhaft war. Diese Mangelhaftigkeit mittels des mangelhaften Einzelgegenstandes musste (mangels Zusicherung für eine zugesicherte Eigenschaft) der Mangelhaftigkeit bei einem Fehler des Unternehmens entsprechen. Da die frühere Rechtsprechung den Fehlerbegriff restriktiv verwendete[453], waren auch die Anforderungen an das Durchschlagen hoch. Die Rechtsprechung bejahte danach einen Unternehmensmangel, wenn der mangelhafte Einzelgegenstand die wirtschaftliche Grundlage des Unternehmens erheblich erschütterte[454] oder den Wert und die Funktionstauglichkeit des Unternehmens entscheidend herabsetzte[455].

Heute können wegen der Verwendung des weiten Beschaffenheitsbegriffs mehr Umstände einen Sachmangel begründen als nach früherem Recht. Auch im Anwendungsbereich des § 434 Abs. 1 S. 2 BGB ist die Schwelle zur Begründung eines Sachmangels durch das weite Verständnis niedriger als zur Zeit des restriktiv verwendeten Fehlerbegriffs. Fraglich ist, ob sich die Ausweitung des Sachmangel-Begriffs auf das Erfordernis des Durchschlagens auswirkt. Ohne diese Frage zu erörtern, nimmt das OLG Köln ein Durchschlagen an, wenn der normale Betriebsablauf gestört und die weitere Verfolgung der wirtschaftlichen Zielsetzung des Unternehmens beeinträchtigt werden. Dies klingt nach einer geringeren Anforderung als bei der früheren Rechtsprechung. Um zu verdeutlichen, dass eine gewisse Relevanz aber weiterhin notwendig ist, verweist das Gericht darauf, dass zu beachten ist, dass kleinere Störungen bei Gefahrübergang bei einem Unternehmen nie ganz ausgeschlossen werden können[456]. Auch in der Literatur wird ein weniger strenger Maßstab angewandt, indem – meist ohne nähere Erläuterung – darauf abgestellt wird, ob die bloße Tauglichkeit als Unternehmen durch den Mangel beeinträchtigt wird[457].

Dies ist zu begrüßen. Soll der mangelhafte Einzelgegenstand einen Mangel des Unternehmens begründen, so muss er dem „normalen“ Unternehmensmangel

---

452 Vgl. § 459 Abs. 1 und 2 BGB a. F.

453 Zugunsten der Haftung aus c. i. c., s. dazu bereits VI. 1. a. 1) b), S. 57 ff.

454 BGH WM 1970, 819, 821;. Dagegen schon bei Gefährdung der Marktstellung: *Hommelhoff*, Die Sachmängelhaftung beim Unternehmenskauf, S. 38 ff., 41; ähnlich *Zeilinger*, NZG 1999, 1021, 1022.

455 Beispielsweise beim Ausfall der drei wichtigsten Maschinen, s. BGH NJW 1995, 1547, 1549.

456 OLG Köln, ZIP 2009, 2063; zustimmend *Weller*, EWiR 2010, 16.

457 Vgl. *Faust*, in: BeckOK BGB, § 453 Rdn. 27; *Thiessen*, Unternehmenskauf und Bürgerliches Gesetzbuch, C. VI. 3. c) (1) (b), S. 204.

entsprechen, der nun an den §§ 434, 435 BGB gemessen wird[458]. Danach schlägt ein mangelhafter Einzelgegenstand insbesondere dann durch, wenn das Unternehmen nicht mehr in der vorgesehenen Weise fortgeführt werden kann, weil der Betriebsablauf gestört ist[459]. Eine Störung des Betriebsablaufs kann nicht nur wegen mangelhafter Einzelgegenstände auftreten, sondern auch aufgrund fehlender Gegenstände. Dementsprechend können neben Qualitätsmängeln auch Quantitätsmängel wegen Durchschlagens zu einem Unternehmensmangel führen[460].

Schon an dieser Stelle sei zudem darauf hingewiesen, dass einzelne Komponenten eines Unternehmens neben Sachmängeln auch Rechtsmängel[461] aufweisen können. Unter „einzelnen Rechtsmängeln" sind dementsprechend solche Rechtsmängel zu verstehen, die nicht das Unternehmen als Ganzes, sondern nur einen Bestandteil des Unternehmens betreffen. Für sie gilt ebenso wie für Einzelgegenstände mit Sachmangel, dass der Rechtsmangel auf das Unternehmen als Ganzes durchschlagen muss, um eine Gewährleistungshaftung zu begründen[462]. Die für mangelhafte Einzelgegenstände genannten Gründe gelten bei einzelnen Rechtsmängeln ebenso wie bei einzelnen Sachmängeln. Schlägt ein einzelner Rechtsmangel auf das Unternehmen durch, wird er zu einem Beschaffenheitsmangel statt zu einem Rechtsmangel des Unternehmens[463]. Auch bei einzelnen Rechtsmängeln richtet sich das Durchschlagen nämlich nach §§ 434, 435 BGB. Ein einzelner Rechtsmangel, der auf das Unternehmen durchschlägt, beeinträchtigt regelmäßig die Fortführung des Unternehmens im Sinne des § 434 Abs. 1 S. 2 Nr. 1 oder 2 BGB, statt die Voraussetzungen eines Rechtsmangels des Unternehmens nach § 435 BGB zu erfüllen[464].

Ist ein Durchschlagen eines Einzelmangels (Sach- oder Rechtsmangel bzw. einzelner Fehlbestand) zu verneinen, haftet der Verkäufer weder nach Gewährleistungsrecht

---

458 So auch *Canaris*, HGB, § 8 Rdn. 37; *Faust*, in: BeckOK BGB, § 453 Rdn. 27.

459 *Haas*, in: Das neue Schuldrecht, § 5 Rdn. 541, 547. Zur Fortführung des Unternehmens im Sinne eines als vereinbart geltenden Beschaffenheitsmerkmals nach § 434 Abs. 1 S. 2 Nr 1 bzw. 2 BGB s. auch VI. 2. a. 2) d) und e), S. 111 und 112 f.

460 So schon früher RGZ 98, 289, 292; BGH NJW 1979, 33; mit dem richtigen Hinweis, dass auch bei Fehlbeständen das Durchschlagen maßgeblich ist: *Hommelhoff*, Die Sachmängelhaftung beim Unternehmenskauf, S. 103.

461 Zur Definition des Rechtsmangels nach § 435 BGB allgemein s. VI. 1. b., S. 70 ff.

462 Dies entspricht der früheren Rechtslage, vgl. dazu BGH NJW 1969, 184 (sicherungsübereignete Gegenstände).

463 Ausführlich dazu s. unter VI. 2. b., S. 119 ff., ebenso *Canaris*, HGB, § 8 Rdn. 38; *Haas*, in: Das neue Schuldrecht, § 5 Rdn. 541, 547.

464 Für Beispiele von Rechtsmängeln bei einem Unternehmenskauf s. VI. 2. b., S. 119 ff.

noch nach c. i. c. Die §§ 434 ff. BGB sind insoweit lex specialis und abschließend[465]. Sonst käme es zudem im Ergebnis doch zu einer ungerechtfertigten Besserstellung des Käufers wegen einer doppelter Haftung des Verkäufers (für Mängel des Unternehmens nach Gewährleistungsrecht und für Einzelmängel, die nicht durchschlagen, nach c. i. c.). Um bei Einzelmängeln nicht schutzlos zu sein, kann sich der Käufer allerdings mit dem Verkäufer auf eine Beschaffenheitsvereinbarung einigen[466].

d) Einzelfälle des § 434 Abs. 1 S. 2 Nr. 1 BGB

Liegt keine vorrangig zu beachtende Beschaffenheitsvereinbarung vor, stellt sich die Frage, ob die Parteien eine Verwendung des Unternehmens nach § 434 Abs. 1 S. 2 Nr. 1 BGB vertraglich vorausgesetzt, d. h., vereinbart haben[467]. Der vom Käufer geplante Verwendungszweck wird in den meisten Fällen die Fortführung des Unternehmens sein. Dabei wird sich aus der Annahme des Käufers, welche Art Geschäft das Unternehmen bisher betrieben hat, regelmäßig die von ihm zukünftig geplante Verwendung (eventuell mit gewissen Modifikationen) ergeben. Eine genauere Verwendung wird bei einem Unternehmen (anders als bei Verbrauchsgütern, für die die Regelung entwickelt worden ist,) nur selten zu definieren sein[468], ist aber im Einzelfall möglich[469].

Wurde die vom Käufer vorausgesetzte Verwendung zwischen den Parteien vereinbart, schuldet der Verkäufer die Eignung des Unternehmens für diese, und bei der Frage nach der Mangelhaftigkeit ist die entsprechende Eignung zu prüfen (§ 434 Abs. 1 S. 2 Nr. 1 BGB). Dazu ist es hilfreich, ein Unternehmen zu betrachten, das so verwendet wird, wie es der Käufer mit dem gekauften nach der Vereinbarung zwischen den Parteien vor hat, also ein Unternehmen, das mit dem vertraglich versprochenen Unternehmen vergleichbar ist. Ein in diesem Sinne vergleichbares Unternehmen kann Angaben dazu liefern, welche Umstände

---

465 So auch OLG Köln, ZIP 2009, 2063; *Weller*, EWiR 2010, 16; *Dauner-Lieb, Thiessen*, ZIP 2002, 108, 110; *Knott*, NZG 2002, 249, 252; *Triebel, Hölzle*, BB 2002, 521, 533.

466 Dazu bereits oben unter VI. 2. a. 1) b), S. 85 ff.

467 Zu den Anforderungen an das Voraussetzen einer Verwendung mit dem Ergebnis, dass eine diesbezügliche Vereinbarung erforderlich ist, s. VI. 1. a. 2), S. 66 ff.

468 Vgl. *Picot*, DB 2009, 2587, 2589.

469 So kann der Käufer mit dem Verkäufer vereinbaren, das vom Unternehmen betriebene Biomassekraftwerk zukünftig ausschließlich zur Verbrennung einer gewissen Altholzklasse zu nutzen, s. weiter unten das Beispiel S. 117. *Gaul* benennt als weitere Verwendungsmöglichkeit eines Unternehmenskaufs die Besetzung von Marktpositionen und den Erwerb von Know-how, vgl. *Gaul*, ZHR 166 (2002), 35, 47.

erforderlich sind, damit das verkaufte Unternehmen für die vertraglich vorausgesetzte Verwendung geeignet und vertragsgemäß ist.

e) Einzelfälle des § 434 Abs. 1 S. 2 Nr. 2 BGB

Auch im Rahmen des § 434 Abs. 1 S. 2 Nr. 2 BGB bildet ein vergleichbares Unternehmen die Grundlage, um die geschuldete Beschaffenheit des verkauften Unternehmens herauszufinden. Nach dieser Regelung sind die gewöhnliche Verwendung sowie die übliche und die zu erwartende Beschaffenheit bei einem vergleichbaren Unternehmen zu ermitteln. Sie sind Maßstab für die Mangelhaftigkeit, wenn sich diese nicht schon nach § 434 Abs. 1 S. 1 BGB oder § 434 Abs. 1 S. 2 Nr. 1 BGB bestimmen lässt. Die Frage nach der gewöhnlichen Verwendung sowie der üblichen und zu erwartenden Beschaffenheit lässt sich bei Unternehmen wiederum viel schwieriger beantworten als bei Verbrauchsgütern, für die die Regelung ursprünglich entwickelt wurde.

So wie in der Regel die Fortführung des Unternehmens als Verwendung vertraglich vorausgesetzt wird, kann man die Fortführung als Konsequenz daraus auch als gewöhnliche Verwendung eines Unternehmens betrachten[470]. Eine genauer definierte Nutzung eines Unternehmens wird sich durch den Vergleich mit vergleichbaren Unternehmen kaum als gewöhnlich herauskristallisieren. Aber auch die Fortführung beinhaltet gewisse Anhaltspunkte, die Rückschlüsse auf den geschuldeten Unternehmenszustand zulassen. Schließlich kann aus den Angaben zum bisherigen Betrieb abgeleitet werden, wie die Tätigkeit aussehen muss, deren Eignung geschuldet ist. Als Basis für die Ermittlung, welcher Zustand geschuldet ist, wenn das Unternehmen zur Fortführung (als gewöhnliche Verwendung) geeignet sein muss bzw. welcher Zustand darüber hinaus üblich und zu erwarten ist (vgl. § 434 Abs. 1 S. 2 Nr. 2 BGB), bedarf es regelmäßig eines Vergleichsunternehmens.

f) Vergleichswerte für § 434 Abs. 1 S. 2 Nr. 1 und 2 BGB

In beiden Fällen des § 434 Abs. 1 S. 2 BGB ist zur Bestimmung des geschuldeten Zustandes das Auffinden von vergleichbaren Gegenständen besonders wichtig, aus denen sich die dort genannten Merkmale ableiten lassen. Beim Unternehmenskauf besteht allerdings die schon oben aufgezeigte[471] Problematik, dass nicht ohne

---

470 Vgl. *Thiessen*, in: MüKo HGB, Anhang zu § 25 Rdn. 64; s. auch *Thiessen*, Unternehmenskauf und Bürgerliches Gesetzbuch, C. VI. 3. c) (1) (a), S. 200 f.

471 Zu der praktischen Schwierigkeit, vergleichbare Unternehmen zu finden vgl. VI. 2. a. 2) b), S. 101 ff., wo die Problematik erläutert wird, Vergleichswerte für

Weiteres Vergleichswerte zur Verfügung stehen, von denen auf die als geschuldet geltenden Beschaffenheiten zu schließen ist. Ergibt sich nicht schon aus der Gegenüberstellung mit nur „ähnlichen" Unternehmen, dass eine Abweichung von der Eignung zur vereinbarten oder gewöhnlichen Verwendung bzw. von der üblichen oder zu erwartenden Beschaffenheit vorliegt, sind Unternehmen erforderlich, die in mehr Punkten mit dem verkauften übereinstimmen, d. h., mit ihm tatbestandsmäßig „vergleichbar" sind[472]. Da es schwierig ist, vergleichbare Unternehmen aufzufinden, ist es für den Käufer ein großer Vorteil, wenn die Abweichung so deutlich ist, dass sie schon bei einem bloß ähnlichen Unternehmen erkennbar ist. Ein solcher Fall liegt vor, wenn es zur Bestimmung der Merkmale bereits genügt, bloß branchengleiche und ansonsten nicht näher vergleichbare Unternehmen zu betrachten.

Nehme man den Beispielsfall, dass der Käufer nach Angaben des Verkäufers davon ausgeht, dass das bisherige Unternehmen ein Hotel betreibt. Die Parteien einigen sich daraufhin dahin gehend, dass der Käufer das Unternehmen erwirbt, um (nach Auffassung des Käufers weiterhin) ein Hotel zu führen. Stellt sich nun heraus, dass der Käufer ein bisheriges Stundenhotel erworben hat, kann er sich darauf berufen, dass sich das Unternehmen nicht zur vertraglich vorausgesetzten Verwendung eignet. Der Ruf des Unternehmens als Stundenhotel steht einer Eröffnung und dem Betrieb als Hotel entgegen, sodass die vereinbarte Eignung zu verneinen und ein Mangel (§ 434 Abs. 1 S. 2 Nr. 1 BGB) zu bejahen ist[473].

Auch wenn die Parteien im Beispiel keine Vereinbarung über die zukünftige Verwendung des Unternehmens getroffen haben, ist die bisherige Tätigkeit des Unternehmens von Relevanz. Der Verkäufer benennt sie in der Regel zur Beschreibung des Unternehmens. Legt der Verkäufer in dem Beispiel nicht offen, dass sein Unternehmen bisher ein Stundenhotel betreibt, sondern spricht von einem Hotelbetrieb, verkauft und schuldet er ein Unternehmen, das bisher ein Hotel betrieben hat. Bei einem Unternehmen mit dieser Tätigkeit ist die Erwartung des Käufers berechtigt, dass es keinen Ruf als Stundenhotel hat (Merkmal der vom Käufer berechtigt erwarteten Beschaffenheit). Ein Image als Stundenhotel ist auch weder üblich (Merkmal der üblichen Beschaffenheit), noch eignet sich

---

Einzelgegenstände eines Unternehmens zu finden, wozu die Suche nach einem Vergleichsunternehmen Vorstufe ist.

472 Zu den hier verwendeten Begrifflichkeiten schon oben, s. VI. 2. a. 2) b), S. 101 ff.

473 Schon die frühere Rechtsprechung wertete den Ruf eines Betriebes als Mangel, wenn er der behaupteten bisherigen Nutzung durch den Verkäufer, die der Käufer fortführen wollte, entgegenstand, s. RGZ 67, 86 („Absteigequartier"); ähnlich BGH NJW 1992, 2564 („Stundenhotel"); ebenso für einen Mangel gemäß § 434 Abs. 1 S. 2 Nr. 1 BGB in diesem Beispielsfall *Wolf, Kaiser*, DB 2002, 411, 414.

das verkaufte Unternehmen mit diesem Ruf zum Hotelbetrieb. Die Eignung zum Hotelbetrieb ist aber geschuldet, da das Unternehmen als Hotelbetreiber verkauft wurde und die Fortführung dieses angeblichen Betriebs (als übliche Verwendung eines Unternehmens) als vereinbarte Beschaffenheit gilt (Merkmal der Eignung zur üblichen Verwendung)[474]. Es liegt damit auch nach § 434 Abs. 1 S. 2 Nr. 2 BGB in mehrfacher Hinsicht[475] ein Mangel vor. Im Rahmen dieses Beispiels genügt schon ein grob vergleichbares, ein nur ähnliches Unternehmen, um die Merkmale des § 434 Abs. 1 S. 2 Nr. 1 und 2 BGB zu bestimmen. Es ist nämlich deutlich erkennbar, dass das vorliegende Image ein jedes Hotel unabhängig von seiner konkreten Ausprägung schädigt, außer es handelt sich tatsächlich um ein Stundenhotel[476].

In der Praxis geht es aber in der Regel um vom Käufer beanstandete Einzelgegenstände und ob diese auf das Unternehmen durchschlagen, sodass sie einen Unternehmensmangel begründen[477]. Mit Blick auf das „Durchschlagen" ergibt sich die Frage, ob das Unternehmen noch trotz der Schwierigkeiten des mangelhaften Einzelgegenstandes fortgeführt werden kann. Dies lässt sich regelmäßig nur mittels einer Gegenüberstellung mit Unternehmen beantworten, die dem betroffenen nicht nur in groben Zügen, sondern in mehreren Punkten im Wesentlichen gleichen und damit vergleichbar sind. Hier ist es sehr problematisch, vergleichbare Unternehmen zu finden. Der Grund für diese Schwierigkeiten ist die Tatsache, dass Unternehmen grundsätzlich individuell ausgestaltet sind[478].

Um festzustellen, ob Unternehmen vergleichbar sind, ist neben der Branche, in der das Unternehmen tätig ist, auch die konkrete Ausgestaltung des Betriebes zu berücksichtigen. Bleibt man bei dem Beispiel, dass ein Unternehmen verkauft wird, das ein Biomassekraftwerk betreibt, sind die Bauart und die verwandte

---

474 Vgl. die Merkmale in § 434 Abs. 1 S. 2 Nr. 2 Alt. 1 bis 3.

475 Nach der hier vertretenen Ansicht wird zum einen ein Mangel wegen der fehlenden gewöhnlichen Verwendung begründet. Daneben ist die Sache nicht mangelfrei, weil weder die übliche noch die zu erwartenden Beschaffenheit (mit Blick auf die Mangelfreiheit Alternativität der beiden Merkmale) vorliegt. Zum Verhältnis der Merkmale des § 434 Abs. 1 S. 2 Nr. 2 BGB zueinander s. schon VI. 1. a. 3), S. 68 ff.

476 Ein weiteres Beispiel, bei dem ein ähnliches Unternehmen genügt, ist ein insolventes Unternehmen, das nicht als solches verkauft wurde. Bei Insolvenz ist die Fortführung in der Regel nicht mehr möglich, unabhängig von der genaueren Ausgestaltung (Bauweise, Alter etc.) des Unternehmens, s. *Thiessen*, in: MüKo HGB, Anhang zu § 25 Rdn. 64.

477 *Thiessen*, in: MüKo HGB, Anhang zu § 25 Rdn. 64.

478 Zu den Gründen schon oben, s. VI. 2. a. 2) b), S. 101 ff. und III. 4., S. 24 ff.

Technik[479] als Faktoren zu beachten. Daneben muss aber auch das Alter des Kraftwerks vergleichbar sein, denn nur so lässt sich die Abnutzung des regelmäßig gebrauchten Unternehmens bzw. Betriebes ermitteln. Selbst wenn man jedoch einen baugleichen Betrieb in einem vergleichbaren Alter zur Verfügung hat, genügt dies nicht. Vielmehr ist auch die Betriebsinhaberschaft bzw. die Führung des Betriebes für den Zustand des Unternehmens maßgeblich. So wie neben dem Alter bei einem Kraftfahrzeug der Kilometerstand heranzuziehen ist, um die Abnutzung widerzuspiegeln, muss bei einem Unternehmen die Betriebsführung berücksichtigt werden. Bei dem Biomassekraftwerk muss demnach die bereits produzierte Strommenge oder die Fahrweise des Kraftwerks (durchgängig oder nur zu gewissen Zeiten) berücksichtigt werden. Schließlich unterscheidet sich ein Kraftwerk, das zwei Jahre kaum genutzt wurde, von einem, das zwei Jahre lang täglich Strom liefert.

Zudem können sich aus den Eigenheiten des Gegenstandes noch weitere Faktoren ergeben, die zu beachten sind. Bei einem Biomassekraftwerk ist beispielsweise nicht nur die Gesamtdauer relevant, die das Kraftwerk in Betrieb ist, sondern auch die Anzahl an Unterbrechungen spielt eine Rolle. Jedes Anfahren führt zu einer höheren Belastung gewisser Unternehmensbestandteile als bei durchgängigem Betrieb. Sie kann so stark ausgeprägt sein, dass sich dadurch unterschiedlich starke Abnutzungs- oder Verschleißerscheinungen an den betroffenen Teilen ergeben. Abgestimmt auf das jeweilige Unternehmen sind also unbestimmt viele Faktoren zu berücksichtigen. Da jede Abweichung bei einem der Faktoren den Vergleich zerstören kann, findet sich in der Praxis nur selten ein vergleichbares Unternehmen, das verlässliche Werte liefern kann. Die Auswirkungen einer Abweichung werden anhand des folgenden Beispiels deutlich:

Die Parteien schließen einen Kaufvertrag über ein Unternehmen, das ein Biomassekraftwerk betreibt. Sie vereinbaren die ausschließliche Nutzung einer gewissen Altholzklasse als zukünftige und damit vorausgesetzte Verwendung des Unternehmens. Der Käufer ist später der Ansicht, dass sich das Kraftwerk nicht für das Verbrennen der vereinbarten Altholzklasse eignet. Nun kann man

---

479 Mit Blick auf technische Komponenten erlangt der Stand der Technik als übliche und zu erwartende Beschaffenheit Bedeutung. Bei neuen Gegenständen ist der neueste, bei gebrauchten der bei erstmaligem Verkauf aktuelle geschuldet, wenn keine abweichenden Anhaltspunkte vorliegen (z. B. günstige Preiskategorie). Der Stand der Technik stellt dann einen gewissen „Mindeststandard“ dar. Der Inhalt des jeweiligen Standes der Technik kann wiederum nur mittels Vergleichsgegenständen ermittelt werden. Ausführlich zur Bedeutung des Stands des Technik am Beispiel des Autokaufs vgl. *Eggert*, DS 2009, 247; *Fischinger, Lettmaier*, ZGS 2009, 394, 396.

ein Unternehmen zum Vergleich heranziehen, das ausschließlich die gewisse Altholzklasse nutzt. Soll es zu der Frage beitragen, welche Umstände für eine entsprechende Eignung in der Regel vorliegen müssen, kann es aber nur eine Vergleichsbasis bieten, wenn es dem Kraftwerk des betroffenen Unternehmens auch mit Blick auf seine Konstruktion gleicht sowie hinsichtlich weiterer Faktoren, die im Zusammenspiel die Grundlage für die Nutzung der Altholzklasse bilden. Besitzt das hinzugezogene Kraftwerk dagegen eine andere Förderband-Technik als das verkaufte, kann es zu diesem Punkt der Eignung schon nichts beitragen. Ähnliche Schwierigkeiten ergeben sich, wenn der Käufer die Eignung zur Fortführung des Unternehmens (als gewöhnliche Verwendung) oder die übliche und zu erwartende Beschaffenheit anzweifelt. Auch hier ist kaum zu gewährleisten, dass ein Vergleichskraftwerk in dem betroffenen Teil vergleichbar ist.

Auch in den Fällen, in denen ein vergleichbares Unternehmen existiert, schließen sich meist noch praktische Probleme an. So muss der Betreiber des Vergleichsunternehmens bereit sein, die zum Vergleich erwünschten Daten zu liefern. Dieses Problem ist in der Praxis nicht zu unterschätzen. Mit den Betriebsdaten eines Unternehmens gehen immer auch vertrauliche Informationen einher, die den Parteien somit bekannt werden. Inwieweit ein Dritter, der ein gleichartiges Unternehmen betreibt, sich daher mit der Herausgabe von Betriebsdaten einverstanden erklärt, ist eine Frage des Einzelfalls. Insbesondere ist sie davon abhängig, welche weiteren Informationen aus den Daten abgelesen werden können, wie sensibel diese also sind. Hat eine der Parteien selbst ein vergleichbares Unternehmen und entscheidet sich, ihre Daten als Vergleichswerte offenzulegen, muss sie sich regelmäßig dem Vorwurf aussetzen, die Daten in einer für sich günstigen Art und Weise zu präsentieren. Schließlich gibt es eine Vielzahl von Mess- und Berechnungsmethoden, über deren Anwendung und Geeignetheit die Parteien streiten können. In der Praxis kann ein (schieds-)gerichtliches Verfahren dann leicht zu einem Schauplatz werden für den Schlagabtausch von Gutachtern.

g) Nichtanwendung des § 434 Abs. 1 S. 2 Nr. 1 und 2 BGB als Konsequenz seines schwierigen Gebrauchs beim Unternehmenskauf?

In der Praxis fehlen aufgrund der dargestellten Schwierigkeiten meist zuverlässige bzw. eindeutige Vergleichswerte, die Rückschlüsse über die Eignung zu einer vorausgesetzten oder üblichen Verwendung zulassen oder auch die übliche und zu erwartende Beschaffenheit beschreiben. Daher könnte man dazu neigen, die Anwendung des § 434 Abs. 1 S. 2 Nr. 1 und 2 BGB beim Unternehmenskauf insoweit zu unterlassen, als dass man feststellt, dass sich beim Unternehmenskauf aus diesen Regelungen keine zusätzlichen Umstände ableiten lassen, die der Verkäufer schuldet[480]. Bei einer Beschaffenheit, zu der keine Beschaffenheitsvereinbarungen getroffen wurden, kommt dann nur eine c. i. c.-Haftung in Betracht, falls der Verkäufer über fragliche Umstände arglistig[481] falsch informiert hat[482]. Diese Ansicht berücksichtigt die vom Gesetzgeber gewünschte Ausweitung der Sachmängelhaftung nicht in angemessener Weise. Haben die Parteien eine zukünftige Verwendung des Unternehmens vereinbart, kann der Käufer davon ausgehen, dass das Unternehmen eine entsprechende Eignung aufweist. Ebenso darf er davon ausgehen, dass das Unternehmen den Durchschnittserwartungen eines Käufers und einem gewissen, üblichen Standard entspricht sowie auf die übliche Art zu nutzen ist. Und auch wenn sie schwer zu belegen sind, so wird es doch Vorstellungen zu den Merkmalen geben. Ein Fehlen der genannten Merkmale ähnelt der Situation, dass eine vereinbarte Beschaffenheit (§ 434 Abs. 1 S. 1 BGB) nicht vorliegt. Die Parteien haben sich zwar nicht auf einzelne Umstände geeinigt, allerdings gelten die Beschaffenheiten, die nach § 434 Abs. 1 S. 2 Nr. 1 und 2 BGB nötig sind, gerade als vereinbart. Ein Fehlen der vereinbarten oder üblichen Eignung sowie der üblichen und zu erwartenden Beschaffenheit ist auch beim Unternehmenskauf als das zu werten, was es nach den gesetzlichen Regeln ist, als Mangel[483]. Die Haftung aus c. i. c. wird dagegen von der Gewährleistungshaftung als lex specialis grundsätzlich verdrängt[484].

---

480 In diese Richtung, insbesondere mit Blick auf § 434 Abs. 1 S. 2 Nr. 2 BGB s. *Weitnauer*, NJW 2002, 2511, 2514; *Gaul*, ZHR 166 (2002), 35, 48; *Kindl*, WM 2003, 409, 412. Einen gewöhnlichen Gebrauch bei Unternehmen und die Tauglichkeit dazu als Merkmal der Mangelprüfung schon zum früheren Recht ablehnend: *Huber*, ZGR 1972, 395, 406.

481 Nach herrschender Meinung, der sich zuletzt der BGH angeschlossen hat, verdrängt das Gewährleistungsrecht grundsätzlich die Haftung aus c. i. c. Eine Ausnahme besteht aber bei arglistiger Pflichtverletzung. Der Verkäufer ist in diesem Fall nicht schutzwürdig, sodass er nach c. i. c. haftet, selbst wenn es um einen Umstand geht, der einer Beschaffenheitsvereinbarung zugänglich ist. Zum früheren Streitstand zur Konkurrenz der Gewährleistungshaftung und der Haftung aus c. i. c. siehe die grundlegende Entscheidung BGH NJW 2009, 2120 sowie die Anmerkung dazu von *Fischinger, Lettmaier*, NJW 2009, 2496, 2497 f.; daran anschließend: BGH NJW 2010, 858, 859; BGH, Hinweisbeschluss v. 2.11.2010 – VIII ZR 287/09; BGH NJW 2012, 846; *Lorenz*, LMK 2012, 327759; vgl. auch *Canaris*, der eine Haftung aus c. i. c. auch bei bloß fahrlässiger Verletzung befürwortet, wenn keine Beschaffenheitsvereinbarung getroffen wurde, *Canaris*, in: Karlsruher Forum 2002, S. 5, 89 f.

482 *Picot*, DB 2009, 2587, 2589; *Kindl*, WM 2003, 409, 412.

483 Ebenso *Canaris*, HGB, § 8 Rdn. 30; *Canaris*, in: Karlsruher Forum 2002, S. 60.

484 *Dauner-Lieb, Thiessen*, ZIP 2002, 108, 110; *Knott*, NZG 2002, 249, 252; *Triebel, Hölzle*, BB 2002, 521, 533; *Weller*, EWiR 2010, 16.

Die praktischen Schwierigkeiten, ein Vergleichsunternehmen zu finden und die entsprechenden Werte zu erhalten, ändern daran nichts. Es ist zwar zu begrüßen, dass bei der Diskussion um die Beachtung von Einzelgegenständen die Suche nach Vergleichswerten letztendlich nicht nötig, sondern auf das Gesamtunternehmen abzustellen ist. Dort ist die praktische Problematik allerdings noch mehr zugespitzt, da nicht nur vergleichbare Unternehmen, sondern vergleichbare Einzelgegenstände von (als Vorstufe vergleichbaren) Unternehmen gesucht werden müssen. Außerdem ist es bei der genannten Diskussion zwar ein zu begrüßendes Ergebnis, aber die Schwierigkeiten sind nicht entscheidend für die Ablehnung des Abstellens auf Einzelgegenstände. Hier gibt es dagegen außer den praktischen Problemen keine anderen Gründe, die gegen eine Anwendung des § 434 Abs. 1 S. 2 BGB sprechen. Allein praktische Schwierigkeiten können die Anwendung der gesetzlichen Regelung aber nicht ohne Weiteres ausschließen.

Man könnte daran denken, dass die nur analoge Anwendung des § 434 Abs. 1 S. 2 Nr. 1 und 2 BGB beim Unternehmenskauf[485] einen Anlass gibt, auf die praktisch nur schwer durchführbaren Regelungen zu verzichten mit dem Hinweis, dass sie nicht zum Unternehmenskauf passen. Allerdings ist der grundsätzliche Ausschluss rechtstechnisch nicht erforderlich und die verbindliche Anordnung der analogen Anwendung in § 453 Abs. 1 BGB zudem sachgerecht. Zum einen gibt es auch bei anderen Gegenständen manchmal Schwierigkeiten und dort wird die Nichtanwendung gar nicht erst diskutiert[486]. Zum andern lassen sich im Einzelfall die Merkmale des § 434 Abs. 1 S. 2 Nr. 1 und 2 BGB schon mittels eines eher groben Vergleichs mit anderen Unternehmen verneinen, d. h., ein Mangel ist ohne großen Aufwand nach diesen Regelungen festzustellen[487]. Dann muss der Käufer daraus auch Gewährleistungsansprüche herleiten können.

Außerdem sind im Einzelfall auch vergleichbare Unternehmen vorhanden und die Parteien können die jeweiligen Eigentümer zur Herausgabe der erforderlichen Daten überzeugen. Es ist kein Grund ersichtlich, warum solche Vergleichswerte dann keine Bedeutung erlangen sollten. Ein genereller Ausschluss ist daher abzulehnen und die verbindliche analoge Anwendung auszuführen.

---

485 Vgl. § 453 Abs. 1 Alt. 2 BGB, dazu ausführlich V. 2., S. 44 ff.

486 Mit diesem Gedanken auch *Büdenbender*, in: Unternehmenskauf und Schuldrechtsmodernisierung, S. 5, 35; *Thiessen*, in: MüKo HGB, Anhang zu § 25 Rdn. 64.

487 S. Bsp. zum Hotelbetrieb, ebenso *Westermann*, in: MüKo BGB, § 453 Rdn. 33; *Berger*, in: Jauernig, § 453 Rdn. 14.

Vielmehr ist es die Aufgabe der Parteien und natürlich aufgrund seiner Darlegungs- und Beweislast[488] insbesondere des Käufers, sich um Vergleichswerte zu bemühen. Lassen sich solche finden, sind sie wie bei anderen Gegenständen im Rahmen des § 434 Abs. 1 S. 2 Nr. 1 und 2 BGB zu berücksichtigen[489].

b. Rechtsmangel, § 435 BGB

Für die Anwendung der Regelung zum Rechtsmangel (§ 435 BGB) bei einem Unternehmenskauf spricht ebenso wie für die Anwendung der Regelung zum Sachmangel (§ 434 BGB) die verbindliche Anordnung der analogen Anwendung sowie der Wille des Gesetzgebers, die Frage der Mangelhaftigkeit für eine Rechtsordnung allgemein zu bestimmen[490]. Die folgenden Ausführungen zeigen, dass auch bei einem Unternehmenskauf durchaus Rechtsmängel im Sinne des § 435 BGB vorkommen können. Es sind keine Gründe ersichtlich, warum die Regelung des § 435 BGB in diesen Fällen beim Unternehmenskauf nicht anzuwenden sein sollte. Insbesondere gibt es keinen Grund, sie für unpassend zu halten und mit Verweis auf die bloß analoge Anwendung beim Unternehmenskauf[491] abzulehnen[492]. Ein Unternehmen ist daher auch auf Rechtsmängel zu überprüfen.

Ein Rechtsmangel liegt nach allgemeiner Definition vor, wenn die Gefahr besteht, dass der Käufer in der ungestörten Ausnutzung der ihm gebührenden

---

488 Der Käufer hat den Mangel als anspruchsbegründende Tatsache darzulegen und zu beweisen, vgl. *Weidenkaff*, in: Palandt, § 434 Rdn. 59. In der Praxis wird der Verkäufer daher anfangs dem Käufer die Suche nach einem Vergleichsunternehmen überlassen, und erst wenn dieser – meist dank eines Vergleichsunternehmens – überhaupt so viele Anhaltspunkte für einen Mangel vorgebracht hat, dass eine Widerlegung nötig ist, selber Vergleichsunternehmen suchen, die seine Argumentation der Mangelfreiheit stützen.

489 Im Ergebnis ebenso *Canaris*, HGB, § 8 Rdn. 24; *Thiessen*, in: MüKo HGB, Anhang zu § 25 Rdn. 64; *Westermann*, in: MüKo BGB, § 453 Rdn. 33; *Berger*, in: Jauernig, § 453 Rdn. 14; *Wunderlich*, WM 2002, 981 in Fn. 42a. Schon zum früheren Recht für die Möglichkeit einer gewissen, objektiven Vergleichbarkeit von Unternehmen: *Hommelhoff*, Die Sachmängelhaftung beim Unternehmenskauf, S. 37.

490 Siehe BT-Drucks. 14/6040, S. 211 sowie VI. 2. a., S. 75 ff.

491 S. § 453 Abs. 1 Alt. 2 BGB. Zur analogen Anwendung siehe ausführlich V., S. 39 ff.

492 So wird eine Nichtanwendung des § 435 BGB bei Unternehmenskäufen in der Literatur grundsätzlich nicht diskutiert, sondern lediglich die sogleich dargestellte Frage, welche Fälle nichtvertragsgemäßer Leistung beim Unternehmenskauf als Rechtsmängel in Abgrenzung zu Unternehmensmängeln einzuordnen sind.

Rechtsposition beeinträchtigt wird[493]. Auf ein Unternehmen bezogen handelt es sich demnach um einen Rechtsmangel, wenn der Käufer des Unternehmens die unternehmerische Tätigkeit zumindest teilweise nicht ausüben kann, weil das Recht eines Dritten entgegensteht[494]. Ein Rechtsmangel des Unternehmens kann danach ein dem Käufer nicht mitgeteiltes Patent eines Dritten[495], eine den Käufer bindende Vertriebsbeschränkung oder ein öffentlich-rechtliches Verbot sein[496]. Dabei ist zu beachten, dass bei Verbindlichkeiten, für die der Käufer nach § 25 HGB haftet, der Betrieb des Unternehmens beschränkt sein muss, um einen Rechtsmangel zu begründen. Die bloße Haftung des Käufers, die das Unternehmen nicht speziell belastet, genügt nicht[497].

Die Definition zeigt außerdem, dass das Unternehmen als Ganzes Bezugspunkt für die Rechtsmängel sein muss. Im Rahmen des § 435 BGB ist ebenso wie bei § 434 (insbesondere Abs. 1 S. 2 Nr. 1 und 2) BGB bei der Prüfung der Mangelhaftigkeit auf das Unternehmen abzustellen, nicht auf einzelne Komponenten desselben. Es ist demnach ein Durchschlagen auf das Unternehmen bei Rechtsmängeln an Einzelgegenständen zu fordern. Die Argumentation zu Sachmängeln (§ 434 BGB) an Einzelgegenständen, die den Kaufgegenstand als Anknüpfungspunkt beachtet, gilt hier ebenso[498]. Dagegen wird vorgebracht, dass der Unternehmenskäufer im Hinblick auf Einzelgegenstände nur mit Sach-, nicht aber mit Rechtsmängeln rechnen müsse. Letztere stünden daher unabhängig von einem Durchschlagen der gewöhnlichen Unternehmensbeschaffenheit entgegen und begründeten einen Unternehmensmangel[499]. Dieser Einwand berücksichtigt jedoch nicht, dass die Regelungen der §§ 434, 435 BGB und damit die Eignung zur

---

493 *Westermann*, in: MüKo BGB, § 435 Rdn. 4; *Grunewald*, in: Erman, § 435 Rdn. 3 ff.; *Matusche-Beckmann*, in: Staudinger, § 435 Rdn. 8; *Niemann, Reipen*, JuS 2003, 654; *Pahlow*, JuS 2006, 289; s. auch schon unter VI. 1. b., S. 70 ff.

494 *Wunderlich*, WM 2002, 981.

495 Ausführlich zu Schutzrechten als Rechtsmangel, ihrer Verletzung und Handlungsmöglichkeiten des Schutzrechtsinhabers s. *Laub*, GRUR 2003, 654.

496 Zur Vertriebsbeschränkung vgl. schon RGZ 88, 103, 107; zu den weiteren Beispielen: *Canaris*, ZGR 1982, 395, 429; *Wolf, Kaiser*, DB 2002, 411, 415; *Wunderlich*, WM 2002, 981; *Faust*, in: BeckOK BGB, § 453 Rdn. 28.

497 Herrschende Meinung, vgl. *Baur*, BB 1979, 381, 386; *Grunewald*, in: Erman, § 435 Rdn. 8.

498 Ebenso *Büdenbender*, in: Unternehmenskauf und Schuldrechtsmodernisierung, S. 5, 26. Zu der Diskussion, ob im Rahmen des § 434 BGB (Sachmangel) auf das Unternehmen als Ganzes abzustellen ist, vgl. bereits VI. 2. a. 2) a), S. 95 ff.

499 So *Thiessen*, Unternehmenskauf und Bürgerliches Gesetzbuch, C. VII. 1. c) Fn. 160, S. 215.

gewöhnlichen Verwendung sowie die übliche und zu erwartende Unternehmensbeschaffenheit (§ 434 Abs. 1 S. 2 Nr. 2 BGB) Maßstab für das Durchschlagen sind[500]. Kommt man zu dem Ergebnis, dass das Vorliegen von Rechtsmängeln an Einzelgegenständen im konkreten Fall der üblichen und zu erwartenden Beschaffenheit eines vergleichbaren Unternehmens widerspricht, schlägt der Mangel zugleich auf das Unternehmen durch. Auf das Erfordernis des Durchschlagens ist somit nicht zu verzichten, weil es nach der hier vertretenen Ansicht genau die Anforderung enthält, durch die es nach der Gegenansicht ersetzt werden soll. Dabei ist im Einzelfall zu prüfen, ob das Vorliegen von Rechtsmängeln bei Einzelgegenständen der üblichen und zu erwartenden Beschaffenheit entgegensteht oder auf sonstige Art und Weise durchschlägt. Auch wenn Rechtsmängel an Einzelgegenständen tendenziell unüblicher sind als Sachmängel, sollte bei der Prüfung des Durchschlagens nach den §§ 434, 435 BGB auf die konkreten Umstände abgestellt werden, insbesondere die Branche des Unternehmens, um das Risiko einer zu pauschalisierenden Betrachtung von vornherein zu vermeiden.

Auch die Rechtsprechung zum früheren Recht prüfte bei Rechtsmängeln an Einzelgegenständen (wie auch bei Sachmängeln an Einzelgegenständen) eine Gesamterheblichkeit für das Unternehmen. Lag sie vor, begründete der „durchschlagende" Rechtsmangel einen Sachmangel des Unternehmens[501]. Allerdings ging die Rechtsprechung bei einzelnen Rechtsmängeln parallel zu der Sachmängelhaftung des Unternehmens auch von einer Rechtsmängelhaftung aus[502], die nach früherem Recht von der Sachmängelhaftung verschiedene Rechtsfolgen hatte. Dieses Nebeneinander ist heute abzulehnen. Die Rechtsfolgen der Mängel sind einheitlich, sodass dem Käufer durch die parallele Anwendung keine weiteren Möglichkeiten hinsichtlich der Rechtsfolgen eröffnet werden. § 437 BGB differenziert nicht nach der Art des Mangels. Die Verjährung des (hypothetischen) Nacherfüllungsanspruches, die zur Unwirksamkeit des Rücktritts wegen Zeitablaufs führt (§ 218 Abs. 1 S. 1, 2 BGB), ist ebenso unabhängig von der Art des Mangels zu bestimmen, vgl. § 438 BGB. Auch hinsichtlich der Beweislast nähern sich die beiden Mangelarten an[503]. Außerdem ist nur das Unternehmen

500 Zu dieser hier vertretenen Meinung siehe bereits VI. 2. a. 2) c), S. 108 ff.

501 BGH DB 1970, 442; BGH NJW 1969, 184.

502 BGH NJW 1970, 556, 557; ablehnend: *Hommelhoff*, Die Sachmängelhaftung beim Unternehmenskauf, S. 46 ff.

503 Wenn sich der Verkäufer darauf beruft, dass der vermeidlich einen Sachmangel begründende Umstand als Beschaffenheit (§ 434 Abs. 1 S. 1 BGB) vereinbart wurde, muss er dies beweisen. Dies ähnelt der Beweislast bei Rechtsmängeln, nach der der Verkäufer beweisen muss, dass der Käufer den Rechtsmangel übernommen hat, vgl.

Kaufgegenstand und damit für die Mangelhaftigkeit maßgeblich. Bei Rechtsmängeln an Einzelgegenständen ist daher ebenso wie bei Sachmängel an Einzelgegenständen der Mangel am Einzelgegenstand irrelevant. Es ist allein auf das Unternehmen abzustellen[504].

Aus dieser Anforderung folgt, dass Rechtsmängel an bloß einzelnen Gegenständen des Unternehmens in der Regel keine Rechtsmängel des Unternehmens darstellen. Steht das Recht eines Dritten an einem einzelnen Unternehmensgegenstand der Rechtsposition des Unternehmenskäufers (regelmäßig seiner Position als Eigentümer des Einzelgegenstandes) entgegen, hindert dieses Recht den Käufer grundsätzlich nicht daran, die unternehmerische Tätigkeit auszuüben. Ist beispielsweise das Betriebsgrundstück des Unternehmens mit einem Recht eines Dritten belastet[505], kann der Dritte diesbezüglich den Käufer stören. Es besteht aber regelmäßig keine Gefahr, dass der Dritte den Käufer in der ungestörten Ausnutzung seiner Rechtsposition als Unternehmensinhaber beeinträchtigt. Ein Rechtsmangel des gesamten Unternehmens ist dann zu verneinen. Allerdings kann ein einzelner Rechtsmangel dazu führen, dass das Unternehmen als Ganzes in seiner Beschaffenheit und Verwendbarkeit beeinträchtigt ist. Ist beispielsweise die Maschine, die der Käufer wegen des Rechtes eines Dritten nicht nutzen kann, für die Produktion erforderlich, kann der Käufer das Unternehmen – auch ohne Angriff auf seine Rechtsposition als Inhaber – nicht mehr fortführen. In diesem Fall liegt ein Sachmangel des Unternehmens vor[506]. Wenn der einzelne Rechtsmangel auf das Unternehmen durchschlägt[507], stellt er somit einen Beschaffenheitsmangel des gesamten Unternehmens dar[508].

BT-Drucks. 14/6040 S. 202 f. Siehe zu der Ähnlichkeit von Sach- und Rechtsmangel auch *Thiessen*, Unternehmenskauf und Bürgerliches Gesetzbuch, C. VII. 1. C), S. 219.

504 Ähnlich *Faust*, in: BeckOK BGB, § 453 Rdn. 28;; *Thiessen*, in: MüKo HGB, Anhang zu § 25 Rdn. 108; *Haas*, in: Das neue Schuldrecht, § 5 Rdn. 541, 547; schon zum früheren Recht *Hommelhoff*, Sachmängelhaftung, S. 46 ff.

505 Die Belastung des Betriebsgrundstückes nennt auch *Faust* als Beispiel, vgl. *Faust*, in: BeckOK BGB, § 453 Rdn. 28.

506 Gemäß § 434 Abs. 1 S. 2 Nr. 1 BGB (bei Vorliegen einer Vereinbarung, das Unternehmen fortzuführen) bzw. § 434 Abs. 1 S. 2 Nr. 2 Alt. 1 BGB (bei der Fortführung als gewöhnlicher Verwendung).

507 Zum Maßstab des Durchschlagens, s. schon VI. 2. a. 2) c), S. 108 ff.

508 Schon zum früheren Recht s. BGH NJW 1969, 184; ebenso zum neuen Recht bzw. § 435 BGB: *Canaris*, Handelsrecht, § 8 Rdn. 38; *Faust*, in: BeckOK BGB, § 453 Rdn. 28; *Thiessen*, in: MüKo HGB, Anhang zu § 25 Rdn. 108; a. A. *Grunewald*, in: Erman, § 435 Rdn. 14.

3. Mangel beim Share Deal

Der Share Deal ist ein Rechtskauf, da unmittelbar nur die Anteile am Unternehmensträger erworben werden, nicht das Unternehmen als sonstiger Gegenstand[509]. Ob Mängel an dem hinter den verkauften Anteilen stehenden Unternehmen zur Gewährleistungshaftung führen können, wird sowohl für den Share Deal als auch für den reinen Anteilskauf diskutiert. Die Regelung des § 453 Abs. 3 BGB hilft hier nicht weiter. Sie bestimmt zwar, dass der Verkäufer die Sache frei von Sach- und Rechtsmängeln zu übergeben hat, wenn er ein Recht verkauft, das zum Besitz der Sache berechtigt. Die Regelung ist beim Anteilskauf aber nicht einschlägig. Die Kapital- oder Personengesellschaft, die Unternehmensträger ist, ist selbst Besitzerin des Unternehmens[510]. Ihre Anteile berechtigen den Inhaber daher nicht dazu, dass er das Unternehmen besitzt[511].

Seit der Schuldrechtsmodernisierung wird aber ein anderer Anknüpfungspunkt benannt, nach dem sich ein vertraglich geschuldeter Zustand des Gegenstandes ergeben soll, auf den sich das verkaufte Recht bezieht (ohne aber zu dessen Besitz zu berechtigen). Für den Rechtskauf verweist § 453 Abs. 1 Alt. 1 BGB nämlich auf die Vorschriften zum Kauf von Sachen (§§ 433 ff. BGB) und damit sowohl auf die Regelung zum Rechts- (§ 435 BGB) als auch zum Sachmangel (§ 434 BGB). Der umfassende Verweis könnte dafür sprechen, beim Rechtskauf nicht allein Rechtsmängel, sondern ebenso Sachmängel oder allgemeiner ausgedrückt Beschaffenheitsmängel des Rechtes für möglich zu halten[512].

---

509 Vgl. zur Einordnung des Share Deal als Rechtskauf schon II. 2. b), S. 12 ff. sowie V. 1. b., S. 43 ff.

510 Für juristische Personen als Besitzer s. BGH 1971, 1358; BGH 2004, 217; allgemein: *Fritzsche*, in: BeckOK BGB, § 854 Rdn. 50 ff.; *Joost*, in: Müko BGB, § 854 Rdn. 17–23. Wegen der Annäherung der Außen-GbR an die juristischen Personen sieht die herrschende Meinung auch diese als Besitzerinnen, wobei der BGH dazu noch nicht Stellung nehmen musste. Zur (Außen-)GbR vgl. *Fritzsche*, in: BeckOK BGB, § 854 Rdn. 53; *Joost*, in: Müko BGB, § 854 Rdn. 24; *Ulmer, Schäfer*, in: MüKo BGB, § 718 Rdn. 35 ff. m. w. N.

511 *Seibt, Reiche* DStR 2002, 1135, 1137; *Wälzholz*, DStR 2002, 500, 502.

512 Als eine Beschaffenheit eines Rechtes, die bei Nichtvorliegen einen Sachmangel begründen kann, wird beispielsweise die technische Ausführbarkeit einer Produktion oder Konstruktion genannt, die auf einem verkauften Patent beruht, so *Westermann*, in: MüKo BGB, § 453 Rdn. 14. Andere lehnen es ab, dass ein Recht Sachmängel aufweisen kann, so *Eidenmüller*, NJW 2002, 1625, 1627; *Huber*, AcP 202 (2002), 179, 229; *Grunewald*, in: Erman § 453 Rdn. 17.

Unabhängig von dieser Fragestellung wird diskutiert, ob sich bei dem Anteilskauf eines Unternehmensträgers ein vertraglich geschuldeter Unternehmenszustand ergibt oder ergeben kann. Dafür wäre erforderlich, dass Beschaffenheiten nicht des Rechtes, sondern des dem Anteilsrecht zugrunde liegenden Unternehmens vereinbart werden können (§ 434 Abs. 1 S. 1 BGB) und als vereinbart gelten (§ 434 Abs. 1 S. 2 Nr. 1 und 2 BGB). Die Haftung für Mängel des Unternehmens würde dann der bei einem Asset Deal entsprechen[513]. Eine Differenzierung zwischen Asset und Share Deal sowie einem reinen Anteilskauf wäre überflüssig.

Nach früherem Recht unterschied die Rechtsprechung zwischen dem reinen Anteilskauf und dem Share Deal als Unternehmenskauf, wobei die Abgrenzung strittig war und auch heute noch ist[514]. Bei Ersterem wandte sie die Regelungen allein über den Rechtskauf (§§ 437 ff. BGB a. F.) an. Beim Share Deal griff sie dagegen ebenso wie beim Asset Deal auf die Gewährleistung für Sachmängel zurück (§§ 459 ff. BGB a. F.), sodass der Verkäufer für Unternehmensmängel haftete[515]. Da die vorliegende Arbeit den Unternehmenskauf zum Thema hat, soll die umfangreiche Diskussion zur Haftung für Unternehmensmängel bei einem bloßen Anteilskauf hier nur kurz skizziert werden[516].

Nach der wohl herrschenden Ansicht können bei einem reinen Anteilskauf keine Mängel hinsichtlich des dahinterstehenden Unternehmens begründet werden[517]. Den Parteien bleibt es aber unbenommen bei dem Wunsch nach einer Haftung für das Unternehmen oder Unternehmensgegenstände, entsprechende Garantien zu vereinbaren[518]. Die Gegenansicht betont, dass hinter jedem Anteil, das vom Unternehmensträger betriebene Unternehmen steht[519]. Einige Stimmen gehen so weit,

513 Zur Haftung für Mängel beim Asset Deal s. zuvor VI. 2., S. 72 ff.

514 Zur strittigen Abgrenzung s. II. b., S. 12 ff.

515 RGZ 120, 283, 286 ff.; RGZ 122, 378, 380 f.; RGZ 126, 13, 16; BGHZ 65, 246; BGH NJW 1969, 184; BGH NJW 1998, 2360, 2362 f.

516 Für eine ausführliche Darstellung mit Nennung der jeweiligen Argumente s. beispielsweise *Grunewald*, NZG 2003, 372, 373.

517 *Eidenmüller*, NJW 2002, 1625, 1627; *Grunewald*, NZG 2003, 372, 373; *Huber*, AcP 202 (2002), 179, 229 ff.; *Jaques*, BB 2002, 417; *Wälzholz*, DStR 2002, 500, 502; *Weitnauer*, NJW 2002, 2511, 2514 f.; *Canaris*, Handelsrecht, § 8 Rdn. 43 ff.; *Büdenbender*, in: NK-BGB, § 453 Rdn. 12; *Faust*, in: BeckOK BGB, § 453 Rdn. 21; *Grunewald*, in: Erman, § 453 Rdn. 12; *Weidenkaff*, in: Palandt, § 453 Rdn. 23; *Beckmann*, in: Staudinger, § 453 Rdn. 33.

518 Vgl. beispielsweise *Wälzholz*, DStR 2002, 500, 502; *Faust*, in: BeckOK BGB, § 453 Rdn. 22.

519 *Thiessen*, in: MüKo HGB, Anh. zu § 25 Rdn. 113.

alle Varianten des § 434 BGB mit Blick auf das Unternehmen anzuwenden[520]. Andere lehnen es ab, das Unternehmen im Rahmen des § 434 BGB an die Stelle des Kaufgegenstandes zu setzen, halten aber eine Beschaffenheitsvereinbarung für möglich, die den Unternehmenszustand als Beschaffenheit der Anteile beschreibt. Bei Nichtvorliegen desselben liege dann ein Sachmangel vor[521].

Auch heute ist nach zutreffender Ansicht zu unterscheiden, ob es sich um einen bloßen Anteilskauf handelt oder einen Share Deal, d. h. einen Unternehmenskauf über den Weg des Anteilserwerbs. Nach § 434 BGB ist lediglich der Kaufgegenstand auf die Übereinstimmung der Ist- mit der Sollbeschaffenheit zu überprüfen und somit kann nur die Beschaffenheit des Kaufgegenstandes einen Mangel begründen[522]. Um dieser Anknüpfung an den Kaufgegenstand gerecht zu werden, ist der herrschenden Meinung zuzustimmen. Nur sie berücksichtigt, dass das Unternehmen beim Kauf einzelner Anteile für die Parteien nicht den Schwerpunkt des Vertrages bildet und der reine Anteilskauf auch nicht als Unternehmenskauf zu werten ist, also das Unternehmen nicht als Kaufgegenstand.

Beim reinen Anteilskauf kann nicht davon ausgegangen werden, dass die Parteien subjektiv das Unternehmen als Kaufgegenstand ansehen. Selbst wenn sie sich im Einzelfall dahin gehend einigen, fehlt es an der objektiven Komponente, um von einem Unternehmenskauf auszugehen. Auch die frühere Rechtsprechung forderte eine solche, indem sie neben dem Parteiwillen verlangte, dass auch nach der Verkehrsauffassung ein Unternehmenskauf vorliegen muss[523]. Nach der hier vertretenen Ansicht ist dafür erforderlich, dass mit Blick auf den Unternehmensträger eine beherrschende Stellung erworben wird[524]. Dieser objektive Umstand ist ebenso maßgeblich wie der entsprechende Parteiwille, um einen Unternehmenskauf annehmen

---

520 *Gaul*, ZHR 166 (2002), 35, 39; *Wolf, Kaiser*, DB 2002, 411, 416 f.; *Ziegler*, DStR 2005, 873; in diese Richtung auch *Gruber*, MDR 2002, 433, 437.

521 *Gronstedt, Jörgens*, ZIP 2002, 52, 55; *Seibt, Reiche*, DStR 2002, 1135, 1137; *Triebel, Hölzle*, BB 2002, 521, 523; *Thiessen*, Unternehmenskauf und Bürgerliches Gesetzbuch, C. VI. 3. c) (2) (a), S. 206; *Haas*, in: Das neue Schuldrecht, § 5 Rdn. 556 ff.; *Thiessen*, in: MüKo HGB, Anh. zu § 25 Rdn. 112 f.; *Holzapfel*, in: Unternehmenskauf und Schuldrechtsmodernisierung, S. 87, 95 ff.; ähnlich *Picot*, DB 2002, 411, 417.

522 Entsprechendes gilt für § 435 BGB. Zur Anknüpfung an den Kaufgegenstand bei der Bestimmung der Mangelhaftigkeit schon oben im Zusammenhang mit mangelhaften Einzelgegenständen eines Unternehmens, s. VI. 2. a. 2) a), S. 95 ff.

523 RGZ 120, 283, 287; RGZ 122, 378, 381; BGHZ 65, 246.

524 Zu den Anforderungen, wann bei einem Anteilskauf von einem Unternehmenskauf auszugehen ist, bzw. der bisher ungeklärten Frage, wann eine beherrschende Stellung anzunehmen ist, s. II. b., S. 12 ff.

zu können. Die starke Berücksichtigung des Parteiwillens kann darüber nicht hinwegtäuschen. Beide Elemente sind notwendig, um einen dem Asset Deal vergleichbaren intensiven Bezug zum Unternehmen bejahen zu können[525]. Nur wenn beide Komponenten vorliegen, ist das Unternehmen „wahrer" Kaufgegenstand.

Hält man aber zutreffenderweise beim reinen Anteilskauf an dem Anteil als Kaufgegenstand fest, kann der Unternehmenszustand nicht als Beschaffenheit desselben behandelt werden. Auch wenn der Unternehmenszustand eine Beschaffenheit des Unternehmens darstellt und dieses eine gewisse Verbindung zu dem Anteil als Kaufgegenstand hat, ist er nicht zugleich als Beschaffenheit des Anteils selbst zu verstehen. Unter eine Beschaffenheit fällt nach der hier vertretenen weiten Auffassung jeglicher Umstand, der in irgendeiner Weise mit dem Kaufgegenstand bei Gefahrübergang zusammenhängt[526]. Der Unternehmenszustand ist mit dem Anteil jedoch nicht in diesem Sinne verbunden, da er den Anteil selbst nicht beschreibt. Als Beschaffenheit eines Rechts ist vielmehr seine Ausgestaltung zu betrachten. So liegt beispielsweise ein Beschaffenheitsmangel vor, wenn der Anteil nicht die vereinbarte Größe hat und dementsprechend dem Käufer auch nicht die damit einhergehende Gewinnbeteiligung sowie Stimmkraft vermittelt[527]. Die Gegenansicht strapaziert den weiten Beschaffenheitsbegriff unter Missachtung seiner Anknüpfung an den Kaufgegenstand über und führte zu einer grundlegenden Änderung der früheren Rechtslage, nämlich einer Bonitätshaftung der Anteilsrechte[528]. Unternehmensmängel sind danach keine Mängel des Anteilsrechts[529].

Handelt es sich um einen Share Deal, ist dagegen das Unternehmen nach einhelliger Auffassung „wahrer" Kaufgegenstand[530]. Die Parteien haben lediglich

525 Ebenso betont *Canaris*, dass es aufgrund des stärkeren Bezugs zum Unternehmen beim Share Deal kein Wertungswiderspruch ist, die Unternehmenshaftung beim reinen Anteilskauf abzulehnen, aber beim Share Deal zu bejahen, vgl. *Canaris*, Handelsrecht, § 8 Rdn. 49.

526 Vgl. VI. 1. a. 1) b) (3), S. 62 ff.

527 *Westermann*, in: MüKO BGB, § 453 Rdn. 27.

528 S. dazu *Fischer*, DStR 2004, 276, 280.

529 Mit vorangehender Argumentation auch *Canaris*, Handelsrecht, § 8 Rdn. 43 ff.; *Grunewald*, NZG 2003, 372, 373; im Ergebnis ebenso *Weitnauer*, NJW 2002, 2511, 2514.

530 Ganz herrschende Meinung, vgl. nur *Eidenmüller*, NJW 2002, 1625, 1627; *Grunewald*, NZG 2003, 372; *Jaques*, BB 2002, 417; *Picot*, BB 1998, 1174; *Weitnauer*, NJW 2002, 2511, 2514 f.; *Canaris*, Handelsrecht, § 8 Rdn. 49; *Faust*, in: BeckOK BGB, § 453 Rdn. 32; *Berger*, in: Jauernig, § 453 Rdn. 16; *Rödder Hötzel, Mueller-Thuns*, Unternehmenskauf – Unternehmensverkauf, § 9 Rdnr. 49 f.; schon zum früheren Recht: *Streyl*, in: Arbeitshandbuch Unternehmensübernahmen, Bd. 1, § 12 Rdn. 142.

den Weg des Anteilskaufs gewählt, um den Unternehmenskauf vorzunehmen. Sie sind zwar in dem Sinne an dieser Wahl festzuhalten, dass trotz Ausrichtung auf das Unternehmen ein Rechtskauf vorliegt[531]. Trotzdem ist die Tatsache, dass es sich faktisch um einen Unternehmenskauf handelt, bei der Bewertung einzubeziehen, ob der Kaufgegenstand mangelhaft ist[532]. Es geht bei der Frage der Mangelhaftigkeit um die Gewähr, dass die Parteien erhalten und leisten, was sie vereinbart haben. Ist für die Parteien das Unternehmen der wahre Kaufgegenstand und sie richten den Vertrag auf dieses aus, muss auch gewährleistet sein, dass sie hinsichtlich des Unternehmens ihre Vereinbarungen und berechtigten Erwartungen halten. Der Rechtsprechung, die schon zum früheren Recht auf die Grundsätze von Treu und Glauben verwies[533], ist darin zuzustimmen. Gestützt wird dieser Ansatz durch die subjektive Bestimmung der Mangelfreiheit in § 434 Abs. 1 S. 1 BGB. Sie zeigt auf, dass der Gesetzgeber die Bedeutung des Parteiwillens gestärkt wissen will. Die bisherige Rechtsprechung, die bereits den durch den Vertrag beabsichtigten wirtschaftlichen Erfolg berücksichtigte, ist daher heute umso stärker berechtigt.

Fraglich ist, ob der Verkäufer neben den Mängeln des Unternehmens auch für Mängel hinsichtlich der Anteile haften muss. Dagegen wird angeführt, dass aus der Annahme, das Unternehmen sei „wahrer" Kaufgegenstand, im Umkehrschluss folge, dass die Anteilsrechte bei der Mangelhaftigkeit nicht mehr zu berücksichtigen seien[534]. Andererseits sind die Parteien den Weg des Rechtskaufs bewusst eingegangen. So wie es daher trotz Unternehmen als „wahrem" Kaufgegenstand bei einem Rechtskauf bleibt, ist diese Wahl auch hier nicht zu vernachlässigen. Neben den objektiven Tatsachen, dass die Rechte direkter Kaufgegenstand sind, spricht somit ebenso der Parteiwille für die Rechte als weiterer Kaufgegenstand neben dem Unternehmen[535]. Auch die Rechtsprechung zum früheren Recht ging von einem Nebeneinander der Rechte und des Unternehmens als Kaufgegenstände aus und verstand die Haftung für Unternehmensmängel als Ergänzung[536]. Der Käufer darf außerdem nicht schlechter stehen als der Käufer eines bloßen Anteils, nur weil er zugleich das Unternehmen als weiteres Ziel erwerben möchte. Im Ergebnis

---

531 Dazu oben unter II. 2. b., S. 12 ff. sowie V. 1. b., S. 43 ff.

532 Vgl. *Faust*, in: BeckOK BGB, § 453 Rdn. 32.

533 Vgl. RGZ 120, 283, 287; BGH NJW 1976, 236.

534 Siehe *Lange*, ZGS 2003, 300, 302 ff.

535 Ähnlich *Jagersberger*, Die Haftung des Verkäufers beim Unternehmens- und Anteilskauf, Kap. 3 B. I. 2.3 a) (S. 109).

536 Vgl. nur RGZ 120, 283, 287; von diesem Verständnis geht auch aus: *Faust*, in: BeckOK BGB, § 453 Rdn. 32.

kann es beim Share Deal daher zu einer Haftung wegen Unternehmensmängeln, aber auch wegen Mängeln der Anteilsrechte kommen[537].

4. Zeitpunkt der Mangelfreiheit

Für den Zeitpunkt der Freiheit von Sach- bzw. Beschaffenheitsmängeln stellt § 434 Abs. 1 S. 1 BGB auf den Gefahrübergang ab. Entstehen erst nach Gefahrübergang Umstände, die nicht den vertraglich vereinbarten oder den als vertraglich vereinbart geltenden entsprechen, ist der verkaufte Gegenstand mangelfrei, wenn die Parteien die Risikoverteilung nicht von der gesetzlichen Regelung abweichend vereinbart haben. Das Risiko nach Gefahrübergang zufällig[538] auftretender Schwierigkeiten liegt somit nach dem Gesetz beim Käufer[539]. Der Verkäufer trägt dagegen das Risiko, dass sich der Kaufgegenstand von Vertragsschluss bis Gefahrübergang noch verschlechtert. Einen bei Vertragsschluss mangelhaften Gegenstand kann er bis Gefahrübergang noch von Mängeln befreien[540].

Wenn der Käufer die Annahme des Gegenstandes wegen eines Mangels ablehnt, wird der tatsächliche Gefahrübergang verhindert[541]. Daher ist bei Vorliegen eines Mangels der fiktive Gefahrübergang maßgeblich, der bei einem mangelfreien Gegenstand zustande gekommen wäre[542]. Der Gefahrübergang richtet sich für Sachen nach §§ 446, 447 BGB[543]. Die Gefahr des zufälligen Untergangs und

---

537 *Eidenmüller*, NJW 2002, 1625, 1627; wohl auch *Thiessen*, Unternehmenskauf und Bürgerliches Gesetzbuch, C. VII. 1. c), S. 214; a. A. (nur Haftung für Unternehmensmängel) *Lange*, ZGS 2003, 300, 301 ff.

538 Kommt es nach Gefahrübergang zu Beschädigungen des Kaufgegenstandes, die der Verkäufer zu vertreten hat, haftet er nach §§ 280 Abs. 1, 241 Abs. 2 BGB (umstritten ist, ob die Regelungen zur Gewährleistung die des allgemeinen Leistungsstörungsrechts ab Gefahrübergang oder erst ab Annahme (§ 363 BGB) verdrängen.), vgl. dazu *Faust*, in: BeckOK BGB, § 437 Rdn. 194.

539 Vgl. § 446 S. 1 BGB, s. auch *Leible*, in: jurisPK-BGB, § 446 Rdn. 4; *Faust*, in: BeckOK BGB, § 434 Rdn. 34; *Putzo*, in: Palandt, § 446 Rdn. 14; *Westermann*, in: MüKo, § 446 Rdn. 10 ff.

540 *Pammler*, in: jurisPK-BGB, § 434 Rdn. 8; *Faust*, in: BeckOK BGB, § 434 Rdn. 34.

541 Vgl. dazu § 346 Abs. 3 S 1 Nr. 3 BGB, der bei Ersatzlieferung (§ 439 Abs. 4 BGB), Rücktritt (§§ 323, 326 Abs. 5 BGB) und Schadensersatz statt der ganzen Leistung (§ 281 Abs. 5 BGB) Anwendung findet.

542 *Faust*, in: BeckOK BGB, § 434 Rdn. 35.

543 § 447 BGB, der den Gefahrübergang bei Versendungskauf regelt, ist in der Praxis beim Unternehmenskauf nicht einschlägig und wird hier daher nicht dargestellt.

der zufälligen Verschlechterung geht danach mit der Übergabe der verkauften Sache auf den Käufer über (§ 446 S. 1 BGB) oder bei Annahmeverzug (§ 446 S. 2 BGB). Voraussetzung der Anwendung des § 446 BGB ist dabei, dass ein wirksamer Kaufvertrag vorliegt[544]. Bei Forderungen oder sonstigen Rechten ist für die Frage des Vorliegens von Rechtsmängeln[545] dagegen auf den Eigentumsübergang abzustellen, also die Abtretung (§§ 398, 413 BGB)[546].

§ 434 Abs. 1 S. 1 BGB i. V. m. § 446 BGB regeln in entsprechender Anwendung den maßgeblichen Zeitpunkt der Mangelfreiheit für den Unternehmenskauf hinsichtlich des beweglichen Vermögens[547]. Auch beim Unternehmenskauf muss ein wirksamer Kaufvertrag vorliegen, damit es zum Gefahrübergang kommen kann[548]. Für die Übergabe der Unternehmenssachen im Sinne des § 446 S. 1 BGB ist es nötig, dass dem Käufer der Besitz der sächlichen Vermögensgegenstände verschafft wird (Realakt), sodass er die tatsächliche Sachherrschaft und Verfügungsgewalt erhält[549]. Daneben muss der Verkäufer dem Käufer beim Unternehmenskauf aber auch die Inhaberschaft über das Unternehmen als Ganzes einräumen. Dazu muss er ihm die sowohl tatsächliche als auch die rechtliche Möglichkeit einräumen, sich über alle geschäftlichen Vorgänge zu unterrichten und die Geschicke des Unternehmens in die Hand zu nehmen, während er selbst sich zurückzieht[550]. Liegt ein Share Deal vor und hat der Unternehmensträger einen Fremdgeschäftsführer, ist dieser gegebenenfalls diesbezüglich vom Verkäufer anzuweisen[551].

---

544 RGZ 75, 114, 115; BGH NJW 1998, 2360, 2363; *Putzo*, in: Palandt, § 446 Rdn. 9; *Westermann*, in: MüKo BGB, § 446 Rdn. 5; *Grunewald*, in: Erman, § 446 Rdn. 4.

545 Berechtigt das Recht zum Besitz einer Sache (§ 453 Abs. 3 BGB), gilt § 446 BGB auch bei Rechten, vgl. *Faust*, in: BeckOK BGB, § 446 Rdn. 5; *Westermann*, in: MüKo BGB, § 435 Rdn. 4.

546 RGZ 111, 86, 89; BGH NJW 1991, 915, 916; *Berger, in: Jauernig, § 435 Rdn. 4; Westermann*, in: MüKo BGB, § 435 Rdn. 6; *Weidenkaff*, in: Palandt, § 435 Rdn. 7; *Matusche-Beckmann*, in: Staudinger, § 435 Rdn. 5.

547 Über die Verweisung des § 453 Abs. 1 Alt. 2 BGB (Asset Deal) bzw. § 453 Abs. 1 Alt. 1 BGB (Share Deal).

548 So für den Unternehmenskauf bestätigt in BGH NJW 1998, 2360, 2363. Vgl. dazu auch die Anmerkungen von *Tiedtke* und *Picot*, die sich neben den Anforderungen an den Gefahrübergang auch mit dessen Bedeutung für die Verdrängung der Haftung nach allgemeinen Leistungsstörungsrecht durch die Gewährleistungshaftung auseinandersetzen, *Tiedtke*, DNotZ 1999, 429, 431; *Picot*, BB 1998, 1174, 1175.

549 *Rödder, Hötzel, Müller-Thuns*, Unternehmenskauf – Unternehmensverkauf, § 7 Rdn. 2.

550 Dazu BGH NJW 1998, 2360, 2363; *Haas*, in: Das neue Schuldrecht, § 5 Rdn. 541, 547.

551 BGH NJW 1998, 2360, 2363.

Ein Unternehmenskauf beinhaltet in der Praxis aber auch Forderungen und sonstige Rechte. Beim Share Deal ergibt sich dies schon daraus, dass neben dem wahren Kaufgegenstand Unternehmen weiter die Anteile als Kaufgegenstand gelten. Für Rechte ist im Gegensatz zum Realakt der Besitzverschaffung der Rechtsakt der Abtretung maßgeblich, wenn es um das Vorliegen von Rechtsmängeln geht[552]. Die Verschaffung des Unternehmens sowie seines sachlichen Vermögens und die Abtretung der Anteilsrechte erfolgen in der Regel zu unterschiedlichen Zeiten, sodass für die jeweilige Gewährleistungshaftung verschiedene Zeitpunkte für die Mangelhaftigkeit maßgeblich sind[553].

Um dies zu vermeiden, vereinbaren die Parteien in der Praxis vertraglich einen Zeitpunkt ihres Beliebens, an dem die Chancen und Risiken aller Vermögenswerte unabhängig ihrer Art auf den Käufer übergehen und der damit für die Mangelhaftigkeit des Unternehmens allein maßgeblich ist. Er ist je nach beabsichtigter Struktur des Unternehmenskaufs und den Besonderheiten des Einzelfalls auszuwählen[554]. Die vertragliche Vereinbarung sollte den Zeitpunkt eindeutig regeln (Datum und Uhrzeit), dass mit ihm die mit dem Unternehmen verbundenen Chancen und Risiken auf den Käufer übergehen und dass er für sämtliche Gewährleistungen und Garantien maßgeblich ist[555].

Dieser Zeitpunkt ist als Übergangsstichtag zu bezeichnen[556]. Jedoch ist die Wortwahl in Unternehmenskaufverträgen uneinheitlich. Häufig wird auch der Begriff „Closing" verwendet. Er beschreibt im anglo-amerikanischen Rechtskreis einen Zeitpunkt, zu dem die tatsächlichen Handlungen und Rechtshandlungen von den Parteien zur Vertragsabwicklung (Vollzug) vorzunehmen sind[557]. Im deutschen Rechtsraum wird er teilweise im gleichen Sinne benutzt. Closing und

---

552 RGZ 111, 86, 89; BGH NJW 1991, 915, 916; *Berger*, in: Jauernig, § 435 Rdn. 4; *Westermann*, in: MüKo BGB, § 435 Rdn. 6.

553 *Rödder, Hötzel, Müller-Thuns*, Unternehmenskauf – Unternehmensverkauf, § 7 Rdn. 3, 5; *Streyl*, in: Arbeitshandbuch Unternehmensübernahmen, Bd. 1, § 12 Rdn. 150.

554 Zu verschiedenen Fallkonstellationen hinsichtlich des zu wählenden Zeitpunkts s. *Rödder, Hötzel, Müller-Thuns*, Unternehmenskauf – Unternehmensverkauf, § 7 Rdn. 13 ff.

555 *Rödder, Hötzel, Müller-Thuns*, Unternehmenskauf – Unternehmensverkauf, § 7 Rdn. 9.

556 *Klumpp*, in: Der Unternehmenskauf, Kap. 9 Rdn. 103; *Streyl*, in: Arbeitshandbuch Unternehmensübernahmen, Bd. 1, § 12 Rdn. 103.

557 *Holzapfel. Pöllath*, Unternehmenskauf, Rdn. 65; *Streyl*, in: Arbeitshandbuch Unternehmensübernahmen, Bd. 1, § 12 Rdn. 100.

Stichtag müssen dann nicht identisch sein. Oft wird der Begriff aber auch in einem anderen Sinne verwendet, nämlich dann, wenn er ohne Definition im Vertrag steht. In diesem Fall sind Closing und Stichtag identisch bzw. es sind keine weiteren Handlungen zur Vertragsabwicklung erforderlich, sodass mit Closing der Stichtag gemeint ist[558]. Folglich ist dann der mit Closing bezeichnete Zeitpunkt für die Beurteilung der Mangelhaftigkeit maßgeblich[559].

558 *Rödder, Hötzel, Müller-Thuns*, Unternehmenskauf – Unternehmensverkauf, § 7 Rdn. 7, 38; *Streyl*, in: Arbeitshandbuch Unternehmensübernahmen, Bd. 1, § 12 Rdn. 101.

559 Neben der Bestimmung eines Stichtages (Closing) können die Parteien eine Risikoverteilung insbesondere auch mittels der Vereinbarung einer sogenannten MAC-Klausel vornehmen, vgl. dazu XII. 3., S. 313 ff.

VII. Haftungsbegrenzungen und § 444 BGB

Auch wenn die Rücktrittsregelung des § 437 Nr. 2 Alt. 1 BGB i. V. m. § 323 BGB über § 453 BGB grundsätzlich beim Unternehmenskauf anwendbar ist, können die Vertragsparteien der rechtlichen Problematik des Rücktritts weitgehend begegnen, indem sie ihn vertraglich ausschließen. Ist der Rücktritt vertraglich wirksam ausgeschlossen[560], ist er dem Käufer allerdings nicht in jedem Falle versagt. Es bleibt zu prüfen, ob sich der Verkäufer auf die Vereinbarung auch berufen kann[561]. Dem kann die Regelung des § 444 BGB entgegenstehen. Sie verneint diese Möglichkeit für den Verkäufer, soweit er den Mangel arglistig verschwiegen oder eine Garantie für die Beschaffenheit der Sache übernommen hat, vgl. § 444 BGB.

Während sich das Vorliegen einer Garantie in der Regel durch den Verweis auf den Vertragstext ermitteln lässt, ist der Nachweis von Arglist schwieriger. Dass das Vorliegen von Arglist weder in positiver noch in negativer Hinsicht leicht festzustellen ist, kann den Käufer dazu verleiten, dem Verkäufer arglistiges Verschweigen vorzuwerfen, um seine Verhandlungsposition in einem Streit über Mängel zu verbessern. Dann kann der Verkäufer sich nicht mehr damit begnügen, sich auf einen regelmäßig zwischen den Parteien vereinbarten Haftungsausschluss oder eine -begrenzung zu berufen, falls ihn diese vor der Geltendmachung der Mängelrechte schützen. Insbesondere den Rücktritt schließen die Parteien grundsätzlich aus und der Käufer kann ihn durch den Vorwurf des arglistigen Verschweigens wieder „ins Spiel bringen" und somit Druck beim Verkäufer aufbauen.

---

560 Die Wirksamkeit ist beispielsweise mit Blick auf eine etwaige Sittenwidrigkeit (§ 138 BGB) sowie die Verletzung des Grundsatzes von Treu und Glauben (§ 242 BGB) zu prüfen, vgl. zu § 138: BGH NJW 1956, 1056, 1066; BGH NJW 1959, 1423; zu § 242 BGB: BGH NJW 1971, 1795, 1797; BGH NJW 1977, 1055, 1055 f.; BGH NJW 1997, 652. Beim Verbrauchsgüterkauf kann der Rücktritt des Verbrauchers nicht wirksam ausgeschlossen werden, da die diesbezügliche Regelung (§ 437 Nr. 2 Alt. 1 BGB) zugunsten des Verbrauchers beim Verbrauchsgüterkauf zwingend ist, vgl. § 475 BGB. Beim Unternehmenskauf liegt ein Verbrauchsgüterkauf allerdings nicht vor.

561 Zur Erläuterung, was unter dem Begriff des „sich (nicht) berufen können" des § 444 BGB zu verstehen ist, siehe unter VII. 5., S. 161 ff.

Die Bedeutung des § 444 BGB ist demnach auch in taktischer Hinsicht nicht zu unterschätzen. Letztlich entscheiden seine Voraussetzungen darüber, ob die Prüfung des Rücktritts bereits aufgrund eines wirksamen, vertraglichen Ausschlusses desselben abgebrochen werden kann, und er dem Käufer verwehrt bleibt, oder ob die weiteren Rücktritts-Anforderungen zu untersuchen sind. Da er somit „die Weichen“ für die weitere Geltendmachung des Rücktritts stellt, wenn wie in den meisten Unternehmenskaufverträgen der Rücktritt ausgeschlossen ist, liegt in (Schieds-)Gerichtsverfahren oft ein Schwerpunkt auf der Prüfung des § 444 BGB. Nachfolgend werden zuerst vertragliche Vereinbarungen behandelt, die einen Rücktritt ausschließen, sowie ihre Relevanz bei einem Unternehmenskauf. Außerdem werden die Regelung des § 444 BGB im Überblick und ihre Anwendbarkeit beim Unternehmenskauf dargestellt. Danach ist auf die einzelnen Tatbestandsmerkmale und die Rechtsfolge näher einzugehen, jeweils im Hinblick auf ihre Bedeutung beim Unternehmenskauf.

1. Regelungen zur Haftungsbegrenzung

Wie schon der Gegenschluss aus § 444 BGB zeigt, sind die Regelungen des § 433 BGB bis § 473 BGB dispositiv[562]. Die Parteien können diese Regelungen vertraglich ausschließen und/oder abweichende Vereinbarungen treffen. Für das Vorliegen vertraglicher Haftungsbegrenzungen trägt der Verkäufer die Beweislast[563]. Die gesetzlich vorgesehene Haftung kann auf verschiedene Art und Weise einschränkt werden. Beispielsweise können die Parteien die Haftung für sämtliche oder gewisse Mängel vollständig ausschließen oder nur einzelne Gewährleistungsrechte wie den Rücktritt. Im Einzelfall durch Auslegung abzugrenzen, ist die vertragliche Haftungsbegrenzung von einer vertraglichen Vereinbarung, die früher ansetzt, indem sie eine Beschaffenheit als vertragsgemäß bestimmt[564] (Beispiel: Verkauf einer Sache als „gebraucht“[565]). Ist die vertragliche Regelung als

---

562 *Weidenkaff*, in: Palandt, § 444 Rdn. 1, 3; Ausnahmsweise zwingend sind sie beim Verbrauchsgüterkauf (§ 475 BGB), der beim Unternehmenskauf nicht gegeben ist.

563 *Faust*, in: BeckOK BGB, § 444 Rdn. 22; *Westermann*, in: MüKo BGB, § 444 Rdn. 17; *Weidenkaff*, in: Palandt, § 444 Rdn. 4.

564 Zu den Voraussetzungen eines Sachmangels bzw. wann eine Beschaffenheitsvereinbarung vorliegt oder eine Beschaffenheit als vereinbart gilt, siehe VI. 1. a., S. 54 ff. bzw. für den Fall des Unternehmenskaufs VI. 2. a., S. 75 ff.

565 Zu dem Beispiel vgl. *Faust*, in: BeckOK BGB, § 444 Rdn. 5, 7 (für eine Beschaffenheitsvereinbarung und damit gegen die Annahme von Mängeln bei Vorliegen von Verschleißerscheinungen).

Beschreibung des vertragsgemäßen Zustandes einzuordnen und liegt dieser vor, ist die Haftung schon wegen fehlender Mangelhaftigkeit zu verneinen unabhängig von einer Haftungsbegrenzung.

a. Reichweite von Haftungsbegrenzungen

Liegt aber eine Vereinbarung mit dem Inhalt einer Haftungsbegrenzung vor, entscheidet die Auslegung im Einzelfall auch über ihre inhaltliche Reichweite. Die Auslegung hat auf der Basis des gesamten Vertragstextes zu erfolgen, nicht nur mit Blick auf die einzelne Vertragsklausel, die die Haftungsbegrenzung beinhaltet[566]. Bei der Auslegung ist das Interesse des Verkäufers zu berücksichtigen, sich möglichst weitgehend vor einer Haftung zu schützen[567]. In der Regel ist die vertragliche Vereinbarung daher dahin gehend auszulegen, dass die Parteien eine so weite Haftungsbegrenzung wollten, wie es dem Wortlaut entspricht. Der Käufer wird damit nicht unangemessen belastet. Hat er einer Haftungsbegrenzung zugestimmt, hat er in dem vom Wortlaut bestimmten Maße ein Risiko übernommen. Aufgrund des Wortlauts konnte er regelmäßig nicht von einem geringeren Umfang der Haftungsbegrenzung ausgehen. Eine Begrenzung von kleinerer Reichweite, als der Wortlaut sie wiedergibt, kann dagegen nur angenommen werden, wenn im konkreten Fall Anlass besteht, von einem entsprechenden, auf geringeren Umfang gerichteten Parteiwillen auszugehen[568]. Zugleich beschränkt der Wortlaut in der Regel die Reichweite der Haftungsbegrenzung, sodass zwar der dem Wortlaut entsprechende, aber kein darüber hinausgehender Umfang anzunehmen ist. Der Käufer ist nur mit dem von ihm übernommenen Risiko zu belasten. Von einer weitergehenden Bedeutung der Vereinbarung entgegen dem Wortlaut muss er nicht ohne Weiteres ausgehen.

Der Wortlaut begrenzt demnach die Reichweite zu beiden Seiten hin für den Fall, dass keine weiteren Umstände vorliegen, die Grund zu einer abweichenden Auslegung geben. Ist der Wortlaut allerdings nicht eindeutig, kann sich eine Bandbreite an Verständnismöglichkeiten ergeben, sodass zu entscheiden ist, ob eine weite oder enge Auslegung vorzunehmen ist. Da die Haftungsbegrenzung eine Abweichung von der gesetzlichen Gewährleistungshaftung bedeutet, muss der Käufer eindeutig erkennen, welches Risiko er übernimmt, wenn er der Vereinbarung zustimmt. Bei

566 BGH NJW 1967, 32, 33; BGH NJW 2007, 1346, 1349.

567 BGH NJW 1967, 32, 33.

568 Siehe grundlegend BGH NJW 1967, 32, 33.

Zweifeln ist eine Haftungsbegrenzung eng, d. h., zugunsten des Käufers auszulegen[569]. Schweigt die vertraglich vereinbarte Haftungsbegrenzung beispielsweise dazu, welche Mängel in zeitlicher Hinsicht von der Haftungsbegrenzung erfasst sind, sind in restriktiver Auslegung regelmäßig nur solche anzunehmen, die schon bei Vertragsschluss vorlagen[570]. Hinsichtlich später entstandener Mängel sind dann mangels Haftungsbegrenzung die gesetzlichen Gewährleistungsregelungen anzuwenden. Normalerweise weigert sich der Käufer nämlich, das unvorhersehbare Risiko für die Entstehung von Mängeln nach Vertragsschluss zu übernehmen. Für solche Mängel gilt eine Haftungsbegrenzung deshalb nur, wenn dies ausdrücklich von den Parteien vereinbart wurde oder aus den sonstigen Umständen eindeutig hervorgeht[571].

Weiter ist mit Blick auf die Reichweite der Haftungsbegrenzung danach zu differenzieren, ob nur sichtbare oder auch unsichtbare Mängel von der Haftungsbegrenzung erfasst sein sollen. Haben sich die Parteien auf eine unbeschränkte Formulierung geeinigt und es sprechen auch sonst keine Anhaltspunkte im Vertrag gegen eine umfassende Haftungsbegrenzung, ist die Vereinbarung eindeutig und erfasst sowohl sichtbare als auch unsichtbare Mängel[572]. Seit der Schuldrechtsreform stellt sich die Frage, in welchem Verhältnis sich eine Beschaffenheitsvereinbarung und ein vollständiger Haftungsausschluss gegenüberstehen. Der BGH hat dazu entschieden, dass eine interessengerechte Auslegung ergibt, dass ein pauschaler Ausschluss der Gewährleistungshaftung neben einer vertraglichen Vereinbarung über bestimmte Beschaffenheiten (§ 434 Abs. 1 S. 1 BGB) Mängel bezüglich dieser Beschaffenheitsvereinbarungen nicht erfasst[573]. Bei Nichtvorliegen der vereinbarten Beschaffenheiten haftet der Verkäufer also trotz Haftungsausschluss

---

569 Vgl. RG JW 1937, 2591; BGH, BeckRS 1962, 31186973; BGH, BeckRS 1964, 31183535; *Weidenkaff*, in: Palandt, § 444 Rdn. 15.

570 BGH NJW 2003, 1316, 1316 f.; *Westermann*, in: MüKo BGB, § 444 Rdn. 4; a. A. *Tiedtke*, NJW 1995, 3081, 3084 mit Bezugnahme auf eine BGH-Entscheidung in BGH NJW 1995, 1737, die dazu aber keine Aussage enthält (so auch BGH NJW 2003, 1316).

571 BGH NJW 2003, 1316, 1316 f. mit zustimmender Besprechung von *Zimmermann, Bischoff*, NJW 2003, 2506 (kritisch zu der vom BGH nicht geprüften Frage, ob formularmäßiger Ausschluss der Mängel nach Vertragsschluss möglich); vgl. auch *Faust*, in: BeckOK BGB, § 444 Rdn. 6; *Westermann*, in: MüKo BGB, § 444 Rdn. 4.

572 BGH, BeckRS 1964, 31183535 (zum Wortlaut „jede Haftung"); BGH NJW 1967, 32, 33.

573 BGH NJW 2007, 1346, 1349; BGH, BeckRS 2013, 01259 (zu einem etwaigen stillschweigenden Haftungsausschluss); a. A. *Emmert*, NJW 2006, 1765, 1768; kritisch auch *Gutzeit*, NJW 2007, 1350, 1351.

nach den gesetzlichen Gewährleistungsregelungen. Eine andere Beurteilung führe zur Unverbindlichkeit der Beschaffenheitsvereinbarung, da sie dann außer bei Arglist des Verkäufers keine Haftungsfolgen auslöse. Dies sei unvereinbar mit der Vorstellung des Käufers, nach der beide Regelungen nebeneinanderstünden und die Beschaffenheitsvereinbarung demnach einen gewissen Wert habe[574].

b. Haftungsbegrenzungen beim Unternehmenskauf

In der Praxis enthalten die meisten Unternehmenskaufverträge Vereinbarungen, in denen die gesetzliche Haftung vollständig ausgeschlossen oder zumindest begrenzt wird. Im ersten Falle tritt an die Stelle der gesetzlichen Gewährleistungshaftung ein eigenständiges Haftungssystem. Insbesondere werden dem Käufer selbstständige Garantien für (meist die wesentlichen) Merkmale des Kaufgegenstandes eingeräumt[575]. Aber auch wenn sich die Parteien nicht auf einen pauschalen Ausschluss der gesetzlichen Gewährleistungsregelungen einigen, werden sie in der Regel den Rücktritt ausschließen und damit die gesetzliche Haftung begrenzen[576]. Daneben befinden sich gleichfalls in der Regel selbstständige Garantien als Ergänzung zu den gesetzlichen Gewährleistungsregelungen. Die selbstständigen Garantien sind regelmäßig begrenzt, sei es hinsichtlich der Rechtsfolgen oder summenmäßig[577].

Um die Gefahr eines Rücktritts, der oft als unangemessener Rechtsbehelf beim Unternehmenskauf empfunden wird[578], jedenfalls aber eine Belastung für das Unternehmen und den Verkäufer darstellt[579], zu verhindern, ist zumindest

---

574 Vgl. BGH NJW 2007, 1346, 1349, wobei der BGH offenlässt, ob die Parteien durch ausdrückliche Vereinbarungen auch die Haftung für die vereinbarten Beschaffenheiten begrenzen oder ausschließen können.

575 *Hübner*, BB 2010, 1483; *Meyer-Sparenberg*, NZG 2001, 753, 754; *Seibt, Raschke, Reiche*, NZG 2002, 256, 257; *Wagner*, DStR 2002, 1400; *Wolf, Kaiser*, DB 2002, 411, 419; *Weigl*, DNotZ 2005, 246, 248. Zu vertraglichen Vereinbarungen beim Unternehmenskauf wie Garantien siehe ausführlich XII., S. 297 ff.

576 Da die vorliegende Arbeit den Rücktritt behandelt, steht hier der Ausschluss des Rücktrittsrechts im Mittelpunkt. Wird im Folgenden von dem Ausschluss des Rücktritts gesprochen, bedeutet dies aber nicht, dass die Haftungsbegrenzung nicht weiter gehen kann, als den Rücktritt auszuschließen.

577 Zu den Gestaltungen von Garantien bzw. ihren Begrenzungen vgl. XII., S. 297 ff. Zur Verwendung von begrenzten Garantien beim Unternehmenskauf s. z. B. auch *Faust*, ZGS 2002, 271.

578 Vgl. *Dauner-Lieb, Thiessen*, ZIP 2002, 108, 110 Fn. 27; *Westermann*, JZ 2001, 530, 532.

579 Siehe III. 5., S. 25 ff.

der Ausschluss des Rücktrittsrechts zu empfehlen[580]. Da der Unternehmenskauf in vielen Punkten von einem Sachkauf abweicht, ist insgesamt ein eigenständiges Haftungssystem besser geeignet, um beiden Parteien und der Situation des Einzelfalls gerecht werdende Lösungen zu finden. Bei der Formulierung von Haftungsbegrenzung oder -ausschluss ist besonders auf eine deutliche Wortwahl zu achten. Auch wenn die Grundregel besteht, dass Haftungsbegrenzungen im Zweifel eng auszulegen sind, vereinfacht dies die Auslegung in der Praxis wenig. Jede Ungenauigkeit kann bei Streitigkeiten im Nachgang zu einem Unternehmenskauf zu langwierigen Beweisvorträgen darüber führen, wie die Klausel gemeint war. Denn der Verkäufer wird sich selten ohne Weiteres auf die restriktive Auslegung verweisen lassen. Er wird vielmehr versuchen, Umstände darzulegen, die Anlass für eine weitere Auslegung geben. Kann er beispielsweise durch den die Vertragsverhandlungen begleitenden Schriftverkehr der Parteien belegen, dass auch der Käufer von einem weiteren Verständnis des Wortlauts ausgegangen ist und diesem trotzdem zugestimmt hat, ist dieses weitere Verständnis für die Reichweite der Haftungsbegrenzung oder des -ausschlusses maßgeblich. Der Käufer wird dementsprechend herausgefordert sein, den Vortrag des Verkäufers zu widerlegen, sodass in einem (Schieds-)Gerichtsverfahren oft die ganze Vertragshistorie aufgearbeitet wird. Bedenkt man die vielen Vertragsversionen und jeweilige Anmerkungen, die die Parteien in der Regel während der Verhandlungsphase austauschen, ist dies ein aufwendiges Unterfangen. Auch wenn man es gewinnt, kostet es Zeit, Nerven und kann den Ruf beider Parteien negativ beeinflussen. Zudem ist zweifelhaft, ob es in der Praxis wirklich gelingt, aus den vorgelegten Dokumenten das „wahre" Verständnis der Vereinbarung noch herzuleiten[581].

Für den Ausschluss der gesetzlichen Gewährleistungsrechte kann auf folgende Formulierung zurückgegriffen werden:

„Die Rechtsfolgen im Falle einer Unrichtigkeit der in diesem Vertrag enthaltenen Garantien oder der Verletzung von Verpflichtungen der Vertragsparteien aus diesem Vertrag sind in diesem § … abschließend geregelt. Alle sonstigen, nicht

---

580 Ebenso statt vieler *Meyer-Sparenberg*, NZG 2001, 753, 754; *Weigl*, DNotZ 2005, 246, 254. Dabei ist zu bedenken, dass sich die Rückabwicklung auch als Folge eines Anspruchs aus c. i. c. ergeben kann. Dies sollte der vertragliche Ausschluss berücksichtigen und ihn ebenso erfassen, vgl. *Holzapfel, Pöllath*, Unternehmenskauf, Rdn. 724; *Roschmann*, ZIP 1998, 1941, 1947.

581 Dieses allgemeine Problem der Beweisführung tritt beim Unternehmenskauf aufgrund der Fülle an Unterlagen und Komplexität des Kaufvorgangs besonders deutlich zutage.

ausdrücklich in diesem Vertrag genannten Ansprüche der Vertragspartner aus oder im Zusammenhang mit diesem Vertrag (gleich aus welchem Rechtsgrund, einschließlich der gesetzlichen Gewährleistungsansprüche, Schadensersatzansprüche wegen Verletzung von vertraglichen oder vorvertraglichen Pflichten oder Ansprüche wegen Störung der Geschäftsgrundlage) sind ausgeschlossen. In keinem Fall ist ein Vertragspartner berechtigt, von diesem Vertrag zurückzutreten, diesen Vertrag anzufechten oder sonstige Rechte geltend zu machen, die einer Rückgängigmachung dieses Vertrages gleichkommen. Ansprüche wegen vorsätzlichen Verhaltens eines Vertragspartners bleiben vorbehalten."[582]

2. § 444 BGB und seine Anwendbarkeit beim Unternehmenskauf

Da der Unternehmenskaufvertrag in der Praxis von Haftungsbegrenzungen geprägt ist und dies auch für die Zukunft weiter zu empfehlen ist, ist die Regelung des § 444 BGB für den Unternehmenskauf von besonders hoher Relevanz.

a. Überblick über § 444 BGB

Nach § 444 BGB kann sich der Verkäufer nicht auf Vereinbarungen berufen, durch die die Gewährleistungsrechte des Käufers ausgeschlossen oder beschränkt werden, soweit[583] er den Mangel arglistig verschwiegen oder eine Garantie für die Beschaffenheit der Sache übernommen hat. Die Regelung beinhaltet damit Grenzen der Vertragsfreiheit, die für jeden Kaufvertrag und auch mit Blick auf Individualvereinbarungen gelten[584]. Sie dient nicht der Umsetzung der Verbrauchsgüterkaufrichtlinie[585], sondern soll unabhängig von dieser dem Verkäufer widersprüchliches

---

582 Nach *Meyer-Sparenberg*, in: Beck'sches Formularbuch Bürgerliches, Handels- und Wirtschaftsrecht, III. A. 18. § 8 Abs. 8.

583 Durch Gesetz vom 02.12.2004 (BGBl. I S. 3102) mit Wirkung vom 08.12.2004 ersetzte das Wort „soweit" das zuvor an gleicher Stelle stehende Wort „wenn". Zur Bedeutung der Änderung s. XII. 1. c. 2), S. 303.

584 *Faust*, in: BeckOK BGB, § 444 Rdn. 1; *Westermann*, in: MüKo BGB, § 444 Rdn. 1.

585 Dass zum Nachteil des Verbrauchers grundsätzlich von den Gewährleistungsregelungen der Verbrauchsgüterkaufrichtlinie nicht abgewichen werden darf, verlangt diese zwar, wird aber bereits mit § 475 BGB gewährleistet, vgl. *Faust*, in: BeckOK BGB, § 444 Rdn. 3.

Handeln versagen[586]. Die Regelung verhindert, dass er dem Käufer einerseits Rechte mittels einer Garantie für die Beschaffenheit des Kaufgegenstandes gibt und sie zugleich durch die Haftungsbegrenzung wieder nimmt. Würde das Gesetz ein solches Vorgehen des Verkäufers billigen, drohte der Käufer durch die Abgabe der Garantie davon abgelenkt zu werden, dass ihm an anderer Stelle der Schutz aus eben dieser verwehrt würde. Ebenso nimmt die Regelung des § 444 BGB dem Verkäufer die Vorteile, die er sich erhofft, wenn er eine Haftungsbegrenzung vereinbart, während er von dem Eintritt des Haftungsgrundes schon weiß bzw. mit ihm rechnet[587].

b. Anwendbarkeit beim Unternehmenskauf

Über § 453 Abs. 1 Alt. 2 BGB ist die Regelung des § 444 BGB auf den Unternehmenskauf analog anzuwenden. Nach der Einführung des § 444 BGB wurde viel über ihn und seinen Inhalt in Zusammenhang mit dem Unternehmenskauf diskutiert[588]. Allerdings ging es dabei um die allgemeine Reichweite der Regelung. Es wurde grundsätzlich das Thema aufgeworfen, ob § 444 BGB die Vereinbarung selbstständiger Garantien mit begrenzter Haftung als Rechtsfolge verhindert. Der Unternehmenskauf diente dabei als ein Beispiel, bei dem die Fragestellung besondere Relevanz aufweist, da selbstständige Garantien bei ihm weitverbreitet sind[589]. Es wurde dagegen nicht vorgeschlagen, die Regelung als unpassend für den Unternehmenskauf zu beurteilen und mit Bezugnahme auf die bloß analoge Anwendung beim Unternehmenskauf von derselben abzusehen[590].

Dafür besteht auch zu Recht weder Grund noch Anlass. Zum einen ist die gesetzliche Anordnung der entsprechenden Anwendung verbindlich, sodass die

586 Vgl. BT-Drucks. 15/3483, S. 22; ebenso *Emmert*, NJW 2006, 1765; *Eidenmüller*, ZGS 2002, 290, 296; *Gronstedt, Jörgens*, ZIP 2002, 52, 57; *Müller*, NJW 2002, 1026; *Schüppen, Lennerz*, M&A Review 2003, 476; *Seibt*, NZG 2004, 801, 802; *Wolf, Kaiser*, DB 2002, 411, 419; *Westermann*, in: MüKo BGB, § 444 Rdn. 14; *Berger*, in: Jauernig, § 444 Rdn. 13; a. A. (§ 444 BGB als Regel zur Vertragsauslegung) *Faust*, ZGS 2002, 271, 273; zustimmend *Matusche-Beckmann*, in: Staudinger, § 444 Rdn. 52.

587 Zu den subjektiven Voraussetzungen der Arglist siehe VII. 3. b., S. 151 ff.

588 Vgl. nur *Hermanns*, ZIP 2002, 696, 698 f.; *von Westphalen*, ZIP 2002, 545; *von Westphalen*, BB 2002, 209; *Gronstedt, Jörgens*, ZIP 2002, 52, 58; *Wagner*, DStR 2002, 1400 Fn. 8; *Dauner-Lieb, Thiessen*, ZIP 2002, 108.

589 Dazu siehe unter XII. 1. c. 2), S. 303.

590 In den in den Fn. dieses Kapitels genannten Literaturnachweisen finden sich keine entsprechenden Vorschläge.

grundsätzliche Geltung beim Unternehmenskauf nicht mehr infrage zu stellen ist und nur noch bei der Ausführung Modifikationen bis hin zur Nichtanwendung der Regelung erforderlich sein können[591]. Daneben ist die Anwendung der Regelung auf den Unternehmenskauf aber auch ohne Modifikationen passend und sachgerecht. § 444 BGB schützt den Käufer. Auch wenn die Regelung nicht aus der Verbrauchsgüterkaufrichtlinie hervorgegangen ist, die den Käufer als schwächer positionierte Partei des Verbrauchsgüterkaufs besonders schützt, hat der Gesetzgeber bei ihrer Einführung den Käufer als schutzbedürftige Partei bezüglich etwaigen widersprüchlichen Verhaltens des Verkäufers vor Augen gehabt. Der Unternehmenskäufer ist dagegen in der Regel erfahrener Geschäftsmann und umgeben von auf Unternehmenskäufe spezialisierten (internen oder externen) Beratern.

Man könnte sich daher fragen, ob der Unternehmenskäufer den Schutz des § 444 BGB benötigt. Es gibt aber keinen Anlass, warum die Erfahrenheit und Unterstützung des Unternehmenskäufers ihn schlechter und den Unternehmensverkäufer damit einhergehend besserstellen sollte als die jeweilige Partei bei einem anderen Kauf. Die Grenzen der Vertragsfreiheit, die § 444 BGB aufzeigt, sind für erfahrene Parteien ebenso angemessen wie für andere. Ein Unternehmensverkäufer, der sich widersprüchlich bzw. gar arglistig verhält, ist nicht schützenswert. Es gibt daher keinen Grund für seine Besserstellung, die aber mit einer Nichtanwendung des § 444 BGB beim Unternehmenskauf einherginge.

Bezüglich des Unternehmenskäufers ist wiederum zu bedenken, dass er in der Praxis trotz aller Erfahrung den Zustand des Unternehmens und das Verhalten des Verkäufers bei der Vertragsgestaltung nicht in dem Sinne überblicken und problemlos erkennen sowie zutreffend bewerten kann, dass er sich selbst vor widersprüchlichem Verhalten des Verkäufers stets ausreichend schützen kann. Insbesondere der Zeitdruck im Rahmen des Verkaufsprozesses (beispielsweise wegen einer verspäteten Offenlegung von Unterlagen durch den Verkäufer) und die Komplexität des Unternehmenskaufs können dies verhindern, sodass ihm dieses Unvermögen nicht vorzuwerfen ist. Dem Unternehmenskäufer daraus Nachteile durch eine Nichtanwendung der schützenden Regelung des § 444 BGB erwachsen zu lassen, wäre also nicht gerechtfertigt. Es besteht demnach auch beim Unternehmenskauf ein Bedürfnis für eine Regelung, die einem widersprüchlichen Verhalten des Verkäufers bei Garantievereinbarungen entgegensteht[592]. Es bleibt den Parteien des Unternehmenskaufs zudem durch die Anwendung des § 444 BGB unbenommen, Garantien mit begrenzter Haftungsfolge zu vereinbaren und so von

591 Vgl. bereits V. 2., S. 44 ff.

592 So auch BT-Drucks 15/3483 S. 23.

der gesetzlichen Gewährleistung abzuweichen. Ihnen entsteht durch seine Geltung demnach kein Nachteil in dem Sinne, dass sie von der bisherigen Praxis bei der Gestaltung von Unternehmenskaufverträgen zwingend abweichen müssen.

3. Keine Arglist, § 444 Alt. 1 BGB

Der Verkäufer kann sich nach § 444 Alt. 1 BGB nicht auf einen vertraglich vereinbarten Ausschluss des Rücktrittsrechts berufen, wenn er den Mangel arglistig verschwiegen hat[593]. Der Käufer muss das arglistige Verschweigen des Verkäufers darlegen und beweisen[594]. Die Voraussetzungen des arglistigen Verschweigens lassen sich in objektive und subjektive Voraussetzungen unterteilen, die beide vorliegen müssen.

a. Arglistiges Verschweigen: objektive Anforderungen

Für die Bewertung des Schweigens seitens des Verkäufers im Rahmen des § 444 Alt. 1 BGB ist maßgeblich, ob er eine Aufklärungspflicht gegenüber dem Käufer hatte[595]. Ungefragt muss er nicht jede für den Käufer erhebliche Information offenlegen[596]. Besteht aber eine Verpflichtung des Verkäufers, den Käufer über

593 Dies setzt denklogisch voraus, dass überhaupt ein Mangel besteht, der durch den Verkäufer verschwiegen werden konnte. Der Haftungsausschluss erlangt auch nur bei Mangelhaftigkeit des Kaufgegenstandes Bedeutung, da sonst schon keine Gewährleistungsrechte des Käufers gegeben sind (vgl. § 437 BGB). Vgl. zur Mangelhaftigkeit als Voraussetzung bereits VI., S. 53 ff. Beim Unternehmenskauf ist insbesondere das Erfordernis des Durchschlagens bei mangelhaften Einzelgegenständen zu bedenken, vgl. VI. 2. a. 2) a) bis c), S. 95 ff.

594 *Faust*, in: BeckOK BGB, § 444 Rdn. 22; *Westermann*, in: MüKo BGB, § 444 Rdn. 17; *Weidenkaff*, in: Palandt, § 444 Rdn. 4. Allerdings trifft den Verkäufer sowohl hinsichtlich der fehlenden Aufklärung als auch den subjektiven Voraussetzungen der Arglist eine sekundäre Darlegungslast, vgl. BGH NJW 2011, 1279, 1281 ff.; BGH NJW 2011, 3640, 3641; *Arnold*, MittBayNot 2012, 39; *Lorenz*, LMK 2011, 323580.

595 Kommt es auf arglistiges Verschweigen an, wird seit der Schuldrechtsreform von Teilen der Literatur auf eine Aufklärungspflicht verzichtet, insbesondere bei Schadensersatzansprüchen; vgl. dazu *Gröschler*, NJW 2005, 1601; *Faust*, JuS 2012, 354, 356 (bei § 444 BGB); *Kallrath*, DNotZ 2006, 831 (bei § 444 BGB); *Faust*, in: BeckOK BGB, § 438 Rdn. 37; *Westermann*, in: MüKo BGB, § 438 Rdn. 29.

596 Vgl. BGH NJW 1993, 2107; BGH NJW-RR 1996, 429; BGH NJW-RR 1998, 1406; BGH NJW 2001, 2021; BGH NJW 2010, 3362; *Hübner*, BB 2010, 1483, 1485;

bestimmte Tatsachen zu informieren, und er schweigt über diese, ist der objektive Tatbestand des arglistigen Verschweigens erfüllt. Eine Aufklärungspflicht kann sich aus dem Vertrag ergeben, z. B. allgemein bei einem Beratervertrag oder bei einem Unternehmenskauf aus einem Auskunftsvertrag[597]. Daneben sind in der Praxis aber auch vorvertragliche Aufklärungspflichten von besonderer Bedeutung, die aus § 242 BGB abgeleitet werden[598].

1) Allgemeines zur vorvertraglichen Aufklärungspflicht

Eine vorvertragliche Aufklärungspflicht einer Vertragspartei[599] wird nach der Rechtsprechung dann begründet, wenn die andere Partei (die Gegenpartei) im Einzelfall nach Treu und Glauben und unter Berücksichtigung der Verkehrsanschauung eine Aufklärung erwarten darf[600]. Es führt also nicht jedes Informationsgefälle zwischen den Parteien zu einer Aufklärungspflicht. Vielmehr ist eine Wertung im Einzelfall vorzunehmen. Nur wenn die Ausnutzung des Wissensvorsprungs einen Verstoß gegen die Fairness am Markt oder gegen die Waffengleichheit der Parteien darstellen würde, muss das berechtigte Gewinnstreben der wissenden Partei hinter die Pflicht zur Wahrung der Interessen der Gegenpartei zurücktreten[601].

Die Umstände des Einzelfalls, insbesondere die konkrete Ausgestaltung des Informationsgefälles, bestimmen sowohl die Existenz und den Umfang als auch den Inhalt einer Aufklärungspflicht[602]. Insbesondere muss eine Partei die andere über

Weidenkaff, in: Palandt, § 444 Rdn. 11. Dazu, dass sich daran durch die Schuldrechtsreform nichts geändert hat, siehe auch *Gröschler*, NJW 2005, 1601.

597 Bei einem Beratervertrag ist die Aufklärungspflicht vertragliche Hauptpflicht, vgl. *Grüneberg*, in: Palandt, § 242 Rdn. 37. Beim Unternehmenskauf kann es auch einen selbstständigen Auskunftsvertrag geben, vgl. *Haas, Müller*, GmbHR 2004, 1169, 1173.

598 Vorvertragliche Aufklärungspflichten können neben ihrer Bedeutung für das Vorliegen von arglistigem Verschweigen auch Ansprüche aus c. i. c. begründen. Zur Abgrenzung von Ansprüchen aus c. i. c. und kaufrechtliche Gewährleistungsregelungen vgl. BGH NJW 2009, 2120; *Brüggemeier*, WM 2002, 1376, 1378; *Hübner*, BB 2010, 1483 sowie die Nachweise in Fn. 481.

599 Da Aufklärungspflichten nicht nur beim Kaufvertrag begründet werden können, werden im Folgenden für jegliche Vertragsart geltende, allgemeine Begriffe wie „Partei" benutzt, solange nicht vom Unternehmenskauf die Rede ist.

600 BGH NJW-RR 1996, 429; BGH NJW 1996, 1339, 1340; BGH NJW 2001, 2021.

601 Vgl. *Stengel, Scholderer*, NJW 1994, 158, 162; *Bachmann, Roth*, in: MüKo BGB, § 241 Rdn. 142.

602 BGH NJW 1993, 2107; BGH NJW 2010, 3362.

solche Umstände aufklären, von denen sie weiß oder wissen muss, dass sie für die Gegenpartei zwar von wesentlicher Bedeutung für den Vertragsschluss, aber unbekannt sind[603]. Mangels Informationsbedürfnis ist eine Aufklärungspflicht danach zu verneinen, wenn die fraglichen Umstände für die Gegenpartei ohne Weiteres erkennbar sind, z. B. bei einer Besichtigung[604]. Die Gegenpartei kann sie dann bei der im eigenen Interesse gebotenen Sorgfalt selbst wahrnehmen[605]. Zu berücksichtigen ist zudem die Geschäftsgewandtheit der Gegenpartei, da sie das Informationsbedürfnis beeinflusst. Ist die Gegenpartei besonders erfahren hinsichtlich der konkreten Vertragsart oder der Vertragsumstände, kann sie mit geringerem Aufwand als eine unerfahrene Partei etwaige Umstände erkennen und bedarf weniger Schutz durch Aufklärung[606]. Umgekehrt können im Einzelfall das Informationsbedürfnis und damit der Umfang einer Aufklärungspflicht ansteigen, wenn die Gegenpartei erkennbar so wenig Sachverstand aufweist, dass sie mit den für eine durchschnittliche Partei ausreichenden Informationen nicht die Umstände erkennen kann, die entscheidungserheblich sind[607].

Dabei wird ein Umstand als entscheidungserheblich beurteilt, wenn er die Eignung aufweist, den Vertragszweck zu vereiteln[608]. Dieses Kriterium führt dazu, dass bei der Prüfung einer Aufklärungspflicht in gewisser Hinsicht ähnliche Kriterien relevant sind wie bei der Bestimmung eines Sachmangels. Denn auch

---

603 BGH NJW 1990, 975; BGH NJW 1993, 2107; BGH NJW-RR 1996, 429; BGH, NJW-RR 1998, 1406; BGH NJW 2006, 3139, 3141.

604 Bei übermittelten Unterlagen muss der Verkäufer aufgrund der Umstände die berechtigte Erwartung haben, dass der Käufer die Unterlagen als Grundlage seiner Kaufentscheidung durchsehen wird, damit Erkennbarkeit der Umstände und Verneinung einer Aufklärungspflicht gegeben sind, s. BGH NJW 2011, 1280. Die gleichen Anforderungen stellt der BGH zu der Frage, ob der Verkäufer eine Aufklärungspflicht mit der Übergabe von Unterlagen erfüllt, vgl. BGH NJW 2012, 846, 847.

605 Vgl. zur Verneinung einer Aufklärungspflicht bei erkennbaren Mängeln BGH NJW-RR 1994, 907; BGH NJW 1996, 1339, 1340; BGH NJW 2010, 3362; BGH NJW 2011, 1280; *Geldsetzer*, M&A Review 2005, 475.

606 Dabei ist maßgeblich, wie sich die Gegenpartei geriert, nicht die tatsächliche (Un-)Erfahrenheit der Partei, vgl. BGH NJW-RR 1996, 947, 948. Zur geschäftsgewandten Partei siehe auch BGH NJW 1996, 1744; BGH NJW-RR 1997, 176, 176 f.; *Bachmann, Roth*, in: MüKo BGB, § 241 Rdn. 155.

607 BGH, NJW 1974, 849, 851; BGH NJW 1993, 210; BGH NJW 2006, 2618, 2619; BGH NJW-RR 2009, 1101, 1102.

608 BGH NJW 1990, 975; BGH NJW 1993, 2107; BGH NJW-RR 1996, 429; BGH, NJW-RR 1998, 1406; BGH NJW 2006, 3139, 3141; *Bachmann, Roth*, in: MüKo BGB, § 241 Rdn. 130; *Gehrlein, Sutschet*, in: BeckOK BGB, § 311 Rdn. 70.

dort kann der Vertragszweck von Bedeutung sein, nämlich bei dem Merkmal der Eignung zur vorausgesetzten Verwendung (§ 434 Abs. 1 S. 2 Nr. 1 BGB) oder zur gewöhnlichen Verwendung (§ 434 Abs. 1 S. 2 Nr. 2 Alt. 1 BGB)[609]. Für die Bewertung des fraglichen Umstandes im Sinne einer Entscheidungserheblichkeit ist auch zu berücksichtigen, in welchem Maße der Gegenpartei bei einem Vertragsschluss Gefahren aus dem Vorliegen des Umstandes drohen[610]. Ist ein erheblicher wirtschaftlicher Schaden der Gegenpartei als Folge zu befürchten, kann sich die Bedeutung des Umstandes derart erhöhen, dass eine Aufklärungspflicht zu bejahen ist[611]. Bei der Bewertung, ob es sich um einen für den Käufer für den Vertragsabschluss wesentlichen Umstand handelt, ist dagegen irrelevant, ob sich später herausstellt, dass dieser den Vertrag im konkreten Fall auch in Kenntnis des Umstandes geschlossen hätte.

Dass das Vorliegen des Umstandes für den Vertragsentschluss tatsächlich nicht ursächlich geworden ist, kann keine Auswirkungen haben. Schließlich konnte die nicht-aufklärende Partei dies bei Vertragsschluss nicht wissen, also zu dem Zeitpunkt, zu dem sie bei einer entsprechenden Pflicht spätestens hätte aufklären müssen. Der Zufall im Einzelfall kann sie nicht entlasten. Maßgeblich ist daher allein, ob eine verständige Partei damit rechnen muss, dass der verschwiegene Umstand Einfluss auf die Entscheidung der anderen Partei hat[612]. Sind neben der Aufklärungspflicht auch die weiteren Voraussetzungen des arglistigen Verschweigens zu bejahen, steht die mangelnde Ursächlichkeit für den Vertragsschluss auch nicht der Anwendung des § 444 BGB entgegen. Dieser verlangt nach seinem Wortlaut ebenso wenig wie die Definition der Arglist das Vorliegen von Kausalität. Ebenso spricht das System der Gewährleistungsrechte gegen ein solches

---

609 *Thiessen* weist vor diesem Hintergrund darauf hin, dass die Prüfung der Haftung nach c. i. c, die die Bestimmung einer Aufklärungspflicht verlangt, keinen Vorteil hat gegenüber der regelmäßig schwierigen Bestimmung eines Sachmangels nach § 434 Abs. 1 S. 2 Nr. 1 und 2 BGB bei einem Unternehmenskauf, vgl. *Thiessen*, Unternehmenskauf und Bürgerliches Gesetzbuch, C. XI. 1. b), S. 381 ff.

610 Vgl. *Gehrlein, Sutschet*, in: BeckOK BGB, § 311 Rdn. 72; *Bachmann, Roth*, in: MüKo BGB, § 241 Rdn. 148 f.; *Grüneberg*, in: Palandt, § 242 Rdn. 37.

611 BGH NJW 1993, 2107; BGH NJW 2010, 3362.

612 BGH NJW 2011, 3640, 3641; zustimmend *Lorenz*, LMK 2011, 323580. Mit dem Hinweis, dass allerdings auf einen verständigen Dritten nicht allgemein, sondern gerade in der konkreten Situation abzustellen ist, um etwaige Hinweise auf die Bedeutung des Umstandes für die Gegenpartei aus den bisherigen Vertragsverhandlungen einfließen zu lassen, vgl. *Weber*, NJW 2011, 3642. Im Ergebnis zustimmend, aber gegen das Erfordernis einer Aufklärungspflicht: *Faust*, JuS 2012, 354.

Erfordernis, da diese durch die Verletzung der Pflicht zur mangelfreien Leistung begründet werden, unabhängig vom Einfluss des mangelhaften Umstandes auf den Vertragsschluss[613].

Besteht eine Aufklärungspflicht, ist zu ihrer Erfüllung erforderlich, die aufklärungsbedürftigen Informationen vollständig, mit zutreffendem Inhalt und gedanklich möglichst geordnet offenzulegen[614]. Selbst wenn an sich keine (primäre) Aufklärungspflicht besteht, ist ebenso auf Fragen der Gegenpartei zutreffend und vollständig zu antworten, bei denen sich die Antwort auf entscheidungserhebliche Umstände bezieht (sogenannte sekundäre Aufklärungspflicht)[615]. Auch dieser Aspekt führt zu einer gewissen Ähnlichkeit der Prüfung der Aufklärungspflicht mit der Bestimmung eines Sachmangels. Aus der Frage des Käufers nach einem bestimmten Umstand und einer fehlerhaften Antwort kann nämlich ein Sachmangel wegen Abweichung von einer in Frage und Antwort liegender Beschaffenheitsvereinbarung anzunehmen sein (§ 434 Abs. 1 S. 1 BGB) oder ohne Einigung der Parteien zumindest wegen mangelnder Eignung zur vorausgesetzten Verwendung (§ 434 Abs. 1 S. 2 Nr. 1 BGB)[616].

2) Vorvertragliche Aufklärungspflichten beim Unternehmenskauf

Auch beim Unternehmenskauf beanspruchen die von der Rechtsprechung entwickelten Grundsätze zu vorvertraglichen Aufklärungspflichten Geltung[617]. Der Unternehmenskäufer wird in der Regel von einem Team interner und externer Berater unterstützt. Diesem und damit dem Käufer ist es in gewissem Maße zuzutrauen, die Beschaffenheiten des Unternehmens als Kaufgegenstand zu kontrollieren, zu bewerten und über die Risiken zu entscheiden. Soweit dem Käufer diese sachkundige Hilfe nützt, bedarf er keiner Aufklärung durch den Verkäufer[618].

613 So erstmals zum neuen § 444 BGB: BGH NJW 2011, 3640, 3641; zustimmend *Lorenz*, LMK 2011, 323580; *Arnold*, MittBayNot 2012, 39.

614 BGH NJW-RR 1996, 947; *Hübner*, BB 2010, 1483, 1487; *Bachmann, Roth*, in: MüKo BGB, § 241 Rdn. 184.

615 Siehe dazu BGH NJW-RR 1988, 458, 459; BGH NJW-RR 1997, 144, 145; *Hübner*, BB 2010, 1483, 1486 (Unterteilung in primäre und sekundäre Aufklärungspflicht); *Singer, Finckenstein*, in: Staudinger, § 123 Rdn. 18.

616 *Thiessen*, Unternehmenskauf und Bürgerliches Gesetzbuch, C. XI. 1. b) (2), S. 386 ff.

617 Vgl. nur BGH NJW-RR 1996, 429; BGH NJW-RR 1998, 1406; BGH DStR 2001, 901; BGH NJW 2002, 1042.

618 *Bachmann, Roth*, in: MüKo BGB, § 241 Rdn. 141; ähnlich *Hopt*, in: Baumbach HGB, § 347, Rdn. 23.

So urteilte der BGH, dass sich der hinreichend sach- und branchenkundige Käufer bei Interesse aussagekräftige Unterlagen hätte vorlegen lassen können bei dem Hinweis, es habe sich um ein Verlustgeschäft gehandelt. Eine über den Hinweis hinausgehende Aufklärungspflicht lehnte er mangels Schutzbedürftigkeit ab[619]. Eine detaillierte Darstellung sei unnötig, da ein branchenkundiger Käufer die Bedeutung des allgemeinen Hinweises bereits erfassen und bei weiterem Interesse nachfragen könne[620].

Andererseits kann dem Käufer die sachkundige Unterstützung nur in Grenzen bei der Kaufentscheidung helfen[621]. Die Berater können ihm zwar insbesondere bei der Auswahl der anzufordernden Dokumente und ihrer Auswertung helfen. Der Verkäufer überblickt aber besser, in welchen Unterlagen die Informationen von wesentlicher Bedeutung enthalten und welche Dokumente somit überhaupt zu analysieren sind. Zwar gibt es Informationen, die üblicherweise abgefragt werden, weil sie dem Käufer bekannte, wertbildende Faktoren darstellen. Die entsprechenden Dokumente verlangt der Käufer vom Verkäufer regelmäßig und analysiert sie, beispielsweise den Jahresabschluss[622]. Daneben kann es aber entscheidungserhebliche Informationen geben, mit denen der Käufer bzw. seine Berater nicht rechnen und nach der Verkehrsanschauung auch nicht rechnen müssen. Sie fordern die Unterlagen in der Regel gar nicht erst an, aus denen sich solche untypischen erheblichen Umstände ergeben könnten. So erlangt der Käufer keine Kenntnis von ihnen.

In der Praxis kann der Käufer so eine Situation kaum vermeiden. Es ist ihm nicht möglich, jede erdenkliche Information abzufragen und zu prüfen (oder abfragen und prüfen zu lassen)[623]. Bei einem hochkomplexen Rechtsgeschäft wie

---

619 Vgl. BGH NJW 2002, 1042 1044.

620 BGH NJW 2002, 1042, 1044; ebenso *Geldsetzer*, M&A Review 2005, 475; *Schüppen, Lennerz*, M&A Review 2003, 476; *Singer, Finckenstein*, in: Staudinger, § 123 Rdn. 11.

621 So bedenkt der BGH eine etwaige Sachkunde des Käufers, stellt aber zugleich fest, dass sie gewisse andere Umstände nicht ausgleichen kann, die für eine Aufklärungspflicht sprechen, vgl. BGH NJW 2001, 2163, 2164.

622 Der BGH benennt als klassische Basis, die dem Käufer für eine Unternehmensbewertung zur Verfügung steht, die Bilanzen, laufende betriebswirtschaftliche Auswertungen, sonstige Buchführungsunterlagen und ergänzende Auskünfte des Inhabers oder Geschäftsführers, siehe BGH NJW 2001, 2163, 2164. Vgl. zu regelmäßig abzufragenden Unterlagen auch die Due-Diligence-Checklisten z. B. bei *Harrer*, DStR 1993, 1673; *Wegmann, Koch*, DStR 2000, 1027, 1028; *Beisel*, in: Der Unternehmenskauf, Kap. 20 Rdn. 22.

623 Vgl. auch *Hübner*, BB 2010, 1483, 1486 f.; *Louven*, BB 2001, 2390, 2391; *Stengel, Scholderer*, NJW 1994, 158, 164.

dem Unternehmenskauf muss er seine Analyse auf eine gewisse Basis begrenzen. Dabei fehlt ihm in der Praxis das Problembewusstsein hinsichtlich des konkreten Unternehmens, weil es ihm noch nicht vertraut ist[624]. Er kann die Basis seiner Analyse daher regelmäßig nur nach allgemeinen Erfahrungswerten auswählen, obwohl ein Unternehmen gerade durch seine Individualität gekennzeichnet ist. Damit ist ihm die Bewertung des konkreten Kaufgegenstandes erschwert[625]. Seine Schutzbedürftigkeit ist erhöht, beispielsweise über untypische, wesentliche Umstände aufgeklärt zu werden.

Sind die Umstände schon begrenzt, die der Käufer zur Unternehmensbewertung abfragen und heranziehen kann, ist es zudem besonders wichtig, dass die dazu erteilten Informationen vollständig und zutreffend sind, sodass auch unter diesem Aspekt die Schutzbedürftigkeit des Unternehmenskäufers erhöht ist[626]. Weiter ist zu berücksichtigen, dass Unternehmenskäufe für den Käufer in der Regel von großer, insbesondere wirtschaftlicher Bedeutung sind[627]. Die Gefahren, die dem Käufer bei einer Fehlentscheidung wegen Unkenntnis über einen entscheidungserheblichen Umstand drohen, können in der Praxis erheblich sein. Auch dieser Aspekt ist im Einzelfall zu prüfen und kann eine Schutzbedürftigkeit begründen, die für eine Aufklärungspflicht spricht[628]. Um das Maß der Gefährdung des Vertragszwecks im Rahmen der Prüfung der Entscheidungserheblichkeit beurteilen zu können, ist der jeweilige Umstand vor dem Hintergrund der im Einzelfall vom Käufer beabsichtigten Verwendung des Unternehmens zu bewerten[629].

Die genannten Gründe haben den BGH veranlasst, davon auszugehen, dass den Verkäufer beim Unternehmenskauf vermehrt eine Pflicht zur Aufklärung trifft, sodass beim Unternehmenskauf eine sogenannte „gesteigerte Aufklärungspflicht" besteht[630]. So ist der Unternehmensverkäufer insbesondere verpflichtet, den Käufer darüber aufzuklären, dass die Überlebensfähigkeit des Unternehmens ernsthaft

---

624 In diese Richtung *Wagner*, DStR 2002, 958.

625 Zur erschwerten Bewertung vgl. auch BGH NJW 2001, 2163, 2164.

626 BGH DStR 2001, 901, 902 f.

627 *Gehrlein, Sutschet*, in: BeckOK BGB, § 311 Rdn. 84

628 Vgl. BGH NJW 2001, 2163, 2164.

629 Siehe BGH NJW 2002, 1042, 1043 f.

630 Grundlegend BGH NJW 2001, 2163, 2164; dazu die Anmerkungen *Thiessen*, DStR 2001, 1578 und *Meyer-Sparenberg*, NZG 2001, 753, 754; s. auch BGH NJW 2002, 1042, 1043; *Wagner*, NZG 2001, 844; *Holzapfel, Pöllath*, Unternehmenskauf, Rdn. 637; *Gehrlein, Sutschet*, in: BeckOK BGB, § 311 Rdn. 84. Zur Entwicklung der Rechtsprechung zu vorvertraglichen Aufklärungspflichten beim Unternehmenskauf siehe ausführlich *Geldsetzer*, M&A Review 2005, 475; *Wagner*, DStR 2002, 958.

gefährdet ist, wenn der Käufer – wie üblich – ein lebensfähiges Unternehmen erwerben möchte[631]. Dazu gehört zum einen die Pflicht, über eine drohende Zahlungsunfähigkeit aufzuklären[632]. Zum andern ist danach auch über Umstände zu informieren, die die Produktionsfortsetzung des Unternehmens hindern, wie beispielsweise Schäden an Anlagen oder Einrichtungen[633]. Fehlbestände an Waren und Inventar können ebenfalls den Effekt haben, der Fortführung des Unternehmens entgegenzustehen und somit aufklärungsbedürftige Umstände darzustellen[634]. Aber nicht nur die Fortführung kommt als gefährdeter, mit dem Kauf beabsichtigter Zweck des Käufers infrage, sondern auch andere Vertragszwecke, soweit sie und ihre Gefährdung für den Verkäufer erkennbar sind[635]. Wenn der Käufer für den Verkäufer erkennbar die gewinnbringende Erzielung von Synergieeffekten erreichen wollte und sich diese nicht verwirklichen lassen, muss der Verkäufer dementsprechend darüber aufklären[636]. Ebenso ist eine erhebliche Rohertragseinbuße wegen eines Umsatzrückgangs um 40 % zu offenbaren, da dieser Umstand für den Käufer hinsichtlich der Kaufentscheidung von wesentlicher Bedeutung ist[637].

Erkennt der Verkäufer umgekehrt, dass ein gewisser Umstand für den Käufer im Einzelfall belanglos ist bzw. darf dies ein verständiger Dritter an seiner Stelle so verstehen[638], kann sich die grundsätzlich gesteigerte Aufklärungspflicht wieder reduzieren. Beabsichtigt der Käufer beispielsweise die Eingliederung des

---

631 Zur Fortführung des Unternehmens als in der Regel vorausgesetzte und daher auch übliche Verwendung vgl. VI. 2. a. 2) d) und e), S. 111 und 112.

632 Vgl. zur Aufklärungspflicht über drohende Zahlungsunfähigkeit: BGH NJW-RR 1998, 1406; BGH NJW 2001, 2163, 2164; dazu die Anmerkungen von *Wagner*, NZG 2001, 844 und *Thiessen*, DStR 2001, 1578; BGH DStR 2002, 1098, 1100; *Stengel, Scholderer*, NJW 1994, 158, 161.

633 *Hübner*, BB 2010, 1483, 1485 f.; *Stengel, Scholderer*, NJW 1994, 158, 161; *Singer, Finckenstein*, in: Staudinger, § 123 Rdn. 18.

634 *Stengel, Scholderer*, NJW 1994, 158, 161; *Louven*, BB 2001, 2390; *Singer, Finckenstein*, in: Staudinger, § 123 Rdn. 18.

635 Vgl. *Louven*, BB 2001, 2390. Ebenso *Wagner*, der mit Blick auf die wirtschaftlichen Auswirkungen eine Aufklärungspflicht bei einem möglichen Schaden in Höhe von ca. 5 %–10 % des Kaufpreises befürwortet, vgl. *Wagner*, DStR 2002, 958, 963 ff. Dagegen betont *Geldsetzer* in zutreffender Weise, dass die Besonderheiten des Einzelfalls statt starrer Wertgrenzen maßgeblich sein müssen, vgl. *Geldsetzer*, M&A Review 2005, 475.

636 BGH NJW 2002, 1042, 1043 f.; *Holzapfel, Pöllath*, Unternehmenskauf, Rdn. 638.

637 BGH NJW-RR 1996, 429.

638 Dazu, wann ein Umstand entscheidungserheblich ist, vgl. bereits oben unter VII. 3. a. 1), S. 143 ff.

Unternehmens in seinen bestehenden Betrieb und übernimmt keine Schulden, ist zu prüfen, ob ihn im konkreten Fall verbliebene Verbindlichkeiten des Unternehmens überhaupt unmittelbar berühren. Über Umstände, die es nicht tun, muss ihn der Verkäufer mangels wesentlicher Bedeutung im Einzelfall nicht aufklären[639]. Ebenso kann sich die Aufklärungspflicht reduzieren, wenn die Parteien mit Blick auf einen Umstand eine Freistellung durch den Verkäufer vereinbaren. Hier trägt schließlich der Verkäufer das Risiko für das Vorliegen des Umstandes. Für den Käufer ist er in der Regel nicht mehr entscheidungserheblich. Eine Aufklärungspflicht ist bei Freistellungsvereinbarungen daher grundsätzlich nur in dem Umfang gegeben, in dem der Käufer noch das Risiko trägt[640]. Insbesondere wenn eine Garantie für eine gewisse Dauer befristet ist, kann sich aber ergeben, dass sie keine hinreichende Kompensation darstellt, sodass eine Aufklärungspflicht wegen verbleibender Risiken für den Käufer zu bejahen ist[641]

Vollständig verneint wird das Schutzbedürfnis einer Partei, wenn der Umstand für sie erkennbar war[642]. Bei einem Unternehmenskauf kann dies beispielsweise der Fall sein, wenn ein solcher Umstand aus den vom Verkäufer übermittelten Unterlagen ohne Weiteres zu entnehmen ist. Daneben kann sich im Einzelfall die Situation ergeben, dass der Käufer Umstände durch eine Besichtigung erkennen kann, z. B. eine konkrete Kontamination des Grundstücks[643]. Bei der Beurteilung, ob ein Umstand für den Käufer erkennbar war, ist wiederum seine Sach- und Branchenkunde zu berücksichtigen[644].

Ist eine Aufklärungspflicht nicht reduziert, gelten mit Blick auf ihre Erfüllung beim Unternehmenskauf die allgemeinen Grundsätze. Die Umstände sind

---

639 Vgl. BGH NJW 2002, 1042, 1043 (allgemeiner Hinweis auf Verlustgeschäft ausreichend); *Schüppen, Lennerz*, M&A Review 2003, 476; *Stengel, Scholderer*, NJW 1994, 158, 163.

640 *Geldsetzer*, M&A Review 2005, 475.

641 So entschied der BGH, dass beim Verkauf von Wohnungseigentum der Käufer über einen Leerstand aufzuklären hat, auch wenn er eine zeitlich befristete Mietgarantie abgibt, vgl. BGH NJW 2000, 3275, 3276; BGH NJW 2008, 3699, 3700; *Rott*, LMK 2008, 271682.

642 Siehe dazu unter VII. 3. a. 1), S. 143 ff.

643 Zu einem Grundstückskaufvertrag siehe BGH NJW 2001, 64, 65. Dieser zu einem Grundstückskaufvertrag geäußerte Gedanke kann beim Unternehmenskauf ebenso herangezogen werden, insbesondere da ein mangelhaftes Grundstück in der Regel auf das Unternehmen durchschlägt und so einen Unternehmensmangel darstellt, vgl. dazu VI. 2. a. 2) a), S. 95 ff. Siehe auch *Geldsetzer*, M&A Review 2005, 475.

644 *Geldsetzer*, M&A Review 2005, 475.

vollständig, mit zutreffendem Inhalt und möglichst gedanklich geordnet offenzulegen[645]. Demnach kommt ein Verkäufer seiner Aufklärungspflicht über die Ertragslage des Unternehmens nicht ausreichend nach, wenn er betriebswirtschaftliche Analysen übergibt, die wegen gewisser noch ausstehender Korrekturbuchungen zu fehlerhaften Schlussfolgerungen hinsichtlich der Ertragslage führen[646].

b. Arglistiges Verschweigen: subjektive Anforderungen

Neben den objektiven sind subjektive Anforderungen erforderlich, um ein arglistiges Verschweigen zu begründen. Für den Unternehmenskauf gelten die im Folgenden dargestellten, allgemeinen, subjektiven Voraussetzungen ohne Modifizierung. Das arglistige Verschweigen eines Mangels stellt eine Variante der arglistigen Täuschung dar. Durch das Verschweigen täuscht der Verkäufer die Mangelfreiheit des Kaufgegenstandes vor. Für das Vorliegen von Arglist muss der Verkäufer bezüglich der Täuschung mindestens bedingten Vorsatz haben[647]. Beim arglistigen Verschweigen eines Mangels muss der Verkäufer daher einen Mangel kennen oder zumindest für möglich halten[648]. Dabei genügt es, wenn der Verkäufer die den Mangel begründenden Umstände für möglich hält. Ob er die Umstände zusätzlich in rechtlicher Hinsicht als Mangel bewertet, ist dagegen unerheblich[649]. Geht der Verkäufer allerdings davon aus, dass keine einen Mangel begründenden Umstände vorliegen oder kann er sich an solche Umstände nicht erinnern, liegt ein nur fahrlässiges Verschweigen vor[650]. Bloße Fahrlässigkeit genügt für das Vorliegen von Arglist nicht[651].

---

645 Siehe bereits unter VII. 3. a. 1), S. 143 ff.

646 *Hübner*, BB 2010, 1483, 1485.

647 Vgl. BGH NJW 1994, 253, 254; BGH NJW 1995, 1549, 1550; BGH NJW 2007, 3057, 3059; BGH NJW 2006, 2839, 2840. Ohne den Begriff des bedingten Vorsatzes zu nennen, aber inhaltlich ebenso: BGH NJW 1990, 42, 42 f.; BGH NJW-RR 1992, 333, 334; BGH NJW 1996, 1205.

648 BGH NJW-RR 1992, 333; 334; BGH NJW 2001, 2326, 2327; BGH NJW 2007, 3057, 3059; *Faust*, JuS 2012, 354, 356.

649 BGH NJW-RR 2003, 989, 990; BGH NJW 2007, 835, 836; *Matusche-Beckmann*, in: Staudinger, § 438 Rdn. 90. Sofern auf eine Kommentierung von § 438 BGB zurückgegriffen wird: Der Begriff der Arglist in § 444 BGB ist mit dem in § 438 Abs. 3 BGB identisch, s. *Faust*, in: BeckOK BGB, § 444 Rdn. 14.

650 Siehe dazu BGH NJW 2007, 3057, 3059 (fahrlässiges Vertrauen auf anderen Sachverhalt); BGH NJW 2001, 2326, 2327 (keine Erinnerung).

651 *Ellenberger*, in: Palandt, § 123 Rdn. 11; *Singer, Finckenstein*, in: Staudinger, § 123 Rdn. 47.

Des Weiteren muss sich der zumindest bedingte Vorsatz auch auf die Unkenntnis des Käufers vom Mangel beziehen und darauf, dass der Käufer bei Kenntnis des Mangels den Vertrag nicht oder nicht mit demselben Inhalt geschlossen hätte. Der Verkäufer muss diese beiden Umstände also positiv wissen oder zumindest mit ihnen rechnen und sie billigend in Kauf nehmen[652]. Maßgeblich sind allein die Vorstellungen des Verkäufers. So ist der bedingte Vorsatz bezüglich der Unkenntnis des Käufers unabhängig davon zu beurteilen, ob der Käufer tatsächlich (keine) Kenntnis von dem Mangel hatte[653]. Nur wenn der Verkäufer davon ausgeht, dass der Käufer den Mangel oder die ihn begründenden Umstände bereits kennt, ist ihm sein Schweigen nicht als arglistig vorzuwerfen. Dies gilt folglich aber auch dann, wenn die Einschätzung des Verkäufers nicht den Tatsachen entsprach, d. h., der Käufer die Umstände entgegen der Annahme des Verkäufers nicht kannte[654].

Für den bedingten Vorsatz zur Beeinflussung der Kaufentscheidung ist das Bewusstsein des Verkäufers nötig, etwas zu verschweigen, das den Käufer von dem Vertragsschluss in seiner konkreten Gestalt möglicherweise abgehalten hätte[655]. Der Verkäufer muss also den möglichen Zusammenhang erkennen, durch sein Schweigen eventuell einen Irrtum hervorzurufen und mit diesem Irrtum wiederum die Abgabe einer Willenserklärung zu motivieren. Anders ausgedrückt muss er sich eine Kausalität des Schweigens für den Vertragsschluss als möglich vorstellen[656]. Da es auf eine tatsächliche Kausalität nicht ankommt[657], kann Arglist als „Tatbestand mit überschießender Innentendenz" bezeichnet werden[658]. Aus der Maßgeblichkeit der Verkäufersicht folgt, dass der bedingte Vorsatz zu verneinen ist, wenn der Verkäufer angenommen hat, der Käufer mache seine Kaufentscheidung oder die Gestaltung des Kaufvertrages nicht von dem fraglichen Umstand abhängig. Selbst wenn sich der Verkäufer mit dieser Annahme irrte, fehlt es ihm

652 BGH NJW 1994, 253, 254; BGH, NJW-RR 1996, 690; BGH NJW-RR 2003, 989, 990; BGH NJW 2007, 835, 836; *Faust*, JuS 2012, 354, 356; *Ellenberger*, in: Palandt, § 123 Rdn. 11.

653 Vgl. dazu BGH NJW-RR 1996, 690.

654 S. BGH NJW-RR 1996, 690; OLG Hamm NJW-RR 1995, 689; *Westermann*, in: MüKo BGB, § 348 Rdn. 29. Zu der Beurteilung einer Aussage des Verkäufers im späteren Gewährleistungsstreit, er sei von der Kenntnis des Käufers ausgegangen, siehe VII. 3. b., S. 151.

655 BGH, NJW 1998, 1315, 1316; *Palm*, in: Ermann, § 123 Rdn. 29.

656 *Lorenz*, LMK 2011, 323580; *Weber*, NJW 2011, 3642.

657 Vgl. BGH NJW 2011, 3640.

658 So *Faust*, JuS 2012, 354, 356.

am Bewusstsein, möglicherweise eine Willensentscheidung zu motivieren, und damit am bedingten Vorsatz[659].

Allerdings ist zu berücksichtigen, dass die Rechtsprechung mit Verweis auf die Lebenserfahrung davon ausgeht, dass ein Verkäufer, der die einen Mangel begründenden Umstände für möglich hält und trotzdem gegenüber dem Käufer über sie schweigt, die Einsicht über eine mögliche Beeinflussung der Kaufentscheidung hat und sie zudem billigt[660]. Dieser Schluss ist gerade vor dem Hintergrund möglich, dass für das Vorliegen von Arglist kein moralisches Unwerturteil oder eine betrügerische Absicht erforderlich ist[661]. Dieser Aspekt ist nicht zu vernachlässigen, führt er doch dazu, dass die weitreichende Rechtsfolgen verursachende Arglist[662] den Verkäufer bereits ereilt, wenn die objektiven Anforderungen gegeben sind, er einen Mangel begründende Umstände für möglich hielt und keine ihn in subjektiver Hinsicht entlastenden Anhaltspunkte vorliegen. Hält der Verkäufer die genannten Umstände für möglich, sollte er dies dem Käufer daher vorsorglich mitteilen. So kann er einen späteren Vorwurf der Arglist verhindern und zugleich den Ausschluss der Mängelrechte wegen Kenntnis des Käufers herbeiführen (§ 442 Abs. 1 S. 1 BGB)[663].

Des Weiteren können bereits sogenannte „Angaben ins Blaue hinein" genügen, um eine Arglist in subjektiver Hinsicht zu begründen[664]. Die fehlerhafte Beantwortung zu Umständen von wesentlicher Bedeutung erfüllt regelmäßig die objektiven Anforderungen der Arglist, selbst wenn an sich keine (primäre) Aufklärungspflicht

---

659 Vgl. OLG Hamm NJW-RR 1995, 689; *Westermann*, in: MüKo BGB, § 348 Rdn. 29. Zur Beweislast siehe VII. 3. b., S. 151 ff.

660 Vgl. dazu BGH NJW 1990, 975, 976; BGH WM 1988, 1449. Zur Beweislast siehe VII. 3. b., S. 151 ff.

661 BGH NJW 1990, 975, 976; BGH NJW 1995, 1549, 1550; BGH NJW 2001, 2326, 2327; *Geldsetzer*, M&A Review 2005, 475; *Ellenberger*, in: Palandt, § 123 Rdn. 11; *Singer, Finckenstein*, in: Staudinger, § 123 Rdn. 46.

662 Neben der Geltung des Haftungsausschlusses (§ 444 BGB) führt die Arglist beispielsweise dazu, dass grob fahrlässige Unkenntnis des Käufers beim Berufen auf Gewährleistungsrechte nicht schadet (§ 442 Abs. 1 S. 2 BGB) und der Käufer den Vertrag anfechten kann (§ 123 Abs. 1 BGB).

663 Ebenso *Faust*, in: BeckOK BGB, § 444 Rdn. 8. Mit der Feststellung, dass oft unterschätzt wird, unter welchen Umständen Arglist bereits zu bejahen ist, siehe *Hübner*, BB 2010, 1483; *Holzapfel, Pöllath*, Unternehmenskauf, Rdn. 731.

664 BGH NJW 1998, 302, 303; BGH NJW 2001, 2326, 2327; BGH NJW-RR 2003, 169, 170; *Thiessen*, Unternehmenskauf und Bürgerliches Gesetzbuch, C. IX. 3. b) (7), S. 325 ff.

bestand[665]. Für die subjektiven Anforderungen genügt es, wenn der Verkäufer keine eigene Kenntnis darüber hat, ob seine Angaben richtig sind. Denn in diesem Fall ist bedingter Vorsatz bezüglich eines Mangels, bezüglich der Unkenntnis des Käufers und schließlich nach der Lebenserfahrung auch bezüglich der möglichen Beeinflussung der Kaufentscheidung anzunehmen[666]. Um das Vorliegen von Arglist zu vermeiden, muss der Verkäufer dem Käufer gegenüber daher die Grenzen seiner Kenntnis aufzeigen, wenn er sich zu einem Umstand äußert[667]. So kann er beispielsweise eine Erklärung abgeben, dass ihm gewisse Mängel nicht bekannt sind, anstatt die Mangelfreiheit bezüglich gewisser Umstände ohne entsprechende Kenntnis zu versichern[668]. Die hier dargestellten, allgemeinen Grundsätze zu den subjektiven Anforderungen der Arglist sind beim Unternehmenskauf unverändert anzuwenden.

c. Weitere Aspekte bei der Prüfung von Arglist beim Unternehmenskauf

In der Praxis sind im Rahmen der Prüfung der Arglist-Voraussetzungen beim Unternehmenskauf oft noch weitere Aspekte anzusprechen. Üblicherweise werden Fragen zur Beweislast und zur Zurechnung der Arglist verschiedener Personen an den Verkäufer relevant. Sie werden daher im Folgenden aufgezeigt und ihre Behandlung beim Unternehmenskauf dargestellt. Da bei Unternehmenskäufen auch die Konstellation geläufig ist, dass es mehrere Verkäufer gibt, wird zudem die Bedeutung der Arglist des einen Verkäufers für die anderen erläutert.

1) Beweislast

In der Praxis kommt es darauf an, dass sich die Arglist nachweisen lässt, sodass für sie die Verteilung der Darlegungs- und Beweislast besonders wichtig ist[669]. Grundsätzlich muss der Käufer die Arglist darlegen und beweisen[670]. Dem Käufer hilft es

665 Zu dem Erfordernis, Fragen zutreffend und vollständig zu beantworten, siehe bereits unter VII. 3. a. 1), S. 143 ff.

666 BGH NJW 1998, 302, 303; BGH NJW-RR 2003, 169, 170.

667 BGH NJW 2006, 2839; *Westermann*, in: MüKo BGB, § 438 Rdn. 29.

668 BGH NJW 2001, 2326, 2327.

669 Ähnlich *Weber*, NJW 2011, 3642.

670 *Weidenkaff*, in: Palandt, § 444 Rdn. 4; *Faust*, in: BeckOK BGB, § 444 Rdn. 22; *Westermann*, in: MüKo BGB, § 444 Rdn. 17.

zwar, dass er keine betrügerische Absicht des Verkäufers beweisen muss, sondern nur ein Fürmöglichhalten und die billigende Inkaufnahme[671]. Aber obwohl bereits bedingter Vorsatz für das Vorliegen von Arglist genügt, kann auch dessen Beweis eine erhebliche Hürde sein, insbesondere wenn der Verkäufer belastende Unterlagen aus dem Unternehmen vor der Übergabe beseitigt hat. Der BGH hilft dem Käufer, in dem er bei der Arglist die Grundsätze der sekundären Darlegungslast anwendet[672]. Bezüglich der fehlenden Aufklärung als objektivem Tatbestand des arglistigen Verschweigens kann er auf sie zurückgreifen, weil es sich um eine negative Tatsache handelt. Ein schlichtes Behaupten der fehlenden Aufklärung durch den Käufer ist danach vorerst ausreichend. Will der Verkäufer verhindern, dass die Behauptung als bewiesen behandelt wird, ist es an ihm, in räumlicher, zeitlicher und inhaltlicher Sicht zu spezifizieren, dass er den Käufer aufgeklärt hat. Dies kann der Käufer wiederum widerlegen[673].

Die subjektiven Anforderungen sind hingegen keine negativen, nur innere Tatsachen. Bei inneren Tatsachen ist die Beweisführung erschwert. Allerdings verweist der BGH darauf, dass dies allein für die Anwendung der Grundsätze der sekundären Darlegungs- und Beweislast nicht genügt[674]. Er wendet die sekundäre Darlegungs- und Beweislast aber aus einem anderen Grund auch bezüglich der subjektiven Anforderungen an. So sieht er den bedingten Vorsatz als subjektive Seite der objektiv unterlassenen Aufklärung, die daher genau wie diese zu belegen ist[675]. Wenn der Verkäufer den Käufer nicht über den Mangel aufgeklärt hat, muss er daher darlegen und beweisen, warum er davon ausgegangen sein will, der Käufer habe den Mangel gekannt oder der Mangel sei für die Kaufentscheidung oder Gestaltung des Vertrages für den Käufer irrelevant gewesen[676].

Gelingt ihm dies nicht, während eine unterlassene Aufklärung (mittels der Grundsätze der sekundären Darlegungs- und Beweislast) bereits erwiesen ist, genügt für die Feststellung der Arglist bereits die Behauptung des Käufers, es liege bedingter Vorsatz vor[677]. Der Verkäufer kann sich also nicht mit dem Hinweis

671 Zu den subjektiven Anforderungen siehe bereits unter VII. 3. b., S. 151 ff.

672 BGH NJW 2011, 1280, 1281; BGH NJW 2011, 3640, 3641 f.; *Arnold*, MittBayNot 2012, 39; *Weber*, NJW 2011, 3642.

673 Ausführlich BGH NJW 2011, 1280, 1281; vgl. auch BGH NJW 2001, 64, 65; BGH NJW 2011, 3640, 3642; BGH NJW 2012, 846, 847; *Lorenz*, LMK 2011, 323580.

674 Vgl. BGH NJW 2011, 1280, 1281.

675 BGH NJW 2011, 1280, 1281.

676 BGH NJW 2011, 3640, 3642; *Hübner*, BB 2010, 1487; *Lorenz*, LMK 2011, 323580.

677 Dieses Ergebnis wird zudem davon gestützt, dass der BGH mangels besonderer Umstände und mit Verweis auf die allgemeine Lebenserfahrung davon ausgeht, dass bei

begnügen, er habe gar nicht an eine Täuschung des Käufers gedacht, auch wenn er den fraglichen Umstand für möglich gehalten habe. Eine solche Aussage ohne nähere Angaben ist regelmäßig als bloße Schutzbehauptung zu werten[678]. Dank der Anwendung der Grundsätze der sekundären Darlegungs- und Beweislast schützt sie den Verkäufer nicht vor der Feststellung von Arglist. Für den Käufer bedeutet dies eine große Erleichterung, will er bei Arglist zu seinem (Gewährleistungs-) Recht kommen. Zugleich stellt diese Anwendung eine Gefahr dar für denjenigen Verkäufer, der ohne jeglichen Vorsatz schweigt. Ihm sei daher an dieser Stelle nochmals empfohlen, im Zweifel Mangel begründende Umstände gegenüber dem Käufer anzusprechen, auch wenn er sich über eine etwaige Aufklärungspflicht, den Kenntnisstand des Käufers oder die Bedeutung des Umstandes für diesen nicht im Klaren ist[679].

2) Zurechnung im Rahmen der Arglist

Für die subjektiven Anforderungen der Arglist ist der Wissensstand der Parteien in mehrfacher Hinsicht von Bedeutung. Zuerst stellt sich die Frage, ob dem Verkäufer das Wissen von Hilfspersonen zugerechnet werden kann, wenn es darum geht, ob er einen Mangel für möglich hielt[680]. Dabei ist zu berücksichtigen, zu welchem Zeitpunkt dieses Fürmöglichhalten, d. h., wann die Arglist bei § 444 BGB vorliegen muss. Der maßgebliche Zeitpunkt beeinflusst nämlich den Umfang dessen, was zuzurechnen sein muss, und dem folgend die Norm, nach der die Zurechnung vorgenommen wird[681]. Grundsätzlich muss die Arglist zum Zeitpunkt der Vereinbarung des Haftungsausschlusses oder der Haftungsbegrenzung vorliegen, da sich der Verkäufer in diesem Moment widersprüchlich verhält, was § 444 BGB sanktionieren soll[682]. Dabei kann das Wissen einer Hilfsperson nach § 31 BGB

unterlassener Aufklärung bedingter Vorsatz gegeben ist, vgl. BGH NJW 1990, 975, 976; BGH WM 1988, 1449.

678 Mit dieser Wertung auch *Hübner*, BB 2010, 1487.

679 In diese Richtung auch *Faust*, in: BeckOK BGB, § 444 Rdn. 8. *Hübner* stellt fest, dass Arglist schneller vorliege, als meist angenommen werde, und verweist auf den nur bedingten Vorsatz und die Gefahr, Aufklärungspflichten beim Unternehmenskauf zu unterschätzen, vgl. *Hübner*, BB 2010, 1483.

680 Zu den subjektiven Anforderungen siehe bereits unter VII. 3. b., S. 151 ff.

681 Dies ergibt sich aus der im Folgenden näher erläuterten Differenzierung der Zurechnung nach § 278 BGB oder § 166 BGB analog.

682 Im Ergebnis ebenso *Westermann*, in: MüKo BGB, § 444 Rdn. 12; *Grunewald*, in: Erman, § 444 Rdn. 10; *Faust*, in: BeckOK BGB, § 444 Rdn. 14.

(Organhaftung), § 166 BGB (Stellvertretung) oder § 166 BGB analog (Wissenszurechnung und Wissenszusammenrechnung)[683] zuzurechnen sein[684].

Ausnahmsweise ist ein anderer Zeitpunkt maßgeblich bei einer Gattungsschuld, wenn nur der vom Verkäufer für den Käufer ausgewählte Gegenstand mangelhaft ist. Hier verzögert sich der maßgebliche Zeitpunkt auf den Moment der Konkretisierung. Der Verkäufer handelt erst mit der Auswahl eines mangelhaften Gegenstandes aus der ansonsten mangelfreien Gattung widersprüchlich[685]. Nimmt eine Hilfsperson des Verkäufers die Konkretisierung vor, geht es nicht nur um die Zurechnung von Wissen, sondern ebenso um die einer Handlung. Daher ist dort § 278 BGB (Erfüllungsgehilfe) für die Frage der Zurechnung anzuwenden[686].

Das Wissen, dass dem Verkäufer zugerechnet wird, kann für das Fürmöglichhalten eines Mangels relevant sein sowie für die Anforderung, dass der Verkäufer damit rechnet, dass der Käufer den Mangel nicht kennt und bei Kenntnis des Mangels den Vertrag nicht oder nicht mit demselben Inhalt geschlossen hätte[687]. Der bedingte Vorsatz verlangt neben dem Wissens- allerdings auch ein voluntatives Element. So muss der Verkäufer die Unkenntnis des Käufers und seine mögliche Beeinflussung nicht nur für möglich halten, sondern sie ebenso billigen. Es stellt sich die Frage, ob und wie sich hierbei eine Organisationsform des Verkäufers auswirkt, bei der das Wissen typischerweise auf verschiedene Wissensträger verteilt ist. Beim Unternehmenskauf ist etwaiges Wissen nicht nur z. B. bei der Geschäftsführung vorhanden, sondern meist geht es im Zusammenhang mit dem Vorwurf von Arglist um das etwaige Wissen einzelner Mitarbeiter des Unternehmensverkäufers.

Mit der wohl herrschenden Meinung ist davon auszugehen, dass die Zurechnung des Wissens zugleich Bedeutung für das voluntative Element hat[688].

---

683 Für § 166 BGB analog vgl. BGH NJW 1996, 1205; *Westermann*, in: MüKo BGB, § 444 Rdn. 12; *Faust*, in: BeckOK BGB, § 444 Rdn. 14. Die Grundsätze der Wissenszurechnung und Wissenszusammenrechnung nach § 166 BGB analog sind dargestellt unter X. 5., S. 257 ff.

684 *Hübner*, BB 2010, 1483, 1487 f.

685 Vgl. *Büdenbender*, in: NKo-BGB, § 444 Rd. 18; *Westermann*, in: MüKo BGB, § 444 Rdn. 12; *Faust*, in: BeckOK BGB, § 444 Rdn. 14.

686 Zu der Anwendung des § 166 BGB und § 278 BGB vgl. *Westermann*, in: MüKo BGB, § 444 Rdn. 12; *Faust*, in: BeckOK BGB, § 444 Rdn. 14.

687 Zu den subjektiven Anforderungen siehe bereits unter VII. 3. b., S. 151 ff.

688 BGH NJW 1990, 975, 976; *Schramm*, in: MüKo BGB, § 166 Rdn. 31; *Ellenberger*, in: Palandt, § 166 Rdn. 8; kritisch *Waltermann*, NJW 1993, 889, 893 f.; gegen Arglist durch Zurechnung des Wissens einer nicht an den Verhandlungen beteiligten Person,

Grundsätzlich wird mangels Vorliegen besonderer Umstände nach der Lebenserfahrung von der unterlassenen Aufklärung sowohl auf die Einsicht als auch auf die Billigung des Verkäufers geschlossen, dass der Käufer keine Kenntnis hat sowie seine Beeinflussung möglich ist[689]. Der Ansatz muss auch dann gelten, wenn sich das Wissen des Verkäufers aus dem Wissen Einzelner zusammensetzt und durch Zurechnung beim Verkäufer entsteht. Es gelten ähnliche Argumente wie für die Notwendigkeit einer Wissenszurechnung nach § 166 BGB analog. So soll der Vertragspartner einer Organisationsform, deren Wissen zersplittert ist, insbesondere nicht schlechter stehen als der einer natürlichen Person, bei der die vorgenannte Schlussfolgerung allgemein anerkannt ist[690]. Da die Bewertung als arglistiges Verschweigen kein Unwerturteil darstellt, sondern Ausdruck der Risikoverteilung zwischen den Parteien, bestehen keine Bedenken, die Arglist über das Wissen Einzelner zu begründen[691].

Obwohl es um die Arglist des Verkäufers geht, kann außerdem die Frage Bedeutung erlangen, ob dem Käufer Wissen zuzurechnen ist. Wenn der Verkäufer annimmt, dass ein Mitarbeiter des Käufers den Mangel kennt, ist zu prüfen, ob dem Käufer das Wissen dieser Hilfsperson zuzurechnen ist, der Verkäufer also von einer Kenntnis des Käufers ausgehen durfte. Die Zurechnung ist wiederum anhand der allgemeinen Regeln der Wissenszurechnung zu prüfen, d. h. § 31 BGB (Organhaftung), § 166 BGB (Stellvertretung) oder § 166 BGB analog[692]. Liegen die Voraussetzungen einer Wissenszurechnung vor, darf der Verkäufer von der Kenntnis des Käufers ausgehen, sodass er keinen bedingten Vorsatz bezüglich dessen Unkenntnis und folglich ebenso wenig hinsichtlich einer möglichen Beeinflussung des Käufers hat[693].

Bei einem Unternehmenskauf, bei dem beide Parteien von internen und meist zusätzlich externen Beratern begleitet werden, wird sich häufig eine der Fragen zur Wissenszurechnung stellen. Beiden Parteien ist daher zu empfehlen, für eine

---

d. h. gegen Arglist bei einer Wissenszusammenrechnung: *Schilken*, in: Staudinger, § 166 Rdn. 8; *Thiessen*, Unternehmenskauf und Bürgerliches Gesetzbuch, C. IX. 3. b), S. 301 ff., 322 (mit dem Hinweis, dass in diesen Fällen aber oft Arglist wegen Angaben „ins Blaue hinein“ oder das bewusste Sichverschließen vor der Kenntnis anzunehmen sei, S. 328).

689 Vgl. dazu BGH NJW 1990, 975, 976; BGH WM 1988, 1449.

690 Mit diesem Argument BGH NJW 1990, 975, 976; zustimmend *Schramm*, in: MüKo BGB, § 166 Rdn. 31; *Ellenberger*, in: Palandt, § 166 Rdn. 8.

691 Vgl. BGH NJW 1990, 975, 976.

692 Für § 166 analog siehe beispielsweise BGH NJW-RR 1996, 690.

693 Vgl. BGH NJW-RR 1996, 690 (§ 166 analog).

gute Kommunikation innerhalb ihres jeweiligen Teams zu sorgen. Es sollte allen Beratern bewusst sein, dass es ihrer Partei regelmäßig nicht hilft, Umstände vor der Projektleitung zu verschweigen. Insbesondere die Mitarbeiter des Verkäufers sind darauf hinzuweisen, dass das Verschweigen von einen Mangel begründenden Umständen gegenüber denjenigen, die den Vertrag mit der Gegenpartei verhandeln, nicht vor der Arglist der eigenen Partei schützt. Das Wissen von Einzelpersonen kann je nach Umstand zusammengerechnet werden und der Verkäufer kann sich nicht damit entlasten, dass der den Vertrag verhandelnden Hilfsperson die Mangel begründenden Umstände unbekannt waren[694].

Jegliche Umstände, die womöglich einen Mangel begründen können, sind daher der Projektleitung mitzuteilen. Diese sollte sich der Gefahr des Arglistvorwurfs bewusst sein und sie gegenüber der Gegenpartei offen ansprechen[695]. Oft wird die Gegenpartei das Risiko daraufhin beim Kaufpreis einpreisen und ihr Angebot demzufolge reduzieren. Dem Verkäufer bleibt dann aber eine spätere Geltendmachung von Gewährleistungsrechten durch den Käufer erspart (vgl. § 442 Abs. 1 S. 1 BGB), die zumeist in einer nachträglichen, nicht immer kalkulierbaren Reduzierung des Kaufpreises mündet. Des Weiteren verhindert der Verkäufer aber auch das Risiko einer zeit- und kostenintensiven Streitigkeit und schützt seinen Ruf als ehrlicher Verkäufer in der Branche.

3) Arglist bei mehreren Verkäufern

Gibt es mehrere Verkäufer, ist zu überlegen, ob das arglistige Verschweigen nur eines Verkäufers allen die Berufung auf die vertragliche Haftungsbegrenzung versagt. Zuerst ist dabei zu untersuchen, ob das arglistige Verschweigen den weiteren Verkäufern zuzurechnen ist, insbesondere aufgrund einer Stellvertretung (§ 164 ff. BGB)[696]. Nur soweit dies nicht der Fall ist, ist eine Entscheidung über die Reichweite der Rechtsfolge des § 444 BGB erforderlich.

Der BGH hat zum früheren Recht mehrfach entschieden, dass im Fall des arglistigen Handelns eines Verkäufers sich die weiteren Verkäufer ebenso wenig wie der arglistig handelnde Verkäufer auf einen vereinbarten Haftungsausschluss berufen können[697]. Dem Käufer ist es nach dieser Meinung möglich, gegenüber

---

694 Zur Wissenszurechnung und Wissenszusammenrechnung beim Unternehmenskauf und mit Blick auf arglistiges Verschweigen vgl. *Hübner*, BB 2010, 1483, 1487 f.

695 Mit dieser Empfehlung auch *Faust*, in: BeckOK BGB, § 444 Rdn. 8.

696 Vgl. *Hübner*, BB 2010, 1483, 1487; *Westermann*, in: MüKo BGB, § 444 Rdn. 12.

697 Vgl. BGH WM 1976, 323; BGH NJW-RR 1987, 1415, 1416.

allen Verkäufern den Rücktritt zu erklären, wie es für den Rücktritt bei mehreren Verkäufern erforderlich ist, vgl. § 351 S. 1 BGB[698]. Andere befürworten dagegen, dass die Wirkungen des § 444 BGB nur den Verkäufer treffen, der arglistig geschwiegen hat[699]. Dieser Ansatz hat zur Folge, dass dem Käufer die Ausübung des Rücktrittsrechts letztlich verwehrt bliebe. Die anderen Verkäufer könnten sich nämlich auf die vereinbarte Haftungsbegrenzung berufen, sodass es dem Käufer ihnen gegenüber und damit insgesamt an der Berechtigung zum Rücktritt fehlen würde (vgl. § 351 S. 2 BGB). Der Käufer bliebe an den Vertrag gebunden. Gegenüber dem Verkäufer, der arglistig einen Mangel verschwiegen hat, könnte er nur einen Schadensersatzanspruch geltend machen[700].

Für die zuletzt genannte Betrachtung spricht, dass den nicht arglistig handelnden Verkäufern der Haftungsausschluss erhalten bleibt. Es ist nicht nachvollziehbar, warum sie die Vorteile der vereinbarten Haftungsbegrenzung verlieren sollten[701]. Dem Käufer ist es zwar verwehrt, zurückzutreten, aber er ist durch den Schadensersatzanspruch gegen den arglistig schweigenden Verkäufer geschützt. Dass ihm die Wahlmöglichkeit genommen ist, hat er insofern hinzunehmen, als dass er sich bewusst für einen Vertrag mit mehreren Verkäufern entschlossen hat und als Ausgleich auch die Vorteile einer Mehrheit an Verkäufern genießt. So mindern mehrere Verkäufer beispielsweise das Insolvenzrisiko auf Verkäuferseite, wenn der Käufer Gewährleistungsansprüche geltend macht.

4. Keine Beschaffenheitsgarantie, § 444 Alt. 2 BGB

Nach § 444 Alt. 2 BGB ist es dem Verkäufer verwehrt, sich auf einen vertraglich vereinbarten Haftungsausschluss zu berufen, soweit er eine Garantie für die Beschaffenheit der Sache übernommen hat[702]. Hintergrund dieser Regelung ist, dass dem Verkäufer widersprüchliches Handeln verwehrt sein soll. Er soll nicht einerseits eine Beschaffenheit des Kaufgegenstandes garantieren und zeitgleich die Haftung für das Nichtvorliegen dieser Beschaffenheit ausschließen. Der Käufer

---

698 Neben dem hier behandelten Rücktritt gilt dies ebenso für die Minderung, vgl. § 441 Abs. 2 BGB.

699 *Grunewald*, in: Erman, § 444 Rdn. 9; *Faust*, in: BeckOK BGB, § 444 Rdn. 15; *Westermann*, in: MüKo BGB, § 444 Rdn. 12.

700 *Westermann*, in: MüKo BGB, § 444 Rdn. 12.

701 So auch *Faust*, in: BeckOK BGB, § 444 Rdn. 17.

702 Zum Begriff der Garantie und welche Garantien unter § 444 BGB fallen, siehe ausführlich unter XII. 1. c. 2), S. 303.

darf durch die Abgabe der Garantie also nicht davon abgelenkt werden, dass ihm an anderer Stelle eine Rechtsfolge aus gerade dieser Garantie verwehrt wird, falls dem so ist[703]. Vereinbaren die Parteien Garantien, die einen dementsprechend klar formulierten Rücktrittsausschluss beinhalten, steht seiner Anwendung die Regelung des § 444 Alt. 2 BGB nicht entgegen.

5. Rechtsfolge: der Begriff des „Nicht-berufen-Könnens"

Als Rechtsfolge arglistigen Verschweigens oder dem Vorliegen einer Beschaffenheitsgarantie nennt der § 444 BGB, dass sich der Verkäufer auf den vereinbarten Haftungsausschluss „nicht berufen" kann. Dabei bleibt offen, was die rechtliche Konsequenz des „Nicht-berufen-Könnens" ist. Da die Rechtsprechung dazu noch nicht explizit Stellung genommen hat, werden in der Literatur verschiedene Ansätze diskutiert. Dabei ist unstrittig, dass der zugrunde liegende Vertrag uneingeschränkt gültig ist[704]. Dies ergibt sich schon aus der Regierungsbegründung, die besagt, dass die Wortwahl klarstellen soll, dass niemals der ganze Vertrag als Rechtsfolge unwirksam sei[705].

In der Literatur wird einerseits vertreten, dass das Nicht-berufen-Können auf eine vertragliche Vereinbarung die Unwirksamkeit derselben bedeutet[706]. Andere Stimmen gehen von der weiteren Wirksamkeit der Vereinbarung aus und verwehren dem Verkäufer nur, sie geltend zu machen[707]. Auch wenn diese Differenzierung rein theoretisch wirkt, kann sie sich doch praktisch auswirken. Maßgeblich ist dafür, welche Ansicht man vertritt mit Blick auf die Reichweite des § 444 BGB, wenn bei mehreren Verkäufern nur einer arglistig geschwiegen hat[708]. Folgt man

---

703 *Westermann*, in: MüKo BGB, § 444 Rdn. 14. Zur Zulässigkeit begrenzter Garantien nach § 444 BGB vgl. BT-Drucks 15/3483 S. 22 f.; s. auch *Faust*, ZGS 2002, 271, 273 f. (§ 444 BGB als Auslegungsregel: Garantie vor Haftungsbegrenzung); *Westermann*, in: MüKo BGB, § 444 Rdn. 3, 16; *Faust*, in: BeckOK BGB, § 444 Rdn. 19 ff.; *Picot*, in: Unternehmenskauf und Restrukturierung, Teil I. Rdn. 100 und XII. 1. c. 2), S. 310.

704 *Berger*, in: Jauernig, § 444 Rdn. 14; *Saenger*, in: Schulze, § 444 Rdn. 8.

705 BT-Drucks. 14/6040, S. 240.

706 *Matusche-Beckmann*, in: Staudinger, § 444 Rdn. 47; *Weidenkaff*, in: Palandt, § 444 Rdn. 14; *Saenger*, in: Schulze, § 444 Rdn. 8.

707 So *Faust*, in: BeckOK BGB, § 444 Rdn. 12; so wohl auch *Berger*, in: Jauernig, § 444 Rdn. 14.

708 Zu dieser Thematik bereits unter VII. 3. c. 3), S. 159 ff.

dem BGH zum früheren Recht, kann keiner der Verkäufer mehr auf die Haftungsbegrenzung verweisen. Es ist kein Grund ersichtlich, warum sie weiter wirksam bleiben sollte. Um klarzustellen, dass sie keinem der Verkäufer mehr nutzt, und um die Sanktion des widersprüchlichen Handelns zu betonen, ist daher bei der Befolgung der Ansicht des BGH zum früheren Recht die Unwirksamkeit naheliegend.

Nach der hier vertretenen Ansicht hat das arglistige Verschweigen eines Verkäufers allerdings auf die anderen Verkäufer keine Auswirkung, außer es ist ihnen zuzurechnen[709]. Sie können sich somit auf die Haftungsbegrenzung berufen. Allerdings nutzt ihnen dies nur, wenn die Vereinbarung trotz des Nicht-berufen-Könnens des arglistig täuschenden Verkäufers weiterhin wirksam ist. Der Ansicht, die die Rechtsfolge nur auf den täuschenden Verkäufer beschränkt, ist gerade zuzustimmen, weil die anderen Verkäufer ohne ihr Zutun nicht unter der vom arglistig täuschenden Verkäufer verursachten Rechtsfolge leiden, sondern die Vorteile der Haftungsbegrenzung genießen können sollten[710]. Damit dieses Argument überhaupt zum Tragen kommen und die Ansicht ihre Wirkung entfalten kann, ist die Wirksamkeit der Vereinbarung zu befürworten[711]. Dem arglistig täuschenden Verkäufer ist lediglich ihre Geltendmachung zu verwehren. Die Wirksamkeit beizubehalten, hat keine weiteren Folgen, als dass die hier vertretene Ansicht zu mehreren Verkäufern ihr Ziel erreichen kann. Befürwortet man diese Ansicht, gibt es demnach keine Gründe, die der Wirksamkeit entgegenstehen können.

Rügt ein Käufer mehrere Mängel des Kaufgegenstandes, von denen der Verkäufer aber nur einen arglistig verschwiegen oder bezüglich eines von ihnen eine Beschaffenheitsgarantie abgegeben hat, gilt die Rechtsfolge des § 444 BGB nur für den einen, betroffenen Mangel. Für die übrigen Mängel kann sich der Verkäufer dagegen weiterhin auf den vereinbarten Haftungsausschluss berufen[712].

---

709 Ebenso *Grunewald*, in: Erman, § 444 Rdn. 9; *Faust*, in: BeckOK BGB, § 444 Rdn. 15; *Westermann*, in: MüKo BGB, § 444 Rdn. 12.

710 Siehe VII. 3. c. 3), S. 159 ff.

711 Vor diesem Hintergrund wohl auch *Faust*, in: BeckOK BGB, § 444 Rdn. 12, 17. Von der weiteren Wirksamkeit ausgehend wohl auch *Westermann*, in: MüKo BGB, § 444 Rdn. 12.

712 Vgl. *Grunewald*, in: Ermann, § 444 Rdn. 8; *Matusche-Beckmann*, in: Staudinger, § 444 Rdn. 43; *Saenger*, in: Schulze, § 444 Rdn. 8.

VIII. Erfolgloser Ablauf einer angemessenen Frist, § 437 Nr. 2 Alt. 1 BGB i. V. m. § 323 Abs. 1 BGB

Grundsätzlich muss der Käufer dem Verkäufer erfolglos eine Frist zur Nacherfüllung gesetzt haben, bevor er wegen Schlechtleistung vom Kaufvertrag zurücktreten kann[713]. Um die Anwendbarkeit dieses Erfordernisses für den Rücktritt vom Unternehmenskauf zu beurteilen, ist zunächst kurz sein Hintergrund zu erläutern. Der Umfang der weiteren Ausführungen zum Fristerfordernis richtet sich dann nach dessen Anwendbarkeit und Bedeutung beim Unternehmenskauf bzw. inwieweit dabei Besonderheiten zu beachten sind. Allgemein geltende Aspekte zur Fristsetzung werden nur angerissen, da sich die vorliegende Arbeit allein auf den Unternehmenskauf als besonderen Fall des Kaufrechts konzentriert[714].

1. Hintergrund des Fristerfordernisses

Nach früherem Recht bestimmte § 462 BGB a. F. für den Kaufvertrag, dass dem Käufer bei Vorliegen eines Sachmangels[715] das Recht zur Wandelung (Rückgängigmachung des Kaufes[716]) sofort zustand[717]. Dagegen musste der Besteller bei einem Werkvertrag erst erfolglos eine Frist zur Mängelbeseitigung gesetzt haben, bevor er wandeln konnte, vgl. § 634 Abs. 1 S. 3 BGB a. F. Auch bei einem

---

713 Vgl. § 437 Nr. 2 Alt. 1 BGB i. V. m. § 323 Abs. 1 BGB.

714 Für vertiefende Erläuterungen zur Fristsetzung siehe die Literaturnachweise in den Fußnoten dieses Kapitels.

715 Nach § 459 Abs. 1 oder 2 BGB a. F.

716 Für die Durchführung der Wandelung verwies § 467 S. 1 HS. 1 BGB a. F. auf Regelungen des Rücktritts, nämlich §§ 346 bis 348, 350 bis 354, 356 BGB a. F.

717 Beim Gattungskauf konnte der Käufer statt der sofortigen Wandlung oder Minderung die Lieferung einer mangelfreien Sache verlangen, allerdings ohne dass der Verkäufer zugleich ein entsprechendes Recht zur Nachlieferung hatte, vgl. § 480 Abs. 1 BGB a. F.; s. dazu *Huber*, in: Soergel, 11. Auflage (1986), § 480 Rdn. 2; *Honsell*, in: Staudinger, 12. Auflage (1978), § 480 Rdn. 7. Einen vorrangigen Nachbesserungsanspruch konnten die Parteien lediglich durch vertragliche Vereinbarung herbeiführen, vgl. § 476a BGB a. F.; s. dazu *Huber*, in: Soergel, 11. Auflage (1986), § 476a Rdn. 8; *Honsell*, in: Staudinger, 12. Auflage (1978), § 476a Rdn. 3 f.

Rechtsmangel war nach früherem Recht in der Regel eine erfolglose Fristsetzung zur Mängelbeseitigung Voraussetzung für die Rückgängigmachung des Vertrages, da bei einem Rechtsmangel auf das allgemeine Leistungsstörungsrecht verwiesen wurde[718]. Letzteres regelte in § 326 Abs. 1 S. 2 HS. 1 Alt. 2 BGB a. F., dass erst nach erfolglosem Ablauf einer vom Gläubiger gesetzten Frist mit Ablehnungsandrohung der Rücktritt möglich sei[719]. Das Erfordernis bestand für den Gläubiger nicht, wenn der Schuldner wegen einer von ihm selbst zu vertretenen Unmöglichkeit nicht leisten konnte[720].

So wie man das Fristerfordernis beim Werkvertrag und bei Rechtsmängeln vor der Schuldrechtsmodernisierung als angemessen ansah, mehrten sich hinsichtlich der Situation von Sachmängeln im Rahmen von Kaufverträgen kritische Stimmen[721]. Dass in diesen Fällen kein vorrangiger Nacherfüllungsanspruch des Käufers und auch kein „Recht zur zweiten Andienung“ für den Verkäufer bestand[722], ließ nämlich unberücksichtigt, dass die Nacherfüllung grundsätzlich im Interesse beider Parteien liegt. So hat der Verkäufer ein Interesse daran, für ihn mit der Rückgängigmachung verbundene wirtschaftliche Nachteile abzuwenden, die ihn meist stärker belasten als die Nacherfüllung. Im Interesse des Käufers ist es in der Regel zugleich, letztlich doch noch die vertragsgemäße Leistung zu erhalten[723].

Dass dem Verkäufer keine Gelegenheit zur Nachbesserung oder Neulieferung gegeben werden musste, konnte zudem auch dahin ausgelegt werden, dass er mit der Lieferung eines mangelhaften Gegenstandes seine Leistungspflicht aus dem Kaufvertrag bereits vollständig erfüllt hatte. In die gleiche Richtung deutete, dass die Ansprüche wegen Sachmängeln an das Vorliegen eines Mangels statt an die Verletzung einer Pflicht zur mangelfreien Lieferung anknüpften. Dies führt dazu,

---

718 Vgl. § 440 Abs. 1 BGB a. F.

719 § 326 Abs. 1 S. 1 BGB a. F. verlangte als weitere Voraussetzung des Rücktritts, nämlich als Anforderung für die Fristsetzung des Gläubigers, dass sich der Schuldner in Verzug befand.

720 Vgl. § 325 Abs. 1 BGB a. F.

721 Vgl. dazu BT-Drucks. 14/6040, S. 89.

722 Der Vorrang der Nacherfüllung stellt sich für den Verkäufer als „Recht zur zweiten Andienung“ dar, das ihn schützt, weil er mittels Nacherfüllung die Geltendmachung der weiteren Käuferrechte abwenden kann, vgl. BGH NJW 2005,1348, 1350. Zu den Differenzen des Nacherfüllungsanspruchs des Käufers und des Nacherfüllungsrechts des Verkäufers, die sich nicht immer entsprechen müssen, s. nur *Faust*, in: BeckOK BGB, § 439 Rdn. 2.

723 Mit dieser Sicht zur Interessenlage auch die Regierungsbegründung, vgl. BT-Drucks. 14/6040, S. 89, 220 f.

dass im früheren Recht umstritten war, ob die Mangelfreiheit überhaupt Inhalt der Leistungspflicht des Verkäufers sei[724].

Seit der Schuldrechtsmodernisierung ist der Streit durch die Einführung des § 433 Abs. 1 S. 2 BGB zugunsten der Erfüllungstheorie entschieden, nach der der Verkäufer grundsätzlich zur Lieferung eines mangelfreien Gegenstandes verpflichtet ist[725]. Nur wenn ihm diese Primärleistungspflicht im Sinne des § 275 BGB unmöglich ist, ist er von ihr befreit, wobei die Rechte auf der Sekundärebene allerdings unberührt bleiben[726]. Durch die im Rahmen der Schuldrechtsmodernisierung vorgenommene Qualifizierung der Mangelfreiheit als Leistungspflicht des Kaufvertrages wurde die Lieferung eines mangelhaften Gegenstandes zu der Verletzung einer vertraglichen Pflicht[727]. Dementsprechend konnte die Haftung für Mängel in das System des allgemeinen Leistungsstörungsrechts integriert werden[728]. So enthält § 437 BGB nun für den Fall der mangelhaften Leistung Rechtsgrundverweisungen auf die wichtigsten Rechtsbehelfe des allgemeinen Leistungsstörungsrechts, so auch auf den Rücktritt, vgl. § 437 Nr. 2 Alt. 1 BGB[729].

Die Einordnung der mangelfreien Leistung als vertragliche Pflicht führte neben der Einbeziehung der Mängelhaftung in das System des allgemeinen Leistungsstörungsrechts auch dazu, dass sich der Gesetzgeber für einen Nacherfüllungsanspruch sowohl bei Rechts- als auch bei Sachmängeln im Rahmen von

---

724 Ausführlich zu der sog. Erfüllungs- und der sog. Gewährleistungstheorie sowie ihren Auswirkungen *Tiedtke*, NJW 1995, 3081, 3082 ff.; *Schaper, Kandelhard*, NJW 1997, 837. Zum früheren Streit vgl. auch *Honsell*, in: Staudinger, 12. Auflage (1978), Vorbem. zu § 459 Rdn. 7.

725 Vgl. § 433 Abs. 1 S. 2 BGB, s. dazu auch BT-Drucks. 14/6040, S. 208 ff.; *Westermann*, in: MüKo BGB, § 433 Rdn. 59.

726 Vgl. den Verweis auf die Rechte des Gläubigers (§§ 280, 283 bis 285, 311a, 326 BGB) in § 275 Abs. 4 BGB. Zu der Betrachtungsweise einer Primär- und Sekundärebene und damit zum sog. dualistischen System, wie es in § 275 BGB Ausdruck findet, siehe auch *Canaris*, JZ 2004, 214, 224; *Ernst*, in: MüKo BGB, § 275 Rdn. 1.

727 Ausführlich zu der Pflicht zur sachmangelfreien Leistung als Haftungsgrundlage s. *Lorenz*, NJW 2002, 2497; s. auch *Dauner-Lieb, Thiessen*, DStR 2002, 809, 811; *Triebel, Hölzle*, BB 2002, 521, 524.

728 Die Lieferung eines mangelhaften Gegenstandes kann folglich als „Leistungsstörung“, aber auch als „Pflichtverletzung“ bezeichnet werden, dazu *Westermann*, NJW 2002, 241, 243; ähnlich zur Verwendung der Begriffe „Nichterfüllung“ und „Pflichtverletzung“: *Medicus*, JuS 2003, 521, 527.

729 Es fehlen Verweise auf § 282 BGB (Schadensersatz statt der Leistung wegen Verletzung einer Pflicht nach § 241 Abs. 2 BGB) und § 285 BGB (Herausgabe des Ersatzes bei Befreiung von der Leistungspflicht nach § 275 BGB).

Kaufverträgen entschieden hat[730]. Der Nacherfüllungsanspruch ist in § 439 BGB näher geregelt[731], stellt abweichend vom allgemeinen Leistungsstörungsrecht eine besondere Regelung der kaufrechtlichen Gewährleistung dar und hat vor den anderen in § 437 BGB genannten Rechtsbehelfen Vorrang[732]. Der Vorrang der Nacherfüllung ist den einzelnen Regelungen der in § 437 Nr. 2 und 3 BGB genannten Rechtsbehelfe zu entnehmen. Sie setzen grundsätzlich den erfolglosen Ablauf einer Frist voraus[733]. Wird die jeweilige Regelung wegen Schlechtleistung über eine der Verweisungen in § 437 BGB angewendet, ist die dort genannte Frist die Nacherfüllungsfrist[734]. Inhaltlich muss der Verkäufer dann im Rahmen der Frist nicht mehr den ursprünglichen Erfüllungs-, sondern den davon modifizierten Nacherfüllungsanspruch befriedigen. Der Nacherfüllungsanspruch umfasst entweder die Beseitigung des Mangels (Nachbesserung) oder die Lieferung einer mangelfreien Sache (Nachlieferung), wobei der Käufer wählen darf, vgl. § 439 Abs. 1 BGB[735].

Die abgestufte Regelung des § 437 BGB ist demnach so zu lesen, dass primär Nacherfüllung nach § 437 Nr. 1 BGB i. V. m. § 439 BGB zu verlangen ist. Nur wenn die Nacherfüllungsfrist erfolglos abgelaufen oder eine Fristsetzung ausnahmsweise entbehrlich ist[736], kann der Käufer die anderen in § 437 Nr. 2 und

---

730 Vgl. BT-Drucks. 14/6040, S. 209, *Faust*, in: BeckOK BGB, § 439 Rdn. 1. Außerdem setzt der Gesetzgeber bezüglich Verbrauchsgüterkaufverträgen mit den Regelungen zur vorrangigen Nacherfüllung den Art. 3 Abs. 2 bis 4 der Verbrauchsgüterkaufrichtlinie um.

731 Ausführlich zum Nacherfüllungsanspruch (§ 439 BGB) siehe z. B. *Huber*, NJW 2002, 1004; *Oechsler*, NJW 2004, 1825; *Bitter, Meidt*, ZIP 2001, 2114; *Spickhoff*, BB 2003, 589; *Tiedtke, Schmitt*, DStR 2004, 2016 ff., 2060 ff.

732 Zum Vorrang s. BGH NJW 2005,1348, 1350; OLG Saarbrücken, NJW 2009, 369, 370; *Dauner-Lieb, Thiessen*, DStR 2002, 809, 811; *Weidenkaff, in*: Palandt, § 437 Rdn. 4; *Pammler*, in: jurisPK-BGB, § 437 BGB Rdn. 17 ff.

733 Vgl. § 323 Abs. 1 BGB sowie § 281 Abs. 1 BGB. Zu den Fällen, in denen eine Frist ausnahmsweise entbehrlich ist, siehe VIII. 4., S. 176 ff.

734 Vgl. BT-Drucks. 14/6040, S. 221; dazu auch *Westermann*, NJW 2002, 241, 248; *Faust*, in: BeckOK BGB, § 439 Rdn. 2; *Westermann*, in: MüKo BGB, § 437 Rdn. 4.

735 Dabei ist umstritten, ob es sich um eine Wahlschuld (§§ 262 ff. BGB) handelt oder die beiden Arten der Nacherfüllung in einem Verhältnis elektiver Konkurrenz stehen. Für eine Wahlschuld: *Büdenbender*, AcP 205 (2005), 386, 427 f.; *Berger*, in: Jauernig, § 439 Rdn. 17; *Büdenbender*, NK-BGB, § 439 Rdn. 19; dagegen für elektive Konkurrenz: *Schroeter*, NJW 2006, 1761; *Skamel*, ZGS 2006, 457; *Spickhoff*, BB 2003, 589, 591 f.; *Tiedtke, Schmitt*, DStR 2004, 2016, 2017; *Faust*, in: BeckOK BGB, § 439 Rdn. 9; *Putzo*, in: Palandt, § 439 Rdn. 5; *Matusche-Beckmann*, in: Staudinger, § 439 Rdn. 7.

736 Zu den Fällen der Entbehrlichkeit s. VIII. 4., S. 176 ff.

3 BGB genannten rechtlichen Möglichkeiten nutzen. Durch die Entscheidung für den vorrangigen Nacherfüllungsanspruch hat der Gesetzgeber die Vertragsbindung der Parteien gestärkt[737]. Er berücksichtigt dabei, dass es grundsätzlich im Interesse der Parteien ist, den Vertrag wie geplant und abgeschlossen durchzuführen[738]. Die Nacherfüllungsfrist ist damit nicht nur eine wesentliche Neuerung im Gewährleistungsrecht. Sie spiegelt auch eine grundlegende Wertung des Gesetzgebers wider, indem sie der Verwirklichung des Vorrangs der Nacherfüllung dient[739]. Auch gegenüber dem Rücktritt wegen Schlechtleistung hat die Nacherfüllung grundsätzlich Vorrang. Dabei wird dieser durch das Fristerfordernis des § 323 Abs. 1 BGB gewährleistet, der über die Verweisung in § 437 Nr. 2 Alt. 1 BGB anwendbar ist.

2. Anwendbarkeit auf den Unternehmenskauf

Über § 453 Abs. 1 Alt. 2 BGB ist § 437 BGB bei einem Unternehmenskauf entsprechend anzuwenden. Für den Rücktritt wegen Schlechtleistung ist damit in entsprechender Anwendung auch beim Unternehmenskauf grundsätzlich der erfolglose Ablauf einer angemessenen Frist erforderlich, vgl. § 453 Abs. 1 BGB i. V. m. §§ 437 Nr. 2 Alt. 1, 323 Abs. 1 BGB. Trotz der verbindlichen Anordnung der entsprechenden Anwendung kann sich noch die Frage stellen, ob bzw. inwieweit Modifikationen bei ihrer Ausführung im Hinblick auf §§ 437 Nr. 2 Alt. 1, 323 Abs. 1 BGB erforderlich sind. Daher soll hier darauf eingegangen werden, ob die Übertragung der Regelungen für den Unternehmenskauf passend ist. Nur so kann aufgezeigt werden, welche Relevanz die Regelungen für den Unternehmenskauf in der Praxis haben.

a. Die Nacherfüllung beim Unternehmenskauf in Rechtsprechung und Literatur

Schon zu Zeiten des früheren Rechts bezogen sich die Forderungen nach einem vorrangigen Nacherfüllungsanspruch gerade auf den Fall des Unternehmenskaufs, nicht zuletzt wegen des sofortigen und im Belieben des Käufers stehenden

737 *Derleder, Zänker*, NJW 2003, 2777.

738 BT-Drucks. 14/6040, S. 89, 220 f.; zustimmend *Westermann*, NJW 2002, 241, 248.

739 S. beispielsweise BGH NJW 2005,1348, 1350; *Dauner-Lieb, Thiessen*, DStR 2002, 809, 811.

Wandlungsrechts, das beim Unternehmenskauf als besonders unangemessen angesehen wurde[740]. In den Unternehmenskaufverträgen vereinbarten die Parteien daher meist im Rahmen eines in sich geschlossenen, das gesetzliche Gewährleistungsrecht ausschließenden, vertraglichen Regelungssystems ein vorrangiges Nachbesserungsrecht[741]. Das Recht seit der Schuldrechtsmodernisierung entspricht dem Verlangen nach einem vorrangigen Nacherfüllungsanspruch beim Unternehmenskauf nun grundsätzlich, nämlich durch die Schaffung eines solchen Anspruchs beim Sachkauf und die entsprechende Anwendung dieser Regelungen beim Unternehmenskauf[742]. Dies wird sowohl in der Rechtsprechung als auch in der Literatur in dem Sinne positiv aufgenommen, als dass die Anwendung des vorrangigen Nacherfüllungsanspruches und damit des Fristerfordernisses beim Unternehmenskauf nicht grundsätzlich infrage gestellt wird. Beide werden stattdessen nach den allgemeinen Ansätzen auch beim Unternehmenskauf angewendet[743].

b. Stellungnahme

Diese Handhabung ist gerechtfertigt. Wendet man die Regelungen auf den Unternehmenskauf an, wirken sich Besonderheiten des Unternehmens aus, insbesondere seine Individualität. Sie führen dazu, dass gewisse Fälle der Regelungen beim Unternehmenskauf häufiger vorkommen als bei Sachkäufen oder kaum eintreten. Diese Verteilung ergibt sich letztlich ohne Weiteres, wenn man die allgemein geltenden Grundsätze auf den Unternehmenskauf überträgt, wobei die Einzelheiten der Anwendung im Folgenden noch aufzuzeigen sind[744]. Modifikationen sind bei der Ausführung der entsprechenden Anwendung nicht erforderlich.

---

740 Vgl. insbesondere *Hommelhoff*, der bei der Verletzung von Überleitungspflichten des Verkäufers (nicht ausreichende Information und Einführung in die Unternehmensinterna) einen Nacherfüllungsanspruch verlangte, s. *Hommelhoff*, Die Sachmängelhaftung beim Unternehmenskauf, S. 110.

741 Mit dieser Empfehlung zum früheren Recht s. beispielsweise *Roschmann*, ZIP 1998, 1941, 1945.

742 Über § 453 Abs. 1 Alt. 1 BGB (Share Deal) und § 453 Abs. 1 Alt 2 BGB (Asset Deal).

743 S. beispielsweise OLG Köln ZIP 2009, 2063 Der Anspruch auf Nacherfüllung wird in der Literatur für den Unternehmenskauf begrüßt, indem betont wird, dass er dort zu angemessenen Lösungen führen kann, vgl. *Grimm, Böker*, NZG 2002, 193, 194; ähnlich *Roschmann*, ZIP 1998, 1941, 1945.

744 Siehe unten VIII. 2. c., S. 172 ff.

Die Anwendung der Regelungen zum Fristerfordernis ist zudem für den Unternehmenskauf als passend zu bewerten. Auch beim Unternehmenskauf kann das Erfordernis des Fristablaufs den Vorrang des Nacherfüllungsanspruchs gewährleisten. Die Wertung des Gesetzgebers, die hinter dem vorrangigen Nacherfüllungsanspruch steht, hat zudem ihre Berechtigung beim Unternehmenskauf. Die gestärkte Vertragsbindung der Parteien entspricht grundsätzlich den (berechtigten) Interessen sowohl des Unternehmenskäufers als auch des -verkäufers. Der Käufer eines Unternehmens ist ebenso wie Käufer anderer Gegenstände daran interessiert, die Leistung in vertragsgemäßer Weise zu erhalten[745]. Da der Kauf eines Unternehmens kein Alltagsgeschäft sowie für beide Parteien regelmäßig von großer Bedeutung ist und viel Aufwand auf beiden Seiten erfordert hat, ist in der Praxis davon auszugehen, dass der Käufer tendenziell ein noch stärkeres Interesse an einer Nacherfüllung hat als der Käufer beispielsweise eines Autos. Während Letzterer aufgrund eines großen Automarktes beim Scheitern des Autokaufs ein anderes Autoangebot finden kann, stellt sich diese Situation für den Käufer eines Unternehmens anders dar.

Ein anderes Unternehmen zu finden, das seinen Vorstellungen entspricht und gerade zum Verkauf angeboten wird, ist schwierig. Wenn der Käufer einen besonders günstigen Kaufpreis erzielen konnte, ist auch dies ein Grund, die vertragsgemäße Leistung über die Nacherfüllung weiterzuverfolgen[746]. Zudem müsste der Käufer den gesamten Verkaufsprozess erneut durchlaufen, was sowohl wiederholt finanzielle Mittel als auch personellen Aufwand erfordert. Außerdem hat der Käufer eines Unternehmens in den meisten Fällen vor dem Hintergrund des Kaufvertrages weitere Entscheidungen, wenn nicht sogar Dispositionen getroffen. So kann er beispielsweise die Integration des gekauften Unternehmens in seine Unternehmensgruppe vorbereiteten haben. Wird der Mangel erst nach gewisser Zeit entdeckt, kann eine solche Eingliederung sogar bereits durchgeführt worden sein. Je mehr der Käufer bereits nach dem Unternehmenskauf ausgerichtet hat, desto größer ist sein Interesse, den Vertrag nicht rückgängig zu machen.

Zwar würde auch das (nach heutigem Recht sekundäre) Minderungsrecht[747] ohne Rückgängigmachung des Vertrages auskommen und den Käufer in diesem Punkt zufriedenstellen können. Allerdings gibt es keinen Grund, warum der Käufer nicht erst auf den Nacherfüllungsanspruch verwiesen werden sollte – ausgenommen

---

745 So auch allgemein zum Käuferinteresse, ohne auf den Kaufgegenstand abzustellen, in BT-Drucks. 14/6040, S. 89, 220 f.

746 Vgl. *Bitter, Meidt*, ZIP 2001, 2114, 2118; *Knott*, NZG 2002, 249, 252.

747 Vgl. § 437 Nr. 2 Alt. 2 BGB i. V. m. § 441 BGB.

der Fälle, in denen der Fristablauf nach gesetzlichen Regelungen entbehrlich ist. Schließlich erhält er bei der Nacherfüllung das, was vertraglich vereinbart war. In der Praxis wird der Käufer an einer Nacherfüllung meist dann kein Interesse haben, wenn ihm der Kaufvertrag im Nachhinein aus anderen Gründen als der Mangelhaftigkeit als eine Fehlentscheidung erscheint. Entwickelt sich beispielsweise der Markt für das vom Unternehmen hergestellte Produkt negativ und das Unternehmen ist daher nicht in dem vom Käufer gewünschten Maße rentabel, würde der Käufer zumeist eine Rückgängigmachung des Kaufvertrages gegenüber der Nacherfüllung bevorzugen. Dieses Interesse ist aber nicht schützenswert, weil das das Käuferinteresse begründende Ereignis dem Risikobereich des Käufers zuzuordnen ist. Die Verwirklichung dieses Risikos kann nicht zulasten des Verkäufers gehen und daher bei der Frage nach der Rechtsfolge einer Schlechtleistung keine Berücksichtigung finden.

Ebenso führen Unannehmlichkeiten, die den Käufer eines Unternehmens bei einer Nacherfüllung treffen können, zu keiner anderen Beurteilung[748]. Die Käufer anderer Gegenstände müssen solche auch bis zu einem gewissen Grad hinnehmen, soweit der Gesetzgeber sie nämlich bewusst in Kauf genommen hat. Die Grenzen der zumutbaren Unannehmlichkeiten zieht der Gesetzgeber da, wo die Entbehrlichkeit des Fristerfordernisses beginnt. Für den Käufer eines Unternehmens kann die Nacherfüllung besonders starke Beeinträchtigungen bedeuten, weil sie regelmäßig eine gewisse Zeit benötigt[749] und die Gefahr besteht, dass der Verkäufer bei der Nacherfüllung Einsicht in oder Einfluss auf das Unternehmen nehmen kann, wenn er die Nacherfüllung nicht durch Dritte ausführen lässt[750]. Da Regelungen zur Entbehrlichkeit und damit Grenzen auch beim Unternehmenskauf entsprechend gelten, steht der Unternehmenskäufer nicht schlechter als andere Käufer[751]. Ein Verzicht auf das Fristerfordernis beim Unternehmenskauf wäre vielmehr eine Besserstellung des Unternehmenskäufers, für die es keine Rechtfertigung gibt.

Während der Käufer eines Unternehmens grundsätzlich kein schützenswertes Interesse vorbringen kann, weshalb die Nacherfüllung in weiteren Fällen als der der gesetzlich geregelten Entbehrlichkeit[752] entfallen sollte, hat der

---

748 Mit diesem Argument aber *Huber*, AcP 202 (2002), 179, 232.

749 Vgl. *Knott*, NZG 2002, 249, 252.

750 *Triebel, Hölzle*, BB 2002, 521, 526; *Seibt, Reiche*, DStR 2002, 1135, 1140.

751 In diese Richtung auch *Jagersberger*, Die Haftung des Verkäufers beim Unternehmens- und Anteilskauf, Kapitel 3 C. II. 1.2 b) (S. 259).

752 Zu den gesetzlich geregelten Fällen, in denen der Ablauf einer angemessenen Frist entbehrlich ist, s. unten VIII. 4., S. 176 ff.

Unternehmensverkäufer meist ein besonders starkes Interesse an seinem Recht zur zweiten Andienung, das dem Nacherfüllungsanspruch des Käufers gegenübersteht. Allgemein gilt, dass der Verkäufer bei der Gelegenheit nachzuerfüllen, die Mangelhaftigkeit selbst überprüfen kann. Außerdem ist die Nacherfüllung für ihn in der Regel kostengünstiger als Minderung oder Schadensersatz. Schließlich kann er bei der Nacherfüllung eigene Ressourcen nutzen[753]. Diese Vorteile des Rechts zur zweiten Andienung gelten ebenso für den Verkäufer eines Unternehmens.

Das Recht zur zweiten Andienung gibt dem Unternehmensverkäufer ebenso wie Verkäufern anderer Gegenstände nicht nur Schutz vor den meist teureren Rechtsbehelfen Minderung und Schadensersatz, sondern auch die Möglichkeit, durch das Nacherfüllen den Rücktritt des Käufers und damit eine Rückgängigmachung des Vertrages abzuwenden. Für den Verkäufer ist eine Rückgängigmachung oft mit wirtschaftlichen Nachteilen verbunden[754]. Beim Unternehmenskauf werden die wirtschaftlichen Auswirkungen in der Praxis im Verhältnis zu sonstigen Käufen besonders groß sein. Auch hier, aufseiten des Verkäufers, ist zu berücksichtigen, dass bereits Dispositionen getroffen wurden. Hat er den Kaufpreis bereits anderweitig investiert, kann die hohe Kaufpreissumme, um die es üblicherweise bei Unternehmenskaufverträgen geht, dazu führen, dass er in finanzielle Schwierigkeiten gerät. Ihm fehlt beispielsweise die Liquidität für die Rückzahlung des Kaufpreises.

Daneben muss der Verkäufer damit rechnen, dass er ein zurückgegebenes Unternehmen zukünftig schlechter wird verkaufen können. Etwaige Interessenten sind in der Praxis skeptisch, wenn sie erfahren, dass das Unternehmen von einem früheren Käufer zurückgegeben wurde. Zusätzlich kann allgemein der Ruf des Verkäufers durch die Rückabwicklung leiden, da durch sie die Schlechtleistung des Verkäufers thematisiert wird. Dies kann dem Verkäufer allgemein weitere Geschäfte erschweren. Da der Unternehmensmarkt verglichen mit anderen Märkten klein ist und ein Eigentümer-(Hin- und Her-)Wechsel wegen seiner Folgen (z. B. für die Mitarbeiter) öffentliche Aufmerksamkeit erregt, bleibt es in der Branche kaum verborgen, wenn ein Unternehmenskauf rückabgewickelt wird.

Auch wenn Verkäufer anderer Gegenstände im Einzelfall durchaus ähnlichen Problemen begegnen können, ist die Gefahr beim Unternehmenskauf erhöht hinsichtlich Auftreten und Auswirkungen. Hintergrund ist, dass ein Unternehmen kein Masseprodukt ist, es um erhebliche Werte und dementsprechend

753 Ähnlich *Roschmann*, ZIP 1998, 1941, 1946.
754 Vgl. BT-Drucks. 14/6040, S. 221.

Geldsummen geht und der Markt deswegen besonders empfindlich reagiert. Der Verkäufer gerade eines Unternehmens hat somit in der Regel ein verstärktes Interesse an seinem Recht zur zweiten Andienung. Auch dieser Aspekt spricht für die Anwendung der Nacherfüllung bzw. des Fristerfordernisses beim Unternehmenskauf. Es gibt also keinen Anlass, von der Anwendbarkeit des Fristerfordernisses abzusehen. Es erfüllt beim Unternehmenskauf seinen Zweck, der auch bzw. gerade dort berechtigt ist und dem keine Gründe entgegenstehen. Insgesamt sind die entsprechenden Regelungen daher beim Unternehmenskauf durchaus als passend anzusehen.

Aus der Eigenart des Unternehmenskaufs, insbesondere der Schutzwürdigkeit der Parteien, ergeben sich wie dargelegt keine Besonderheiten, die für eine nur eingeschränkte oder abgewandelte Anwendung sprechen. Etwaige berechtigte Interessen der Parteien können ausreichend bei der Prüfung der Entbehrlichkeit des Fristerfordernisses berücksichtigt werden. Schließlich sind gerade bei den Regelungen zur Entbehrlichkeit Wertungen vorzunehmen, um über das Fristerfordernis zu entscheiden[755]. Zudem bleibt es den Parteien eines Unternehmenskaufvertrages wie denen anderer Kaufverträge[756] überlassen, im Einzelfall bei Wunsch das Recht zur zweiten Andienung und die Pflicht zur vorrangigen Nacherfüllung vertraglich auszuschließen oder zu modifizieren[757].

c. Anwendungsfälle der Nacherfüllung beim Unternehmenskauf

Der Nacherfüllungsanspruch ist auch nicht als inhaltlich unpassend zu bewerten mit dem Argument, dass er nie oder nur äußerst selten zum Tragen kommen würde[758]. Dem Verkäufer wird es in der Praxis nicht möglich sein, ein entsprechendes, anderes Unternehmen im Sinne einer Nachlieferung an den Käufer zu liefern[759]. Ein

755 Dazu näher unter VIII. 4., S. 176 ff.

756 Ausgenommen von dieser Möglichkeit sind Parteien von Verbrauchsgüterkaufverträgen, da die kaufrechtlichen Gewährleistungsrechte dort zwingende Regelungen sind, vgl. § 475 Abs. 1 S. 1 BGB.

757 Dazu siehe auch unter VIII. 4., S. 176 ff.

758 *Klumpp*, in: Der Unternehmenskauf, Kap. 16 Rdn. 28; *Thiessen*, Unternehmenskauf und Bürgerliches Gesetzbuch, C. VIII. 1. e), S. 230; a. A. (unpassend mangels Relevanz): *Gaul*, ZHR 166 (2002), 35, 54 f.; *Huber*, AcP 202 (2002), 179, 232.

759 *Fischer*, DStR 2004, 276; *Gaul*, ZHR 166 (2002), 35, 54; *Haas*, in: Das neue Schuldrecht, § 5 Rdn. 541, 551; *Kleinhenz*, JuS 2009, 787, 790; *Picot*, DB 2009, 2587, 2593;

Unternehmen ist aufgrund seiner Individualität unersetzbar[760]: Diese Problematik fällt unter die Thematik der Nacherfüllung beim Stückkauf. Für den Sachkauf wird dabei meistens der Gebrauchtwagenkauf als Beispiel angeführt. Der BGH stellte in einem diesbezüglichen Fall klar, dass auch bei einer Stückschuld zu prüfen bleibt, ob sich aus dem Parteiwillen ergibt, dass die Kaufsache im Falle ihrer Mangelhaftigkeit durch eine gleichartige und gleichwertige ersetzt werden könne[761]. Dass dies bejaht werden kann, ist beim Unternehmenskauf noch unwahrscheinlicher als beim Gebrauchtwagenkauf, bei dem eine Ersatzmöglichkeit schon zumeist verneint wird[762].

Allerdings kann dem Verkäufer die Nacherfüllung des Unternehmens in der Form der Nachbesserung möglich sein. Liegt beispielsweise eine Eigenkapitalunterdeckung vor, kann dieser Mangel durch einen entsprechenden Nachschuss des Verkäufers beseitigt und damit das Unternehmen nachgebessert werden[763]. Ebenso kann der Verkäufer im Wege der Nachbesserung verpflichtet sein, nicht vereinbarte Verbindlichkeiten abzulösen[764]. Haben die Parteien dagegen fehlerhafte Unternehmenskennzahlen zum Inhalt einer Beschaffenheitsvereinbarung gemacht, müsste der Verkäufer dem Käufer ein Unternehmen schaffen, das die Beschaffenheit hat, die das Unternehmen mit den vereinbarten Zahlen hätte. In diesem Fall ist nicht nur die Nachlieferung, sondern ebenso die Nachbesserung kraft Natur der Sache unmöglich[765].

In der Praxis weisen Unternehmen besonders oft Mängel wegen mangelhafter Einzelgegenstände auf. Dabei ist zu bedenken, dass nur dann von einem

---

Schröcker, ZGR 2005, 63, 82; *Seibt, Reiche*, DStR 2002, 1135, 1140; *Picot*, in: Unternehmenskauf und Restrukturierung, Teil I. Rdn. 88; mit Ausnahmen, die allerdings in der Praxis kaum jemals vorliegen dürften: *Klumpp*, in: Der Unternehmenskauf, Kap. 16 Rdn. 26.

760 *Picot*, DB 2009, 2587, 2593; *Triebel, Hölzle*, BB 2002, 521, 526; *Tietmeyer*, Unternehmenskauf bei der GmbH, 9. Kap. Rdn. 75; *Haas*, in: Das neue Schuldrecht, § 5 Rdn. 552; *Thiessen*, Unternehmenskauf und Bürgerliches Gesetzbuch, C. VIII. 1. a), S. 224 f.

761 BGH, Beschluss v. 24.11.2009 – VIII ZR 124/09; BGH NJW 2006, 2839, 2840 f.

762 Vgl. BGH NJW 2006, 2839, 2840 f.; ähnlich allgemein zum Kauf einer gebrauchten, bestimmten Sache auch schon BT-Drucks. 14/6040, S. 232.

763 *Knott*, NZG 2002, 249, 252; *Holzapfel, Pöllath*, Unternehmenskauf in Recht und Praxis, Rdn. 650; *Hölters*, Unternehmenskauf, Teil VII. Rdn. 206.

764 *Triebel, Hölzle*, BB 2002, 521, 526; *Knott*, NZG 2002, 249, 252; *Thiessen*, Unternehmenskauf und Bürgerliches Gesetzbuch, C. VIII. 1. c), S. 228; *Thiessen*, in: MüKo HGB, Anh. zu § 25 Rdn. 66.

765 *Gaul*, ZHR 166 (2002), 35, 54; *Kleinhenz*, JuS 2009, 787, 790; *Schröcker*, ZGR 2005, 63, 82; *Triebel, Hölzle*, BB 2002, 521, 526; *Weitnauer*, NJW 2002, 2511, 2514; *Wolf, Kaiser*, DB 2002, 411, 418; *Haas*, in: Das neue Schuldrecht, § 5 Rdn. 541, 551; *Thiessen*, Unternehmenskauf und Bürgerliches Gesetzbuch, C. VIII. 1. b), S. 226 ff.

Unternehmensmangel auszugehen ist, wenn bezüglich des Einzelgegenstandes eine Beschaffenheitsvereinbarung besteht oder der Mangel auf das Unternehmen durchschlägt[766]. Im Rahmen der Nacherfüllung ist diese Gesamtbetrachtung weiter fortzuführen. Sie gewährleistet, dass der Verkäufer durch die Nacherfüllung nicht Gefahr läuft, mehr zu leisten, als er vertraglich ursprünglich leisten musste, nämlich das Unternehmen[767]. Hinsichtlich der mangelhaften Einzelgegenstände, die zugleich einen Unternehmensmangel begründen, ist dem Verkäufer in den meisten Fällen sowohl eine Nachlieferung als auch eine Nachbesserung möglich[768].

Ist bei einem Biomassekraftwerk beispielsweise ein Einzelteil wie eine Turbine mangelhaft und weicht damit von einer vertraglich vereinbarten Beschaffenheit ab, kann der Verkäufer die Turbine in der Regel reparieren bzw. durch Dritte reparieren lassen. Ist die Reparatur nicht möglich bzw. wählt der Käufer die Nachlieferung als Nacherfüllung, kann der Verkäufer die mangelhafte Turbine durch eine mangelfreie ersetzen und so seiner Pflicht zur Nacherfüllung nachkommen. Hat der Verkäufer einen mangelhaften Einzelgegenstand, der Unternehmensmangel ist, wie im Beispiel durch einen mangelfreien ersetzt, ist wegen der Gesamtbetrachtung des Unternehmens in dem Austausch eine Nachbesserung des Unternehmens zu sehen. Schließlich hat der Verkäufer den maßgeblichen Kaufgegenstand, nämlich das Unternehmen, nicht erneut geliefert, sondern dessen Beschaffenheit dem Vertrag entsprechend nachgebessert (§ 439 Abs. 1 Alt. 1 BGB)[769]. Dass ein Unternehmensmangel durch einen mangelhaften Einzelgegenstand begründet wird, lässt die Möglichkeiten unberührt, nach denen das Fristerfordernis entbehrlich sein kann.

3. Das Fristerfordernis

Hinsichtlich des Nacherfüllungsverlangens ergeben sich beim Unternehmenskauf keine Besonderheiten. Daher sollen hier nur kurz die allgemeingültigen

---

766 Siehe zu diesem Thema bereits VI. 2. a. 2) a) bis c), S. 95 ff.

767 So OLG Köln ZIP 2009, 2063; a. A. *Fischer*, DStR 2004, 276.

768 *Gaul*, ZHR 166 (2002), 35, 54; *Knott*, NZG 2002, 249, 252; *Thiessen*, in: MüKo HGB, Anh. zu § 25 Rdn. 66; *Jagersberger*, Die Haftung des Verkäufers beim Unternehmens- und Anteilskauf, Kapitel 3 C. II. 1.2 b) aa) (S. 259 ff.); *Thiessen*, Unternehmenskauf und Bürgerliches Gesetzbuch, C. VIII. 1. a), S. 225.

769 Ebenso mit der Beurteilung als Nachbesserung: *Schröcker*, ZGR 2005, 63, 82; *Jagersberger*, Die Haftung des Verkäufers beim Unternehmens- und Anteilskauf, Kapitel 3 C. II. 1.2 b) aa) (S. 263); *Thiessen*, Unternehmenskauf und Bürgerliches Gesetzbuch, C. VIII. 1. a), S. 225.

Grundzüge zum Fristerfordernis dargestellt werden[770]. Die Regelungen der § 323 Abs. 1 BGB und § 281 Abs. 1 BGB setzen voraus, dass der Käufer dem Verkäufer eine angemessene Frist zur Nacherfüllung setzt. Vor dem Hintergrund des Wortlauts der deutschen Regelungen sowie der diesbezüglichen Terminologie der deutschen Rechtsprechung auf der einen Seite, aber der anderslautenden Regelung in der Verbrauchsgüterkaufrichtlinie[771] der anderen Seite wurde diskutiert, ob das Setzen einer konkreten Frist durch den Käufer erforderlich ist[772] oder ob ein Nacherfüllungsverlangen des Käufers in Verbindung mit dem Ablauf einer angemessenen Zeitspanne genügt[773]. Der BGH entschied dazu, dass es genügt, wenn dem Verkäufer deutlich gemacht wird, dass ihm für die Leistungserbringung nur ein begrenzter Zeitraum zur Verfügung steht. Dies könne durch das Verlangen nach sofortiger, unverzüglicher oder umgehender Leistung oder vergleichbare Formulierungen geschehen, wobei weder ein bestimmter Zeitraum noch ein bestimmter (End-)Termin genannt werden müsse[774]. Zuvor hatte der BGH bereits entschieden, dass eine zu kurz bemessene Frist eine angemessene in Gang setzt[775].

An die Fristsetzung[776] des Käufers sind im Interesse der Sicherheit für Parteien und Rechtsverkehr strenge Anforderungen zu stellen. Der Verkäufer muss eindeutig erkennen können, dass der Käufer von ihm innerhalb einer nicht zwingend näher konkretisierten Zeitspanne eine bisher nicht vertragsgemäß erbrachte Leistung

---

770 In den §§ 323 Abs. 1, 281 Abs. 1 BGB werden wie grundsätzlich in Regelungen des allgemeinen Leistungsstörungsrechts die Begriffe „Schuldner“ und „Gläubiger“ verwendet. Da sie hier im Rahmen der Schlechtleistung des Verkäufers behandelt werden, ist der Verkäufer Schuldner in dem Sinne der Regelungen und der Käufer Gläubiger. Zum besseren Verständnis und einer einheitlichen Wortwahl wird im Folgenden die Benennung als Verkäufer und Käufer mit der genannten Zuordnung beibehalten.

771 Art. 3 Abs. 5 Spiegelstr. 2 der Verbrauchsgüterkaufrichtlinie verlangt im Rahmen ihres Anwendungsbereiches lediglich den Ablauf einer Frist im Sinne eines gewissen Zeitraumes für Minderung oder Vertragsauflösung, keine Fristsetzung.

772 Für eine richtlinienkonforme Lösung beim Verbrauchsgüterkauf über § 323 Abs. 2 Nr. 3 BGB: *Koch*, NJW 2010, 1636; *Ernst*, in: MüKo BGB, § 323 Rdn. 50a; *Lorenz*, in: MüKo BGB, Vor § 474 Rdn. 20; *Faust*, in: BeckOK BGB, § 437 Rdn. 18.

773 *Staudinger, Artz*, NJW 2011, 312; *Westermann*, NJW 2002, 241, 248.

774 So zu § 281 Abs. 1 BGB mit allgemeiner Begründung zum Fristerfordernis BGH NJW 2009, 3153, 3154; zustimmend: *Klein*, NJW 2009, 3154.

775 Vgl. BGH NJW 1985, 2640.

776 Der Einfachheit halber und anknüpfend an die ebenfalls beibehaltene Terminologie der Rechtsprechung (vgl. BGH NJW 2010, 1448; BGH NJW 2011, 2278) werden im Folgenden weiterhin die Begriffe „Fristsetzung“ oder „Bestimmen einer Frist“ verwendet, allerdings mit dem vom BGH beschriebenen Inhalt (BGH NJW 2009, 3153, 3154).

begehrt[777]. Einer Aufforderung, dass der Verkäufer sich über seine Erfüllungs- oder Leistungsbereitschaft (gegebenenfalls innerhalb einer bestimmten Frist) erklären möge, fehlt es an dem Verlangen der Leistungsbewirkung[778]. Zudem müssen dem Verkäufer durch die Aufforderung mögliche Konsequenzen bewusst werden, d. h., sie muss mit Nachdruck erfolgen. Ihre Bestimmtheit und Ernsthaftigkeit dürfen nicht durch Relativierungen in Zweifel gezogen werden[779]. Mit der Aufforderung zur Nacherfüllung kann nicht bereits der Rücktritt wirksam verbunden werden[780].

4. Entbehrlichkeit der Fristsetzung

Auch wenn grundsätzlich vorrangig Nacherfüllung verlangt werden muss, so kennt das Gesetz auch Ausnahmen von dieser Regel. Für den hier behandelten Rücktritt finden sich solche in § 323 Abs. 2, § 326 Abs. 5 und in § 440 BGB. Auch gibt es Fälle, in denen der Verkäufer die Nacherfüllung verweigern kann, § 439 Abs. 3 BGB. Beim Unternehmenskauf ergeben sich in der Anwendung keine Besonderheiten. Daher sollen an dieser Stelle lediglich die beim Unternehmenskauf in der Praxis besonders häufigen Fälle skizziert werden, in denen die Fristsetzung entbehrlich ist.

Allerdings ist dazu anzumerken, dass sich in der Praxis in Unternehmenskaufverträgen oft vertragliche Regelungen finden, die den Nacherfüllungsanspruch bereits teilweise oder auch umfassend ausschließen. Dadurch sollen Unklarheiten über das Vorliegen von Entbehrlichkeits-Tatbeständen verhindert werden[781]. Die Mehrheit der Tatbestände zur Entbehrlichkeit verwendet nämlich Rechtsbegriffe, aufgrund derer im Rahmen der Subsumtion eine Wertung vorzunehmen ist. Diesbezügliche Streitigkeiten sollen vermieden werden. Zugleich soll mittels der vertraglichen Regelungen sichergestellt werden, dass unabhängig vom Vorliegen einer der Tatbestände zur Entbehrlichkeit in den Fällen kein (oder ein) Nacherfüllungsanspruch besteht, in denen die Parteien auf keinen (oder auf jeden) Fall eine Nacherfüllungspflicht und/oder ein Recht zur zweiten Andienung wünschen. In der Praxis sind häufig sowohl der pauschale Ausschluss des Nacherfüllungsanspruchs

---

777 *Ernst*, in: MüKo BGB, § 323 Rdn. 59 ff.; *Grothe*, in: Beck OK BGB, § 323 Rdn. 13.

778 BGH, NJW 1999, 2884, 2886; *Otto, Schwarze*, in: Staudinger, § 323 Rdn. B 52; *Ernst*, in: MüKo BGB, § 323 Rdn. 59.

779 *Otto, Schwarze*, in: Staudinger, § 323 Rdn. B 54; *Dauner-Lieb*, in: Das neue Schuldrecht, § 2 Rdn. 27; OLG Köln, ZGS 2003, 392.

780 *Derleder, Zänker*, NJW 2003, 2777, 2782.

781 Vgl. *Seibt, Reiche*, DStR 2002, 1135, 1140.

als auch die Beschränkung auf genau beschriebene Fälle in Unternehmenskaufverträgen zu finden und auch empfehlenswert. Damit kann der Käufer insbesondere verhindern, dass der Verkäufer nach Abwicklung des Unternehmenskaufvertrages wieder Einsicht in das Unternehmen erhält und eventuell sogar erneut Einfluss darauf nimmt[782].

a. § 323 Abs. 2 Nr. 1 BGB: ernsthafte und endgültige Verweigerung

Gemäß § 323 Abs. 2 Nr. 1 BGB ist die Fristsetzung entbehrlich, wenn der Verkäufer die Leistung – bei einer Verweisung über § 437 Nr. 2 Alt. 1 BGB die Nacherfüllung – ernsthaft und endgültig verweigert. In diesen Fällen wäre ein Abstellen auf die Fristsetzung bloße Förmelei[783]. Für die Beurteilung sind sämtliche Umstände zu berücksichtigen, sodass auch die spätere Einlassung des Verkäufers im Prozess noch eine ernsthafte und endgültige Erfüllungsverweigerung begründen kann[784]. Sie ist jedoch nur dann anzunehmen, wenn die Ablehnung der Nacherfüllung als das „letzte Wort des Schuldners" aufzufassen ist. Eine Änderung des Entschlusses muss als ausgeschlossen erscheinen[785]. Bei der Äußerung von rechtlichen Zweifeln durch den Verkäufer hinsichtlich seiner Nacherfüllungspflicht, insbesondere beim Bestreiten der Mangelhaftigkeit des Kaufgegenstandes, kann demnach nicht ohne Weiteres von einer endgültigen Erfüllungsverweigerung ausgegangen werden[786].

Lehnt der Verkäufer die Nacherfüllung ernsthaft und endgültig ab, muss er damit rechnen, dass der Käufer das sofortige Recht zu Minderung und Rücktritt hat und ausübt, wenn das Vorliegen der weiteren Voraussetzungen in einem Gerichtsverfahren oder außergerichtlichem Schiedsverfahren bewiesen wird, insbesondere die Mangelhaftigkeit des Kaufgegenstandes. Der Verkäufer ist daher gut beraten, nur dann die Nacherfüllung im beschriebenen Sinne zu verweigern, wenn

---

782 Vgl. beispielsweise *Triebel, Hölzle*, BB 2002, 521, 526; *Seibt, Reiche*, DStR 2002, 1135, 1140.

783 BGH NJW-RR 1990, 786; BGH NJW 2003, 580, 581; BGH NJW-RR 2003, 13 (allgemein zur Erfüllungsverweigerung).

784 BGH NJW 2002, 3019, 3020; BGH NJW 2003, 580, 581; BGH NJW-RR 2003, 13 (jeweils zum früheren Werkvertragsrecht, das bereits das Fristerfordernis und ebenso die Erfüllungsverweigerung kannte, vgl. § 634 Abs. 1 BGB a. F.).

785 St. Rspr. allgemein zur Erfüllungsverweigerung, s. beispielsweise BGH NJW 1991, 1822, 1823 f.; BGH NJW 2000, 506, 507 f.; s. auch *Lorenz*, NJW 2004, 26.

786 BGH NJW 1986, 661; BGH NJW-RR 1993, 882.

die anderen in § 437 BGB genannten Rechtsbehelfe des Käufers nicht nachteilig oder sogar günstiger für ihn sind. In der Praxis des Unternehmenskaufs ist dies beispielsweise der Fall, wenn der Unternehmensverkäufer feststellt, dass er durch die Nacherfüllung keine Kosten sparen kann und sie vielmehr erheblichen Zeitaufwand bedeuten würde[787].

b. § 323 Abs. 2 Nr. 3 BGB und § 440 S. 1 Alt. 3 BGB: Interessenabwägung und Unzumutbarkeit

1) Allgemeines zu § 323 Abs. 2 Nr. 3 BGB

Nach § 323 Abs. 2 Nr. 3 BGB ist eine Fristsetzung entbehrlich, wenn besondere Umstände vorliegen, die unter Abwägung der beiderseitigen Interessen den sofortigen Rücktritt rechtfertigen. Bei den genannten Interessen handelt sich um das jeweilige Interesse der Parteien an der weiteren Durchführung des Vertrages[788]. Die Regierungsbegründung verweist allerdings darauf, dass bei einem Interessenwegfall des Käufers dieser Belang im Vordergrund stehen, d. h., das Interesse des Verkäufers unberücksichtigt bleiben soll[789].

Kann die erst im Wege der Nacherfüllung[790] gelieferte Leistung den vom Käufer verfolgten Zweck noch erfüllen, hat der Käufer meist weiterhin ein Interesse an der Vertragsdurchführung, sodass die Entbehrlichkeit zu verneinen ist[791]. Beispielsweise hat der Käufer eines Unternehmens, das ein Biomassekraftwerk

787 Mit dem Hinweis auf Zeit- und Kostenaufwand als Faktoren für die Bildung der Parteiinteressen hinsichtlich der Nacherfüllung gerade beim Unternehmenskauf siehe auch *Knott*, NZG 2002, 249, 252.

788 *Grothe*, in: BeckOK BGB, § 323 Rdn. 28; *Dauner-Lieb, Dubovitskaya*, in: NK-BGB, § 323 Rdn. 27 ff.

789 Genauer gesagt in den Fällen des früheren § 326 Abs. 2 BGB a. F. (allgemeines Leistungsstörungsrecht), d. h., wenn die auf Leistung wartende Partei (bei der hier behandelten Schlechtleistung des Verkäufers also der Käufer) kein Interesse mehr hat an der Vertragsdurchführung, vgl. dazu BT-Drucks. 14/6040, S. 186; *Grüneberg*, in: Palandt, § 323 Rdn. 22.

790 Während es bei einer direkten Anwendung des § 323 Abs. 2 Nr. 3 BGB (wegen Nichtleistung) um die ursprüngliche Erfüllungspflicht als noch ausstehende Leistung geht, geht es bei einer Anwendung über § 437 Nr. 2 Alt. 1 BGB (wegen Schlechtleistung), wie sie hier im Folgenden ausschließlich dargestellt wird, um die Nacherfüllung, vgl. den Wortlaut des § 323 Abs. BGB.

791 *Grothe*, in: BeckOK BGB, § 323 Rdn. 29.

betreibt, trotz eines mangelhaften Einzelgegenstandes, der einen Unternehmensmangel begründet, grundsätzlich nach wie vor ein Interesse an dem Unternehmen ohne Mängel. Fehlt es dem Käufer dagegen am Interesse muss die durch die Schlechtleistung entstandene Leistungsverzögerung zudem adäquat kausal für den Interessenwegfall sein, um eine Entbehrlichkeit nach § 323 Abs. 2 Nr. 3 BGB zu begründen[792]. Der Käufer eines Biomassekraftwerks kann sich demnach nicht auf die Entbehrlichkeit der Fristsetzung berufen, wenn er kein Interesse mehr an dem mangelfreien Unternehmen und damit der Vertragsdurchführung hat wegen einer sich ändernden Marktsituation, die weniger Rendite bedeutet[793]. Sein Interessenwegfall ist nicht in dem Sinne berechtigt, dass der Interessenwegfall zur Anwendung des § 323 Abs. 2 Nr. 3 BGB führt.

2) Allgemeines zu § 440 S. 1 Alt. 3 BGB

In § 440 S. 1 Alt. 3 BGB findet sich die besondere Regelung der kaufrechtlichen Gewährleistung, wonach die Fristsetzung entbehrlich ist, wenn die dem Käufer zustehende Art der Nacherfüllung für den Käufer unzumutbar ist[794]. Die Norm dient der Umsetzung der Verbrauchsgüterkaufrichtlinie[795] und verzichtet auf eine Abwägung der beiderseitigen Interessen[796]. Hat der Verkäufer ein berechtigtes Interesse an der weiteren Vertragsdurchführung, belastet die Regelung des § 440 S. 1 Alt. 3 BGB ihn stärker als die des § 323 Abs. 2 Nr. 3 BGB, da sie sein Interesse unberücksichtigt lässt[797]. Die Art der Nacherfüllung ist für den Käufer unzumutbar, wenn sie erhebliche Unannehmlichkeiten für ihn mit sich bringt, wobei das Vorliegen solcher unter der Berücksichtigung der Art und des konkreten Gebrauchszwecks des Kaufgegenstandes zu beurteilen ist[798]. Beim Unternehmenskauf kann

792 Mit Verweis auf den wertungsgleichen Art. 25 CISG: *Ernst*, in: MüKo BGB, § 323 Rdn. 125 ff.

793 Dazu, dass der Interessenwegfall wegen Änderung der Marktsituation nicht auf der Leistungsverzögerung beruht und daher nicht zur Entbehrlichkeit führt, vgl. BGH NJW 1980, 449, 450; BGH NJW 1981, 679, 680.

794 Vgl. *Wenzel*, DB 2003, 1887, 1892.

795 Siehe Art.3 Abs. 5 Spiegelstr. 3 der Verbrauchsgüterkaufrichtlinie.

796 Vgl. den Wortlaut des § 440 BGB sowie s. BT-Drucks. 14/6040, S. 233; *Faust*, in: BeckOK BGB, § 440 Rdn. 36; a. A. *Saenger*, in: Schulze u. a., § 440 Rdn. 2 (Abwägung wie bei § 323 Abs. 2 Nr. 3 BGB).

797 *Faust*, in: BeckOK BGB, § 440 Rdn. 36.

798 Mit Verweis auf die entsprechende Konkretisierung in Art.3 Abs. 3 S. 3 der Verbrauchsgüterkaufrichtlinie s. BT-Drucks. 14/6040, S. 233 f.

sich die Unzumutbarkeit beispielsweise daraus ergeben, dass der Verkäufer zur Nacherfüllung erneut Einsicht in das Unternehmen erhalten und gegebenenfalls sogar Einfluss darauf nehmen würde[799].

3) Abgrenzung von § 440 S. 1 Alt. 3 BGB und § 323 Abs. 2 Nr. 3 BGB

Die Abgrenzung der beiden Regelungen wird verschieden beurteilt. Einerseits kann man § 440 S. 1 Alt. 3 BGB als lex specialis zu § 323 Abs. 2 Nr. 3 BGB ansehen, sodass im Kaufrecht Letzterer immer dann in den Hintergrund tritt, wenn Unzumutbarkeit für den Käufer vorliegt[800]. Als Folge verbliebe für § 323 Abs. 2 Nr. 3 BGB bei der kaufrechtlichen Gewährleistung ein Anwendungsbereich nur in den Fällen, in denen die Vertragsdurchführung für den Käufer noch zumutbar ist und eine fehlende Schutzwürdigkeit des Verkäufers für eine Entbehrlichkeit sprechen kann, z. B. arglistiges Verhalten des Verkäufers[801].

Dagegen wird vorgebracht, dass dann beispielsweise bei einer arglistigen Täuschung des Verkäufers die Frage nach der Entbehrlichkeit nach unterschiedlichen Regelungen zu beurteilen sei, je nachdem, ob der Käufer vor (dann § 323 Abs. 2 Nr. 3 BGB als allgemeines Leistungsstörungsrecht) oder nach Gefahrübergang (dann § 440 S. 1 Alt. 3 BGB als besondere Reglung der kaufrechtlichen Gewährleistung) den Rücktritt geltend mache. Es gebe keinen Grund, den Verkäufer bei einer mangelhaften Leistung durch die Anwendung der speziellen und strengeren Regelung schlechter zu stellen als bei einer Nichtleistung[802]. Um die Differenzen möglichst gering zu halten, sei die Regelung des § 440 S. 1 Alt. 3 BGB daher restriktiv anzuwenden. Dafür sprächen auch die Verbrauchsgüterkaufrichtlinie[803] und der Wortlaut des

799 Vgl. *Triebel, Hölzle*, BB 2002, 521, 526; mit Verweis auf diese Belastung des Käufers bzw. auf die Gefahr der Einsicht und Einflussnahme durch den Verkäufer s. auch *Picot*, DB 2009, 2587, 2593; *Roschmann*, ZIP 1998, 1941, 1945; *Seibt, Reiche*, DStR 2002, 1135, 1140.

800 Vgl. *Kulke*, ZGS 2008, 169, 172 (Unzumutbarkeit bezieht sich auf die Verletzung von Verhaltenspflichten wie in § 324 BGB); *Faust*, in: BeckOK BGB, § 440 Rdn. 25. Offen, ob Einordnung einer etwaigen Unzumutbarkeit wegen Arglist unter § 440 S. 1 Alt. 3 BGB oder § 323 Abs. 2 Nr. 3 BGB in *Lorenz*, NJW 2004, 26, 27. Zu § 440 S. 1 Alt. 3 BGB siehe auch *Lorenz*, 2006, 1925, 1927.

801 *Faust*, in: BeckOK BGB, § 440 Rdn. 25.

802 So *Gutzeit*, NJW 2008, 1359, 1361 f.

803 In Art.3 Abs. 3 S. 3 der Verbrauchsgüterkaufrichtlinie werden Art und Zweck des Kaufgegenstandes als zu beachtende Umstände aufgeführt.

§ 440 S. 1 Alt. 3 BGB, die sich bei der Unzumutbarkeit nur auf objektive Umstände beziehen und somit zugleich den Rahmen für die enge Anwendung vorgäben[804].

Die Fristsetzung kann nach dieser Ansicht gemäß § 323 Abs. 2 Nr. 3 BGB entbehrlich sein, obwohl die Nacherfüllung dem Käufer nach objektiven Umständen zugemutet werden kann, insbesondere weil der Käufer mit der Nacherfüllung den von ihm geplanten Zweck noch erreichen kann. Dies setzt allerdings voraus, dass die Umstände die weitere Vertragsdurchführung für den Käufer so unzumutbar machen, dass sein Interesse daran berechtigterweise weg- und die Abwägung entsprechend gegen eine Nacherfüllungsfrist ausfällt. Maßgeblich ist dabei, wann die Unzumutbarkeit unter Berücksichtigung der Verkäuferinteressen vorliegt, d. h., wann die den Käufer belastenden Umstände als so stark zu bewerten sind, dass sie gegenüber den Verkäuferinteressen einen Interessenwegfall des Käufers mit der Folge des sofortigen Rücktritts oder Minderung rechtfertigen. Die diesbezügliche Bewertung im Rahmen der Abwägung ist eine Frage des Einzelfalls. Beim Vorliegen von Verkäuferinteressen sind durch die Berücksichtigung der Verkäuferinteressen höhere Anforderungen an die Unzumutbarkeit zu stellen als im Rahmen des § 440 S. 1 Alt. 3 BGB.

Die Rechtsprechung hat bisher keine Stellung zur Abgrenzung genommen. Bei einer arglistigen Täuschung des Verkäufers, also einem Umstand in der Person des Verkäufers, greift sie allerdings nicht auf § 440 S. 1 Alt. 3 BGB zurück, sondern erörtert die Problematik unter § 323 Abs. 2 Nr. 3 BGB[805]. Dies kann als Hinweis verstanden werden, dass sie dazu tendiert, wie die letztgenannte Ansicht nur objektive Umstände im Rahmen des § 440 S. 1 Alt. 3 BGB zu berücksichtigen; es ist aber keine zwingende Schlussfolgerung. Führen allein objektive Umstände zu einer Belastung des Schuldners, sind nach jeder Ansicht beide Normen denkbar und § 440 S. 1 Alt. 3 BGB ist vorrangig anzuwenden sowie danach allein auf die Unzumutbarkeit des Käufers abzustellen. Die Anforderungen an diese werden durch etwaige Interessen des Verkäufers nicht erhöht, da sie unbeachtet bleiben. Geht es auch um die Beurteilung subjektiver Umstände ist zu entscheiden, wo die Wertentscheidung zu verorten ist. Letztlich bleibt eine diesbezügliche höchstrichterliche Entscheidung abzuwarten. Da es sich aber in beiden Regelungen letztlich um eine Wertentscheidung handelt, ist die Verortung in der Praxis zweitrangig, solange man dieselben Umstände in die Beurteilung einbezieht. Die Verkäuferinteressen sollten möglichst berücksichtigt werden, außer die weitere Vertragsdurchführung ist für den Käufer

---

804 Ausführlich *Gutzeit*, NJW 2008, 1359, 1361 f.; a. A. *Faust*, in: BeckOK BGB, § 440 Rdn. 25; *Pammler*, in: juris-PK BGB, § 440 Rdn. 37 ff.

805 S. BGH NJW 2007, 835, 836 f.; BGH NJW 2008, 1371, 1372 f.; BGH NJW 2009, 2532, 2533.

objektiv unzumutbar. Da für die Einbeziehung dieser der Wortlaut des § 323 Abs. 2 Nr. 3 BGB den geeigneteren Anknüpfungspunkt bietet, ist der letztgenannten Ansicht zu folgen und die Regelung des § 440 S. 1 Alt. 3 BGB restriktiv anzuwenden.

4) Sonderfall: arglistige Täuschung

Unabhängig von der Möglichkeit der Zweckerreichung ist nach der Rechtsprechung die weitere Vertragsdurchführung grundsätzlich unzumutbar für den Käufer, wenn der Verkäufer die Vertrauensgrundlage für die Nacherfüllung durch arglistiges Verhalten zerstört hat[806]. In diesen Fällen habe der Käufer berechtigterweise kein Interesse mehr an einer Nacherfüllung, sodass die Entbehrlichkeit gemäß § 323 Abs. 2 Nr. 3 BGB zu bejahen sei[807]. Zu diesem allgemeinen Ansatz der Rechtsprechung gibt es verschiedene Einzelfragen, die in der Literatur diskutiert werden. Dabei wird der Fall der arglistigen Täuschung teilweise unter § 440 S. 1 Alt. 3 BGB, teilweise wie von der Rechtsprechung unter § 323 Abs. 2 Nr. 3 BGB eingeordnet, worauf im Folgenden jedoch nur noch bei Bedarf bzw. verschiedener Schlussfolgerungen der beiden Ansichten eingegangen wird[808]. Vor dem Hintergrund, dass es bei einem Rücktritt wegen Schlechtleistung beim Unternehmenskauf in der Praxis oft um den Vorwurf der arglistigen Täuschung geht, weil gerade dann der vertragliche Ausschluss eines Rücktritts nicht gilt[809], sollen die verschiedenen Ansichten zur Arglist im Rahmen des § 323 Abs. 2 Nr. 3 BGB kurz dargestellt, Stellung dazu genommen und die Bedeutung für den Fall des Unternehmenskaufs herausgestellt werden.

a) Meinungsstand

Das von der Rechtsprechung angeführte berechtigte Interesse des Käufers, sich beim Vorliegen einer arglistigen Täuschung durch die Abkehr von der Vertragsdurchführung vor weiteren Täuschungsversuchen schützen zu wollen[810], wird

---

806 Ausführlich zu den Voraussetzungen arglistigen Verschweigens siehe bereits VII. 3., S. 142 ff.

807 Vgl. BGH NJW 2007, 835, 836 f.; BGH NJW 2008, 1371, 1372 f.; BGH NJW 2009, 2532, 2533; zustimmend *Faust*, der der Rechtsprechung ein Abstellen auf die fehlende Schutzwürdigkeit des Verkäufers statt auf die besondere Schutzwürdigkeit des Käufers entnimmt, vgl. *Faust*, JuS 2008, 557, 558.

808 Zur hinter der verschiedenen Einordnung stehenden Problematik der Abgrenzung der beiden Regelungen siehe bereits unter VIII. 4. b. 3), S. 180 ff.

809 Vgl. § 444 BGB und dazu VII., S. 133 ff.

810 BGH NJW 2007, 835, 837; BGH NJW 2008, 1371, 1372.

grundsätzlich von der Literatur anerkannt[811]. Allerdings mehren sich die Stimmen, die bei dieser Feststellung nicht ohne Weiteres von einer Unzumutbarkeit[812] mit der Folge der Entbehrlichkeit ausgehen. Stattdessen sei auch ein etwaiges anhaltendes Verkäuferinteresse an der Vertragsdurchführung zu beachten, sodass eine Abwägung vorzunehmen sei, die die genauen Umstände auf beiden Seiten berücksichtige. Somit wird eine differenzierende Betrachtung befürwortet, die den verschiedenen Situationen gerecht werde[813]. Diejenigen, die die Arglist im Rahmen des § 323 Abs. 2 Nr. 3 BGB einordnen, stützen sich dabei insbesondere auf seinen Wortlaut, nach dem die beiderseitigen Interessen abzuwägen sind. Dementsprechend könne nicht allein auf das Interesse des Käufers abzustellen sein[814]. Aber auch im Rahmen des § 440 S. 1 Alt. 3 BGB wird infrage gestellt, ob (unabhängig etwaiger Verkäuferinteressen) die Arglist in dem Maße wie von der Rechtsprechung entschieden[815] die Entbehrlichkeit begründet oder ob die Nacherfüllung für den Käufer in vielen Situationen doch zumutbar ist[816].

Um den Bedarf an einer differenzierenden Betrachtung zu verdeutlichen, stellen die Vertreter dieser Ansicht verschiedene Situationen gegenüber, die nach ihrer Beurteilung eine unterschiedliche Bewertung hinsichtlich der Entbehrlichkeit erfordern. So sei eine Nachfristsetzung entbehrlich, wenn der Verkäufer mit Schädigungsabsicht gehandelt habe. Hingegen zerrütteten bloße Behauptungen ins Blaue hinein das Vertrauensverhältnis nicht in dem Maße, dass dem Käufer die Nacherfüllung in jedem Fall unzumutbar sei[817]. Daneben sei eine Differenzierung nach der Person des arglistig Täuschenden vorzunehmen, d. h., ob beispielsweise bei

---

811 *Gutzeit*, NJW 2008, 1359, 1360.

812 Die Literatur diskutiert dabei eine Unzumutbarkeit, die nach Abwägung zu einem berechtigten Interessenwegfall führt (§ 323 Abs. 2 Nr. 3 BGB), und/oder eine Unzumutbarkeit im Sinne des § 440 S. 1 Alt. 3 BGB, d. h. ohne Abwägung und ohne Berücksichtigung von etwaigen Verkäuferinteressen, zur Abgrenzung siehe VIII. 4. b) 3), S. 180 ff.

813 So z. B. *Lorenz*, NJW 2004, 26, 27; *Lorenz*, NJW 2006, 1925, 1927; *Grothe*, in: BeckOK BGB, § 323 Rdn. 29; auch OLG Celle NJOZ 2005, 2025, 2028.

814 *Kilian*, MittBayNot 2007, 311; *Gutzeit*, NJW 2008, 1359, 1360.

815 Wobei die Rechtsprechung die Arglist im Rahmen des § 323 Abs. 2 Nr. 3 BGB erörtert, s. BGH NJW 2007, 835, 836 f.; BGH NJW 2008, 1371, 1372 f.; BGH NJW 2009, 2532, 2533.

816 Für die Möglichkeit der Zumutbarkeit trotz Arglist im Rahmen des § 440 S. 1 Alt. 3 BGB s. *Faust*, in: BeckOK BGB, § 440 Rdn. 37; *Lorenz*, NJW 2006, 1925, 1927; *Kulke*, ZGS 2008, 169, 176.

817 Vgl. *Gutzeit*, NJW 2008, 1359, 1360; *Kulke*, ZGS 2008, 169, 176; in diese Richtung wohl auch *Kilian*, MittBayNot 2007, 311 f.

einer Gesellschaft als Verkäufer die Geschäftsführung selbst oder ein Angestellter der Gesellschaft arglistig handelte. Bei Letzterem sei die Täuschung dem Verkäufer zwar zuzurechnen[818], allerdings sei die Situation nicht mit der Zerstörung des Vertrauensverhältnisses bei der Täuschung durch die Geschäftsführung selbst vergleichbar[819]. Als zu berücksichtigender Umstand wird des Weiteren angeführt, von wem die Nacherfüllung vorgenommen werden würde. Während die Rechtsprechung betont, dass dies irrelevant sei[820], verlangt die Gegenansicht, dass dieser Umstand Berücksichtigung findet. Je weniger der Verkäufer mit der gewählten Art der Nacherfüllung direkt zu tun habe, desto stärker müsse der Vertrauensverlust beim Käufer sein, um eine Entbehrlichkeit zu rechtfertigen[821]. In diesem Kontext ist das Urteil des LG Berlin vom 01.02.2005 zu beachten. Das Gericht setzt sich darin mit einem Unternehmenskaufvertrag und Mängelansprüchen auseinander. Es verweist ohne nähere Begründung darauf, dass trotz einer unterstellten Arglist die Nachfristsetzung erforderlich, d. h. nicht entbehrlich sei[822].

b) Stellungnahme

Ordnet man die Fälle der Arglist als Interessenwegfall des Käufers bei § 323 Abs. 2 Nr. 3 BGB ein, bleibt auch hier die Berechtigung desselben zu prüfen[823].

---

818 Zur Zurechnung s. VII. 3. c. 2), S. 156 ff.

819 *Gutzeit*, NJW 2008, 1359, 1360 f.; *Lorenz*, NJW 2004, 26, 27; *Kulke*, ZGS 2008, 169, 176 (weitere Differenzierung, ob Täuschender mehrfach ohne Fehlverhalten für Verkäufer tätig war, Gedanke des § 831 Abs. 1 S. 1 BGB); *Grothe*, in: BeckOK BGB, § 323 Rdn. 29; ähnlich auch zum früheren Werkrecht: BGH NJW 1967, 388, 389.

820 BGH NJW 2007, 835, 836 f.; BGH NJW 2008, 1371, 1372 f.; BGH NJW 2009, 2532, 2533; ebenso *Derleder, Sommer*, JZ 2007, 338, 341 ff.

821 *Gutzeit*, NJW 2008, 1359, 1361, *Kilian*, MittBayNot 2007, 311 f.; *Kulke*, ZGS 2008, 169, 176; *Lorenz*, NJW 2004, 26, 27; *Grothe*, in: BeckOK BGB, § 323 Rdn. 29; ähnlich OLG Hamm, U. v. 14.06.2006 – 11 U 143/05; in diese Richtung auch *Kulke*, ZGS 2008, 169, 176; a. A. *Derleder, Sommer*, die allerdings bei der Behebung von Rechtsmängeln keine Auswirkung des Vertrauensverlustes befürchten, da dazu keine weitere Kooperation zwischen den Parteien notwendig ist, sodass sie dort die Entbehrlichkeit trotz Arglist ablehnen. Letztlich differenzieren sie somit vor dem Hintergrund des Vertrauensverlustes auch nach der Nähe der Parteien bei der Nacherfüllung, bewerten sie nur bei Sachmängeln anders, nämlich trotz Durchführung durch Dritte als noch „zu nah“, vgl. *Derleder, Sommer*, JZ 2007, 338.

822 LG Berlin, U. v. 01.02.2005 – 5 O 176/04.

823 Ähnlich wie ein Interessenwegfall wegen Nichterreichen des vom Käufer geplanten Ziels nur dann berechtigt ist, wenn dafür die Leistungsverzögerung adäquat kausal ist, vgl. oben unter VIII. 4. b. 1), S. 178 ff.

Der Interessenwegfall ist nur dann berechtigt, wenn die Arglist zu einer Unzumutbarkeit der Nacherfüllung für den Käufer führt, die die Verkäuferinteressen überwiegt. Wann eine Nacherfüllung für den Käufer eine solche überwiegende Unzumutbarkeit begründet, ist mittels einer Abwägung mit den Verkäuferinteressen unter Berücksichtigung der genaueren Umstände der Arglist festzustellen.

Auch wenn man den Schwerpunkt nicht auf einen etwaigen durch die Arglist verursachten Interessenwegfall legen und die Arglist daher nicht als Fall des Interessenwegfalls einordnen will, sondern an sich auf die Unzumutbarkeit als eigenständigen Ansatz im Rahmen des § 323 Abs. 2 Nr. 3 BGB abstellt[824], ergibt sich das erforderliche Maß der Belastung des Käufers aus den konkreten Umständen des Einzelfalls und führt der Wortlaut des § 323 Abs. 2 Nr. 3 BGB zur Berücksichtigung der Verkäuferinteressen. Dagegen fällt es im Rahmen des § 440 S. 1 Alt. 3 BGB schwerer einen Anknüpfungspunkt für die Einbeziehung der Verkäuferinteressen zu finden, weshalb hier auch dessen restriktive Anwendung befürwortet wird[825]. Aber auch nach dieser Ansicht können zumindest die besonderen Umstände der Arglist bei der Beurteilung der Auswirkungen auf den Käufer beachtet werden, d. h. bei der Unzumutbarkeit für den Käufer.

Da die Arglist nicht an sich ausdrücklich in § 323 Abs. 2 Nr. 3 BGB und § 440 S. 1 Alt. 3 BGB genannt ist, sondern als Aspekt in eine Wertentscheidung einfließt, sollten ihre konkreten Umstände sowie möglichst auch die Verkäuferinteressen im Rahmen der Bewertung Berücksichtigung finden. Nur so kann der Wertentscheidung, die dem Fristerfordernis zugrunde liegt, in angemessener Art und Weise Rechnung getragen werden. Würde man die Umstände nicht beachten, die sich als Begleiterscheinungen bzw. Schlussfolgerungen aus arglistigem Handeln ergeben und nach den konkreten Umständen der Arglist variieren können, träfe man die Beurteilung auf einer unvollständigen Basis. Unabhängig von der Einordnung der Fälle der Arglist ist der differenzierenden Ansicht in der Literatur daher zuzustimmen.

c) Bedeutung für den Unternehmenskauf

Für den Unternehmenskauf ist diese Wertung von großer Bedeutung. Zum einen liegen gerade beim Unternehmenskauf besonders häufig Umstände vor, die nach der differenzierenden Ansicht die Fristsetzung entgegen dem allgemeinen Ansatz der Rechtsprechung weiterhin erfordern. So kann es bei einem komplexen Vorgang wie dem Prozess des Unternehmenskaufs in der Praxis passieren, dass sich

---

824 In diese Richtung weisen beispielsweise die Überschriften bei *Ernst*, in: MüKo BGB, § 323 Rdn. 123 und 130.

825 VIII. 4. b. 3), S. 180 ff.

der Verkäufer über einige Umstände bezüglich des Unternehmens nicht sicher ist. Diesbezügliche Nachforschungen beim Unternehmenskauf können den ohnehin grundsätzlich aufwendigen Prozess erheblich verzögern, sodass neben den eigentlichen Kosten der Nachforschungen auch solche wegen längerer Prozessdauer hinzukommen. Zudem können sie einen Abschluss wegen aufkommender Unsicherheit beim Käufer eventuell sogar verhindern. Daher entscheiden sich in der Praxis immer wieder Unternehmensverkäufer für die Abgabe von Äußerungen ins Blaue hinein. Dieses Verhalten stellt in der Regel bereits arglistiges Verhalten dar[826] und muss dementsprechend behandelt werden, wo die Regelungen ausdrücklich auf Arglist abstellen. Trotzdem ist das Maß der Verwerflichkeit ein anderes als bei einer Schädigungsabsicht und dies sollte in einer differenzierten Anwendung des § 323 Abs. 2 Nr. 3 BGB Berücksichtigung finden, wo gerade nicht auf die Arglist an sich abgestellt wird, sondern Raum für eine Wertentscheidung bleibt.

Die Differenzierung zwischen den Personen, die die Handlung der arglistigen Täuschung konkret vorgenommen haben, ist beim Unternehmenskauf ebenso von großer Relevanz. Der Unternehmensverkäufer ist in der Regel eine Gesellschaft, die eine gewisse Anzahl Mitarbeiter hat. Diese Tatsache birgt für den Verkäufer die Gefahr, dass einer seiner Mitarbeiter den Käufer arglistig täuscht und ihm diese Handlung zugerechnet wird[827]. Auch wenn die Zurechnung gerechtfertigt ist, ist bei der Frage, ob die Nacherfüllung wegen der Arglist für den Käufer unzumutbar wird, der Umstand zu beachten, dass der Verkäufer selbst (z. B. einer seiner Geschäftsführer) nicht arglistig täuschte. Das Vertrauen des Käufers kann zwar hinsichtlich der Organisation des Verkäufers erschüttert sein, die eine solche Handlung seiner Mitarbeiter zulässt. Diesem Vertrauensverlust kann der Verkäufer aber zum einen entgegensteuern, indem er Maßnahmen unternimmt (z. B. Sanktionen gegen den arglistig täuschenden Mitarbeiter), die eine solche Handlung für die Zukunft bestmöglich verhindern und so das Vertrauen wieder aufbauen.

Zum andern ist der entstandene Vertrauensverlust nicht so tief gehend, als wenn der Verkäufer selbst unmittelbar arglistig getäuscht hätte. Dann müsste der Käufer nämlich eher mit einer weiteren Täuschungshandlung rechnen, da er die Einstellung des Verkäufers erfahren hätte, nämlich dass dieser durchaus zu arglistigen Täuschungen tendiert. Hat aber sein Angestellter „auf eigene Faust" gehandelt, kann der Käufer diesen Schluss nicht ziehen. In diesem Fall hat der Verkäufer lediglich erkennen lassen, dass er bisher nicht alle Mitarbeiter unter Kontrolle

---

826 BGH NJW 1980, 2460, 2461; BGH NJW 1981, 1441, 1442; BGH NJW 2006, 2839, 2840.

827 Zur Zurechnung s. VII. 3. c. 2), S. 156 ff.

hatte, was nicht zu begrüßen, aber weniger verwerflich ist. Sanktionen gegen den arglistig handelnden Angestellten und die Einführung neuer Vorsorgemaßnahmen gegen solches Handeln können die Einstellung des Verkäufers zeigen und das Vertrauensverhältnis bezüglich zukünftiger Leistungen wie der Nacherfüllung wieder stärken. Das Vertrauen in den Verkäufer und dessen weiteres Verhalten bei der Vertragsdurchführung ist bei nur zugerechneter Arglist somit weniger stark zerrüttet.

Der Verkäufer eines Unternehmens nimmt die Nacherfüllung in wenigen Fällen selbst vor. Um einen dieser seltenen Fälle handelt es sich beispielsweise bei dem Ausgleich von zuvor nicht bekannten Verbindlichkeiten. Zur Nacherfüllung übernimmt der Verkäufer die Verbindlichkeiten und zahlt sie selbst. Ist der Unternehmensmangel allerdings durch einen mangelhaften, auf das Unternehmen durchschlagenden Einzelgegenstand begründet, bedeutet die Nacherfüllung Reparatur (Nachbesserung) oder Lieferung eines neuen Gegenstandes (Nachlieferung)[828]. Für beide Arten wird der Verkäufer in der Praxis meist einen Dritten (grundsätzlich den Hersteller oder ursprünglichen Lieferanten des Einzelgegenstandes) beauftragen. Dabei kann er seine eigenen Geschäftsbeziehungen nutzen, um beispielsweise günstige Konditionen zu erreichen. Auf die jeweilige Nacherfüllung selbst hat er dann aber kaum Einfluss bzw. diesen kann man minimieren[829]. Inwieweit der Käufer dem Verkäufer noch Vertrauen entgegenbringt, ist hier zwar durchaus zu berücksichtigen, aber nur in Grenzen. Schließlich ist es der Dritte, der die Leistung erbringt. Ihm gegenüber kann der Käufer sich nicht ohne Weiteres auf etwaige Verfehlungen des Verkäufers und damit mangelndes Vertrauen berufen. Vielmehr ist im Einzelfall im Rahmen einer Abwägung beider Interessen zu entscheiden, wobei zu beachten ist, wie eng die Verknüpfungen des Verkäufers mit dem Dritten und ob eine etwaige Beeinflussung weitestgehend auszuschließen ist.

Die Rechtsprechung betont, dass der arglistig handelnde Verkäufer keinen Schutz verdient vor den Nachteilen, die ihm aus der Entbehrlichkeit der Fristsetzung entstehen[830]. Schließlich habe er bereits schon vor Abschluss des Kaufvertrages die Chance gehabt, die die Nacherfüllungsfrist ihm gewähren soll, nämlich den

828 Dazu siehe bereits ausführlich unter VIII. 2. c., S. 172 ff.

829 Beispielsweise indem man bei Reparaturmaßnahmen keine Mitarbeiter des Verkäufers als Begleitung in das Unternehmen schickt und die Entscheidungen zu Art und Umfang der erforderlichen Reparatur ausschließlich vom Dritten beurteilen lässt, ohne Einflussnahme des Verkäufers.

830 Insbesondere erleidet der Verkäufer in der Regel wirtschaftliche Nachteile, vgl. VIII. 2. b., S. 168.

Mangel zu beseitigen. Da er sich bereits zu diesem Zeitpunkt gegen die Fehlerbeseitigung entschieden habe, müsse sie ihm nicht nochmals über das Setzen einer Nacherfüllungsfrist ermöglicht werden[831]. Diese Wertung der Rechtsprechung basiert auf der Annahme, dass der Verkäufer bereits bei Vertragsschluss Kenntnis von dem Mangel hatte. Handelte der Verkäufer aber nicht selber arglistig, sondern wird ihm die arglistige Täuschung eines Mitarbeiters zugerechnet, ist es auch nur die Entscheidung des Mitarbeiters, den Fehler nicht zu beseitigen. Ein Rückschluss auf die diesbezügliche Einstellung des Verkäufers ist hieraus nicht abzuleiten. Auch wenn der Verkäufer selbst arglistig handelte, indem er Äußerungen ins Blaue hinein tätigte, entscheidet der konkrete Fall, ob daraus eine Entscheidung gegen die Fehlerbeseitigung abzulesen ist. Die Entscheidung, ob trotz Arglist Verkäuferinteressen vorliegen, die im Rahmen der Abwägung zu berücksichtigen sind, ist daher eine des Einzelfalls und mit Blick auf die genauen Umstände der Arglist. Dabei ist zudem zu bedenken, dass das Interesse des Verkäufers an der Vertragsdurchführung in der Praxis beim Unternehmenskauf oft besonders hoch ist.

c. § 326 Abs. 5 BGB und § 439 Abs. 3 BGB: Unmöglichkeit und Unverhältnismäßigkeit

Die Fristsetzung ist nach § 326 Abs. 5 BGB entbehrlich, wenn der Verkäufer nach § 275 Abs. 1 bis 3 BGB nicht zu leisten braucht. Wird § 326 Abs. 5 BGB über § 437 Nr. 2 Alt. 1 BGB (wegen Schlechtleistung) angewendet, handelt es sich bei der angesprochenen Leistung um die vorrangige Nacherfüllung, die der Verkäufer grundsätzlich nach § 437 Nr. 1 BGB i. V. m. § 439 BGB schuldet. Ist dem Verkäufer diese Nacherfüllungspflicht nach einem der Fälle des § 275 BGB unmöglich, ist er von seiner Leistungspflicht befreit (§ 275 Abs. 1 BGB) bzw. darf die Leistung verweigern (§ 275 Abs. 2 und 3 BGB)[832]. Das Rücktrittsrecht des Käufers bleibt davon unberührt[833]. Jedoch wäre es unsinnig, bei der Unmöglichkeit der Nacherfüllung noch auf das Fristerfordernis zu bestehen, da der erfolglose Ablauf der Nacherfüllungsfrist von vornherein feststeht[834]. Daher enthält § 326 Abs. 5 BGB zwar

831 Vgl. BGH NJW 2007, 835, 837; in diese Richtung auch *Faust*, in: BeckOK BGB, § 440 Rdn. 25.

832 Allgemein zu den verschiedenen Arten der Unmöglichkeit im Rahmen des § 275 BGB und den jeweiligen Rechtsfolgen siehe nur *Canaris*, JZ 2004, 214; *Unberath*, in: BeckOK BGB, § 275 Rdn. 17 ff., 60 f.; *Ernst*, in: MüKo BGB, § 275 Rdn. 32 ff.

833 Vgl. § 437 Nr. 2 Alt. 1 BGB i. V. m. §§ 326 Abs. 5, 323 BGB sowie § 275 Abs. 4 BGB.

834 *Lorenz*, NJW 2002, 2497, 2499; *Westermann*, NJW 2002, 241, 248.

eine Rechtsgrundverweisung auf § 323 Abs. 1 BGB, regelt aber zugleich, dass die Fristsetzung entbehrlich ist. Anwendung findet die Norm insbesondere bei einer irreparablen Schlechtleistung[835]. Beim Unternehmenskauf ist dies beispielsweise der Fall bei der Vereinbarung von fehlerhaften Unternehmenskennzahlen[836].

Auch § 439 Abs. 3 BGB gibt dem Verkäufer die Möglichkeit, die vom Käufer gewählte Art der Nacherfüllung zu verweigern, und zwar unter der Voraussetzung, dass ihre Kosten[837] unverhältnismäßig sind[838]. Damit stellt sich die Frage nach der Abgrenzung des § 439 Abs. 3 BGB gegenüber § 275 Abs. 2 und 3 BGB. Nach der Regierungsbegründung beinhaltet § 439 Abs. 3 BGB eine niedrigere Schwelle, d. h., nach dieser Regelung wird leichter eine Einrede des Verkäufers begründet[839]. Dementsprechend ist davon auszugehen, dass für § 275 Abs. 2 und 3 BGB im kaufrechtlichen Gewährleistungsrecht nur ein geringer Anwendungsbereich verbleibt[840]. Im Rahmen des § 439 Abs. 3 BGB wird diskutiert, ob er sowohl die relative als auch die absolute Unverhältnismäßigkeit erfasst. Bei der relativen Unverhältnismäßigkeit werden beide Nacherfüllungsalternativen zueinander in Relation gesetzt, während bei der absoluten die Unverhältnismäßigkeit gegenüber dem Kaufgegenstand festzustellen ist[841]. Arglist kann als Vertretenmüssen des Verkäufers zu einer Erhöhung der Schwelle der Unverhältnismäßigkeit führen[842].

Beim Unternehmenskauf wird aufgrund des regelmäßig hohen Kaufpreises nur selten eine absolute Unverhältnismäßigkeit anzunehmen sein. Gerade in Anbetracht defekter Maschinen ist aber an die relative Unverhältnismäßigkeit zu denken, wenn die Reparatur einer Maschine wesentlich kostengünstiger ist als die Lieferung und der Einbau einer entsprechenden neuen.

---

835 *Grothe*, in: BeckOK BGB, § 326 Rdn. 34.

836 *Schröcker*, ZGR 2005, 63, 82; *Triebel, Hölzle*, BB 2002, 521, 526; *Weitnauer*, NJW 2002, 2511, 2514; *Wolf, Kaiser*, DB 2002, 411, 418.

837 Der Verkäufer muss die Kosten der Nacherfüllung tragen, § 439 Abs. 2 BGB.

838 Zu § 439 Abs. 3 BGB siehe *Bitter, Meidt*, ZIP 2001, 2114; *Huber*, NJW 2002, 1004, 1007; *Wenzel*, DB 2003, 1887, 1892; für einen Überblick s. auch *Saenger*, in: Schulze u. a., § 439 Rdn. 4 f.

839 BT-Drucks. 14/6040, S. 232.

840 Ebenso *Bitter, Meidt*, ZIP 2001, 2114, 2120; *Huber*, NJW 2002, 1004, 1007; *Gärtner, Schön*, ZGS 2009, 109; zurückhaltender: *Westermann*, NJW 2002, 241, 248 f.

841 Vgl. dazu *Bitter, Meidt*, ZIP 2001, 2114, 2121 f.; *Huber*, NJW 2002, 1004, 1008; *Gärtner, Schön*, ZGS 2009, 109; *Faust*, in: BeckOK BGB, § 439 Rdn. 34 ff.

842 *Weidenkaff*, in: Palandt, § 439 Rdn. 17; *Berger*, in: Jauernig, § 439 Rdn. 34.

IX. Erheblichkeit, § 326 Abs. 5 S. 2 BGB

Nach § 323 Abs. 5 S. 2 BGB ist der Rücktritt wegen Schlechtleistung ausgeschlossen, wenn die Pflichtverletzung nur unerheblich ist. Diese Regelung stellt für den Sachkauf einen wichtigen Ausschlussgrund des Rücktritts dar. Beim Unternehmenskauf kann sie zudem als wichtiger Anknüpfungspunkt zur Beachtung seiner Besonderheiten dienen.

1. Inhalt und Zweck des § 326 Abs. 5 S. 2 BGB

Der Rücktritt wegen Schlechtleistung ist gemäß § 323 Abs. 5 S. 2 BGB ausgeschlossen, wenn die Pflichtverletzung unerheblich ist. Dabei ist auf die Erheblichkeit der mangelhaften Lieferung, d. h. die Erheblichkeit des Mangels, abzustellen, nicht etwa auf die trotz Fristsetzung unterlassene Nacherfüllung[843]. Hinter der Regelung steht der Gedanke der Verhältnismäßigkeit von Pflichtverletzung und Rechtsfolge[844]. Der Rücktritt stellt den härtesten Eingriff der gewährleistungsrechtlichen Rechtsfolgen dar, da er das Vertragsverhältnis „rückabwickelt" und demnach nicht mehr den ursprünglichen Vertrag weiterverfolgt. Bei einer nur unerheblichen Pflichtverletzung ist das Leistungsinteresse des Gläubigers allerdings im Grunde nicht gestört und darum der Gläubiger weiter am Vertrag festzuhalten, d. h., die Rechtsfolge des Rücktritts auszuschließen[845]. Ob die Grenze von einer unerheblichen zu einer erheblichen Pflichtverletzung überschritten ist, ist daher insofern für die Parteien von großer Bedeutung, als dass sie über die Möglichkeit des Rücktritts entscheidet[846]. Die Darlegungs- und Beweislast der Unerheblichkeit als Ausschlussgrund trägt der Verkäufer[847]. Wo die Erheblichkeitsschwelle

---

843 BT-Drucks. 14/7052 S. 185.

844 *Grothe*, in: BeckOK BGB, § 323 Rdn. 39; *Büdenbender*, in: Unternehmenskauf und Schuldrechtsmodernisierung, S. 5, 42; OLG Düsseldorf, NJOZ 2008, 601, 606.

845 BT-Drucks. 14/6040 S. 187; vgl. auch BGH NJW 2006, 1960, 1961.

846 Vorausgesetzt es liegen die Rücktrittsvoraussetzungen vor und keine anderen Ausschlussgründe.

847 OLG Düsseldorf, NJOZ 2008, 601, 603.

liegt bzw. nach welchen Faktoren sie zu ermitteln ist, ist dabei maßgeblich, bisher aber nicht eindeutig geklärt[848].

a. Entwicklung der Erheblichkeitsschwelle

Vor der Schuldrechtsreform gab es bereits in § 459 Abs. 1 S. 2 BGB a. F. eine Erheblichkeitsschwelle. Diese war allerdings Bestandteil der Regelung zur Sachmängelhaftung mit dem Inhalt, dass eine nur unerhebliche Minderung des Wertes oder der Tauglichkeit eine Haftung wegen Mangelhaftigkeit gar nicht erst begründete[849]. Für diese Unerheblichkeit wurde primär die sachliche Bedeutung des Mangels berücksichtigt, daneben jedoch auch die Umstände der Beseitigung. Ein Mangel wurde dabei beispielsweise als unerheblich bewertet, wenn eine Mangelbeseitigung ohne wesentlichen Aufwand und in kurzer Zeit möglich ist[850]. Die Erheblichkeitsgrenze war somit niedrig angesetzt, d. h., die Unerheblichkeit wurde nur in seltenen Fällen bejaht[851].

Die Rechtsprechung zu dieser früheren Erheblichkeitsschwelle kann nicht ohne Weiteres mit Blick auf die Grenze des § 323 Abs. 5 S. 2 BGB übernommen werden. Anders als nach früherem Recht entfallen bei Unerheblichkeit nach heutigem Recht nicht sämtliche Gewährleistungsrechte des Käufers[852]. Die Mangelhaftigkeit wird nämlich unabhängig von einer Erheblichkeit festgestellt[853] und eröffnet über § 437 BGB die Möglichkeit zu allen gewährleistungsrechtlichen Rechtsfolgen, soweit deren jeweilige Voraussetzungen gegeben sind und keine Ausschlussgründe vorliegen. Die Erheblichkeit stellt solch einen Ausschlussgrund dar, aber lediglich für den Rücktritt (§ 323 Abs. 5 S. 2 BGB) sowie den großen Schadensersatz (§ 281 Abs. 1 S. 3 BGB)[854]. Die Minderung und den

848 Siehe im Folgenden die Ausführungen zur herrschenden Literaturansicht gegenüber der Ansicht des BGH, IX. 1. a., S. 192 ff.

849 Vgl. §§ 459 Abs. 1 S. 2 BGB a. F.

850 So BGH BB 1957, 92; KG NJW-RR 1989, 972; *Weitnauer*, in: Erman, 9. Aufl. (1993), § 459 Rdn. 22; *Honsell*, in: Staudinger, 12. Aufl. (1978), § 459 Rdn. 27.

851 *Ernst* geht sogar so weit, die Regelung (neben § 242 BGB) funktionslos zu nennen, vgl. *Ernst*, in: MüKo BGB, § 323 Rdn. 243b.

852 *Klumpp*, in: Der Unternehmenskauf, § 16 Rdn. 36; *Ernst*, in: MüKo BGB, § 323 Rdn. 243a.

853 Vgl. § 434 BGB.

854 Die Regelungen des § 323 Abs. 5 S. 2 BGB und § 281 Abs. 1 S. 3 BGB entsprechen sich inhaltlich.

kleinen Schadensersatz kann der Käufer selbst bei unerheblichen Mängeln geltend machen[855]. Bleiben dem Käufer anders als nach früherem Recht Gewährleistungsrechte erhalten und die Gleichwertigkeit des Vertrages wird somit durch Minderung oder kleinen Schadensersatz wiederhergestellt, rechtfertigt dies nach zutreffender, herrschender Literaturansicht, eine Unerheblichkeit in weiterem Umfang anzunehmen als nach früherem Recht. Dementsprechend ist die Erheblichkeitsschwelle höher anzusetzen[856].

Der BGH hat dagegen mit Verweis auf die Regierungsbegründung festgestellt, dass § 323 Abs. 5 S. 2 BGB gerade in den früheren Fällen des § 459 Abs. 1 S. 2 BGB a. F. Anwendung finden soll und eine der früheren Rechtsprechung zu § 459 Abs. 1 S. 2 BGB a. F. entsprechende Grenze für den konkreten Fall herangezogen[857]. Aufgrund der niedrigen Schwelle nach früherem Recht käme es bei der Übernahme der früheren Bedeutung allerdings kaum zu Situationen, in denen der Käufer auf Minderung und kleinen Schadensersatz verwiesen wird[858]. Daher bleibt abzuwarten, ob der BGH die geäußerte Ansicht strikt weiterverfolgt. Insbesondere ist zu bedenken, dass im vom BGH zu entscheidenden Fall, die Unerheblichkeit schon nach früherem Recht zu bejahen war und eine Ausweitung der Unerheblichkeit daher keine eigenständige Bedeutung erlangt hätte[859]. Dass der BGH den früheren Wert als Grenze benannt hat, kann zwar zu dem Schluss verleiten, dass

---

855 Für die Minderung, die grundsätzlich nur im Gleichlauf zum Rücktritt stattfinden kann, ergibt sich die Nichtanwendung des Ausschlussgrundes des § 323 Abs. 5 S. 2 BGB ausdrücklich aus § 441 Abs. 1 S. 2 BGB.

856 So die zutreffende h. M., vgl. nur *Klumpp*, in: Der Unternehmenskauf, § 16 Rdn. 36; *Grothe*, in: BeckOK BGB, § 323 Rdn. 39; *Ernst*, in: MüKo BGB, § 323 Rdn. 243a f.; *Grüneberg*, in: Palandt, § 323 Rdn. 32; *Kallrath*, DNotZ 2006, 831, 832; *Müller, Matthes* AcP 204 (2004), 732, 747; a. A. *Dauner-Lieb*, in: NK-BGB § 281 Rdn. 33; § 323 Rdn. 40; *Skamel*, SVR 2010, 172; wohl auch *Börner*, ZIP 2001, 2264, 2271. Auch in der Rechtsprechung findet die erhöhte Grenze Zustimmung, siehe OLG Bamberg, BeckRS 2006, 04936; OLG Düsseldorf, NJOZ 2008, 601, 605; OLG Düsseldorf, BeckRS 2007, 09680.

857 BGH NJW 2007, 2111, 2112. Vgl. auch die Regierungsbegründung: BT-Drucks. 14/6040 S. 222 f.

858 Vgl. *Reinking*, NJW 2007, 2112; *Grothe*, in: BeckOK BGB, § 323 Rdn. 39; *Ernst*, in: MüKo BGB, § 323 Rdn. 243a.

859 BGH NJW 2007, 2111, 2112; ebenso Unerheblichkeit schon nach früherer Rechtsprechung: BGH NJW 2005, 3490. 3493. Die früheren Fälle der Unerheblichkeit sind nach der hier vertretenen Ansicht einer erhöhten Grenze erst recht als unerheblich einzustufen und die frühere Rechtsprechung insoweit noch verwertbar, vgl. dazu auch OLG Düsseldorf, NJOZ 2008, 601, 605.

Mängel über dem genannten Wert als erheblich zu werten sind[860]. Dennoch könnte der BGH eine höhere Grenze in Erwägung ziehen, wenn er eine Situation zu beurteilen hat, in der nach der früheren Schwelle von Erheblichkeit auszugehen ist und eine Ausweitung der Unerheblichkeit somit maßgebliche Bedeutung zukäme.

b. Bestimmung der Erheblichkeitsschwelle

Da der Schuldner nicht vertragsgemäß geleistet hat, wird grundsätzlich dem Rückabwicklungsinteresse des Gläubigers Vorrang gegeben[861]. Bei einer ausnahmsweise nur unerheblichen Pflichtverletzung, wie sie der § 323 Abs. 5 S. 2 BGB regelt, ist das Interesse des Gläubigers an einer Rückabwicklung allerdings nur gering, während sie den Schuldner zugleich in vielen Fällen stark belasten würde. Abweichend vom Regelfall überwiegt dann das Schuldnerinteresse am Bestand des Vertrages, sodass dem Gläubiger der Rücktritt ausnahmsweise verwehrt wird[862]. Die Erheblichkeitsschwelle spiegelt somit wider, wann das Gläubigerinteresse als so gering gegenüber dem Schuldnerinteresse zu werten ist, dass es zurücktreten muss.

Zur Ermittlung der (Un-)Erheblichkeit sind die Interessen beider Parteien abzuwägen[863]. Dabei sind alle Umstände des Einzelfalls zu berücksichtigen, insbesondere die Schwere der Beeinträchtigung bzw. die Bedeutung des Mangels nach der Verkehrsanschauung[864]. Bei behebbaren Mängeln ist allerdings primär der Beseitigungsaufwand in Relation zum Kaufpreis von Bedeutung[865]. Unbehebbare Mängel

---

860 So beispielsweise *Reinking*, NJW 2007, 2112.

861 Auf ein Verschulden des Schuldners kommt es dabei nicht an, vgl. § 323 Abs. 1 BGB.

862 Vgl. BGH NJW 2006, 1960, 1961.

863 Vgl. BGH NJW 2006, 1960, 1961; BGH NJW-RR 2010, 1289; 1291; OLG Düsseldorf NJW-RR 2008, 1230, 1231; *Grüneberg*, in: Palandt, § 323 Rdn 32; *Ernst*, in: MüKo BGB, § 323 Rdn. 243b.

864 Vgl. BGH NJW-RR 2010, 1289; 1291; OLG Düsseldorf NJW-RR 2008, 1230, 1231; *Ernst*, in: MüKo BGB, § 323 Rdn. 243b; *Grüneberg*, in: Palandt, § 323 Rdn 32; *Otto, Schwarze*, in: Staudinger; § 323 Rdn. C 27. Zuletzt überprüfte der BGH das Maß der Beeinträchtigung mit der Frage, ob der Käufer den Kaufgegenstand bei Kenntnis gar nicht, d. h., auch nicht zu einem günstigeren Preis gekauft hätte (dann erheblich), vgl. BGH NJW 2009, 508 sowie dazu die Anmerkungen *Faust*, Jus 2009, 373; *Bruns*, NJW 2009, 509.

865 So ausdrücklich BGH NJW 2011, 2872, 2874; *Grothe*, in: BeckOK BGB, § 323 Rdn. 39; *Kallrath*, DNotZ 2006, 831, 832; kritisch und für eine vorrangige Berücksichtigung der Beeinträchtigung *Höpfner*, NJW 2011, 3693, 3694 f.

sind hingegen nur danach zu beurteilen, wie stark jegliche Beeinträchtigungen sind, wobei sie aufgrund ihres dauerhaften Vorliegens besonders geringfügig sein müssen, um eine Unerheblichkeit zu begründen[866]. Unabhängig von der Behebbarkeit ist das (vorvertragliche) Verhalten des Schuldners zu berücksichtigen, z. B. Arglist[867]. Aufseiten des Schuldners ist sein Interesse am weiteren Bestand des Vertrages beachtlich, besonders vor dem Hintergrund, wie stark ihn ein Rücktritt belasten würde[868]. Liegen mehrere Mängel vor, sind sie insgesamt zu würdigen[869].

Haben die Parteien eine Garantie bezüglich des betroffenen Mangels vereinbart, ist davon auszugehen, dass der darin enthaltene Umstand für den Käufer und damit für das Vertragsverhältnis eine Bedeutung von gewissem Gewicht hat. Aus diesem Grund ist bei einer Garantie regelmäßig die Erheblichkeit der Schlechtleistung anzunehmen unabhängig vom konkreten Maß der Wertminderung oder Beeinträchtigung[870]. Ein Verstoß gegen eine Beschaffenheitsvereinbarung indiziert nach Ansicht des BGH die Erheblichkeit[871]. Er ging dabei wohl von dem wie zur Garantie vorgebrachten Gedanken aus, dass die Relevanz des Umstandes durch die Vereinbarung erkennbar sei. Dem Umstand, dass eine Beschaffenheitsvereinbarung weniger streng ist als eine Garantie und der in ihr enthaltene Umstand für das Vertragsverhältnis daher regelmäßig nicht im gleichen Maße bedeutend ist wie bei einer Garantie, wird insofern Rechnung getragen, als dass lediglich eine Indizwirkung bejaht wird[872].

---

866 Vgl. BGH ZGS 2008, 235, 237 (ausdrückliche Aufgabe der Ansicht, unbehebbare Mängel seien stets erheblich, so noch ohne Vertiefung in BGH NJW 2008, 53, 55); OLG Schleswig NJW-RR 2009, 1065, 1066; OLG Düsseldorf NJW 2005, 2235, 2236: Unerheblichkeit unbehebbarer Mängel allenfalls bei äußerst geringfügigen optischen Beeinträchtigung und keinerlei Einschränkung der Gebrauchsfähigkeit.

867 BGH NJW 2006, 1960, 1961; OLG Frankfurt BeckRS 2008, 13841; *Fischinger, Lettmaier*, ZGS 2009, 394, 398; *Grüneberg*, in: Palandt, § 323 Rdn 32; a. A. *Lorenz*, NJW 2006, 1925, 1926; *Kulke*, ZGS 2008, 169, 172; *Ernst*, in: MüKo BGB, § 323 Rdn. 243b. Ausführlich zu Erheblichkeit bei Arglist siehe IX. 4., S. 204 ff.

868 BGH NJW 2006, 1960, 1961; OLG Köln, BeckRS 2008, 09080; *Kallrath*, DNotZ 2006, 831, 832; *Grunewald*, in: Erman, § 437 Rdn. 6.

869 KG NJW-RR 1989, 972, 972 f.; OLG Hamm BeckRS 2008, 20190; *Grüneberg*, in: Palandt, *§ 323* Rdn. 32; *Grothe*, in: Bamberger/Roth, § 437 Rdn. 26 ff.; *Fischinger, Lettmaier*, ZGS 2009, 394, 398.

870 Vgl. BT-Drucks. 14/6040, S. 223; AG Meldorf, BeckRS 2009, 25204; *Braunschmidt, Vesper*, JuS 2011, 393, 394; *Faust*, JuS 2009, 373, 374; *Börner*, ZIP 2001, 2264, 2271 mit Fn. 90; *Grothe*, in: BeckOK BGB, § 323 Rdn. 39.

871 BGH NJW-RR 2010, 1289.

872 Mit Begründung in diese Richtung OLG Düsseldorf NJW-RR 2009, 400, 401.

2. Anwendbarkeit beim Unternehmenskauf

Die Regelung des § 323 Abs. 5 S. 2 BGB ist beim Unternehmenskauf über § 453 Abs. 1 Alt. 2 BGB anzuwenden. Die gesetzliche Anordnung ist zu begrüßen, da die Regelung auf den Unternehmenskauf passt. Die Anwendung des Grundsatzes der Verhältnismäßigkeit ist hier genauso wie bei anderen Käufen angemessen. Weder der Kaufgegenstand „Unternehmen“ noch die regelmäßig erfahrenen Parteien bieten einen Anlass, von ihm abzusehen. Unter anderem die Geschäftsgewandtheit der Parteien kann dazu führen, dass die Parteien einen anderen als den gesetzlichen Rahmen für die Gewährleistungshaftung wählen[873]. Solange sie die Anwendung der gesetzlichen Regelung des § 323 Abs. 5 S. 2 BGB allerdings nicht ausschließen (beispielsweise durch den pauschalen Ausschluss des Rücktrittsrechts oder die Vereinbarung eines nur vertraglichen Rücktrittsrechts nach vertraglichen Konditionen) und sich bewusst für eine Vereinbarung mit gegebenenfalls unverhältnismäßigen Rechtsfolgen entscheiden[874], ist dem Verkäufer eines Unternehmens jedoch ebenso wie dem Verkäufer einer Sache der Schutz des § 323 Abs. 5 S. 2 BGB bzw. des darin enthaltenen Grundsatzes der Verhältnismäßigkeit zu gewähren. Den Unternehmensverkäufer als weniger schutzwürdig zu bewerten und eine im Einzelfall als unverhältnismäßig beurteilte Rechtsfolge ihm gegenüber anzuwenden, wäre unangemessen, solange er dies nicht bewusst im Rahmen der Privatautonomie wählt.

3. Bedeutung der Erheblichkeitsschwelle beim Unternehmenskauf

Die Regelung des § 323 Abs. 5 S. 2 BGB ist mit Blick auf den Unternehmenskauf nicht nur passend. Das Telos, nachdem dem Käufer der Rücktritt verwehrt sein soll, wenn die Pflichtverletzung ihn nur geringfügig belastet, der Verkäufer aber ein großes Interesse am Bestand des Vertrages hat, hat beim Unternehmenskauf vielmehr in besonderer Weise seine Berechtigung. Der Rücktritt ist im Fall

---

873 Siehe dazu XII., S. 297 ff.

874 Vertragliche Haftungsvereinbarungen unterliegen zwar gleichfalls Grenzen, insbesondere die der Sittenwidrigkeit (§ 138 BGB) sowie der Verletzung des Grundsatzes von Treu und Glauben (§ 242 BGB). Diese stellen allerdings höhere Anforderungen dar an die Unverhältnismäßigkeit als die Regelung des § 323 Abs. 5 S. 2 BGB. Vgl. zu den Grenzen vertraglicher Haftungsvereinbarungen Fn. 560, S. 133.

des Unternehmenskaufs sehr problematisch, da seine Rechtsfolgen die Parteien und insbesondere den Verkäufer stark belasten[875]. Der Gedanke, den Rücktritt aus Gründen der Verhältnismäßigkeit nicht bei jeglicher mangelhafter Leistung zu gestatten, ist folglich von großer Relevanz für den Unternehmenskauf. Den Rücktritt zumindest in den Fällen der Unerheblichkeit gesetzlich auszuschließen, wurde daher positiv in der Literatur zum Unternehmenskauf aufgenommen[876].

a. Die Erheblichkeitsprüfung beim Unternehmenskauf

Um den Rücktritt wegen seiner Problematik in möglichst vielen Fällen zu verhindern, gibt es die Überlegung, die Erheblichkeitsschwelle beim Unternehmenskauf grundsätzlich höher zu legen als beim Sachkauf[877]. Als Folge griffe die Ausschlussregelung in weiterem Umfang. Allerdings ist fraglich, ob eine extensivere als die übliche Auslegung des Begriffs der Unerheblichkeit beim Unternehmenskauf erforderlich ist, um der Problematik des Rücktritts beim Unternehmenskauf zu begegnen.

1) Interessenabwägung als Wertentscheidung

Die Erheblichkeitsschwelle ist Ausdruck einer Prüfung, inwieweit der Rücktritt gegenüber der Schwere der Pflichtverletzung verhältnismäßig ist, und daher durch eine Abwägung der Interessen beider Parteien zu bestimmen. Es soll dabei gerade nicht auf feste Prozentsätze zurückgegriffen werden, sondern die Umstände des Einzelfalls entscheiden über die Erheblichkeitsgrenze[878]. An dieser Stelle bietet

---

875 Vgl. dazu die Ausführungen unter III. 5., S. 25 ff. und XI., S. 261 ff.

876 *Gronstedt, Jörgens*, ZIP 2002, 52, 62.

877 Vgl. *Gronstedt, Jörgens*, ZIP 2002, 52, 62; *Grunewald* verfolgt den Gedanken der Verhältnismäßigkeit unter dem Aspekt von Treu und Glauben (§ 242 BGB) weiter und will den Rücktritt versagen, wenn ein Mangel zwar nicht unerheblich ist, aber wegen der Beschaffenheit des Kaufgegenstandes wie z. B. beim Unternehmenskauf eine unangemessene Belastung für den Verkäufer, vgl. *Grunewald*, in: Erman, § 437 Rdn. 7. Für einen generellen Ausschluss der Rücktrittsmöglichkeit wegen Unangemessenheit beim Unternehmenskauf s. *Haas*, in: Das neue Schuldrecht, § 5 Rdn. 552.

878 Vgl. OLG Düsseldorf, BeckRS 2007, 09680; OLG Köln BeckRS 2008, 9080; *Fischinger; Lettmaier* ZGS 2009, 394, 398; *Ernst*, in: MüKo BGB, § 323 Rdn. 243f. Die Bestimmung der Erheblichkeitsgrenze ist dadurch im Einzelfall problematisch, insbesondere beim Unternehmenskauf, bei dem viele Besonderheiten und dementsprechende Interessen zu berücksichtigen sein können, in diese Richtung wohl auch

das Gesetz somit Raum für eine Wertungsentscheidung[879]. Beim Unternehmenskauf könnte bereits diese Wertung im üblichen Rahmen dazu führen, dass ein Mangel beim Unternehmenskauf in weiterem Umfang als unerheblich zu bewerten ist als bei einem Sachkauf[880].

a) Bedeutung des Bezugspunktes

Bei der Prüfung, ob ein Mangel beim Unternehmenskauf erheblich ist, verdient der Bezugspunkt der Erheblichkeit Aufmerksamkeit. Ebenso wie für die Mangelhaftigkeit nur das Unternehmen als Ganzes maßgeblich ist[881], muss sich im Rahmen des § 323 Abs. 5 S. 2 BGB die Erheblichkeit auf das gesamte Unternehmen beziehen, nicht nur auf einzelne Komponenten. Für die (soweit möglich) vorrangig vorzunehmende Gegenüberstellung von Beseitigungsaufwand und Kaufpreis ist das Unternehmen als Ganzes maßgeblich. Dies führt dazu, dass dem Beseitigungsaufwand regelmäßig sehr hohe Summen gegenüberstehen. Im Vergleich dazu werden die Reparaturkosten einzelner, einen Unternehmensmangel begründender Gegenstände oft gering sein[882].

Berücksichtigt man bei unbehebbaren Mängeln aufseiten des Käufers die Beeinträchtigungen, die er wegen des Mangels erleidet, sind diese ebenso ins Verhältnis zum gesamten Unternehmen zu setzen. Ist beispielsweise in einem produzierenden Unternehmen ein Laufband defekt und daher die Anlieferung eines Materials im Ablauf gestört, kann nicht nur dieser Teil des Gesamtprozesses betrachtet werden. Vielmehr ist für die Frage der Erheblichkeit ebenso maßgeblich, welche Bedeutung die gestörte Anlieferung im vollständigen Betrieb des Unternehmens hat. Ist der defekte Anlieferungsteil nur für einen geringen Teil der Produktion erforderlich, beurteilt sich die Erheblichkeit anders, als wenn das Lieferband im Zentrum der Produktion steht. Aus der Beachtung des Unternehmens als Bezugspunkt wird

---

Rödder, Hötzel, Mueller-Thuns, Unternehmenskauf – Unternehmensverkauf, § 9 Rdn. 97.

879 Vgl. *Kallrath*, DNotZ 2006, 831, 833. *Thiessen* vergleicht die Erheblichkeitsprüfung bei einem Unternehmenskauf dagegen mit dem Erfordernis des Durchschlagens auf das Unternehmen und misst der Erheblichkeitsprüfung kaum eine eigene Bedeutung bei, vgl. *Thiessen*, Unternehmenskauf und Bürgerliches Gesetzbuch, C. VIII. 2. b), S. 232 f.

880 Ähnlich *Bergjan*, Die Auswirkungen der Schuldrechtsreform, S. 218 ff.

881 Siehe dazu und insbesondere für die hier ebenso maßgeblichen Gründe, das Unternehmen als Kaufgegenstand als Bezugspunkt zu verlangen, VI. 2. a. 2) a), S. 95 ff.

882 Besonders häufig wird ein Unternehmensmangel durch mangelhafte Einzelgegenstände begründet, die auf das Unternehmen durchschlagen, vgl. VI. 2. a. 2) a), S. 95 ff.

sich in vielen Fällen bereits eine Unerheblichkeit des Mangels ergeben, weil der hinzuzuziehende Vergleichswert hoch bzw. das gegenüberzustellende Gesamtbild umfangreich ist.

b) Bedeutung der Bestimmung des Grenzwertes

Zusätzlich könnte der Grenzwert, der den Übergang zur Erheblichkeit kennzeichnet, und der meist in einer Prozentangabe im Verhältnis zum (bei einem Unternehmen ohnehin grundsätzlich hohen) Kaufpreis ausgedrückt wird, bei einem Unternehmenskauf regelmäßig höher anzusetzen sein als bei einem Sachkauf.

Unstrittig ist bei der vorzunehmenden Abwägung der Parteiinteressen aufseiten des Verkäufers sein Interesse am weiteren Bestand des Vertrages zu berücksichtigen[883]. Bei einem Unternehmenskauf können an dieser Stelle alle Bedenken in die Abwägung einbezogen werden, die gegen die Rücktrittsmöglichkeit beim Unternehmenskauf sprechen, weil sie die Parteien bzw. den Verkäufer belasten. Beispielsweise ist zu berücksichtigen, inwieweit der Rücktritt wirtschaftliche Verluste für den Verkäufer mit sich bringt[884]. In der Praxis verliert das Unternehmen durch ein Hin und Her zwischen den Parteien regelmäßig an Stabilität, seine Vertragsbeziehungen zu Dritten und sein Ruf können leiden. Der Verkäufer erhält ein weiterentwickeltes Unternehmen zurück und kann gegebenenfalls vom Käufer in der Zwischenzeit getroffene Entscheidungen nicht mehr ohne Weiteres rückgängig machen. Eine Belastung des Verkäufers kann sich somit einerseits durch die Verschlechterung des Unternehmens selbst ergeben, andererseits durch zusätzliche (z. B. integrative) Kosten[885].

Diese Belastungen erhöhen das Verkäuferinteresse am weiteren Bestand des Unternehmenskaufvertrages, soweit sie im Einzelfall als Folge des Rücktritts eintreten würden. Da dies in der Regel beim Unternehmenskauf der Fall ist, ist die Erheblichkeitsschwelle beim Unternehmenskauf grundsätzlich höher als beim Sachkauf. Eine Unerheblichkeit der Pflichtverletzung ist beim Unternehmenskauf daher häufig zu bejahen[886]. Dies ist als Ausprägung des Verhältnismäßigkeitsgrundsatzes angemessen. Aufgrund der vielfachen Belastungen des Verkäufers

---

883 Vgl. dazu BGH NJW 2006, 1960, 1961; OLG Köln, BeckRS 2008, 09080; *Kallrath*, DNotZ 2006, 831, 832; *Grunewald*, in: Erman, § 437 Rdn. 6.

884 Allgemein zur Interessenabwägung im Rahmen des § 323 Abs. 5 S. 2 BGB für diesen Faktor: *Ernst*, in: MüKo BGB, § 323 Rdn. 243b.

885 Zu belastenden Umständen, die mit einem Rücktritt regelmäßig einhergehen, vgl. ausführlich III. 5., S. 25 ff. und XI., S. 261 ff.

886 In diese Richtung wohl *Weidenkaff*, in: Palandt § 323 Rdn. 23.

ist ein Rücktritt nur in seltenen Fällen des Unternehmenskaufs das angemessene Rechtsmittel. Bezieht man – wie geschildert – die Schwierigkeiten des Rücktritts in die Abwägung ein und beachtet sie so als gesteigertes Verkäuferinteresse am Fortbestand des Vertrages, werden grundsätzlich sachgerechte Ergebnisse für den Unternehmenskauf erzielt. Versteht man die Durchführung der Abwägung zur Erheblichkeit in diesem Sinne, bedarf es keiner besonders extensiven Auslegung des Begriffs der Unerheblichkeit. Der weite Umfang, in dem ein Rücktritt beim Unternehmenskauf versagt ist, ergibt sich vielmehr als Ergebnis der allgemein vorzunehmenden Abwägung.

2) Zur Verortung der Wertentscheidung

Die Berücksichtigung der Besonderheiten des Unternehmenskaufs im Rahmen des § 323 Abs. 5 S. 2 BGB ist vorzugswürdig gegenüber ihrer Verortung beim Grundsatz von Treu und Glauben (§ 242 BGB)[887]. Das Gesetz bietet mit § 323 Abs. 5 S. 2 BGB einen Anknüpfungspunkt, den der BGH selbst als solchen identifiziert hat, indem er ihn für eine Abwägung der Parteiinteressen im Einzelfall nutzt. Dabei benennt er das Verkäuferinteresse an dem Bestand des Vertrages als beachtenswert. Es ist nicht ersichtlich, warum gewisse Hintergründe, die dieses Verkäuferinteresse (berechtigt) erhöhen, nicht einbezogen werden sollen. Zumal es sich um objektive Umstände handelt, die das Verkäuferinteresse beeinflussen. Der BGH selbst geht noch weiter, indem er die Erheblichkeit mit den Rechtsfolgen des § 323 Abs. 5 S. 2 BGB bei Arglist bejaht[888].

Zieht der BGH zur Ermittlung des Käuferinteresses Verhaltensweisen des Verkäufers bzw. die Verletzung von Verhaltenspflichten heran, geht er selbst von einem weiten Kreis zu berücksichtigender Umstände aus, deren Beachtung nicht anderweitig in § 323 Abs. 5 S. 2 BGB angelegt sein muss[889]. Da der grundsätzliche Vorrang des Käuferinteresses an einem Rücktritt im Rahmen der Regelung gerade

---

887 Für § 242 BGB: *Grunewald*, in: Erman, § 437 Rdn. 7. Folgt man der hier vertretenen Ansicht, berücksichtigt schon die Unerheblichkeitsschwelle des § 323 Abs. 5 S. 2 BGB die Besonderheiten des Unternehmenskaufs, sodass eine weitere Angemessenheitsprüfung des Rücktritts gegenüber den Belastungen des Verkäufers im Rahmen des § 242 BGB nicht mehr erforderlich ist.

888 Siehe zur Beurteilung der Erheblichkeit bei Arglist ausführlich unter weiter unten IX. 4., S. 204 ff.

889 So ist der Rücktritt gerade unabhängig vom Vertretenmüssen des Verkäufers (vgl. § 323 Abs. 1 BGB). Die Regelung bietet also keinen weiteren Anknüpfungspunkt für eine Berücksichtigung der Arglist. Zu dieser Kritik vgl. weiter unten IX. 4., S. 204 ff.

auf eine Ausnahme hin zu überprüfen ist, kann zudem nicht eingewendet werden, dass nur zugunsten des Käufers ein weiter Kreis an Umständen zu beachten ist. Dies würde das Telos der Regelung verhindern, da der Verkäufer Umstände, die für eine Unangemessenheit sprechen, nicht vorbringen könnte. Er könnte nur hoffen, dass der Käufer keine gewichtigen Gegeninteressen vorbringen kann. Damit vereinbar wäre nicht, dass die Interessen beider Parteien hier gerade Berücksichtigung finden sollen, so wie der BGH selbst stets ausführt[890].

Gegenüber einem umfassenden Ausschluss des Rücktrittsrechts beim Unternehmenskauf[891] bietet die hier vertretene Ansicht den Vorteil, dass sie die Umstände des Einzelfalls berücksichtigt. Bei einem Unternehmenskauf kann der Rücktritt ausnahmsweise ohne besondere Schwierigkeiten in wirtschaftlicher und praktischer Hinsicht möglich sein. Erkennt der Käufer einen Mangel beispielsweise direkt nach Übergabe des Unternehmens, sodass er noch keinen Einfluss auf selbiges genommen hat, und bestehen im Umfeld des Unternehmens keine Umstände, die bei einem Rücktritt zu besonders negativen Auswirkungen führen (z. B. keine vertragliche Verflechtung mit Dritten bei einem Asset Deal), kann ein Rücktritt gegebenenfalls ohne besondere Belastungen einer Partei oder des Unternehmens selbst durchzuführen sein. Der hier vertretene, flexible Ansatz lässt in einem solchen Fall den Rücktritt zu und führt damit zu sachgerechten Lösungen im Einzelfall. Schließlich gibt es in einem solchen Ausnahmefall auch keinen Anlass, den Käufer schlechter bzw. den Verkäufer besser zu stellen, indem (pauschal) der Rücktritt versagt wird.

b. Anwendbarkeit des § 323 Abs. 5 S. 1 BGB bei einem Unternehmensmangel aufgrund eines mangelhaften oder fehlenden Einzelgegenstandes?

Wird der Unternehmensmangel durch mangelhafte oder fehlende Einzelgegenstände begründet[892], kann auch der Gedanke an eine Teilleistung statt an eine Schlechtleistung des Verkäufers aufkommen. Bei einer Teilleistung ist der Rücktritt

890 BGH NJW 2006, 1960, 1961; BGH NJW-RR 2010, 1289, 1291; OLG Köln, BeckRS 2008, 09080.

891 So unter Berufung auf die Ungeeignetheit und die lediglich entsprechende Anwendung nach § 453 Abs. 1 BGB: *Haas*, in: Das neue Schuldrecht, § 5 Rdn. 552. Dagegen spricht aber schon die Verbindlichkeit der entsprechenden Anwendung, vgl. dazu bereits V. 2., S. 44 ff.

892 Unternehmensmängel wegen mangelhaften Einzelgegenständen sind nur solche, die auf das Unternehmen durchschlagen. Bei mangelhaften Einzelgegenständen ohne

vom ganzen Vertrag ausgeschlossen, wenn der Gläubiger an der bewirkten Teilleistung kein Interesse hat, § 323 Abs. 5 S. 1 BGB. Die Schwelle des Interessenfortfalls ist nach anderen Kriterien als die der Erheblichkeit zu bestimmen[893], sodass die Einordnung unter § 323 Abs. 5 S. 1 BGB oder § 323 Abs. 5 S. 2 BGB Auswirkungen hat. Die beiden genannten Regelungen sind voneinander abzugrenzen. Bei der Abgrenzung stellt sich insbesondere die Frage, ob § 434 Abs. 3 BGB, der die verdeckte Manko-Lieferung einem Sachmangel gleichstellt, Bedeutung im Rahmen des § 323 Abs. 5 BGB hat mit der Folge, dass bei einem Kaufvertrag bei einer Zuwenig-Lieferung stets nur § 323 Abs. 5 S. 2 BGB zur Anwendung kommt[894].

Gerade wenn der Unternehmensmangel darin liegt, dass ein Einzelgegenstand fehlt, liegt es nahe, die Leistung des restlichen Unternehmens nur als Teilleistung anzusehen. Allerdings fallen unter § 323 Abs. 5 S. 1 BGB nur teilbare Leistungen[895]. Bei einer Sachgesamtheit ist für die Frage der Teilbarkeit danach zu differenzieren, ob nach der Verkehrsauffassung mehrere Sachen zusammen verkauft werden sollen oder ein einheitlicher Kaufgegenstand vorliegt, der nicht ohne Beeinträchtigung des Leistungszwecks oder Wertminderung zerlegt werden kann. Während im ersten Fall eine Teilleistung vorliegt, handelt es sich in Letzterem um eine Schlechtleistung, da der Käufer hier den unteilbaren Gegenstand in einem vom geschuldeten abweichenden Zustand geleistet hat[896].

Beim Unternehmenskauf besteht zwischen den einzelnen Gegenständen ein funktionaler Wechselbezug. Gerade das Unternehmen als Ganzes ist Kaufgegenstand[897]. Einzelne Komponenten des Unternehmens können nicht voneinander getrennt werden, ohne dass ein Wertverlust oder Beeinträchtigungen des Unternehmens eintreten. Die Bestandteile des Unternehmens sind vielmehr aufeinander abgestimmt, miteinander verwoben und stehen in einem funktionalen Bezug zueinander, der

---

diese Auswirkungen ist schon die Mangelhaftigkeit des Unternehmens zu verneinen, vgl. dazu ausführlich VI. 2. a. 2) (a) bis (c), S. 95 ff.

893 Es geht um das Interesse des Gläubigers an der geleisteten teilweisen Erfüllung, vgl. BGH NJW 1990, 3011, 3013; vgl. auch *Ernst*, in: MüKo BGB, § 323 Rdn. 203 ff.; *Grothe*, BeckOK BGB, § 323 Rdn. 44.

894 So *Grothe*, in: BeckOK BGB, § 323 Rdn. 42; *Faust*, in BeckOK BGB, § 434 Rdn. 114 f.; a. A. (für § 323 Abs. 5 S. 1 BGB) *Canaris*, ZRP 2001, 329, 334 f.; *Grigoleit, Riehm*, ZGS 2002, 115, 119. Für einen Überblick zum Streit siehe *Ernst*, in: MüKo BGB, § 323 Rdn. 213 ff.; *Dauner-Lieb, Dubovitskaya*, in: NK-BGB, § 323 Rdn. 41 ff.

895 Vgl. BT-Drucks. 14/6040, S. 186; *Grothe*, in: BeckOK BGB, § 323 Rdn. 42.

896 Siehe dazu *Grigoleit, Riehm* mit der Gegenüberstellung von PC und Kopierer (Teilleistung) bzw. PC und Festplatte (Schlechtleistung), *Grigoleit, Riehm*, ZGS 2002, 115, 119.

897 Vgl. dazu die Ausführungen zu II. 1., S. 7 ff.

nicht in derselben Art und Weise durch den Ersatz mit andersartigen Komponenten hergestellt werden kann. Die Einzigartigkeit des jeweiligen Unternehmens steht dieser Annahme entgegen. Daher ist auch unter Beachtung der Verkehrsauffassung von dem Unternehmen als unteilbarer Leistung auszugehen[898]. Ist ein Unternehmen aber unteilbar, so kann der Verkäufer keine Teilleistung im Sinne des § 323 Abs. 5 S. 1 BGB erbringen. Vielmehr ist das Unternehmen als Ganzes zu betrachten. Sind dessen Einzelgegenstände mangelhaft oder fehlen, entspricht es nicht der vertragsgemäßen Leistung. Sowohl bei Unternehmensmängeln aufgrund von mangelhaften als auch aufgrund von fehlenden Einzelgegenständen handelt es sich folglich um eine Schlechtleistung, sodass § 323 Abs. 5 S. 2 BGB einschlägig ist[899].

c. Anwendungsfälle

Garantien und Beschaffenheitsvereinbarungen, bei denen die Rechtsprechung die Erheblichkeit im Sinne des § 323 Abs. 5 S. 2 BGB bejaht bzw. indiziert sieht, vereinbaren Parteien eines Unternehmenskaufs besonders häufig. Meist legen sie in den vertraglichen Regelungen allerdings auch die Rechtsfolgen bei Nichtvorliegen des fraglichen Umstandes fest. Das Gewährleistungsrecht und die Regelung des in Verbindung mit der vorgenannten Rechtsprechung kommen dann nur zur Anwendung, wenn das Gewährleistungsrecht nicht wirksam ausgeschlossen wurde oder beispielsweise Arglist vorliegt[900]. Haben die Parteien ausnahmsweise keine eigenständige Rechtsfolgeregelung unter Ausschluss des gesetzlichen Gewährleistungsrechts vereinbart, gelten die Grundsätze der Rechtsprechung auch beim Unternehmenskauf, d. h., eine Garantie begründet Erheblichkeit und eine Beschaffenheitsvereinbarung indiziert sie.

Liegen weder Garantie noch Beschaffenheitsvereinbarung vor, muss ein Mangel beim Unternehmenskauf angesichts des regelmäßig hohen Kaufpreises als Maßstab und des starken Verkäuferinteresses am Fortbestand des Vertrages hohen

898 *Bergjan*, Die Auswirkungen der Schuldrechtsreform, S. 216; *Thiessen*, in: MüKo HGB, Anh. zu § 25 Rdn. 91; a. A. *Laub*, GRUR 2003, 654, 656; *Jagersberger*, Die Haftung des Verkäufers beim Unternehmens- und Anteilskauf, Kapitel 3 C. II. 2.2 b) (2) (b) (cc) (S. 286).

899 Vgl. *Thiessen*, Unternehmenskauf und Bürgerliches Gesetzbuch, C. VIII. 2. b), S. 234; *Thiessen*, in: MüKo HGB, Anh. zu § 25 Rdn. 91. Der angesprochene Streit um die Abgrenzung kann wegen der Unteilbarkeit von Unternehmen bei mangelhaften und fehlenden Einzelgegenständen demnach dahinstehen.

900 Bei Arglist kann sich der Verkäufer nicht auf einen Haftungsausschluss berufen, vgl. § 444 BGB.

Beseitigungsaufwand erfordern, um als erheblich einzustufen zu sein. Bei unbehebbaren Mängeln müssen sich die negativen Auswirkungen für eine Erheblichkeit der Pflichtverletzung auf das Unternehmen als Ganzes beziehen und unter Berücksichtigung des hohen Verkäuferinteresses wesentlich spürbar sein. Insbesondere ist eine Erheblichkeit beim Unternehmenskauf zu bejahen, wenn das Unternehmen wegen eines unbehebbaren Mangels nicht mehr fortgeführt werden kann. Erwirbt der Käufer ein Unternehmen, das ein Produkt aufgrund einer Lizenz herstellt und vertreibt, und es stellt sich nach der Unternehmensübertragung heraus, dass das Unternehmen die Lizenz bei Vertragsschluss, aber nicht mehr bei Gefahrübergang besaß und auch nicht wieder besitzt, liegt ein Mangel vor (meist nach § 434 Abs. 1 S. 1 BGB, zumindest gemäß § 434 Abs. 2 Nr. 1 BGB). Kann die Lizenz nicht erworben werden, ist der Mangel unbehebbar. Da das Unternehmen ohne Lizenz nicht fortgeführt werden kann, ist der Mangel als erheblich einzustufen und der Käufer kann trotz des hohen Verkäuferinteresses am Fortbestand des Vertrages von diesem zurücktreten.

Ist der Mangel dagegen ohne die Erheblichkeit begründende Kosten behebbar und/oder die Auswirkungen des Mangels auf das Unternehmen sind nur mäßig, ist der Käufer wegen des starken Verkäuferinteresses am Bestand des Vertrages als Ergebnis der Interessenabwägung beim Unternehmenskauf regelmäßig auf die Minderung und den kleinen Schadensersatz zu verweisen. Durch diese Ansprüche wird sein Leistungsinteresse ausgeglichen, sodass er keinen Nachteil davonträgt. Ein Rücktritt trotz des hohen Verkäuferinteresses wäre dagegen in der Regel unverhältnismäßig. Nehme man den Beispielsfall, dass ein produzierendes Unternehmen verkauft wurde und eine für die Produktion erforderliche Maschine ist beschädigt. Ist eine Reparatur möglich, liegen die Kosten angesichts des hohen Kaufpreises und des durch das Verkäuferinteresse erhöhten Grenzwertes meist unter der Schwelle zur Erheblichkeit. Sogar der Austausch der Maschine durch eine neue gleicher Art kann mit Blick auf die Kosten unter dem Grenzwert bleiben. In beiden Varianten ist das Leistungsinteresse des Käufers nachträglich voll erfüllt. Den Verkäufer stattdessen über Gebühr mit den Folgen eines Rücktritts zu belasten, ist daher nicht erforderlich und auch volkswirtschaftlich nachteilig.

4. Erheblichkeit wegen Arglist

In vielen Fällen wirft der Käufer dem Verkäufer beim Unternehmenskauf vor, arglistig gehandelt zu haben[901]. Wegen der hohen Praxisrelevanz beim Unternehmenskauf

901 Zu den Voraussetzungen arglistigen Verschweigens s. VII. 3., S. 142 ff.

soll an dieser Stelle auf die Bedeutung von Arglist im Rahmen der Erheblichkeitsprüfung eingegangen werden.

a. Meinungsstand

Nach dem BGH ist das Schuldnerverhalten in die Abwägung einzubeziehen, sodass arglistiges Verhalten zu berücksichtigen ist[902]. Dabei nimmt er keine Interessenabwägung vor, sondern entscheidet unabhängig von den weiteren Umständen, dass die Pflichtverletzung allein aufgrund der Arglist des Verkäufers in der Regel im Sinne des § 323 Abs. 5 S. 2 BGB erheblich ist[903]. Der BGH stützt sich auf die Art. 3 Abs. 6, 8 Abs. 2 der Verbrauchsgüterkaufrichtlinie als Grundlage des § 323 Abs. 5 S. 2 BGB[904], führt aber nicht näher aus, inwiefern er der Richtlinie die vorgenommene Deutung entnimmt. Die Pflichtverletzung der Schlechtleistung erhalte durch die Arglist eine Prägung, die im Rahmen der Erheblichkeitsprüfung des § 323 Abs. 5 S. 2 BGB Bedeutung erlangen solle. Das Schuldnerinteresse am Bestand des Vertrages, hinter dem bei einer unerheblichen Pflichtverletzung ausnahmsweise das sonst vorrangige Gläubigerinteresse zurücktrete, sei bei Arglist regelmäßig nicht schützenswert. Eine Abwägung könne daher entfallen. Ob dies ebenso bei einem Mangel mit Bagatellcharakter gilt, ließ der BGH allerdings ausdrücklich offen[905].

In der Literatur wird das Vorgehen des BGH vermehrt angegriffen[906]. Insbesondere wird gerügt, dass dabei die Differenzierung zwischen Leistungs- und

---

902 Grundlegend zum neuen Recht BGH NJW 2006, 1960, 1961; zustimmend *Wertenbruch*, LMK 2006, 182969; *Dauner-Lieb, Dubovitskaya*, in: NKK-BGB § 323 Rdn. 39.

903 Der BGH hat die Beurteilung, ob die sonstigen Umstände eine Erheblichkeit begründen, daher offengelassen, vgl. BGH NJW 2006, 1960, 1961.

904 Auch wenn der Anwendungsbereich der Richtlinie nicht in allen Fällen des § 323 Abs. 5 S. 2 BGB betroffen ist, kann sie für die Auslegung herangezogen werden, da der Gesetzgeber mit der Ausweitung auf jeglichen Kauf die Wertung vornahm, dass eine Gleichbehandlung von anderen als Verbrauchsgüterkäufen sachgemäß ist, vgl. dazu *Lorenz*, NJW 2006, 1925, 1926; *Looschelders*, JR 2007, 309, 310.

905 Vgl. BGH NJW 2006, 1960, 1961.

906 Vgl. *Lorenz*, NJW 2006, 1925, 1926; *Kulke*, ZGS 2008, 169, 172; *Looschelders*, JR 2007, 309; *Skamel*, SVR 2010, 172; *Ernst*, in: MüKo BGB, § 323 Rdn. 243b; *Otto, Schwarze*, in: Staudinger, § 323 C 26 (anders noch in der Vorauflage, wo noch Berücksichtigung der Arglist im Rahmen der Abwägung, vgl. *Otto*, in: Staudinger, 2004, § 323 C 30).

Nebenpflicht bzw. deren jeweiliger Verletzung missachtet werde. § 323 Abs. 5 S. 2 BGB solle den Gläubiger hinsichtlich seines Leistungsinteresses schützen. Das arglistige Verhalten verletze hingegen eine Nebenpflicht, indem es die rechtsgeschäftliche Entscheidungsfreiheit des Gläubigers berühre[907]. Der Begriff der Pflichtverletzung werde durch die Anwendung über § 437 Nr. 2 BGB dahin gehend konkretisiert, dass nur die objektive Verletzung der Pflicht aus § 433 Abs. 1 S. 2 BGB gemeint sei[908]. Dass der Rücktritt an sich verschuldensunabhängig ausgestaltet sei, dürfe zudem durch die Berücksichtigung der Arglist im Rahmen des § 323 Abs. 5 S. 2 BGB nicht unterlaufen werden[909]. Die Bezugnahme auf die Verbrauchsgüterrichtlinie gehe auch fehl. Danach sei zwar eine Vertragswidrigkeit zu berücksichtigen[910]. Dies rechtfertige aber gerade nicht, dass der BGH eine Vorvertragswidrigkeit einbeziehe[911]. Außerdem bestehe kein Bedürfnis, den arglistigen Verkäufer zusätzlich zu sanktionieren, da seine Arglist bereits in ausreichendem Maße an verschiedenen Stellen des Gesetzes Berücksichtigung finde. Arglist ermögliche z. B. die Anfechtung (§ 123 BGB) und habe ausdrücklich Bedeutung im Rahmen der §§ 442, 444 BGB[912].

Eine vermittelnde Ansicht folgt dem BGH insoweit, dass sich die Arglist auf die Erheblichkeit der Pflichtverletzung auswirkt. Allerdings sei dieser Einfluss nicht so stark, dass das Schuldnerinteresse in jedem Fall zu vernachlässigen sei. Daher sei eine Interessenabwägung vorzunehmen, bei der die Arglist einzubeziehen sei, ohne dass sie stets zur Erheblichkeit führe[913].

b. Stellungnahme

1) Berücksichtigung der Arglist

Für den Ausschluss des Rücktritts bei Arglist spricht, dass damit ein Gleichlauf zwischen der Behandlung von Arglist und Garantie hergestellt wird, wie ihn

907 *Kulke*, ZGS 2006, 412; *Lorenz*, NJW 2006, 1925; ähnlich *Höpfner*, NJW 2011, 3693, 3694; *Otto, Schwarze*, in: Staudinger, § 323 C 26 f.

908 *Looschelders*, JR 2007, 309; *Lorenz*, NJW 2006, 1925, 1926.

909 *Müller, Matthes* AcP 204 (2004), 732, 748; *Kulke*, ZGS 2006, 412.

910 Vgl. Art. 3 Abs. 6 Verbrauchsgüterkaufrichtlinie.

911 *Lorenz*, NJW 2006, 1925; *Looschelders*, JR 2007, 309, 310 f.

912 Vgl. *Lorenz*, NJW 2006, 1925, 1926; *Kulke*, ZGS 2006, 412; *Looschelders*, JR 2007, 309.

913 *Grüneberg*, in: Palandt, § 323 Rdn 32; *Kallrath*, DNotZ 2006, 831, 833 f.; *Otto*, in: Staudinger, 2004, § 323 C 30.

das Gesetz oft selbst vornimmt, beispielsweise in den §§ 442 Abs. 1 S. 2, 444 BGB. Die Annahme, bei einer Garantie sei der entsprechende Mangel stets im Sinne des § 323 Abs. 5 S. 2 BGB erheblich, basiert zudem darauf, dass die Parteien mit der Vereinbarung der Garantie zum Ausdruck gebracht haben, dass der dort geregelte Umstand von wesentlicher Bedeutung für ihr Vertragsverhältnis ist[914]. Dieser Gedanke, der sich letztlich auf das Ausmaß der Störung des Leistungsinteresses bezieht, kann bei arglistigem Verschweigen eines Mangels in ähnlicher Weise herangezogen werden. Kennt der Verkäufer einen Mangel, aber er offenbart ihn gegenüber dem Käufer nicht, will er regelmäßig die Gefahr vermeiden, dass der Käufer auf den Mangel reagiert, beispielsweise mit dessen Einpreisung oder im schlimmsten Fall mit dem Abbruch der Vertragsverhandlungen. Der Verkäufer geht also selbst davon aus, dass der Mangel eine Wirkung auf die Kaufentscheidung hat. Diese Einschätzung des Verkäufers erfolgt regelmäßig nicht ohne Grund, sodass einem arglistig verschwiegenen Mangel in den meisten Fällen eine gewisse Relevanz für das Vertragsverhältnis zuzugeben ist[915].

Diese Schlussfolgerung ist schon an anderer Stelle von Bedeutung. Arglist liegt nur vor, wenn der Verkäufer zumindest billigend in Kauf nimmt, dass die Kenntnis den Käufer in seiner Entscheidung zum Kaufvertrag beeinflussen könnte[916]. Das Vorliegen dieser subjektiven Voraussetzung wird mit Verweis auf die Lebenserfahrung bereits aus dem Verschweigen des Mangels geschlossen[917]. Ebenso ist hier im Rahmen des § 323 Abs. 5 S. 2 BGB davon auszugehen, dass der Verkäufer den Mangel verschweigt, weil er eine Reaktion zu seinem Nachteil erwartet. Auch daraus ist abzuleiten, dass ein arglistig verschwiegener Mangel an sich kaum ohne jegliche Bedeutung für die Parteien ist. Urteilt man über das Ausmaß der Beeinträchtigung durch den Mangel, ist das arglistige Verschweigen eines Mangels daher zu berücksichtigen.

Des Weiteren ist mit Blick auf die Begründung des BGH eine in sich geschlossene Argumentation zur Bedeutung von arglistigem Handeln zu erkennen. Der BGH bezieht sich bei der Beurteilung der Erheblichkeit darauf, dass bei Arglist die Schutzwürdigkeit des Schuldners fehlt[918]. Dieses Argument verwendet der BGH ebenso bei der Bejahung der Entbehrlichkeit der Nacherfüllungsfrist wegen

914 Zur Erheblichkeit wegen Garantie s. oben unter IX. 1. b., S. 194 ff.
915 In diese Richtung *Ernst*, in: MüKo BGB, § 323 Rdn. 243b.
916 Siehe dazu VII. 3. b., S. 151 ff.
917 Vgl. BGH NJW 1990, 975, 976; BGH WM 1988, 1449.
918 Vgl. BGH NJW 2006, 1960, 1961.

Arglist (§ 323 Abs. 2 Nr. 3 BGB)[919]. Der Gleichklang ist grundsätzlich begrüßenswert. Er bedeutet, dass die Rechtsprechung arglistiges Handeln wiederkehrend in verschiedenen Zusammenhängen auf gleiche Art und Weise bewertet. Sowohl die Beständigkeit als auch die damit einhergehende Vorhersehbarkeit stärken die Rechtssicherheit.

Die Gegenansicht hebt hervor, dass die Arglist bei der Prüfung der Erheblichkeit außen vor bleiben muss, um die Trennung von Vertretenmüssen und objektiver Pflichtverletzung sowie von Leistungs- und Nebenpflicht einzuhalten. Die Kategorisierungen bei der Erheblichkeitsprüfung zu durchbrechen, ist allerdings angebracht. Der Gesetzgeber selbst hat Raum für eine Wertentscheidung an dieser Stelle geschaffen, indem er dem grundsätzlichen Vorrang des Gläubigerinteresses Grenzen setzte, wenn das Leistungsinteresse des Gläubigers im Grunde nicht gestört ist[920]. Dieser Ansatz wird allgemein so verstanden, dass nicht nur das Leistungsinteresse für sich zu betrachten, sondern ihm das Schuldnerinteresse gegenüberzustellen ist[921]. Die Entscheidung des BGH, die ermöglichte Wertentscheidung so weit auszudehnen, dass auch das Schuldnerverhalten zu berücksichtigen ist, ist in Anbetracht der Entscheidung zur Vornahme einer Abwägung der Parteiinteressen zu beurteilen. Unter dieser Prämisse ist sie nachvollziehbar und angemessen.

Arglistiges Handeln ist so prägend, dass es durchaus die an sich objektiv zu bestimmende Erheblichkeit beeinflussen kann, indem es das für diese zu berücksichtigende Gläubigerinteresse widerspiegeln kann. So ist das arglistige Verschweigen eines Mangels, wie bereits erläutert, ein Anzeichen dafür, dass der Umstand für das Vertragsverhältnis eine gewisse Relevanz hat. Es bietet einen Ansatzpunkt für die Bewertung des Ausmaßes der Leistungsstörung. Diesen Aspekt auszulassen, weil das arglistige Verhalten zugleich ein für das Rücktrittsrecht grundsätzlich unbedeutendes Vertretenmüssen bedeutet, würde die Beurteilung der Leistungsstörung und damit des (gerechtfertigten) Gläubigerinteresses am Rücktritt unnötig verzerren. Die Bewertung der Leistungsstörung ist zudem ohnehin nicht frei von der Berücksichtigung subjektiver Umstände. Sie kann schließlich nur anhand der

---

919 Zu § 323 Abs. 2 Nr. 3 BGB vgl. BGH 2008, 1371, 1372. Mit Verweis auf die einheitliche Linie des BGH siehe auch *Faust*, JuS 2008, 557.

920 Vgl. BT-Drucks. 14/6040 S. 187.

921 Die Vornahme einer Interessenabwägung ist h. M., vgl. BGH NJW 2006, 1960, 1961; BGH NJW-RR 2010, 1289; 1291; OLG Düsseldorf NJW-RR 2008, 1230, 1231; *Grüneberg*, in: Palandt, § 323 Rdn 32; *Ernst*, in: MüKo BGB, § 323 Rdn. 243b. Siehe zur Interessenabwägung bereits oben unter IX. 1. b., S. 194 ff.

geschuldeten Leistung bemessen werden, für die wiederum subjektive Umstände durchaus maßgeblich sind. Dies zeigt die gesetzliche Regelung des Sachmangels (§ 434 Abs. 1 BGB), die auf dem subjektiven Fehlerbegriff basiert[922].

Daneben kann sich arglistiges Handeln auf das ebenso in die Abwägung einzubeziehende Schuldnerinteresse auswirken.[923]. Beruft sich der Verkäufer auf sein Interesse am Bestand des Vertrages, obwohl er selbst Umstände geschaffen hat, die die Beseitigung des Vertrages durch Anfechtung ermöglichen, handelt er widersprüchlich. Das kann nicht unberücksichtigt bleiben. Der Verkäufer ist an seiner Entscheidung festzuhalten, den Mangel arglistig zu verschweigen und so die Beseitigung des Vertrages riskiert zu haben. Sein schutzwürdiges Interesse am Fortbestehen des Vertrages ist daher nicht ohne Weiteres als ebenso hoch zu beurteilen wie ohne arglistiges Verhalten. Das Außerachtlassen dieses Gesichtspunktes, allein weil er auf Arglist basiert und diese dem Vertretenmüssen zugeordnet werden kann, wäre ungerechtfertigt. Es würde zu einer lediglich begrenzten Beurteilung einer der zu berücksichtigen Parteiinteressen führen, hier des Schuldnerinteresses.

Dass es im Rahmen des § 323 BGB um die Leistungspflicht des Schuldners geht, steht der Berücksichtigung der Arglist ebenso nicht entgegen. Es soll nicht die durch das arglistige Handeln begangene (Neben-)Pflichtverletzung in § 323 BGB eingeführt werden. Vielmehr sollen mit arglistigem Verhalten einhergehende Aspekte nicht ausgeschlossen werden, nur weil arglistiges Handeln eine Art der Pflichtverletzung darstellt, deren Folgen an anderer Stelle geregelt sind. So ist der Rücktritt wegen Verletzung einer Nebenpflicht in § 324 BGB geregelt. Das arglistige Verhalten des Schuldners wird dagegen im Rahmen des § 323 Abs. 5 S. 2 BGB nicht in seiner Eigenschaft als Pflichtverletzung bewertet, sondern aus ihm ergeben sich Gesichtspunkte, die für die Parteiinteressen von Bedeutung sind. Die im Rahmen des § 323 Abs. 5 S. 2 BGB allgemein anerkannte Einbeziehung der Parteiinteressen bietet das „Einfallstor" für seine Berücksichtigung und lässt dabei seine direkten Rechtsfolgen unberührt. Würde man wegen der Qualifizierung als Nebenpflichtverletzung auf die Berücksichtigung der aus der Arglist folgenden Aspekte verzichten, würden die Rechte des Gläubigers zugunsten der Einhaltung der Kategorisierung verkürzt. Das Telos des § 323 Abs. 5 S. 2 BGB steht dem entgegen. Danach soll ein Rücktritt nur ausgeschlossen sein, wenn er eine unverhältnismäßige Rechtsfolge in Anbetracht der Störung des Leistungsinteresses des Gläubigers gegenüber dem Schuldnerinteresse am Vertragsbestand ist. Diese Bewertung der (Un-)Verhältnismäßigkeit kann nur festgestellt werden, wenn alle

922 Zum subjektiven Fehlerbegriff: BGHZ 16, 54, 55; BGH WM 1983, 934.
923 So auch der BGH, vgl. BGH NJW 2006, 1960, 1961.

Umstände berücksichtigt werden. Eine Beachtung arglistigen Verhaltens ist daher mit dem BGH zu befürworten.

2) Art und Weise der Berücksichtigung von Arglist

Allerdings kann entgegen dem BGH bei Arglist nicht regelmäßig auf eine Interessenabwägung verzichtet werden. Das arglistige Verhalten des Verkäufers ist stattdessen „nur" in diese einzubeziehen. Es kann durchaus sein, dass die Abwägung aufgrund des durch die Arglist gesenkten Schuldnerinteresses und der bei Arglist anzunehmenden Bedeutung der Beeinträchtigung bei gewissen Kaufarten häufig eine Erheblichkeit ergibt. Dies kann jedoch nicht in so verallgemeinernder Art und Weise festgestellt werden, dass auf eine Abwägung in der Regel von vornherein zu verzichten ist. Beispielsweise ist bei einem Unternehmenskauf das Schuldnerinteresse durch die problematischen Folgen des Rücktritts regelmäßig höher anzusetzen als bei einfachen Sachkäufen[924]. Es ist fraglich, ob die Berücksichtigung der Arglist dieses besonders schwerwiegende Schuldnerinteresse ausnahmslos so stark verringert, dass es zurücktritt hinter dem schutzwürdigen Gläubigerinteresse am Rücktritt. Insbesondere scheint dies zweifelhaft, wenn das Gläubigerinteresse zugleich in einem konkreten Fall trotz der aus dem Verschweigen abzuleitenden Sorge des Verkäufers vor einem Einfluss des verschwiegenen Umstandes auf den Vertrag gering ist. Hier wird es auf die weiteren Umstände des Einzelfalls ankommen. Gerade aber diese weiteren Gegebenheiten des Einzelfalls können nur überhaupt und ausreichend berücksichtigt werden, wenn man die Arglist in die Abwägung einbezieht.

Zudem können bei einer Interessenabwägung bei arglistigem Verhalten nicht nur andere, sondern insbesondere die näheren Umstände der Arglist in die Wertung mit einfließen[925]. Die Regelung des § 323 Abs. 5 S. 2 BGB bestimmt, dass nach allgemeiner Ansicht das schutzwürdige Schuldnerinteresse am Vertragsbestand zu berücksichtigen ist. Da sich die Arglist auf dieses auswirkt, ist sie mittelbar über diesen Umstand zu berücksichtigen. Das Schuldnerinteresse kann aber nur in der Ausgestaltung zu beachten sein, wie es im Einzelfall vorliegt. Das Verhalten, das arglistiges Handeln begründet, wirkt sich je nach seiner konkreten Art und Weise auf das Schuldnerinteresse unterschiedlich aus. Pauschal von einer mangelnden

---

924 Siehe dazu bereits oben unter IX. 3. a. 1) b), S. 199 ff.

925 Die näheren Umstände des arglistigen Handelns in die Interessenabwägung einfließen zu lassen, wird ähnlich bei der Entbehrlichkeit der Fristsetzung diskutiert. Vgl. dazu VIII. 4. b. 4), S. 182 ff.

Schutzwürdigkeit bei Arglist auszugehen, würde den verschiedenen Umständen nicht gerecht, unter denen arglistig getäuscht wird.

So ist ein Verschweigen in Schädigungsabsicht anders zu bewerten als Angaben ins Blaue, bei denen sich der Verkäufer über die Anfechtbarkeit des Vertrages eventuell nicht oder weniger bewusst ist. Zudem kann es je nach den Umständen des Einzelfalls auch dazu kommen, dass der Verkäufer Angaben ins Blaue tätigt, um das Thema zu erledigen, ohne dass es nach seiner Einschätzung sowie objektiv eine Bedeutung für die Parteien widerspiegelt[926]. Insbesondere wird die Schutzwürdigkeit jedoch davon beeinflusst, ob der Verkäufer selbst arglistig handelte oder ob ihm das arglistige Handeln zuzurechnen ist. Im letzten Fall liegt (auch) Arglist vor. Allerdings ist weiter zu differenzieren. Der Verkäufer ist bei Zurechnung arglistigen Verhaltens zwar weniger schutzwürdig in seinem Vertrauen auf den Fortbestand des Vertrages als ohne Arglist. Schließlich hat er – wie die Zurechnung widerspiegelt – arglistiges Handeln zumindest nicht erfolgreich verhindert und damit den Bestand des Vertrages gefährdet. Allerdings ist dem Verkäufer durchaus noch ein gewisses Interesse am Bestand des Vertrages zuzugestehen.

Wenn er selbst nicht von der Anfechtbarkeit des Vertrages wusste, weil er beispielsweise erst später im Rahmen eines Prozesses von der Arglist eines Mitarbeiters erfährt, ist sein Berufen auf den Bestand des Vertrages nicht im gleichen Umfang widersprüchlich, als wenn er selbst arglistig handelte. Denn nur im letzteren Fall hätte er sich bewusst für das arglistige Verschweigen mit dem Risiko der Anfechtung entschieden. Dem zugerechneten Verkäufer fehlt es an dieser eigenen Entscheidung, arglistig zu handeln und das Risiko einer Anfechtbarkeit in Kauf zu nehmen. Auch wenn er für das Verhalten anderer einstehen muss, wo es ihm zugerechnet und dieses Verhalten ausdrücklich sanktioniert wird (z. B. §§ 123, 324 BGB), ist sein Vertrauen auf den Bestand des Vertrages noch schutzwürdiger als bei eigener Arglist. Ist das Schuldnerinteresse am Bestand des Vertrages aber nicht in jedem Fall von Arglist in gleichem Maße weniger schutzwürdig, ist nach den dafür relevanten Umständen und damit den Umständen der Arglist im Rahmen der Interessenabwägung zu differenzieren.

Dieser Ansatz unterläuft nicht die Grundsätze über die Zurechnung der Arglist, insbesondere die der beim Unternehmenskauf häufigen Figur des Wissensvertreters[927]. An dem Bestehen der Arglist ändert er nichts. Im Rahmen des § 323 Abs. 5 S. 2 BGB kommt jedoch nicht die Arglist selbst, sondern es kommen vielmehr

926 Zur Gefahr für den Verkäufer, wie schnell der Tatbestand der Arglist erreicht sein kann, vgl. VII. 3. b., S. 151 ff.

927 Zur Zurechnung und zur Figur des Wissensvertreters vgl. VII. 3. c. 2), S. 156 ff.

mit ihr verbundene Aspekte zum Tragen. Sie alle begründen Arglist, aber diese zu sanktionieren ist nicht Zweck des § 323 Abs. 5 S. 2 BGB. Anders als in §§ 123, 324 BGB geht es nicht um die Arglist an sich oder die durch sie begründete Verletzung von Vertragspflichten. § 323 Abs. 5 S. 2 BGB setzt anderswo an, indem er eine Verhältnismäßigkeitsprüfung begründet, für die Umstände zu berücksichtigen sind, die sich als Begleiterscheinungen bzw. Schlussfolgerungen aus arglistigem Handeln ergeben. Diese können aber wie dargestellt im Einzelfall je nach den konkreten Umständen der festgestellten Arglist variieren.

Nur wenn die konkreten Umstände berücksichtigt werden, erfolgt die Interessenabwägung auf den richtigen Grundlagen, nämlich dem Schuldnerinteresse des Einzelfalls. Nur wenn dieser Faktor der Interessenabwägung möglichst genau bestimmt wird, kann angemessen beurteilt werden, ob der Rücktritt verhältnismäßig ist. Die Einbeziehung der Umstände trägt somit über die Konkretisierung des Schuldnerinteresses dazu bei, den Zweck des § 323 Abs. 5 S. 2 BGB zu erreichen. Insgesamt können durch die Berücksichtigung der Arglist bzw. ihrer Umstände im Rahmen der Abwägung dem Einzelfall angemessene Ergebnisse gefunden werden, die dem der Regelung zugrunde liegenden Grundsatz der Verhältnismäßigkeit gerecht werden.

3) Sonderfall: Mangel mit Bagatellcharakter

Wie sich die Arglist bei Mängeln mit Bagatellcharakter auf die Erheblichkeit auswirkt, hat der BGH bisher ausdrücklich offengelassen[928]. Grundsätzlich sind an das Vorliegen eines so unbedeutenden Mangels, dass man ihn als Bagatelle bezeichnet, hohe Anforderungen zu stellen. Der BGH bezieht sich dabei auf die Situation, in der die Pflichtverletzung von so geringem Interesse sei, dass eine verständige Vertragspartei trotz Arglist am Vertrag festhalten würde[929]. Allgemein stimmt er zu, Mängel als Bagatellen einzuordnen, wenn es sich um „Probleme mit Lästigkeitscharakter“ handelt[930]. Diejenigen Stimmen, die grundsätzlich die Berücksichtigung der Arglist im Rahmen des § 323 Abs. 5 S. 2 BGB ablehnen, müssen die Erheblichkeit in dieser Situation verneinen, da Mängel mit Bagatellcharakter dann kaum eine Erheblichkeit begründen können. Die vermittelnde Ansicht, die die Arglist als einen Faktor bei der Abwägung berücksichtigt und hier (in weiterentwickelter Form) vertreten wird, entscheidet auch bei Bagatellmängeln nach

928 BGH NJW 2006, 1960, 1961.

929 Vgl. BGH NJW 2006, 1960, 1961.

930 So in BGH, BeckRS 2013, 01603.

den Umständen des Einzelfalls. Allerdings ist eine Tendenz für die Beurteilung als unerheblich anzunehmen:

Einem wegen Arglist verringerten schutzwürdigen Schuldnerinteresse steht dann ein kaum spürbar gestörtes Leistungsinteresse des Gläubigers gegenüber. Die Annahme, bei Arglist habe der Mangel eine gewisse Relevanz, wird von der objektiven Feststellung als Mangel mit Bagatellcharakter verdrängt. Nimmt man das Ausgangsbeispiel zur Hand, an dem die Regierungsbegründung das ausnahmsweise Überwiegen des Schuldnerinteresses beschreibt, sind die Interessen bei dem Zusammentreffen von Arglist und Bagatellmangel im Vergleich dazu auf beiden, gegeneinander abzuwägenden Seiten verringert. Aufseiten des Schuldners ist die Arglist der Grund. Auf der des Gläubigers mindert der Bagatellcharakter des Mangels das Interesse, das nach der Regierungsbegründung bereits bei unerheblichen Mängeln im Grunde nicht gestört ist[931]. Ein Bagatellmangel stört das Leistungsinteresse noch weniger als der nach einer Abwägung unerhebliche Mangel. Die Unerheblichkeit ist schließlich nicht nur bei Mängeln mit Bagatellcharakter anzunehmen[932].

4) Bedeutung für die Praxis des Unternehmenskaufs

Die Entwicklung der weiteren Rechtsprechung zum Verhältnis von Arglist und Erheblichkeit im Sinne des § 323 Abs. 5 S. 2 BGB ist für den Unternehmenskauf von großer praktischer Relevanz. In vielen Fällen wird dem Verkäufer das arglistige Verschweigen eines Mangels vorgeworfen. Wird dieser Vorwurf vom (Schieds-)Gericht als begründet beurteilt, wird der Verkäufer häufig versuchen, den Rücktritt durch Berufung auf den Ausschlussgrund des § 323 Abs. 5 S. 2 BGB zu verhindern. Während der Verkäufer eines Unternehmens insbesondere vor dem Hintergrund dessen problematischer Rückabwicklung tendenziell gute Argumente für eine bloße Unerheblichkeit hat[933], wird der Käufer bei Arglist auf die entsprechende Rechtsprechung des BGH verweisen. Dem Verkäufer verbleibt dann nur die Möglichkeit, den Bagatellcharakter des Mangels zu belegen, oder die pauschale Bewertung des BGH bei Arglist anzugreifen. Führt man die genannten, hier vertretenen Ansichten zur Erheblichkeitsprüfung beim Unternehmenskauf sowie

---

931 BT-Drucks. 14/6040 S. 187.

932 So findet auch nicht mehr die Bagatellgrenze des § 459 Abs. 1 S. 2 BGB a. F. zur Bestimmung der Mangelhaftigkeit Anwendung.

933 Vgl. zur erhöhten Erheblichkeitsschwelle beim Unternehmenskauf IX. 3. a. 1) b), S. 199 ff.

zur Erheblichkeit bei Arglist zusammen, so ergibt sich für Arglist beim Unternehmenskauf in der Regel das folgende Bild bezüglich der Erheblichkeitsprüfung:

Es kann nicht ohne Weiteres davon ausgegangen werden, dass Arglist die Schutzwürdigkeit des Unternehmensverkäufers in jedem Fall ganz entfallen lässt. Gerade in der Praxis des Unternehmenskaufs ergibt sich häufig aus den Umständen der Arglist, dass die Schutzwürdigkeit nur gemindert ist, statt vollständig wegzufallen. Beim Unternehmenskauf ist das Risiko besonders groß, dass sich der Verkäufer dazu hinreißen lässt, Behauptungen ins Blaue abzugeben. Schließlich ist der Kaufgegenstand Unternehmen so komplex, dass der Verkäufer meist nicht jede Einzelheit seines Zustandes kennt. Hier ist es für den Verkäufer in der Praxis verlockend, Angaben ins Blaue zu machen, statt seine Unkenntnis offenzulegen oder nachzuforschen. So erspart er sich zum einen Aufwand. Zum andern belastet er nicht das meist sensible Verhältnis der beiden Verhandlungsparteien und erweckt bei dem Käufer nicht den Eindruck, das Unternehmen weise Schwierigkeiten auf. Die Angaben ins Blaue sind aber wie dargestellt im Rahmen der Erheblichkeit anders zu bewerten als die mit Schädigungsabsicht, bei der der Verkäufer sich bewusst gegen die Beseitigung eines Mangels vor Übertragung des Unternehmens entscheidet.

Außerdem wird die Arglist beim Unternehmenskauf oft durch Zurechnung von dem Wissen interner Mitarbeiter oder externer Berater des Unternehmens begründet, die ebenso nur zu einer gewissen Minderung der Schutzwürdigkeit des Schuldnerinteresses führen sollte[934]. Hinzu kommt, dass beim Unternehmenskauf in der Regel ein erhöhtes Schuldnerinteresse am Bestand des Vertrages anzusetzen ist wegen der problematischen Rücktrittsfolgen. Obwohl Arglist gegeben ist, kann daher gerade beim Unternehmenskauf eine unerhebliche Pflichtverletzung anzunehmen sein. Dem BGH zu folgen, der mit einer pauschalierenden Beurteilung grundsätzlich von Erheblichkeit ausgeht, würde demzufolge besonders beim Unternehmenskauf zu einer verkürzten Beurteilung im Rahmen der Interessenabwägung führen, da beim Unternehmenskauf häufig solche Situationen vorliegen, bei denen sich bei genauerer Betrachtung doch die Unerheblichkeit ergibt. Trotz Arglist noch eine Interessenabwägung vorzunehmen und hierbei ihre konkreten Umstände zu berücksichtigen, ist demnach beim Unternehmenskauf von großer Bedeutung. Nur so wird eine angemessene Bewertung dazu erreicht, ob der Rücktritt verhältnismäßig ist.

Bei Mängeln mit Bagatellcharakter ist das schutzwürdige Gläubigerinteresse am Rücktritt besonders gering, weil der Mangel nur als Lästigkeit gilt und diese

934 Dazu ausführlich vorstehend unter IX. 4. b. 2), S. 210 ff.

objektive Feststellung die Schlussfolgerung verdrängt, dass das arglistige Verschweigen für eine gewisse Bedeutung des Mangels spricht. Die hier vertretene Ansicht, dass bei Mängeln mit Bagatellcharakter trotz Arglist in der Regel eine nur unerhebliche Pflichtverletzung begründet wird, gilt beim Unternehmenskauf erst recht. Schließlich ist hier das Schuldnerinteresse noch zusätzlich erhöht. Insbesondere wenn die Arglist des Verkäufers zudem nur durch Zurechnung begründet wird, ist davon auszugehen, dass es trotz Verringerung wegen der Arglist das in besonderem Maße niedrige Rücktrittsinteresse des Gläubigers überwiegt.

Dieses Ergebnis ist vor dem Hintergrund der Praxis zu begrüßen. Unternehmen sind ein Kaufgegenstand, der für den Käufer aufgrund gewisser Annahmen über zukünftige Umstände attraktiv erscheint, beispielsweise eine Marktentwicklung oder das Erzielen von Synergieeffekten durch das Zusammenführen von eigenen mit dem zum Kauf stehenden Unternehmen. Die Annahmen können sich aus den unterschiedlichsten Gründen als Fehleinschätzung erweisen. Der Käufer würde dann den Kauf gerne rückgängig machen, um seine Fehlentscheidung zu korrigieren. Hat ein Mangel so geringe Auswirkungen, dass er als solcher mit Bagatellcharakter einzuordnen ist, liegt der Verdacht nahe, dass es dem den Rücktritt erklärenden Käufer selten um die Folgen dieses Mangels geht. Vielmehr könnte ein Käufer in der Praxis in so einer Situation den Mangel zu nutzen versuchen, um einen Rücktritt zu begründen, den er aus anderen Gründen wünscht[935]. Dieses Vorgehen darf nicht unterstützt werden. Auch unter diesem Aspekt ist ein Ausschluss des Rücktrittsrechts trotz Arglist bei Mängeln mit Bagatellcharakter (allgemein und erst recht) beim Unternehmenskauf angemessen.

Es bleibt abzuwarten, wie der BGH in Zukunft zur Erheblichkeit bei Arglist entscheiden und wie er insbesondere mit Sachverhalten umgehen wird, die einer der oben geschilderten Situationen entsprechen, bei der sich die Interessenabwägung nach der hier vertretenen Ansicht besonders auswirkt (Unternehmenskauf, Angaben ins Blaue, zugerechnete Arglist, Bagatellmängel und jeweils Kombinationen davon). Gerade vor dem Hintergrund, dass der BGH in seinem Urteil zur Erheblichkeit bei Arglist ausdrücklich auf die Konformität mit der Verbrauchsgüterkaufrichtlinie Bezug nahm[936], ist daneben die Auslegung derselben durch den EuGH im Auge zu behalten[937].

---

935 Allgemein mit dieser in der Praxis des Unternehmenskaufs in besonderem Maße berechtigten Sorge auch *Kallrath*, DNotZ 2006, 831, 834.

936 BGH NJW 2006, 1960, 1961.

937 Ebenso mit dem Hinweis der Annäherung des BGH an die Richtlinie durch die Verwendung des Begriffes der Geringfügigkeit: *Höpfner*, NJW 2011, 3693.

Derzeit ist für die Praxis des Unternehmenskaufs davon auszugehen, dass die Rechtsprechung des BGH in ihrer bisherigen Form von den staatlichen Gerichten ebenso wie von den Schiedsgerichten einer Entscheidung zugrunde gelegt wird. Da die Bedeutung des Mangels danach bei Arglist bis zur Grenze des Bagatellmangels unbeachtlich ist, stellt das Vorliegen von Arglist eine erhebliche Gefahr für den Verkäufer dar und schon der bloße Vorwurf baut Druck auf. Liegt kein Bagatellmangel vor, eröffnet sie dem Käufer die Möglichkeit zu dem für den Verkäufer in der Regel äußerst problematischen Rücktritt, selbst wenn der Mangel keine wesentlichen Auswirkungen hat. Der Verkäufer muss sich dieses Risikos bewusst sein und umso mehr darauf hinwirken, dass Arglist vermieden wird. Dazu sind durch ihn Strukturen innerhalb seiner Organisation zu schaffen, die gewährleisten, dass keine Angaben ins Blaue gemacht werden bzw. jegliche Kenntnis – und ggfls. auch Unkenntnis – fehlerfrei dem Käufer mitgeteilt wird. So schützt er sich nicht nur vor der Arglist, sondern führt zugleich die Folge des § 442 BGB herbei, d. h., er verhindert ein Berufen des Käufers auf den bekannten Mangel und die diesbezügliche Anwendung von Gewährleistungsrechten[938].

938 Dazu sogleich X., S. 217 ff.

X. Keine Kenntnis oder grob fahrlässige Unkenntnis des Käufers, § 442 Abs. 1 BGB

1. Inhalt und Zweck der Regelung

Nach § 442 Abs. 1 S. 1 BGB sind die Rechte des Käufers wegen eines Mangels ausgeschlossen, wenn er den Mangel bei Vertragsschluss kennt. Schließt er den Vertrag in grob fahrlässiger Unkenntnis des Mangels ab, sind sie ebenso ausgeschlossen; es sei denn, der Verkäufer hat den Mangel arglistig verschwiegen oder eine Garantie für die Beschaffenheit der Sache übernommen. In diesen Ausnahmefällen kann der Käufer seine Rechte wegen Mangels trotz fahrlässiger Unkenntnis geltend machen, vgl. § 442 Abs. 1 S. 2 BGB. Die Regelung wurde im Rahmen der Schuldrechtsmodernisierung abgefasst und gilt anders als die Vorgängerregelungen einheitlich für Sach- und Rechtsmängel[939]. Sie dient der Umsetzung der Verbrauchsgüterkaufrichtlinie[940] und ist eine Alles-oder-nichts-Regelung, die auch die Ansprüche des Käufers ausschließt, die vom Vertretenmüssen des Verkäufers[941] abhängen[942].

Die Ratio der Regelung ist nicht ganz eindeutig. Einerseits kann man § 442 Abs. 1 S. 1 BGB vor dem Hintergrund sehen, dass sich der Käufer bei Ausübung der Rechte trotz vorheriger Kenntnis des Mangels widersprüchlich verhält (venire contra factum proprium). Schließt er einen Kaufvertrag, in dem ein Zustand des Gegenstandes vereinbart ist oder als solches gilt, der nicht dem tatsächlichen Zustand entspricht, so ist ihm bewusst, dass der Kaufgegenstand ab Übergabe als mangelhaft zu bewerten sein wird. Dann ist seine Erwartung, einen mangelfreien Gegenstand

939 Nach früherem Recht führte bei Rechtsmängeln nur Kenntnis zum Ausschluss der Haftung, § 439 Abs. 1 BGB a. F. Dagegen entsprach die Regelung für Sachmängel im Wesentlichen dem heutigen § 442 Abs. 1 BGB, indem die Haftung bei Kenntnis ausgeschlossen war (§ 460 S. 1 BGB a. F.) sowie bei grob fahrlässiger Unkenntnis außer bei Arglist oder der Zusicherung der Fehlerfreiheit (§ 460 S. 2 BGB a. F.).

940 Sie dient der Umsetzung des Art. 2 Abs. 3 der Verbrauchsgüterkaufrichtlinie, der die Ausnahmen bei Arglist und Garantie allerdings nicht vorsieht. Da sie dem Käufer günstig sind, ist die Abweichung unkritisch, vgl. Art. 8 Abs. 2 der Verbrauchsgüterkaufrichtlinie.

941 S. die in § 437 Nr. 3 BGB genannten Ansprüche.

942 *Faust*, in: BeckOK BGB, § 442 Rdn. 3.

zu erhalten, nicht mehr berechtigt und daher nicht schutzwürdig, sodass er keine Rechte aufgrund der Mangelhaftigkeit geltend machen kann[943]. Eine ökonomische Betrachtungsweise sieht andererseits den Zweck der Regelung darin, eine effektive Vertragsgestaltung anzuregen. Der Käufer werde durch den sonst drohenden Ausschluss seiner Rechte veranlasst, den Mangel vor Abschluss des Vertrages zu thematisieren, mit der Folge dass die Parteien diesen Umstand bereits im Vertrag regeln können. Die Norm trage damit zur Vermeidung von unnötigen Streitereien bei sowie von etwaigen Kosten und Risiken im Rahmen der Gewährleistung[944].

Der letztgenannten Ansicht ist zuzustimmen. Aber auch der weitergehende Gedanke ist zutreffend, dass eine Planung des Käufers zulasten des Verkäufers verhindert werden soll. Kennt der Käufer einen unbehebbaren Mangel, könnte er sonst von Beginn an beabsichtigen, eine Rückabwicklung herbeizuführen oder eine Minderung des Kaufpreises, den der Verkäufer im Rahmen der Vertragsverhandlungen nicht senken wollte. Ein solches Verhalten des Käufers ist wegen Treuwidrigkeit nicht schutzwürdig[945]. Der Zweck des § 442 Abs. 1 S. 2 BGB (grob fahrlässige Unkenntnis) kann dagegen nicht im widersprüchlichen Verhalten oder der Planung vor Vertragsschluss liegen, da der Käufer den Vertrag hier ohne Kenntnis des Mangels schließt. Da die Kenntnis des Käufers regelmäßig schwer zu beweisen ist, hat die Regelung stattdessen die Funktion einer Beweiserleichterung, die dem Verkäufer lediglich bei den Ausnahmen der Arglist und der Garantie verwehrt bleibt[946].

a. Kenntnis, § 442 Abs. 1 S. 1 BGB

Der Verkäufer muss die Kenntnis des Käufers als eine für ihn günstige Tatsache beweisen[947]. Dabei liegt Kenntnis vor, wenn der Käufer von dem Mangel weiß[948]. Ähnlich wie zum bedingten Vorsatz ist dabei die bewusste Inkaufnahme eines

---

943 So BGH NJW 1989, 2050 (zur ähnlichen Regelung des früheren Rechts für Sachmängel: § 460 BGB a. F.); *Büdenbender*, in: NK-BGB, § 442 Rdn. 4; *Matusche-Beckmann*, in: Staudinger, § 442 Rdn. 1; *Haas*, in: Das neue Schuldrecht, Kap. 5 Rdn. 274.

944 Zur ähnlichen Regelung des früheren Rechts (§ 460 BGB a. F.): *Fleischer, Körber*, BB 2001, 841, 844; zum neuen Recht: *Faust*, in: BeckOK BGB, § 442 Rdn. 2.

945 Mit diesem Gedanken *Westermann*, in: MüKo BGB, § 442 Rdn. 1.

946 *Haas*, in: Das neue Schuldrecht, S. 229, Rdn. 274 f.; *Pammler*, in: jurisPK BGB, § 442 Rdn. 24.

947 *Westermann*, in: MüKo BGB, § 442 Rdn. 21; *Matusche-Beckmann*, in: Staudinger, § 442 Rdn. 49; *Weidenkaff*, in: Palandt, § 442 Rdn. 6; *Faust*, in: BeckOK BGB, § 442 Rdn. 34.

948 Ausführlich allgemein zur Kenntnis im Bürgerlichen Recht s. *Fatemi*, NJOZ 2010, 2637.

Mangels ausreichend. Kennt der Käufer dagegen das Risiko eines Mangels, aber er vertraut darauf, dass dieser nicht gegeben ist, ist die Kenntnis des Mangels ähnlich der Abgrenzung zwischen bedingtem Vorsatz und bewusster Fahrlässigkeit zu verneinen[949]. In diesen Fällen handelt der Käufer aber in der Regel grob fahrlässig, sodass die Rechte des Käufers unabhängig von der genauen Abgrenzung ausgeschlossen sind außer bei Vorliegen einer der Ausnahmen des § 442 Abs. 1 S. 2 BGB[950].

Bezugspunkt der Kenntnis ist aufgrund des Wortlauts der Verbrauchsgüterkaufrichtlinie[951] und des Wortlauts des § 442 Abs. 1 S. 1 BGB („Kenntnis vom Mangel") nicht nur die Istbeschaffenheit des Kaufgegenstandes, sondern auch der Umstand, dass diese von der Sollbeschaffenheit (z. B. der Eignung zur gewöhnlichen Verwendung, § 434 Abs. 1 S. 2 Nr. 2 BGB) abweicht[952]. Geht es um einen Rechtsmangel, ist dementsprechend maßgeblich, dass die Kenntnis des Käufers beinhaltet, dass ein Dritter entgegen des Vertrages Rechte gegen ihn geltend machen kann. Der Käufer muss dabei den Inhalt der Rechte lediglich im Wesentlichen kennen. Irrt er sich über den Inhalt des Rechts, ist seine Kenntnis zu verneinen[953]. Bei einer Fehleinschätzung nur der Konditionen, die für den Inhalt bestehen, beispielsweise den gesetzlichen Bedingungen, befürwortet die Rechtsprechung dagegen das Vorliegen der Kenntnis, wobei sie selbst die Problematik der Abgrenzung beider Fälle zugesteht[954].

Zu bedenken ist bei etwaiger Kenntnis des Käufers, dass hier gegebenenfalls schon die Mangelhaftigkeit des Kaufgegenstandes zu verneinen sein kann. Haben die Parteien den fraglichen Umstand beide gekannt und ihre Kenntnis offengelegt, haben sie zumeist bereits eine dementsprechende Beschaffenheitsvereinbarung

---

949 *Westermann*, in: MüKo BGB, § 442 Rdn: 5; *Faust*, in: BeckOK BGB, § 442 Rdn. 17; a. A. *Fatemi*, NJOZ 2010, 2637, 2638; *Fatemi*, Die Obliegenheit zur Due Diligence beim Unternehmenskauf, Kap. 3 B. I. 2. A., S. 53 ff.; *Matusche-Beckmann*, in: Staudinger, § 442 Rdn. 10 f.

950 *Faust*, in: BeckOK BGB, § 442 Rdn. 17.

951 Dort wird vom Käufer die Kenntnis der „Vertragswidrigkeit" verlangt, vgl. Art. 2 Abs. 3 der Verbrauchsgüterkaufrichtlinie.

952 Wobei die Bewertung als mangelhaft aus Sicht der Laiensphäre genügt, vgl. dazu BGH NJW 1981, 2640, 2641 *Fatemi*, NJOZ 2010, 2637, 2639; *Grunewald*, in: Erman, § 442 Rdn. 4; *Westermann*, in: MüKo BGB, § 442 Rdn. 4; *Matusche-Beckmann*, in: Staudinger, § 442 Rdn. 6; a. A. (Kenntnis des Ist-Zustandes ausreichend): *Faust*, in: BeckOK BGB, § 442 Rdn. 15.

953 BGH NJW 1991, 2700; BGH NJW 1992, 905.

954 Vgl. BGH NJW 1979, 713, 714.

geschlossen und damit den fehlerbehafteten Zustand als vertraglich vereinbart. Da der Verkäufer lediglich diesen Zustand schuldet, liegt bei Leistung desselben kein Mangel vor, § 434 Abs. 1 S. 1 BGB[955]. Bei der Prüfung der Mangelfreiheit nach § 434 Abs. 2 S. 2 Nr. 2 BGB (Eignung zur gewöhnlichen Verwendung und übliche sowie zu erwartende Beschaffenheit) ist außerdem zu beachten, dass die Kenntnis über einen Umstand die vom Käufer zu erwartende Beschaffenheit beeinflusst[956]. Der Durchschnittskäufer, auf den im Hinblick auf die berechtigte Erwartung abzustellen ist, muss dann nämlich ebenso die Kenntnis haben mit der Folge, dass er nicht erwartet und damit auch der Käufer nicht erwarten kann, einen von seiner Kenntnis abweichenden Zustand als Leistung des Verkäufers zu erhalten[957]. Scheidet bereits ein Mangel aus, kommt es gar nicht erst zur Anwendung der §§ 434 ff. BGB, d. h., es wird keine Gewährleistungshaftung des Verkäufers begründet und § 442 Abs. 1 BGB ist nicht relevant. Besonders in den Fällen, in denen der Verkäufer selbst keine Kenntnis hat, der Käufer ihm seine Kenntnis aber auch nicht offenlegt und beide daher einen anderen als den dem Käufer bekannten Umstand als vertraglich geschuldete Beschaffenheit vereinbaren, ist § 442 Abs. 1 BGB dagegen von großer Bedeutung. In diesen Fällen versagt er dem Käufer alle ihm sonst zustehenden Gewährleistungsrechte.

b. Grob fahrlässige Unkenntnis, § 442 Abs. 1 S. 2 BGB

Auch für die grob fahrlässige Unkenntnis des Käufers trägt der Verkäufer die Beweislast[958]. Bei der Frage, ob der Käufer ohne grobe Fahrlässigkeit[959] von dem

955 Ausführlich zur Vereinbarung einer Beschaffenheit im Sinne des § 434 Abs. 1 S. 1 BGB siehe allgemein VI. 1. a. 1), S. 56 ff. bzw. für den Unternehmenskauf VI. 2. a. 1), S. 78 ff. (Asset Deal) und VI. 3., S. 123 ff. (Share Deal).

956 Näheres zur vom Käufer zu erwartenden Beschaffenheit bzw. dem Verhältnis des Merkmals zu den weiteren Voraussetzungen des § 434 Abs. 2 S. 2 Nr. 2 BGB unter VI. 1. a. 3), S. 68 ff.

957 *Faust*, in: BeckOK BGB, § 442 Rdn. 14; *Westermann*, in: MüKo BGB, § 442 Rdn. 4.

958 *Westermann*, in: MüKo BGB, § 442 Rdn. 21; *Matusche-Beckmann*, in: Staudinger, § 442 Rdn. 49; *Putzo*, in: Palandt, § 442 Rdn. 6; *Faust*, in: BeckOK BGB, § 442 Rdn. 34.

959 In der Literatur wird unter Bezugnahme auf den Wortlaut des zugrunde liegenden Art. 2 Abs. 3 Alt. 2 der Verbrauchsgüterkaufrichtlinie (wonach der Verbraucher „vernünftigerweise nicht in Unkenntnis sein konnte“) allein darauf abgestellt, ob ein vernünftiger Käufer bei dem tatsächlichen Verhalten des konkreten Käufers den Mangel erkannt hätte. In einer richtlinienkonformen Auslegung dürfe man daher von dem

Mangel gewusst hätte, ist unter grober Fahrlässigkeit die Verletzung der verkehrserforderlichen Sorgfalt in einem ungewöhnlich hohen Maß und die Nichtbeachtung dessen zu verstehen, was im konkreten Fall jedem hätte einleuchten müssen[960]. In diesem Zusammenhang ist wichtig, dass keine allgemeine Untersuchungspflicht[961] des Käufers im Hinblick auf den Kaufgegenstand besteht[962]. Er handelt aber grob fahrlässig, wenn er offensichtliche Mängel nicht wahrnimmt, also solche, die er ohne Untersuchung erkennen kann[963]. Eine Untersuchung zu unterlassen, ist jedoch dann auch grob fahrlässig, wenn sie ausnahmsweise vorzunehmen ist, beispielsweise deshalb, weil sie einer Verkehrssitte entspricht oder besondere Verdachtsmomente vorliegen, denen der Käufer nachgehen muss[964]. Auch wenn der Käufer im Gegensatz zum Verkäufer über besondere Sachkunde

---

Käufer keine Anforderungen an sein Verhalten stellen, wie beispielsweise eine Untersuchung verlangen, bzw. diesem eine Bedeutung im Rahmen der groben Fahrlässigkeit im Rahmen des § 442 Abs. 1 S. 2 BGB zumessen, vgl. *Faust*, in: BeckOK BGB, § 442 Rdn. 21 f.; *Pfeiffer*, in: AnwK-BGB, Art. 2 Kauf-RL Rdn. 24; *Haas*, in: Das neue Schuldrecht, Kap. 5 Rdn. 279; a. A. *Honsell*, JZ 2001, 278, 279, der den Passus der Verbrauchsgüterkaufrichtlinie als fahrlässige Unkenntnis versteht.

960 Vgl. BGH, U. v. 28.06.1994 – X ZR 95/92 (zu § 300 Abs. 1 BGB); BGH NJW 1980, 777, 778 (zur § 442 Abs. 1 S. 2 BGB entsprechenden Regelung zur Miete nach altem Recht: § 539 BGB a. F.); *Putzo*, in: Palandt, § 442 Rdn. 11. Für eine ausführliche Auseinandersetzung mit den verschiedenen Ansätzen zur Bestimmung des objektiven oder subjektiven Gehalts der verkehrserforderlichen Sorgfalt vgl. *Fatemi*, Die Obliegenheit zur Due Diligence beim Unternehmenskauf, 3. Kap. C. I. 2., S. 107 ff. (im Ergebnis für einen objektiven Sorgfaltsmaßstab).

961 Obwohl in der Regel in diesem Zusammenhang von einer etwaigen Pflicht die Rede ist, geht es in der Sache um das Vermeiden eigener Rechtsnachteile des Käufers (Ausschluss seiner Gewährleistungsrechte). Daher ist der Begriff der Obliegenheit sachgerechter, vgl. *Müller*, NJW 2004, 2196, 2197. Zwecks Übereinstimmung mit dem allgemeinen Gebrauch in der Literatur wird im Folgenden aber der Begriff der Untersuchungspflicht beibehalten.

962 Dass keine Untersuchungspflicht begründet wird, stimmt mit der Verbrauchsgüterkaufrichtlinie überein, siehe Art. 2 Abs. 3 der Verbrauchsgüterkaufrichtlinie. Dazu *Micklitz*, EuZW 1999, 485, 491; *Reich*, NJW 1999, 2397, 2402; *Staudenmayer*, NJW 1999, 2393, 2394.

963 *Fleischer, Körber*, BB 2001, 841, 844; *Müller*, NJW 2004, 2196, 2197; *Faust*, in: BeckOK BGB, § 442 Rdn. 22; ebenso zu dem in § 442 Abs. 1 BGB umgesetzten Art. 2 Abs. 3 der Verbrauchsgüterkaufrichtlinie: *Reich*, NJW 1999, 2397, 2402; *Vogt*, DStR 2001, 2027, 2031 ff.

964 Vgl. OLG Köln NJW-RR 1992, 49, 50; LG Münster NZV 1988, 145; LG Bielefeld NJW 1990, 1999 (Kunstauktion, wobei der Einlieferer dem Auktionshaus gegenüber wie ein Verkäufer gegenüber dem Käufer haftet); *Fleischer, Körber*, BB 2001, 841, 844 f.

verfügt, können höhere Anforderungen bis hin zu einer Untersuchungspflicht an den Käufer gestellt werden[965].

Ebenso wie die Kenntnis muss sich die grob fahrlässige Unkenntnis aus Gründen des Wortlauts auf die Abweichung des Ist- vom Sollzustand beziehen, vgl. § 442 Abs. 1 S. 2 BGB. Hat der Verkäufer weder arglistig getäuscht, noch Garantien über den fraglichen Umstand gegeben, wird sich die Praxis häufig auf diese Regelung zur grob fahrlässigen Unkenntnis zurückziehen, da die Kenntnis des Käufers schwerer nachzuweisen ist.[966]. Sowohl für das Vorliegen von Arglist[967] als auch für das einer Garantie[968] trägt der Käufer die Beweislast[969].

2. Anwendbarkeit beim Unternehmenskauf

Über § 453 Abs. 1 Alt. 2 BGB sind die Regelungen zur Kenntnis und grob fahrlässigen Unkenntnis (§ 442 Abs. 1 S. 1 und 2 BGB) auch beim Unternehmenskauf entsprechend anzuwenden[970]. Es bedarf in rechtstechnischer Hinsicht für die Ausführung der entsprechenden Anwendung keiner Modifikationen. Es gibt keinen Grund, die Regelungen als für den Unternehmenskauf nicht passend zu bewerten. Unabhängig davon, ob man den Zweck der Norm im Schutz des Verkäufers vor Planungen zu seinen Lasten oder unter ökonomischen Gesichtspunkten in der Herbeiführung einer effektiven Vertragsgestaltung bzw. bei grob fahrlässiger Unkenntnis in der Beweiserleichterung sieht, so sind die Ansätze ebenso für den Unternehmenskauf von Bedeutung und die Regelungen erreichen entsprechend wie auch beim Unternehmenskauf ihren Zweck.

Vor dem Hintergrund, dass es bei Unternehmenskäufen in der Regel um hohe Geldbeträge und schwierige Beweislagen im Rahmen der Gewährleistung geht,

965 RGZ 131, 343, 354; BGH NJW 1980, 777, 778; LG Bielefeld NJW 1990, 1999 (Kunstauktion); *Saenger*, in: Schulze u. a., § 442 Rdn. 5; *Berger*, in: Jauernig, § 442 Rdn. 5; *Matusche-Beckmann*, in: Staudinger, § 442 Rdn. 27.

966 *Haas*, in: Das neue Schuldrecht, § 5 Rdn. 274; *Westermann*, in: MüKo BGB, § 442 Rdn. 2.

967 Zu den Voraussetzungen der Arglist vgl. VII. 3., S. 142 ff.

968 Zum Begriff der Beschaffenheitsgarantie im Rahmen des § 442 Abs. 1 S. 2 BGB vgl. XII. 1. c. 2), S. 303.

969 *Matusche-Beckmann*, in: Staudinger, § 442 Rdn. 49; *Westermann*, in: MüKo BGB, § 442 Rdn. 21; *Faust*, in: BeckOK BGB, § 442 Rdn. 34.

970 *Jagersberger*, Die Haftung des Verkäufers beim Unternehmens- und Anteilskauf, Kapitel 3, C. III. 1. (S. 354).

ist die Gefahr von Kosten und Risiken hier besonders groß. Eine Vermeidung des Gewährleistungsfalls durch vorherige Berücksichtigung der Umstände im Vertrag ist hier daher besonders zu begrüßen. Neben den Kosten und Risiken kann mittels der Norm gerade auch die Rückabwicklung verhindert werden, die in der Praxis große Schwierigkeiten bereitet. Da sie den Verkäufer beim Unternehmenskauf besonders hart treffen kann, ist die vom Käufer schon bei Vertragsschluss beabsichtigte Rückabwicklung umso dringender auszuschließen, sodass auch dieser Ansatz beim Unternehmenskauf erst recht passt. Hinsichtlich der grob fahrlässigen Unkenntnis bleibt nur festzustellen, dass die Beweiserleichterung beim Unternehmenskauf ebenso wie bei anderen Käufen ihre Berechtigung hat, da auch der Unternehmensverkäufer die Kenntnis beim Käufer in der Praxis nur schwerlich nachweisen kann.

Als Anwendungsfälle beim Unternehmenskauf kommen offenkundige Mängel oder eine ausnahmsweise Nachforschungspflicht wegen Verdachtsmomenten infrage[971]. Besichtigt der Käufer einen Betrieb, kann er augenfällige Mängel wahrnehmen und so Kenntnis erlangen oder sie in grob fahrlässiger Unkenntnis übersehen. Dabei kann es sich um mangelbehaftete Einzelgegenstände wie beispielsweise Maschinen mit auffälligen Geräuschen oder um planwidrige Betriebsstillstände handeln, aber auch um Verunreinigungen, z. B. des Betriebsgeländes[972]. Neben der direkten Wahrnehmung von etwaigen Mängeln können auch ernstzunehmende Presseberichte im Einzelfall geeignet sein, einen Mangel in einer Art und Weise offenkundig zu machen oder einen Verdachtsmoment zu begründen, dass der Käufer Kenntnis erlangt, erlangen muss bzw. ausnahmsweise eine Untersuchungspflicht zu bejahen ist. Insbesondere bei seriösen Berichten über Zahlungsschwierigkeiten des Unternehmens sollte der Käufer Nachforschungen veranlassen, um einen Ausschluss seiner Gewährleistungsrechte wegen grob fahrlässiger Unkenntnis (§ 442 Abs. 1 S. 2 BGB) zu verhindern[973].

Da Unternehmenskaufverträge regelmäßig selbstständige Garantieversprechen enthalten, ist bei der Anwendung des § 442 Abs. 1 BGB beim Unternehmenskauf

---

971 Der Fall der besonderen Sachkunde des Käufers dürfte dagegen beim Unternehmenskauf in der Regel nicht gegeben sein, insbesondere da er zur Due Diligence auch externe Dritte heranziehen muss. Er ist nur ausnahmsweise zu bejahen, wenn der Käufer ein deutlich größeres und bedeutendes Unternehmen der gleichen Branche hat, sodass man auf vertiefte Branchenkenntnisse und Erfahrungen für die Abschätzung der Chancen und Risiken des Unternehmenskaufs schließen kann, vgl. dazu *Westermann*, ZHR 169 (2005), 248, 261.

972 *Müller*, NJW 2004, 2196, 2197.

973 Ähnlich *Fleischer, Körber*, BB 2001, 841, 845; *Müller*, NJW 2004, 2196, 2197.

zu bedenken, dass sich das Nichtberufen auf Gewährleistungsrechte nach dieser Regelung auf die gesetzlichen Rechte[974] beschränkt[975]. Sollen Ansprüche des Käufers aus selbstständigen Garantieversprechen oder Beschaffenheitsvereinbarungen mit eigener Rechtsfolgeregelung unter den gleichen Voraussetzungen wie denen des § 442 Abs. 1 BGB ausgeschlossen sein, müssen die Parteien einen entsprechenden Haftungsausschluss ausdrücklich vereinbaren[976].

Enthält ein Unternehmenskaufvertrag eine Garantie bezüglich des mangelhaften Umstandes, schadet dem Käufer eine etwaige grob fahrlässige Unkenntnis nicht[977]. Ebenso nützt dem Verkäufer eine grob fahrlässige Unkenntnis des Käufers nicht, wenn er den Mangel arglistig verschwiegen hat. Auch unter diesem Aspekt sollte der Verkäufer alle Vorkehrungen treffen, um den Vorwurf und das Vorliegen von Arglist zu vermeiden.

3. Bedeutung der Due Diligence

Eine Kategoric, dic eine ausnahmsweise Untersuchungspflicht und bei Unterlassen derselben grob fahrlässige Unkenntnis begründen kann, ist die Existenz einer entsprechenden Verkehrssitte. Beim Unternehmenskauf stellt sich insbesondere die Frage, ob die Vornahme einer Due Diligence als Verkehrssitte einzustufen ist. Dabei geht es im Folgenden bei der Verwendung des Begriffs der Due Diligence lediglich um die dem Vertragsabschluss vorgelagerte Due Diligence („pre-acquisition-audit"). Daneben kann auch eine Due Diligence nach Vertragsabschluss vorgenommen werden („post-acquisition-audit"), die hier, für den Kenntnisstand des Käufers bei Vertragsabschluss, allerdings irrelevant ist[978]. Versteht man die Due Diligence als Verkehrssitte, führt der Verzicht auf sie regelmäßig zum Ausschluss der Gewährleistungsrechte des Käufers wegen grob fahrlässiger Unkenntnis, § 442 Abs. 1 S. 2 BGB. Bevor näher auf diese Streitfrage eingegangen wird, sollen vorab der Zweck und der Ablauf einer Due Diligence sowie die positive Kenntniserlangung im Rahmen der Due Diligence zum besseren Verständnis der Diskussion erläutert werden. Nach den Ausführungen zu den Folgen einer unterlassenen Due

974 Vgl. die Rechte in § 437 BGB.

975 *Holzapfel, Pöllath*, Unternehmenskauf, Rdn. 48.

976 Für einen Formulierungsvorschlag s. *Seibt, Reiche*, DStR 2002, 1135, 1141.

977 Zum Begriff der Garantie im Rahmen des § 442 Abs. 1 S. 2 BGB vgl. XII. 1. c. 2), S. 303 ff.

978 *Dietzel*, in: Arbeitshandbuch Unternehmensübernahmen, Bd. 1, § 9 Rdn. 101 f., 104.

Diligence sind zwecks umfassender Darstellung der Bedeutung der Due Diligence im Rahmen des § 442 Abs. 1 BGB abschließend auch noch die Wirkungen einer unsorgfältig oder unvollständig durchgeführten Due Diligence zu behandeln.

a. Inhalt und Zweck einer Due Diligence

Die Durchführung einer Due Diligence hat sich aufgrund des „caveat emptor“-Grundsatzes aus dem US-amerikanischen Recht entwickelt. Nach diesem trägt der Käufer das Mängelrisiko, d. h., der Verkäufer muss für solche Mängel nicht haften, die der Käufer vor bzw. bei Vertragsabschluss erkennen konnte. Ursprünglich wurde eine Due Diligence im Rahmen des US-amerikanischen Kapitalmarkt- und Anlegerschutzrechts durchgeführt, wurde dann aber zunehmend allgemein in die Praxis des Unternehmenskaufs übernommen[979]. Sie bedeutet in diesem Zusammenhang die systematische Untersuchung des Unternehmens durch den Erwerbsinteressenten[980]. Er prüft die ihm zugänglich gemachten Informationen, um den aktuellen Zustand des Unternehmens möglichst umfassend zu erkennen und so das Informationsungleichgewicht zwischen ihm und dem Verkäufer zu mindern bzw. so weit wie möglich abzubauen[981]. Je nachdem, welche Inhalte der Käufer

979 Vgl. dazu *Dietzel*, in: Arbeitshandbuch Unternehmensübernahmen, Bd. 1, § 9 Rdn. 58 f.; *Berens, Strauch*, in: Due Diligence bei Unternehmensakquisitionen, S. 6; *Fey*, in: Beck’sches Steuer- und Bilanzrechtslexikon, Due Diligence Rdn. 2 ff.; *Fatemi*, Die Obliegenheit zur Due Diligence beim Unternehmenskauf, 1. Kap. C. I., S. 16 f.; *Rittmeister*, NZG 2004, 1032. Ausführlich zur Gewährleistungshaftung nach US-amerikanischen Recht beim Asset sowie Share Deal und daher der dortigen Bedeutung der Due Diligence: *Merkt*, BB 1995, 1041 ff.

980 Es gibt ebenso die Situation, dass eine Due Diligence von Verkäuferseite durchgeführt wird. *Weilep, Dill* sehen die sog. Vendor Due Diligence, z. B. beim Verkauf von Unternehmensanteilen an eine Private-Equity-Gesellschaft, als proaktiven Ansatz des Verkäufers, um die Kontrolle über den Verkaufsprozess beizubehalten, vgl. *Weilep, Dill*, BB 2008, 1946; s. auch *Cannivé*, ZIP 2009, 254; *Schiffer, Bruß*, BB 2012, 847, 851; *Spill*, DStR 1999, 1786, 1791 f. (mit dem Begriff der „Generalprobe“); *Andreas*, in: Beck‘sches Mandatshandbuch Due Diligence, § 2 Rdn. 23 f.; *Dietzel*, in: Arbeitshandbuch Unternehmensübernahmen, Bd. 1, § 9 Rdn. 173 ff.

981 Vgl. *Fleischer, Körber*, BB 2001, 841; *Spill*, DStR 1999, 1786, 1787; *Werner*, ZIP 2000, 989; *Beisel*, in: Der Unternehmenskauf, Kap. 2 Rdn. 3; *Dietzel*, in: Arbeitshandbuch Unternehmensübernahmen, Bd. 1, § 9 Rdn. 58 ff.; *Holzapfel, Pöllath*, Unternehmenskauf, Rdn. 19; *Rödder, Hötzel, Mueller-Thuns*, Unternehmenskauf – Unternehmensverkauf, § 3 Rdn. 32; *Andreas*, in: Beck‘sches Mandatshandbuch Due Diligence, § 2 Rdn. 31. *Pollanz* folgert aus dem Umstand, dass das Ergebnis einer Due

untersucht, lassen sich verschiedene Arten der Due Diligence benennen, z. B. Legal, Tax, Financial oder Commercial Due Diligence[982]. Während der Käufer das Unternehmen grundsätzlich in rechtlicher, steuerlicher und finanzieller Hinsicht prüft, können daneben bei Bedarf weitere Nachforschungen hinzukommen, beispielsweise zum operativen Geschäft oder der Personalstruktur[983]. Auch wenn für jeden Unternehmenskauf der Prüfungsumfang und die -tiefe im Einzelfall – insbesondere nach dem zu verkaufenden Unternehmen, dem Bedarf des Käufers und der Bereitschaft des Verkäufers – zu bestimmen sind[984], geben Checklisten sowie Übersichten zur Due Diligence einen guten und hilfreichen Eindruck der möglichen, zu bedenkenden Ansatzpunkte[985].

Nach deutschem Recht hat der Käufer allgemein beim Kauf keine Untersuchungspflicht[986]. Trotzdem führen auch deutsche Parteien oft eine Due Diligence beim Unternehmenskauf durch[987]. Dazu tragen internationale Kaufverträge bei, aber auch die Tatsache, dass die Due Diligence unabhängig von einer Untersuchungspflicht der Vorbereitung auf die Vertragsverhandlungen dient. Je besser der Käufer den Zustand des Unternehmens kennt, desto besser kann er darauf hinwirken, ein für ihn angemessenes, vertragliches Gewährleistungssystem entwerfen zu

---

Diligence das Gesamturteil einer zweckspezifischen Risikobewertung darstellt, dass die Due Diligence als Mittel zur risikoorientierten Abschlussprüfung dienen kann, vgl. *Pollanz*, BB 1997, 1351.

982 Einen Überblick zu diesen und weiteren Arten bieten beispielsweise *Gran*, NJW 2008, 1409, 1411 ff.; *Krüger, Kalbfleisch*, DStR 1999, 174, 175 f.; *Holzapfel, Pöllath*, Unternehmenskauf, Rdn. 21 ff.; *Beisel*, in: Der Unternehmenskauf, Kap. 2 Rdn. 7, 34 ff.; *Rödder, Hötzel, Mueller-Thuns*, Unternehmenskauf – Unternehmensverkauf, § 3 Rdn. 40 ff.

983 Vgl. *Fleischer, Körber*, BB 2001, 841, 841 f.; *Körber*, NZG 2002, 263, 264; *Wegmann, Koch*, DStR 2000, 1027.

984 *Kiethe*, NZG 1999, 978; *Schiffer, Bruß*, BB 2012, 847, 850; *Spill*, DStR 1999, 1786, 1788; *Wegmann, Koch*, DStR 2000, 1027; *Werner*, ZIP 2000, 989, 995; *Rödder, Hötzel, Mueller-Thuns*, Unternehmenskauf – Unternehmensverkauf, § 3 Rdn. 38.

985 Die Gliederung der Checklisten in verschiedene Risikobereiche trägt zudem zur Übersichtlichkeit bei der Due Diligence bei (Komplexitätsreduzierung), vgl. *Pollanz*, BB 1997, 1351, 1353. Für Checklisten und zum Umgang damit s. *Harrer*, DStR 1993, 1673; *Wegmann, Koch*, DStR 2000, 1027, 1028; *Berens, Brauner, Strauch*, in: Due Diligence bei Unternehmensakquisitionen, S. 867 ff.; *Beisel*, in: Der Unternehmenskauf, Kap. 20 Rdn. 22; *Göthel*, Internationaler Unternehmenskauf, § 2 Rdn. 57 ff.

986 Siehe dazu bereits unter X. 3. d., S. 233 ff.

987 *Harrer*, DStR 1993, 1673, 1675; *Kiethe*, NZG 1999, 976; *Westermann*, in: MüKo BGB, § 453 Rdn. 58.

können. Zugleich ergibt sich aus den Informationen der Due Diligence, bezüglich welcher Umstände eine Gewähr des Verkäufers ausscheidet[988]. Das bedeutet nicht, dass die Due Diligence nur dem Käufer dient, der mit Blick darauf ein eigenes Gewährleistungsregime verhandelt. Auch dem Verkäufer nutzt es, wenn die Parteien aufgrund der Due Diligence im Vertrag deutliche Regelungen zur Gewährleistungshaftung treffen können. Dies begrenzt seine Haftung und sie ist damit für ihn kalkulierbarer[989].

Bei Durchführung einer Due Diligence kann der Erwerbsinteressent zudem Risiken des Unternehmens ermitteln sowie eine Datenbasis erstellen, mittels deren Bewertung er beispielsweise die Ertragskraft des Unternehmens berechnen kann[990]. Vor dem Hintergrund der Wertermittlung im Rahmen der Due Diligence trifft er schließlich seine Kaufentscheidung bzw. bestimmt den für ihn noch akzeptablen Kaufpreis[991]. Auch dieser Aspekt der Due Diligence dient zugleich dem Verkäufer. Ein mittels einer Due Diligence informierter Erwerbsinteressent verzichtet in der Regel eher auf nur vorläufige Kaufpreisvereinbarungen, die erst nach Übergabe des Unternehmens anhand von Unternehmenskennzahlen konkretisiert werden. Entfällt das Risiko einer nachträglichen Kaufpreisreduzierung, bedeutet dies Planungssicherheit für den Verkäufer[992]. Außerdem dokumentiert die Due Diligence den Istzustand des Unternehmens zum Zeitpunkt der Prüfung, d. h.

---

988 Mit Verweis auf diese „Gewährleistungsfunktion“ s. *Körber*, NZG 2002, 263; *Rittmeister*, NZG 2004, 1032; *Mertens*, AG 1997, 541, 542; *Westermann*, ZHR 169 (2005), 248, 251; *Beisel*, in: Der Unternehmenskauf, Kap. 2 Rdn. 4; *Dietzel*, in: Arbeitshandbuch Unternehmensübernahmen, Bd. 1, § 9 Rdn. 61 und 68; *Rödder, Hötzel, Mueller-Thuns*, Unternehmenskauf – Unternehmensverkauf, § 3 Rdn. 33.

989 So *Merkt* (*Merkt*, BB 1995, 1041, 1048), der insgesamt darstellt, dass und wie die Durchführung einer Due Diligence für die Parteien die Chance bietet, ein umfassendes, vertragliches Gewährleistungsregime zu entwerfen, dessen Bedeutung er beim Unternehmenskauf betont, vgl. *Merkt*, BB 1995, 1041.

990 Mit den Begriffen der „Risikoermittlungs- und „Wertermittlungsfunktion“ s. *Rittmeister*, NZG 2004, 1032; *Kiethe*, NZG 1999, 976, 977; *Beisel*, in: Der Unternehmenskauf, Kap. 2 Rdn. 4; *Rödder, Hötzel, Mueller-Thuns*, Unternehmenskauf – Unternehmensverkauf, § 3 Rdn. 33; dazu siehe auch *Gran*, NJW 2008, 1409, 1411; *Götze*, ZGR 1999, 202, 3; *Krüger, Kalbfleisch*, DStR 1999, 174, 175; *Vogt*, DStR 2001, 2027, 2028; *Lutter*, ZIP 1997, 613, 614;; *Picot*, in: *Picot* Unternehmenskauf und Restrukturierung, Teil I Rdnr. 48.

991 *Schiffer, Bruß*, BB 2012, 847; *Beisel*, in: Der Unternehmenskauf, Kap. 2 Rdn. 5; *Dietzel*, in: Arbeitshandbuch Unternehmensübernahmen, Bd. 1, § 9 Rdn. 61; *Holzapfel, Pöllath*, Unternehmenskauf, Rdn. 20.

992 Vgl. *Mertens*, AG 1997, 541, 542; *Ziegler*, DStR 2000, 249.

vor der Übergabe, sowie den Informationsaustausch der Parteien. Im Nachgang der Transaktion kann bei Bedarf darauf zurückgegriffen werden, sodass der Due Diligence auch eine Dokumentations- und Beweissicherungsfunktion zukommt[993].

b. Ablauf einer Due Diligence

Der Ablauf einer Due Diligence richtet sich nach den Gegebenheiten des Einzelfalls[994]. Allgemein möchte der Erwerbsinteressent möglichst früh mit der Durchführung beginnen, um sich der Sinnhaftigkeit seines Interesses bzw. einer eventuell vorläufig getroffenen Kaufentscheidung zu vergewissern[995]. Der Verkäufer wird dagegen eher zu einer späten Durchführung tendieren. Schließlich offenbart er im Rahmen der Due Diligence auch Informationen, die sensibel sind[996]. Es besteht im schlimmsten Fall die Gefahr, dass der Erwerbsinteressent sein Interesse an dem Unternehmenskauf nur vortäuscht, um an für ihn interessante und sonst nicht zugängliche Informationen zu gelangen[997]. Diese Befürchtung ist in den Fällen besonders groß, in denen der Erwerbsinteressent zugleich ein Konkurrent des Verkäufers oder des zu verkaufenden Unternehmens ist[998]. Zum Schutz seiner Informationen ist es für den Verkäufer daher umso sicherer, Informationen

993 *Fleischer, Körber*, BB 2001, 841, 842; *Kiethe*, NZG 1999, 976, 977 f.; *Körber*, NZG 2002, 263; *Andreas*, in: Beck'sches Mandatshandbuch Due Diligence, § 2 Rdn. 35; *Beisel*, in: Der Unternehmenskauf, Kap. 2 Rdn. 4; *Rödder, Hötzel, Mueller-Thuns*, Unternehmenskauf – Unternehmensverkauf, § 3 Rdn. 33.

994 Für eine ausführliche Darstellung am Beispiel des Ablaufs einer Financial Due Diligence siehe *Spill*, DStR 1999, 1786.

995 *Krüger, Kalbfleisch*, DStR 1999, 174, 176; *Schiffer, Bruß*, BB 2012, 847, 849 f.; *Holzapfel, Pöllath*, Unternehmenskauf, Rdn. 52.

996 Zu der Problematik, inwieweit der Verkäufer oder das Unternehmen selbst Daten zur Verfügung stellen muss oder darf, insbesondere wenn es sich um vertrauliche Daten in Zusammenhang mit Dritten handelt oder der Verkäufer weder Einzelunternehmer noch faktischer Alleingesellschafter der Unternehmensgesellschaft ist, s. *Kiethe*, NZG 1999, 976, 978 ff.; *Körber*, NZG 2002, 263, 264 ff.; *Haas, Müller*, GmbHR 2004, 1169; *Mertens*, AG 1997, 541; *Müller*, NJW 2000, 3452; *Rittmeister*, NZG 2004, 1032; *Rodewald, Unger*, DB 2007, 1627; *Schiffer, Bruß*, BB 2012, 847; *Lutter*, ZIP 1997, 613; *Ziegler*, DStR 2000, 249; *Götze*, ZGR 1999, 202, 206.

997 In der Sorge des Verkäufers vor Ausforschung kann sogar die größte einzelne Hürde für das Zustandekommen eines Unternehmenskaufvertrages gesehen werden, so *Holzapfel, Pöllath*, Unternehmenskauf, Rdn. 52.

998 *Krüger, Kalbfleisch*, DStR 1999, 174, 176.

an den Erwerbsinteressenten zu geben, je näher er einem Vertragsabschluss mit dem Erwerbsinteressenten ist[999].

Hinsichtlich der gegenläufigen Parteiinteressen hinsichtlich des Zeitpunktes einer Due Diligence[1000] kann ein gestuftes Vorgehen Abhilfe schaffen, bei dem dem Käufer erst nach und nach, ihrer Vertraulichkeit gemäß gestaffelte Informationen zugänglich gemacht werden. So kann der Verkäufer die besonders sensiblen Daten bis kurz vor Abschluss des Vertrages zurückhalten. Trotzdem kann der Erwerbsinteressent sein Interesse anhand von Daten schrittweise weiter konkretisieren, ohne dass ihm schon bei einem vagen Interesse besonders sensible Daten offenbart werden[1001]. Daneben kann sich der Verkäufer der Ernsthaftigkeit des Erwerbsinteressenten versichern, indem er ihn vor seinem Einverständnis zur Due Diligence eine Absichtserklärung unterzeichnen lässt[1002]. Des Weiteren ist es üblich, vor der Due Diligence eine Vertraulichkeitsvereinbarung zu schließen, separat oder innerhalb der Absichtserklärung[1003]. Für einen besonders weitgehenden Schutz können sich die Parteien auch auf eine sogenannte „Break-Fee" einigen. Diese Gebühr muss der Erwerbsinteressenten bei Abbruch der Vertragsverhandlungen an den Verkäufer zahlen, um ihm pauschal den möglichen Schaden zu ersetzen, der durch einen etwaigen Missbrauch der erhaltenen Informationen entstehen kann[1004].

Zur Prüfung und Analyse der Informationen zieht der Erwerbsinteressent in der Regel neben seinen eigenen Mitarbeitern externe Berater heran, z. B.

---

999 *Beisel*, in: Der Unternehmenskauf, Kap. 2 Rdn. 20; *Holzapfel, Pöllath*, Unternehmenskauf, Rdn. 52.

1000 *Holzapfel, Pöllath* betonen diesbezüglich zutreffend, dass sowohl das Verkäufer- als auch das Käuferinteresse berechtigt sind, vgl. *Holzapfel, Pöllath*, Unternehmenskauf, Rdn. 52.

1001 Vgl. *Körber*, NZG 2002, 263, 270; *Dietzel*, in: Arbeitshandbuch Unternehmensübernahmen, Bd. 1, § 9 Rdn. 99.

1002 Zum sogenannten Letter Of Intent s. *Gran*, NJW 2008, 1409, 1410; *Müller*, NJW 2000, 3452, 3455; *Göthel*, in: Internationaler Unternehmenskauf, § 2 Rdn. 22 ff.; *Holzapfel, Pöllath*, Unternehmenskauf, Rdn. 12 ff.; *Rödder, Hötzel, Mueller-Thuns*, Unternehmenskauf – Unternehmensverkauf, § 3 Rdn. 13 ff.

1003 Vgl. *Gran*, NJW 2008, 1409, 1410; *Müller*, NJW 2000, 3452, 3455; *Beisel*, in: Der Unternehmenskauf, Kap. 2 Rdn. 20; *Rödder, Hötzel, Mueller-Thuns*, Unternehmenskauf – Unternehmensverkauf, § 3 Rdn. 25 ff.; *Westermann*, in: MüKo BGB, § 453 Rdn. 40.

1004 Ausführlich zur Break-Fee, ihrer Bedeutung als Instrument der Transaktionssicherung sowie für Formulierungsbeispiele s. *Hilgard*, BB 2008, 286; *Sieger, Hasselbach*, BB 2000, 625; *Fleischer*, AG 2009, 345; vgl. auch *Dietzel*, in: Arbeitshandbuch Unternehmensübernahmen, Bd. 1, § 9 Rdn. 110.

Rechtsanwälte, Wirtschaftsprüfer und Steuerberater[1005]. Zuerst wird regelmäßig ein Fragenkatalog seitens des Erwerbsinteressenten erarbeitet. Darauf reagiert der Verkäufer je nach Absprache mit einer entsprechenden Antwortenliste oder der Bereitstellung von Unterlagen und Dokumenten, die umfassende Auskunft zu den erfragten Punkten geben[1006]. In der Praxis wird dazu meist ein Datenraum eingerichtet, in den der Verkäufer die Informationen stellt bzw. vom Unternehmen selbst stellen lässt und der vom Erwerbsinteressenten eingesehen werden kann. Daneben kann der Verkäufer dem Erwerbsinteressenten zur Informationserlangung beispielsweise Befragungen der Geschäftsführung oder der Mitarbeiter gestatten sowie die Besichtigung des Betriebs[1007]. Unabhängig von den vom Unternehmen oder vom Verkäufer gelieferten Informationen kann der Erwerbsinteressent ebenso externe Informationen in die Due Diligence einfließen lassen. Dabei handelt es sich beispielsweise um externe Branchenberichte über das Unternehmen[1008].

Durch die Offenlegung von Informationen kann der Verkäufer im Rahmen der Due Diligence etwaigen Aufklärungspflichten[1009] nachkommen. Dabei sind die gleichen Anforderungen an die Offenlegung zu stellen wie bei einer Aufklärung außerhalb einer Due Diligence[1010]. Das bedeutet, dass die entsprechenden Informationen vollständig und in einer nicht irreführenden Weise dargelegt werden

---

1005 S. *Körber*, NZG 2002, 263; *Spill*, DStR 1999, 1786, 1788; *Rödder, Hötzel, Mueller-Thuns*, Unternehmenskauf – Unternehmensverkauf, § 3 Rdn. 39. Ausführlich zur Zusammensetzung eines Due-Diligence-Teams vgl. *Dietzel*, in: Arbeitshandbuch Unternehmensübernahmen, Bd. 1, § 9 Rdn. 128 ff.

1006 Vgl. *Loges*, DB 1997, 965; *Merkt*, BB 1995, 1041, 1043; *Hanke, Socher*, NJW 2010, 829.

1007 Zu den einzelnen Prüfmöglichkeiten s. *Gran*, NJW 2008, 1409, 1411; *Wegmann, Koch*, DStR 2000, 1027, 1029; *Holzapfel, Pöllath*, Unternehmenskauf, Rdn. 33 ff.

1008 *Wegmann, Koch*, DStR 2000, 1027, 1029; *Dietzel*, in: Arbeitshandbuch Unternehmensübernahmen, Bd. 1, § 9 Rdn. 119.

1009 S. dazu beispielsweise *Fleischer, Körber*, BB 2001, 841, 843. Ausführlich zur Aufklärungspflicht s. VII. 3. a., S. 142 ff.

1010 Vgl. *Fleischer, Körber*, BB 2001, 841, 848, *Möller*, NZG 2012, 841, 846; *Müller*, NJW 2004, 2196, 2198 f.; *Stengel, Scholderer*, NJW 1994, 158, 164; *Vogt*, DStR 2001, 2027, 2032; dagegen mit der Möglichkeit der Reduzierung der Aufklärungspflicht, wenn der Käufer im Rahmen der Due Diligence auf die Prüfung gewisser Bereiche verzichtet: *Loges*, DB 1997, 965, 968. Hat der Käufer von aufklärungspflichtigen Umständen keine Kenntnis erlangt, weil er eine Due Diligence unterlassen oder unsorgfältig durchgeführt hat, bei der er die Umstände hätte erkennen können, wird teilweise eine Reduzierung der Pflicht oder Mitverschulden des Käufers angenommen. Zu dieser Frage s. X. 3. d. und e., S. 233 ff. und 246 ff.

müssen[1011]. Trifft den Verkäufer keine Aufklärungspflicht in dem Sinne, dass er ungefragt Informationen offenlegen muss, so ist er trotzdem verpflichtet, auf Fragen wahrheitsgemäß zu antworten[1012]. Dies gilt auch bei der Durchführung einer Due Diligence[1013].

Der genaue Prüfungsablauf ist von dem Erwerbsinteressenten sowohl mit dem Verkäufer als auch mit dem Unternehmen abzustimmen. Dabei sollte insbesondere während der Durchführung der Due Diligence auf eine intensive Kommunikation zwischen den Beteiligten geachtet werden, um einen für alle Seiten erfolgreichen Ablauf zu gewährleisten[1014]. Zum Abschluss der Due Diligence wird ein Due-Diligence-Bericht (Due-Diligence-Memorandum) erstellt, in dem wichtige Informationen für den Erwerbsinteressenten aufbereitet, die wichtigsten Dokumente in der Anlage aufgeführt und alle wesentlichen Ergebnisse zusammengefasst werden. Das Due-Diligence-Team sollte zudem als Ergebnis der Prüfung eine Empfehlung bezüglich des Unternehmenskaufs abgeben. Der abschließende Bericht dient dem Erwerbsinteressenten als Entscheidungsgrundlage[1015].

c. Kenntnis im Rahmen der Due Diligence

Bei der Prüfung und Analyse des Unternehmens im Rahmen der Due Diligence kann der Erwerbsinteressent auf für ihn bisher unbekannte Informationen stoßen. Erlangt er Kenntnis über Umstände, die bei Abschluss eines entsprechenden Vertrages nach Gefahrübergang einen Mangel begründen, sind seine Gewährleistungsrechte als Käufer wegen dieses Mangels ausgeschlossen, vgl. § 442 Abs. 1 S. 1 BGB. Es macht für die Anwendung des § 442 Abs. 1 S. 1 BGB keinen Unterschied, ob der Erwerbsinteressent die Kenntnis allein durch die Offenlegung des Verkäufers erlangt oder auch als Folge eigenen Tätigwerdens, wie beispielsweise bei der Durchführung einer Due Diligence[1016]. Die Due Diligence

1011 Vgl. BGH DStR 2001, 901, 903; BGH NJW 2001, 2021.

1012 Zur sog. Wahrheitspflicht s. BGH NJW-RR 1988, 458, 459; BGH NJW-RR 1997, 144, 145; BGH NJW-RR 2012, 1078, 1080.

1013 *Loges*, DB 1997, 965 ff.; *Vogt*, DStR 2001, 2027, 2027 ff.

1014 Vgl. *Spill*, DStR 1999, 1786, 1792.

1015 Zum Due Diligence-Bericht s. *Gran*, NJW 2008, 1409, 1411; *Hanke, Socher*, NJW 2010, 829, 830 f.; *Harrer*, DStR 1993, 1673, 1675; *Vogt*, DStR 2001, 2027, 2034; *Beisel*, in: Der Unternehmenskauf, Kap. 2 Rdn. 48 f.; *Göthel*, in: Internationaler Unternehmenskauf, § 2 Rdn. 75 ff.

1016 *Fleischer, Körber*, BB 2001, 841, 847.

nützt insofern dem Verkäufer, weil sie zur Kenntnis des Käufers von etwaigen Mängeln und damit zum Ausschluss der diesbezüglichen Gewährleistungsrechte führen kann[1017].

Umgekehrt betrachtet kann die Durchführung einer Due Diligence für den späteren Käufer wegen Ausschlusses seiner Gewährleistungsrechte letztlich negative Folgen mit sich bringen[1018]. Bei dieser Feststellung ist allerdings zu beachten, dass die Anforderungen an die Kenntnis bei der Durchführung einer Due Diligence ebenso hoch sind wie ohne diese. Hat der Verkäufer lediglich Informationen offengelegt, aus denen sich der fragliche Umstand nur mittels gewisser Schlussfolgerungen ergibt, ist nicht ohne Weiteres von der Kenntnis des Käufers auszugehen. Zu eigenen Schlussfolgerungen ist der Käufer nicht verpflichtet[1019]. Die Beweislast für die Kenntnis des Käufers trägt außerdem der Verkäufer[1020], der sie in der Praxis nur selten nachweisen kann[1021]. Die Kenntnis, die dem Käufer den für ihn nachteiligen Haftungsausschluss gemäß § 442 Abs. 1 S. 1 BGB bringt, unterliegt somit gewissen Anforderungen, d. h., sie wird ihm nicht leichtfertig unterstellt[1022]. Sollte der Käufer Kenntnis von einem Mangel erlangen, werden ihm die Gewährleistungsansprüche schließlich auch nicht unvorbereitet genommen. Aufgrund seines Wissens kann er einen vertraglichen Ausgleich mit dem Verkäufer aushandeln, z. B. einen Preisabschlag. Insbesondere falls ihm dies nicht gelingen sollte, hat er immer noch die Möglichkeit, sich gegen den Kauf zu entscheiden[1023]. Die Feststellung, dass die Due Diligence nachteilige Folgen für den Käufer haben kann, ist daher zu relativieren und im Ergebnis hinzunehmen[1024].

1017 *Westermann*, in: MüKo BGB, § 453 Rdn. 58. Zu der Situation, dass der Käufer trotz Due Diligence einen Mangel nicht erkennt, obwohl er ihn hätte erkennen können, siehe X. 3. e., S. 246 ff.

1018 *Loges*, DB 1997, 965, 968; *Holzapfel, Pöllath*, Unternehmenskauf, Rdn. 43; *Beisel, Andreas*, in: Beck'sches Mandatshandbuch Due Diligence, § 5 Rdn. 14.

1019 Ähnlich *Holzapfel, Pöllath*, Unternehmenskauf, Rdn. 43; *Fleischer, Körber*, BB 2001, 841, 847.

1020 *Westermann*, in: MüKo BGB, § 442 Rdn. 21; *Weidenkaff*, in: Palandt, § 442 Rdn. 6; *Faust*, in: BeckOK BGB, § 442 Rdn. 34.

1021 *Fleischer, Körber*, BB 2001, 841, 847.

1022 Für die Frage, ob die Unkenntnis trotz Due Diligence als grob fahrlässige Unkenntnis zu bewerten sein kann, siehe die Ausführungen zur grob fahrlässigen Unkenntnis wegen unsorgfältiger Due Diligence unter X. 3. d., S. 233 ff.

1023 *Fleischer, Körber*, BB 2001, 841, 847; *Beisel, Andreas*, in: Beck'sches Mandatshandbuch Due Diligence, § 5 Rdn. 16.

1024 Vgl. *Kiethe*, NZG 1999, 976, 982; *Merkt*, WiB 1996, 145, 148.

Die Parteien können die Regelung des § 442 Abs. 1 S. 1 BGB mit Blick auf die gesetzliche Gewährleistung aber auch vertraglich ausschließen[1025]. Bezüglich Garantien[1026] ist das Thema der Kenntnis (ebenso der grob fahrlässigen Unkenntnis) mangels Geltung des § 442 BGB ohnehin frei zu regeln. Die Parteien können bei Garantien beispielsweise einem Ausschluss des § 442 Abs. 1 BGB entsprechend vereinbaren, dass ein Anspruch auf Garantie unabhängig von Kenntnis oder grob fahrlässiger Unkenntnis des Käufers bestehen soll[1027].

d. Freiwilligkeit der Due Diligence oder Gefahr der grob fahrlässigen Unkenntnis mangels Due Diligence?

Eine Verpflichtung des Käufers, eine Due Diligence durchzuführen, kann sich aus gesetzlichen Regelungen ergeben. Aber auch aufgrund der Beurteilung der Due Diligence als Verkehrssitte kann das Unterlassen einer Due Diligence als grob fahrlässig im Sinne des § 442 Abs. 1 S. 2 BGB einzustufen sein. Relevant wird die Diskussion beispielsweise, wenn sich der Käufer gegen eine Due Diligence entscheidet und nach Übergabe des Unternehmens feststellt, dass ein Mangel des Unternehmens vorhanden ist, der bei der sorgfältigen Durchsicht von Unternehmensdokumenten, die der Verkäufer in der Regel bei einer Due Diligence zur Verfügung stellt, erkennbar gewesen wäre. Hat sich der Käufer allerdings nur auf die außerhalb einer Due Diligence gemachten Angaben des Verkäufers verlassen, eine solche also nicht durchgeführt, ist zu diskutieren, ob der Käufer wegen des Unterlassens einer Due Diligence in grob fahrlässiger Unkenntnis des Mangels den Vertrag schloss. Würde man dies bejahen, wären die Gewährleistungsrechte des Käufers bezüglich des Mangels ausgeschlossen, außer es liegt mit Blick auf den mangelhaften Umstand eine Garantie oder arglistiges Verschweigen des Verkäufers vor.

Um die Due Diligence rechtlich einordnen und Folgen ihres Unterlassens bewerten zu können, ist verschiedenen rechtlichen und tatsächlichen Ansatzpunkten nachzugehen.

1025 Außer beim Verbrauchsgüterkauf (§ 475 BGB). Vgl. *Weigl*, DNotZ 2005, 246, 256; *Matusche-Beckmann*, in: Staudinger, § 422 Rdn. 61; *Weidenkaff*, in: Palandt, § 442 Rdn. 4; *Westermann*, in: MüKo BGB, § 442 Rdn. 22; wohl a. A.: *Holzapfel, Pöllath*, Unternehmenskauf, Rdn. 43.

1026 Ausführlich zu Garantien vgl. XII. 1., S. 297 ff.

1027 Mit Formulierungsvorschlag s. *Seibt, Reiche*, DStR 2002, 1135, 1141; vgl. ebenso *Holzapfel, Pöllath*, Unternehmenskauf, Rdn. 43.

1) Gesetzliche Untersuchungspflicht

Der Käufer ist nach deutschem Recht grundsätzlich nicht verpflichtet, den Kaufgegenstand zu untersuchen[1028], unabhängig von seinem Wert[1029]. Es gibt keine gesetzliche Norm, die eine solche Pflicht begründen würde. Dass das Gesetz für den Ausschluss der Käuferrechte eine grob fahrlässige Unkenntnis fordert (§ 442 Abs. 1 S. 2 BGB), ist vielmehr Anzeichen dafür, dass der Käufer grundsätzlich keine Untersuchung vornehmen muss[1030]. Ebenso wird dieser Grundsatz von der Regelung des § 377 Abs. 1 HGB gestützt, die unter gewissen Voraussetzungen nach der Ablieferung von gekaufter Ware eine Untersuchungsobliegenheit des Käufers bestimmt[1031]. Sie macht aufgrund des Zeitmoments deutlich, dass selbst von zwei geschäftsgewandten Parteien eine Untersuchung vor Vertragsschluss nicht verlangt wird, indem sie nur eine nachträgliche beschreibt[1032]. Eine allgemeine Untersuchungspflicht, die eine Pflicht zur Due Diligence begründen könnte, besteht somit nicht.

Auch aus der Regelung des § 377 Abs. 1 HGB selbst wird dem Käufer keine Pflicht oder Obliegenheit zur Due Diligence auferlegt. § 377 Abs. 1 HGB setzt den Kauf von Ware[1033] voraus. Ein Unternehmenskauf stellt aber weder als Asset noch als Share Deal den Kauf einer beweglichen Sache dar, womit kein Kauf einer Ware vorliegt[1034]. Zudem ist in § 377 Abs. 1 HGB nur die Untersuchung der Ware nach deren Ablieferung geregelt. Eine Due Diligence zur vorherigen Analyse des

1028 Mit dem Hinweis, dass der Begriff der Obliegenheit sachgerechter ist als der grundsätzlich in diesem Zusammenhang verwendete Begriff der Pflicht: *Müller*, NJW 2004, 2196, 2197. Zur Verneinung einer solchen Untersuchungspflicht: RGZ 131, 343, 353; *Haas*, in: Das neue Schuldrecht, Kap. 5 Rdn. 279; *Grunewald*, in: Erman, § 442 Rdn. 11; *Berger*, in: Jauernig, § 442 Rn. 5; *Weidenkaff*, in: Palandt, § 442 Rdn. 11; *Saenger*, in: Schulze u. a., § 442 Rdn. 5; *Fey*, in: Beck'sches Steuer- und Bilanzrechtslexikon, Due Diligence Rdn. 13.

1029 BGH, NJW-RR 1988, 1290.

1030 *Fleischer, Körber*, BB 2001, 841, 844.

1031 Zur Untersuchungsobliegenheit des § 377 Abs. 1 HGB s. beispielsweise *Thamm, Möffert*, NJW 2004, 2710; *Hopt*, in: Baumbach HGB, § 377 Rdn. 20 ff.; *Grunewald*, in: MüKo HGB, § 377 Rdn. 27 ff.

1032 *Fleischer, Körber*, BB 2001, 841, 844.

1033 Ware wird definiert als bewegliche Sache, die Gegenstand des Handelsverkehrs ist. Grundstücke und Anteile an einer Gesellschaft scheiden demnach als Ware aus, vgl. zum Warenbegriff *Krüger*, in: Joost/Strohn HGB, § 383 Rdn. 6; *Häuser*, in: MüKo HGB, § 383 Rdn. 10; *Junker*, in: jurisPK-BGB, § 312b Rdn. 32.

1034 Siehe auch *Vogt*, DStR 2001, 2027, 2031.

Unternehmens ließe sich also selbst bei der Annahme der Voraussetzungen des § 377 HGB nicht aus der Regelung ableiten[1035].

2) Exkurs: Due Diligence zur Erfüllung der Sorgfaltspflicht der Geschäftsleitung?

Die Due Diligence wird im Zusammenhang mit der Erfüllung der Sorgfaltspflicht der Geschäftsleitung diskutiert, §§ 93 Abs. 1 AktG, 43 Abs. 1 GmbHG[1036]. Das Thema könnte sich auf die rechtliche Einordnung der Due Diligence auswirken.

§§ 93 Abs. 1 AktG, 43 Abs. 1 GmbHG schreiben vor, dass die Geschäftsleitung in Angelegenheiten der Gesellschaft die Sorgfalt eines ordentlichen Geschäftsmannes anzuwenden hat. Kommt die Geschäftsleitung dieser Sorgfaltspflicht nicht nach, haftet sie gegenüber ihrer Gesellschaft (Haftung im Innenverhältnis), vgl. §§ 93 Abs. 2 S. 1 AktG, 43 Abs. 2 GmbHG. Mit Blick auf diese Regelungen wurde der Sorgfaltsmaßstab mittlerweile dahin gehend von der Rechtsprechung konkretisiert, dass von der Geschäftsleitung ein von Verantwortungsbewusstsein getragenes, ausschließlich am Unternehmenswohl orientiertes, auf sorgfältiger Ermittlung der Entscheidungsgrundlagen beruhendes unternehmerisches Handeln verlangt wird[1037]. Dieser Grundsatz des BGH zur Existenz und zugleich den Grenzen des Geschäftsleitungsermessens wurde mittlerweile in § 93 Abs. 2 S. 1 AktG kodifiziert[1038]. Die Regelung ist auf das GmbH-Recht analog anzuwenden[1039].

Danach ist eine Pflichtverletzung der Geschäftsleitung hinsichtlich einer unternehmerischen Entscheidung zu verneinen, wenn die Geschäftsleitung vernünftigerweise annehmen durfte, auf der Grundlage angemessener Information zum Wohle der Gesellschaft zu handeln. Der BGH entwickelte den Grundsatz mit Rückgriff auf die Kriterien der Business Judgment Rule, insbesondere auf das Kriterium der angemessenen

1035 *Müller*, NJW 2004, 2196, 2197; *Vogt*, DStR 2001, 2027, 2031.

1036 *Böttcher*, Verpflichtung des Vorstandes einer Aktiengesellschaft zur Durchführung einer Due Diligence beim Beteiligungserwerb, S. 1 ff.

1037 Grundlegend BGH NJW 1997, 1926, 1928; s. auch BGH DStR 2008, 1839, 1840. Zu § 93 AktG siehe auch *Kock, Dinkel*, NZG 2004, 441; *Loritz, Wagner*, DStR 2012, 2189; *Mutschler, Mersman*, DB 2003, 79.

1038 Eingeführt durch das Gesetz zur Unternehmensintegrität und Modernisierung des Anfechtungsrechts (UMAG) v. 22.09.2005 (Art. 1 Nr. 1a Buchst. a) mit Wirkung v. 01.11.2005.

1039 BGH DStR 2008, 1839, 1840 f.; *Böttcher*, NZG 2007, 481, 481; dazu *Liese, Theusinger*, BB 2007, 71.

Sachverhaltsermittlung („informed judgment“)[1040]. Im US-amerikanischen Rechtskreis führt dieses Kriterium dazu, dass die Geschäftsleitung zur Due Diligence verpflichtet ist[1041]. Allerdings erfolgt diese Bewertung dort insofern vor einem anderen Hintergrund, als dass im US-amerikanischen Rechtskreis das caveat-emptor-Prinzip gilt. Nach diesem trägt der Käufer das Mängelrisiko und ist damit anders als im deutschen Rechtskreis schon allgemein zu einer Untersuchung zum eigenen Schutze gedrängt[1042].

In welchem Maße die Pflicht zur sorgfältigen Ermittlung des Sachverhalts auch nach deutschem Recht die Durchführung einer Due Diligence verlangt, ist strittig[1043]. Bedeutung erlangt die Frage insbesondere, wenn der Verkäufer eine Due Diligence verweigert. Würde man hier eine ausnahmslose Pflicht der Geschäftsleitung zur Due Diligence bejahen, müsste die Geschäftsleitung für den Käufer den Kauf ablehnen, um sich vor einer Haftung aus §§ 93 AktG, 43 GmbHG zu schützen. Ausgangspunkt der Diskussion ist, dass die Geschäftsleitung alle verfügbaren und der Tragweite der Entscheidung angemessenen Informationen einholen muss, um die Entscheidungsgrundlagen sorgfältig zu ermitteln[1044]. Zu entscheiden ist demnach, die Einholung welcher Informationsbreite und -tiefe beim Unternehmenskauf als angemessen zu verlangen ist, d. h., ob eine ausreichende Sachverhaltsermittlung nur mittels einer Due Diligence gewährleistet ist. Diese Entscheidung über die Erforderlichkeit der Due Diligence ist selbst eine unternehmerische, die an §§ 93 Abs. 1 AktG, 43 Abs. 1 GmbHG zu messen ist und damit eine Gesamtwürdigung der konkreten Umstände sowie eine Risikoabwägung erfordert[1045].

Nach der überwiegenden Meinung in der Literatur müsse sie in der Regel wegen der grundsätzlichen Bedeutung eines Unternehmenskaufs für den Käufer dahin gehend ausfallen, dass eine Due Diligence zur angemessenen Sachverhaltsermittlung erforderlich sei. Zu einem entsprechenden Handeln sei die Geschäftsleitung dann

---

1040 Mit Verweis auf die Business Judgment Rule und zum Kriterium „informed judgment” vgl. beispielsweise Böttcher, NZG 2005, 49, 51 f.; *Kock, Dinkel*, NZG 2004, 441, 444 ff.; *von Falkenhausen*, 644, 645 ff.

1041 Vgl. Ash vs. McCall, 2000 Del. Ch. LEXIS 144 (2000).

1042 Zu diesem Grundsatz schon oben unter X. 3. a., S. 225 ff.

1043 Ausführlich zu den Anforderungen an eine ordnungsgemäße Entscheidung der Geschäftsleitung beim Unternehmenskauf s. *Böttcher*, NZG 2005, 49; *Mutschler, Mersman*, DB 2003, 79, 80 f.; s. auch *Werner*, ZIP 2000, 989, 999; *Beisel*, in: Der Unternehmenskauf, Kap. 2 Rdn. 27 ff.

1044 *Böttcher*, NZG 2005, 49, 52; *Kock, Dinkel*, NZG 2004, 441, 444.

1045 *Liese, Theusinger*, BB 2007, 71, 72; *Kock, Dinkel*, NZG 2004, 441, 444 (allgemein zur Bestimmung der Informationsdichte für eine angemessene Entscheidungsgrundlage); *Schiffer, Bruß*, BB 2012, 847, 848; *Spindler*, in: MüKo AktG, § 93 Rdn. 47 f., 86.

verpflichtet[1046]. Allerdings lässt diese Ansicht auch Ausnahmen zu. Im Einzelfall könne die Geschäftsleitung nach der Gesamtwürdigung sowie der Abwägung der Risiken durchaus befinden, dass der Kauf auch ohne Due Diligence im Interesse des Käufers sei[1047]. Im Rahmen der Abwägung sei besonders das zu erwerbende Unternehmen hinsichtlich seiner Größe und Bedeutung für den Käufer zu berücksichtigen, da diese Faktoren das Risiko des Kaufs für den Käufer bestimmten[1048]. Sei dieses Risiko von vornherein überschaubar oder werde beispielsweise durch Garantien dazu, könne es im Einzelfall genügen, auf weniger aussagekräftige Informationsmittel als die Due Diligence zurückzugreifen[1049].

Dieser herrschenden Meinung ist zuzustimmen. Einerseits ist zu berücksichtigen, dass Unternehmenskäufe meist eine große Bedeutung für den Käufer haben und eine diesbezügliche Fehlentscheidung diesen noch über Jahre belasten kann[1050]. Demnach ist in der Regel eine so sorgfältige Sachverhaltsermittlung zu fordern, wie sie regelmäßig nur die Due Diligence gewährleisten kann. Andererseits sollte dieser Grundsatz dort seine Grenzen finden, wo er nach der zugrunde liegenden Abwägung nicht mehr gerechtfertigt ist. Kann der Käufer die Ermittlung der Entscheidungsgrundlagen im Einzelfall auf andere Art und Weise in angemessener Tiefe und Breite im Verhältnis zu dem Risiko (falls sich der Kauf später als Fehlentscheidung herausstellt) erhalten, kann er nicht auf die zeit- und kostenintensive Due Diligence verwiesen werden. Nur dieser Ansatz bringt der jeweiligen Situation angemessene Lösungen.

1046 *Böttcher*, NZG 2007, 481 483; *Ulmer*, DB 2004, 859, 860; *Schiffer, Bruß*, BB 2012, 847, 848 f.; *Werner*, ZIP 2000, 989, 999. Für den Fall des Unternehmenskaufs aus Insolvenz: OLG Oldenburg NZG 2007, 434. Offengelassen von *Mutschler, Mersman*, DB 2003, 79, 80 f.

1047 Für eine grundsätzliche Pflicht zur Due Diligence, die allerdings nicht ausnahmslos gilt, s. *Böttcher*, NZG 2005, 49, 50 ff.; *Böttcher*, NZG 2007, 481, 483 f.; *Himmelsbach, Krüger*, NZI 2007, 309 f.; *Schiffer, Bruß*, BB 2012, 847, 848 f.; *Werner*, ZIP 2000, 989, 999; *Beisel*, in: Der Unternehmenskauf, Kap. 2 Rdn. 28 ff.; *Altmeppen*, in: Roth/Altmeppen, § 43 Rdn. 15; strenger *Kiethe*, der hinsichtlich der Kaufentscheidung der Geschäftsleitung von einer Ermessensreduktion auf null und somit einer Pflichtverletzung bei Vertragsabschluss ausgeht, wenn der Verkäufer die Due Diligence verweigert, vgl. *Kiethe*, NZG 1999, 976, 982 f. Offengelassen, aber im Fall der Insolvenz eine Pflicht zur Due Diligence bejahend: OLG Oldenburg NZG 2007, 434, 436 (bestätigt vom BGH mit B. v. 14.05.2007 – II ZR 165/06 (Nichtzulassungsbeschwerde)).

1048 *Spindler*, in: MüKo AktG, § 93 Rdn. 47 f., 86.

1049 Vgl. *Böttcher*, NZG 2007, 481, 484; *Liese, Theusinger*, BB 2007, 71, 72; *Werner*, ZIP 2000, 989, 993.

1050 Ebenso *Böttcher*, NZG 2007, 481, 483.

Das hier gefundene Ergebnis hat für sich gesehen keine Auswirkungen darauf, ob das Unterlassen einer Due Diligence als grob fahrlässig im Sinne des § 442 Abs. 1 S. 2 BGB zu bewerten ist. Es wird keine Untersuchungspflicht eines Unternehmenskäufers begründet, sondern das Ergebnis spiegelt wider, welche Sorgfaltsanforderungen bei einem Unternehmenskauf an die Geschäftsleitung zu stellen sind. Dass sich vor diesem Hintergrund die Zahl der durchgeführten Due Diligence hoch bleiben oder erhöhen wird, genügt allein nicht, um eine grobe Fahrlässigkeit nach § 442 Abs. 1 S. 2 BGB zu begründen.

3) Due Diligence als Verkehrssitte

Grob fahrlässige Unkenntnis im Sinne des § 442 Abs. 1 S. 2 BGB liegt vor, wenn der Käufer eine Untersuchung trotz entsprechender Verkehrssitte unterlässt[1051]. Maßgeblich ist somit, ob die Durchführung einer Due Diligence eine Verkehrssitte darstellt. Eine solche ist zu bejahen, wenn eine tatsächliche, ständige Übung von gewisser Festigkeit in den einschlägigen Kreisen herrscht[1052]. Bejaht man eine Verkehrssitte für den Kreis, dem die Parteien angehören, ist unerheblich, ob sie die Verkehrssitte kennen oder als verbindlich ansehen[1053]. Ein Unternehmenskäufer könnte sich folglich nicht darauf berufen, er habe auf die Due Diligence verzichtet, weil er selbst sie nicht als Verkehrssitte ansehe.

a) Meinungsstand

Es ist umstritten, ob die Durchführung einer Due Diligence im deutschen Rechtskreis bereits derart verfestigt ist, dass sie eine Verkehrssitte darstellt. Es gibt verschiedene empirische Untersuchungen, die belegen, dass bei der großen Mehrheit der Unternehmenskäufe in Deutschland zumindest eine Financial und Legal Due Diligence durchgeführt wird, wobei für genauere Zahlen hinsichtlich Art und

---

1051 Allgemein kritisch zu der Bedeutung einer Obliegenheit, den Kaufgegenstand zu untersuchen, für die Beurteilung der groben Fahrlässigkeit im Rahmen des § 422 Abs. 1 S. 2 BGB: *Haas*, in: Das neue Schuldrecht, Kap. 5 Rdn. 279; *Faust*, in: BeckOK BGB, § 442 Rdn. 21 f.; *Pfeiffer*, in: AnwK-BGB, Art. 2 Kauf-RL Rdn. 24.

1052 BGH NJW 1966, 502, 503; *Müller*, NJW 2004, 2196; *Vogt*, DStR 2001, 2027, 2031 ff.; *Busche*, in: MüKo BGB, § 157 Rdn. 16 ff.; *Wendtland*, in: BeckOK BGB, § 157 Rdn. 16 ff.

1053 BGH NJW 1966, 502, 503; *Armbrüster*, in: Erman, § 157 Rdn. 12; *Wendtland*, in: BeckOK BGB, § 157 Rdn. 23.

Größe der Transaktion zu unterscheiden ist[1054]. Die Durchführung einer Due Diligence kann zwar durchaus schon als Standard bei deutschen Unternehmenskäufen bezeichnet werden[1055]. Ob die Due Diligence daher mittlerweile als Verkehrssitte anzusehen ist, musste die Rechtsprechung bisher nicht entscheiden. Von der weiten Verbreitung leiten einige, insbesondere neuere Stimmen in der Literatur, das Vorliegen einer Verkehrssitte ab[1056]. Trotzdem ist die wohl noch herrschende Meinung weiterhin gegen die Annahme einer Verkehrssitte[1057].

b) Stellungnahme

Der herrschenden Meinung ist zuzustimmen. Betrachtet man die Regelung des § 442 Abs. 1 S. 2 BGB in systematischer Hinsicht, stellt sie eine Ausnahmeregelung

---

1054 *Marten, Köhler*, Finanzbetrieb 1999, 337; *Berens, Strauch*, Due Diligence bei Unternehmensakquisitionen – eine empirische Untersuchung, S. 1 ff; *Böttcher*, Verpflichtung des Vorstandes einer Aktiengesellschaft zur Durchführung einer Due Diligence beim Beteiligungserwerb, S. 154 ff; *Böttcher*, NZG 2005, 49, 50. Ausführlich und teilweise kritisch zu diesen Untersuchungen sowie mit eigener Untersuchung vgl. *Fatemi*, Die Obliegenheit zur Due Diligence beim Unternehmenskauf, 3. Kap. C. II. 2. b., S. 149 ff. Dabei ist zu beachten, dass die Untersuchungen einige Jahre her sind. Es ist davon auszugehen, dass die Zahl der durchgeführten Due Diligence in der Zwischenzeit tendenziell eher noch zugenommen hat, vgl. zu dieser Einschätzung auch die Aussagen der befragten Unternehmen bei *Marten, Köhler*, Finanzbetrieb 1999, 337, 346 f.

1055 *Merkt*, WiB 1996, 145, 148; *Göthel*, in: Internationaler Unternehmenskauf, § 2 Rdn. 99.

1056 Mit diesem Argument für die Annahme einer Verkehrssitte: *Böttcher*, NZG 2005, 49, 50; *Vogt*, DStR 2001, 2027, 2031; ausführlich *Berens, Schmitting, Strauch* in: Due Diligence bei Unternehmensakquisitionen, S. 99; *Böttcher*, Verpflichtung des Vorstandes einer Aktiengesellschaft zur Durchführung einer Due Diligence beim Beteiligungserwerb, S. 141 ff.; *Fatemi*, Die Obliegenheit zur Due Diligence beim Unternehmenskauf, 3. Kap. C. II. 2., S. 146 ff. (relativierend durch ein abgestuftes Obliegenheitssystem); mit dieser Tendenz *Holzapfel, Pöllath*, Unternehmenskauf, Rdn. 649.

1057 *Fleischer, Körber*, BB 2001, 841, 844 ff.; *Gaul*, ZHR 166 (2002), 35, 64; *Himmelsbach, Krüger*, NZI 2007, 309; *Huber*, AcP 202 (2002), 179, 201; *Loges*, DB 1997, 965, 968; *Müller*, NJW 2004, 2196; *Rittmeister*, NZG 2004, 1032; *Schiffer, Bruß*, BB 2012, 847, 848; *Weitnauer*, NJW 2002, 2511, 2516; *Werner*, ZIP 2000, 989, 990; *Dietzel*, in: Arbeitshandbuch Unternehmensübernahmen, Bd. 1, § 9 Rdn. 69 (, der die zukünftige Entwicklung aber offenlässt); *Rödder, Hötzel, Mueller-Thuns*, Unternehmenskauf – Unternehmensverkauf, § 3 Rdn. 52; *Beisel, Andreas*, in: Beck'sches Mandatshandbuch Due Diligence, § 5 Rdn. 23 ff.; *Saenger*, in: Schulze u. a., § 442 Rdn. 5; *Büdenbender*, in: NK-BGB, § 442 Rdn. 16; *Grunewald*, in: Erman, § 442 Rdn. 14; *Picot* in:, Due Diligence bei Unternehmensakquisitionen, S. 316; offen: *Merkt*, BB 1995, 1041, 1047.

dar zu dem Grundsatz, dass keine Untersuchung vorzunehmen ist. Ausnahmeregelungen sind eng auszulegen[1058]. Dies sollte auch bei der Diskussion um die grob fahrlässige Unkenntnis bei unterlassener Due Diligence berücksichtigt werden[1059]. Soll die Regelung des § 442 Abs. 1 S. 2 BGB restriktiv angewendet werden, dürfen die Anforderungen an eine Verkehrssitte als einen der grob fahrlässige Unkenntnis begründenden Umstände nicht leichtfertig bejaht werden. Vielmehr sind sie im Sinne einer engen Anwendung des § 442 Abs. 1 S. 2 BGB streng zu überprüfen.

Auch wenn die Durchführung einer Due Diligence mittlerweile auch im deutschen Rechtskreis bei einem Unternehmenskauf üblich ist, wird noch in einigen Fällen auf sie verzichtet[1060]. Eine Verkehrssitte muss innerhalb der Branche aber als so gefestigt gelten, dass über ihre Anwendung in der Regel keine Zweifel bestehen. Die tatsächliche Übung muss auf der einheitlichen Auffassung sämtlicher an dem betreffenden Geschäftsverkehr beteiligten Kreise beruhen[1061]. Dies ist bei der Due Diligence allerdings gerade nicht der Fall, wie einerseits die Zahlen der unterlassenen Due Diligence und letztlich auch die Diskussion in der Literatur widerspiegeln.

Die Art und Weise sowie der Umfang der durchgeführten Due Diligence sind zudem in der Praxis sehr verschieden. Je nach Art des Unternehmens und nach den Bedürfnissen der Parteien unterscheiden sich die durchgeführten Due Diligence leicht bis stark[1062]. Dies führt zu Praktikabilitätsbedenken, da der Käufer bei einer Bejahung der Due Diligence als Verkehrssitte nicht abschätzen könnte, wann er ihr in ausreichendem Maße nachgekommen ist[1063]. In den von der Rechtsprechung behandelten Urteilen allgemein zur Verkehrssitte stellen sich diese Probleme nicht. Sie

---

1058 Vgl. *Larenz*, Methodenlehre der Rechtswissenschaft, S. 390 f.

1059 Vgl. *Thiessen*, Unternehmenskauf und Bürgerliches Gesetzbuch, C. IX. 2. b), S. 296. Ebenso zu der Vorgängerregelung, nämlich zu § 460 S. 2 BGB a. F.: *Fleischer, Körber*, BB 2001, 841, 846.

1060 Vgl. *Beisel, Andreas*, in: Beck'sches Mandatshandbuch Due Diligence, § 5 Rdn. 25. Siehe ebenso die Angaben in den empirischen Untersuchungen zur Anzahl der durchgeführten Due Diligence und für diese siehe bereits die Verweise in Fn. 1054.

1061 Vgl. BGH BeckRS 2009, 29125, BGH NJW 1990, 1723, 1724; *Wendtland*, in: BeckOK BGB, § 157 Rdn. 17; *Heinrichs*, in: Palandt, § 133 Rdn. 21; *Armbrüster*, in: Erman, § 157 Rdn. 10.

1062 Ähnlich *Westermann*, ZHR 169 (2005), 248, 260. Zu den verschiedenen Arten, die je nach Transaktion zu empfehlen sind, und den diesbezüglichen Checklisten siehe bereits unter X. 3. a., S. 225 ff.

1063 *Fleischer, Körber*, BB 2001, 841, 846; *Müller*, NJW 2004, 2196, 2198; *Werner*, ZIP 2000, 989, 900; *Jagersberger*, Die Haftung des Verkäufers beim Unternehmens- und Anteilskauf, Kapitel 3, C. III. 2.2 b) bb) (3) (S. 363 f.).

verlangt für das Vorliegen einer Verkehrssitte eine gleichmäßige und einheitliche tatsächliche Übung[1064]. Gerade dieses Kriterium, das einen Regelcharakter verlangt, ist mit Blick auf die Due Diligence mangels Gleichartigkeit aber äußerst kritisch[1065].

Um eine Verallgemeinerung zu erreichen, könnte man versuchen, einen größten gemeinsamen Nenner zu finden, der als Mindestanforderung einer Prüfung dienen kann. Der Versuch einer solchen, gewissen Mindest-Due-Diligence, die verallgemeinernd in allen Fällen des Unternehmenskaufs durchzuführen ist, wird aber kaum den speziellen Umständen gerecht, die beim Kauf eines Unternehmens herrschen. Die Einzigartigkeit des jeweiligen Unternehmens als Kaufgegenstand und damit auch der Prüfung spricht dagegen. Fraglich wäre außerdem, wonach der Umfang einer solchen Mindest-Due-Diligence zu bestimmen wäre. Würde man ihn sehr eng bemessen und sich nur auf grundlegende Unternehmensdaten beschränken, um einen echten gemeinsamen Nenner zu finden, so würde dies in der Regel kaum Mehrwert für die Praxis mit sich bringen. Schließlich erfragt ein Käufer die Basisdaten vom Verkäufer, auch wenn er auf eine Due Diligence verzichtet. Je weitreichender man aber den Kreis der als Verkehrssitte geforderten Due Diligence ziehen würde, desto mehr liefe man Gefahr, den generalisierbaren Nenner zu überschreiten. Dann würde man mehr fordern, als es der Verkehrssitte entspräche (wenn man überhaupt eine solche hinsichtlich eines Mindestumfangs annehmen wollte).

Außerdem sind die Motive zu beachten, aus denen sich der Käufer für die Durchführung einer Due Diligence entscheidet. In vielen Fällen, in denen der Käufer eine AG oder GmbH ist, möchte sich die Geschäftsleitung[1066] des Käufers mittels einer durchgeführten Due Diligence vor der Haftung nach §§ 93 AktG, 43 GmbHG schützen. Denn wie bereits dargestellt wird auch hinsichtlich dieser Regelungen eine Pflicht zur Vornahme einer Due Diligence diskutiert. Will der Käufer durch eine Due Diligence aber seine Geschäftsleitung bzw. diese sich selbst vor einer Haftung nach §§ 93 AktG, 43 GmbHG schützen, ist die Wirkung nach außen von der bei einer Verkehrssitte üblichen zu unterscheiden. Die Verkehrssitte führt

1064 BGH NJW 2010, 1135; BGH WM 1984, 1000 (zum Handelsbrauch).

1065 Mit diesem Argument die Verkehrssitte ablehnend: *Müller*, NJW 2004, 2196, 2198; *Schiffer, Bruß*, BB 2012, 847, 848; *Westermann*, ZHR 169 (2005), 248, 164; *Beisel*, in: Der Unternehmenskauf, Kap. 2 Rdn. 10; *Westermann*, in: MüKo BGB, § 453 Rdn. 58; *Beisel, Andreas*, in: Beck'sches Mandatshandbuch Due Diligence, § 5 Rdn. 26; *Fleischer*, in: Unternehmenskauf und Schuldrechtsmodernisierung, S. 103, 108.

1066 Je nach Gesellschaftsform des Käufers handelt es sich um die Vorstandsmitglieder (AG) oder die Geschäftsführer (GmbH), sodass im Folgenden allgemein der Begriff der Geschäftsleitung verwendet wird.

dazu, dass der Verkäufer darauf vertrauen darf, dass der Käufer ihr nachkommt (dabei die erkennbaren Mängel vor Vertragsschluss erfährt und anspricht) oder seine diesbezüglichen Rechte wegen grob fahrlässiger Unkenntnis verliert. Die Verkehrssitte liegt somit im Verkäuferinteresse und wird in der Regel in diesem Bewusstsein vom Käufer befolgt, der seine Rechte nicht wegen grob fahrlässiger Unkenntnis verlieren möchte.

Entscheidet sich der Käufer aber für eine Due Diligence, weil die Geschäftsleitung damit ihren Pflichten nach §§ 93 AktG, 43 GmbHG nachkommen möchte, signalisiert der Käufer mit der Durchführung nicht zwingend, dass er zum Schutz seiner Gewährleistungsrechte und letztlich im Verkäuferinteresse handelt. Dies wird davon gestützt, dass die §§ 93 AktG, 43 GmbHG nur das Innenverhältnis der Gesellschaft und ihrer Geschäftsleitung betreffen. Sie dienen nicht dem Schutz außenstehender Dritter[1067]. Der Verkäufer kann nicht darauf vertrauen, dass die Untersuchung ihn vor späteren Mangelansprüchen schützt, indem sie vor Vertragsschluss thematisiert werden oder wegen grob fahrlässiger Unkenntnis ausgeschlossen sind. So wenig wie der Verkäufer kann auch die Allgemeinheit aufgrund der von der Verkehrssitte abweichenden Motivationslage auf eine den Verkäufer schützende Handlung des Käufers vertrauen. Dann liegt aber nur eine zufällige Häufung von Untersuchungen vor, aus der keine einheitliche Auffassung der betreffenden Kreise über eine den Verkäufer schützende Verkehrssitte hergeleitet werden kann[1068].

Die Rechtsprechung nimmt eine Verkehrssitte zur Untersuchung an in Fällen, in denen der Kaufgegenstand typisch mangelbehaftet sowie die Mangelhaftigkeit für den Käufer bei überschaubarem Aufwand erkennbar ist[1069]. Beim Unternehmenskauf

---

1067 BGH NJW 1994, 1801, 1803; Zu § 93 AktG: Dauner-Lieb, in: Henssler/Strohn, § 93 Rdn. 26; *Hüffer*, AktG, § 93 Rdn. 20; in: MüKo AktG, § 93 Rdn. 1. Zu § 43 GmbHG: *Fleischer*, in: MüKo GmbHG, § 43 Rdn. 340; *Altmeppen*, in: Roth/Altmeppen, § 43 Rdn. 37; *Göthel*, in: Internationaler Unternehmenskauf, § 2 Rdn. 99.

1068 In diese Richtung auch *Fleischer, Körber*, BB 2001, 841, 846; *Beisel*, in: Der Unternehmenskauf, Kap. 2 Rdn. 10; *Göthel*, in: Internationaler Unternehmenskauf, § 2 Rdn. 99; *Beisel, Andreas*, in: Beck'sches Mandatshandbuch Due Diligence, § 5 Rdn. 20; *Jagersberger*, Die Haftung des Verkäufers beim Unternehmens- und Anteilskauf, Kapitel 3, C. III. 2.2 b) bb) (3) (S. 362 f.); *Thiessen*, Unternehmenskauf und Bürgerliches Gesetzbuch, C. IX. 2. b), S. 296 Fn. 452.

1069 So bei dem Kauf eines Gebrauchtwagens: OLG Köln NJW 1973, 903, 904; *Büdenbender*, in: NK-BGB, § 442 Rdn. 18; *Grunewald*, in: Erman, § 442 Rdn. 13; *Matusche-Beckmann*, in: Staudinger, § 442 Rdn. 30; *Saenger*, in: Schulze u. a., § 442 Rdn. 5. Ob Verkehrssitte, offengelassen von BGH NJW 1982, 1700. Ähnlich bei dem Kauf von Antiquitäten: LG Bielefeld NJW 1990, 1999; *Grunewald*, in: Erman, § 442 Rdn. 15.

liegt keines der beiden Kriterien vor. Auch wenn ein Unternehmen in der Praxis fast immer kleine Schwierigkeiten aufweist, kann daraus nicht auf einen typischerweise mangelbehafteten Kaufgegenstand geschlossen werden. Schließlich führt nicht jede Unannehmlichkeit hinsichtlich einer einzelnen Unternehmenskomponente zu einem Mangel des einzelnen Gegenstandes und selbst wenn dies der Fall ist, stellen solche mangelhaften Einzelgegenstände bei einem Unternehmen noch nicht zwingend einen Unternehmensmangel dar[1070]. Insgesamt lässt sich daher trotz Vorliegens kleiner Schwierigkeiten nicht beobachten, dass Unternehmen typischerweise solche Umstände aufweisen, die die Schwelle zur Mangelhaftigkeit des Unternehmens als Ganzes überschreiten[1071].

Ebenso wenig kann man sagen, dass die Due Diligence durch den Käufer die einfachere Art der Informationsbeschaffung ist als die durch den Verkäufer oder zumindest geringen Aufwand erfordert. Der Käufer muss bei der Due Diligence in der Regel die Hilfe Dritter in Anspruch nehmen. Die Durchführung einer Due Diligence bedeutet Kosten und Zeitaufwand für ihn. Er ist außerdem von der Erlaubnis des Verkäufers und dessen Unterstützung bei der Due Diligence abhängig[1072]. Der Verkäufer bedürfte dagegen bei einer entsprechenden Untersuchung tendenziell weniger externer Unterstützung, da er direkten Zugang zu den Unternehmensinterna bzw. Fachabteilungen hat und er sowie diese sein Unternehmen auch bereits „kennen“. Selbst wenn der Verkäufer aber ebenso wie der Käufer Dritte einschalten müsste, hätte er den Vorteil, dass er die Untersuchung steuern kann, ohne auf die Erlaubnis etwaiger Dritter angewiesen zu sein. Da der Aufwand für den Käufer jedenfalls nicht gering ist, stimmt die Situation beim Unternehmenskauf auch hinsichtlich des zweiten Kriteriums nicht mit den von der Rechtsprechung bejahten Fällen der Verkehrssitte überein[1073]. Die bisherige zur

1070 Vgl. dazu und zum Erfordernis des Durchschlagens bereits ausführlich VI. 2. a. 2) a), S. 95 ff.

1071 Mit der Ablehnung einer typischen Mangelhaftigkeit auch *Fleischer, Körber*, BB 2001, 841, 846; *Beisel, Andreas*, in: Beck'sches Mandatshandbuch Due Diligence, § 5 Rdn. 26; a. A. (Unternehmen als typisch mangelhafte Kaufgegenstände) dagegen *Müller*, der trotzdem zum gleichen Ergebnis kommt, weil er darauf abstellt, dass der jeweilige Kaufgegenstand typischerweise nicht irgendeinen, sondern einen bestimmten Mangel (je nach Kaufgegenstand) aufweist (Bsp.: Fahruntüchtigkeit als typischer Mangel eines Autos) und dies beim Unternehmenskauf verneint, vgl. *Müller*, NJW 2004, 2196, 2197 f.

1072 *Beisel, Andreas*, in: Beck'sches Mandatshandbuch Due Diligence, § 5 Rdn. 29.

1073 Ebenso zu diesem Kriterium *Fleischer, Körber*, BB 2001, 841, 846; *Müller*, NJW 2004, 2196, 2197 f.; *Larisch*, Gewährleistungshaftung beim Unternehmens- und Beteiligungskauf, S. 151.

Verkehrssitte ergangene Rechtsprechung erhärtet demnach nicht die Annahme, die Due Diligence sei eine Verkehrssitte[1074].

Aus rechtsökonomischer Sicht ist die Ablehnung einer Due Diligence als Verkehrssitte begrüßenswert. Würde man dem Käufer die Due Diligence als Verkehrssitte auferlegen, könnte es zu einer Dopplung von Informationsanstrengungen kommen, weil der Verkäufer etwaigen Aufklärungspflichten nachkommen muss, während der Käufer zur Due Diligence verpflichtet ist. Um dies zu vermeiden, könnte man versuchen, Überschneidungen zu verhindern, indem man beide Pflichten voneinander abgrenzt, notfalls durch die Reduzierung einer von ihnen. Ob angemessen geklärt werden könnte, welche Pflicht die andere wie beeinflussen soll, ist zu bezweifeln. In vielen Fällen käme es wohl allein wegen Unsicherheiten der rechtlichen Bewertung in der Praxis zu Überschneidungen der Informationsanstrengungen[1075].

Zuletzt sei noch darauf hingewiesen, dass der Verkäufer oft den Verzicht auf einige Beschaffenheitsvereinbarungen und Garantien verlangt im Gegenzug für die Gestattung der Due Diligence. Er kann hier das Argument anführen, dass der Käufer die fraglichen Umstände und Risiken aufgrund der Due Diligence bereits prüfen konnte und somit kennt. Gelingt es dem Käufer nicht, diese später einzupreisen, nimmt er in diesen Fällen bewusst Nachteile in Kauf, um die Due Diligence durchführen zu dürfen[1076]. Will sich der Käufer nicht darauf einlassen und unterlässt daher die Due Diligence, wäre er trotzdem benachteiligt, wenn man die Due Diligence als Verkehrssitte werten und ihm als Folge seine Gewährleistungsrechte wegen grob fahrlässiger Unkenntnis nehmen würde. Man kann nicht davon ausgehen, dass dem Käufer zu allen Umständen eine Absicherung mittels Garantien gelingt. Er stünde in der Praxis vor der Wahl, auf seine Gewährleistungsrechte (wegen Unterlassen der Due Diligence) oder auf Garantien (um die Gestattung der Due Diligence zu erreichen) verzichten zu müssen[1077]. Lehnt man dagegen die Verkehrssitte ab, kann sich der Käufer frei entscheiden, ob er etwaige Nachteile zwecks Gestattung einer Due Diligence hinnimmt oder sich ohne Due Diligence auf Garantien oder zumindest auf die gesetzliche Gewährleistung verlässt. Die Gewährleistungsansprüche bleiben ihm bei der Ablehnung einer Verkehrssitte in jedem Fall erhalten, sodass er sich auf sie zurückziehen kann, wenn er keine Ga-

---

1074 Mit diesem Argument siehe auch *Fleischer, Körber*, BB 2001, 841, 846.

1075 Ähnlich *Fleischer*, in: Unternehmenskauf und Schuldrechtsmodernisierung, S. 103, 110.

1076 *Loges* spricht sogar von einem „Erkaufen" der Due Diligence, vgl. *Loges*, DB 1997, 965, 968.

1077 Ähnlich *Loges*, DB 1997, 965, 968.

rantien aushandeln kann. Auch dieser Aspekt stützt das bisher gefundene Ergebnis, eine Verkehrssitte zu verneinen.

Die Qualifizierung einer Due Diligence als Verkehrssitte ist demnach abzulehnen. Für ein Mitverschulden des Käufers wegen unterlassener Due Diligence (§ 254 Abs. 1 BGB) ist im Rahmen der Gewährleistungshaftung des Verkäufers kein Raum[1078]. Da die Rechtsprechung bisher nicht abschließend Stellung zu der Bewertung der Due Diligence als Verkehrssitte nehmen musste[1079], kann allerdings nicht mit aller Sicherheit davon ausgegangen werden, dass sich die Rechtsprechung der hier vertretenen Ansicht anschließt und sich diese durchsetzt[1080]. Um sich gegen dieses Risiko abzusichern, ist es empfehlenswert, im Vertragstext eine klarstellende Klausel aufzunehmen. Eine solche kann beinhalten, dass etwaige Erkenntnismöglichkeiten die Gewährleistungshaftung nicht berühren bzw. nur positive Kenntnis die Gewährleistungsansprüche ausschließt[1081].

4) Auswirkung der Ablehnung als Verkehrssitte auf etwaige Aufklärungspflichten

Lehnt man die Due Diligence als Verkehrssitte ab, ist sie eine freiwillige Prüfungshandlung des Käufers. Da er dem Verkäufer gegenüber in dieser Entscheidung frei ist[1082], kann man aus einem Unterlassen der Due Diligence keinen Erklärungswert gegenüber dem Verkäufer hinsichtlich dessen Aufklärungspflichten ableiten. Insbesondere der Verzicht auf eine Aufklärung durch den Verkäufer mit der Folge der Minderung der Aufklärungspflichten kann einem Unterlassen nicht entnommen

---

1078 H. M., vgl. BGH NJW 1978, 2240; BGH NJW 1990, 1106, 1108 sowie *Merkt*, BB 1994, 1041, 1047; *Matusche-Beckmann*, in: Staudinger, § 442 Rdn. 45. Mit Verweis auf die Gesetzesmotive und die Systematik der Gewährleistungshaftung vgl. auch BGH NJW 1978, 2240 m. w. N. (zu § 460 BGB a. F.).

1079 Auch das Urteil des OLG Oldenburg lässt die Frage, in welchem Umfang der Käufer zur Due Diligence verpflichtet ist, offen und entscheidet die Erforderlichkeit nur für den ihm vorliegenden Fall, vgl. OLG Oldenburg NZG 2007, 434 (bestätigt vom BGH mit B. v. 14.05.2007 – II ZR 165/06 (Nichtzulassungsbeschwerde)).

1080 Mit dem Hinweis auf diese Gefahr s. beispielsweise *Triebel, Hölzle*, BB 2002, 521, 526.

1081 Für Formulierungsbeispiele siehe *Weitnauer*, NJW 2002, 2511, 2516 f. Für das vertragliche Abbedingen des Ausschlussgrundes der groben Fahrlässigkeit (§ 442 Abs. 1 S. 1 BGB) siehe *Bergjan*, Die Auswirkungen der Schuldrechtsreform, S. 184.

1082 Zur davon zu unterscheidenden etwaigen Pflicht der Geschäftsleitung der Käufer-Gesellschaft gegenüber dieser siehe X. 3. d. 2), S. 235.

werden[1083]. Aufklärungspflichten bestehen nur unter besonderen Umständen und beziehen sich auf Risiken, mit denen der Käufer nach Treu und Glauben nicht rechnen musste, sondern eine Mitteilung darüber erwarten darf[1084]. Verzichtet der Käufer auf eine Untersuchung, die sich regelmäßig auf für ihn bekanntermaßen risikobehaftete oder wertbildende Umstände richtet, kann der Verkäufer nicht davon ausgehen, dass der Käufer ebenso an solchen Umständen kein Interesse hat, mit denen er gar nicht erst rechnen muss[1085].

Die Aufklärungspflichten des Verkäufers bleiben von der Entscheidung des Käufers, eine Due Diligence zu unterlassen, nicht nur hinsichtlich ihres Umfangs, sondern gänzlich unberührt, auch auf der Rechtsfolgenseite. So begründet der Verzicht auf eine Due Diligence kein Mitverschulden des Käufers, wenn der Verkäufer seine Aufklärungspflicht verletzt[1086]. Es ist also unerheblich, ob der Käufer durch eine Due Diligence den Umstand hätte erkennen können, über den der Verkäufer ihn hätte aufklären müssen. Der Verkäufer kommt seiner Aufklärungspflicht nämlich nur nach, wenn er die Informationen von sich aus offenlegt[1087], sodass für ein Mitverschulden des Käufers kein Raum ist[1088].

e. Auswirkungen einer durchgeführten Due Diligence ohne Kenntniserlangung von Mängeln

Nicht in jedem Fall geht mit einer Due Diligence die Kenntniserlangung von Mängeln einher. Hat der Käufer die Due Diligence sorgfältig durchgeführt und dabei nicht von Mängeln erfahren, stehen ihm seine Gewährleistungsrechte eindeutig zu, wenn sonst keine Besonderheiten vorliegen[1089]. Diskutiert wird aber, ob er seine Rechte nach § 442 Abs. 1 S. 2 BGB wegen grob fahrlässiger Unkenntnis

---

1083 *Loges*, DB 1997, 965, 968; *Müller*, NJW 2004, 2196, 2198; *Westermann*, ZHR 169 (2005), 248, 265 f.; *Beisel, Andreas*, in: Beck'sches Mandatshandbuch Due Diligence, § 5 Rdn. 36.

1084 Ausführlich zu den Voraussetzungen einer Aufklärungspflicht s. VII. 3. a. 1), S. 143 ff.

1085 *Fleischer, Körber*, BB 2001, 841, 847.

1086 *Loges*, DB 1997, 965, 968; *Müller*, NJW 2004, 2196, 2198.

1087 In diese Richtung BGH NJW 1970, 653, 656: Kein Mitverschulden, sogar wenn der Käufer erst selber nachfragt, aber später nicht auf die Beantwortung seiner Frage beharrt.

1088 Vgl. *Fleischer, Körber*, BB 2001, 841, 847; *Jagersberger*, Die Haftung des Verkäufers beim Unternehmens- und Anteilskauf, Kapitel 3, C. III. 2.2 b) cc) (S. 364 f.).

1089 Wie beispielsweise besondere Verdachtsmomente, die Anlass zur Nachforschung geben, vgl. X. 2., S. 222 ff.

verliert, wenn er die Due Diligence unsorgfältig durchführt und aus diesem Grund Mängel nicht erkennt. Außerdem bleibt die Frage, ob sich die durchgeführte Due Diligence auf die Aufklärungspflichten des Verkäufers auswirkt. Sie stellt sich, wenn der Käufer die aufklärungsbedürftigen Umstände trotz Due Diligence nicht (er-)kennt und sich auf die vorsätzliche Verletzung der Aufklärungspflicht durch den Verkäufer beruft.

1) Grob fahrlässige Unkenntnis wegen unsorgfältig oder unvollständig durchgeführter Due Diligence

Entscheidet sich der Käufer für eine Due Diligence, sollte er sie sorgfältig durchführen, um für den damit einhergehenden Kosten- und Zeitaufwand einen möglichst großen Nutzen von der Due Diligence zu haben. Geht er unsorgfältig vor, kann sich die Situation ergeben, dass er Mängel nicht wahrnimmt, die bei sorgfältiger Durchführung für ihn erkennbar gewesen wären. Es stellt sich die Frage, ob er in einem solchen Fall grob fahrlässig im Sinne des § 442 Abs. 1 S. 2 BGB handelt. Bejaht man dies, würde die nach den oben getroffenen Feststellungen freiwillige Due Diligence ein erhebliches Risiko für den Käufer darstellen. Bei unsorgfältiger Durchführung würde er dann nämlich seine Gewährleistungsrechte verlieren (§ 442 Abs. 1 S. 2 BGB) und stünde somit schlechter, als wenn er ganz auf die Due Diligence verzichtet hätte.

Für die Beurteilung der Frage ist maßgeblich, dass die Due Diligence freiwillig ist[1090]. Wenn sich das Unterlassen einer Due Diligence nämlich nicht nachteilig für den Käufer auswirken kann, dann darf ihm erst recht nicht ihre Durchführung schaden. Sie ist vielmehr ein freiwilliger Mehraufwand, für den er sich zum eigenen Schutz entschieden hat[1091]. Außerdem ist zu bedenken, dass die Sorgfältigkeit in der Praxis unter Zeitdruck leicht leiden kann und es bei fast jeder Due Diligence zu Hektik kommt. Unsorgfältigkeiten sind erfahrungsgemäß kaum zu verhindern[1092].

1090 Ausführlich dazu unter X. 3. d., S. 233 ff.

1091 *Fleischer, Körber*, BB 2001, 841, 848; *Loges*, DB 1997, 965, 968; *Müller*, NJW 2004, 2196, 2198; *Weitnauer*, NJW 2002, 2511, 2516; *Rödder, Hötzel, Mueller-Thuns*, Unternehmenskauf – Unternehmensverkauf, § 3 Rdn. 54; *Göthel*, in: Internationaler Unternehmenskauf, § 2 Rdn. 103; *Fleischer*, in: Unternehmenskauf und Schuldrechtsmodernisierung, S. 103, 110.

1092 *Roschmann*, ZIP 1998, 1941, 1947; *Westermann*, ZHR 169 (2005), 248, 260; *Westermann*, in: MüKo BGB, § 453 Rdn. 58; ähnlich *Jagersberger*, Die Haftung des Verkäufers beim Unternehmens- und Anteilskauf, Kapitel 3, C. III. 2.2 c) (S. 365).

Dem Käufer diesen Umstand, den er nur bedingt beeinflussen kann[1093], durch den Ausschluss seiner Rechte vorzuwerfen, wäre nicht sachgerecht[1094].

Eine unsorgfältig durchgeführte Due Diligence begründet aus den genannten Gründen nicht ohne Weiteres eine grob fahrlässige Unkenntnis gemäß § 442 Abs. 1 S. 2 BGB. Diese ist bei einer unsorgfältigen Durchführung nur dann zu bejahen, wenn der Mangel auch ohne Due Diligence für den Käufer erkennbar und damit offenkundig war[1095]. Ebenso verhält es sich, wenn der Käufer sich für eine unvollständige Due Diligence entscheidet und ihm daher Mängel unbekannt bleiben. Auch in diesem Fall kann ihm aus dem freiwilligen Mehraufwand kein Nachteil entstehen. Die unsorgfältige und unvollständige Durchführung kann auch kein Mitverschulden nach § 254 Abs. 1 BGB begründen, da diese Regelung bei der Gewährleistungshaftung nicht herangezogen wird[1096].

2) Auswirkungen einer durchgeführten Due Diligence auf Aufklärungspflichten

Die Aufklärungspflichten[1097] des Verkäufers bleiben bei einer unsorgfältigen oder unvollständigen Due Diligence ebenso wie bei einer unterlassenen unberührt[1098]. Eine Reduzierung kommt hier schon gar nicht infrage, da der Käufer durch die

1093 Oft übergibt der Verkäufer wichtige Unterlagen erst zu einem späten Zeitpunkt, manchmal sogar erst am Tag des Vertragsschlusses, und erschwert dem Käufer so die Wahrnehmung von wichtigen Informationen, vgl. *Roschmann*, ZIP 1998, 1941, 1947. Zu dieser und ähnlichen üblichen Vorgehensweisen zu Recht kritisch *Hübner*, BB 2010, 1483, 1486 f.

1094 *Fleischer, Körber*, BB 2001, 841, 848; *Müller*, NJW 2004, 2196, 2198; ähnlich *Westermann*, in: MüKo BGB, § 453 Rdn. 58.

1095 *Fleischer, Körber*, BB 2001, 841, 848; *Dietzel*, in: Arbeitshandbuch Unternehmensübernahmen, Bd. 1, § 9 Rdn. 69; *Rödder, Hötzel, Mueller-Thuns*, Unternehmenskauf – Unternehmensverkauf, § 3 Rdn. 54. A. A. *Matusche-Beckmann*, in: Staudinger, § 442 Rdn. 29 (danach differenzierend, ob der Mangel für den Käufer selbst aus den Unterlagen erkennbar ist (dann grob fahrlässig) oder nur für einen Sachverständigen); *Thiessen*, Unternehmenskauf und Bürgerliches Gesetzbuch, C. IX. 2. b), S. 297 ff. (grobe Fahrlässigkeit bei unsorgfältiger Due Diligence).

1096 H. M., vgl. BGH NJW 1978, 2240; BGH NJW 1990, 1106, 1108; *Merkt*, BB 1994, 1041, 1047; *Matusche-Beckmann*, in: Staudinger, § 442 Rdn. 45.

1097 Zu der Frage, wann Aufklärungspflichten allgemein und beim Unternehmenskauf bestehen, siehe VII. 3. a. 1) und 2), S. 143 ff. und 146 ff.

1098 *Stengel, Scholderer*, NJW 1994, 158, 164; *Beisel*, in: Der Unternehmenskauf, Kap. 2 Rdn. 13.

Due Diligence ein gesteigertes Interesse an den Unternehmensumständen dokumentiert[1099]. Der gegenteilige Einwand, dass der Käufer mit der Due Diligence zeige, alles lieber selbst prüfen zu wollen und daher keinen Wert mehr auf Auskünfte des Verkäufers zu legen[1100], ist nicht praxisnah. Dem Käufer ist bewusst, dass er bei einer noch so sorgfältigen Due Diligence nie die Gewähr haben wird, alle Mängel zu finden. Außerdem bestehen Aufklärungspflichten gerade bezüglich solcher Umstände, an die der Käufer regelmäßig nicht von allein denkt und daher selbst nicht prüfen würde[1101]. Auf die Offenlegung dieser ungewissen Umstände zu verzichten, würde für den Käufer daher ein großes Risiko bedeuten, ohne dass es ihm Vorteile einbrächte. Von einer Willenserklärung, wie der von der Gegenansicht genannten, kann man daher nicht ausgehen.

Weiter wird für eine Reduzierung der Aufklärungspflichten vorgebracht, dass der Unternehmenskäufer als im Sinne der Rechtsprechung „geschäftsgewandt" zu beurteilen sei und das Risiko des Ausschlusses seiner Rechte durch einen Rückgriff bei seinen externen Beratern kompensieren könne[1102]. Hier fehlt zum einen die Rechtfertigung, weshalb der Verkäufer entlastet werden sollte, nur weil der Käufer wiederum bei seinen Beratern Regress nehmen kann[1103]. Die Bezugnahme auf das Merkmal der Geschäftsgewandtheit geht außerdem fehl. Die Rechtsprechung verwendet es vor dem Hintergrund, dass ein geschäftsgewandter Käufer aufgrund seiner Erfahrungen mit geringem Aufwand Mängel erkennen kann[1104]. Dieser Umstand liegt bei einem Unternehmenskauf unabhängig von einer etwaigen Geschäftsgewandtheit des Käufers allerdings nicht vor, da die Due Diligence

---

1099 *Müller*, NJW 2004, 2196, 2198 f.; *Stengel, Scholderer*, NJW 1994, 158, 164; *Beisel, Andreas*, in: Beck'sches Mandatshandbuch Due Diligence, § 5 Rdn. 32.

1100 So *Loges*, DB 1997, 965, 969 (im Ergebnis für eine Abwägung im Einzelfall); ähnlich und mit Tendenz zur Reduktion: *Werner*, ZIP 2000, 989, 990.

1101 Vgl. zum entsprechenden Gedanken hinsichtlich des Unterlassens der Due Diligence schon oben unter X. 3. d. 4), S. 245 ff. Ebenso *Fleischer, Körber*, BB 2001, 841, 848.

1102 *Loges*, DB 1997, 965, 969 (im Ergebnis für eine Abwägung im Einzelfall); ähnlich und mit Tendenz zur Reduktion: *Werner*, ZIP 2000, 989, 990.

1103 Vgl. *Beisel, Andreas*, in: Beck'sches Mandatshandbuch Due Diligence, § 5 Rdn. 32. Zudem könnte der Käufer nur so weit Regress nehmen, wie in den Beraterverträgen die Haftung nicht ausgeschlossen ist. Bei Vorliegen eines entsprechenden Haftungsausschlusses würde der Käufer selbst das Risiko einer unsorgfältigen Due Diligence tragen, was wie bereits benannt, nicht sachgerecht wäre. Zu Haftungsvereinbarungen in Beraterverträgen, s. *Beisel*, in: Der Unternehmenskauf, Kap. 2 Rdn. 51 ff.; *Beisel*, in: Beck'sches Mandatshandbuch Due Diligence, § 6 Rdn. 7, 24 f.

1104 BGH NJW-RR 1996, 947; BGH NJW 1996, 1744; BGH NJW-RR 1997, 176, 176 f.

grundsätzlich kosten- und zeitintensiv ist[1105]. Der Käufer ist sogar so wenig „geschäftsgewandt", dass er in der Regel auf externe Berater zurückgreifen muss[1106]. Außerdem bezieht sich die Erfahrung der Berater gerade nicht auf das konkrete Unternehmen, sondern auf allgemeine Erfahrungen von Unternehmenskäufen. Mangels Problembewusstsein werden sie daher gerade nicht nach den entscheidungserheblichen Umständen fragen, die atypisch sind. Eine Reduzierung der Aufklärungspflichten ist damit abzulehnen.

Der Verkäufer kann einer etwaigen Aufklärungspflicht aber im Rahmen einer Due Diligence nachkommen, wenn er die jeweiligen Umstände in geeigneter Weise offenlegt[1107]. Der BGH behandelte unlängst die allgemeine Frage, ob der Verkäufer eine Aufklärungspflicht mit der Übergabe von Unterlagen erfüllt. Er entschied, dass dies nur genügt, wenn der Verkäufer aufgrund der Umstände die berechtigte Erwartung haben kann, dass der Käufer die Unterlagen nicht nur zum Zweck allgemeiner Information, sondern unter einem bestimmten Gesichtspunkt durchsehen wird, beispielsweise ein Sachverständigengutachten im Zusammenhang mit möglichen Mängeln[1108]. Auch wenn es in dem Fall nicht um eine Due Diligence ging, ist der Gedanke auf diese als grundlegende Wertung übertragbar. Der Verkäufer soll sich nicht entlasten können, indem er aussagekräftigende Informationen für den Käufer in unübersichtlicher Art zwischen anderen Informationen in Unterlagen „versteckt". Der Unternehmenskäufer hat zwar gegenüber anderen Käufern die zusätzliche Unterstützung durch Berater, allerdings sind die Datenmengen beim Unternehmenskauf in der Regel so groß, dass er trotz dieser Hilfe schutzwürdig bleibt. Auch von einem Unternehmenskäufer kann nicht erwartet oder verlangt werden, aufklärungsbedürftige Umstände ohne Anhaltspunkt „aufzuspüren". Daher sind auch bei einer Due Diligence die allgemeinen Anforderungen an die Aufklärung zu stellen. Genügt der Verkäufer diesen, darf er von einer Kenntnisnahme durch den Käufer ausgehen und hat seine Verpflichtung erfüllt unabhängig davon, ob der Käufer tatsächlich Kenntnis erlangt[1109]. Klärt er dagegen nach diesen Grundsätzen nicht

---

1105 Vgl. zur Feststellung, dass die Due Diligence keinen geringen Aufwand für den Käufer darstellt und daher nicht unter rechtsökonomischen Gesichtspunkten von ihm verlangt werden kann, schon oben unter X. 3. d. 3) b), S. 239 ff.

1106 *Beisel, Andreas*, in: Beck'sches Mandatshandbuch Due Diligence, § 5 Rdn. 32.

1107 *Fleischer, Körber*, BB 2001, 841, 848, *Möller*, NZG 2012, 841, 846; *Müller*, NJW 2004, 2196, 2198 f.; *Stengel, Scholderer*, NJW 1994, 158, 164; *Vogt*, DStR 2001, 2027, 2032.

1108 Siehe BGH NJW 2012, 846, 847.

1109 Vgl. *Geldsetzer*, M&A Review 2005, 475.

auf, ist im Hinblick auf die Aufklärungspflichtverletzung des Verkäufers ein Mitverschulden des Käufers trotz einer unsorgfältig oder unvollständig durchgeführten Due Diligence aus den gleichen Gründen abzulehnen wie bei der unterlassenen Due Diligence[1110].

4. Zeitpunkt der Kenntnis oder grob fahrlässigen Unkenntnis

Ein wichtiger Aspekt ist, wann die Kenntnis oder grob fahrlässige Unkenntnis des Käufers vorliegen muss, um einen Ausschluss seiner Gewährleistungsrechte zu bewirken. Die Regelung des § 442 Abs. 1 BGB übernimmt die Vorgängerregelung (§ 460 BGB a. F.) hinsichtlich dieses Zeitaspekts. Allerdings strich der Gesetzgeber im Rahmen der Schuldrechtsmodernisierung eine frühere zusätzliche Regelung, nach der ein weiterer Zeitpunkt maßgeblich sein konnte, nämlich die Übergabe des Kaufgegenstandes an den Käufer, vgl. § 464 BGB a. F. Im Folgenden sollen der nach heutigem Recht relevante Zeitpunkt sowie die Bedeutung des Wegfalls des § 464 BGB a. F. für den Unternehmenskauf aufgezeigt werden.

a. Zeitpunkt der Kenntnis oder grob fahrlässigen Unkenntnis nach § 442 Abs. 1 BGB

Die Regelung des § 442 Abs. 1 S. 1 BGB bestimmt, dass es für die positive Kenntnis des Käufers auf den Zeitpunkt des Vertragsschlusses ankommt. Zur grob fahrlässigen Unkenntnis gibt es keine ausdrückliche Regelung. Allerdings ergibt sich aus dem Verhältnis der beiden Bestimmungen zur Kenntnis und grob fahrlässigen Unkenntnis, dass sie beide auf denselben Zeitpunkt abstellen. Ob man auf widersprüchliches Verhalten als ratio abstellt oder die Anregung zur effektiven Vertragsgestaltung, so sollen beide den (Un-)Kenntnisstand bei Vertragsschluss betreffen, da zu diesem Zeitpunkt der Käufer den Mangel hätte spätestens ansprechen sollen. Bei der grob fahrlässigen Unkenntnis ist hinzuzufügen, dass das dieses begründende Verhalten des Käufers in der Regel schon vor Vertragsschluss stattfindet, z. B. das Unterlassen einer Untersuchung trotz entsprechender Verkehrssitte.

1110 Zur Argumentation bei unterlassener Due Diligence siehe X. 3. d., S. 233 ff. Im Ergebnis ebenso *Fleischer, Körber*, BB 2001, 841, 848; *Müller*, NJW 2004, 2196, 2198 f.; *Weitnauer*, NJW 2002, 2511, 2516; abweichend *Loges*, DB 1997, 965.

Als Zeitpunkt des Vertragsschlusses wird grundsätzlich derjenige Zeitpunkt verstanden, in dem der Vertrag nach §§ 145 ff. BGB zustande kommt[1111]. Zunehmend wird aber vertreten, bereits auf die auf Abschluss des Kaufvertrages gerichtete Willenserklärung des Käufers abzustellen. Erlange er danach Kenntnis und bleibe untätig, sei dies nicht als bewusstes Verhalten zu bewerten, das eine Akzeptanz der Mangelhaftigkeit und damit einen Widerspruch zur späteren Geltendmachung von Mängelrechten begründe[1112]. Dieser Ansatz zeigt insofern mehr Praxisnähe als der zuerst genannte, da dem Käufer die Widerrufsmöglichkeit seiner Willenserklärung bis zu deren Zugang beim Verkäufer nicht immer bekannt ist[1113]. Gestützt wird diese Ansicht mittlerweile durch ein Urteil des BGH:

Der BGH hatte einen Fall zu entscheiden, in dem der Käufer ein Angebot für einen Grundstückskaufvertrag machte, den der Verkäufer in einer davon getrennten Urkunde zu einem späteren Zeitpunkt annahm[1114]. Hier prüfte der BGH verschiedene zeitliche Stationen, die der Käufer durchlief, und inwieweit er sich dabei jeweils widersprüchlich verhielt. Selbst wenn der Käufer sein Angebot theoretisch noch widerrufen könne (§ 130 Abs. 1 S. 2 BGB), sei widersprüchliches Verhalten grundsätzlich zu verneinen. Es sei nicht davon auszugehen, dass der Käufer die rechtliche Möglichkeit des Widerrufs sowie ihre tatsächlichen Voraussetzungen kenne oder sich danach erkundigen müsse[1115]. Bei einem „gestreckten Vertragsschluss" sei daher die Beurkundung des Angebots von Käuferseite maßgeblich. Nur in Ausnahmefällen, beispielsweise wenn der Käufer Veranlassung hatte, sich nach Möglichkeiten zu erkundigen, den Eintritt der Bindungswirkung seines Angebots zu verhindern, und auch noch rechtzeitig hätte tätig werden können, sei er nicht mehr schutzwürdig. Nur in solchen Fällen sei seine Untätigkeit widersprüchliches Verhalten. Mangels enttäuschter Erwartungen verliere er dann seine Rechte nach § 442 Abs. 1 S. 1 BGB[1116].

Diese Beurteilung durch den BGH ist sachgerecht. Der Käufer wird sonst über Gebühr belastet. Würde man dem Grundsatz folgen und auf den Zugang der Annahme durch den Verkäufer abstellen, träfe ihn ein ungerechtfertigter Ausschluss seiner Rechte. Die an ihn gestellten Anforderungen hinsichtlich der Beurteilung

---

1111 *Weidenkaff*, in: Palandt, § 442 Rdn. 8.

1112 *Matusche-Beckmann*, in: Staudinger, § 442 Rdn. 16, 19; *Westermann*, in: MüKo BGB, § 442 Rdn. 6, 8; *Faust*, in: BeckOK BGB, § 442 Rdn. 7.

1113 *Faust*, in: BeckOK BGB, § 442 Rdn. 7.

1114 BGH NJW 2012, 2793.

1115 Vgl. BGH NJW 2012, 2793, 2794 ff.

1116 BGH NJW 2012, 2793, 2794 ff.

der rechtlichen Lage und den sich daraus ergebenden Möglichkeiten wären nämlich überspannt, wenn man ihm seine Untätigkeit vorwerfen würde[1117]. Die grundsätzliche Vorverlegung des Zeitpunktes ist daher angemessen. Für die Praxis des Unternehmenskaufs ist dieses Urteil insofern relevant, als dass bei einem Unternehmenskauf oft ein „gestreckter Vertragsschluss" durchgeführt wird, d. h., Angebot und Annahme werden getrennt und zu unterschiedlichen Zeiten beurkundet. Es kann sich demnach beim Unternehmenskauf die dem Urteil ähnliche Situation ergeben, dass der Unternehmenskäufer nach Angebotsabgabe, aber vor Zugang der Annahme durch den Verkäufer Kenntnis von Mängeln erlangt.

Überträgt man die vom BGH geäußerten Gedanken, ist zur Kenntnis der Widerrufsmöglichkeit zu bemerken, dass der Unternehmenskäufer regelmäßig rechtliche Beratung erhält. Daher ist die Wahrscheinlichkeit erhöht, dass er Kenntnis von der Widerrufsmöglichkeit hat. Ob dies für alle Fälle des Unternehmenskaufs pauschal anzunehmen ist, ist aber fraglich. Hinzu kommt, dass die Entdeckung einer Schwierigkeit oder eines gewissen Umstandes vor dem Hintergrund der Komplexität des Unternehmens selten zügig und einfach zu bewerten ist, insbesondere ob das Unternehmen dadurch mangelhaft ist. Sind die Parteien eines Unternehmenskaufvertrages aber erst einmal so weit, dass der Käufer eine Willenserklärung abgegeben hat, wird er sich hüten, den Deal zu gefährden, indem er sein Angebot leichtfertig ohne eingehende Prüfung der Relevanz der Entdeckung widerruft. Die daraus resultierende Spannung riskiert ein Unternehmenskäufer in der Praxis selten.

Seine Untätigkeit, die regelmäßig auf der noch andauernden Analyse der Bedeutung des ihm bekannt gewordenen Umstandes oder auch der Relevanz eines etwaigen, schon als solchen identifizierten Mangels für den Vertrag beruht, kann jedenfalls nicht als billigende Inkaufnahme mit der Folge des widersprüchlichen Verhaltens gewertet werden. Auch beim Unternehmenskauf ist demnach grundsätzlich maßgeblich, ob der Käufer bei der Abgabe seiner auf Abschluss des Kaufvertrages gerichteten Willenserklärung einen Unternehmensmangel kannte oder wegen grob fahrlässiger Unkenntnis nicht kannte. Nur ausnahmsweise ist entsprechend dem BGH – allerdings in restriktiver Handhabe – das Zustandekommen des Vertrages nach §§ 145 ff. BGB als maßgeblicher Zeitpunkt heranzuziehen. So beispielsweise dann, wenn der Unternehmenskäufer

---

1117 Ebenso grundsätzlich zustimmend *Looschelders*, der darauf hinweist, dass die vom BGH angesprochenen Ausnahme, nicht Anlass dazu sein darf, weitreichenden Erkundigungspflichten des Käufers anzunehmen, vgl. *Looschelders*, JA 2012, 944, 945 f.

den Mangel vollständig in seiner Bedeutung erfassen konnte und von seinen Beratern nachweislich auf die Möglichkeit des Widerrufs hingewiesen wurde bzw. diese kannte.

b. Streichung des § 464 BGB a. F.: Kenntnis bei Übergabe

Bis zur Schuldrechtsmodernisierung galt die Regelung des § 464 BGB a. F., nach der die Gewährleistungsrechte des Käufers auch dann ausgeschlossen waren, wenn der Käufer den Kaufgegenstand in Kenntnis des Mangels vorbehaltlos annahm. Grob fahrlässige Unkenntnis genügte danach nicht[1118]. Die Parteien vereinbarten aber oft eine Kenntnisfiktion, nach der sich der Käufer Umstände als bekannt zurechnen lassen musste, die er nach den vom Verkäufer gelieferten Informationen hätte erfahren können. Dadurch kam es zu einer Entlastungsmöglichkeit des Verkäufers, der sich dann bereits bei einer Kenntnismöglichkeit auf § 464 BGB a. F. berufen konnte[1119], was dem Berufen auf (grob)fahrlässige Unkenntnis gleichkommt.

Die Annahme eines Kaufgegenstandes als Erfüllung im Sinne des § 464 BGB a. F. setze ein Verhalten des Käufers voraus, aus dem geschlossen werden kann, dass er die Leistung als im Wesentlichen vertragsgemäß ansehe[1120]. Die Regelung des § 464 BGB a. F. wurde im Rahmen der Schuldrechtsmodernisierung ersatzlos aufgehoben, weil der Gesetzgeber sie für unvereinbar mit Art. 2 Abs. 3 der Verbrauchsgüterrichtlinie hielt. Auch die Beibehaltung für andere Käufe als dem Verbrauchsgüterkauf wurde abgelehnt, da der Gesetzgeber von einer geringen praktischen Bedeutung der Regelung ausging[1121]. Für den Unternehmenskauf hatte sie allerdings eine erhebliche Relevanz.

In der Praxis entscheiden sich die Parteien oft für einen gestreckten Unternehmenskauf, bei dem die Übergabe des Unternehmens dem Vertragsschluss zeitlich nachfolgt. Bei der Übergabe des Unternehmens nimmt der Käufer das

---

1118 Vgl. den Wortlaut des § 464 BGB a. F. sowie *Honsell*, in: Staudinger, 12. Aufl. (1978), § 464 Rdn. 2. Der Haftungsausschluss des § 464 BGB a. F. konnte aber vertraglich auf das der grob fahrlässigen Unkenntnis zugrunde entsprechende Kennenmüssen erweitert werden, vgl. dazu *Gronstedt, Jörgens*, ZIP 2002, 52, 59.

1119 *Gronstedt, Jörgens*, ZIP 2002, 52, 59; *Klumpp*, in: Der Unternehmenskauf, Kap. 16 Rdn. 53 f.

1120 Vgl. nur BGH NJW 1958, 1724; *Honsell*, in: Staudinger, 12. Aufl. (1978), § 464 Rdn. 2.

1121 BT-Drucks. 14/6040, S. 205.

Unternehmen als Erfüllung an, d. h., wenn der Verkäufer dem Käufer die Verfügungsmacht verschafft[1122]. Besonders steuerliche oder kartellrechtliche Gründe können die Parteien zu einem gestreckten Unternehmenskauf bewegen[1123]. Dass der Käufer in der Zeit zwischen Vertragsschluss und der Übergabe des Unternehmens als Annahme Kenntnis von bisher für ihn unbekannten Mängeln erhält, ist nicht unwahrscheinlich. Auch können sich Umstände in dieser Zeit verschlechtern, sodass Mängel erst entstehen[1124]. Nach heutigem Recht und dem Wegfall des § 464 BGB a. F. behält der Käufer seine Rechte trotz Kenntnismöglichkeit und sogar positiver Kenntnis nach Vertragsschluss und vor Übergabe, auch wenn er das Unternehmen ohne Vorbehalt annimmt. Lediglich die Auslegung kann im Einzelfall ergeben, dass in der rügelosen Annahme eine den bisherigen Vertrag abändernde Vereinbarung hinsichtlich der Beschaffenheit des Kaufgegenstandes liegt, nach der der bekannte Umstand keinen Mangel darstellt und der Verkäufer demnach nicht mit Blick für diesen Umstand nach Gewährleistungsrecht haftet[1125].

Die Streichung und damit die neue gesetzliche Risikoverteilung bei gestreckten Unternehmenskäufen sind hinzunehmen. Weder der Wortlaut des § 442 Abs. 1 BGB noch die Gesetzgebungsmaterialien sowie die Vereinbarkeit mit der zugrunde liegenden Verbrauchsgüterkaufrichtlinie lassen etwas anderes zu[1126]. In der Praxis kann das Verhältnis der Parteien in der Zeit zwischen Vertragsschluss und Übergabe von der heutigen Rechtslage beeinträchtigt werden. In der Regel bemüht sich der Käufer in dieser Zeit, seine bisherigen Informationen über das Unternehmen zu vertiefen. Dann kann er nach der Übergabe schneller

---

1122 Vgl. *Rödder, Hötzel, Mueller-Thuns*, Unternehmenskauf – Unternehmensverkauf, § 9 Rdn. 64.

1123 Vgl. *Gronstedt, Jörgens*, ZIP 2002, 52, 59; *Seibt, Reiche*, DStR 2002, 1135, 1141 und Fn. 64; *Weber-Rey*, in: Arbeitshandbuch Unternehmensübernahmen, Bd. 1, § 11 Rdn. 51; *Niewiarra*, Unternehmenskauf, S. 130.

1124 Für den maßgeblichen Zeitpunkt der Beurteilung, ob Mangelhaftigkeit vorliegt, siehe VI. 4., S. 128 ff.

1125 Die Beweislast für eine entsprechende Vertragsänderung liegt aber beim Verkäufer und dürfte schwer zu erbringen sein. Mit dieser Möglichkeit bzw. zu ihren Grenzen s. BT-Drucks. 14/6040, S. 205; *Wendlandt*, ZGS 04, 88, 89; *Saenger*, in: Schulze u. a., § 442 Rdn. 4.

1126 Insbesondere kann der Inhalt des § 464 BGB a. F. aufgrund des Art. 2 Abs. 3 der Verbrauchsgüterrichtlinie nicht über § 242 BGB wieder zur Anwendung gebracht werden, ausführlich dazu *Wendlandt*, ZGS 04, 88, 89 f.; *Faust*, in: BeckOK BGB, § 442 Rdn. 6; a. A. OLG Celle ZGS 2004, 476 (Anwendung der Wertung des § 464 BGB a. F. über § 242 BGB).

und effektiver beginnen, seine Pläne umzusetzen wie z. B. die Integration in die eigene Unternehmensgruppe[1127]. Während der Verkäufer vor der Schuldrechtsmodernisierung von der Kenntniserlangung des Käufers bis zur Übergabe profitieren konnte, kann der Verkäufer in den Nachforschungen des Käufers vor Übergabe nach der heutigen Gesetzeslage keine Chance mehr auf Entlastung sehen. Daher ist es nicht unwahrscheinlich, dass er seine Unterstützung hinsichtlich solcher Nachforschungen gering hält, was das Verhältnis zwischen den Parteien belasten kann[1128].

Diese Problematik kann durch vertragliche Regelungen vermieden werden. So wie die Parteien in der Praxis grundsätzlich den maßgeblichen Zeitpunkt für den Übergang von Chancen und Risiken und der Mangelhaftigkeit vertraglich vereinbaren[1129], bestimmen sie zumeist auch die Risikoverteilung hinsichtlich einer etwaigen Kenntnis des Käufers eigenständig im Vertrag. Dies ist auch zu empfehlen[1130]. Einigen sich die Parteien auf eine dem § 464 BGB a. F. ähnliche Bestimmung, ist die durch seine Streichung erweiterte Haftung des Verkäufers wieder angemessen begrenzt[1131]. Für den Käufer ergibt sich damit zwar eine strengere als die gesetzliche Regelung, andererseits kann er in diesem Fall auf mehr Unterstützung durch den Verkäufer bei der Informationsbeschaffung vertrauen. Dass die Verbrauchsgüterrichtlinie eine dem § 464 BGB a. F. entsprechende Regelung nicht vorsieht, bedeutet zudem keine grundlegende Wertung, nach der von keinem Käufer bei Kenntnis ein Vorbehalt zu verlangen sei. Sie bezieht sich nur auf Verbraucher.

Anders als diese besitzt der Käufer eines Unternehmens eine gewisse Erfahrung in geschäftlicher Hinsicht und wird zudem von externen Spezialisten unterstützt. Ihm ist es daher bei einer entsprechenden vertraglichen Vereinbarung zumutbar, bei Annahme des Unternehmens einen Vorbehalt zu erklären, wenn ihm Mängel bekannt sind. Anders als bei der Diskussion um den maß-

---

1127 *Gronstedt, Jörgens*, ZIP 2002, 52, 59 f.

1128 Ähnlich *Gronstedt, Jörgens*, ZIP 2002, 52, 59 f.; *Niewiarra*, Unternehmenskauf, S. 130; *Thiessen*, Unternehmenskauf und Bürgerliches Gesetzbuch, C. IX. 1., S: 293; *Jagersberger*, Die Haftung des Verkäufers beim Unternehmens- und Anteilskauf, Kapitel 3, C. III. 2.3 (S. 369 f.).

1129 Vgl. XII. 3., S. 313.

1130 Ebenso *Gronstedt, Jörgens*, ZIP 2002, 52, 59 f.; *Seibt, Reiche*, DStR 2002, 1135, 1141; *Seibt, Raschke, Reiche*, NZG 2002, 256, 257; *Wendlandt*, ZGS 2004, 88, 90 f.; *Rödder, Hötzel, Mueller-Thuns*, Unternehmenskauf – Unternehmensverkauf, § 10 Rdn. 88; *Niewiarra*, Unternehmenskauf, S. 130.

1131 Ähnlich *Wunderlich*, WM 2002, 981, 986.

geblichen Zeitpunkt nach § 442 Abs. 1 BGB geht der Käufer hier auch nicht mehr das Risiko ein, dass der Verkäufer den Hinweis auf etwaige Mängel als Anlass nimmt, den Vertrag nicht abzuschließen oder anders zu verhandeln. Der Vertrag ist bei der Übergabe des Unternehmens bereits abgeschlossen. Behält sich der Käufer nun zu leichtfertig einen etwaigen Mangel vor, kann sich dies nur positiv für ihn auswirken, falls es tatsächlich einer ist. Ihm drohen anders als vor dem Vertragsschluss keine Nachteile. Es ist kein berechtigter Grund ersichtlich, warum er bei der Übertragung nach Vertragsschluss noch länger vorsichtig sein sollte, sodass ihn eine entsprechende vertragliche Vereinbarung nicht über Gebühr belastet.

5. Kenntnis oder grob fahrlässige Unkenntnis verschiedener Personen und ihre jeweilige Bedeutung für den Käufer

Auf den Seiten beider Parteien sind beim Unternehmenskauf viele Personen beteiligt. Bei der Frage nach der Kenntnis oder grob fahrlässigen Unkenntnis des Käufers ist nach den allgemeinen Regeln auch das Wissen derer zu berücksichtigen, die für ihn tätig werden. Dabei kann es sich um Angestellte des Käufers handeln sowie um externe, für den Unternehmenskauf hinzugezogene Dritte wie insbesondere M&A-Berater. Bei einer Stellvertretung (§§ 164 ff. BGB) des Käufers gilt § 166 BGB, sodass das Wissen des Vertreters maßgeblich ist sowie je nach den Umständen des Einzelfalls zusätzlich das des Käufers[1132].

Aber auch ohne Stellvertretung kann dem Käufer das Wissen seiner internen und externen Berater zugerechnet werden. Als rechtliche Grundlage werden § 278 BGB[1133] und § 166 Abs. 1 BGB (Figur des sog. „Wissensvertreters“)[1134] genannt. Für eine Anwendung des § 278 BGB muss der Berater Erfüllungsgehilfe sein.

1132 Vgl. § 166 Abs. 1 und 2 BGB; allgemein zur Wissenszurechnung bei § 442 BGB: *Matusche-Beckmann*, in: Staudinger, § 442 Rdn. 10.

1133 Vgl. *Merkt*, BB 1995, 1041, 1047; *Merkt*, WiB 1996, 145, 150.

1134 *Fatemi*, NJOZ 2010, 2637, 2642; *Fleischer, Körber*, BB 2001, 841, 847; *Weitnauer*, NJW 2002, 2511, 2516; *Jagersberger*, Die Haftung des Verkäufers beim Unternehmens- und Anteilskauf, Kapitel 3, C. III. 2.2 a), S. 356 f. und Kapitel 3. B. II. 1.1 d) ff) (S. 166); *Thiessen*, Unternehmenskauf und Bürgerliches Gesetzbuch, C. IX. 3. a), S. 300; *Matusche-Beckmann*, in: Staudinger, § 442 Rdn. 8; *Faust*, in: BeckOK BGB, § 442 Rdn. 12; *Valenthin*, in: BeckOK BGB, § 166 Rdn. 17 ff.

Erfüllungsgehilfe ist, wer als Hilfsperson des Schuldners mit dessen Willen tätig wird bei der Erfüllung einer diesem obliegenden Verbindlichkeit[1135]. Inwiefern der Käufer eine Verbindlichkeit gegenüber dem Verkäufer erfüllt, wenn er sich über das Unternehmen informiert, ist zweifelhaft. Die herrschende Meinung spricht sich daher für die Wissenszurechnung nach § 166 BGB analog aus. Dabei kommt es darauf an, ob die betroffene Person nach der Arbeitsorganisation dazu berufen ist, als Repräsentant dessen, dem das Wissen zugerechnet werden soll, im Rechtsverkehr bestimmte Aufgaben in eigener Verantwortung zu erledigen und die dabei angefallenen Informationen zur Kenntnis zu nehmen sowie gegebenenfalls weiterzuleiten[1136]. Ein Tätigwerden allein im Innenverhältnis schließt die Anwendung des § 166 BGB analog dagegen aus[1137]. Tritt ein Berater bei der Due Diligence nach außen als sogenannter Wissensvertreter des Käufers auf, liegen die Voraussetzungen des § 166 BGB analog vor, auch wenn er die Informationen im konkreten Einzelfall nicht weitergab[1138].

Hinsichtlich Angestellten des Verkäufers wird zudem die sogenannte Wissenszusammenrechnung vorgenommen, damit der Vertragspartner einer juristischen Person, einer Personengesellschaft oder einer sonstigen Organisationsform, die zu einer Wissenszersplitterung führen kann, nicht schlechter steht als der einer natürlichen Person[1139]. Danach kann das Wissen solcher Mitarbeiter zugerechnet werden, die nicht am Vertragsabschluss beteiligt waren. Voraussetzung ist, dass ihr Wissen bei ordnungsgerechter Organisation aktenmäßig festzuhalten, weiterzugeben und vor Vertragsabschluss abzufragen ist[1140]. Hintergrund der Zurechnung ist

1135 Zum Erfüllungsgehilfen vgl. BGH NJW 1954, 1193; BGH NJW 1974, 692; BGH NJW 1996, 452.

1136 Zur Wissenszurechnung nach § 166 BGB analog s. BGH NJW 1992, 1099, 1100; BGH NJW 1997, 1917; BGH NJW 2001, 359, 360; *Waltermann*, NJW 1993, 889, 891 f.; *Schramm*, in: MüKo BGB, § 166 Rdn. 24 ff., 28 ff.; *Valenthin*, in: BeckOK BGB, § 166 Rdn. 17 ff.

1137 BGH NJW 1992, 1099, 1100; BGH, NJW-RR 2003, 989, 990; OLG Karlsruhe, MittBayNot 2005, 401, 404.

1138 *Fleischer, Körber*, BB 2001, 841, 847; *Weitnauer*, NJW 2002, 2511, 2516; *Westermann*, ZHR 169 (2005), 248; *Heinrichs*, in: Palandt, § 166 Rdn. 6 ff.

1139 Vgl. dazu BGH NJW 1990, 975, 976; dazu die Anmerkung teils kritische Anmerkung *Bohrer*, DNotZ 1991, 124; *Valenthin*, in: BeckOK BGB, § 166 Rdn. 22.

1140 Für den Unternehmenskauf: *Thiessen*, Unternehmenskauf und Bürgerliches Gesetzbuch, C. IX. 3. a), S. 300; allgemein: BGHZ 132, 30, 35; BGH NJW 1990, 975, 976; BGH NJW 2001, 359, 360; *Schramm*, in: MüKo BGB, § 166 Rdn. 24 ff., 28 ff.; *Valenthin*, in: BeckOK BGB, § 166 Rdn. 22. Dazu, dass durch künstliche Speicher vermitteltes Wissen auch zugrechnet werden kann, wenn es einen Anlass der Gedanke des Verkehrsschutzes und die damit zusammenhängende Pflicht zur ordnungsgemäßen Organisation der Kommunikation, wenn Wissen erlangt wird, das für Dritte von rechtlicher Bedeutung ist[1141]. Der Käufer kann demnach nicht darauf verweisen, dass eine Abteilung, deren Mitarbeiter eine gewisse Kenntnis hatten, für die Vertragsverhandlungen nicht zuständig war und ihre Mitarbeiter demnach nicht an diesen teilgenommen haben.

Damit eine Kenntniserlangung eines Beraters für den Käufer nicht nur die negative Folge des § 442 Abs. 1 S. 1 BGB aufgrund der Wissenszurechnung hat, ist auf eine gute Kommunikation zwischen allen Beteiligten auf Käuferseite zu achten[1142]. Nur wenn die Informationen bei den jeweils Zuständigen des Käufers ankommen, gebündelt und gegebenenfalls wieder weiter an Abteilungen verteilt werden, kann der Käufer auch die Vorteile der Kenntnis nutzen, indem er sie beispielsweise beim Aushandeln der Gewährleistungshaftung und zur Bemessung des Unternehmenswertes berücksichtigt.

Teilt ein externer Berater des Käufers diesem einen Mangel nicht rechtzeitig mit, kann dies eine Pflichtverletzung des Berater- bzw. Dienstleistungsvertrages darstellen. Ebenso kann die unsorgfältige Durchführung einer allgemeinen Begutachtung des Unternehmens oder einer Due Diligence eine diesbezügliche Pflicht verletzen. Insbesondere dann, wenn dabei offenkundige Mängel nicht erkannt werden, kann es auch zu einem Schaden des Käufers, nämlich dem Ausschluss seiner Gewährleistungsrechte kommen. Ob und inwieweit der Berater in so einem Fall haftet, hängt neben den Umständen des Einzelfalls von seinem konkreten Vertrag mit dem Käufer ab[1143]. Bei der Gestaltung eines solchen sollte der Käufer daher nicht unterschätzen, welche Folgen gewisse Vereinbarungen wie beispielsweise Freizeichnungsklauseln haben[1144].

Gibt es mehrere Käufer und nur einer von ihnen hatte Kenntnis oder grob fahrlässige Unkenntnis hinsichtlich eines Mangels[1145], sind nur die Gewährleistungs-

---

gab, die jeweiligen Daten abzurufen, vgl. *Schultz*, NJW 1996, 1392, *Schultz*, NJW 1997, 2093. Kritisch zur Wissenszusammenrechnung: *Waltermann*, NJW 1993, 889, 892 f.

1141 Vgl. BGH NJW 1996, 1339, 1340 f.

1142 Mit Hinweis auf die Bedeutung guter Kommunikation auch *Merkt*, BB 1995, 1041, 1047; *Göthel*, in: Internationaler Unternehmenskauf, § 2 Rdn. 113.

1143 Zur Beraterhaftung *Beisel*, in: Der Unternehmenskauf, Kap. 2 Rdn. 51 ff.; *Holzapfel, Pöllath*, Unternehmenskauf, Rdn. 734 ff.

1144 Mit Hinweis auf diese auch *Merkt*, BB 1995, 1041, 1047.

1145 Die anderen Käufer dürfen nicht nur keine eigene Kenntnis oder grob fahrlässige Unkenntnis haben, sondern ihnen darf sie auch nicht zuzurechnen sein.

rechte von diesem einen Käufer ausgeschlossen[1146]. Beim Rücktritt wirkt sich seine Kenntnis für die anderen Käufer aber insoweit aus, als dass er einheitlich geltend gemacht werden muss, vgl. § 351 BGB[1147]. Da dem Käufer mit Kenntnis die Geltendmachung des Rücktritts nicht möglich ist, scheidet ein Rücktritt auch für die anderen Käufer aus[1148].

1146 *Matusche-Beckmann*, in: Staudinger, § 442 Rdn. 9; *Faust*, in: BeckOK BGB, § 442 Rdn. 13.

1147 Neben dem hier behandelten Rücktritt gilt dies ebenso für die Minderung, vgl. § 441 Abs. 2 BGB.

1148 Vgl. *Faust*, in: BeckOK BGB, § 442 Rdn. 13.

XI. Rechtsfolgen des Rücktritts, § 346 BGB

Nach § 346 Abs. 1 BGB muss jede Partei im Falle des Rücktritts die empfangenen Leistungen zurückgewähren. Neben den empfangenen Leistungen sind von beiden Parteien auch die von ihnen bisher gezogenen Nutzungen (§ 100 BGB) herauszugeben, § 346 Abs. 1 BGB. Die Ausübung des Rücktrittsrechts begründet somit ein Rückgewährschuldverhältnis. Ist einer Partei die Rückgewähr der empfangenen Leistungen oder die Herausgabe der Nutzungen nicht möglich, hindert dies den Rücktritt nicht[1149]. Lediglich die Rechtsfolgen des Rücktritts ändern sich in diesem Fall. Es tritt prinzipiell eine Verpflichtung zu Wertersatz an die Stelle der Herausgabepflicht, § 346 Abs. 2 BGB. Ausnahmsweise kann diese aber wiederum entfallen, wobei die Ausnahmen in § 346 Abs. 3 BGB geregelt sind. Der Verweis in § 346 Abs. 4 BGB stellt zudem klar, dass jede Partei bei einer Verletzung der Pflichten aus dem Rückgewährschuldverhältnis nach dem allgemeinen Leistungsstörungsrecht Schadensersatz verlangen kann. Die Voraussetzungen für den Ersatz von Nutzungen, die von den Parteien nach dem Empfang der Leistungen nicht gezogen wurden, sind in § 347 Abs. 1 BGB geregelt. Ersatzansprüche wegen Ver- bzw. Aufwendungen, die die Parteien in Bezug auf die empfangenen Leistungen getätigt haben, können die Parteien nach Maßgabe des § 347 Abs. 2 BGB geltend machen.

1. Begründung eines Rückgewährschuldverhältnisses, § 346 Abs. 1 BGB

§ 346 Abs. 1 BGB setzt die Ausübung eines Rücktrittsrechts voraus und begründet als Folge ein Rückgewährschuldverhältnis. Die Voraussetzungen und Ausschlussgründe,

---

1149 Anders noch die Rechtslage vor der Schuldrechtsreform, als im Gewährleistungsrecht die Wandelung der Rechtsbehelf zur Rückgängigmachung des Vertrages war. Für die Wandelung galten die Rücktrittsvorschriften entsprechend, §§ 467 S. 1, 634 Abs. 4 BGB a. F. Die Wandelung war wie der damalige Rücktritt in bestimmten Fällen ausgeschlossen, wenn dem Rücktrittsberechtigten die Rückgabe der empfangenen Leistungen unmöglich war, vgl. §§ 351–353 BGB a. F. Im Übrigen wurde durch die Unmöglichkeit der Rückgabe eine verschuldensabhängige Schadensersatzpflicht begründet, vgl. § 347 Satz 1 BGB a. F. i. V. m. § 989 BGB.

die vorliegen müssen oder nicht dürfen, damit das hier behandelte Rücktrittsrecht wegen Schlechtleistung dem Käufer zusteht, wurden bereits erläutert, vgl. §§ 323 Abs. 1, 437 Nr. 2 BGB (gegebenenfalls i. V. m. § 440 BGB oder § 326 Abs. 5 BGB). Ist der Käufer danach zum Rücktritt berechtigt, kann er das Recht durch die Abgabe einer wirksamen Rücktrittserklärung gegenüber dem Verkäufer ausüben, vgl. § 349 BGB[1150]. Die Wirksamkeitsanforderungen richten sich dabei nach den allgemeinen Voraussetzungen einer Willenserklärung, wobei der Rücktritt als Gestaltungsrecht grundsätzlich bedingungsfeindlich und die Rücktrittserklärung demnach nicht mit einer Bedingung zu verbinden ist[1151].

Durch das Bestehen eines Rücktrittsrechts und die wirksame Rücktrittserklärung wandelt sich der ursprüngliche Vertrag in ein Abwicklungsverhältnis[1152] mit vertraglicher Grundlage um[1153]. Die noch nicht erfüllten primären Leistungspflichten erlöschen, auch wenn diese einhellige Auffassung im Rahmen der Schuldrechtsmodernisierung nicht ausdrücklich kodifiziert wurde[1154]. Das Rückgewährschuldverhältnis trifft grundsätzlich beide Parteien gleichermaßen[1155]. Jede Partei ist demnach Rückgewährschuldner und zugleich -gläubiger[1156], egal ob sie im ursprünglichen Vertragsverhältnis Schuldner oder Gläubiger war. Die Pflicht des Schuldners besteht jeweils darin, die empfangenen Leistungen zurückzugewähren.

1150 *Gaier*, in: MüKo BGB, § 346 Rdn. 11.

1151 Vgl. nur *Ellenberger*, in: Palandt, Überbl v § 104 Rdn. 17; *Gaier*, in: MüKo BGB, § 349 Rdn. 2 ff.; *Schulze*, in: Schulze u. a., § 349 Rdn. 1; *Grothe*, in: BeckOK BGB, § 346 Rdn. 6.

1152 Diesen Begriff verwendet die Rechtsprechung, um das Verhältnis der Vertragsparteien nach einem Rücktritt zu beschreiben, vgl. z. B. BGHZ 88, 46, 48; BGH NJW 1994, 1161, 1162; *Grothe*, in: BeckOK BGB, § 346 Rdn. 9.

1153 Die frühere h. M. (RGZ 61, 128, 132; 136, 33), die noch von einem gesetzlichen Schuldverhältnis im Sinne eines modifizierten Bereicherungsverhältnisses ausging, ist überholt, so auch BT-Drucks. 14/6040, S. 191.

1154 BT-Drucks. 14/6040, S. 194; zur h. M.: BGH NW 2008, 911; BGH NJW 2009, 575, 577; *Kaiser*, in: Staudinger, § 346 Rdn. 34, 65; *Gaier*, in: MüKo BGB, Vorbem. § 346 Rdn. 36; *Hager* in: NK-BGB, § 346 Rdn. 14; *Grothe*, in: BeckOK BGB, § 346 Rdn. 9.

1155 Nur in zwei Fällen wird der zum Rücktritt Berechtigte besser gestellt als der Rücktrittsgegner, vgl. §§ 346 Abs. 3 S. 1 Nr. 3, 347 Abs. 1 S. 2 BGB.

1156 Die Verwendung der Begriffe *Schuldner* und *Gläubiger* bezieht sich in diesem Kapitel daher nicht auf die Rollen der Parteien nach dem ursprünglichen Vertrag, sondern auf die konkret betrachtete Position in dem Rückgewährschuldverhältnis. Die Positionen des Rückgewährschuldners und -gläubigers können dabei jeweils von beiden Parteien ausgefüllt werden.

Dabei sind die Leistungen grundsätzlich genau so zurückzugeben, wie sie von der anderen Partei erbracht wurden, d. h. im ursprünglichen Zustand.

Unabhängig davon, ob es sich bei der nach dem Vertrag geschuldeten Leistung um eine Gattungs- oder Stückschuld gehandelt hat, ist die herauszugebende Leistung immer Stückschuld[1157]. Selbst wenn die vertragliche Verbindlichkeit nur eine Gattungsschuld war, wird sie durch die Annahme der Leistung seitens des Käufers nämlich zu einer Stückschuld konkretisiert. Ab diesem Zeitpunkt ist nur der angenommene Gegenstand die empfangene Leistung, kein anderer der gleichen Gattung. Daraus folgt, dass der Rückgewährschuldner im Falle der Zerstörung der erhaltenen Sache die Wertersatzpflicht nicht durch Rückgabe einer anderen Sache gleicher Art abwenden kann[1158]. Vielmehr sieht das Gesetz für den Käufer gerade keine Möglichkeit einer Ersatzbeschaffung eines gleichartigen Gegenstandes im Rahmen des Rückgewährschuldverhältnisses vor. Für den Fall des Unvermögens[1159], die tatsächlich geleistete Sache herauszugeben, ordnet es stattdessen den Ausgleich in Geld und damit ein „Modell der Rückabwicklung dem Werte nach" an[1160].

2. Anwendbarkeit und Bedeutung des § 346 BGB beim Unternehmenskauf

§ 453 Abs. 1 BGB ordnet die entsprechende Anwendung des § 346 BGB beim Unternehmenskauf an. Es bleibt aber zu prüfen, inwieweit wegen der Eigenart des Unternehmens Modifikationen bei der Ausführung erforderlich sind[1161] und die gesetzgeberische Entscheidung der entsprechenden Anwendung auch beim Unternehmenskauf zu sachgerechten Ergebnissen führt. In der Praxis werden die Pflichten der Parteien eines Unternehmenskaufs im Anschluss an einen Rücktritt, die empfangenen Leistungen zurückzugewähren, regelmäßig unter Ausschluss der Öffentlichkeit in Schiedsverfahren thematisiert. Die Fragen, die sich im Rahmen

---

1157 *Hager*, in: NK-BGB, § 346 Rdn. 14, 20; *Grothe*, in: BeckOK BGB, § 346 Rdn. 31; *Kaiser*, in: Staudinger, § 346 Rdn. 69.

1158 *Faust*, in: jurisPK-BGB, § 346 BGB Rdn. 54; *Kaiser*, in: Staudinger, § 346 Rdn. 69.

1159 Zu der umstrittenen Frage, ob damit die Unmöglichkeit gemäß § 275 BGB zu verstehen ist, vgl. XI. 3. b., S. 275 ff.

1160 Mit diesem Begriff BT-Drucks. 14/6040, S. 194.

1161 Zur Reichweite und Bedeutung der gesetzgeberischen Anordnung der entsprechenden Anwendung in § 453 Abs. 1 BGB s. V. 2., S. 44 ff.

dieser Verpflichtungen aus der besonderen rechtlichen Konstruktion des Unternehmenskaufs und aus dem Kaufgegenstand Unternehmen sowohl in rechtlicher als auch in praktischer Hinsicht ergeben, sollen im Folgenden näher untersucht werden.

a. Empfangene Leistung beim Unternehmenskauf

Beim Unternehmenskauf führt die Regelung des § 346 Abs. 1 BGB dazu, dass der Verkäufer den Kaufpreis an den Käufer zurückgeben muss. Die Rückzahlung des Kaufpreises ist in der Praxis allgemein nicht ungewöhnlich. Sie ist vielmehr üblicherweise auch bei einem Rücktritt von einem Sachkauf zu beobachten. Sie begegnet beim Unternehmenskauf den gleichen begrenzten Problemen wie beim Sachkauf. So ist der Verkäufer beispielsweise aufgrund der Eigenart des Geldes nicht verpflichtet, die empfangenen Münzen oder Scheine, sondern „nur" den empfangenen Geldwert zurückzugewähren. Zu dieser generellen Thematik sei auf die entsprechende, allgemeine Rechtsprechung und Literatur verwiesen[1162].

Der Verpflichtung des Verkäufers zur Rückzahlung des Kaufpreises steht beim Unternehmenskauf die Pflicht des Käufers gegenüber, seinerseits die vom Verkäufer empfangenen Leistungen herauszugeben[1163]. Als Erstes stellt sich hierbei die Frage, was der Käufer als empfangene Leistung an den Verkäufer herausgeben muss. Dabei ist zwischen den verschiedenen Arten des Unternehmenskaufs zu differenzieren. Aus der von den Parteien gewählten rechtlichen Konstruktion ergibt sich das, was der Verkäufer dem Käufer übergeben und dieser demnach empfangen hat.

1) Empfangene Leistung beim Asset Deal

Beim Asset Deal werden wegen des sachenrechtlichen Spezialitätsgrundsatzes Einzelübertragungen aller Vermögenswerte vorgenommen. Daneben leitet der Verkäufer den gesamten Organismus, der das Unternehmen ausmacht, auf den Käufer über. Im Ergebnis erhält der Käufer somit das Unternehmen vom Verkäufer.

1162 Vgl. nur *Hager*, in: NK-BGB, § 346 Rdn. 22.

1163 Die Wörter Rückgewähr und Herausgabe werden im folgenden Text beide auch mit Blick auf die empfangene Leistung benutzt, auch wenn in § 346 Abs. 1 BGB Herausgabe nur bezüglich der gezogenen Nutzungen verwendet wird.

Das Unternehmen ist daher als die empfangene Leistung zurückzugewähren. Die Herausgabepflicht umfasst dabei nicht weniger, als der Käufer empfangen hat. Es genügt nicht, wenn der Käufer durch Einzelübertragung die gesamten Vermögenswerte an den Verkäufer zurücküberträgt. Vielmehr muss er genauso wie zuvor der Verkäufer nun selber dafür sorgen, dass der andere, nun der Verkäufer, wieder in die Gegebenheiten des Unternehmens eingeführt wird[1164]. Schließlich ist das Zusammenspiel des Gesamtgefüges Unternehmen gerade das, was den – empfangenen – Gegenstand ausmacht. In der Zeit zwischen der Übergabe durch den Verkäufer und der Rückgabe durch den Käufer können sich außerdem im Rahmen des normalen Geschäftsbetriebes Veränderungen des Unternehmens ergeben haben, die der Verkäufer ohne Einweisung des Käufers nur mit einigem Aufwand nachvollziehen kann. Hier soll der Verkäufer nicht weniger erhalten, als der Käufer empfangen hat.

2) Empfangene Leistung beim Share Deal

Haben die Parteien einen Share Deal vereinbart, hat der Käufer sämtliche oder nahezu alle Anteile einer Gesellschaft und damit das von dieser Gesellschaft betriebene Unternehmen erworben[1165]. Fraglich ist, ob das Unternehmen oder auch die Anteile die empfangenen Leistungen darstellen und für die Rückgewährpflicht maßgeblich sind. Dieses Thema ist in den Fällen von Bedeutung, in denen die dem Käufer übertragenen Anteile nicht mehr existieren, während das Unternehmen weiter besteht und beispielsweise von einer anderen Gesellschaft betrieben wird.

a) Empfangene Leistung beim Share Deal: das Unternehmen?

Mit der Übertragung der Anteile geht mittelbar das Unternehmen auf den Käufer eines Asset Deal über. Wertet man allein das Unternehmen als empfangene Leistung, wäre es unbeachtlich, ob der Käufer das Unternehmen dem Verkäufer dinglich noch mittels einer Abtretung der Anteile übertragen kann, wie dies der Verkäufer zuvor zur Erfüllung des Kaufvertrages tat. Der Käufer könnte bei dieser Sichtweise das Unternehmen ebenso im Wege der Einzelübertragung zurückgeben, d. h. der Abwicklung eines Asset Deal entsprechend. Ist der Weg der Rückgewähr des

---

1164 *Büdenbender*, in: NK-BGB, Anhang II zu §§ 433–480: Unternehmenskauf-BGB Rdn. 92; *Thiessen*, in: MüKo HGB, Anh. zu § 25 Rdn. 92.

1165 Zur Problematik, ab wann von einer beherrschenden Stelle und damit einem Share Deal auszugehen ist, vgl. bereits II. 2. b., S. 12 ff.

Unternehmens völlig frei, könnte der Käufer dem Verkäufer auch sämtliche Anteile einer anderen, als der damals übertragenen Gesellschaft abtreten, falls inzwischen diese an Stelle der früheren Gesellschaft das empfangene Unternehmen betreibt.

Das Ziel der Parteien ist beim Share Deal ebenso wie beim Asset Deal die Übertragung des Unternehmens. Die Übertragung der Anteile ist dagegen nur das gewählte Mittel, um dieses Ziel zu erreichen. Dieser Hintergrund könnte dafür sprechen, allein das Unternehmen als empfangene Leistung zu bewerten. Das Unternehmen hat der Käufer zudem tatsächlich erhalten, auch wenn nur mittelbar durch den Anteilserwerb. Vernachlässigt man die Anteile als bloßes Mittel zum Zweck, genügt es, wenn der Käufer lediglich das Unternehmen zurückgewährt. Unter rein wirtschaftlichen Gesichtspunkten erhält der Verkäufer auch in diesem Fall das zurück, was der Käufer zuvor von ihm empfangen hat, das Unternehmen.

Stellt man beim Share Deal also allein auf das Unternehmen als empfangene Leistung ab, entspricht dies zudem genau der Betrachtung beim Asset Deal und führt somit zu parallelen Ergebnissen. Ein solcher Gleichlauf ist grundsätzlich zu begrüßen. Er würde berücksichtigen, dass die Parteien sowohl beim Asset Deal als auch beim Share Deal den gleichen Gegenstand erwerben bzw. veräußern möchten und auch nach der Verkehrsauffassung der Share Deal dem Asset Deal als Unternehmenskauf gleichgestellt wird. Die Anteile nicht als empfangene Leistung zu werten, würde dem Käufer zugutekommen. Das Unternehmen nur über die Abtretung der empfangenen Anteile zurückgeben zu können, würde eine gewisse Belastung für ihn darstellen, die ihm so erspart bliebe. Die Einbeziehung der Anteile als empfangene Leistung würde nämlich beispielsweise dazu führen, dass der Käufer die erworbene Gesellschaft nicht auf eine andere verschmelzen könnte, ohne sich der Gefahr auszusetzen, im Fall des Rücktritts zu Wertersatz verpflichtet zu sein[1166]. Stellte man aber allein auf das Unternehmen ab, drohte dem Käufer nicht, dass die Unmöglichkeit, die empfangenen Anteile zurückzugewähren, auch zur Unmöglichkeit der Herausgabe der empfangenen Leistungen führt, selbst wenn die Herausgabe auf andere Art noch möglich ist.

b) Empfangene Leistung beim Share Deal: die Gesellschaftsanteile?

Entgegen dem obigen Ansatz könnte man aber auch die Anteile als empfangene Leistung ansehen. Das hätte zur Folge, dass der Käufer nur die Herausgabe der Anteile nach § 346 Abs. 1 BGB schuldet. Rein tatsächlich empfängt der Käufer beim Share Deal durch Abtretung die Gesellschaftsanteile als eine Leistung des

1166 Zur Wertersatzpflicht s. XI. 3., S. 271 ff.

Verkäufers. Der Wortlaut des § 346 Abs. 1 BGB spricht dafür, dass diese Tatsache nicht vernachlässigt werden darf. Dort heißt es nämlich gerade, dass die „empfangenen" Leistungen herauszugeben sind. Bei der Bestimmung des Umfangs der Herausgabepflicht ist demnach auf Tatsachen abzustellen[1167]. Neben dem Wortlaut spricht für diesen Ansatz auch der Wille des Gesetzgebers. Der Gesetzgeber wollte den Austausch der Gegenstände herbeiführen, die sich Käufer und Verkäufer zuvor im Rahmen der Vertragserfüllung übertragen haben. Allein Ziele oder Absichten, die die Parteien mit dem Vertragsschluss verfolgt haben, wollte er dagegen nicht berücksichtigen. Sonst hätte er beispielsweise die Herausgabe der „geschuldeten" Leistungen angeordnet. Stattdessen wählte er bewusst den Begriff, der „empfangenen" Leistungen, um den Grundgedanken der Rückabwicklung zu verdeutlichen, nämlich die vor dem Vertragsschluss bestehende Rechtslage wiederherzustellen[1168]. Soll ein Vertrag in tatsächlicher Hinsicht rückgängig gemacht werden, kann aber nicht allein das relevant sein, was die Parteien mit dem Vertrag bezwecken wollten.

c) Stellungnahme: die Gesellschaftsanteile und das Unternehmen

Bei der Frage, welche Gegenstände als empfangene Leistung gelten, ist sowohl der Wille des Gesetzgebers zu berücksichtigen als auch die Bedeutung des Share Deal als eine Art eines Unternehmenskaufs. Letztlich führen beide dazu, dass der Käufer das Unternehmen zurückgewähren muss, da er tatsächlich das Unternehmen über den Erwerb dessen Rechtsträgers erhalten hat[1169].

Um dem Willen des Gesetzgebers, der sich in dem Wortlaut des § 346 Abs. 1 BGB widerspiegelt[1170], gerecht zu werden, ist daneben aber auch der weitere tatsächliche Vorgang zu berücksichtigen, nämlich der Übergang der Anteile an den Käufer. Danach sind die Anteile ebenso wie das Unternehmen als empfangene Leistung zu werten[1171]. Die Differenz, die sich damit zum Asset Deal ergibt, ist

1167 Mit dem Hinweis, dass die Leistungen so, wie sie erbracht worden sind, zurückzugewähren sind, vgl. auch *Gaier*, in: MüKo BGB, § 346 Rdn. 17.

1168 So benennt der Entwurf des Gesetzes zur Schuldrechtsmodernisierung als Ziel des Rücktritts, die vor dem Vertragsschluss bestehende Rechtslage wiederherzustellen, vgl. BT-Drucks. 14/6040, S. 189; vgl. auch *Grothe*, in: BeckOK BGB, § 346 Rdn. 23.

1169 Im Ergebnis ebenso *Thiessen*, Unternehmenskauf und Bürgerliches Gesetzbuch, C. Viii. 2. c) (3), S. 240; *Larisch*, Gewährleistungshaftung beim Unternehmens- und Beteiligungskauf, S. 198.

1170 Vgl.zum Wortlaut bereits XI. 2. a. 2) b) und c), S. 266 und 267 ff.

1171 Ähnlich *Thiessen*, Unternehmenskauf und Bürgerliches Gesetzbuch, C. Viii. 2. c) (3), S. 240. Nur für die Anteile als empfangene Leistung, aber mit Verweis auf die in Kauf zu nehmen. Zum einen wird durch die Einbeziehung des Unternehmens weiterhin in den meisten Fällen ein Gleichlauf erzielt und die Abweichung durch eine zusätzliche Berücksichtigung der Anteile ist nur gering. Zum andern handelt es sich beim Share Deal außerdem – trotz der grundsätzlichen Gleichbehandlung – gerade nicht um einen unmittelbaren Unternehmenskauf wie den Asset Deal, bei dem das Unternehmen Erwerbsobjekt ist[1172].

Die verbleibende Differenzierung zwischen den beiden Arten zeigt sich beispielsweise darin, dass beim Share Deal nur von einer „Gleichstellung" mit einem Unternehmenskauf gesprochen wird, wohingegen der Asset Deal in Abgrenzung zum Share Deal als „klassischer Unternehmenskauf" bezeichnet wird[1173]. Rechtsprechung und Literatur unterscheiden zudem weiterhin bei Einzelfragen zwischen den Arten des Unternehmenskaufs. So wird der Asset Deal als „Kauf eines sonstigen Gegenstandes" unter § 453 Abs. 1 Alt. 2 BGB gefasst, während der Share Deal weiterhin als Rechtskauf qualifiziert wird, indem man § 453 Abs. 1 Alt. 1 BGB anwendet[1174]. Das zuletzt genannte Beispiel zeigt nicht nur, dass eine differenzierte Handhabung bei den beiden verschiedenen Arten durchaus angebracht ist. Daneben kommt die herrschende Meinung zu diesem Ergebnis aufgrund von Argumenten, die genauso bei der konkret vorliegenden Frage von Bedeutung sind. Denn dort wie hier ist der rechtstechnische Ablauf des Unternehmenskaufs zu berücksichtigen[1175]. Korrespondierend zur Einordnung als Rechtskauf darf man die Tatsache, dass Beteiligungen (bei der Qualifizierung zur Art des Kaufes: Kaufgegenstand sind bzw. hier:) empfangen werden, auch im Rahmen des Rückgewährschuldverhältnisses nicht vernachlässigen.

Problematik, wenn sich ihr wirtschaftlicher Gehalt verändert hat, *Tietmeyer*, in: Unternehmenskauf bei der GmbH, 9. Kap. Rdn. 80.

1172 Siehe II. 2., S. 10 ff.

1173 Vgl. *Schmidt*, Handelsrecht, § 6 II.2.b); *Büdenbender*, in: NK-BGB, Anhang II zu §§ 433–480: Unternehmenskauf-BGB Rdn. 33; *Beisel* gibt an, dass der Share Deal der Veräußerung eines Unternehmens „gleichkommt", vgl. *Beisel*, in: der Unternehmenskauf, Kap. 1 Rdn. 28.

1174 Schon zu früherem Recht: RGZ 86, 146, 149; *Hiddemann*, ZGR 1982, 435, 438. Zum heutigen Recht: *Westermann*, in: MüKo BGB, § 433 Rdn. 14; *Büdenbender*, in: NK-BGB, § 453 Rdn. 18; *Semler*, in: Handbuch Unternehmenskauf, Teil VII Rdn. 8; *Klumpp*, in: Der Unternehmenskauf, Kap. 16 Rdn. 15; *Picot*, in: Unternehmenskauf und Restrukturierung, Teil I. Rdn. 28; *Rotthege*, in: Unternehmenskauf bei der GmbH, 1. Kap. Rdn. 42; *Berger*, in: Jauernig, § 453 Rdn. 16; *Thiessen*, in: MüKo HGB, Anhang zu § 25 Rdn. 112.

1175 Siehe dazu auch V. 1. b., S. 43 ff.

Im Kaufvertrag eines Share Deal wird regelmäßig auf die Anteile statt auf das Unternehmen Bezug genommen. Aufgrund eines solchen Textes des Kaufvertrages würde der Käufer den Verkäufer bei Nichterfüllung seiner Primärschuld auf die Übertragung des Unternehmens gerade durch Abtretung der Anteile verklagen. Die Bedeutung der rechtstechnischen Konstruktion, die die Parteien gewählt haben, spielt also eine maßgebliche und daher auch zu beachtende Rolle. Die Parteien müssen sich an ihr festhalten lassen, sowohl wenn es um die schuldrechtliche Betrachtung geht (daher Share Deal als Rechtskauf) als auch wenn sie diese Konstruktion in tatsächlicher Hinsicht ausüben (und was sie demnach empfangen). Die Anteile abweichend von den faktischen Umständen unberücksichtigt zu lassen, ist demnach abzulehnen.

Der bei dieser Betrachtung mögliche Nachteil des Käufers, dass er wertersatzpflichtig wird, selbst wenn er das Unternehmen (nur eben ohne die Anteile) zurückgeben könnte, ist hinzunehmen. Vielmehr wäre eine abweichende Behandlung eine grundlose Besserstellung des Käufers gegenüber sonstigen Kaufarten. Schließlich ist es auch bei anderen Kaufverträgen das Risiko des Käufers, dass die herauszugebende Sache bereits untergegangen ist oder ein anderer der Fälle des § 346 Abs. 2 S. 1 BGB vorliegt und er statt einer Herausgabe Wertersatz zahlen muss. Vor ungerechtfertigten Nachteilen wird der Käufer in diesen Fällen über die Ausnahmetatbestände des § 346 Abs. 3 BGB geschützt, nach denen eine Wertersatzpflicht wiederum entfällt. Einen weitergehenden Schutz benötigt auch der Unternehmenskäufer nicht.

Außerdem wäre das Außerachtlassen der Anteile eine Besserstellung des Käufers zulasten des Verkäufers. Es kann nämlich für den Verkäufer einen Nachteil bedeuten, das Unternehmen auf andere Art zurückzuerhalten, nämlich ohne Anteile und damit ohne Rechtsträger. Er müsste beispielsweise einen neuen Rechtsträger für das Unternehmen schaffen oder es einer Gesellschaft zuordnen, die das Unternehmen früher nicht betrieben hat und es auch nicht sollte. Die Parteien haben sich aus bestimmten Gründen für den Share Deal entschlossen. Die Vorteile, die sie im Share Deal sahen, sollen nun auch dem Verkäufer zugutekommen. Sonst würde er etwas anderes erhalten, als der Käufer empfangen hat. Die mit der Rückabwicklung beabsichtigte frühere Rechtslage würde bei einer Rückgewähr des Unternehmens im Wege der Einzelübertragung nicht erreicht werden. Zumindest am früheren Rechtsträger des Unternehmens würde es danach auf der Seite des Verkäufers fehlen.

Worauf der Anteilskauf wirtschaftlich letztlich gerichtet ist, kann demnach nicht dazu führen, die Anteile als empfangene Leistung auszuschließen. Die wirtschaftliche Charakterisierung als Unternehmenskauf gewinnt zwar an einigen Stellen Bedeutung, z. B. bei der Frage der mangelhaften Leistung durch den

Verkäufer[1176]. Diese Berücksichtigung führt aber richtigerweise nicht dazu, dass im Gegenschluss der rechtstechnische Vorgang als Abtretung von Anteilen gar keine Relevanz mehr hat. Die rechtliche Konstruktion des Share Deal entfaltet also neben seiner Bewertung als Unternehmenskauf ihre Geltung. So gelten nach richtiger Ansicht beim Share Deal beispielsweise die Regelungen zu den Rechtsmängeln mit Blick auf die Anteile unverändert, auch wenn sie beim Asset Deal keinen Raum haben[1177].

Die hier geschilderte Betrachtungsweise führt dazu, dass der Käufer das Unternehmen mittels der Rückgewähr der Anteile an den Verkäufer rückübertragen muss[1178]. Durch die Abtretung der Anteile wechselt das Unternehmen regelmäßig, ohne die Vornahme weiterer Handlungen zurück in den Einflussbereich des Verkäufers. Daneben muss der Käufer den Verkäufer spiegelbildlich zur Übertragung im Rahmen der Durchführung des Kaufvertrages in alle Unternehmensgegebenheiten einführen[1179]. Fraglich ist die Situation, wenn der Käufer die Anteile, aber nicht das Unternehmen im empfangenen Zustand zurückgeben kann. Dies kann beispielsweise der Fall sein, weil die erworbene Gesellschaft den Betrieb des Unternehmens eingestellt hat, es auf einen anderen Rechtsträger übertragen oder beim bisherigen Rechtsträger verändert wurde. Hier ist auf § 346 Abs. 2 BGB zurückzugreifen. Dort ist Wertersatz vorgesehen, „soweit" eine Rückgewähr nicht möglich ist[1180]. Da das Unternehmen und die Anteile keine unteilbare Einheit darstellen, ist der Käufer zur Rückabtretung der Anteile verpflichtet und als Ausgleich für das Unternehmen zur Zahlung von Wertersatz.

b. Die Rückübertragung des Unternehmens

Beim Unternehmenskauf ist also sowohl beim Asset als auch beim Share Deal im Rahmen der Rückgewährpflicht des Käufers der für den Unternehmenskauf

---

1176 Die Gleichstellung mit einem Unternehmenskauf führt dazu, dass Mängel am Unternehmen auch beim Share Deal berücksichtigt werden, obwohl in rechtstechnischer Hinsicht nur die Rechte Kaufgegenstand sind. S. dazu VI. 3., S. 123 ff.

1177 Vgl. VI. 3., S. 123 ff.

1178 Vgl. *Thiessen*, Unternehmenskauf und Bürgerliches Gesetzbuch, C. Viii. 2. c) (3), S. 240; *Larisch*, Gewährleistungshaftung beim Unternehmens- und Beteiligungskauf, S. 198.

1179 Vgl. *Thiessen*, in: MüKo HGB, Anh. zu § 25 Rdn. 92; *Büdenbender*, in: NK-BGB, Anhang II zu §§ 433–480: Unternehmenskauf-BGB Rdn. 92.

1180 Vgl. *Gaier*, in: MüKo BGB, § 346 Rdn. 46; *Gaier*, WM 2002, 1, 9.

charakteristische Gegenstand betroffen, das Unternehmen. Aufgrund der Besonderheiten, die sich aus dem Kaufgegenstand Unternehmen ergeben, ist die Rückgewährpflicht des Unternehmens mit der einer Sache nicht ohne Weiteres zu vergleichen. Eine Sache unterliegt zwischen Übereignung und Rückgewähr grundsätzlich keinen Veränderungen bezüglich ihrer Substanz, sodass die Regelungen des § 346 Abs. 2 S. 1 BGB, die eine Wertersatzpflicht regeln, soweit die Rückgewähr im Zustand bei Übereignung nicht mehr möglich ist, nur ausnahmsweise zur Anwendung gelangen. Ein Unternehmen entwickelt sich dagegen stetig weiter. Dies kann zum einen im Rahmen des normalen Geschäftsgangs des Unternehmens sein, z. B. Forderungen und Rechte werden neu begründet[1181]. Andererseits kann sich die Veränderung aus der Übertragung des Unternehmens auf den Käufer und damit einhergehenden Umstellungen ergeben oder aus bewussten Eingriffen des Käufers zur beispielsweise Neuausrichtung oder Eingliederung des Unternehmens in seinen Konzern[1182].

Hinzu kommt, dass die Folgen eines Eigentümerwechsels bei einem Unternehmenskauf in der Regel sowohl für die Parteien als auch das Unternehmen selbst weitreichend sind[1183]. Während eine Rückübereignung einer Sache grundsätzlich keine negativen Auswirkungen auf die Sache hat und die Parteien nicht über Gebühr belastet werden durch die Wiederherstellung des Zustandes vor dem Kauf, kann insbesondere der Verkäufer durch eine Rückübertragung eines Unternehmens stark beschwert sein sowie das Unternehmen selbst[1184]. Die Rückgewährpflicht beim Unternehmenskauf ist unter Beachtung dieser Besonderheiten zu untersuchen; insbesondere inwieweit sie dazu führen, dass an Stelle einer Rückgewährpflicht des Unternehmens eine Wertersatzpflicht begründet wird.

3. Wertersatz, § 346 Abs. 2 BGB

In § 346 Abs. 2 BGB sind die Voraussetzungen einer verschuldensunabhängigen Wertersatzpflicht geregelt. Der Gesetzgeber entschied im Rahmen der Schuldrechtsmodernisierung, dass der Rücktritt auch dann nicht ausgeschlossen sein soll,

---

1181 *Thiessen*, Unternehmenskauf und Bürgerliches Gesetzbuch, C. VIII. 2. a), S. 230 f.

1182 Vgl. dazu bereits ausführlich III. 3., S. 22 ff.

1183 Beim Asset Deal handelt es sich um einen Eigentümer-, beim Share Deal um einen Inhaberwechsel. Im Folgenden wird aus Gründen der Einfachheit vom Eigentümerwechsel gesprochen, wenn beide Kaufarten gemeint sind.

1184 Zu den Folgen eines Eigentümerwechsels für die Parteien und das Unternehmen s. III. 5., S. 25 ff.

wenn der Rücktrittsberechtigte außerstande ist, die empfangenen Leistungen zurückzugewähren[1185]. Kann ein Schuldner seiner Pflicht aus § 346 Abs. 1 BGB nicht nachkommen, weil er die empfangene Leistung nicht herausgeben kann[1186], tritt an die Stelle der Pflicht zur Rückgewähr nun die Wertersatzpflicht, § 346 Abs. 2 S. 1 BGB. Zunächst sind das teilweise Unvermögen der Rückgewähr und seine Bedeutung für den Unternehmenskauf genauer zu betrachten sowie die Frage, wann die Verpflichtung zur Rückgewähr zu der des Wertersatzes übergeht. Insbesondere interessiert der Aspekt, inwieweit die Parteien den Wechsel von der einen zur andern Verpflichtung beeinflussen und damit auf gewisse Art und Weise zwischen Herausgabe und Wertersatz wählen können. Anschließend sind die einzelnen Fälle, für die die Wertersatzpflicht gesetzlich vorgesehen ist, und ihre jeweilige Bedeutung für einen Unternehmenskauf zu untersuchen. Für den Fall, dass ein Wertersatzanspruch begründet wurde, stellt sich in der Folge die Frage, wie seine Höhe zu bestimmen ist.

a. Das teilweise Unvermögen der Rückgewähr und seine Bedeutung beim Unternehmenskauf

Spricht man von dem Unvermögen des Schuldners, die empfangene Leistung zurückzugewähren, ist zu differenzieren, ob der Schuldner diese gar nicht mehr herausgeben kann oder ob er lediglich zur Herausgabe im ursprünglichen Zustand außerstande ist. Kann er sie gar nicht mehr herausgeben, erübrigen sich weitere Überlegungen zur Rückgewähr. Kann er sie zwar nicht im ursprünglichen, aber im gegenwärtigen Zustand herausgeben, ist zu untersuchen, ob die empfangene Leistung teilbar ist. Ist dies gegeben und das Unvermögen, sie im ursprünglichen Zustand zurückzugewähren, betrifft nur einen der Leistungsteile, ist der Schuldner zur Herausgabe der Leistung in ihrem gegenwärtigen Zustand verpflichtet. Durch diese Herausgabe erhält der Gläubiger den Teil der empfangenen Leistung zurück, dessen Rückgewähr im ursprünglichen Zustand möglich ist[1187]. Für den anderen Teil, der dazu führt, dass die empfangene Leistung insgesamt von ihrem ursprünglichen Zustand abweicht, erhält er Wertersatz in Form der anteiligen Gegenleistung[1188].

1185 Vgl. BT-Drucks. 14/6040, S. 194; *Gaier*, in: MüKo BGB, § 346 Rdn. 12 ff.

1186 Ausführlich zu den Bemühungen, die der Schuldner mit Blick auf die Herausgabe unternehmen muss, bevor der Gläubiger auf Wertersatz verwiesen wird, unter XI. 3. b., S. 275 ff.

1187 *Gaier*, in: MüKo BGB, § 346 Rdn. 46; *Gaier*, WM 2002, 1, 9.

1188 Vgl. zu der Berechnung der Höhe des Wertersatzes XI. 3. d., S. 293 ff.

Diese getrennte Betrachtung der Leistungsteile ergibt sich aus dem Wortlaut des § 346 Abs. 2 S. 1 BGB. Dort heißt es, dass Wertersatz zu leisten ist, „soweit" die Herausgabe unmöglich ist. Es entsteht folglich nur in dem Umfang ein Wertersatzanspruch, soweit die Unmöglichkeit reicht[1189]. Ist die Leistung trennbar und es lässt sich ein Teil im ursprünglichen Zustand herausgeben, so soll der Gläubiger ihn nach dem Willen des Gesetzgebers auch erhalten. Ist die empfangene Leistung hingegen untrennbar oder ist sie trennbar, aber jeder Teil verändert, ist keine teilweise Herausgabe möglich. In diesen Fällen wird der Gläubiger für die vollständige Leistung auf Wertersatz verwiesen. Eine umfassende Veränderung liegt regelmäßig in den Fällen der Verarbeitung und Umgestaltung eines Gegenstandes vor. Dieser verliert dabei insgesamt seine ursprüngliche Identität[1190].

Für den Unternehmenskauf könnte die Regelung der separaten Betrachtung bedeuten, dass Veränderungen einzelner Betriebsteile getrennt zu werten sind. Wurde ein Betriebsteil so verändert, dass er nicht mehr in seiner ursprünglichen Form zurückzugewähren ist, könnte der Käufer danach verpflichtet sein, die restlichen, unveränderten Betriebsteile herauszugeben. Für den Verkäufer als Gläubiger könnte diese teilweise Rückgewähr des Unternehmens unangenehm sein, weil er eventuell einen Unternehmensteil zurückerhält, der isoliert wirtschaftlich sinnlos ist[1191]. Dieses in der Praxis unerwünschte Ergebnis wäre trotz des eindeutigen Wortlauts des § 346 Abs. 2 S. 1 BGB[1192] allerdings abzuwenden, wenn die Teilbarkeit des Unternehmens in einzelne Betriebsteile zu verneinen ist.

An der Teilbarkeit eines Gegenstandes fehlt es, wenn der Gegenstand technisch unteilbar ist oder nach dem übereinstimmenden Willen der Beteiligten als unteilbar behandelt werden soll[1193]. Bei einem Unternehmen ist die technische (Un-)

1189 *Gaier*, WM 2002, 1, 9.

1190 *Gaier*, in: MüKo BGB, § 346 Rdn. 46; *Gaier*, WM 2002, 1, 9.

1191 *Jagersberger*, Die Haftung des Verkäufers beim Unternehmens- und Anteilskauf, Kapitel 3 C. II. 2.2 b) bb) (1) (b) (dd) (S. 302 f.).

1192 *Jagersberger* kommt mit Verweis auf den Wortlaut trotz Bedenken zu dem Ergebnis, dass der Käufer den separaten Betriebsteil herausgeben muss und nur ergänzend zu Wertersatz verpflichtet ist. Das Merkmal der Teilbarkeit stellt sie beim Unternehmen nicht infrage bzw. geht auch allgemein auf seine Anforderungen nicht ein, vgl. *Jagersberger*, Die Haftung des Verkäufers beim Unternehmens- und Anteilskauf, Kapitel 3 C. II. 2.2 b) bb) (1) (b) (dd) (S. 302 f.).

1193 Zur Teilbarkeit noch im Rahmen des § 326 Abs. 1 S. 3 BGB a. F. i. V. m. § 325 Abs. 1 S. 2 BGB a. F. (Schadensersatz wegen Nichterfüllung der ganzen Verbindlichkeit oder Rücktritt vom ganzen Vertrag bei teilweiser Nichterfüllung, wenn kein Interesse an bloß teilweiser Erfüllung), vgl. BGH MDR 1991, 236; BGH NJW 1990, 3011.

Teilbarkeit fraglich. Sie bestimmt sich danach, ob die alleinige Benutzung der einzelnen Teile möglich ist. Dabei ist allein eine objektive Beurteilung maßgeblich[1194]. Bei einem Unternehmen wird in vielen Fällen ein Betriebsteil separat zu nutzen sein, auch wenn unter wirtschaftlichen Gesichtspunkten nicht in sinnvoller Art und Weise. Letztendlich wird man bei dieser Frage aber auf den Einzelfall abstellen müssen. Selbst wenn man aber danach zu einer technischen Teilbarkeit eines Unternehmens gelangt, scheitert die Teilbarkeit regelmäßig an einer vertraglich vereinbarten Unteilbarkeit[1195]. Eine solche Vereinbarung kann konkludent getroffen werden. Maßgeblich ist, ob die Parteien wollten, dass die Leistungen miteinander „stehen oder fallen" sollen, sodass von vornherein nur eine vollständige Rückgängigmachung in Betracht kommt[1196].

Die Parteien eines Unternehmenskaufvertrages agieren regelmäßig beide vor einem stark wirtschaftlich geprägten Hintergrund. Jeder Partei ist bewusst, dass das Unternehmen nur als Einheit einen gewissen Wert und Nutzen hat. Eine isolierte Behandlung der einzelnen Unternehmensteile liegt daher beiden fern, wenn sich aus den Umständen nicht ausnahmsweise etwas anderes ergibt. In den meisten Fällen ist dementsprechend eine konkludente Vereinbarung über die Unteilbarkeit des Unternehmens anzunehmen. Dies führt dazu, dass der Käufer dem Verkäufer Wertersatz für das ganze Unternehmen schuldet[1197], selbst wenn er noch einen separat funktionsfähigen Teil des Unternehmens herausgeben könnte. Im Gegenzug verbleiben alle Teile des Unternehmens beim Käufer, unabhängig von dem Grad ihres ursprünglichen Zustandes.

Dieses Ergebnis ist nicht nur unter wirtschaftlichen Gesichtspunkten für den Verkäufer zu begrüßen. Zugleich schützt es die Einheit „Unternehmen", die nur in ihrem Zusammenspiel wertschöpfend ist. Ein Auseinanderreißen der einzelnen Unternehmensteile würde dem Gegenstand mit seinen Besonderheiten als Funktionseinheit zuwiderlaufen[1198]. Dieses Ergebnis stimmt mit der Wertung des § 323 Abs. 5 S. 2 BGB überein, der zeigt, dass bei einer Schlechtleistung kein Teilrücktritt zulässig ist[1199]. Die Bewertung, dass es sich bei einem Unternehmen um einen

1194 BGH NJW 1990, 3011.

1195 Mit Hinweis auf das Unternehmen als untrennbare Einheit im Ergebnis ebenso *Thiessen*, Unternehmenskauf und Bürgerliches Gesetzbuch, C. VIII. 2. c) (1), S. 236.

1196 Die Rechtsprechung verweist für die Kriterien einer konkludenten Vereinbarung auf diejenigen, die bei der Frage nach einem einheitlichen Vertrag im Rahmen des § 139 BGB a. F. (ebenso § 139 BGB n. F.) anzuwenden sind, vgl. BGH NJW 1990, 3011.

1197 Zur Berechnung der Höhe des Wertersatzes s. XI. 3. d., S. 293 ff.

1198 Vgl. II. 1., S. 7 ff., und III. 4., S. 24 ff.

1199 Ähnlich *Kaiser*, in: Staudinger, § 346 Rdn. 62.

einheitlichen, unteilbaren Kaufgegenstand handelt, erfolgt ebenso parallel zu der entsprechenden Beurteilung im Rahmen der Abgrenzung von § 323 Abs. 5 S. 1 BGB (Teilleistung) und § 323 Abs. 5 S. 2 BGB (Schlechtleistung)[1200].

b. Verhältnis der Wertersatzpflicht zur Verpflichtung, die empfangene Leistung zurückzugewähren (Verhältnis § 346 Abs. 2 S. 1 BGB zu § 346 Abs. 1 BGB)

Trotz der Existenz der modifizierten Rechtsfolgen in § 346 Abs. 2 und 3 BGB wird primär Rückgewähr des Empfangenen nach § 346 Abs. 2 S. 1 BGB geschuldet. Weder der Gläubiger noch der Schuldner können völlig frei zwischen Rückgewähr und Wertersatz wählen. Das gesetzliche Rangverhältnis ergibt sich bereits aus dem Wortlaut des § 346 Abs. 2 S 1 BGB („statt der Rückgewähr"). Nicht ausdrücklich geregelt ist aber, ab wann die Wertersatzpflicht die Pflicht zur Rückgewähr ablöst. Damit geht die Frage einher, welche Anstrengungen der Schuldner unternehmen muss, um den ursprünglichen Zustand wiederherzustellen, bevor er den Gläubiger auf Wertersatz verweisen kann[1201].

1) Literaturansicht: Beseitigungspflicht des Rückgewährschuldners

In der Literatur wird teilweise befürwortet, den Maßstab des § 275 BGB für den Übergang von § 346 Abs. 1 zu Abs. 2 BGB anzuwenden[1202]. Das würde bedeuten, dass der Gläubiger erst dann den Anspruch auf Rückgewähr verliert und stattdessen einen auf Wertersatz erhält, wenn die Rückgewähr für den Schuldner im Sinne des § 275 BGB unmöglich ist. Es sei nicht ausreichend, wenn einer der Tatbestände des § 346 Abs. 2 S. 1 Nr. 1 bis 3 BGB vorliege, beispielsweise die empfangene Leistung weiterveräußert worden wäre. Um den Anforderungen des § 275 BGB zu genügen, dürfe es dem Schuldner darüber hinaus nicht möglich sein, die eingetretene Veränderung rückgängig zu machen. In dem Beispiel der Veräußerung müsse der Schuldner vorrangig versuchen, die empfangene Leistung zurückzuerlangen, um sie dann im ursprünglichen Zustand an den Gläubiger gemäß

1200 Zu dieser Abgrenzung siehe IX. 3. b., S. 201 ff.

1201 Diese Frage wird im Rahmen des § 346 BGB insbesondere bei einer Veräußerung, Belastung und Verbindung des Gegenstandes mit einem anderen diskutiert.

1202 *Arnold*, Jura 2002, 154, 157; *Gaier*, WM 2002, 1, 9; *Schwab*, JuS 2002, 630, 631; *Hager*, in: NK-BGB, § 346 Rdn. 37, 38.

§ 346 Abs. 1 BGB herauszugeben. Aus dem Ansatz, den § 275 BGB als Maßstab[1203] anzuwenden, folgt demnach eine Pflicht zur Rückgängigmachung jeglicher Veränderung der empfangenen Leistung.

Für dieses Verständnis wird der Normzweck des § 346 BGB angeführt. Der Gläubiger solle das zurückerhalten, was er im Rahmen der Vertragserfüllung hergegeben habe. Um dies zu gewährleisten, seien eben auch gewisse Anstrengungen des Schuldners hinzunehmen. Außerdem stütze der Wortlaut des § 346 Abs. 2 S. 1 BGB diesen Ansatz. Schließlich heiße es dort, es sei Wertersatz geschuldet „soweit" einer der in den folgenden Nummern beschriebenen Tatbestände vorliegt. Diese Einschränkung der Wertersatzpflicht sei auch qualitativ[1204] zu verstehen. Sie decke daher die Auslegung, die Anforderungen des § 275 BGB anzuwenden[1205].

2) Literaturansicht: keine Beseitigungspflicht des Rückgewährschuldners

Die Gegenansicht in der Literatur stützt sich allerdings ebenso auf den Wortlaut des § 346 Abs. 2 S. 1 BGB. Dort seien gerade keine weiteren Anforderungen wie die Unmöglichkeit nach § 275 BGB genannt. Vielmehr ergebe sich aus dem Wortlaut, dass bereits das Vorliegen eines der in § 346 Abs. 2 S. 1 Nr.1–3 BGB aufgezählten Tatbestände ausreiche, die Wertersatzpflicht entstehen zu lassen. Auf eine Unmöglichkeit, die Veränderung rückgängig machen zu können, komme es daher nicht an[1206]. Die Vertreter dieser Ansicht stützen sich daneben auf systematische Gesichtspunkte. Sie verweisen auf andere Regelungen, die ausdrücklich auf § 275 BGB Bezug nehmen, wenn Sekundäransprüche vom Vorliegen der Voraussetzungen des § 275 BGB abhängig sein sollen[1207]. In § 346 Abs. 2 S. 1 BGB fehlt dagegen ein Verweis auf § 275 BGB. Dies lasse den Schluss zu, dass keine weiteren Anforderungen als die gestellt werden sollen, die sich aus

1203 *Gaier* bezeichnet das Unvermögen des Schuldners nach § 275 BGB sogar als ungeschriebenes Tatbestandsmerkmal des § 346 Abs. 2 S. 1 BGB, vgl. *Gaier*, WM 2002, 1, 9.

1204 Zu den Rechtsfolgen der quantitativen Bedeutung s. XI. 3. a., S. 272 ff.

1205 Mit Verweis auf den Wortlaut und die frühere Rechtsprechung s. auch *Hager*, in: NK-BGB, § 346 Rdn. 37, 38.

1206 *Kaiser*, JZ 2001, 1057, 1062, 1070; *Faust*, JuS 2009, 481, 482; *Lorenz*, NJW 2005, 1889, 1893; *Kaiser*, in: Staudinger, § 346 Rdn. 153; *Gaier* in: MüKo BGB, § 346 Rdn. 39; *Faust*, in: jurisPK-BGB, § 346 Rdn. 27 ff.

1207 So verweisen z. B. die §§ 283, 285, 326 Abs. 1 BGB explizit auf § 275 BGB, vgl. dazu *Faust*, in: jurisPK-BGB, § 346 Rdn. 28.

den Tatbestandsmerkmalen des § 346 Abs. 2 S. 1 Nr. 1–3 BGB ergeben[1208]. Eine Pflicht zur Rückgängigmachung bedeute zudem unangemessenen Kostenaufwand zulasten des Schuldners und sei nur über eine Schadensersatzpflicht zu begründen, die Naturalrestitution verlangt (§ 249 Abs. 1 BGB)[1209].

3) Die differenzierende Ansicht der Rechtsprechung

Auch die Argumentation der Rechtsprechung berücksichtigt den Kostenaspekt der Rückgängigmachung. Die Reparatur einer Verschlechterung[1210] komme ihrer Ansicht nach einer Schadensersatzleistung in Form der Naturalrestitution[1211] gleich. Der Schuldner sei nach § 346 Abs. 2 S. 1 BGB aber gerade nicht zu Schadens-, sondern zu Wertersatz verpflichtet. Letzterer bedeute lediglich einen Ausgleich für den geminderten oder verlorenen Substanzwert des Gegenstandes[1212]. In Fällen, in denen die Beseitigung von Veränderungen einer Schadensersatzleistung entspreche, bestehe daher keine Pflicht zur Rückgängigmachung. Die Rechtsprechung verweist den Gläubiger in diesen Fällen stattdessen auf Wertersatz, der, wie sie zutreffend bemerkt, häufig geringer ist im Vergleich zu etwaigen Reparaturkosten. Allerdings sieht die Rechtsprechung die beschriebene Konstellation als Ausnahme zu ihrem Ansatz, dass der Schuldner grundsätzlich sehr wohl zur Rückgängigmachung verpflichtet ist. Bei Belastungen des Kaufgegenstandes bzw. deren Beseitigungen sieht sie keine Vergleichbarkeit mit einer Schadensersatzleistung. Die Beseitigung einer Grundstücksbelastung stelle sich vielmehr dar als „Aufgabe einer andauernden Nutzung des herauszugebenden Grundstücks“[1213]. Dementsprechend fordert sie hier eine Beseitigung durch den Schuldner[1214].

1208 *Faust*, JuS 2009, 481, 482; ebenso *Gaier* in: MüKo BGB, § 346 Rdn. 39 in Abkehr von seiner früheren Ansicht, nach der er die Bedeutung der Tatbestandsmerkmale nur darin sah, dass bei ihrem Vorliegen eine Vermutung dafür bestehe, dass der Schuldner nach § 275 BGB zur Rückgabe unvermögend sei. Diese Vermutung könne im Einzelfall durch die Feststellung widerlegt werden, dass der Schuldner die jeweilige Veränderung wieder beseitigen und den Gegenstand im ursprünglichen Zustand herausgeben könne, vgl. noch *Gaier*, WM 2002, 1, 9.

1209 *Kaiser*, in: Staudinger, § 346 Rdn. 153; *Faust*, in: jurisPK-BGB, § 346 Rdn. 29; im Ergebnis ebenso *Benicke*, ZGS 2002, 369, 371.

1210 Der BGH umschreibt den Begriff der Verschlechterung auch als „Beeinträchtigungen von Sachsubstanz“, vgl. BGH MDR 2009, 77, vgl. dazu *Derleder*, NJW 2009, 1034.

1211 Vgl. § 249 Abs. 1 BGB.

1212 BGH MDR 2009, 77; s. auch *Schwab*, JuS 2002, 630, 636.

1213 Mit diesem Begriff BGH MDR 2009, 77.

1214 BGH MDR 2009, 77.

4) Stellungnahme

Eine Pflicht zur Rückgängigmachung ist abzulehnen. Der Wortlaut und die Systematik sprechen stärker dafür, nur die in § 346 Abs. 2 S. 1 BGB genannten Tatbestandsmerkmale als Anforderungen für einen Übergang zur Wertersatzpflicht zu verstehen, als zusätzlich die des § 275 BGB einzubeziehen. Würde man der Gegenansicht folgen, ist zudem die Bedeutung von § 346 Abs. 3 S. 1 BGB fraglich. Die dort angeordnete Privilegierung des Schuldners (Entfallen der Wertersatzpflicht)[1215] setzt voraus, dass der Schuldner nicht mehr zur Herausgabe, sondern zu Wertersatz verpflichtet ist. Um Widersprüche zu vermeiden, müssten die Privilegierungen bei der Annahme einer Pflicht der Rückgängigmachung ebenso für diese gelten[1216]. Sonst könnte der Schuldner zu einer kostspieligen Rückgängigmachung und anschließender Herausgabe an den Verkäufer verpflichtet sein, während er, wenn die Voraussetzungen des § 275 BGB vorlägen, wegen der Privilegierung nicht einmal zu Wertersatz verpflichtet wäre. Bei der Bejahung der Pflicht zur Rückgängigmachung müsste daher ein Gleichlauf zwischen ihr und der Wertersatzpflicht konstruiert werden, z. B. durch dic analogc Anwendung des § 346 Abs. 3 S. 1 BGB auf die Pflicht zur Rückgängigmachung[1217]. Dass der Gesetzgeber die Regelung des § 346 Abs. 3 BGB nur auf Wertersatz bezogen hat und sich daraus bei der Annahme einer Pflicht zur Rückgängigmachung Widersprüche ergeben, die nur durch hilfsweise Konstruktionen zu vermeiden sind, spricht gegen die Annahme einer solchen Pflicht[1218]. Sie ist abzulehnen. Es genügt, wenn die Tatbestandsmerkmale des § 346 Abs. 2 S. 1 BGB verwirklicht werden, um den Gläubiger auf Wertersatz zu verweisen.

1215 S. dazu unter XI. 4., S. 294 ff.

1216 In diese Richtung auch *Grunewald*, EWiR 2008, 739, 740; *Röthel*, in: Erman, § 346 Rdn. 10; *Faust*, in: jurisPK-BGB, § 346 Rdn. 29.

1217 So der Vorschlag von *Benicke*, LMK 2009, 277237.

1218 Ebenso *Faust*, JuS 2009, 481, 483; *Lorenz*, NJW 2005, 1889, 1893. Da die Rechtsprechung die Pflicht zur Rückgängigmachung bei Verschlechterungen ausnahmsweise verneint, sieht sie auch keinen Widerspruch zu der grundsätzlichen Annahme der Pflicht und § 346 Abs. 3 S. 1 Nr. 3 BGB. Dieser sehe eine Privilegierung gerade für Fälle der Verschlechterung vor, bei denen aber ohnehin keine Pflicht zur Rückgängigmachung bestehe. Ein Widerspruch ergebe sich demnach nicht. Auf die Anwendung der anderen Tatbestandsalternativen des § 346 Abs. 2 im Rahmen des § 346 Abs. 3 S. 1 Nr. 3 BGB sowie auf die weiteren Privilegierungen (§ 346 Abs. 3 S. 1 Nr. 2 und 3 BGB) und, inwieweit sich daraus jeweils Wertungswidersprüche zu der Pflicht zur Rückgängigmachung ergeben, geht die Rechtsprechung mangels Entscheidungserheblichkeit nicht ein, vgl. BGH MDR 2009, 77.

Dabei sind auch keine Differenzierungen wie nach der Rechtsprechung vorzunehmen. Die unterschiedliche Behandlung der Rechtsprechung von Belastungen gegenüber Verschlechterungen überzeugt nicht. Zwischen nicht geschuldetem Schadensersatz und bloßer Rückgängigmachung zur Verschaffung der ursprünglichen Leistung wie die Rechtsprechung zu unterscheiden, fällt nicht leicht[1219]. Es ist unklar, anhand welcher Kriterien die Rechtsprechung eine Rückgängigmachung als Schadensersatzleistung bewertet oder davon abgrenzt. Warum die Rechtsprechung die nicht näher erläuterten Abgrenzungskriterien für angemessen hält, bleibt folglich auch offen. Wählt man das in einem Urteil angedeutete Abgrenzungskriterium, ob der Schuldner zur Rückgängigmachung eine andauernde Nutzung aufgeben müsste[1220], stellt sich die Frage, bei welchen der weiteren Tatbestandsalternativen des § 346 Abs. 2 S. 1 BGB diese Anforderung unter welchen konkreten Umständen noch zutreffen soll[1221]. Die offenen Fragen zeigen, dass die Argumente der Rechtsprechung insgesamt nur knapp zu dem von ihr gefundenen Ergebnis führen, dass die Beseitigung einer Belastung mit einer Schadensersatzleistung nicht vergleichbar sei.

Dabei ist diese Feststellung nicht selbstverständlich. Auch die Beseitigung einer Belastung kann man als Naturalrestitution und damit Schadensersatzleistung verstehen[1222]. Selbst wenn man die Frage nach den Abgrenzungskriterien und deren Begründung dahingestellt sein lässt, bleibt offen, warum die Rechtsprechung überhaupt eine unterschiedliche Behandlung befürwortet. Sie verweist dazu lediglich kurz auf die gewünschte Vermeidung einer Schadensersatzleistung durch den Schuldner. Wenn sie die unterschiedliche Behandlung aber damit rechtfertigt, dass eine Schadensersatzleistung vermieden werden soll, und die Beseitigung der Belastung aber wiederum nur deshalb nicht als Schadensersatzleistung wertet, weil sie davon ausgeht, dass Reparatur und Belastung verschieden behandelt werden

1219 *Grunwald*, EWiR 2008, 739; *Benicke*, LMK 2009, 277237.

1220 So klingt es im Urteil des BGH an, vgl. BGH MDR 2009, 77.

1221 Einen Versuch der Zuordnung unternimmt *Faust*, vgl. *Faust* in: jurisPK-BGB, § 346 BGB Rdn. 26.

1222 Vgl. *Faust*, JuS 2009, 481, 483. Das OLG Dresden entschied beispielsweise in einem Urteil vom 17.10.2001, dass der Kläger des verhandelten Falles keinen Anspruch auf Beseitigung einer Grundstücksbelastung besitzt, die der Beklagte vorgenommen hat. Als Grund führt es u. a. aus, dass eine der Normen, auf die der Kläger sich beruft, keine Pflicht zur Naturalherstellung i. S. v. § 249 S. 1 BGB begründe, sodass sich aus dieser Norm gar kein Anspruch auf Beseitigung ergeben könne. Das OLG Dresden geht also davon aus, dass die Beseitigung einer Grundstücksbelastung einen Fall der Naturalrestitution darstellt, vgl. OLG Dresden, OLG-NL 2002, 227.

sollen, handelt es sich um einen Zirkelschluss. Einen normativen Grund für die Differenzierung liefert die Rechtsprechung damit nicht. Es ist nur zu vermuten, dass sie eine verbleibende Bereicherung des Schuldners verhindern möchte. Schließlich verweist sie als Parallele auf die Pflicht des Bereicherungsschuldners nach § 818 Abs. 1 BGB[1223]. Weil die unterschiedliche Beurteilung unklar bleibt und damit nicht nachvollziehbar, ist sie abzulehnen. Sie würde angesichts der vielen Abgrenzungsfragen auch zur Rechtsunsicherheit führen.

Eine Pflicht zur Rückgängigmachung ist daher insgesamt und ohne weitere Differenzierung in allen Fällen des § 346 Abs. 2 S. 1 BGB abzulehnen. Dieses Ergebnis ist auch beim Unternehmenskauf anzuwenden und führt dort zu sachgerechten Ergebnissen. Das Unternehmen wieder in den ursprünglichen Zustand zu versetzen, kann für den Käufer weitaus aufwendiger und kostenintensiver sein als die Zahlung von Wertersatz. Insbesondere bei einem Unternehmen kann es aufgrund seiner Komplexität schwierig sein, den ursprünglichen Zustand wiederherzustellen, beispielsweise eine grundlegende Umstellung des Sortiments der Unternehmensprodukte wieder rückgängig zu machen und die frühere Produktpalette aufzunehmen. Außerdem würde das Unternehmen unter diesem zweiten „Richtungs-Wechsel“ innerhalb kurzer Zeit leiden[1224]. Diese Problematiken erübrigen sich, wenn man aus den genannten Argumenten eine Beseitigungspflicht ablehnt, sodass die hier vertretene Ansicht auch in praktischer Hinsicht zu begrüßen ist.

Unabhängig von einer etwaigen Pflicht zur Rückgängigmachung ist der Schuldner jedenfalls berechtigt, Veränderungen zu beseitigen, wenn er dies wünscht, § 242 BGB[1225]. Dieses überobligatorische Verhalten ist ihm jederzeit möglich. Der Gläubiger hat kein berechtigtes Interesse, Wertersatz zu verlangen, wenn der Schuldner ihm nach Rückgängigmachung den Gegenstand im ursprünglichen Zustand anbietet. Ein derartiges Verlangen wäre vielmehr rechtsmissbräuchlich. Schließlich ist es das vorrangige Ziel des Rückgewährschuldverhältnisses, dass die Parteien die geleisteten Sachen im ursprünglichen Zustand zurückerhalten und somit die vor Vertragsschluss bestehende Rechtslage wiederhergestellt wird[1226]. Entscheidet sich der Käufer eines Unternehmenskaufs für die freiwillige Rückgängigmachung

---

1223 BGH MDR 2009, 77.

1224 Zu den Auswirkungen von Veränderungen und damit einhergehender Unruhe auf das Unternehmen (erläutert mit Blick auf einen Eigentümerwechsel) siehe III. 5., S. 25 ff.

1225 Davon geht selbst die Meinung aus, die eine Pflicht zur Rückgängigmachung ablehnt, vgl. *Benicke*, ZGS 2002, 369, 371; *Faust*, JuS 2009, 481, 483; *Röthel*, in: Erman, § 346 Rdn. 10; *Gaier* in: MüKo BGB, § 346 Rdn. 39.

1226 Vgl. BT-Drucks. 14/6040, S. 189.

von Veränderungen, ist das Interesse des Verkäufers an dem Unternehmen unbeachtlich. Es ist davon auszugehen, dass Letzterer in der Praxis versuchen wird, in Zweifel zu ziehen, dass die Veränderungen ausreichend beseitigt worden sind. Die Beurteilung richtet sich dabei nach den Umständen des Einzelfalls[1227].

c. Die gesetzlich geregelten Fälle der Unmöglichkeit, § 346 Abs. 2 S. 1 Nr. 1–3 BGB, und ihre jeweilige Bedeutung beim Unternehmenskauf

Das Gesetz sieht in § 346 Abs. 2 S. 1 Nr. 1–3 BGB Tatbestandsalternativen vor, bei deren Verwirklichung die Verpflichtung zur Rückgewähr in eine Wertersatzpflicht umgewandelt wird[1228]. Die für die Praxis des Unternehmenskaufs relevanten Fälle des § 346 Abs. 2 S. 1 BGB sollen daher im Folgenden dargestellt werden. Beim Asset Deal hat der Käufer das Unternehmen direkt und beim Share Deal mittelbar empfangen. Mit Blick auf das Schicksal des Unternehmens geht es in der Praxis meist um die Tatbestandsalternative der Veräußerung (§ 346 Abs. 2 S. 1 Nr. 2 Alt. 2 BGB) und die der Umgestaltung (§ 346 Abs. 2 S. 1 Nr. 2 Alt. 5 BGB). Beim Share Deal sind daneben auch die Anteile, die übertragen wurden, zu betrachten und damit einhergehend die Gesellschaft, die Rechtsträger des Unternehmens ist[1229]. Wenn der Käufer die Anteile und damit die Gesellschaft nicht ohne Weiteres im ursprünglichen Zustand herausgeben kann, geht es im Rahmen des § 346 Abs. 2 S. 1 Nr. 1–3 BGB in der Praxis oft um ihre erneute Veräußerung (§ 346 Abs. 2 S. 1 Nr. 2 Alt. 2 BGB) oder ihren Untergang (§ 346 Abs. 2 S. 1 Nr. 3 Alt. 2 BGB).

In diesem Rahmen soll außerdem untersucht werden, inwieweit ein Rückgängigmachen der jeweils in den Tatbestandsalternativen des § 346 Abs. 2 S. 1 Nr. 1–3 BGB geregelten Abweichung vom ursprünglichen Zustand möglich ist. Ist nämlich eine der Alternativen erfüllt und der Käufer nicht länger zur Rückgewähr des Unternehmens verpflichtet, sondern zu Wertersatz, kann er trotzdem den Wunsch haben, das Unternehmen an den Verkäufer zurückzugeben. Diese Situation kann sich ergeben, wenn der Käufer keine finanziellen Mittel

---

1227 Die Möglichkeit, die Veränderungen freiwillig rückgängig zu machen, werden bei den einzelnen Varianten des § 346 Abs. 2 S. 1 BGB im Folgenden angesprochen.

1228 Im Folgenden wird die unter XI. 3. b. 4), S. 275 ff., dargestellte, eigene Meinung zugrunde gelegt, dass für einen Anspruch auf Wertersatz keine zusätzlichen Voraussetzungen im Sinne des § 275 BGB vorliegen müssen.

1229 Vgl. bereits XI. 2. a. 2) c), S. 267 ff.

zur Verfügung hat, um den Wertersatz zu zahlen. Es kann aber auch vorkommen, dass der Käufer die Situation des Rücktritts nutzen möchte, um den Zustand vor Vertragsschluss in natura wiederherzustellen. So kann der Käufer in manchen Fällen versuchen, einen mittlerweile – ganz unabhängig von den Mängeln, die das Rücktrittsrecht begründen – als Fehlentscheidung bewerteten Kauf rückgängig zu machen.

Der Käufer darf das Unternehmen zurückgewähren, wenn er die Abweichungen, die die Wertersatzpflicht begründen, freiwillig rückgängig macht, sodass er das Unternehmen im empfangenen Zustand herausgeben kann[1230]. Für den Verkäufer kann dies sehr unpassend sein, z. B. weil er nicht mehr damit gerechnet und sich von der Branche des Unternehmens bereits abgewendet hat. Möchte der Käufer das Unternehmen zurückgeben, der Verkäufer aber lieber Wertersatz haben, kann es zwischen den Parteien strittig sein, ob dem Käufer das Rückgängigmachen und damit die Rückgewähr im ursprünglichen Zustand überhaupt möglich sind oder ob er dazu unabhängig von seinem Willen nicht fähig ist[1231]. Auch zu diesem Thema soll im Rahmen der einzelnen Tatbestandsalternativen Stellung genommen werden.

1) § 346 Abs. 2 S. 1 Nr. 1 BGB: die Natur des Erlangten

Vereinzelt gibt es Überlegungen, über die Bejahung der Tatbestandsalternative des § 346 Abs. 2 S. 1 Nr. 1 BGB die Rückgewähr eines Unternehmens generell auszuschließen. Diese Regelung sieht die Wertersatzpflicht vor, wenn die Rückgewähr nach der Natur des Erlangten ausgeschlossen ist. Dies ist beispielsweise bei der Leistung von Diensten und der Überlassung der Benutzung einer Sache zu bejahen[1232]. Man könnte daran denken, sie immer als erfüllt anzusehen, wenn es um die Rückgewähr eines Unternehmens geht. Aber auch wenn die Rückgabe eines Unternehmens erhebliche praktische Schwierigkeiten mit sich bringt, ist dieser Ansatz abzulehnen. Die Probleme einer Rückabwicklung sind an geeigneter Stelle

---

1230 *Benicke*, ZGS 2002, 369, 371; *Röthel*, in: Erman, § 346 Rdn. 10; *Gaier* in: MüKo BGB, § 346 Rdn. 39.

1231 Für die Ansicht, die die Anforderungen des § 275 BGB heranzieht, bedeutet diese Prüfung nicht die Möglichkeit einer freiwilligen Rückgängigmachung und Rückgewähr, sondern ob der Käufer zur Rückgängigmachung verpflichtet ist oder wegen Unvermögens eine Wertersatzpflicht begründet wurde.

1232 *Grüneberg*, in: Palandt, § 346 Rdn. 8; *Kaiser*, in: Staudinger, § 346 Rdn. 99. Bei diesen beiden Beispielsfällen ordnete auch § 346 S. 2 BGB a. F. ausdrücklich eine Wertersatzpflicht statt die Verpflichtung zur Rückgewähr an, vgl. § 346 S. 2 BGB a. F.

zu berücksichtigen. Von einer generellen Unmöglichkeit, die die Rückgewähr an sich in jedem Falle ausschließt, kann man aber nicht ausgehen[1233].

Eine andere Sichtweise würde die Tatsachen verkennen. Wird beispielsweise der Rücktritt zeitnah zur Unternehmensübertragung erklärt, kann es durchaus möglich sein, das Unternehmen im ursprünglichen Zustand zurückzugeben[1234]. Eine Unmöglichkeit der Rückgewähr ist nicht zwingend, d. h., ergibt sich nicht aus dem Gegenstand selbst. Ist die Rückgewähr im Einzelfall unmöglich, wird dies vielmehr auf gewisse Umstände zurückzuführen sein. Dass beim Unternehmenskauf häufig solche Umstände vorkommen und eine Unmöglichkeit daher oft begründet wird, ist unbeachtlich für die Beurteilung einer Unmöglichkeit aufgrund der Natur des Gegenstandes. Die Anforderungen des § 346 Abs. 2 S. 1 Nr. 1 BGB sind demnach bei einem Unternehmen als empfangener Leistung nicht erfüllt.

Darüber darf man nicht hinwegsehen, nur um Schwierigkeiten bei der Umsetzung der Rechtsfolge der Rückgewähr zu umgehen. Ist die Rückgewähr möglich, kann sie sogar sowohl von dem Käufer als auch von dem Verkäufer gewünscht sein. Ein derartiges Interesse wäre auch berechtigt. Die Wiederherstellung der vor Vertragsschluss bestehenden Rechtslage ist schließlich vom Gesetzgeber beabsichtigt. Dabei soll die „Rückabwicklung dem Werte nach" nur subsidiär zur Rückgewähr der empfangenen Leistungen in natura sein[1235]. Würde man hier generell ohne Prüfung der Voraussetzungen auf § 346 Abs. 2 S. 1 Nr. 1 BGB zurückgreifen, würde man berechtigte Interessen der Parteien verletzen und das gesetzlich angeordnete System missachten.

Statt der generellen Erfüllung des § 346 Abs. 2 S. 1 Nr. 1 BGB kann sich bezüglich der Rückgewähr eines Unternehmens nur im Einzelfall die Verwirklichung einer der anderen Tatbestandsalternativen ergeben.

2) § 346 Abs. 2 S. 1 Nr. 2 Alt. 2 BGB: die Veräußerung

Mit der Veräußerung in § 346 Abs. 2 S. 1 Nr. 2 Alt. 2 BGB ist, wie der Wortlaut zeigt, das dingliche Rechtsgeschäft gemeint[1236]. In der Praxis ist es durchaus

---

1233 So auch *Gaul*, ZHR 166, 35, 55 f.

1234 Vgl. *Larisch*, Gewährleistungshaftung beim Unternehmens- und Beteiligungskauf, S. 92.

1235 Vgl. den Wortlaut des § 346 Abs. 2 S 1 BGB („statt der Rückgewähr") sowie BT-Drucks. 14/6040, S. 189 f., 194 ff.

1236 *Faust*, in: jurisPK-BGB, § 346 BGB Rdn. 41; *Kaiser*, in: Staudinger, § 346 Rdn. 135; *Gaier*, in: MüKo BGB, § 346 Rdn. 39.

wahrscheinlich, dass der Käufer das Unternehmen bereits weiterveräußert hat. Die schnelle Weiterveräußerung kann in der Branche üblich sein. Ebenso kann sich das mit dem Unternehmen verfolgte Geschäftsmodell für den Käufer als unzweckmäßig erwiesen haben. Durch die Tatsache, dass manche Mängel erst einige Zeit nach dem Übergang des Unternehmens auf den Käufer erkennbar werden, kann die Entdeckung von einer Weiterveräußerung überholt werden.

Eine Weiterveräußerung kann der ursprüngliche Käufer freiwillig rückgängig machen, wenn er ein Rückkaufrecht oder ein vertragliches Rücktrittsrecht für diesen Fall gegenüber dem Zweiterwerber besitzt. Ansonsten hängt die (Un-)Möglichkeit der Rückgängigmachung davon ab, ob der Zweiterwerber das Unternehmen an ihn zurückveräußern möchte. Für seine Bereitschaft wird zumeist maßgeblich sein, welchen Kaufpreis ihm der ursprüngliche Käufer bietet[1237]. Ist der Kaufpreis dem Zweiterwerber zu niedrig oder verweigert der Zweiterwerber aus anderen Gründen eine Rückveräußerung, liegt Unmöglichkeit der Rückgängigmachung und damit der Rückgewähr im empfangenen Zustand vor. Der ursprüngliche Käufer kann die Wertersatzpflicht aus § 346 Abs. 2 S. 1 Nr. 2 Alt. 2 BGB dann nicht durch überobligatorisches Verhalten abwenden.

Bei einer erfolgten (Weiter-)Veräußerung der Anteile bei einem Share Deal gilt dies ebenso. Auch hier ist der Käufer, will er die Veräußerung freiwillig rückgängig machen, von der Bereitschaft des Zweiterwerbers abhängig. Diese Ungewissheit kann er nur vermeiden, indem er sich ein Rücktritts- oder Rückkaufrecht im Rahmen der Weiterveräußerung einräumen lässt.

3) § 346 Abs. 2 S. 1 Nr. 2 Alt. 5 BGB: Umgestaltung

Eine Umgestaltung liegt vor, wenn ein Gegenstand derart verändert wird, dass er seine bisherige Identität verliert. Die Folge ist das Entstehen einer Sache anderer Art. Auch wenn diese Folge anders als im § 352 BGB a. F. nicht mehr ausdrücklich

---

1237 Nach der hier vertretenen Ansicht ist der Rückerwerb nach Weiterveräußerung freiwillig. Insofern steht der dem Zweiterwerber anzubietende Kaufpreis wie der Rückerwerb selbst im Belieben des ursprünglichen Käufers. Je nachdem, wie wichtig die Rückabwicklung in natura für ihn ist, wird er bereit sein, einen höheren Kaufpreis zu zahlen, als er selbst im Rahmen der Weiterveräußerung erhalten hat. Folgt man der Gegenansicht, die die Unmöglichkeit als zusätzliches Tatbestandsmerkmal des § 346 Abs. 2 S. 1 BGB verlangt, ergibt sich der vom ursprünglichen Käufer anzubietende Kaufpreis zwecks Rückerwerbs aus der Opfergrenze des § 275 Abs. 2 BGB; s. *Gaier*, in: MüKo BGB, § 346 Rdn. 40.

in § 346 Abs. 2 S. 1 Nr. 2 Alt. 5 BGB benannt wird, ist an ihr festzuhalten[1238]. Sie ist die logische Konsequenz eines Identitätsverlusts. Gerade dieser ist aber bei einer „Umgestaltung" zu verlangen. Denn der Begriff der Umgestaltung soll nicht jede unbedeutende Veränderung des empfangenen Gegenstandes erfassen. Das Vorliegen einer Umwandlung führt schließlich zum Übergang von der Rückgewährpflicht in die Wertersatzpflicht. Eine Veränderung, die die Identität des Gegenstandes unberührt lässt, soll diesen Pflichtenwechsel nicht herbeiführen. So stellt auch eine Reparatur keine Umwandlung dar. Sie hilft stattdessen, den ursprünglichen Zustand wiederherzustellen[1239]. Sie schützt den Gegenstand also in seiner bisherigen Identität.

Die Umgestaltung umfasst auch die untrennbare Verbindung und Vermischung, da durch diese eine neue Identität geschaffen wird. Gestützt wird dieser Befund davon, dass schon früher die untrennbare Verbindung und Vermischung dem Begriff der Umwandlung im Rahmen des § 467 S. 1 BGB a. F. zugeordnet wurden. Es ist davon auszugehen, dass der damalige Begriff der Umwandlung weiterhin so zu verwenden ist[1240]. Er geht damit über das Verständnis von einer „Umbildung" hinaus, die bis zur Schuldrechtsmodernisierung für den Wechsel zu einer Wertersatzpflicht verlangt wurde[1241] und noch heute in § 950 BGB geregelt ist. Weil der Begriff der Umwandlung die Umbildung aber unter anderem umfasst, kann zu seiner Konkretisierung bei Bedarf auch auf die Rechtsprechung zu § 950 BGB zurückgegriffen werden[1242].

Bei einem Unternehmen ist nach diesen Grundsätzen von einer Umgestaltung auszugehen, wenn nach der Verkehrsauffassung ein Identitätswechsel auf Unternehmensebene vorliegt. Fraglich ist, wann ein solcher Umbruch anzunehmen ist. Dabei ist zu berücksichtigen, dass die Ausgestaltung eines Unternehmens besonders eng mit seinem Eigentümer verknüpft ist[1243]. Wird ein Unternehmen erworben,

---

1238 *Faust*, JuS 2009, 481, 484; *Faust*, in: jurisPK-BGB, § 346 BGB Rdn. 41; *Kaiser*, in: Staudinger, § 346 Rdn. 135.

1239 *Grothe*, in: Bamberger/Roth, § 346 Rdn. 42; *Gaier*, in: MüKo-BGB, § 346 Rdn. 40; *Kaiser*, in: Staudinger, § 346 Rdn. 137.

1240 *Gaier*, WM 2002, 1, 8; *Kaiser*, in: Staudinger, § 346 Rdn. 135 (entsprechende Anwendung).

1241 Vgl. § 352 BGB a. F.

1242 *Faust*, in: jurisPK-BGB, § 346 BGB Rdn. 41; ähnlich *Grothe*, in: BeckOK BGB, § 346 Rdn. 42.

1243 Schon das RG stellte fest, dass ein Unternehmen durch einen Inhaberwechsel innerhalb kurzer Zeit völlig umgestaltet sein könne, sodass eine Rückgabe unmöglich sei. Dies liege daran, dass ein Unternehmen von seinem Inhaber abhänge, vgl. RGZ 138, 354, 358.

ist die Wahrscheinlichkeit daher groß, dass sich seine Eigenart so sehr verändert, dass es ein anderes Unternehmen wird. Allerdings liegt eine Umgestaltung auch bei einem Unternehmenskauf nicht bei jedem Erwerb ohne Weiteres vor. Schließlich kann der Erwerber das Unternehmen gerade auch im bisherigen Sinne fortführen. Eine Umgestaltung im Sinne eines Identitätswechsels muss also auch bei einem Unternehmenskauf konkret geprüft werden. Sie liegt nur vor, wenn sich das Unternehmen nunmehr als Ergebnis des schöpferischen Handelns des Erwerbers darstellt. Die bisherige Identität des Unternehmens zur Zeit der Übertragung zur Durchführung des Kaufvertrages muss gegenüber der neuen Prägung so stark zurückgetreten sein, dass sie als verloren zu werten ist[1244].

Nimmt der Käufer nach Erhalt des Unternehmens Modernisierungsmaßnahmen vor, führen diese daher nicht zwangsläufig zu einem Identitätswechsel. Sie dienen dazu, das bisherige Unternehmen fortzuführen und weiterzuentwickeln. Die Identität bleibt davon in der Regel unangetastet. Auch ein bloßer Formwechsel der Gesellschaft, die das Unternehmen betreibt, bedeutet noch keinen Umbruch für das Unternehmen. Die Form beinhaltet ebenso wenig eine Aussage über die Unternehmensidentität wie die Firma eines Unternehmens. Daher ist auch die alleinige Änderung der Firma ohne Einfluss auf die Identität des Unternehmens[1245]. Die genannten Vorgänge sind nicht als Umgestaltung, sondern lediglich als Veränderungen im gewöhnlichen Geschäftsgang bzw. typische Weiterentwicklungen eines Unternehmens zu beurteilen[1246]. Sie berühren die Art des Unternehmens nicht und dieses bleibt in der Wahrnehmung der Allgemeinheit das bisherige Unternehmen, das sich zeitgemäß wandelt bzw. anpasst. Neben Modernisierungsmaßnahmen trifft dies erst recht auf Veränderungen des Unternehmens zu, die seiner normalen Entwicklung, ohne jeglichen, speziellen Eingriff des Käufers entsprechen, wie beispielsweise der Austausch von Waren und Forderungen oder Rechten im Vermögensbestand eines produzierenden Unternehmens[1247].

Der Käufer kann aber auch Elemente des Unternehmens ändern, die einzeln oder in ihrem Zusammenspiel die Unternehmensidentität begründen. So ist der

---

1244 Vgl. *Kleinhenz*, JuS 2009, 787; *Büdenbender*, in: NK-BGB, Anhang II zu §§ 433–480: Unternehmenskauf-BGB Rdn. 94 ff.; *Lips*, in: Beck'sches Mandatshandbuch Unternehmenskauf, § 3 Rdn. 194; LG Berlin, U. v. 01.02.2005 – 5 O 176/04.

1245 *Schwintowski*, JZ 1987, 588, 591 (zur Parallelproblematik bei § 818 Abs. 2 BGB).

1246 Vgl. *Schöne*, ZGR 2000, 86, 94; *Büdenbender*, in: NK-BGB, Anhang II zu §§ 433–480: Unternehmenskauf-BGB Rdn. 95; *Büdenbender*, in: Unternehmenskauf und Schuldrechtsmodernisierung, S. 5, 42; *Thiessen*, Unternehmenskauf und Bürgerliches Gesetzbuch, C. VIII. 2. c) (2), S. 238 f.

1247 Vgl. *Schwintowski*, JZ 1987, 588, 590.

Tätigkeitsbereich eines Unternehmens prägend für dieses. Bestimmt der Käufer neue Absatzmärkte wirkt sich das auf die Art des Unternehmens direkt aus. Auch ein Wandel der Kunden- und Lieferantenbeziehungen sowie Investitionen sind als Faktoren eines Identitätswechsels zu berücksichtigen[1248]. Als tief greifende Neuerung wird daneben auch die grundlegende Wandlung interner Organisationsstrukturen angesehen. Insbesondere personelle Veränderungen auf der Führungsebene, beispielsweise die zwischenzeitliche Auswechselung der Unternehmensleitung, können schwer wiegen. Sie sind geeignet, völlig neue Impulse für das Unternehmen zu geben. Anhand der genannten Faktoren ist eine Beurteilung vorzunehmen, ob das Unternehmen im Gesamtbild noch dem bisherigen entspricht. Ist dies nicht der Fall, ist eine Rückgewährpflicht wegen Umgestaltung abzulehnen[1249].

Einen in der Praxis besonders häufigen Fall stellt die Integration des erworbenen Unternehmens in einen Unternehmensverbund dar. Insbesondere wenn der Käufer nicht mit Mängeln und einer etwaigen Rückgewährpflicht des Unternehmens rechnet, versucht er in der Praxis das Unternehmen zügig in seinen Unternehmensverbund einzugliedern, falls ein solcher vorhanden ist oder geschaffen werden kann. Ein Unternehmensverbund ist attraktiv, weil er zu wirtschaftlichen Vorteilen führen kann. Beispielsweise können im Rahmen eines Verbundes Synergien genutzt und so Kosten gespart werden. Die Integration kann über eine vertraglich vereinbarte, enge Kooperation mit anderen Unternehmen erfolgen. Das Unternehmen kann aber auch mit weiteren Unternehmen rechtlich und wirtschaftlich zu einer größeren Wirtschaftseinheit vereinigt werden. Je nach konkreter Ausgestaltung des Verbundes kann das Unternehmen dabei bezüglich wirtschaftlicher Entscheidungen selbstständig bleiben[1250]. Zum früheren Recht wurde die Integration in einen Unternehmensverbund grundsätzlich als Umgestaltung angesehen[1251] und dem ist auch heute noch zu folgen.

Die Kooperation mit anderen Unternehmen ist ebenso wie eine Unternehmenskonzentration prägend für die Identität eines Unternehmens. Beide

---

1248 Siehe LG Berlin, U. v. 01.02.2005 – 5 O 176/04; *Schwintowski*, JZ 1987, 588, 591; *Thiessen*, Unternehmenskauf und Bürgerliches Gesetzbuch, C. VIII. 2. c) (2), S. 238 f.; *Larisch*, Gewährleistungshaftung beim Unternehmens- und Beteiligungskauf, S. 93.

1249 Vgl. *Lips*, in: Beck'sches Mandatshandbuch Unternehmenskauf, § 3 Rdn. 194; schon zum früheren Recht (keine Wandlung bei Umgestaltung des Unternehmens): *Prölss*, ZIP 1981, 337.

1250 Zum Unternehmensverbund bzw. zur Post-Merger-Integration vgl. *Picot*, in: Handbuch Mergers & Acquisitions, Teil C.

1251 Vgl. zu § 467 S. 1 HS 2 BGB a. F.: *Westermann*, in: MüKo BGB, 3. Aufl. (1995), § 467 Rdn. 7.

Gestaltungsmöglichkeiten eines Verbundes wirken sich auf die Wahrnehmung des Unternehmens von außen aus. Zugleich geben sie ihm auch eine andere Gestalt, was sein Inneres wie z. B. seine Funktionsabläufe angeht. Das Unternehmen stellt sich nach der Eingliederung als das Werk des Käufers dar. Damit geht der Verlust der bisherigen Identität einher. Insbesondere die Integration des Unternehmens in einen Unternehmensverbund ist daher auch heute als Umgestaltung zu bewerten[1252]. Lediglich in Fällen, in denen die Integrationsmaßnahmen noch nicht umgesetzt sind oder nur vereinzelte Teilbereiche des Unternehmens betreffen, d. h., eine Prägung zum Rücktrittszeitpunkt noch abzulehnen ist, sind Ausnahmen denkbar[1253].

Die Vornahme von Integrationsmaßnahmen grundsätzlich als Umgestaltung zu betrachten, wird von der Struktur des Umwandlungsrechts gestützt. Bei einem Unternehmensverbund kommt es zur Vermengung von Vermögensmassen, insbesondere bei dem Zusammenschluss mehrerer Unternehmen zu einer größeren legalen Einheit. Miteinander vermischte Vermögensmassen sollen nach dem Grundsatz des Umwandlungsgesetzes nicht wieder auseinandergerissen werden[1254]. Die Beurteilung einer Integrationsmaßnahme als Umgestaltung nach § 346 Abs. 2 S. 1 Nr. 2 Alt. 5 BGB schützt genau vor solch einer Trennung und wandelt die Rückgewährpflicht in eine Wertersatzpflicht[1255].

Die Regelung führt insgesamt zu sachgerechten Ergebnissen beim Unternehmenskauf. Der Verkäufer wird davor geschützt, ein ihm fremdes, ein anderes Unternehmen, zu erhalten. Damit wird der Einwand gegen die Anwendung des Rücktritts (bzw. früher der Wandlung) beim Unternehmenskauf entkräftet, dass es schlechthin unangemessen sei, dem Verkäufer das Unternehmen nach einem Rücktritt wieder aufzuzwingen. Die Kritik trifft insoweit zu, wie die Rückübertragung eine unbillige Härte für den Verkäufer darstellen würde. Dies ist der Fall, wenn das Unternehmen bereits als anderes zu werten ist, d. h., seine Identität verloren hat. Müsste der Verkäufer ein solches, fremdes Unternehmen annehmen,

---

1252 *Picot*, in: Unternehmenskauf und Restrukturierung, Teil I. Rdn. 90; *Büdenbender*, in: NK-BGB, Anhang II zu §§ 433–480: Unternehmenskauf-BGB Rdn. 94.

1253 In diese Richtung auch *Picot*, der eine Unmöglichkeit der Rückgewähr des Unternehmens im bisherigen Zustand nach umfassenden Integrationsmaßnahmen annimmt, vgl. *Picot*, DB 2009, 2587,2593.

1254 *Gaul*, ZHR 166, 35, 56; s. dazu ausführlich den anschließenden Exkurs zum Umwandlungsrecht unter XI. 3. c. 4), S. 289 ff.

1255 Vgl. auch *Lorenz*, der im Rahmen der Parallelproblematik des Bereicherungsrechts als Beispiel für eine prägende Gestaltung des Erwerbers eine Verschmelzung mit einem anderen Unternehmen benennt, vgl. *Lorenz*, in: Staudinger, BGB, § 818 Rdn. 21 ff.

wäre es ihm unmöglich, das Unternehmen in seiner damals gewohnten Form weiterzuführen. Die Regelung des § 346 Abs. 2 S. 1 BGB zieht die Grenze an genau dieser Stelle. Sie sorgt so dafür, dass der Rücktritt mit seiner Rechtsfolge nun auch für den Unternehmenskauf passend ist, da es in den bisher ungeeigneten Fällen nur zur Rückabwicklung dem Werte nach kommt[1256]. Daneben ist die Rechtsfolge aber auch in wirtschaftlicher Hinsicht angemessen, weil das Unternehmen nicht durch eine Rückübertragung (ein „Hin und Her") belastet wird, in deren Folge es zudem letztlich im Eigentum von jemandem steht, der es so nicht kennt und nicht fortführen kann. Dass er kein durch die Wechsel geschwächtes Unternehmen zurückerhält, ist zudem auch für den Verkäufer positiv[1257].

Eine Umgestaltung kann der Käufer nicht rückgängig machen, unabhängig von seinem Willen. Selbst der Versuch, ein Unternehmen mit ähnlicher Identität aufleben zu lassen, wäre vergebens. Zum einen ist es praktisch kaum möglich, eine vergangene Identität zu rekonstruieren. Zum andern würde dies nichts an der Wertersatzpflicht ändern. Die Unmöglichkeit liegt in der Art der Veränderung, die eine Umgestaltung darstellt. Selbst wenn es praktisch möglich wäre, ein Unternehmen mit einer ähnlichen Identität zu erschaffen, läge keine Beseitigung der Veränderung vor. Der Identitätsverlust ist seiner Art nach endgültig. Er stellt damit eine Zäsur dar, die ein Rückgängigmachen ausschließt. Es wäre nur ein neues Unternehmen entstanden, auch wenn gleicher (meist wohl nur ähnlicher) Art. Die Rückgewährpflicht begründet aber eine Stück- statt Gattungsschuld[1258]. Der Käufer kann somit die Wertersatzpflicht auch nicht durch freiwilliges Verhalten abwenden.

4) Exkurs Umwandlungsrecht:

Das UmwG bestimmt für Verträge, die die Verschmelzung von zwei Gesellschaften regeln, dass der Rücktritt von ihnen ab Eintragung der Verschmelzung unwirksam ist, vgl. § 20 Abs. 2 UmwG. Bei einem Rücktritt von einem Kaufvertrag nach einer Verschmelzung hätte die Rückabwicklung im Sinne einer Rückgewähr nach § 323 Abs. 1 BGB die gleichen Auswirkungen, wie sie auch ein Rücktritt von einem Verschmelzungsvertrag hätte: Die verschmolzene Gesellschaft bzw.

1256 Ähnlich mit der Schlussfolgerung, dass der Rücktritt nun bezüglich seiner Rechtsfolge passt: *Büdenbender*, in: NK-BGB, Anhang II zu §§ 433–480: Unternehmenskauf-BGB Rdn. 94; zur Grenzziehung: *Kleinhenz*, JuS 2009, 787.

1257 So *Lips*, in: Beck'sches Mandatshandbuch Unternehmenskauf, § 3 Rdn. 194.

1258 Vgl. dazu XI. 1., S 262 ff.

beim Unternehmenskauf die vormals empfangene Leistung wäre zurückzugewähren. Die Situationen sind demnach vergleichbar. Die Frage, ob die Identität der empfangenen Leistung trotz Verschmelzung erhalten geblieben und durch eine Abspaltung die Rückgewähr der etwaig noch identischen empfangenen Leistung möglich ist, stellt sich in beiden Fällen gleichermaßen nicht:

Für den Rücktritt von einem Verschmelzungsvertrag findet sich in § 20 Abs. 2 UmwG die Regelung, dass Mängel der Verschmelzung die Wirkungen der Eintragung derselben unberührt lassen. Ein Rückgewährverhältnis kann demnach nicht begründet werden. Vielmehr ist die Verschmelzung nach dieser Regelung auch für die Zukunft bestandsfest[1259]. Zweck der Vorschrift ist, dass gesellschaftsrechtliche Akte möglichst erhalten werden sollen. Sie spiegelt damit den Grundsatz des Gesellschaftsrechts wider, dass organisationsrechtliche Veränderungen nach ihrem Vollzug nicht mehr rückgängig gemacht werden sollen, weil dies im Zweifel alle Beteiligten mit übermäßigen Kosten belastet[1260]. Eine solche Belastung würde auch konkret bei einem Rücktritt nach Verschmelzung eintreten, z. B. wenn einem der Anteilseigner ein Anspruch auf nachträgliche rechtsgeschäftliche „Entschmelzung", etwa im Wege der Spaltung oder erneuter Veräußerung, eingeräumt werden würde.

Die Rückübertragung von verschmolzenen und in der Regel tatsächlich bereits vermischten Vermögensmassen der einzelnen Rechtsträger ist zudem mit besonders gravierenden Schwierigkeiten und Aufwendungen behaftet. Dabei sind die Schwierigkeiten nicht nur rechtlicher, sondern auch praktischer Natur. Die Gesetzesbegründung führt sogar an, dass eine Entschmelzung, bei der die einzelnen Vermögensgegenstände zurück übertragen werden, praktisch gar nicht möglich sei[1261]. Es sei nur eine „wirtschaftliche Rückabwicklung" möglich, wenn die Verschmelzung unzweckmäßig sei. Aber dann wird es wohl gerade nur darum gehen, mittels einer Spaltung zumindest wirtschaftlich wieder einen vorherigen, zweckmäßigeren Zustand herzustellen. Die Identität des ursprünglichen Gegenstandes wird nicht gewahrt bzw. auch nicht wiederherzustellen sein. Um die praktische Unmöglichkeit nicht in jedem Fall erneut feststellen zu müssen, entschloss sich damit der Gesetzgeber zu einem grundsätzlichen Verbot der Entschmelzung.

Dieses schließt zwar einvernehmliche Korrekturen der Beteiligten nicht aus[1262]. Allerdings soll keinem der Beteiligten die Spaltung mit den daraus erwachsenden Nachteilen aufgedrängt werden können. Die Regelung verhindert somit nicht,

---

1259 Vgl. *Grunewald*, in: Lutter UmwG, § 20 Rdn. 71.

1260 *Kübler*, in: Semler, Stengel UmwG, § 20 Rdn. 84.

1261 Vgl. BT-Drucks. 9/1065 S. 19.

1262 *Kübler*, in: Semler, Stengel UmwG, § 131 Rdn. 65.

dass sich die Beteiligten neu einigen und bewusst auf die Problematik einlassen wollen, die der Gesetzgeber verhindern möchte. Demnach muss aber auch der Verkäufer mit einer Korrektur einverstanden sein. Die aus einer Spaltung entstehenden Nachteile können ihm nicht ohne Weiteres aufgebürdet werden. Auch Gründe der Rechtssicherheit sprechen für das Entschmelzungsverbot. So würden immer Zweifel an der Identität verbleiben, selbst wenn man eine Spaltung versuchen würde. Schließlich muss Vermögen zugeteilt werden, das bei der Verschmelzung u. U. noch gar nicht vorhanden gewesen ist. Andererseits muss für Vermögen, das damals vorhanden war, aber nun nicht mehr, eventuell eine Kompensation geleistet werden. Daher ist schon aus Gründen der Rechtssicherheit eine förmliche Entschmelzung im Sinne der Trennung verbundener Vermögensmassen auszuschließen[1263]. Daneben soll auch der allgemeine Rechtsverkehr in seinem Vertrauen ab der Eintragung der Verschmelzung geschützt werden.

Wie ernst dem Gesetzgeber das Verbot der Entschmelzung ist, zeigt auch § 16 Abs. 3 UmwG. Danach ist die Entschmelzung selbst dann ausgeschlossen, wenn die Verschmelzung trotz einer anhängigen Anfechtungsklage eingetragen worden ist und die Anfechtungsklage Erfolg hat. Auch hier hat sich der Gesetzgeber deutlich dazu bekannt, dass er die Vermögensmassen nicht mehr trennen möchte. Stattdessen sollen sowohl im Fall der Anfechtung als auch im dem der Mängel alle Schäden bzw. Nachteile durch Mängel auf andere Weise, beispielsweise die Haftung der Verantwortlichen, ausgeglichen werden, vgl. §§ 16, 20 UmwG[1264].

Dies alles zeigt, dass durch eine Verschmelzung eine neue Identität entsteht und die bisherigen der zu verschmelzenden Gesellschaften verloren gehen. Diese Wertung muss auch für den Unternehmenskauf gelten. Nach einer Verschmelzung existiert die Leistung, die der Verkäufer hergegeben und die der Käufer empfangen hat, nicht mehr. Es hat eine Vermengung mit fremden Vermögenswerten stattgefunden, durch die die empfangene Leistung ihre Identität verloren hat.

5) Untergang, § 346 Abs. 2 S. 1 Nr. 3 Alt. 2 BGB

Der Untergang eines Gegenstandes bedeutet, dass er nicht mehr an den Verkäufer herausgegeben werden kann. Dabei kann es sich um die Zerstörung des Gegenstandes handeln[1265]. Ebenso gilt ein verlorener oder gestohlener Gegenstand

---

1263 So *Grunewald*, in: Lutter UmwG, § 20 Rdn. 71.

1264 Vgl. *Kübler*, in: Semler, Stengel UmwG, § 20 Rdn. 84.

1265 *Hager*, in: NK-BGB, § 346 Rdn. 40; *Gaier* in: MüKo BGB, § 346 Rdn. 41; *Grothe*, in: BeckOK BGB, § 346 Rdn. 43.

als untergegangen[1266]. Bei einem Share Deal wird es in der Praxis meist um die Situation gehen, dass der Käufer den Rechtsträger des Unternehmens auf eine andere oder mit einer anderen Gesellschaft verschmolzen hat. Der übertragende Rechtsträger erlischt bei der Eintragung der Verschmelzung, vgl. § 20 Abs. 1 Nr. 2 UmwG. Die vom Verkäufer empfangenen Anteile existieren dann nicht mehr. Sie sind mit der Verschmelzung gemäß § 346 Abs. 2 S. 1 Nr. 3 Alt. 2 BGB untergegangen.

Die Verschmelzung ist von einem bloßen Formwechsel zu unterscheiden. Wie mit Blick auf das Unternehmen führt der Formwechsel der Gesellschaft auch beim Share Deal noch nicht zum Übergang vom Rückgewähr- zum Wertersatzanspruch. Auch bezüglich des Rechtsträgers des Unternehmens erfüllt der bloße Formwechsel keine der Tatbestandsalternativen des § 346 Abs. 2 S. 1 BGB. Er erfolgt vielmehr unter Wahrung der Identität von Rechtsträger und Vermögen. Aus dieser Feststellung folgt, dass allein wegen eines Formwechsels keine Unmöglichkeit vorliegt, den ursprünglichen Kaufgegenstand zurückzugewähren[1267].

Betrachtet man bei einer Verschmelzung nicht nur die Anteile bzw. den Rechtsträger des Unternehmens, sondern auch das Unternehmen selbst, das über den Weg des Share Deal schließlich verkauft werden soll, kommt man zum gleichen Ergebnis. Durch eine Verschmelzung seines Rechtsträgers wird das Unternehmen umgestaltet. Es erhält eine neue Prägung und insbesondere seine Vermögenswerte werden mit fremden untrennbar vermischt[1268].

Auch wenn der Käufer die Verschmelzung freiwillig rückgängig machen möchte, ist ihm dies nicht möglich. Es nützt nichts, wenn der Käufer eine erneute Umwandlungshandlung vornimmt, beispielsweise eine Abspaltung. Es würde eine neue Gesellschaft entstehen. Dementsprechend wären auch ihre Anteile solche einer Gesellschaft, die nicht mit dem früheren Rechtsträger des Unternehmens identisch wäre. Die Anteile selbst wären neue und nicht mit den empfangenen Anteilen identisch[1269]. Sie kämen für die Erfüllung der Rückgewährpflicht nach § 346 Abs. 1 BGB nicht in Betracht.

1266 *Grüneberg*, in: Palandt, § 346 Rdn. 9; *Kaiser*, in: Staudinger, § 346 Rdn. 139.

1267 So zu einem Formwechsel das Thüringer OLG, OLG-NL 2003, 20 zum §§ 351, 352 BGB a. F.

1268 Zur Umgestaltung schon zuvor unter XI. 3. c. 3), S. 284 ff.

1269 Dazu, dass die Übertragung von Sachen gleicher Art nicht ausreicht, siehe *Faust*, in: jurisPK-BGB, § 346 BGB Rdn. 54; *Kaiser*, in: Staudinger, § 346 Rdn. 69.

d. Höhe des Wertersatzes, § 346 Abs. 2 S. 2 Hs. 1 BGB

Liegt Unmöglichkeit vor, entfällt die Pflicht zur Rückgewähr und der Rückgewährschuldner hat stattdessen Wertersatz zu leisten, § 346 Abs. 2 S. 1 BGB. Bei der Berechnung des Wertersatzes ist nach § 346 Abs. 2 S. 2 BGB die im Vertrag vereinbarte Gegenleistung zugrunde zu legen. Diese Regelung war nach ihrer Einführung im Rahmen der Schuldrechtsmodernisierung Anlass für Diskussionen für den Fall, dass der Käufer die empfangene Leistung zu einem überhöhten Kaufpreis gekauft hatte. Es war umstritten, ob trotzdem die (hohe) Gegenleistung Grundlage für die Berechnung des Wertersatzes sein sollte[1270]. Die Gegner einer solchen Berücksichtigung brachten vor, dass die Rechtsfolge unpassend sei. Der Verkäufer solle nicht noch bei der Rückabwicklung des Vertrages von seinem Verhandlungsgeschick zulasten des Käufers profitieren. Es wurde vorgeschlagen, den Wertersatz durch den objektiven Wert des Gegenstandes zu begrenzen[1271].

Durch Beschluss vom 14.07.2011[1272] hat der BGH aber erneut klargestellt, dass die Regelung des § 346 Abs. 2 S. 2 BGB auch dann gelten soll, wenn der objektive Wert der Sache mit der vereinbarten Gegenleistung nicht übereinstimmt. Die Wertberechnung erfolgt demnach auf Grundlage der Gegenleistung, unabhängig davon, ob diese höher oder niedriger ist als der objektive Wert[1273]. Auch der Rücktrittsgrund ist unbeachtlich, sodass bei einem Rücktritt wegen Schlechtleistung im Hinblick auf die Grundlage des Wertersatzes nichts anderes gilt. Der BGH wertet die Regelung des § 346 Abs. 2 S. 2 BGB als bewusste Entscheidung des Gesetzgebers, nach der das zwischen den Parteien vereinbarte Verhältnis von Leistung und Gegenleistung unverändert bleiben soll. Hintergrund sei, dass die Regelungen über die Rückabwicklung wegen Rücktritts, unabhängig vom Rücktrittsgrund, keinen Sanktionscharakter haben sollten[1274].

Gerade für den Unternehmenskauf haben diese Feststellungen zur Berechnung des Wertersatzes eine große Bedeutung. Käme es auf den objektiven Wert der

---

1270 Für einen Überblick zu dem Streit siehe *Faust*, JuS 2009, 481, 487.

1271 So *Kaiser*, JZ 2001, 1057, 1059.

1272 Mit dem Beschluss weist der BGH eine Nichtzulassungsbeschwerde ab, die als Begründung die Klärung der Rechtsfrage anführt, wie im Fall des Rücktritts gemäß § 634 Nr. 3 BGB ein nach § 346 Abs. 2 S 2 BGB geschuldeter Wertersatz zu berechnen ist. Der BGH stellt fest, dass die Frage nicht mehr klärungsbedürftig ist, und zeigt die Berechnungsmethode auf, vgl. BGH NZBau 2011, 613.

1273 BGH NZBau 2011, 613 Rdn. 4 unter Bezugnahme auf BGH NJW 2009, 1068 Rdn. 13 ff.; zustimmend *Lorenz*, NJW 2005, 1889, 1893.

1274 BGH NZBau 2011, 613 Rdn. 10 im Anschluss an BGHZ 178, 355.

empfangenen Leistung an, würde sich ein Streit zwischen den Parteien entwickeln, inwieweit der Kaufpreis überhöht oder zu niedrig gewesen ist. Die Wertermittlung eines Unternehmens ist schwierig und unterschiedliche Berechnungsmethoden können zu abweichenden Ergebnissen führen[1275]. Durch die Unbeachtlichkeit des objektiven Wertes kann eine langwierige Diskussion zwischen den Parteien über verschiedene Berechnungsmethoden des Unternehmenswertes verhindert werden[1276]. Zudem bleiben den Parteien umfangreiche Beweisaufnahmen erspart, die zu der objektiven Wertermittlung beitragen, beispielsweise Marktgegebenheiten belegen sollen. Die wiederholte Feststellung der Rechtsprechung ist daher nicht nur aus dogmatischen Gesichtspunkten zu begrüßen, sondern auch die Vorteile für die Praxis, wie ein beschleunigtes Verfahren, sind zu begrüßen.

Das Vorliegen eines Mangels findet bei der Berechnung des Wertersatzes insoweit Berücksichtigung, als dass die Gegenleistung analog § 441 Abs. 3 BGB zu mindern ist[1277]. Schließlich hat der Käufer tatsächlich nur den mangelbehafteten und nicht den geschuldeten Kaufgegenstand empfangen. Hinsichtlich der Ermittlung des mangelbedingten Minderwerts kann es zu Beweisaufnahmen kommen. Allerdings ist davon auszugehen, dass die wertmäßigen Auswirkungen eines konkreten Mangels auf ein Unternehmen besser zu ermitteln sind, als der zugrunde zu legende Wert der Funktionsgesamtheit Unternehmen, die sich aus vielen unterschiedlichen Faktoren zusammensetzt. Der mangelbedingte Minderwert kann insofern bestimmt werden, als dass seine Auswirkungen und der mangelfreie Betrieb des Unternehmens zueinander ins Verhältnis gesetzt werden können. Der Minderwert muss eben dieses Verhältnis zu dem zu ersetzenden Wert des Unternehmens, d. h., dem Kaufpreis haben.

4. Entfallen der Wertersatzpflicht, § 346 Abs. 3 BGB

Nach § 346 Abs. 3 BGB entfällt die nach einer der Varianten des § 346 Abs. 2 BGB begründete Wertersatzpflicht des Schuldners wieder. Hintergrund ist die vom Gesetzgeber gewünschte Risikoverteilung. In den unter § 346 Abs. 3 Nr. 1–3 BGB genannten Fällen soll der Gläubiger das Risiko des zufälligen Untergangs des

1275 Vgl. III. 1., S. 16 ff.

1276 Allgemein zum Vorteil, dass kein objektiver Wert zu bestimmen ist, vgl. *Benicke*, ZGS 2002, 369, 374.

1277 BGH NZBau 2011, 613 Rdn. 9 ff. So auch die h. M. in der Literatur, s. nur *Gaier*, in: MüKo BGB, § 346 Rdn. 21; *Kaiser*, in: Staudinger, § 346 Rdn. 105.

Gegenstandes tragen. Der Schuldner soll daher nicht mit einer Wertersatzpflicht belastet werden. Er soll stattdessen neben dem Kaufgegenstand, soweit ihm die Rückgewähr möglich ist, nur die noch vorhandene Bereicherung herausgeben (§ 323 Abs. 3 S. 2 BGB), während er selbst seine geleisteten Gegenstände gemäß § 323 Abs. 1 oder 2 BGB zurückerhält. Die in § 346 Abs. 3 Nr. 1–3 BGB geregelten Fälle sind auf den Unternehmenskauf anzuwenden und unterliegen diesbezüglich keinen Besonderheiten[1278].

Nach § 346 Abs. 3 S. 1 Nr. 1 BGB entfällt die Wertersatzverpflichtung, wenn sich erst während der Verarbeitung oder Umgestaltung der zum Rücktritt berechtigende Mangel zeigt. Daneben soll der Gläubiger das Risiko der Verschlechterung oder des Untergangs tragen, wenn er diese zu vertreten hat oder der Schaden auch bei ihm eingetreten wäre, vgl. § 346 Abs. 3 S. 1 Nr. 2 BGB. Letzteres kann bei einem Unternehmenskauf beispielsweise im Hinblick auf eine Verschlechterung der konjunkturellen Lage Bedeutung erlangen, die alle Marktteilnehmer betrifft[1279]. Ist bei einem gesetzlichen Rücktrittsrecht wie dem hier behandelten wegen Schlechtleistung die Verschlechterung oder der Untergang bei dem Berechtigten (d. h. bei einem Rücktrittsrecht wegen Schlechtleistung bei dem Käufer) eingetreten, obwohl dieser die Sorgfalt angewendet hat, die er auch in eigenen Angelegenheiten beobachtet, entfällt die Wertersatzverpflichtung ebenso, vgl. § 346 Abs. 3 S. 1 Nr. 3 BGB[1280].

5. Schadensersatz, § 346 Abs. 4 BGB

Gemäß § 346 Abs. 4 i. V. m. §§ 280 ff. BGB kann Schadensersatz nach dem allgemeinen Leistungsstörungsrecht verlangt werden, wenn die Verpflichtungen zur Rückgewähr und Herausgabe nach § 323 Abs. 1 BGB verletzt werden. Das Verschulden wird dabei nach der Regelung des allgemeinen Leistungsstörungsrechts in § 280 Abs. 1 S. 2 BGB vermutet. Da sich bei einem Unternehmenskauf diesbezüglich keine Besonderheiten ergeben, soll an dieser Stelle auf die generelle Literatur zu dem Thema verwiesen werden[1281].

1278 Für einen Überblick s. *Faust*, JuS 2009, 481, 485 ff.

1279 Vgl. *Thiessen*, Unternehmenskauf und Bürgerliches Gesetzbuch, C. VIII. 2. c) (1), S. 237.

1280 Ausführlich zu § 346 Abs. 3 S. 1 Nr. 2 BGB: *Forst*, ZGS 2011, 107.

1281 Z. B. *Meyer*, Jura 2011, 244; *Faust*, JuS 2009, 481, 487 ff.; *Kaiser*, in: Staudinger, § 346 Rdn. 194 ff.; *Hager*, in: NK-BGB, § 346 Rdn. 67 ff.

XII. Vertragliche Regelungen

Bei Unternehmenskäufen werden vertragliche Regelungen getroffen, die die gesetzlichen Regelungen zur Gewährleistung ergänzen oder meist sogar ersetzen[1282]. Der Rücktritt wird in der Regel ausgeschlossen[1283]. An dieser Stelle soll aufgezeigt werden, welche Möglichkeiten die Parteien haben, wenn sie vertragliche Regelungen zusätzlich zu den gesetzlichen wählen oder sogar ein komplett eigenständiges Haftungssystem vereinbaren. Sie sollten die Chancen nutzen, die ihnen die Vertragsfreiheit bietet, und ein dem Unternehmenskauf angemessenes, auf den konkreten Einzelfall abgestimmtes Regelwerk vereinbaren[1284]. So vermeiden sie weitgehend, dass sich die in dieser Arbeit problematisierte Frage des Rücktritts überhaupt stellt, und können zugleich für beide Parteien annehmbare und kalkulierbare Regelungen schaffen.

1. Garantien

Das Gesetz verwendet den Begriff der Garantie an mehreren Stellen (z. B. §§ 276, 442, 443, 444, 477 BGB), verzichtet aber auf seine Definition. Unter einer Garantie ist eine vertragliche Vereinbarung zu verstehen, mittels derer die Rechte des Käufers verbessert werden im Vergleich mit den für diesen Fall gesetzlich vorgesehenen Rechten[1285]. Dabei können die Vereinbarungen auf

---

1282 *Hübner*, BB 2010, 1483; *Meyer-Sparenberg*, NZG 2001, 753, 754; *Wagner*, DStR 2002, 1400; *Weigl*, DNotZ 2005, 246, 248; *Wolf, Kaiser*, DB 2002, 411, 419; *Rödder, Hötzel, Thuns*, Unternehmenskauf – Unternehmensverkauf, § 10 Rdn. 1; *Faust*, in: BeckOK BGB, § 444 Rdn. 18; *Lips*, in: Beck'sches Mandatshandbuch Unternehmenskauf, § 3 Rdn. 188, 207.

1283 Siehe nur *Semler*, in: Handbuch Unternehmenskauf, Teil VII Rdn. 253; *Thiessen*, Unternehmenskauf und Bürgerliches Gesetzbuch, C. X. 1., S. 333. Zu Begrenzungen oder dem vollständigen Ausschluss der gesetzlichen Gewährleistungshaftung siehe VII. 1., S. 134 ff.

1284 Mit dieser Empfehlung auch *Dauner-Lieb, Thiessen*, ZIP 2002, 108, 114; *Wagner*, DStR 2002, 1400; *Holzapfel, Pöllath*, Unternehmenskauf, Rdn. 668 ff.

1285 *Faust*, ZGS 2002, 271; *Faust*, in: BeckOK BGB, § 443 Rdn. 6; *Berger*, in: Jauernig, § 443 Rdn. 1.

den gesetzlichen Regelungen aufbauen. Beispielsweise kann die Garantie eine gesetzliche Regelung bis auf den Haftungsmaßstab übernehmen und den Verkäufer verschuldensunabhängig für den Mangel einstehen lassen. Die Regelung entspricht dann dem in der Praxis des Unternehmenskaufs wichtigen Fall einer Zusicherung nach früherem Recht (§ 459 Abs. 2 BGB a. F.)[1286]. Dieser Aspekt ist regelmäßig für die Möglichkeit einer vollständigen oder teilweisen Fremdfinanzierung des Kaufpreises von Bedeutung[1287]. Eine Garantie kann aber auch ganz andere Aussagen als die gesetzlichen Regelungen treffen, beispielsweise dass der Verkäufer beim Vorliegen gewisser Voraussetzungen ein anderes Modell des Kaufgegenstandes liefern muss[1288].

Eine Garantie beinhaltet die Voraussetzungen[1289] und die Rechtsfolge, die bei deren Vorliegen eintreten soll. Daneben bedarf es einer Frist, in der die Rechte aus der Garantie ausgeübt werden können. Zusätzlich können Bedingungen vereinbart werden, die bei dem Eintritt des Garantiefalls vorliegen müssen, um die Rechtsfolge herbeizuführen[1290]. Der konkrete Inhalt einer Garantie ist jeweils durch Auslegung zu ermitteln[1291]. Um die Vielzahl von möglichen Garantien zwischen den Parteien besser handhaben zu können, werden sie verschiedenen Kategorien zugeteilt. Diese werden im Folgenden aufgezeigt bzw. gegenüber anderen Arten von Parteivereinbarungen abgegrenzt. Danach wird der zumeist umstrittenen Frage nachgegangen, welche Garantie innerhalb welcher gesetzlichen Regelung gemeint ist.

1286 Vgl. BT-Drucks. 14/6040, S. 236; OLG Koblenz, NJW 2004, 1670, 1671; *Unberath*, in: BeckOK BGB, § 276 Rdn. 40; *Grundmann*, in: MüKo BGB, § 276 Rdn. 175; *Thiessen*, Unternehmenskauf und Bürgerliches Gesetzbuch, C. X. 2., S. 334.

1287 Vgl. *Maier-Reimer*, in: Reform des deutschen Schuldrechts, S. 65; *Thiessen*, Unternehmenskauf und Bürgerliches Gesetzbuch, C. X. 1., S. 333 f.

1288 Mit einem ähnlichen Beispiel BT-Drucks. 14/6857 S. 61; vgl. auch *Faust*, in: BeckOK BGB, § 443 Rdn. 6.

1289 Bei einer Haltbarkeitsgarantie ist eine Garantiefrist zu vereinbaren, um den maßgeblichen Zeitrahmen für die Mangelhaftigkeit als Voraussetzung zu bestimmen, vgl. *Matusche-Beckmann*, in: Staudinger, § 443 Rdn. 14.

1290 Zum Inhalt einer Garantie siehe *Faust*, in: BeckOK BGB, § 443 Rdn. 16; *Triebel, Hölzle*, BB 2002, 521, 528.

1291 *Berger*, in: Jauernig, § 443 Rdn. 2; *Westermann*, in: MüKo BGB, § 443 Rdn. 8; siehe auch BT-Drucks. 14/6040 S. 237 ff.; *Faust*, ZGS 2002, 271; *Pfeiffer*, ZGS 2002, 23, 31; *Schulte-Nölke*, ZGS 2002, 72, 74.

a. Abgrenzung von der Beschaffenheitsvereinbarung (§ 434 Abs. 1 S. 1 BGB)

Bevor man Garantien verschiedenen Kategorien zuordnet, sind sie von Beschaffenheitsvereinbarungen (§ 434 Abs. 1 S. 1 BGB) abzugrenzen[1292]. Eine Beschaffenheitsvereinbarung dient den Parteien zur Umschreibung des geschuldeten Zustandes, bei dessen Nichtvorliegen die gesetzlichen Regelungen zur Gewährleistungshaftung eingreifen sollen, vgl. §§ 434 ff. BGB[1293]. Ein „Mehr" gegenüber der gesetzlichen Gewährleistungshaftung wie bei einer Garantie erhält der Käufer demnach nicht[1294]. Geht man wie in der vorliegenden Arbeit davon aus, dass der Begriff der Beschaffenheit weit zu verstehen ist, sind seit der Schuldrechtsmodernisierung Beschaffenheitsvereinbarungen in weiterem Umfang möglich als frühere Eigenschaftszusicherungen[1295]. Die Parteien können demnach mittels einer Beschaffenheitsvereinbarung die gesetzliche Gewährleistungshaftung herbeiführen mit Blick auf Umstände, die ihr früher nicht zugeordnet werden konnten. Wünschten die Parteien in solchen Fällen früher die gesetzlichen Rechtsfolgen, mussten sie entsprechende Rechtsfolgen in einer Garantie regeln. Insoweit bleibt abzuwarten, ob Beschaffenheitsvereinbarungen die Garantien auf diesem Gebiet zurückdrängen[1296]. Da Garantien neben der Bestimmung der geschuldeten Umstände den Verschuldensmaßstab und die Rechtsfolgen unabhängig vom gesetzlichen Gewährleistungsrecht regeln können und den Parteien so weiterhin die größte Freiheit bieten, werden sie den Unternehmenskauf allerdings auch in Zukunft prägen.

1292 Ausführlich zu den Einzelheiten einer Beschaffenheitsvereinbarung allgemein unter VI. 1. a. 1), S. 58 ff. und für den Unternehmenskauf unter VI. 2. a. 1), S. 78 ff.

1293 Vgl. *Schulte-Nölke*, ZGS 2002, 72, 74.

1294 Eine Haftungsverstärkung gegenüber den gesetzlichen Gewährleistungsregelungen, die die Beschaffenheitsvereinbarung gerade nicht aufweist, kann insbesondere der Einstandswille des Verkäufers sein, verschuldensunabhängig haften zu wollen, während nach den gesetzlichen Regelungen der Schadensersatzanspruch verschuldensabhängig ist, vgl. § 437 Nr. 3 BGB i. V. m. § 280 Abs. 1 S. 2, 281 oder 283 BGB. Zur Abgrenzung von Beschaffenheitsvereinbarung und Beschaffenheitsgarantie: BGH NJW 2007, 1346; *Emmert*, NJW 2006, 1765; *Büdenbender*, in: NK-BGB, § 434 Rdn. 10. Mit der Notwendigkeit die beiden Rechtsinstitute im Vertrag klar zu kennzeichnen und voneinander abzugrenzen: *Schulte-Nölke*, ZGS 2002, 72, 75; *Braunschmidt, Vesper*, JuS 2011, 393, 395; *Schmidt*, BB 2005, 2763, 2766.

1295 Siehe zum Beschaffenheitsbegriff und zur möglichen Reichweite einer Beschaffenheitsvereinbarung VI. 1. a. 1) b) und VI. 2. a. 1) b), S. 57 ff. und 85 ff.

1296 In diese Richtung *Wolf, Kaiser*, DB 2002, 411, 420; s. auch *Thiessen*, Unternehmenskauf und Bürgerliches Gesetzbuch, C. X. 3., S. 338.

b. Unselbstständige und selbstständige Garantie

Vor der Schuldrechtsreform wurden Garantien von Rechtsprechung und Literatur in unselbstständige und selbstständige unterteilt. Danach behält die unselbstständige Garantie grundsätzlich die gesetzlichen Haftungsregelungen bei und erweitert diese nur, sodass die Käuferposition gestärkt wird[1297]. Die selbstständige Garantie schafft dagegen ein eigenständiges Haftungsregime außerhalb des gesetzlichen Gewährleistungsrechts und tritt als eigenständiges Schuldverhältnis (§ 311 Abs. 1 BGB) neben die Rechte aus dem Kaufvertrag[1298]. Im Gegensatz zur unselbstständigen Garantie enthält sie eine über die Mängelfreiheit der Kaufsache hinausgehende Erfolgszusage des Veräußerers[1299].

Diese Einteilung ist kritisch zu hinterfragen. Aus ihr werden keine Rechtsfolgen abgeleitet; insbesondere für den Inhalt einer Garantie ist weiterhin die Auslegung derselben maßgeblich[1300]. Die Abgrenzung der beiden Kategorien ist zudem schwierig, sodass die Zuordnung nicht einheitlich vorgenommen wird[1301]. Schon zum früheren Recht war unklar, ob die verschuldensunabhängige Übernahme der Schadensersatzhaftung – nach früherem Recht unter dem Begriff der Eigenschaftszusicherung (§ 459 Abs. 2 BGB a. F.) – eine unselbstständige Garantie darstellte oder sogar eine eigene, dritte Kategorie[1302]. In der Literatur wird zum Teil versucht, die bisherige Einteilung auf das neue Schuldrecht zu übertragen bzw. die bekannten Begriffe den neuen Regelungen (§§ 276, 442, 443, 444, 477 BGB) zuzuordnen[1303].

1297 Vgl. BT-Drucks. 14/6040 S. 237; *Faust*, in: BeckOK BGB, § 443 Rdn. 11; *Berger*, in: Jauernig, § 443 Rdn. 1

1298 *Faust*, in: BeckOK BGB, § 443 Rdn. 11; *Picot*, in: Unternehmenskauf und Restrukturierung, Teil I. Rdn. 94, 95.

1299 BT-Drucks. 14/6040 S. 237; *Westermann*, in: MüKo BGB, § 443 Rdn. 1.

1300 *Triebel, Hölzle*, BB 2002, 521, 529; *Faust*, in: BeckOK BGB, § 443 Rdn. 12, 16; kritisch zu der Überlegung, aus der Kategorisierung verschiedene Schlussfolgerungen für die Anwendung von Normen zu ziehen *Thiessen*, Unternehmenskauf und Bürgerliches Gesetzbuch, C. X. 5 a)., S. 342 f. Zur Maßgeblichkeit der Auslegung: *Berger*, in: Jauernig, § 443 Rdn. 2; *Westermann*, in: MüKo BGB, § 443 Rdn. 8; siehe auch BT-Drucks. 14/6040 S. 237 ff.

1301 Mit dieser Kritik *Triebel, Hölzle*, BB 2002, 521, 529; *Faust*, in: BeckOK BGB, § 443 Rdn. 12, 16.

1302 Für eine unselbstständige Garantie: *Triebel, Hölzle*, BB 2002, 521, 529 f. Für eine eigene Kategorie: *Müller*, ZIP 1981, 707; *Seibt, Raschke, Reiche*, NZG 2002, 256, 258.

1303 Siehe beispielsweise *Triebel, Hölzle*, BB 2002, 521, 529 ff.; *Hilgard, Kraayvanger*, MDR 2002, 678.

Angesichts der unterschiedlich vorgenommenen Abgrenzung der bisherigen Kategorien sowie eines uneinheitlichen Verständnisses auch der aktuellen Regelungen[1304] variieren die Schlussfolgerungen. Es erscheint sinnvoll, sich auf die Bedeutung der neuen Begriffe in den aktuellen Regelungen zu konzentrieren. Die frühere Einteilung bzw. die einzelnen Kategorien sollten nur noch dort ergänzend herangezogen werden, wo sie ausnahmsweise zur Klarheit beitragen können. Beispielsweise bei dem Begriff der im Rahmen des § 276 Abs. 1 BGB angesprochenen Garantie, die die Eigenschaftszusicherung nach früherem Recht ablösen soll[1305], kann die Bezugnahme auf diese frühere Bezeichnung zur Anschaulichkeit des neuen Begriffsinhalts beitragen. Da im Schrifttum jedoch in der Regel weiterhin bei sämtlichen neuen Garantie-Begriffen auf die früheren Kategorien verwiesen wird, wird der Vollständigkeit halber die jeweilige Zuordnung im Folgenden erwähnt, die bei einer Bezugnahme auf die früheren Kategorien am ehesten zutreffend ist. Eine Abkehr von der Auffassung, dass auf die Bezugnahme auf frühere Kategorien grundsätzlich verzichtet werden sollte, geht damit nicht einher.

c. Haltbarkeitsgarantie und Beschaffenheitsgarantie

In § 443 BGB findet sich der neue Begriff der Haltbarkeitsgarantie. Sie besagt, dass der Kaufgegenstand eine gewisse Beschaffenheit für eine bestimmte Dauer behält, d. h., für diese Zeit mangelfrei bleibt[1306]. Der Käufer muss demnach die Mangelhaftigkeit in diesem Zeitrahmen beweisen, wenn er die Garantiefolgen geltend macht. Ob der Kaufgegenstand bei Gefahrübergang bereits mangelhaft war, ist für den Eintritt des Garantiefalls dagegen unerheblich und muss vom Käufer nicht bewiesen werden[1307]. Die Zeitspanne, in der ein Mangel für den Eintritt des Garantiefalls auftreten muss, wird von der sogenannten Garantiefrist benannt. Die Haltbarkeitsgarantie unterscheidet sich von den gesetzlichen Gewährleistungsrechten

1304 Zu Diskussion der Anwendungsbereiche der aktuellen Regelungen siehe unter XII. 1. c., S. 301 ff.

1305 Siehe BT-Drucks. 14/6040, S. 236; OLG Koblenz, NJW 2004, 1670, 1671; *Hampel*, JuS 2003, 467; *Muthers, Ulbrich*, ZGS 2004, 289, 290 f.; *Unberath*, in: BeckOK BGB, § 276 Rdn. 40; *Grundmann*, in: MüKo BGB, § 276 Rdn. 175.

1306 Vgl. die Legaldefinition in § 443 Abs. 1 HS 1 sowie mit Verweis auf die wirtschaftliche Bedeutung einer solchen Regelung BT-Drucks. 14/6040 S. 237.

1307 *Haas*, in: Das neue Schuldrecht, Kap. 5 Rdn. 387; *Westermann*, in: MüKo BGB, § 443 Rdn. 9; *Grunewald*, in: Erman, § 443 Rdn. 3; *Faust*, in: BeckOK BGB, § 443 Rdn. 9.

auf Tatbestandsebene und erweitert die Haftung gegenüber dieser, indem sie auf die Voraussetzung der Mangelhaftigkeit bei Gefahrübergang verzichtet und stattdessen eine Zeitspanne als maßgeblich benennt[1308]. Aufgrund des Bezugs zum Gewährleistungsrecht kann man sie als unselbstständige Garantie einordnen[1309].

In §§ 442, 443 Abs. 1 und 444 BGB wird der Passus verwendet, dass der Verkäufer eine „Garantie für die Beschaffenheit" übernimmt. Die sogenannte Beschaffenheitsgarantie verlangt die Mangelfreiheit zum Zeitpunkt des Gefahrübergangs, sodass in ihrem Fall auch immer die gesetzlichen Gewährleistungsregelungen eingreifen[1310]. Sie gibt dem Käufer aber mehr Rechte, als er nach den gesetzlichen Gewährleistungsregelungen hätte[1311]. Was genau dieses „Mehr" in den einzelnen Regelungen sein kann bzw. für welche Garantien nach früherer Kategorie die auf die Beschaffenheitsgarantie Bezug nehmenden Regelungen anwendbar sind, ist strittig.

1) Beschaffenheitsgarantie im Sinne des § 443 Abs. 1 BGB

Für § 443 Abs. 1 BGB ist umstritten, welche Garantien unter der dort genannten Beschaffenheitsgarantie zu verstehen sind. Nach der Regierungsbegründung soll die Regelung nicht nur die Garantie nach § 276 Abs. 1 S. 1 BGB im Sinne einer verschuldensunabhängigen Haftung (frühere Eigenschaftszusicherung) erfassen. Auch andere Garantien, die die Käuferrechte erweitern, sollen unter § 443 Abs. 1 BGB fallen, beispielsweise die Vereinbarung, eine verkaufte Maschine unter gewissen Umständen durch ein neues Modell zu ersetzen[1312].

Einerseits wird angenommen, dass die Beschaffenheitsgarantie des § 443 Abs. 1 BGB über die gesetzlichen Gewährleistungstatbestände hinausgehe, aber

---

1308 Vgl. BT-Drucks. 14/6040 S. 237; *Triebel, Hölzle*, BB 2002, 521, 530 f.; *Faust*, in: BeckOK BGB, § 443 Rdn. 9; *Berger*, in: Jauernig, § 443 Rdn. 1; *Matusche-Beckmann*, Staudinger, § 443 Rdn. 14.

1309 So BT-Drucks. 14/6040 S. 237; *Dauner-Lieb, Thiessen*, ZIP 2002, 108, 111; *Triebel, Hölzle*, BB 2002, 521, 531; a. A. zum früheren Recht *Müller*, der die Nähe zum Gewährleistungsrecht wegen der Abweichung vom Zeitpunkt des Gefahrübergangs verneint, *Müller*, ZIP 1981, 707, 712 f.

1310 *Westermann*, in: MüKo BGB, § 443 Rdn. 8; *Grunewald*, in: Erman, § 443 Rdn. 2; *Faust*, in: BeckOK BGB, § 443 Rdn. 9, 13.

1311 Vgl. obige allgemeine Definition einer Garantie, XII. 1., S. 297 ff. sowie die Abgrenzung zur Beschaffenheitsvereinbarung, XII. 1. a., S. 299. Für § 443 Abs. 1 BGB s. auch *Berger*, in: Jauernig, § 443 Rdn. 1; *Westermann*, in: MüKo BGB, § 443 Rdn. 8; *Matusche-Beckmann*, Staudinger, § 443 Rdn. 15; 18.

1312 Vgl. BT-Drucks. 14/6857, S. 61 mit Verweis auf den der Regelung zugrunde liegenden Art. 6 Abs. 1 der Verbrauchsgüterkaufrichtlinie.

trotzdem mit diesen verbunden bleibe, sodass nur unselbstständige Garantien von ihr erfasst seien[1313]. Andere sehen den Anwendungsbereich noch weiter und befürworten, dass neben unselbstständigen auch selbstständige Garantien unter § 443 Abs. 1 BGB fallen, solange sie den Gefahrübergang als maßgeblichen Zeitpunkt der Mangelhaftigkeit bestimmen[1314]. Inwieweit selbstständige Garantien unter § 443 Abs. 1 BGB fallen, ist allerdings vor dem Hintergrund des Inhalts der Regelung nicht von großer Relevanz. Sie stellt nämlich fest, dass die Rechte aus einer Beschaffenheitsgarantie dem Käufer zustehen, wenn der Garantiefall eintritt. Die Regelung hat angesichts des allgemeingültigen Grundsatzes „pacta sunt servanda" kaum eine spürbare eigenständige Auswirkung[1315]. Der Streit kann daher dahinstehen, insbesondere unter dem Aspekt, dass die frühere Kategorisierung hier ohnehin abgelehnt wird.

2) Beschaffenheitsgarantie im Sinne der §§ 442 Abs. 1 S. 2, 444 BGB

Der Begriff der Beschaffenheitsgarantie in §§ 442 Abs. 1 S. 2, 444 BGB ist anders als in § 443 Abs. 1 BGB zu verstehen. Dass in ihnen der gleiche Begriff verwendet wird, ergab sich erst im Laufe des Gesetzgebungsverfahrens und sagt nichts über ein identisches Verständnis desselben aus[1316]. Die Regierungsbegründung erläutert zu § 442 Abs. 1 S. 2 BGB und § 444 BGB, dass die dortige Beschaffenheitsgarantie die frühere Eigenschaftszusicherung (§ 459 Abs. 2 BGB a. F.) ersetzen soll[1317]. Der BGH bestätigte dies mittlerweile zu § 444 BGB, wobei er offenließ, ob noch weitere Garantien als Beschaffenheitsgarantie im Sinne des § 444 BGB zu werten sind[1318]. Da in § 442 Abs. 1 S. 2BGB und in § 444 BGB der Begriff

---

1313 *Dauner-Lieb, Thiessen*, ZIP 2002, 108, 111; *Triebel, Hölzle*, BB 2002, 521, 530 f.; *Knott*, NZG 2002, 249, 255; *Hampel*, JuS 2003, 465, 471; *Picot*, in: Unternehmenskauf und Restrukturierung, Teil I. Rdn. 92; in diese Richtung, aber ohne Bezug auf die frühere Kategorisierung: *Faust*, in: BeckOK BGB, § 443 Rdn. 9, 13.

1314 *Westermann*, in: MüKo BGB, § 443 Rdn. 4, 8*Weidenkaff*, in: Palandt, § 443 Rdn. 5.

1315 In diese Richtung *Matusche-Beckmann*, Staudinger, § 443 Rdn. 1; *Berger*, in: Jauernig, § 443 Rdn. 1; *Westermann*, in: MüKo BGB, § 443 Rdn. 1, 3; *Faust*, ZGS 2002, 271, 272; *Braunschmidt, Vesper*, JuS 2011, 393, 395.

1316 Zur Abgrenzung der §§ 442, 444 BGB gegenüber § 443 BGB siehe BT-Drucks. 14/6040, S. 236; BT-Drucks. 14/6857, S. 61; *Dauner-Lieb, Thiessen*, ZIP 2002, 108, 111 ff.

1317 BT-Drucks. 14/6040, S. 236, 240; für die Beibehaltung des Begriffs der Zusicherung vgl. BT-Drucks. 14/6857, S. 61 bzw. zu dessen Verzicht BT-Dr 14/7052, S. 184, 197.

1318 BGH NJW 2007, 1346, 1348; zustimmend *Weidenkaff*, in: Palandt, § 444 Rdn. 12. Dazu, dass jede verschuldensunabhängige Zusicherung Elemente einer Garantie der Beschaffenheitsgarantie inhaltsgleich verwendet werden soll[1319], ist die Rechtsprechung auf § 442 BGB zu übertragen[1320]. Zumindest dann, wenn der Verkäufer erklärt, dass er verschuldensunabhängig für jegliche Folgen des Fehlens einer Beschaffenheit bei Gefahrübergang einsteht[1321], liegt somit eine Beschaffenheitsgarantie im Sinne der §§ 442 Abs. 1 S. 2, 444 vor[1322].

Teile der Literatur wollen die Regelung des § 444 BGB nur bei der Garantie der verschuldensunabhängigen Haftung anwenden, da nur dort der Bezug zum Tatbestand der gesetzlichen Gewährleistungsregeln so stark sei, dass eine Haftungsbegrenzung eine Widersprüchlichkeit im Sinne des § 444 BGB begründen könnte. Andere Garantien seien von ihrer Art her bereits so unabhängig vom gesetzlichen Gewährleistungsrecht, dass sie auch hinsichtlich ihrer Rechtsfolgen bzw. in deren Begrenzung frei seien[1323]. Dagegen wollen andere neben der Zusicherung sowohl die (anderen) unselbstständigen als auch die selbstständigen Garantien unter §§ 442 Abs. 1 S. 2, 444 BGB fallen lassen, da sich auch hier Widersprüche zwischen Garantieinhalt und Haftungsbegrenzung im Sinne des § 444 BGB ergeben könnten[1324].

---

beinhaltet, siehe BT 14/7052 S. 184; *Dauner-Lieb, Thiessen*, ZIP 2002, 108, 114; *Triebel, Hölzle*, BB 2002, 521, 530.

1319 Vgl. BT-Drucks. 14/6040, S. 236, 240; BT-Drucks. 14/6857, S. 61; BT-Drucks. 14/7052, S. 197. Ebenso *Dauner-Lieb, Thiessen*, ZIP 2002, 108, 111.

1320 *Westermann*, in: MüKo BGB, § 442 Rdn. 13.

1321 Grundsätzlich setzt der gewährleistungsrechtliche Schadensersatzanspruch Vertretenmüssen voraus, vgl. § 280 Abs. 1 S. 2.

1322 Vgl. BT-Drucks. 14/6040, S. 132, 236. Siehe für § 444 BGB: *Derleder*, NJW 2004, 969, 971; *Braunschmidt, Vesper*, JuS 2011, 393, 394; *Emmert*, NJW 2006, 1765,1767; *Triebel, Hölzle*, BB 2002, 521, 530 f.; *Weidenkaff*, in: Palandt, § 444 Rdn. 12. Für § 442 BGB: *Braunschmidt, Vesper*, JuS 2011, 393, 394; *Westermann*, in: MüKo BGB, § 442 Rdn. 13; *Berger*, in: Jauernig, § 442 Rdn. 7; *Haas*, in: Das neue Schuldrecht, Kap. 5 Rdn. 280.

1323 Ausführlich *Triebel, Hölzle*, BB 2002, 521, 530 f.; *Seibt, Raschke, Reiche*, NZG 2002, 256, 258 ff.; *Gronstedt, Jörgens*, ZIP 2002, 52, 57 f.; *Eidenmüller, ZGS 2002, 290, 296; Muthers, Ulbrich*, ZGS 2004, 289, 291 f.; vgl. auch *Rödder, Hötzel, Thuns*, Unternehmenskauf – Unternehmensverkauf, § 10 Rdn. 8 f.; *Picot*, in: Unternehmenskauf und Schuldrechtsmodernisierung, S. 69, 76 ff.: zumindest selbstständige Garantien sind nicht von § 444 BGB erfasst.

1324 Vgl. *von Gierke, Paschen*, GmbHR 2002, 457, 460 f.; *von Westphalen*, ZIP 2002, 545; *Westermann*, in: MüKo BGB, § 444 Rdn. 13; *Grunewald*, in: Erman/§ 444 Rdn. 11; *Klumpp*, in: Der Unternehmenskauf, Kap. 16 Rdn. 57. In diese Richtung auch die Stellungnahme des Bundesministeriums der Justiz, vgl. BMJ, ZGS 2003, 307, 309.

Wichtig war der Anwendungsbereich insbesondere, solange die Bedeutung und damit die Aussagekraft der Norm umstritten waren. Das Motiv vieler Befürworter eines nur engen Anwendungsbereiches war vermutlich, dass sie die Anwendung des § 444 BGB wenigstens für einen Teil der Garantien vermeiden wollten für den Fall, dass er doch die von der herrschenden Meinung abgelehnte, weitreichende Bedeutung habe. Der heutige § 444 BGB wurde nämlich in einer leicht anderen Fassung im Rahmen der Schuldrechtsreform eingeführt[1325]. Die Frage seiner inhaltlichen Reichweite wurde viel diskutiert, da es nach seinem damaligen Wortlaut nicht mehr möglich schien, eine unter ihn fallende Garantie in irgendeiner Art und Weise zu begrenzen[1326]. Einige gingen daher davon aus, dass die bisherige Praxis des Unternehmenskaufs nicht mehr tragbar sei, Garantien und Haftungsbegrenzungen zu kombinieren, beispielsweise der Höhe nach begrenzte Garantien zu verwenden[1327]. Die wohl herrschende Meinung wandte sich gegen diese Ansicht, wobei insbesondere systematische Gründe sowie Wertungswidersprüche angeführt wurden[1328]. Wenn der Verkäufer dem Käufer mit einer Garantie freiwillig ein „Mehr" gegenüber den gesetzlichen Gewährleistungsregelungen gebe, müsse es ihm freistehen, es zu begrenzen, um einen etwaigen Eintritt des Garantiefalls für

---

1325 Der heutige § 444 BGB lautete bei seiner Einführung ursprünglich: „Auf eine Vereinbarung, durch welche die Rechte des Käufers wegen eines Mangels ausgeschlossen oder beschränkt werden, kann sich der Verkäufer nicht berufen, wenn er den Mangel arglistig verschwiegen oder eine Garantie für die Beschaffenheit der Sache übernommen hat."; vgl. § 444 BGB a. F. eingeführt durch Gesetz v. 26.11.2001 BGBl. I S. 3138 mit Wirkung vom 01.01.2001 bis 07.12.2004. Ausführlich zur Gesetzesgenese: *Dauner-Lieb, Thiessen*, ZIP 2002, 108, 111 ff.; *Thiessen*, Unternehmenskauf und Bürgerliches Gesetzbuch, C. X. 5 c)., S. 348 ff.

1326 *Gronstedt, Jörgens*, ZIP 2002, 52, 56; *Schulte-Nölke*, ZGS 2002, 72, 74; *Wagner*, DStR 2002, 1400; *Kästle, Oberbracht*, Unternehmenskauf – Share Purchase Agreement, B. III. 7. c).

1327 *Hermanns*, ZIP 2002, 696, 697; *von Westpalen*, ZIP 2002, 545, 546; *von Westpalen*, BB 2002, 209. Für ein aus dieser Ansicht resultierendes „worst-case"-Szenario siehe *Thiessen*, Unternehmenskauf und Bürgerliches Gesetzbuch, C. X. 5 a)., S. 342 f.

1328 *Faust*, ZGS 2002, 271, 273 f.; *Jaques*, BB 2002, 417, 418; *Gronstedt, Jörgens*, ZIP 2002, 52, 58; *von Gierke, Paschen*, GmbHR 2002, 457, 461; *Seibt, Reiche*, DStR 2002, 1181; *Wagner*, DStR 2002, 1400 Fn. 8; *Wolf, Kaiser*, DB 2002, 411, 419; *Dauner-Lieb, Thiessen*, ZIP 2002, 108, 110 ff.; *Eidenmüller, ZGS 2002, 290, 296; Pfeiffer*, ZGS 2002, 23, 31; *Müller*, NJW 2002, 1026; *Rödder, Hötzel, Thuns*, Unternehmenskauf – Unternehmensverkauf, § 10 Rdn. 10 ff.; *Lieb*, in: Unternehmenskauf und Schuldrechtsmodernisierung, S. 57, 58 ff.

sich wirtschaftlich erträglich zu gestalten. Soweit sie von vornherein begrenzt sei, falle eine Garantie daher nicht unter § 444 BGB[1329].

Der Gesetzgeber reagierte auf die Diskussion, indem er mit Wirkung zum 08.12.2004 im letzten Halbsatz des § 444 BGB a. F. das Wort „wenn" durch „soweit" ersetzte[1330]. Diese Änderung erfolgte zur Klarstellung, dass § 444 BGB der Vereinbarung von unselbstständigen und selbstständigen Garantien nicht entgegensteht, auch wenn sie eine Begrenzung beinhalten[1331]. Diese darf lediglich durch ihre Art kein widersprüchliches Verhalten darstellen, indem sie beispielsweise überraschend nachträglich oder unklar erfolgt oder im Vertrag an versteckter Stelle steht[1332]. Da unabhängig von § 444 BGB der Inhalt einer Garantie durch Auslegung bestimmt wird und das Abstellen auf den Empfängerhorizont jede Partei in gewissem Maße vor widersprüchlichem Verhalten der anderen schützt[1333], wird oft unabhängig von § 444 BGB ein entsprechendes Ergebnis zur Begrenzung von Garantien erlangt[1334].

1329 *Gronstedt, Jörgens*, ZIP 2002, 52, 58; *Faust*, ZGS 2002, 271, 273 f.; *von Gierke, Paschen*, GmbHR 2002, 457, 461; *Muthers, Ulbrich*, ZGS 2004, 289, 292. So auch die Stellungnahme des Bundesministeriums der Justiz, vgl. BMJ, ZGS 2003, 307, 309 f. In diese Richtung deuten auch die Gesetzgebungsmaterialien, vgl. beispielsweise zur Vorstellung vom Inhalt einer Garantie und ihrer Begrenzbarkeit: BT-Drucks. 14/7052, S. 184.

1330 Die Änderung wurde durch das Gesetz vom 02.12.2004 (BGBl. I S. 3102) mit Wirkung vom 08.12.2004 vorgenommen.

1331 So BT-Drucks. 15/3483 S. 22 f. Kritisch zu dieser Form der Änderung und zu Alternativen: *Thiessen*, Unternehmenskauf und Bürgerliches Gesetzbuch, C. X. 5 b)., S. 344 ff.

1332 Vgl. BT-Drucks 15/3483 S. 22 f.; s. auch *Faust*, ZGS 2002, 271, 273 f. (§ 444 BGB als Auslegungsregel: Garantie vor Haftungsbegrenzung); *Westermann*, in: MüKo BGB, § 444 Rdn. 3, 16; *Faust*, in: BeckOK BGB, § 444 Rdn. 19 ff.; *Picot*, in: Unternehmenskauf und Restrukturierung, Teil I. Rdn. 100.

1333 Maßgeblich ist, wie ein objektiver Dritter die Erklärung hätte verstehen können und müssen bei vernünftiger Beurteilung der ihm erkennbaren Umstände. Insbesondere wenn der Erklärungsempfänger den realen Willen des anderen kennt, gilt das, was dieser wollte, und nicht das, was er erklärte, vgl. *Dörner*, in: Schulze u. a., § 133 Rdn. 9; *Wendtland*, in: BeckOK BGB, § 133 Rdn. 27. Wenn der Verkäufer hätte erkennen müssen, dass der Käufer die Begrenzung einer Garantie wegen widersprüchlichen Verhaltens seinerseits nicht erfasst und nur eine unbegrenzte vereinbaren will, so gilt die Willenserklärung des Käufers danach nur in diesem Sinne. Zur Reichweite einer Haftungsbegrenzung einer bei Zweifeln engen Auslegung siehe auch VII. 1. a., S. 135 ff.

1334 S. *Faust*, ZGS 2002, 271, 273 f. In die Richtung, dass § 444 BGB die Auslegung einer Garantie unterstützt, auch BT-Drucks 15/3483 S. 23.

Spätestens seit der Klarstellung ist die Reichweite der Regelung erkennbar nicht von so erheblicher Bedeutung, wie von manchen befürchtet[1335]. Im Rahmen der Abänderung des ursprünglichen § 444 BGB wurde betont, dass sowohl unselbstständige als auch selbstständige Garantien trotz der Regelung weiter von vornherein begrenzt werden können[1336]. Das Telos der Regelung ist zudem für jegliche Garantie zutreffend. Aus diesen Gründen ist davon auszugehen, dass der Anwendungsbereich unselbstständige und selbstständige Garantien umfasst[1337]. Da dem Begriff in § 442 Abs. 1 S. 2 BGB die gleiche Bedeutung zukommen soll wie in § 444 BGB, gilt auch dort, dass er sich sowohl auf unselbstständige als auch auf selbstständige Garantien bezieht[1338].

Für den Unternehmenskauf ist besonders wichtig, dass § 444 BGB entgegen seinem früheren Wortlaut jedwede Garantie wie bisher der Privatautonomie der Parteien (in allgemeingültigen Grenzen) überlässt. So kann die im Folgenden näher dargestellte Praxis des Unternehmenskaufs weiter verfolgt werden.

d. Garantien beim Unternehmenskauf

In der Regel schließen die Parteien die gesetzliche Gewährleistungshaftung umfassend aus und ersetzen sie durch ein eigenes Haftungssystem. Dieses ist geprägt von selbstständigen Garantien (§ 311 Abs. 1 BGB)[1339], die auch bei Anwendung deutschen Rechts oft mit dem angelsächsischen Ausdruck „Representations and Warranties" bezeichnet werden[1340]. Sie sind das Ergebnis von

---

1335 Mit der Annahme, von vornherein begrenzte Garantien seien nicht weiter möglich, vgl. *Hermanns*, ZIP 2002, 696, 697; *von Westpalen*, ZIP 2002, 545, 546; *von Westpalen*, BB 2002, 209.

1336 Siehe BT-Drucks 15/3483 S. 22.

1337 Ähnlich *Faust*, ZGS 2002, 271, 272; *Westermann*, in: MüKo BGB, § 444 Rdn. 14; *Grunewald*, in: Erman § 444 Rdn. 11; im Ergebnis ebenso *Holzapfel, Pöllath*, Unternehmenskauf, Rdn. 676; *Klumpp*, in: Der Unternehmenskauf, Kap. 16 Rdn. 57.

1338 Zur inhaltsgleichen Verwendung des Begriffs in den beiden Regelungen vgl. BT-Drucks. 14/6040, S. 236, 240; BT-Drucks. 14/6857, S. 61; BT-Drucks. 14/7052, S. 197. Ebenso *Dauner-Lieb, Thiessen*, ZIP 2002, 108, 111.

1339 *Hübner*, BB 2010, 1483; *Meyer-Sparenberg*, NZG 2001, 753, 754; *Wagner*, DStR 2002, 1400; *Weigl*, DNotZ 2005, 246, 248: *Holzapfel, Pöllath*, Unternehmenskauf, Rdn. 676.

1340 Siehe beispielsweise *Lange*, NZG 2005, 454; *Hanke, Socher*, NJW 2010, 1576; *Kästle, Oberbracht*, Unternehmenskauf – Share Purchase Agreement, B. III. 7. a); kritisch *Semler*, in: Handbuch Unternehmenskauf, Teil VII Rdn. 240.

Verhandlungen und damit ein Kompromiss zwischen den Interessen beider Parteien[1341]. Die Garantien werden regelmäßig in zeitlicher Hinsicht, summenmäßig und/oder mit Blick auf die Rechtsfolgen begrenzt[1342]. Dem steht § 444 BGB nicht entgegen. Bei der Formulierung ist allerdings darauf zu achten, dass die Garantien den Anforderungen des § 444 BGB genügen, indem sie durch Bezugnahme auf die für sie vereinbarten Haftungsbegrenzungen erkennbar von vornherein beschränkt sind[1343].

In der Regel beschränken sich die vereinbarten Rechtsfolgen auf Nacherfüllung oder die Zahlung von Schadensersatz, der wiederum summenmäßig festgelegt oder begrenzt sein kann[1344]. Der Rücktritt wird ausgeschlossen, um die weitreichende Folge der Rückabwicklung von vornherein nicht aufkommen zu lassen, soweit dies verhindert werden kann[1345]. Während die Garantien dem Käufer Sicherheit geben für Umstände, die er nur schwer nachvollziehen oder prüfen kann, bedeutet ihre zeitgleiche Begrenzung für den Verkäufer Rechtssicherheit. Die Parteien können mittels der Garantien im Ergebnis ihre Chancen und Risiken besser kalkulieren[1346].

Üblich sind Bilanzgarantien in Unternehmenskaufverträgen[1347] sowie Garantien über den Zustand von Vermögensgegenständen des Unternehmens, wenn sie für die weitere Unternehmensführung bedeutend sind[1348]. Daneben kann der

---

1341 *Knott*, NZG 2002, 249, 255; *Rödder, Hötzel, Thuns*, Unternehmenskauf – Unternehmensverkauf, § 10 Rdn. 19.

1342 Vgl. nur BT-Drucks 15/3483 S. 22, siehe auch *Faust*, ZGS 2002, 271.

1343 *Kästle, Oberbracht*, Unternehmenskauf – Share Purchase Agreement, B. III. 7. c).

1344 Vgl. *Rödder, Hötzel, Thuns*, Unternehmenskauf – Unternehmensverkauf, § 10 Rdn. 51 ff.; *Hilgard*, BB 2004, 1233 (für Schadensersatzansprüche). Eine Minderung verlangt den Wertvergleich des Unternehmens mit und ohne Mangel und somit eine Unternehmensbewertung. Wie diese ausfällt, stellt grundsätzlich eine Unsicherheit für beide Parteien dar, sodass die Minderung in der Regel ausgeschlossen wird, vgl. *Kästle, Oberbracht*, Unternehmenskauf – Share Purchase Agreement, B. III. 8. 1.

1345 Dabei ist zu bedenken, dass sich die Rückabwicklung auch als Folge eines Anspruchs aus c. i. c. ergeben kann. Dies sollte der vertragliche Ausschluss berücksichtigen und ihn ebenfalls erfassen; vgl. *Holzapfel, Pöllath*, Unternehmenskauf, Rdn. 724; *Roschmann*, ZIP 1998, 1941, 1948.

1346 *Dauner-Lieb*, ZIP 2002, 108, 109, 114; *Triebel, Hölzle*, BB 2002, 521, 528; *Thiessen*, Unternehmenskauf und Bürgerliches Gesetzbuch, C. X. 1., S. 333.

1347 *Klumpp*, in: Der Unternehmenskauf, Kap. 16 Rdn. 73, 78 f.; *Faust*, in: BeckOK BGB, § 444 Rdn. 18; *Streyl*, in: Arbeitshandbuch Unternehmensübernahmen, Bd. 1 § 12 Rdn. 163.

1348 Siehe beispielsweise standardisierte Kataloge typischer Garantien bei *Klumpp*, in: Der Unternehmenskauf, Kap. 16 Rdn. 73; *Holzapfel, Pöllath*, Unternehmenskauf,

Verkäufer eines Unternehmens aber auch eine gewisse Produktivität des Unternehmens bei Vorliegen bestimmter Faktoren garantieren. So kann der Verkäufer eines Biomassekraftwerks eine Mindestleistung garantieren, die das Kraftwerk bei Einhaltung gewisser Bedingungen erbringt. Dabei ist es wichtig, den Inhalt der Garantien eindeutig festzulegen, um spätere Streitigkeiten zu verhindern[1349]. So sollten in dem Beispielsfall die verschiedenen Parameter benannt werden, die Einfluss auf die Leistung des Kraftwerks haben können und berücksichtigt werden sollen (z. B. Außentemperatur, Brennstoff etc.). Ebenso sollte sich aus der Garantie eindeutig die Grundlage für die Höhe des Schadensersatzes ergeben für den Fall, dass die garantierten Umstände nicht vorliegen. Ist dieser je nach dem Grad der Abweichung zu bestimmen, ist darauf zu achten, dass die vereinbarten Berechnungsmethoden keinen Interpretationsspielraum lassen, sondern alle Faktoren eindeutig definiert sind.

Mit Blick auf den maßgeblichen Zeitpunkt für das Vorliegen des nach der Garantie geschuldeten Umstandes wird der Käufer meist verlangen, dass der gesetzlich maßgebliche Zeitpunkt für die Mangelfreiheit übernommen wird, also der Gefahrübergang (vgl. § 446 BGB). Die danach entscheidende Unternehmensübergabe fällt regelmäßig mit dem Closing zusammen[1350]. Der Verkäufer wird dagegen eine Garantie fordern, die sich auf die Vertragsunterzeichnung (Signing) bezieht. Ein späterer Zeitpunkt würde ein über das Signing hinausgehendes Risiko einer Verschlechterung des Unternehmens bedeuten, das er nicht tragen möchte. Hier liegt es an den Parteien einen Interessenausgleich zu finden, zum Beispiel einen Teil der Garantien zeitlich auf das Signing und einen Teil auf die Unternehmensübergabe bzw. das Closing zu beziehen[1351]. Natürlich können die Parteien aufgrund der Vertragsfreiheit auch einen noch späteren Zeitpunkt als das Closing wählen bzw. einen einzelnen Umstand für einen bestimmten Zeitraum garantieren[1352]. Allerdings muss der Verkäufer dabei bedenken, dass er zu diesem

---

Rdn. 684; *Rödder, Hötzel, Thuns*, Unternehmenskauf – Unternehmensverkauf, § 10 Rdn. 14 f.

1349 Ähnlich *Holzapfel, Pöllath*, Unternehmenskauf, Rdn. 669.

1350 Vgl. zum Zeitpunkt des Gefahrübergangs beim Unternehmenskauf bereits die Ausführungen unter VI. 4., S. 128 ff.

1351 *Holzapfel, Pöllath*, Unternehmenskauf, Rdn. 700. Als Interessenausgleich kann auch eine MAC-Klausel vereinbart werden, so beispielsweise *Dietzel*, in: Arbeitshandbuch Unternehmensübernahmen, Bd. 1, § 9 Rdn. 49. Zur MAC-Klausel siehe XII. 3., S. 313.

1352 Je nach konkreter Ausgestaltung der Vereinbarung kann es sich um eine Haltbarkeitsgarantie (§ 443 BGB) handeln, vgl. zu dieser bereits XII. 1. c., S. 307 ff.

Zeitpunkt keinen Einfluss mehr auf das Unternehmen hat und ein Risiko übernimmt, das dem Unternehmensbetrieb typischerweise innewohnt und demnach grundsätzlich dem Inhaber oder Eigentümer zuzuordnen ist, d. h. zum Bewertungszeitpunkt dem Käufer[1353].

Dem Verkäufer ist in der Regel daran gelegen, seine Haftung dadurch zu begrenzen, dass er Umstände lediglich „nach seiner Kenntnis" garantiert. Diese Begrenzung minimiert sein Risiko deutlich. Für den Käufer bedeutet es dagegen nicht nur das Risiko, dass dem Verkäufer viele Umstände unbekannt waren und er daher keinen Anspruch aus Garantie hat. Er hat zudem die Last, dem Verkäufer die Kenntnis nachzuweisen. Er muss also damit rechnen, dass ihm sogar bei einer Garantie wider besseres Wissen des Verkäufers eine Durchsetzung des Anspruchs verwehrt bleibt, weil es ihm nicht gelingt, die Kenntnis des Verkäufers zu belegen[1354]. Diese zusätzliche Belastung des Käufers kann wiederum durch eine Vereinbarung zur Beweislast gemildert werden. Doch selbst dann lässt sich der Käufer bei einer Begrenzung auf den Kenntnisstand des Verkäufers auf eine Abschwächung seiner Rechte ein[1355].

Eine Garantie kann wie folgt lauten:

„Der Verkäufer garantiert hiermit dem Käufer im Wege einer selbständigen Einstandspflicht (§ 311 Abs. 1 BGB) und ausschließlich nach Maßgabe dieses Vertrages (insbesondere der in § ... enthaltenen Haftungsbeschränkungen), dass die nachfolgenden Angaben – mit Ausnahme der in Anlage ... offengelegten Sachverhalte[1356] – bei Abschluss dieses Vertrages und zum Stichtag ... zutreffend sind: ..."[1357].

1353 Siehe dazu *Rödder, Hötzel, Thuns*, Unternehmenskauf – Unternehmensverkauf, § 10 Rdn. 46; *Kästle, Oberbracht*, Unternehmenskauf – Share Purchase Agreement, B. III. 7. a).

1354 *Rödder, Hötzel, Thuns*, Unternehmenskauf – Unternehmensverkauf, § 10 Rdn. 30 f.

1355 Vgl. zu sogenannten subjektiven Garantien auch *Holzapfel, Pöllath*, Unternehmenskauf, Rdn. 703; *Roschmann*, ZIP 1998, 1941, 1949.

1356 Der Verkäufer wird regelmäßig nicht bereit sein, eine Garantie abzugeben für Umstände, die er in einer Anlage zum Vertrag (sogenannte „Disclosure Schedules") offengelegt hat und über die sich der Käufer anhand der Unterlagen informieren kann, vgl. *Kästle, Oberbracht*, Unternehmenskauf – Share Purchase Agreement, B. III. 7. b). Um einer Aufklärungspflicht zu genügen, muss die Offenlegung den entsprechenden Anforderungen genügen, vgl. dazu BGH NJW-RR 1996, 947; *Hübner*, BB 2010, 1483, 1487; *Bachmann, Roth*, in: MüKo BGB, § 241 Rdn. 184.

1357 Nach *Meyer-Sparenberg*, in: Beck'sches Formularbuch Bürgerliches, Handels- und Wirtschaftsrecht, III. A. 18. § 4.

2. Summenmäßige Begrenzungen

Summenmäßige Begrenzungen können sich entweder in einzelnen Garantien befinden oder separat für eine Bündelung von Ansprüchen aus Garantien, sodass sie eine absolute Maximalgrenze benennen. Kombinieren die Parteien verschiedene Arten der Begrenzung, muss sich aus den Vereinbarungen ergeben, wie sie sich aufeinander auswirken, um Missverständnissen vorzubeugen. Die summenmäßigen Begrenzungen dienen dem Verkäufer, da er dann besser berechnen kann, welche Beträge er von dem Kaufpreis maximal wieder an den Käufer zur Erfüllung eines Garantieanspruchs zurückzahlen muss[1358].

Außerdem muss er bei der Vereinbarung von Untergrenzen nicht befürchten, dass der Käufer sich wegen jeder kleinen Unzulänglichkeit an ihn wendet. Dies ist insofern für den Verkäufer wünschenswert, als dass die Nachforschungen und Analysen hinsichtlich der Berechtigung der Beanstandungen erneut Aufwand für ihn bedeuten und zu Spannungen mit dem Käufer führen bzw. bestehende vertiefen können[1359]. Er wird dem Käufer daher mit Blick auf dessen Interesse, möglichst weitreichende Garantien zu vereinbaren, regelmäßig nur nachkommen, wenn sich dieser im Gegenzug dafür auf summenmäßige Begrenzungen einlässt[1360]. Bei Vorsatz, wobei schon bedingter ausreicht, gelten die summenmäßigen Haftungsbegrenzungen nicht, da dem Schuldner die Haftung wegen Vorsatz nicht im Voraus erlassen werden kann, vgl. § 276 Abs. 3 BGB[1361]. Insbesondere der häufig beim Unternehmenskauf vom Käufer ins Spiel gebrachte Vorwurf der Arglist kann demnach die Haftungsbegrenzungen aushebeln, wenn er denn bewiesen wird[1362].

Die Parteien können eine summenmäßige Untergrenze vereinbaren, eine sogenannte „De-Minimis-Grenze“ (Bagatellklausel). Solange der durch eine Garantieverletzung entstehende Schaden diese Grenze nicht überschreitet, hat der Käufer

1358 In diese Richtung auch *Lips*, in: Beck'sches Mandatshandbuch Unternehmenskauf; § 3 Rdn. 203.

1359 Vgl. *Hilgard*, BB 2004, 1233.

1360 Ebenso wird er den Ausschluss gewisser Rechtsfolgen durchsetzen. Siehe dazu auch *Holzapfel, Pöllath*, Unternehmenskauf, Rdn. 676.

1361 Vgl. *Grüneberg*, in: Palandt, § 276 Rdn. 35; *Unberath*, in: BeckOK BGB, § 276 Rdn. 46; *Löwisch, Caspers*, in: Staudinger, § 276 Rdn. 125; *Hilgard*, BB 2004, 1233, 1238.

1362 Wobei allerdings nochmals darauf hinzuweisen ist, dass Arglist schneller vorliegt, als so mancher Verkäufer denkt, vgl. *Hübner*, BB 2010, 1483; *Holzapfel, Pöllath*, Unternehmenskauf, Rdn. 731.

keine Ansprüche aus Garantie[1363]. Üblich sind dabei Vereinbarungen von Freigrenzen oder Freibeträgen[1364]. Sie unterscheiden sich in ihrer Folge, wenn der Schaden den festgelegten Betrag übersteigt. Geht der Schaden über eine Freigrenze hinaus, hat der Käufer gegen den Verkäufer einen Anspruch aus Garantie in Höhe des gesamten Schadens, den die betroffenen Garantien ergeben[1365]. Bei einem Freibetrag bleibt dem Verkäufer dagegen die als Freibetrag bezeichnete Summe dauerhaft erlassen. Bei seiner Überschreitung besteht der Anspruch des Käufers demnach nur in Höhe der Differenz zwischen Freibetrag und vorliegendem Schaden[1366].

Es ist darauf zu achten, dass deutlich ist, ob die Parteien eine Freigrenze oder einen Freibetrag wählen[1367]. Eine De-Minimis-Klausel kann sich auf einzelne Garantieverletzungen beziehen oder auf sämtliche[1368]. Im letzteren Fall wird der Wert als „Basket" bezeichnet[1369]. Die Parteien können diese beiden Möglichkeiten auch kombinieren und für jede Garantie separat einen Grenzbetrag sowie zusätzlich einen „Basket" vereinbaren, wobei sie dann für jede Begrenzung eindeutig bestimmen müssen, welche Folge ihre jeweilige Überschreitung haben soll (Freigrenze oder Freibetrag). Damit der Käufer einen Anspruch aus Garantie geltend machen

---

1363 *Hanke, Socher*, NJW 2010, 1576, 1576 f.; *Dietzel*, in: Arbeitshandbuch Unternehmensübernahmen, Bd. 1 § 9 Rdn. 50; *Kästle, Oberbracht*, Unternehmenskauf – Share Purchase Agreement, B. III. 8. 7.; *Lips*, in: Beck'sches Mandatshandbuch Unternehmenskauf, § 3 Rdn. 235.

1364 *Roschmann*, ZIP 1998, 1941, 1947; *Seibt, Raschke, Reiche*, NZG 2002, 256, 257; *Triebel, Hölzle*, BB 2002, 521, 528.

1365 *Hilgard*, BB 2004, 1233, 1234; *Holzapfel, Pöllath*, Unternehmenskauf, Rdn. 722; *Rödder, Hötzel, Thuns*, Unternehmenskauf – Unternehmensverkauf, § 10 Rdn. 78.

1366 *Holzapfel, Pöllath*, Unternehmenskauf, Rdn. 722; *Dietzel*, in: Arbeitshandbuch Unternehmensübernahmen, Bd. 1 § 9 Rdn. 50.

1367 *Roschmann*, ZIP 1998, 1941, 1947; *Hilgard*, BB 2004, 1233, 1234.

1368 Zu der Problematik, inwieweit der Verjährungseintritt von Garantieansprüchen das Erreichen einer Mindestgrenze für ein Bündel von Garantien beeinflusst und wie Mindestgrenze und Verjährung aufeinander abgestimmt werden können, s. *Hilgard*, BB 2004, 1233, 1234 ff.

1369 Dabei ist der Gebrauch der Begrifflichkeiten teilweise uneinheitlich, sodass auf ein gemeinsames Verständnis der Parteien zu achten ist, vgl. zur Bedeutung des Begriffs „Basket": ähnlich wie hier *Lips, Stratz, Rudo*, in: Beck'sches Mandatshandbuch Unternehmenskauf; § 3 Rdn. 235 (Schwellenwert für sämtliche Garantieverletzungen); *Rödder, Hötzel, Thuns*, Unternehmenskauf – Unternehmensverkauf, § 10 Rdn. 77 (kumulativer Freibetrag); a. A. *Hanke, Socher*, NJW 2010, 1576, 1577 (Freigrenze). Statt „Basket" ist auch der Begriff „Threshold" (ebenso mit leicht unterschiedlichem Verständnis) üblich, vgl. *Kästle, Oberbracht*, Unternehmenskauf – Share Purchase Agreement, B. III. 8. 7.; *Hanke, Socher*, NJW 2010, 1576, 1577.

kann, muss bei einer solchen Kombination durch die Summe aller einzelnen Garantieverletzungen der zweite, höhere Betrag („Basket“) erzielt werden. Dabei sind für die einzelnen Garantieverletzungen aber nur die Werte zu berücksichtigen, die die für jeweils für die einzelne Garantieverletzung geltende Freigrenze oder den entsprechenden Freibetrag übersteigen[1370].

Die Parteien können die Haftung nicht nur durch Untergrenzen, sondern auch summenmäßig nach oben begrenzen und dem Verkäufer so eine bessere Kalkulierbarkeit und Begrenzung seiner Risiken ermöglichen. Eine Haftungsobergrenze („cap“) legt den maximalen Schadensersatzbetrag fest, der vom Verkäufer insgesamt mit Blick auf alle oder einige bestimmte Garantien zu leisten ist[1371]. Der Käufer stimmt einer Haftungsobergrenze meist nur zu, wenn für ihn wesentliche Risiken bereits über andere Regelungen abgesichert sind, die der Begrenzung nicht unterliegen[1372].

3. MAC-Klausel: wesentliche Veränderung

Eine MAC-Klausel dient der Risikoverteilung zwischen den Parteien, indem sie die Situation regelt, dass sich wesentliche Veränderungen ereignet haben (Material Adverse Change)[1373]. Was unter dem Begriff der wesentlichen Veränderung zu verstehen ist, ist im Zweifel durch Auslegung zu ermitteln. Dazu kann die Nennung von Beispielsfällen im Vertragstext hilfreich sein. Insbesondere ist zu differenzieren, ob nur interne Faktoren oder auch externe Faktoren von der Klausel erfasst sind. Während dies für Erstere grundsätzlich zu bejahen ist, muss bei externen Faktoren der Vertrag entsprechende Anhaltspunkte aufweisen[1374]. Hinsichtlich ihres Aussagegehalts ist

---

1370 Vgl. *Roschmann*, ZIP 1998, 1941, 1947 (doppelte Toleranzgrenze); *Lips, Stratz, Rudo*, in: Beck'sches Mandatshandbuch Unternehmenskauf; § 3 Rdn. 235.

1371 *Hanke, Socher*, NJW 2010, 1576, 1577; *Hilgard*, BB 2004, 1233, 1237 f.; *Klumpp*, in: Der Unternehmenskauf, Kap. 16 Rdn. 95; *Dietzel*, in: Arbeitshandbuch Unternehmensübernahmen, Bd. 1 § 9 Rdn. 51; *Kästle, Oberbracht*, Unternehmenskauf – Share Purchase Agreement, B. III. 11. 2.

1372 *Roschmann*, ZIP 1998, 1941, 1947 *Rödder, Hötzel, Thuns*, Unternehmenskauf – Unternehmensverkauf, § 10 Rdn. 82; ausführlich zu MAC-Klauseln auch *Kindt, Stanek*, BB 2010, 1490.

1373 Vgl. *Kuntz*, DStR 2009, 377; *Schmittner*, M&A Review 2005, 322; *Triebel, Hölzle*, BB 2002, 521, 528; *Thiessen*, in: MüKo HGB, Anhang zu § 25 Rdn. 37; *Lips*, in: Beck'sches Mandatshandbuch Unternehmenskauf, § 3 Rdn. 282.

1374 Zu verschiedenen Bezugspunkten bei MAC-Klauseln s. *Kuntz*, DStR 2009, 377, 379; *Hanke, Socher*, NJW 2010, 1576, 1577; *Holzapfel, Pöllath*, Unternehmenskauf, Rdn. 63. Allgemein zur Auslegung von MAC-Klauseln vgl. *Lange*, NZG 2005, 454, 456.

eine MAC-Klausel in drei Ausprägungen üblich[1375]. Zum einen kann sie die wesentlichen Veränderungen als Schwelle definieren, die erreicht sein muss, damit eine Garantieverletzung vorliegt. Die vom Verkäufer abgegebenen Garantien werden dann durch diese zusätzliche Voraussetzung des Eintritts wesentlicher Veränderungen modifiziert. Daneben kann eine MAC-Klausel als eine Garantie zusichern, dass bis zu einem bestimmten Stichtag keine wesentlichen Veränderungen eintreten.

In vielen Fällen wird eine MAC-Klausel jedoch als Bedingung für den Vollzug des Unternehmenskaufvertrages vereinbart („Closing Condition“). Grundsätzlich wird dann der Zeitraum zwischen Signing und Closing betrachtet. Treten in diesem wesentliche Veränderungen ein, kann der Käufer den Vollzug verweigern und sich durch Rücktritt vom Vertrag lösen[1376]. Hintergrund einer solchen Regelung kann insbesondere sein, dass die Finanzierung des Käufers an bestimmte Umstände gebunden ist. Mit einer MAC-Klausel sichert er sich ein Rücktrittsrecht für den Eintritt der Umstände zu, die eine Kündigung seiner Finanzierung herbeiführen können[1377]. Zu einer Rückabwicklung, die vielerlei Schwierigkeiten mit sich bringen kann[1378], kommt es dabei in der Regel nicht. Die Parteien begrenzen das Rücktrittsrecht meist in zeitlicher Hinsicht so, dass der Käufer es vor dem Vollzug ausüben muss[1379]. Sind die wesentlichen Veränderungen erst nach Vollzug für die Parteien erkennbar oder regelt die MAC-Klausel zudem den Eintritt wesentlicher Veränderungen nach dem Closing, steht dem Käufer dann kein Rücktritt mehr zu, sondern lediglich ein Schadensersatzanspruch aus Garantie[1380].

4. Freistellungen

Sind dem Käufer Belastungsrisiken dem Grunde nach bekannt, aber Eintrittswahrscheinlichkeit und Schadenshöhe bleiben unklar, bietet sich eine Freistellungsverpflichtung des Verkäufers an[1381]. Dem Verkäufer das Risiko zuzuweisen, ist

1375 Zu den drei Arten vgl. *Lange*, NZG 2005, 454.

1376 *Kindt, Stanek*, BB 2010, 1490; *Holzapfel, Pöllath*, Unternehmenskauf, Rdn. 63.

1377 *Schmittner*, M&A Review 2005, 322.

1378 Siehe dazu ausführlich III. 5., S. 25 ff., und XI., S. 261 ff.

1379 Den Parteien steht es aufgrund der Privatautonomie frei, auch für die Zeit nach dem Vollzug ein Rücktrittsrecht vorzusehen. Wegen der Probleme bei einer Rückabwicklung sollte dies aber maximal als ultima ratio vereinbart werden, vgl. *Schmittner*, M&A Review 2005, 322.

1380 *Schmittner*, M&A Review 2005, 322.

1381 *Lips*, in: Beck'sches Mandatshandbuch Unternehmenskauf, § 3 Rdn. 245.

dann angemessen, wenn die Ursache des Risikos zeitlich vor dem Unternehmensübergang liegt, wie insbesondere bei Umweltbelastungen oder Steuernachzahlungen, für die Freistellungen daher auch üblich sind[1382]. Gegenüber der Einpreisung des Risikos beim Kaufpreis durch den Käufer hat eine Freistellung den Vorteil, dass sie die Unsicherheit über die Schadenshöhe besser auffängt, indem sie dem Verkäufer unabhängig von der Höhe zugewiesen wird und sie damit aus der Kaufpreisbemessung herauszunehmen ist. Bei einer Einpreisung bestünde die Gefahr, dass der Käufer das Risiko zu hoch oder zu niedrig berücksichtigt[1383]. Besteht eine Freistellungsverpflichtung, muss der Käufer anders als bei einer Garantie die Schadenshöhe weder darlegen noch beweisen. Für seinen Anspruch auf Freistellung genügt es, wenn er lediglich den Eintritt des die Verpflichtung auslösenden Ereignisses nachweist[1384].

1382 Vgl. *Schmittner*, M&A Review 2005, 322; *Hanke, Socher*, NJW 2010, 1576; *Rödder, Hötzel, Thuns*, Unternehmenskauf – Unternehmensverkauf, § 10 Rdn. 62.

1383 *Hanke, Socher*, NJW 2010, 1576; *Kästle, Oberbracht*, Unternehmenskauf – Share Purchase Agreement, B. III. 10.

1384 *Kästle, Oberbracht*, Unternehmenskauf – Share Purchase Agreement, B. III. 10.

XIII. Zusammenfassung

Die Arbeit führt vor Augen, dass ein Unternehmen nicht ohne Weiteres einer Sache gleichgestellt werden kann. Es ist aufgrund seiner Besonderheiten, die sich insbesondere in seiner Komplexität, Individualität und stetigen Weiterentwicklung ausdrücken, zu Recht eine eigene Art von (Kauf-)Gegenstand, der separat zu betrachten ist. Trotzdem zeigt die Arbeit zugleich, dass die gesetzlichen Regelungen zum Rücktritt wegen Schlechtleistung, die primär für den Sachkauf gelten, auch bei dem Kauf eines Unternehmens anwendbar sind und zu sachgerechten Ergebnissen führen. Sie bieten an verschiedenen Stellen Anknüpfungspunkte, an denen die Besonderheiten des Unternehmens bei der Übertragung der gesetzgeberischen Wertung im Rahmen der entsprechenden Anwendung auf den Unternehmenskauf Berücksichtigung finden können. Ungeachtet der Differenzen zwischen einem Unternehmen und einer Sache bieten die Regelungen des Sachkaufs in Hinblick auf den Rücktritt wegen Schlechtleistung daher für den Kaufgegenstand Unternehmen geeignete Lösungen.

Die gesetzliche Anordnung der entsprechenden Anwendung der kaufrechtlichen Gewährleistungsregeln in § 453 Abs. 1 BGB ist für den Unternehmenskauf verbindlich. Bei der Anwendung ist die in der jeweiligen Regelung getroffene gesetzgeberische Wertung auf den Unternehmenskauf zu übertragen, soweit dies möglich ist. Bei keiner Regelung zum Rücktritt wegen Schlechtleistung steht der Übertragung die rechtstechnische Konstruktion oder die Eigenart des Unternehmens(-kaufs) in dem Sinne entgegen, dass eine Nichtgeltung der Regelungen gerechtfertigt ist[1385].

Der neue Beschaffenheitsbegriff des Gewährleistungsrechts erweitert generell die Möglichkeiten der Kaufvertragsparteien, einen vertraglich geschuldeten Zustand des Kaufgegenstandes zu vereinbaren, bei dessen Nichtvorliegen die Leistung mangelhaft ist. Die allgemeinen Anforderungen an eine Vereinbarung gewährleisten dabei, dass bei einem Unternehmenskauf Beschreibungen des Unternehmens in einem Informationsmemorandum oder in Unterlagen, die der Verkäufer im Rahmen einer Due Diligence übergibt, grundsätzlich noch keine

1385 Anders aber *Haas*, in: Das neue Schuldrecht, § 5 Rdn. 552.

Beschaffenheitsvereinbarungen darstellen. Es fehlt an einer entsprechenden Willenserklärung des Verkäufers.

Liegt dagegen eine Vereinbarung der Parteien vor, ist diese als Beschaffenheitsvereinbarung zu werten, solange sie sich auf Umstände bezieht, die in irgendeiner Weise bei Gefahrübergang mit dem Unternehmen zusammenhängen und seinen Wert bestimmen, selbst wenn sie nur vorübergehender Natur sind. Dadurch können die Parteien eines Unternehmenskaufs nun auch einzelne Unternehmenskennzahlen einer Beschaffenheitsvereinbarung zugänglich machen, obwohl die Angaben regelmäßig vergangenheitsbezogen sind. Die Praxis vor der Schuldrechtsreform, Unternehmenskennzahlen in Garantien aufzunehmen, kann sich daher in Zukunft in der Gestalt wandeln, dass diesbezüglich vermehrt Beschaffenheitsvereinbarungen verwendet werden. Allerdings eignen sich diese nur, soweit keine anderen als die gesetzlichen Rechtsfolgen des Gewährleistungsrechts von den Parteien gewünscht werden.

Wichtig bleibt es in Fortführung der bisherigen Rechtsprechung weiterhin, das Unternehmen in seiner Gesamtheit als Bezugspunkt der Mangelhaftigkeit anzuerkennen. Nur so wird dem Willen der Parteien eines Unternehmenskaufs und der gesetzgeberischen Wertung entsprochen. Einzelne, mangelhafte Gegenstände des Unternehmens müssen daher auf die Funktionseinheit Unternehmen „durchschlagen“. Dabei ist in Anwendung der § 434, 435 BGB ein Durchschlagen dann zu bejahen, wenn die Mangelhaftigkeit der Einzelgegenstände die Fortführung des Unternehmens beeinträchtigt. Nur diese Betrachtung bei Sach- als auch bei Rechtsmängeln an einzelnen Gegenständen gewährleistet eine sachgerechte Übertragung der gesetzgeberischen Wertung auf den Unternehmenskauf, wann eine Leistung mangelhaft ist.

Ungeachtet dessen bleibt es den Parteien überlassen, einem Einzelgegenstand durch eine Beschaffenheitsvereinbarung die Bedeutung zukommen zu lassen, dass seine Mangelhaftigkeit zugleich die des Unternehmens begründet. Es obliegt damit den Parteien des Unternehmenskaufs, im Rahmen ihrer Verhandlungen zu bestimmen, dass bei Nichtvorliegen definierter Umstände die Rechtsfolgen des Gewährleistungsrechts eintreten sollen. Dabei ist ihnen zu empfehlen, auch den Zeitpunkt vertraglich zu bestimmen, an dem die Mangelfreiheit des Unternehmens gewährleistet sein soll. Die gesetzliche Regelung führt zwar grundsätzlich zu angemessenen Ergebnissen bei einem Unternehmenskauf, indem nach ihr regelmäßig das Closing maßgeblich ist. Eine abweichende vertragliche Vereinbarung kann im Einzelfall und in Hinblick auf ein etwaiges Auseinanderfallen der Abtretung der Anteilsrechte und der Übertragung des Unternehmens aber trotzdem den individuellen Ansprüchen der Parteien noch besser gerecht werden.

Unabhängig von vertraglichen Vereinbarungen zur Mangelhaftigkeit wird nach den Regelungen des § 434 Abs. 1 S. 2 Nr. 1 und 2 BGB bei einem Unternehmenskauf die Mangelhaftigkeit des Unternehmens zudem in der Regel durch einen Umstand des Unternehmens begründet, der dessen Fortführung verhindert. Mangels anderer Anhaltspunkte ist nämlich davon auszugehen, dass die Fortführung die vereinbarte und auch gewöhnliche Verwendung eines Unternehmens ist.

Da ein eindeutig formulierter, wirksamer Ausschluss des Rücktrittsrechts trotz Vorliegen eines Mangels jede weitere Diskussion zu einem Rücktritt des Käufers abschneiden kann, ist er den Parteien als Schutz gegen einen Rücktritt und etwaige diesbezügliche Streitigkeiten dringend zu empfehlen. Dennoch ist sein Schutz begrenzt. So kann sich der Verkäufer nicht auf ihn berufen, wenn er mit dem Käufer eine Garantie bezüglich des relevanten Umstandes vereinbart hat, § 444 Alt. 2 BGB. Allerdings gilt dies nur, falls sich aus ihr der Ausschluss nicht deutlich ergibt, sodass dem Verkäufer widersprüchliches Handeln vorzuwerfen ist. Die Regelung lässt damit weiterhin die Vereinbarung von Garantien zu, die hinsichtlich der Rechtsfolge begrenzt sind. Da Unternehmenskaufverträge von Garantien geprägt sind, ist demnach bei ihrer Formulierung auf Klarheit zu achten.

Daneben wird die Wirkung eines Rücktrittsauschlusses von der Arglist des Verkäufers begrenzt. Arglistiges Verschweigen eines Mangels führt dazu, dass sich der Verkäufer nicht auf den Ausschluss berufen kann, § 444 Alt. 1 BGB. Der Verkäufer eines Unternehmens sei an dieser Stelle wiederholt darauf hingewiesen, dass bei einem Unternehmenskauf zu Recht eine gesteigerte Aufklärungspflicht angenommen wird, deren Nichterfüllung den objektiven Tatbestand der Arglist begründet. Auch die weiteren, subjektiven Anforderungen an das Vorliegen von Arglist dürfen nicht zu hoch eingeschätzt werden. Bei einem Unternehmenskauf, in den regelmäßig viele interne Mitarbeiter und externe Berater auch aufseiten des Verkäufers involviert sind, erhöht die Wissenszurechnung nach allgemeinen Grundsätzen die Gefahr, dass Arglist durch die Kenntnis einzelner Mitarbeiter oder Berater begründet wird. Daher hat der Verkäufer ein besonderes Augenmerk auf eine gute Kommunikation auf seiner Seite zu richten. Erlangt er Kenntnis von Mangel begründenden Umständen, sollte er nicht zögern, diese dem Käufer zur Vermeidung des Arglist-Vorwurfs offenzulegen[1386].

Auch wenn aufgrund der Individualität eines Unternehmens eine Nachlieferung bei einem Unternehmenskauf unmöglich ist, hat das Fristerfordernis dort große Relevanz. Denn der Verkäufer kann oft eine Nachbesserung des Unternehmens vornehmen. Insbesondere mangelhafte Einzelgegenstände, die auf das

1386 Ähnlich *Hölters*, in: Handbuch Unternehmenskauf, Teil I Rdn. 128.

Unternehmen durchschlagen, kann er reparieren oder ersetzen. Eine solche Nachbesserung ist für den Verkäufer grundsätzlich günstiger als der Rücktritt des Käufers vom Vertrag. Daher trifft ihn die Entbehrlichkeit einer Fristsetzung stark. Eine Frist ist nach der Rechtsprechung des BGH immer dann entbehrlich, wenn der Verkäufer arglistig handelte[1387]. In dieser Allgemeinheit führt der Ansatz nicht zu sachgerechten Ergebnissen. Gerade bei einem Unternehmenskauf zeigt sich, dass nach den Umständen des Einzelfalls zu differenzieren und eine Abwägung vorzunehmen ist, bei der die Arglist nur als ein Faktor zu berücksichtigen ist. Der Verkäufer kann allerdings die Gefahr, dass die Fristsetzung wegen Arglist entbehrlich ist, am besten vermeiden, indem er die bereits genannten Empfehlungen befolgt und alles unternimmt, um schon das Vorliegen von Arglist zu verhindern.

Die Regelung des § 323 Abs. 5 S. 2 BGB, nach der ein Rücktritt bei einer nur unerheblichen Pflichtverletzung ausgeschlossen ist, eröffnet Raum für Wertungsentscheidungen und ist daher für die Berücksichtigung der Besonderheiten des Unternehmenskaufs sehr geeignet. Der der Regelung zugrunde liegende Gedanke der Verhältnismäßigkeit von Pflichtverletzung und Rechtsfolge, die in der Vornahme einer Abwägung von den berechtigten Interessen beider Parteien Ausdruck findet, führt bei dem Unternehmenskauf zu sachgerechten Ergebnissen. Zum einen ist das Unternehmen in seiner Gesamtheit Bezugspunkt für die Beurteilung, wie erheblich der Mangel sich für den Käufer störend auswirkt. Daneben ist die Schwelle, ab wann im Verhältnis zum Kaufgegenstand Erheblichkeit vorliegt, bei einem Unternehmenskauf grundsätzlich höher anzusetzen als bei einem Sachkauf.

Dafür sprechen die Probleme, die sich bei einem Unternehmenskauf aus einer Rückabwicklung ergeben und den Verkäufer sowie das Unternehmen selbst belasten würden. Das berechtigte Interesse des Verkäufers am Fortbestand des Vertrages wird daher in vielen Fällen schwerer wiegen als das Interesse des Käufers an einem Rücktritt. Zulasten des Verkäufers wirkt sich aber das Vorliegen von Arglist aus. Zwar führt diese entgegen der Ansicht der Rechtsprechung nicht zwangsläufig zur Erheblichkeit, sondern ist parallel zur Diskussion der Entbehrlichkeit der Fristsetzung in die Abwägung als ein Faktor einzubeziehen. Dessen Gewicht ist zudem je nach den konkreten Umständen der Arglist differenziert zu bewerten. Allerdings kann auch an dieser Stelle dem Verkäufer nur geraten werden, jeglichen Ansatz von Arglist durch gute Kommunikation innerhalb seines Teams und die Offenlegung seines Kenntnisstandes gegenüber dem Käufer zu vermeiden.

1387 Vgl. BGH NJW 2007, 835, 836 f.; BGH NJW 2008, 1371, 1372 f.; BGH NJW 2009, 2532, 2533.

Damit schützt sich der Verkäufer nicht nur vor dem Vorwurf von Arglist, sondern der Käufer kann sich zudem nicht mehr auf den Rücktritt wegen Schlechtleistung berufen, wenn er bei Vertragsschluss Kenntnis von dem den Mangel begründenden Umstand hatte oder ihn grob fahrlässig nicht kannte, vgl. § 442 S. 1, 2 BGB. Dabei wird auch dem Käufer das Wissen seiner internen und externen Mitarbeiter nach allgemeinen Grundsätzen zugerechnet. Dem Käufer kann demnach schon wegen der Kenntnis eines seiner Mitarbeiter das Rücktrittsrecht versagt werden, sodass auch er auf eine gute Kommunikation achten sollte, um das Wissen auf seiner Seite wenigstens in die Vertragsverhandlungen einfließen zu lassen oder den Umstand einzupreisen.

Die Due Diligence ist nicht als Verkehrssitte einzustufen, da insbesondere unklar wäre, in welchem Umfang der Käufer sie durchführen müsste. Ist sie keine Verkehrssitte, kann dem Käufer nicht vorgeworfen werden, seine Unkenntnis sei grob fahrlässig, weil er eine Due Diligence unterlassen hat. Ebenso kann der Vorwurf der grob fahrlässigen Unkenntnis nicht dadurch begründet werden, dass der Käufer eine Due Diligence unsorgfältig oder unvollständig durchgeführt hat. Dem steht die Qualifizierung der Due Diligence als überobligatorisch entgegen. Wie sich der Käufer zur Vornahme einer Due Diligence verhält, hat außerdem keinen Einfluss auf das Vorliegen von Aufklärungspflichten des Verkäufers. Der Verkäufer kann diesen aber im Rahmen einer Due Diligence nach den allgemeinen Grundsätzen nachkommen. Unabhängig von einer Verpflichtung zur Due Diligence ist sie beiden Parteien zu empfehlen. Je besser der Käufer das Unternehmen kennt, desto eher ist gewährleistet, dass die Parteien einen Vertrag gestalten, der ihnen beiden ein zufriedenstellendes Ergebnis absichert. Selbst unter dem Aspekt, dass sich die Parteien eventuell vor dem Hintergrund der Kenntnis des Käufers aus der Due Diligence nicht einigen können und von dem Vertrag Abstand nehmen, ist eine Due Diligence empfehlenswert. Dem gegenüber steht nämlich die Situation, dass dem Käufer die relevanten Umstände des Unternehmens erst nach seiner Übertragung auf den Käufer bekannt werden und sich die Parteien über das weitere Vorgehen und etwaige Rechte streiten.

Die Regelungen zu den Rechtsfolgen des Rücktritts beinhalten Ansatzpunkte, die gewährleisten, dass es nur in einem angemessenen Umfang zu der besonders gefürchteten Rückgewähr des Unternehmens kommt. Die Pflicht zur Rückgewähr der empfangenen Leistungen setzt voraus, dass diese ihre Identität beibehalten haben. Hat der Käufer das empfangene Unternehmen daher derart umgestaltet, dass es ein anderes geworden ist, ist er statt zur Rückgewähr zu Wertersatz verpflichtet. Insbesondere bei der Integration des Unternehmens in einen Konzernverbund ist daher die Rückgewähr des Unternehmens ausgeschlossen. Der Käufer kann das

Unternehmen in diesem Fall auch nicht „wiederherstellen", indem er es aus dem Verbund herauslöst. Es würde ein neues Unternehmen entstehen, das dem empfangenen maximal ähnlich wäre.

Die Grenzziehung zwischen Rückgewähr und Wertersatz anhand des Identitätsverlustes ist sachgerecht, schützt sie den Verkäufer doch vor der unzumutbaren Härte, ein für ihn fremdes Unternehmen zurücknehmen zu müssen. Zugleich lässt sie die Rückgewähr dort zu, wo es durchaus von dem Verkäufer verlangt werden kann, das Unternehmen zurückzunehmen. Hat sich das Unternehmen nur im normalen Geschäftsgang verändert, muss er es danach wegen seiner unveränderten Identität wieder annehmen. Selbst Modernisierungsmaßnahmen hindern die Rückgewähr nicht, solange sie dem Unternehmen keine so starke, neue Prägung geben, dass diese es zu einem anderen macht. Der Kritik, dass die Rückgewähr bei einem Unternehmenskauf eine unpassende Rechtsfolge sei, kann daher entgegnet werden, dass diese Beurteilung meist zutrifft, aber das Gesetz die Rückgewähr in diesen Fällen nicht bestimmt.

Insgesamt stehen den Parteien nach heutigem Recht (weiterhin) verschiedene Möglichkeiten offen, den Kaufvertrag individuell zu regeln. Insbesondere die Parteien eines Unternehmenskaufs sollten dies wegen der Individualität und Komplexität des Kaufgegenstandes nutzen. Neben der Vereinbarung von Garantien und dem Ausschluss des Rücktrittsrechts ist an summenmäßige Haftungsbegrenzungen und eine vertragliche Risikoverteilung zu denken. Mittels einer durchdachten Vertragsgestaltung können sich die Parteien Streit im Nachgang zu einem Unternehmenskauf ersparen. Für eine solche Gestaltung sind allerdings die Bereitschaft und die Mitwirkung beider Parteien erforderlich. Dies beginnt schon dabei, eine gemeinsame Informationsbasis für die Verhandlung zu schaffen, sodass hier beiden Parteien nochmals die Durchführung einer Due Diligence zu empfehlen ist.

Insgesamt zeigt die Arbeit auf, dass die seit der Schuldrechtsreform von 2002 geltenden kaufrechtlichen Gewährleistungsregelungen zum Rücktritt auf den Unternehmenskauf anwendbar sind. Da sich an verschiedenen Stellen Anknüpfungspunkte finden, die Besonderheiten des Unternehmens zu berücksichtigen, führen sie auch zu sachgerechten Ergebnissen sowohl in rechtlicher als auch praktischer Hinsicht. Um das Risiko eines Streites über einen Rücktritt wegen Schlechtleistung von vornherein zu minimieren, sollten die Parteien ihn vertraglich mit einer eindeutigen Formulierung ausschließen. Der Verkäufer sollte außerdem alle erforderlichen Schritte unternehmen, um seinem Team die Bedeutung von Wissen über den Unternehmenszustand zu vermitteln und für ein gutes Wissens-Management zu sorgen. Wenn sich Umstände zeigen, die eventuell eine Arglist begründen können, sollte der Verkäufer eine Risikoabwägung vornehmen und die Umstände im Zweifel dem Käufer gegenüber offenlegen. Abschließend bleibt somit festzustellen, dass beide Parteien eines Unternehmenskaufs ihr Bewusstsein für die Problematik des Rücktritts wegen Schlechtleistung schärfen sollten. – Vielleicht trägt diese Arbeit dazu bei.

XIV. Literaturverzeichnis

Aderhold, Lutz: Culpa in contrahendo beim Unternehmenskauf. In: DStR 1991, 844.

Altmeppen, Holger; Roth, Günther: Gesetz betreffend die Gesellschaften mit beschränkter Haftung (GmbHG), 7. Auflage, München 2012 (zit.: *Bearbeiter*, in: Roth/Altmeppen).

Arnold, Arnd: Das neue Recht der Rücktrittsfolgen. In: Jura 2002, 154.

Arnold, Stefan: Anmerkung zum Urteil des BGH vom 15.07.2011 – V ZR 171/10. In: MittBayNot 2012, 39.

Ballerstedt, Kurt: Rezension zu Raiser „Unternehmen als Organisation". In: ZHR 134 (1970), 251.

Bamberger, Heinz G.; Roth, Herbert (Hrsg.): Beck'scher Online-Kommentar BGB, Stand: 01.03.2011 (zit.: *Bearbeiter*, in: BeckOK BGB).

Barnert, Thomas: Mängelhaftung beim Unternehmenskauf zwischen Sachgewährleistung und Verschulden bei Vertragsschluss im neuen Schuldrecht. In: WM 2003, 416.

Barthel, Carl: Unternehmenswert: Die vergleichsorientierten Bewertungsverfahren – Vergleichswert schlägt Ertragswert. In: DB 1996, 149.

Baumbach, Adolf (Begr.): Handelsgesetzbuch, 35. Auflage, München 2012 (zit.: *Bearbeiter*, in: Baumbach HGB).

Baumbach, Adolf; Hueck, Alfred (Begr.): GmbHG, 19. Auflage, München 2010 (zit.: *Bearbeiter*, in: Baumbach/Hueck).

Baur, Jürgen F.: Die Gewährleistungshaftung des Unternehmensverkäufers. In: BB 1979, 381.

Beisel, Daniel; Andreas, Friedhold (Hrsg.): Beck'sches Mandatshandbuch Due Diligence, 2. Auflage, München 2010 (zit.: *Bearbeiter*, in: Beck'sches Mandatshandbuch Due Diligence).

Beisel, Daniel; Klumpp, Hans-Hermann: Der Unternehmenskauf, 6. Auflage, München 2009 (zit.: *Bearbeiter*, in: Der Unternehmenskauf).

Benicke, Christoph: Anmerkung zum Urteil des BGH vom 10.10.2008 – V ZR 131/07. In: LMK 2009, 277237.

Benicke, Christoph: Pflicht zum Wertersatz im neuen Rücktrittsrecht bei Verbrauch und Veräußerung. In: ZGS 2002, 369.

Berens, Wolfgang, Strauch, Joachim: Due Diligence bei Unternehmensakquisitionen – eine empirische Untersuchung, Frankfurt a. M. 2002.
Berens, Wolfgang; Brauner, Hans; Strauch, Joachim (Hrsg.): Due Diligence bei Unternehmensakquisitionen, 6. Auflage, Stuttgart 2011 (zit.: *Bearbeiter*, in: Due Diligence bei Unternehmensakquisitionen).
Berger, Christian: Der Beschaffenheitsbegriff des § 434 Abs. 1 BGB. In: JZ 2004, 276.
Bergjan, Ralf: Die Auswirkungen der Schuldrechtsreform 2002 auf den Unternehmenskauf, Dissertation, Münster 2003 (zit.: *Bergjan*, Die Auswirkungen der Schuldrechtsreform).
Binz, Mark; Freudenberg, Götz: Die Bilanzgarantie im Unternehmenskaufvertrag. In: DStR 1991, 1629.
Birle, Jürgen; Fey, Achim u. a. (Bearb.): Beck'sches Steuer- und Bilanzrechtslexikon, Edition 4/2012, München 2012 (zit.: *Bearbeiter*, in: Beck'sches Steuer- und Bilanzrechtslexikon).
Bitter, Georg: Der Nachlieferungsanspruch beim Stück-, Vorrats- und Gattungskauf in Sachmängelfällen sowie beim Untergang der Sache. In: ZIP 2007, 1881.
Bitter, Georg; Meidt, Eva: Nacherfüllungsrecht und Nacherfüllungspflicht des Verkäufers im neuen Schuldrecht. In: ZIP 2001, 2114.
Boerner, Dietmar: Kaufrechtliche Sachmängelhaftung und Schuldrechtsreform. In: ZIP 2001, 2264.
Bohrer, Michael: Anmerkung zum Urteil des BGH vom 08.12.1989 – V ZR 246/87. In: DNotZ 1991, 124.
Born, Karl: Überleitung von der Discounted-Cash-flow-Methode (DCF-Methode) zur Ertragswertmethode bei der Unternehmensbewertung. In: DB 1996, 1885.
Böttcher, Lars: Organpflichten beim Unternehmenskauf. In: NZG 2007, 481.
Böttcher, Lars: Verpflichtung des Vorstandes einer Aktiengesellschaft zur Durchführung einer Due Diligence beim Beteiligungserwerb, Baden-Baden 2005.
Böttcher, Lars: Verpflichtung des Vorstands einer AG zur Durchführung einer Due Diligence. In: NZG 2005, 49.
Brauer, Ulrich; Schröer, Anne: Anwendbarkeit des gesetzlichen Gewährleistungsrechts beim Unternehmenskauf – Anmerkung zu OLG Köln 12. Zivilsenat, Urteil vom 29.01.2009. In: jurisPR-HaGesR 3/2010 Anm. 3.
Braunschmidt, Florian; Vesper, Christine: Die Garantiebegriffe des Kaufrechts. In: JuS 2011, 393.
Brechmann, Winfried: Die richtlinienkonforme Auslegung, Dissertation, München 1994.

Brüggemeier, Gert: Das neue Kaufrecht des Bürgerlichen Gesetzbuches. In: WM 2002, 1376.

Bruns, Patrick: Anmerkung zum Urteil des BGH vom 05.11.2008 – VIII ZR 166/07. In: NJW 2009, 509.

Buchwaldt, Ekkehard: Bilanz und Beteiligungserwerb. In: NJW 1994, 153.

Büdenbender, Ulrich: Das Kaufrecht nach dem Schuldrechtsreformgesetz (Teil I). In: DStR 2002, 312.

Büdenbender, Ulrich: Der Nacherfüllungsanspruch des Käufers – Wahlschuld oder elektive Konkurrenz? In: AcP 205 (2005), 386.

Bundesminister der Justiz (Hrsg.): Abschlussbericht der Kommission zur Überarbeitung des Schuldrechts, Köln 1992 (zit.: Abschlussbericht der Kommission zur Überarbeitung des Schuldrechts).

Canaris, Claus-Wilhelm: Das allgemeine Leistungsstörungsrecht im Schuldrechtsmodernisierungsgesetz. In: ZRP 2001, 329.

Canaris, Claus-Wilhelm: Die Behandlung nicht zu vertretener Leistungshindernisse nach § 275 Abs. 2 BGB beim Stückkauf. In: JZ 2004, 214.

Canaris, Claus-Wilhelm: Die Nacherfüllung durch Lieferung einer mangelfreien Sache beim Stückkauf. In: JZ 2003, 831.

Canaris, Claus-Wilhelm: Handelsrecht, 24. Auflage, München 2006.

Canaris, Claus-Wilhelm: Leistungsstörungen beim Unternehmenskauf. In: ZGR 1982, 395.

Canaris, Claus-Wilhelm: Schuldrechtsmodernisierung 2002, München 2002.

Cannivé, Klaus: Die Legal vendor Due Diligence – Marktstandard oder Modeerscheinung? In: ZIP 2009, 254.

Dauner-Lieb, Barbara (Hrsg.): Unternehmenskauf und Schuldrechtsmodernisierung – Fachtagung der Bayer-Stiftung für deutsches und internationales Arbeits- und Wirtschaftsrecht am 6. und 7. Juni 2002, München 2003 (zit.: *Bearbeiter*, in: Unternehmenskauf und Schuldrechtsmodernisierung).

Dauner-Lieb, Barbara; Heidel, Thomas; Lepa, Manfred; Ring, Gerhard (Hrsg.): Das neue Schuldrecht in der anwaltlichen Praxis, 1. Auflage, Bonn 2002 (zit.: *Bearbeiter*, in: Das neue Schuldrecht in der anwaltlichen Praxis).

Dauner-Lieb, Barbara; Langen, Werner (Hrsg): Nomos Kommentar BGB, Band 2/1; §§ 241–610, 2. Auflage, Baden-Baden 2012 (zit.: *Bearbeiter*, in: NK-BGB).

Dauner-Lieb, Barbara; Thiessen, Jan: Das neue Leistungsstörungsrecht – Leistungshemmend und störanfällig? In: DStR 2002, 809.

Dauner-Lieb, Barbara; Thiessen, Jan: Garantiebeschränkungen in Unternehmenskaufverträgen nach der Schuldrechtsreform. In: ZIP 2002, 108.

Derleder, Peter: Der Rücktritt vom Grundstückskauf und die Grundstücksbelastungen. In: NJW 2009, 1034.
Derleder, Peter; Sommer, Jörg: Die Nacherfüllung nach arglistiger Täuschung. In: JZ 2007, 338.
Derleder, Peter; Zänker, Leif: Der ungeduldige Gläubiger und das neue Leistungsstörungsrecht – Das Verhältnis von Fristsetzung, Schadensersatzverlangen und Rücktritt. In: NJW 2003, 2777.
Eckert, Jörn; Delbrück, Jost (Hrsg.): Reform des deutschen Schuldrechts. Tagung der Rechtswissenschaftlichen Fakultät der Christian-Albrechts-Universität und des Vereins Kieler Doctores Iuris e. V., Baden-Baden 2003 (zit.: *Bearbeiter*, Reform des deutschen Schuldrechts).
Eggenberger, Jens: Gesellschaftsrechtliche Voraussetzungen und Folgen einer due diligence-Prüfung, Dissertation, Frankfurt a. M. 2001 (zit: *Eggenberger*, Due Diligence-Prüfung).
Eggert, Christoph: Stand der Technik und kaufrechtlicher Mangelbegriff. In: DS 2009, 247.
Eidenmüller, Horst: Rechtskauf und Unternehmenskauf. In: ZGS 2002, 290.
Eidenmüller, Horst: Die Verjährung beim Rechtskauf. In: NJW 2002, 1625.
Emmert, Reinhold: Vereinbarte Beschaffenheit der Kaufsache und Haftungsausschluss des Verkäufers. In: NJW 2006, 1765.
Erman, Walter: Handkommentar BGB, 12. Auflage, Köln 2008 (zit.: *Bearbeiter*, in: Erman).
Erman, Walter: Handkommentar BGB, 9. Auflage, Münster 1993 (zit.: *Bearbeiter*, in: Erman, 9. Aufl. (1993)).
Fatemi, Aliresa: Der Begriff der Kenntnis im Bürgerlichen Recht. In: NJOZ 2010, 2637.
Fatemi, Aliresa: Die Obliegenheit zur Due Diligence beim Unternehmenskauf, Dissertation, Baden-Baden 2009.
Faust, Florian: Anmerkung zum Urteil des BGH vom 05.11.2008 – VIII ZR 166/07. In: JuS 2009, 373.
Faust, Florian: BGH: Kaufrecht – Haftungsverschärfung bei Arglist. In: JuS 2008, 557.
Faust, Florian: Garantie und Haftungsbeschränkung in § 444 BGB. In: ZGS 2002, 271.
Faust, Florian: Haftung bei Störungen im Rückgewährschuldverhältnis. In: JuS 2009, 481.
Faust, Florian: Kaufrecht: Mängelgewährleistung – Unterscheidung von Sach- und Rechtsmängeln; Haftungsverschärfung bei Arglist. In: JuS 2012, 354.

Fischer, Michael: Die Haftung des Unternehmensverkäufers nach neuem Schuldrecht. In: DStR 2004, 2063.

Fischinger, Philipp S.; Lettmaier, Saskia: Sachmangel bei Asbestverseuchung – Anwendbarkeit der c. i. c. neben den §§ 434 ff. BGB – Besprechung von BGH, Urt. v. 27. 3. 2009 – V ZR 30/08. In: NJW 2009, 2496.

Fischinger, Philipp; Lettmaier, Saskia: Neuere BGH-Rechtsprechung zum Pkw-Sachmängelrecht. In: ZGS 2009, 394.

Fleischer, Holger: Zulässigkeit und Grenzen von Break-Fee-Vereinbarungen im Aktien- und Kapitalmarktrecht. In: AG 2009, 345.

Fleischer, Holger; Goette, Wulf (Hrsg.): Münchener Kommentar zum GmbHG, Band 2, 1. Auflage, München 2012 (zit.: *Bearbeiter*, in: MüKo GmbHG).

Fleischer, Holger; Körber, Torsten: Due diligence und Gewährleistung beim Unternehmenskauf. In: BB 2001, 841.

Forst, Gerrit: Über Zweck, Tatbestand und Rechtsfolgen des § 346 Abs. 3 Satz 1 Nr. 2 BGB. In: ZGS 2011, 107.

Gaier, Reinhard: Das Rücktritts(folgen)recht nach dem Schuldrechtsmodernisierungsgesetz. In: WM 2002, 1.

Gärtner, Anette; Schön, Thomas: Das unverhältnismäßige Nacherfüllungsbegehren – zweiter Vorlagebeschluss zum neuen Kaufrecht. In: ZGS 2009, 109.

Gaul, Björn: Schuldrechtsmodernisierung und Unternehmenskauf. In: ZHR 166 (2002), 35.

Geldsetzer, Anette: Aufklärungspflichten des Verkäufers bei M&A-Transaktionen. In: M&A Review 2005, 475.

Glagowski, Philipp: Die Mängelgewährleistung beim Unternehmenskauf im Wege des asset deal nach der Schuldrechtsreform, Dissertation, Frankfurt 2008.

Goette, Wulf; Habersack, Mathias (Hrsg.): Münchener Kommentar zum Aktiengesetz, Band 2, 3. Auflage, München 2008 (zit.: *Bearbeiter*, in: MüKo AktG).

Götze, Cornelius: Auskunftserteilung durch GmbH-Geschäftsführer im Rahmen der Due Diligence beim Beteiligungserwerb. In: ZGR 1999, 202.

Gran, Andreas: Abläufe bei Mergers & Acquisitions. In: NJW 2008, 1409.

Grigoleit, Hans Christoph; Herresthal, Carsten: Die Beschaffenheitsvereinbarung und ihre Typisierungen in § 434 I BGB. In: JZ 2003, 233.

Grigoleit, Hans Christoph; Herresthal, Carsten: Grundlagen der Sachmängelhaftung im Kaufrecht. In: JZ 2003, 118.

Grigoleit, Hans; Riehm, Thomas: Grenzen der Gleichstellung von Zuwenig-Leistung und Sachmangel. In: ZGS 2002, 115.

Grimm, Detlef; Böker, Arndt: Die arbeits- und sozialversicherungsrechtliche Due Diligence. In: NZG 2002, 193.

Gronstedt, Sebastian; Jörgens, Stefan: Die Gewährleistungshaftung bei Unternehmensverkäufen nach dem neuen Schuldrecht. In: ZIP 2002, 52.
Gruber, Urs: Neues Kaufrecht – Umsatz- und Ertragsangaben beim Unternehmenskauf. In: MDR 2002, 433.
Grunewald, Barbara: Unerwartete Verbindlichkeiten beim Unternehmenskauf. In: ZGR 1981, 622.
Grunewald, Barbara: Bericht über die Diskussion. In: ZGR 1982, 452.
Grunewald, Barbara: Sach- und Rechtsmängelhaftung beim Kauf von Unternehmensanteilen. In: NZG 2003, 372.
Grunewald, Barbara: Zum Umfang der Rückgewährpflicht des § 346 Abs. 1 BGB. In: EWiR 2008, 739.
Gutzeit, Martin: Anmerkung zu BGH, U. v. 29.11.2006 – VIII ZR 92/06. In: NJW 2007, 1350.
Gutzeit, Martin: Der arglistig täuschende Verkäufer. In: NJW 2008, 1359.
Haas, Lothar; Medicus, Dieter; Rolland, Walter; Schäfer, Carsten; Wendtland, Holger: Das neue Schuldrecht, München 2002 (zit.: *Bearbeiter*, in: Das neue Schuldrecht).
Haas, Ulrich; Müller, Henning: Haftungsrisiken des GmbH-Geschäftsführers im Zusammenhang mit Unternehmens(ver)käufen. In: GmbHR 2004, 1169.
Hampel, Christian: Der praktische Fall – Bürgerliches Recht: Kaufrechtliche Probleme beim Gebrauchtwagenkauf. In: JuS 2003, 465.
Hanke, Kerstin; Socher, Oliver: Fachbegriffe aus M & A und Corporate Finance – Die Gestaltung des Unternehmenskaufvertrags. In: NJW 2010, 1576.
Hanke, Kerstin; Socher, Oliver: Fachbegriffe aus M & A und Corporate Finance – Der Unternehmenskauf in der Due Diligence Phase. In: NJW 2010, 829.
Harrer, Herbert: Die Bedeutung der Due Diligence bei der Vorbereitung eines Unternehmenskaufs. In: DStR 1993, 1673.
Hasselbach, Kai; Ebbinghaus, Felix: Vorvertragliche Pflichtverletzung als Haftungsfalle beim Unternehmenskauf. In: DB 2012, 216.
Häublein, Martin: Der Beschaffenheitsbegriff und seine Bedeutung für das Verhältnis der Haftung aus culpa in contrahendo zum Kaufrecht. In: NJW 2003, 388.
Henssler, Martin; Strohn, Lutz: Gesellschaftsrecht, 1. Auflage, München 2011 (zit.: *Bearbeiter*, in: Henssler/Strohn).
Herberger, Maxililian; Martinek, Michael; Rüßmann, Helmut; Weth, Stefan (Hrsg.): juris Praxiskommentar-BGB, 5. Auflage, 2010 (zit.: *Bearbeiter*, in: jurisPK-BGB).
Hermanns, Marc: Garantien beim Unternehmens- und Anteilskaufvertrag – Gestaltungsmöglichkeit und Formulierungsvorschläge. In: ZIP 2002, 696.

Hettler, Stephan; Stratz, Rolf-Christian; Hörtnagel, Robert (Hrsg.): Beck'sches Mandatshandbuch Unternehmenskauf, 2. Auflage, München 2013 (zit.: *Bearbeiter*, in: Beck'sches Mandatshandbuch Unternehmenskauf).

Hiddemann, Hans-Joachim: Leistungsstörungen beim Unternehmenskauf aus der Sicht der Rechtsprechung. In: ZGR 1982, 435.

Hilgard, Mark: Bagatell- und Cap-Klauseln beim Unternehmenskauf. In: BB 2004, 1233.

Hilgard, Mark: Break-up Fees beim Unternehmenskauf. In: BB 2008, 286.

Hilgard, Mark; Kraayvanger, Jan: Unternehmenskauf – Rechtsfolgen eines selbstständigen Garantieversprechens nach der Reform. In: MDR 2002, 678.

Himmelsbach, Rainer; Krüger, Stefan: Anmerkung zum Urteil des OLG Oldenburg vom 22.06.2006 – 1 U 34/03. In: NZI 2007, 309.

Hoffmann-Becking, Michael; Rawert, Peter: Beck'sches Formularbuch Bürgerliches, Handels- und Wirtschaftsrecht, 11. Auflage, München 2013 (zit.: *Bearbeiter*, in: Beck'sches Formularbuch Bürgerliches, Handels- und Wirtschaftsrecht).

Hölters, Wolfgang (Hrsg.): AktG, 1. Auflage, München 2011 (zit.: *Bearbeiter*, in: Hölters, AktG).

Hölters, Wolfgang (Hrsg.): Handbuch Unternehmenskauf, 7. Auflage, Köln 2010 (zit.: *Bearbeiter*, in: Handbuch Unternehmenskauf).

Holzapfel, Hans-Joachim; Pöllath, Reinhard: Unternehmenskauf in Recht und Praxis, 14. Auflage, Köln 2010 (zit.: *Holzapfel; Pöllath*, Unternehmenskauf).

Holzapfel, Hans-Joachim; Pöllath, Reinhard: Unternehmenskauf in Recht und Praxis, 7. Auflage, Köln 1994 (zit.: *Holzapfel; Pöllath*, Unternehmenskauf, 7. Aufl. (1994)).

Hommelhoff, Peter: Die Sachmängelhaftung beim Unternehmenskauf durch Anteilserwerb. In: ZHR 140 (1976), 271.

Hommelhoff, Peter: Die Sachmängelhaftung beim Unternehmenskauf, Dissertation, Köln/Berlin/Bonn/München 1975 (zitiert: *Hommelhoff*, Die Sachmängelhaftung beim Unternehmenskauf).

Hommelhoff, Peter: Zu Abgrenzung von Unternehmenskauf und Anteilserwerb. In: ZGR 1982, 366.

Honsell, Heinrich: Die EU-Richtlinie über den Verbrauchsgüterkauf und ihre Umsetzung ins BGB. In: JZ 2001, 278.

Höpfner, Clemens: Anmerkung zum Urteil des BGH vom 04.03.2009 – VIII ZR 160/08. In: NJW 2009, 2057.

Höpfner, Clemens: Der Rücktrittsausschluss wegen „unerheblicher" Pflichtverletzung. In: NJW 2011, 3693.

Huber, Peter: Der Nacherfüllungsanspruch im neuen Kaufrecht. In: NJW 2002, 1004.
Huber, Ulrich: Die Praxis des Unternehmenskaufs im System des Kaufrechts. In: AcP 202 (2002), 179.
Huber, Ulrich: Mängelhaftung beim Kauf von Gesellschaftsanteilen. In: ZGR 1972, 395.
Hübner, Rudolf: Schadensersatz wegen Täuschung beim Unternehmenskauf. In: BB 2010, 1483.
Hüffer, Uwe: Aktiengesetz, 10. Auflage, München 2012 (zit.: *Hüffer*, AktG).
Jagersberger, Barbara: Die Haftung des Verkäufers beim Unternehmens- und Anteilskauf, Dissertation, Baden-Baden 2006.
Jaques, Henning: Haftung des Verkäufers für arglistiges Verhalten beim Unternehmenskauf – zugleich eine Stellungnahme zu § 444 BGB n. F. In: BB 22002, 417.
Jauernig, Othmar, BGB – Bürgerliches Gesetzbuch, Kommentar, 14. Auflage, München 2011 (zit.: *Bearbeiter*, in: Jauernig).
Joost, Detlev; *Strohn, Lutz* (Hrsg.): Handelsgesetzbuch, 2. Auflage, München 2009 (zit.: *Bearbeiter*, in: Joost/Lutz HGB).
Kaiser, Dagmar: Die Rechtsfolgen des Rücktritts in der Schuldrechtsreform. In: JZ 2001, 1057.
Kallrath, Jürgen: Anmerkung zum Urteil des BGH vom 24.03.2006 – V ZR 173/05. In: DNotZ 2006, 831.
Kästle, Florian; Oberbracht, Dirk: Unternehmenskauf – Share Purchase Agreement, 2. Auflage, München 2010.
Keil, Barbara: Fehlerhafte Unternehmenskäufe – Konzept eines funktionsäquivalenten Zwei-Wege-Modells für die Rückabwicklung, Dissertation, Berlin 1998 (zit.: *Keil*, Fehlerhafte Unternehmenskäufe).
Kiethe, Kurt: Vorstandshaftung aufgrund fehlerhafter Due Diligence beim Unternehmenskauf. In: NZG 1999, 976.
Kilian, Thomas: Anmerkung zu BGH, Beschluss vom 08.12.2006 – V ZR 249/05. In: MittBayNot 2007, 311.
Kindl, Johann: Unternehmenskauf und Schuldrechtsmodernisierung. In: WM 2003, 409.
Kindt, Anne; Stanek, Dennis: MAC-Klauseln in der Krise. In: BB 2005, 1490.
Klein, Winfried: Anmerkung zu BGH, U. v. 12.08.2009 – VIII ZR 254/08. In: NJW 2009, 3153.
Klein-Blenkers, Friedrich: Rechtsprechungsübersicht – Unternehmenskauf – Zivilrecht. In: NZG 1999, 185.
Kleinhenz, Junk: Die Haftung des Verkäufers für Falschangaben beim Unternehmenskauf. In: JuS 2009, 787.

Knott, Hermann: Unternehmenskauf nach der Schuldrechtsform. In: NZG 2002, 249.

Koch, Raphael: Die Fristsetzung zur Leistung oder Nacherfüllung – Mehr Schein als Sein? Was bleibt noch vom Fristsetzungserfordernis? In: NJW 2010, 1636.

Kock, Martin; Dinkel, Renate: Die zivilrechtliche Haftung von Vorständen für unternehmerische Entscheidungen – Die geplante Kodifizierung der Business Judgment Rule im Gesetz zur Unternehmensintegrität und Modernisierung des Anfechtungsrechts. In: NZG 2004, 441.

Körber, Torsten: Geschäftsleitung der Zielgesellschaft und due diligence bei Paketerwerb und Unternehmenskauf. In: NZG 2002, 263.

Krebs, Peter: Die große Schuldrechtsreform. In: DB 2000 Beil. 14, 1.

Krüger, Dirk; Kalbfleisch, Eberhard: Due Diligence bei Kauf und Verkauf von Unternehmen – Rechtliche und steuerliche Aspekte der Vorprüfung beim Unternehmenskauf –. In: DStR 1999, 174.

Kuckenburg, Bernd: Bewertungs- und Berechnungsprobleme unter Beachtung der neuen Rechtsprechung des BGH. In: FPR 2009, 290.

Kulke, Ulrich: Entbehrlichkeit einer Nachfristsetzung wegen Arglist des Verkäufers – Ausnahmslos? In: ZGS 2008, 169.

Kulke, Ulrich: Rücktrittsrecht bei geringfügigem Mangel wegen Arglist des Verkäufers? In: ZGS 2006, 412.

Kuntz, Thilo: Die Auslegung von Material Adverse Change (MAC)-Klauseln in Unternehmenskaufverträgen. In: DStR 2009, 377.

Küntzel, Wolfram: Bewertung von Arztpraxen. In: DStR 2000, 1103.

Küting, Karlheinz: Der Geschäfts- oder Firmenwert in der deutschen Konsolidierungspraxis 2010 – Ein Beitrag zur empirischen Rechnungslegungsforschung. In: DStR 2011, 1676.

Lange, Christoph: „Material Adverse Effect“ und „Material Adverse Change“-Klauseln in amerikanischen Unternehmenskaufverträgen. In: NZG 2005, 454.

Lange, Oliver: Ungelöste Rechtsfragen der gesetzlichen Unternehmensmangelgewährleistung. In: ZGS 2003, 300.

Larenz, Karl: Lehrbuch des Schuldrechts, Band 1, 14. Auflage, München 1987 (zit.: *Bearbeiter*, in: Lehrbuch des Schuldrechts, Bd. 1).

Larenz, Karl: Methodenlehre der Rechtswissenschaft, 6. Auflage, Berlin 1995.

Larisch, Tobias: Gewährleistungshaftung beim Unternehmens- und Beteiligungskauf, Dissertation, Köln 2004.

Laub, Alexander; Laub, Tobias: Die Verletzung technischer Schutzrechte als Rechtsmangel beim Sachkauf. In: GRUR 2003, 654.

Laub, Andreas; Laub, Tobias: Die Verletzung technischer Schutzrechte als Rechtsmangel beim Sachkauf. In: GRUR 2003, 654.

Liese, Jens; Theusinger, Ingo: BB-Kommentar zu OLG Oldenburg, U. v. 22.06.2006 – 1 U 34/03. In: BB 2007, 71.

Loges, Rainer: Der Einfluss der „Due Diligence" auf die Rechtsstellung des Käufers eines Unternehmens. In: DB 1997, 965.

Looschelders, Dirk: Maßgeblicher Zeitpunkt für Kenntnis des Mangels bei notariell beurkundetem Angebot des Käufers. In: JA 2012, 944.

Looschelders, Dirk: Unerheblichkeit des Mangels und Arglist des Verkäufers – zugleich Anmerkung zum BGH-Urteil – V ZR 173/05 – vom 24.3.2006. In: JR 2007, 309.

Lorenz, Egon (Hrsg.): Karlsruher Forum 2002: Schuldrechtsmodernisierung, Karlsruhe 2003 (zit.: *Bearbeiter*, in: Karlsruher Forum 2002).

Lorenz, Stephan, Riehm, Thomas: Lehrbuch zum neuen Schuldrecht, München 2002.

Lorenz, Stephan: Anmerkung zum Urteil des BGH vom 15.07.2011 – V ZR 171/10. In: LMK 2011, 323580.

Lorenz, Stephan: Arglist und Sachmangel – Zum Begriff der Pflichtverletzung in § 323 V 2 BGB. In: NJW 2006, 1925.

Lorenz, Stephan: BGH: Anforderungen an die Erfüllung von Aufklärungspflichten. In: LMK 2012, 327759.

Lorenz, Stephan: Rücktritt, Minderung und Schadensersatz wegen Sachmängeln im neuen Kaufrecht: Was hat der Käufer zu vertreten? In: NJW 2002, 2497.

Lorenz, Stephan: Schadensersatz statt der Leistung, Rentabilitätsvermutung und Aufwendungsersatz im Gewährleistungsrecht. In: NJW 2004, 26.

Lorenz, Stephan: Schuldrechtsreform 2002: Problemschwerpunkte drei Jahre danach In: NJW 2005, 1889.

Loritz, Karl-Georg; Wagner, Klaus: Haftung von Vorständen und Aufsichtsräten. In: DStR 2012, 2189.

Louven, Christoph: Gesteigerte Aufklärungspflicht des Verkäufers von GmbH-Anteilen. In: BB 2001, 2390.

Louven, Christoph; Böckmann, Tobias: Ausgewählte Rechtsprobleme bei M&A-Auktionen. In: ZIP 2004, 445.

Lutter, Marcus: Due diligence des Erwerbers beim Kauf einer Beteiligung. In: ZIP 1997, 613.

Lutter, Markus; Winter, Martin: Umwandlungsgesetz (UmwG), 4. Auflage, Köln 2009 (zit.: *Bearbeiter*, in: Lutter UmwG).

Marten, Kai-Uwe; Köhler, Annette: Due Diligence in Deutschland – Eine empirische Untersuchung. In: Finanzbetrieb 1999, 337.

Medicus, Dieter: Die Leistungsstörungen im neuen Schuldrecht. In: JuS 2003, 521.

Merkt, Hanno: Due Diligence und Gewährleistung beim Unternehmenskauf. In: BB 1995, 1041.

Merkt, Hanno: Rechtliche Bedeutung der „due diligence" beim Unternehmenskauf. In: WiB 1996, 145.

Merkt, Hanno; Göthel, Stephan: Internationaler Unternehmenskauf, 3. Auflage, Köln 2011 (zit.: *Bearbeiter*, in: Internationaler Unternehmenskauf).

Mertens, Kai: Die Information des Erwerbers einer wesentlichen Unternehmensbeteiligung an einer Aktiengesellschaft durch deren Vorstand. In: AG 1997, 541.

Meyer, André: Schadensersatz im Rückgewährschuldverhältnis gem. § 346 IV BGB. In: Jura 2011, 244.

Meyer-Sparenberg, Wolfgang: Anmerkung zum Urteil des BGH vom 04.04.2001 – VIII ZR 32/00. In: NZG 2001, 753.

Micklitz, Hans-W.: Die Verbrauchsgüterkauf-Richtlinie. In: EuZW 1999, 485.

Möller, Jan: Offenlegungen und Aufklärungspflichten beim Unternehmenskauf – System, Regelungskonzepte und Haftungsrisiken. In: NZG 2012, 841.

Möller, Mirko: Das Patent als Rechtsmangel der Kaufsache – Vom objektiven zum subjektiven Rechtsmangelbegriff. In: GRUR 2005, 468.

Mössle, Klaus: Leistungsstörungen beim Unternehmenskauf – neue Tendenzen. In: BB 1983, 2146.

Müller, Gerd: Der Garantievertrag im Kaufrecht. In: ZIP 1981, 707.

Müller, Gerd: Umsätze und Erträge – Eigenschaften der Kaufsache? In: ZHR 147 (1983), 501.

Müller, Gerd: Zur Haftung des Verkäufers von GmbH-Anteilen für falsche Auskünfte über den Wert des Unternehmens. In: ZIP 2000, 817.

Müller, Klaus: Einfluss der due diligence auf die Gewährleistungsrechte des Käufers beim Unternehmenskauf. In: NJW 2004, 2196.

Müller, Klaus: Gestattung der Due Diligence durch den Vorstand der Aktiengesellschaft. In: NJW 2000, 3452.

Müller, Klaus: Unternehmenskauf, Garantie und Schuldrechtsreform – ein Sturm im Wasserglas? In: NJW 2002, 1026.

Müller, Markus; Matthes, Dirk: Notwendigkeit einer richtlinienkonformen Bestimmung der Leistung in § 323 V BGB bei Teilleistung und Schlechtleistung. In: AcP 204 (2004), 732.

Müller, Welf; Rödder, Thomas (Hrsg.): Beck'sches Handbuch zur AG, 2. Auflage, München 2009 (zit.: *Bearbeiter*, in: Beck'sches Handbuch zur AG).

Muthers, Christof; Ulbrich, Martin: Beschaffenheitszusage und Gewährleistungsausschluss. In: ZGS 2004, 289.

Mutschler, Ulrich; Mersmann, Ruth: Verfahrensmäßige Anforderungen an ordnungsgemäße Vorstandsentscheidungen im M&A-Bereich. In: DB 2003, 79.

Niemann, Jan-Malte; Reipen, Markus: Zur Übung – Bürgerliches Recht: Abgrenzung von Sach- und Rechtsmangel. In: JuS 2003, 654.

Nierwetberg, Rüdiger: Die Beweislast für Sollbeschaffenheit und Qualitätsabrede im Sachmängelprozeß. In: NJW 1993, 1745.

Niewiarra, Manfred: Unternehmenskauf, 2. Auflage, Baden-Baden 2002.

Oechsler, Jürgen: Praktische Anwendungsprobleme des Nacherfüllungsanspruchs. In: NJW 2004, 1825.

Pahlow, Louis: Der Rechtsmangel beim Sachkauf. In: JuS 2006, 89.

Palandt, Otto (Begr.): Bürgerliches Gesetzbuch, Kommentar, 72. Auflage, München 2013 (zit.: *Bearbeiter*, in: Palandt).

Petersen, Jens: Die Nacherfüllung. In: Jura 2002, 461.

Pfeiffer, Thomas: Systemdenken im neuen Leistungsstörungs- und Gewährleistungsrecht. In: ZGS 2002, 23.

Picot, Gerhard (Hrsg.): Handbuch Mergers & Acquisitions, 4. Auflage, Stuttgart 2008 (zit: *Bearbeiter*, in: Handbuch Mergers & Acquisitions).

Picot, Gerhard (Hrsg.): Unternehmenskauf und Restrukturierung, 3. Auflage, München 2004 (zit.: *Bearbeiter*, in: Unternehmenskauf und Restrukturierung).

Picot, Gerhard: BB-Kommentar zu BGH, U. v. 25.03.1998 – VIII ZR 185/96. In: BB 1998, 1174.

Picot, Gerhard: Unternehmenskauf und Sachmängelhaftung – Rechtsfortbildung durch den BGH? –. In: DB 2009, 2587.

Pisko, Oskar: Das Unternehmen als Gegenstand des Rechtsverkehrs, Wien 1907.

Pollanz, Manfred: Due Diligence als künftiges Instrument einer risikoorientierten Abschlußprüfung? In: BB 1997, 1351.

Prölss, Jürgen: Die Haftung des Verkäufers von Gesellschaftsanteilen für Unternehmensmängel. In: ZIP 1981, 337.

Putzo, Hans: Anmerkung zum Urteil des BGH vom 12.11.1969 – I ZR 93/67. In: NJW 1970, 656.

Quack, Karheinz: Der Unternehmenskauf und seine Probleme. In: ZGR 1982, 350.

Raiser, Thomas: Das Unternehmen als Organisation, Berlin 1969.

Raiser, Thomas: Unternehmensziele und Unternehmensbegriff. In: ZHR 144 (1980), 206.

Redeker, Philipp: Die Verkäuferhaftung beim Unternehmens- und Grundstückskauf. Die Grenzziehung zwischen Gewährleistungsrecht und Informationshaftung. In: NJW 2012, 2471.

Reich, Norbert: Die Umsetzung der Richtlinie 1999–44–EG in das deutsche Recht. In: NJW 1999, 2397.

Reinking, Kurt: Anmerkung zum Urteil des BGH vom 08.05.2007 – VIII ZR 19/05. In: NJW 2007, 2112.

Rittmeister, Maximilian: Due Diligence und Geheimhaltungspflichten beim Unternehmenskauf– Die Zulässigkeit der Gestattung einer Due Diligence durch den Vorstand oder die Geschäftsführer der Zielgesellschaft. In: NZG 2004, 1032.

Rödder, Thomas; Hötzel, Oliver; Mueller-Thuns, Thomas: Unternehmenskauf – Unternehmensverkauf, München 2003.

Rodewald, Jörg; Unger, Ulrike: Die Haftung des Geschäftsführers oder Vorstands für die Informationserteilung im Rahmen von Unternehmensveräußerungen. In: DB 2007, 1627.

Roschmann, Christian: Haftungsklauseln in Unternehmenskaufverträgen. In: ZIP 1998, 1941.

Roth, Herbert: Standzeit von Kraftfahrzeugen als Sachmangel (Besprechung von *BGH*, Urt. V. 15.10.2003). In: NJW 2004, 330.

Rott, Peter: BGH: Aufklärungspflicht bei Mietgarantie – Verschulden bei den Vertragsverhandlungen. Anmerkung zum Urteil des BGH vom 10.10.2008 – V ZR 175/07. In: LMK 2008, 271682.

Rotthege, Georg; Wassermann, Bernd (Hrsg.): Unternehmenskauf bei der GmbH, 1. Auflage, Heidelberg 2011 (zit.: *Bearbeiter*, in: Unternehmenskauf bei der GmbH).

Rotthege, Georg; Wassermann, Bernd: Mandatspraxis Unternehmenskauf, Köln 2002 (zit.: *Bearbeiter*, in: Mandatspraxis Unternehmenskauf).

Säcker, Franz J.; Rebmann, Kurt: Münchener Kommentar zum BGB, 3. Auflage, München 1995 (zit.: *Bearbeiter*, in: MüKo BGB, 3. Aufl. (1995)).

Säcker, Franz J.; Rixecker, Roland: Münchener Kommentar zum BGB, 6. Auflage, München 2012 (zit.: *Bearbeiter*, in: MüKo BGB).

Schaper, Jürgen; Kandelhard, Ronald: Leistungsstörungen und Gewährleistungsrecht. In: 1997, 837.

Schellhammer, Kurt: Die Haftung des Verkäufers für Sach- und Rechtsmängel – Neue Struktur und neuer Mangelbegriff. In: MDR 2002, 241.

Schiffer, Jack; Bruß, Hannah: Due Diligence beim Unternehmenskauf und vertragliche Vertraulichkeitsvereinbarungen. In: BB 2012, 847.

Schinkels, Boris: Zum Vorrang der nach dem Vertrag vorausgesetzten Verwendung (§ 434 Abs. 1 Satz 2 Nr. 1 BGB) vor damit unvereinbaren Beschaffenheitsangaben – Ausschlachtfahrzeuge und Bastlerfahrzeuge nur auf besonderen Verbraucherwunsch. In: ZGS 2004, 226.

Schmidt, Detlef: Die Beschaffenheit der Kaufsache. In: BB 2005, 2763.

Schmidt, Karsten (Hrsg.): Münchener Kommentar zum Handelsgesetzbuch, Band 1: Erstes Buch. Handelsstand, §§ 1–104a, 3. Auflage, München 2010 (zit.: *Bearbeiter*, in: MüKo HGB).

Schmidt, Karsten: Bemerkungen und Vorschläge zur Überarbeitung des Handelsgesetzbuchs. In: DB 1994, 515.

Schmidt, Karsten: Die wundersame Karriere des Unternehmensbegriffs im Reich der Konzernhaftung – Überlegungen über Rechtsfortbildung und Begriffsjurisprudenz. In: AG 1994, 189.

Schmidt, Karsten: Handelsrecht, 5. Auflage, Köln 1999.

Schmittner, Angelika: MAC-Klauseln bei M&A-Transaktionen. In: M&A Review 2005, 322.

Schöne, Torsten: Das rechtsgrundlos erlangte Unternehmen – Herausgabe oder Wertersatz? In: ZGR 2000, 86.

Schröcker, Stefan: Unternehmenskauf und Anteilskauf nach der Schuldrechtsreform. In: ZGR 2005, 63.

Schroeter, Ulrich: Das Wahlrecht des Käufers im Rahmen der Nacherfüllung. In: NJW 2006, 1761.

Schulte-Nölke, Hans: Vertragsfreiheit und Informationszwang nach der Schuldrechtsreform. In: ZGS 2002, 72.

Schultz, Wolfgang: Die Bedeutung der Kenntnis des Vertretenen beim Vertreterhandeln für juristische Personen und Gesellschaften. In: NJW 1996, 1392.

Schultz, Wolfgang: Nochmals: Die Bedeutung der Kenntnis des Vertretenen beim Vertreterhandeln für juristische Personen und Gesellschaften. In: NJW 1997, 2093.

Schulze, Reiner (Hrsg.): BGB, Handkommentar, 7. Auflage, Baden-Baden 2012 (zit.: *Bearbeiter*, in: Schulze u. a.).

Schüppen, Matthias; Lennerz, Ursula: Garantie- und Gewährleistungsfragen beim Unternehmenskauf. In: M&A Review 2003, 476.

Schwab, Martin: Schuldrechtsmodernisierung 2001/2002 – Die Rückabwicklung von Verträgen nach §§ 346 ff. BGB n. F. In: JuS 2002, 630.

Schwarz, Henning: Zusicherung, Beschaffenheitsvereinbarung und Gewährleistungsausschluss (Zugleich Anmerkung zu OLG Hamm, Urt. v. 18.5.1998, Az. 22 U 63/95, und OLG Düsseldorf, Urt. v. 8.5.2000, Az. 9 U 192/991). In: MittBayNot 2000, 509.

Schwintowski, Hans-Peter: Das Unternehmen im Bereicherungsausgleich. In: JZ 1987, 588.

Seibt, Christoph: Rechtssicherheit beim Unternehmens-, Beteiligungs- und Anlagenverkauf: Analyse der Änderungen bei §§ 444, 639 BGB. In: NZG 2004, 801.

Seibt, Christoph; Raschke, Thorsten; Reiche, Felix: Rechtsfragen der Haftungsbegrenzung bei Garantien (§ 444 BGB n. F.) und M&A-Transaktionen. In: NZG 2002, 256.

Seibt, Christoph; Reiche, Felix: Unternehmens- und Beteiligungskauf nach der Schuldrechtsreform (Teil I). In: DStR 2002, 1135.

Semler, Johannes; Stengel, Arndt: Umwandlungsgesetz: UmwG, 3. Auflage, München 2012 (zit.: *Bearbeiter*, in: Semler, Stengel UmwG).

Semler, Johannes; Volhard, Rüdiger: Arbeitshandbuch für Unternehmensübernahmen, Band 1, München 2001 (zit.: *Bearbeiter*, in: Arbeitshandbuch Unternehmensübernahmen, Bd. 1).

Semler, Johannes; Volhard, Rüdiger: Arbeitshandbuch für Unternehmensübernahmen, Band 2, München 2003 (zit.: *Bearbeiter*, in: Arbeitshandbuch Unternehmensübernahmen, Bd. 2).

Sieger, Jürgen; Hasselbach, Kai: Break Fee-Vereinbarung bei Unternehmenskäufen – Im Blickpunkt: Zulässigkeit und Vertragsgestaltung nach deutschem Gesellschaftsrecht. In: BB 2000, 625.

Skamel, Frank: Das Wahlrecht des Käufers zwischen Nachbesserung und Ersatzlieferung. In: ZGS 2006, 457.

Skamel, Frank: Zum Rücktrittsausschluss bei geringfügigen Mängeln. In: SVR 2010, 172.

Soergel, Hans Theodor (Begr.): BGB, Band 2/2 Schuldrecht I/2 (§§ 433–515), 11. Auflage, Stuttgart 1986 (zit.: *Bearbeiter*, in: Soergel, 11. Auflage (1986)).

Spickhoff, Andreas: Der Nacherfüllungsanspruch des Käufers: Dogmatische Einordnung und Rechtsnatur. In: BB 2003, 589.

Spill, Joachim: Due Diligence – Praxishinweise zur Planung, Durchführung und Berichterstattung. In: DStR 1999, 1786.

Staub, Hermann (Begr.): Handelsgesetzbuch, 4. Auflage, Berlin 1983 (zit.: *Bearbeiter*, in: Staub HGB, 4. Aufl. (1983)).

Staudenmayer, Dirk: Die EG-Richtlinie über den Verbrauchsgüterkauf. In: NJW 1999, 2393.

Staudinger, Ansgar; Artz, Markus: Nacherfüllung im Kaufrecht und Gerichtsstand des Erfüllungsorts. In: NJW 2011, 312.

Stengel, Arndt; Scholderer, Frank: Aufklärungspflichten beim Beteiligungs- und Unternehmenskauf. In: NJW 1994, 158.

Stiller, Dirk: Unternehmenskauf im Wege des Asset-Deal. In: BB 2002, 2619.

Strelow, Markus; Hein, Oliver: Garantiehaftung: Beschränkung trotz § 444 BGB – Ein Vorschlag für die Praxis des Unternehmenskaufs. In: DB 2003, 1155.

Thamm, Manfred; Möffert, Franz-Josef: Die Mängelrüge im Handelsverkehr im Lichte jüngster Rechtsprechung. In: NJW 2004, 2710.

Theisen, Frank: Rechtsfolgen eines Schadensersatzanspruchs aus culpa in contrahendo. In: NJW 2006, 3102.

Thiessen, Jan: Anmerkung zum Urteil des BGH vom 04.04.2001 – VIII ZR 32/00. In: DStR 2001, 1578.

Thiessen, Jan: Unternehmenskauf und Bürgerliches Gesetzbuch, Dissertation, Berlin 2005.

Tiedtke, Klaus: Anmerkung zu BGH, U. v. 25.03.1998 – VIII ZR 185/96. In: DNotZ 1999, 429.

Tiedtke, Klaus: Leistungsstörung und Gewährleistung. In: NJW 1995, 3081.

Tiedtke, Klaus; Schmitt, Marco: Probleme im Rahmen des kaufrechtlichen Nacherfüllungsanspruchs (Teil I). In: DStR 2004, 2016.

Tiedtke, Klaus; Schmitt, Marco: Probleme im Rahmen des kaufrechtlichen Nacherfüllungsanspruchs (Teil II). In: DStR 2004, 2060.

Triebel, Volker; Hölzle, Gerrit: Schuldrechtsreform und Unternehmenskaufverträge. In: BB 2002, 521.

Ulmer, Peter: Haftungsfreistellung bis zur Grenze grober Fahrlässigkeit bei unternehmerischen Fehlentscheidungen von Vorstand und Aufsichtsrat? In: DB 2004, 859.

van Kann, Jürgen (Hrsg.): Praxishandbuch Unternehmenskauf – Leitfaden Mergers & Acquisitions, Stuttgart 2009 (zit: *Bearbeiter*, in: Praxishandbuch Unternehmenskauf).

Vogt, Gabriele: Die Due Diligence – ein zentrales Element bei der Durchführung von Mergers & Acquisitions. In: DStR 2001, 2027.

Volk, Gerrit: Qualitative Aspekte der Unternehmensbewertung. In: DStR 2005, 752.

von Falkenhausen, Joachim: Die Haftung außerhalb der Business Judgment Rule – Ist die Business Judgment Rule ein Haftungsprivileg für Vorstände? In: NZG 2012, 644.

von Gierke, Julius: Das Handelsunternehmen. In: ZHR 111 (1946), 1.

von Gierke, Klaus; Paschen, Uwe: Mängelgewährleistung beim Unternehmenskauf. In: GmbHR 2002, 457.

von Staudinger, Julius (Begr.): Kommentar zum Bürgerlichen Gesetzbuch mit Einführungsgesetz und Nebengesetzen,

Buch 1: Allgemeiner Teil: §§ 90 – 124; §§ 130–133, Neubearbeitung, Berlin 2012 (zit.: *Bearbeiter*, in: Staudinger).

Buch 1: Allgemeiner Teil: §§ 164–240, Neubearbeitung, Berlin 2009 (zit.: *Bearbeiter*, in: Staudinger).

Buch 2: Recht der Schuldverhältnisse: §§ 241–243, Neubearbeitung, Berlin 2009 (zit.: *Bearbeiter*, in: Staudinger).
Buch 2: Recht der Schuldverhältnisse: §§ 255–304, Neubearbeitung, Berlin 2009 (zit.: *Bearbeiter*, in: Staudinger).
Buch 2: Recht der Schuldverhältnisse: §§ 315–326, Neubearbeitung, Berlin 2009 (zit.: *Bearbeiter*, in: Staudinger).
Buch 2: Recht der Schuldverhältnisse: §§ 315–326, 15. Auflage, Berlin 2004 (zit.: *Bearbeiter*, in: Staudinger, 15. Auflage (2004)).
Buch 2: Recht der Schuldverhältnisse: §§ 433–487; Neubearbeitung, Berlin 2004 (zit.: *Bearbeiter*, in: Staudinger).
Buch 2: Recht der Schuldverhältnisse: §§ 433–580, 12. Auflage, Berlin 1978 (zit.: *Bearbeiter*, in: Staudinger, 12. Auflage (1978)).
Buch 2: Recht der Schuldverhältnisses: §§ 433–534, 13. Auflage, Berlin 1995 (zit.: *Bearbeiter*, in: Staudinger, 13. Auflage (1995)).

von Westphalen, Friedrich: „Garantien" bei Lieferung von Maschinen und Anlagen – Todesstoß für Haftungsbegrenzung durch §§ 444, 639 BGB? In: ZIP 2002, 545.

von Westphalen, Friedrich: Nach der Schuldrechtsreform: Neue Grenzen für Haftungsfreizeichnungs- und Haftungsbegrenzungsklauseln. In: BB 2002, 209.

Wagner, Franz: Anmerkung zum Urteil des BGH vom 04.04.2001 – VIII ZR 32/00. In: NZG 2001, 844.

Wagner, Franz: Informationspflichten des Verkäufers bei M+A Transaktionen nach neuerer BGH-Rechtsprechung unter Berücksichtigung von altem und neuem Schuldrecht – Teil I. In: DStR 2002, 958.

Wagner, Franz: Informationspflichten des Verkäufers bei M+A Transaktionen nach neuerer BGH-Rechtsprechung unter Berücksichtigung von altem und neuem Schuldrecht – Teil II. In: DStR 2002, 1400.

Waltermann, Raimund: Arglistiges Verschweigen eines Fehlers bei der Einschaltung von Hilfskräften. In: NJW 1993, 889.

Wälzholz, Eckhard: Auswirkungen der Schuldrechtsreform auf Gesellschaften und Geschäftsanteilsabtretungen. In: DStR 2002, 500.

Weber, Christoph: Anmerkung zum Urteil des BGH vom 15.07.2011 – V ZR 171/10. In: NJW 2011, 3642.

Weber-Grellet, Heinrich: Anmerkung zu EuGH, U. v. 07.01.2003 – C-306/99 (Banque internationale pour l'Afrique occidentale SA (BIAO)/FA für Großunternehmen in Hamburg). In: DStR 2003, 67.

Wegmann, Jürgen; Koch, Wolfgang: Due Diligence – Unternehmensanalyse durch externe Gutachter – Ablauf und Technik, Folge-Due Diligence als neuer Analysestandard –. In: DStR 2000, 1027.

Weigl, Gerald: Die Auswirkungen der Schuldrechtsreform auf den Unternehmenskauf. In: DNotZ 2005, 246.

Weilep, Volker; Dill, Matthias: Vendor Due Diligence bei der Private-Equity-Finanzierung mittelständischer Unternehmen. In: BB 2008, 1946.

Weiler, Frank: Culpa in Contrahendo, Anfechtung und Kaufrecht – alte Konkurrenzfragen im neuen Licht. In: ZGS 2002, 249.

Weitnauer, Wolfgang: Der Unternehmenskauf nach neuem Kaufrecht. In: NJW 2002, 2511.

Weller, Marc-Philippe: Kurzkommentar zu OLG Köln, Urteil vom 29.01.2009. In: EWiR 2010, 15.

Wendlandt, Bettina: Die Folgen des Wegfalls von § 464 BGB a. F. und ihre Vermeidung. In: ZGS 2004, 88.

Wenzel, Henning: Kaufrechtliche Probleme in der Unternehmenspraxis und Lösungsvorschläge. In: DB 2003, 1887.

Werner, Rüdiger: Haftungsrisiken bei Unternehmensakquisitionen: die Pflicht des Vorstandes zur Due Diligence. In: ZIP 2000, 989.

Wertenbruch, Johannes: Anmerkung zum Urteil des BGH vom 24.03.2006 – V ZR 173/05. In: LMK 2006, 182969.

Wertenbruch, Johannes: Gewährleistung beim Kauf von Kunstgegenständen nach neuem Schuldrecht. In: NJW 2004, 1977.

Westermann, Harm Peter: Das neue Kaufrecht einschließlich des Verbrauchsgüterkaufs. In: JZ 2001, 530.

Westermann, Harm Peter: Das neue Kaufrecht. In: NJW 2002, 241.

Westermann, Harm Peter: Due Diligence beim Unternehmenskauf. In: ZHR 169 (2005), 248.

Westermann, Harm Peter: Haftung beim Unternehmens- und Anteilskauf. In: ZGR 1982, 45.

Willemsen, Heinz: Zum Verhältnis von Sachmängelhaftung und culpa in contrahendo beim Unternehmenskauf. In: AcP 182 (1983), 515.

Wolf, Manfred; Kaiser, Jochen: Die Mängelhaftung beim Unternehmenskauf nach neuem Recht. In: DB 2002, 411.

Wunderlich, Nils-Christian: Die kaufrechtliche Haftung beim asset deal nach dem SchuldRModG. In: WM 2002, 981.

Zeilinger, Andreas: Das Verhältnis zwischen Veräußerer und Erwerber bei der fehlerhaften rechtsgeschäftlichen Übertragung eines GmbH-Geschäftsanteils. In: NZG 1999, 1021.

Ziegler, Ole: "Due Diligence" im Spannungsfeld zur Geheimhaltungspflicht von Geschäftsführern und Gesellschaftern. In: DStR 2000, 249.

Zimmer, Daniel: Der Anwendungsbereich des Sachmängel-Gewährleistungsrechts beim Unternehmenskauf – Plädoyer für eine Neubestimmung. In: NJW 1997, 2346.
Zimmermann, Stefan; Bischoff, Kai: Haftungsausschluss für zwischen Vertragsschluss und Gefahrübergang entstehende Mängel bei Gebrauchtimmobilien. In: NJW 2003, 2506.